本书获得

2019年度国家出版基金和上海高校高峰高原学科建设经费资助

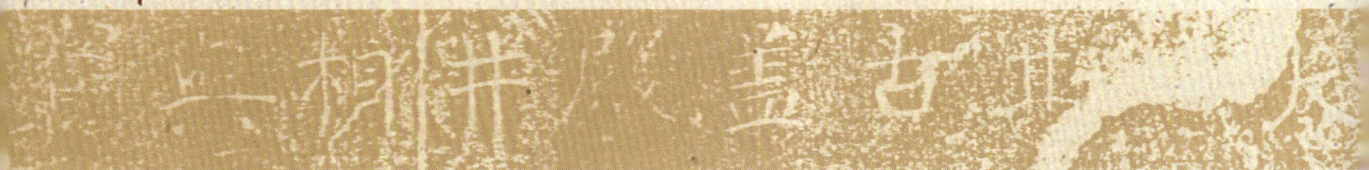

国家出版基金项目
NATIONAL PUBLICATION FOUNDATION

汉语名词铺排史

吴礼权　著

The History of Chinese Noun Arrangement

暨南大学出版社
JINAN UNIVERSITY PRESS

中国·广州

图书在版编目（CIP）数据

汉语名词铺排史/吴礼权著 . —广州：暨南大学出版社，2019. 12
ISBN 978 - 7 - 5668 - 2827 - 9

Ⅰ. ①汉…　Ⅱ. ①吴…　Ⅲ. ①汉语—名词—研究　Ⅳ. ①H146. 2

中国版本图书馆 CIP 数据核字（2019）第 276592 号

汉语名词铺排史
HANYU MINGCI PUPAISHI
著　　者：吴礼权
···

出　版　人：徐义雄
项目统筹：徐义雄
责任编辑：杜小陆　黄志波
责任校对：黄　球　冯月盈　苏　洁　孙劭贤　黄晓佳
责任印制：汤慧君　周一丹

出版发行：暨南大学出版社（510630）
电　　话：总编室（8620）85221601
　　　　　　营销部（8620）85225284　85228291　85228292（邮购）
传　　真：(8620）85221583（办公室）　85223774（营销部）
网　　址：http：//www. jnupress. com
排　　版：广州良弓广告有限公司
印　　刷：广州市快美印务有限公司
开　　本：787mm×1092mm　1/16
印　　张：39. 5
字　　数：750 千
版　　次：2019 年 12 月第 1 版
印　　次：2019 年 12 月第 1 次
定　　价：198. 00 元

（暨大版图书如有印装质量问题，请与出版社总编室联系调换）

序

　　我跟吴礼权教授交往 30 年，可以分为两个阶段：第一个阶段是神交时期，大约是 20 世纪 80 年代末至 90 年代末。在这个阶段，我通过读他的论著了解了他的学问与才华。当年的学术杂志与学术著作都没有作者简介，我与他未曾谋面，仅读他的论著并不能知道他的背景，以为他比我年长，至少年龄也得跟我差不多吧。那时，因为常在复旦大学编辑的《修辞学习》杂志（中国唯一的修辞学期刊）、《复旦学报》等刊物上读到他的论文，还常看到中国人民大学报刊复印资料《语言文字学》《心理学》《中国古代近代文学研究》转载他的学术论文，尤其是《语言文字学》转载了他很多篇论文，有时甚至一期转载他两篇论文，所以，当时我就感到这个人学问不简单。加之他的论著文笔老到、思想深刻，怎么能想到他当时只不过是个二十多岁的复旦青年才俊呢？后来跟他说起此事，他笑了，才知道有这种感觉的不止我一个人，而是有很多，甚至有读者给他写信，称他为老先生。第二个阶段是深交时期，始于 1998 年直至今日。说到我跟礼权教授的深交，那真是缘分。那年 8 月，中国修辞学会第九届年会在南开大学召开。我是这次会议的主要承办人，又因为南开大学的修辞学课程从陈坚先生退休以后一直由我负责，当时已有 18 年之久，所以，当时学会领导要我在大会上也作一个学术报告，记得是《从〈国际歌〉看修辞的民族特色》。大会按照国际会议的做法，除了主持人，也设评议人，我的报告评议人正是复旦的青年才俊、中国修辞学第一位博士学位获得者吴礼权先生。在大会上听礼权教授发言，这是第一次；由以往神交的想象到现实的面对面，这也是第一次。他在大会上对我报告的评议给我留下了深刻印象，他在分组报告会上的报告《委婉修辞的语用学阐释》，留给我的印象则更为深刻。从此以后，我们的来往便日益密切起来，时常在修辞学会议上相见或是互通音信。互相切磋交流得越多，读他的学术论著越多，我对他的了解也就越深，越发敬佩他治学的严谨与刻苦，越发了解他学术研究成果的前沿性，认同其学术理念，了解他的研究成果在中国语言学界特别是中国修辞学界有重要影响的深刻原因。基于对礼权教授的了解，2016 年我在为他所著《言语交际与人际沟通》第二版的序中对他的情况作了这样的概括："吴礼权教授是语文学界海内难觅的奇才，是中国修辞学的第一位博士学位获得者，2014年被选为中国修辞学会会长。吴礼权教授的古汉语功底非常深厚，中国古典文献与中国古代文学方面的造诣卓尔不群，同辈望尘莫及，许多前辈学者也自叹弗如。礼权教授还谙熟英语与日语，熟知东西方语言学与文学研究的前沿领域。这种独特的知识结构使他写出《中国语言哲学史》《中国修辞哲学史》《中国笔记小说史》《中国言情小说史》等拓荒之作，成为这四个学术领域的开拓者与分支学科奠基人。他在修辞研究领域的突出成就在学界人所共知。"

原来，我自以为对礼权教授的情况是了解得很多的，对他是知之甚深。没想到，这次读到他皇皇七十余万言的《汉语名词铺排史》的书稿，并认真研读了书稿的后记，这才意识到礼权教授治学的严谨与刻苦程度远远出乎我的想象。我从这部书稿的后记知道，他这部皇皇七十余万言的学术专著是其21年持续不懈潜心研究的结晶。实际上，是花了23年时间。因为《汉语名词铺排史》修改定稿交到出版社后，他又进行了后续研究，写出了有关日语中的名词铺排的论文，就是呈现于本书附录部分的长文：《日汉对比视角下日本文学作品中的名词铺排》，刊登于《北华大学学报》（社会科学版）2019年第6期。

众所周知，跟印欧语系或其他语系诸语言相比，汉语语法确实有其自身的特点，有些语法现象恐怕是其他任何语言都不会有的，比方说，名词铺排现象就是其中之一。汉语名词铺排现象可以说既是语法现象，又是修辞现象，汉语修辞学界有学者把它立为一格，名曰"列锦"。不过，对于这样一种非常重要的语言现象，汉语研究界无论是语法学者还是修辞学者，对它的研究都是不够的。语法学界对汉语名词铺排现象的讨论，就我视野所及，似乎很少见。至于修辞学界，也只是个别著作中有"列锦"一格，举了一些例子，有一点说明而已。再深入一些的研究，就看不到了。礼权教授敏锐地发现汉语中的名词铺排现象是值得研究的学术富矿，大有深入开掘探讨的价值。加上他早年师事濮之珍教授（原中央大学胡小石先生和北京大学魏建功先生的弟子），攻读语言学理论，专业方向是中国古代语言学史，有深厚的古文基础。硕士毕业留校在复旦大学古籍整理研究所工作，跟随著名古典文学专家章培恒教授编纂《全明诗》并学习考据之学，同时受章培恒先生影响，从事中国古典小说研究，在中国古典文学研究方面有不少成果。正因为有这样的背景和基础，礼权教授觉得自己比其他汉语修辞学研究者更具备系统研究汉语名词铺排史的条件，所以他在1996年完成了其修辞学的力作《修辞心理学》之后，就毅然决然地将全部的精力投入汉语名词铺排史的研究中。关于这一点，礼权教授在书稿的后记中有一段"夫子自道"："汉语名词铺排是一种非常特别的语言现象，既是语法问题，也是修辞问题。我之所以选定这个选题进行长期而艰巨的工作，是基于我个人这样一种认识：对汉语名词铺排现象进行系统的研究，既有补于汉语史研究的系统工程，更有助于汉语修辞史大厦的建立。汉语修辞史的研究是汉语史研究的重要一环。因此，跟汉语史研究中的语法史、语音史、词汇史一样，作为汉语修辞史中重要一环的汉语名词铺排史，一切结论都需建立在对浩如烟海的古代典籍的调查与相关语料细致爬梳的基础之上，不是一般没有耐性的学者可以为之的，当然更不是没有中国古典学术功底的学者可以胜任的。我自知自己是一个极有耐性的人，也认为自己有阅读中国古代典籍的功底，因此在明知此项工程浩大而艰巨的情况下，毅然决然地决定要将汉语名词铺排史研究进行下去。"

正因为有这样的认知和学术担当，礼权教授面对困难没有退缩，而是迎难而上。他先是细读了逯钦立先生所编《先秦汉魏晋南北朝诗》，通过地毯式搜索其中的名词铺排文本，不仅考证出了汉语名词铺排现象的源头，而且厘清了先秦汉魏晋南北朝诗歌中名词铺排的结构类型及其演变轨迹。在此基础上，他又接着细读了清人彭定求等所编《全唐诗》中的全部诗歌作品及其附录的唐五代词，对隋唐、五代时期所存留的全部诗词作品中的名词铺排情况进行了详细调查，并且分析归纳了其结构类型。然后，再接再厉，又继续将研究往前推进。通过细读当代学者徐征等编辑的《全元曲》（共 12 卷，河北教育出版社，1998 年），对现存元曲中的名词铺排情况进行了全面的调查，从而对元曲中的名词铺排结构类型及其演变发展的轨迹有了清楚的把握。再接着，他又以当代学者薛瑞兆、郭明志编纂的《全金诗》（全四册，南开大学出版社，1995 年）为对象，对现存金诗中的名词铺排情况进行详细的调查研究。之后，又以清人顾嗣立所编《元诗选》（包括初集、二集、三集，初集六十八卷，二集二十六卷，三集十六卷，中华书局，1987 年）为调查对象，对其所收元诗的名词铺排情况进行细致的考察分析，取得了对元诗名词铺排情况的发言权。

以上这些工作，都需要极有耐心和极其细心，同时需要旷日持久的坚持才能完成。对于一般学者来说，几乎是不可想象的。但是，礼权教授不畏艰难，最后都一一圆满完成了，并把研究成果写成了一系列学术论文发表出来。完成了这些之后，他又继续拓展研究范围，利用早年研究过中国古典小说的经历，对唐代小说进行了全面的调查，由此对唐代小说中的名词铺排情况有了全面的把握。之后，礼权教授又对赋体作品中的名词铺排情况进行调查。根据他在书稿后记中的介绍，我们得知他是以《昭明文选》为调查的基本依据，同时结合了其他未收入《昭明文选》的赋体作品进行调查。很明显，这种调查是具有权威性的，其对古代赋体作品的名词铺排情况的把握是可靠的。至于对宋明清三代诗词中名词铺排情况的调查，礼权教授采用的是定量统计分析法。之所以不再采取穷尽性的调查方法，是因为这三个朝代距今较近，留存的诗词数量庞大，短时间内无法完成穷尽性调查，而书稿的出版是有时间规定的。为此，礼权教授在后记中再三提及，并引以为憾。不过，我倒是觉得，他采用定量统计分析法是合适的，对于结论的科学性与权威性是没有多大影响的。我之所以这样说，是基于这样两个理由：第一，定量统计分析法是世界学术界通行的先进科学的研究方法，对于研究结论的科学性与权威性是有保证的，这是学术界都认同的观点。第二，诗词是韵文作品，在字句篇章上都有一定的限制，不同于小说、散文等散体文学作品，因此诗词中的名词铺排文本在结构类型上的创新空间就不是无限的。诗歌发展到宋明清时期，已经不是其鼎盛时期了，其在名词铺排结构类型上的创新空间也不大了。因此，以清人朱彝尊所编《词综》、清人沈德潜等所编《明诗别裁集》《清诗别裁集》并结合今人所编的诗词选本为调查对象，通过对代表作家的代表作品的调查，把握名词铺排结构类型在这三个时期诗词中的基本情况，完全是能达成比较可靠的结论的。

如果说调查古代文学作品中的名词铺排情况不易，那么调查现代文学作品中的名词铺排情况就更难了。因为近现代文学作品的数量更大，调查的范围无限广泛。因此，要获得足够的第一手材料，就不仅需要耐心，还需要用心，要有"大海中捞针"的智慧。比方说，在近现代小说、散文中寻找名词铺排的材料，就是非常艰难的一件事。但是，我们惊奇地发现，礼权教授在《汉语名词铺排史》第七章第二节、第三节描写近现代散文、小说作品中的名词铺排结构类型时，所呈现的例证是那么丰富多彩。那么，为什么礼权教授能够在别人不可能搜集到名词铺排文本的近现代散文、小说中搜集到如此丰富的例证呢？这就跟礼权教授"大海中捞针"的智慧有关。因为礼权教授不仅是研究修辞学卓然有成的修辞学家，还是在修辞实践上有卓越成就的作家，在历史小说《镜花水月：游士孔子》《易水悲风：刺客荆轲》《远水孤云：说客苏秦》《冷月飘风：策士张仪》《道可道：智者老子》《化蝶飞：达者庄子》的创作中积累了丰富的体验，取得了突出的成就，所以他懂得作家的心，知道在什么样的作家、什么样的作品中能够发现名词铺排文本，因而有的放矢，迅速搜集到了丰富的名词铺排文本。礼权教授著作中搜集到的穆时英、巴金、王蒙等作家作品中大量的名词铺排文本，正是他"大海中捞针"的智慧体现。

《汉语名词铺排史》是一部汉语修辞史的学术专著，也是一部汉语史的学术专著。众所周知，无论是汉语修辞史，还是汉语史的研究，最根本最关键的是材料。因为材料是支撑观点与结论的基础，没有足够、全面、可靠的材料，史就不能成为史。通读《汉语名词铺排史》全稿以及后记，我们就可以清楚地知道，礼权教授写这部专著倾注在材料上的功夫有多大。我可以毫不夸张地说，在当今中国学术界，像礼权教授这样肯以 23 年时间坐冷板凳，在材料上舍得下死功夫的学者几乎是难得一见的。正因为如此，我们今天很难见到像《汉语名词铺排史》这样扎实严谨的学术专著。历史证明，任何类型的史书，没有信实、丰富的材料，都是难以成为史书的，更是难以藏之名山而传之久远的。但是，我相信，礼权教授的这部《汉语名词铺排史》是可以藏之名山而传之久远的，因为他做了扎实严谨的材料工作，书中翔实可靠的材料足以支撑其对汉语名词铺排演进史描写的相关观点和结论。

写到这里，我还想说一句内心真实的感受。我认为，礼权教授这部《汉语名词铺排史》的出版，其意义不仅在于它有填补汉语修辞史研究空白的价值，有为构筑汉语史完整体系的大厦奠基固础的作用，还在于能让我们从中得到一种启发：学术研究特别是语言学研究，是非常艰苦的工作，只有痴迷于斯，沉潜于其中，并能乐在其中，才能不以为苦，最终取得突破性的成就。

礼权教授在后记中说，这部《汉语名词铺排史》倾注了他 21 年的心血，他把它作为学术生涯中的"地标性"作品。他谦虚地说，对于这部《汉语名词铺排史》能否成为他学术生涯中的"地标性"作品，还没有信心。其实，只要我们看看书中他对不同历史时期汉语名词铺排结构形态及其演变轨迹的描写有多么细密，看看其理论阐释有多么深刻，就能知道他所付出的努力有多大。通读了礼权教授的全部书稿，我真切地认为，这部《汉语名词铺排史》不仅称得上是他学术著作中的扛鼎之作，可以成为他学术生涯中的"地标性"作品，而且可以视为代表当今汉语语言学特别是汉语修辞学最高水平的标志性成果。事实证明，也确是如此。2019 年 1 月 30 日，国家出版基金规划办公室公布了 2019 年度国家出版基金资助项目立项名单，礼权教授的《汉语名词铺排史》赫然在列。2019 年度获得国家出版基金资助的所有项目中，语言文字类共有 21 项。其中 20 项是集体项目，属于丛书、辞典等大型出版物，只有礼权教授《汉语名词铺排史》1 项是个人学术专著。可见，他的这部著作在学术界达到了多高的认同度。能为这样高水平的著作作序，深感荣幸，故乐为之也。

马庆株

2019 年 10 月 7 日重阳节草于津门

2019 年 10 月 30 日改毕于西科大

［马庆株（1942—　），天津人。北京大学文学硕士，南开大学教授、博士生导师，西南交通大学特聘教授，西南科技大学特聘教授，中国修辞学会原会长（第九届），中国语文现代化学会原会长，现任中国修辞学会终身名誉会长］

目　录

contents

第一章　绪　论

第一节 名词铺排的概念内涵

名词铺排，是汉语中一种独特的语言现象。① 它表面上看是语法现象，实质上是修辞现象，而且是古已有之的修辞现象，现代修辞学界给了它一个术语，叫作"列锦"。②

根据我们的考证，名词铺排的源头滥觞，就现今所能见到的最早文学史料来看，"在先秦的《诗经》中就已经萌芽。《国风·召南·草虫》：'喓喓草虫，趯趯阜螽。未见君子，忧心忡忡。'其中，'喓喓草虫，趯趯阜螽'二句，便是两个各自独立且彼此对峙的名词句，属于以名词铺排的列锦修辞格运用"③。《小雅·斯干》篇："秩秩斯干，幽幽南山。如竹苞矣，如松茂矣。兄及弟矣，式相好矣，无相犹矣。"其中的"秩秩斯干，幽幽南山"，也是同一类的名词铺排。

众所周知，除了那些没有发展成熟的原始语言之外，世界上任何一种语言的构句都不可能没有动词，这是人所共知的语言学常识，毋庸赘述。但是，汉语的名词铺排，如果作为一种语法现象来看，则恰恰背离了人类语言共同的构句规律，成为人类语言中异乎寻常的语言现象。其实，在古代汉语中，汉语的名词铺排不仅没有动词，而且没有连词、介词、助词等虚词成分（只有汉赋与唐代小说中的名词铺排有个别结构助词"之"字出现），纯粹是由名词或名词短语单独或联合构句，这在世界其他语言中是绝无仅有的（比方说英语，只要是一个句子，

---

① 吴礼权：《名词铺排与唐诗创作》，载《蜕变与开新——古典文学国际学术研讨会论文集》，台北：东吴大学，2011 年，第 125 页。

② 谭永祥：《汉语修辞美学》，北京：北京语言学院出版社，1992 年，第 224 页。

③ 吴礼权：《晚唐时代"列锦"辞格的发展演进状况考察》，《平顶山学院学报》2012 年第 1 期，第 118－119 页。

除了有动词外，冠词、连词等类似于汉语虚词的成分总是少不了的）。因此，我们认为，汉语的名词铺排，表面看起来好像是语法现象，实质上是一种修辞行为造就的修辞现象，是汉民族的一种审美倾向在语言运用中的表露。

汉语的名词铺排，因为本质上不是语法现象，从句法结构上分析，它跟所有汉语句法结构形式都迥然相异，因此无论是古代汉语，还是现代汉语，其句法结构框架都难以将之纳入其中。为此，我们在讨论和研究这种独特的语言现象时，必须先厘清"名词铺排"的概念内涵。下面是我们对"名词铺排"的概念内涵所作的界定：

所谓"名词铺排"，是特指汉语表达中出现的一种以一个名词或名词短语单独构句，或是以两个或两个以上的名词或名词短语（包括名词短语组合）联合构句，以此写景叙事的语言现象。

汉语的名词铺排，严格意义上不是语法现象，而是修辞现象，它是表达者有意突破语法规约，意欲在表情达意的同时展露其某种审美倾向的一种修辞努力。

以名词铺排形式出现的言语作品，我们称之为"名词铺排文本"。

根据我们的研究，汉语的名词铺排在结构形式上相当复杂，结构类型非常多。但是，从构成名词铺排的单位大小来看，其结构类型只有三种：一是单句式，二是对句式，三是多句式。但不论是哪种类型，都必须同时满足如下三个条件：

（1）构句中不出现任何一个动词。

（2）每个句子都是名词性质的，但可以是单个名词或名词短语独立构句，也可以是两个或两个以上的名词或名词短语联合构句。

（3）每个句子在语法上都不与其前后句发生结构上的纠葛，即既不作其前句的谓语、宾语或补语，也不作其后句的主语、定语或状语。

为了更直观清楚地了解名词铺排的概念内涵，下面我们举三个例子予以说明：

（1）青田白鹤丹山凤，婺女姮娥两相送。谁家绝世绮帐前，艳粉芳脂映宝钿。窈窕玉堂裹翠幕，参差绣户悬珠箔。绝世三五爱红妆，冶袖长裾兰麝香。春去花枝俄易改，可叹年光不相待。（唐·张柬之《东飞伯劳歌》）

（2）秋千院落重帘暮，彩笔闲来题绣户。墙头丹杏雨余花，门外绿杨风后絮。（宋·晏几道《木兰花》）

（3）少时，饮食俱到。薰香满室，赤白兼前，穷海陆之珍羞，备川原之果菜，……熊腥纯白，蟹酱纯黄；鲜鲙共红缕争辉，冷肝与青丝乱色。蒲桃甘蔗，楔枣石榴，河东紫盐，岭南丹橘。燉煌八子奈，青门五色瓜。太谷张公之梨，房陵朱仲之李。东王公之仙桂，西王母之神桃，南燕牛乳之椒，北赵鸡心之枣。千名万种，不可具论。（唐·张鷟《游仙窟》）

　　以上三例，画线部分都是名词铺排文本，因为这三例都符合我们上面所说的三个条件。例（1）是盛唐诗人张束之的古风诗，其中"青田白鹤丹山凤"，是典型的单句形式的名词铺排。它由"青田白鹤""丹山凤"两个名词短语联合构句，两个名词短语之间既无动词，也无连词或其他虚词，属于"NP＋NP"式的名词铺排。这个名词铺排文本，由于出现于全诗的开头，因此不可能是其他句子的谓语、宾语或补语。又因为它之后的一句"婺女姮娥两相送"是一个主谓结构的完全句（"婺女姮娥"是主语，"两相送"是谓语），所以它又不可能是后一句的主语或定语、状语。因此，在语法上它跟其他句子没有结构上的纠葛。例（2）是宋代词人晏几道的词作，其中"墙头丹杏雨余花，门外绿杨风后絮"，是典型的对句形式的名词铺排。前句由"墙头丹杏"与"雨余花"，后句由"门外绿杨"与"风后絮"联合构句，每句都为"NP＋NP"式名词句，整体上属于"NP＋NP，NP＋NP"式的名词铺排。由于这二句居于全词上半阕的末尾，因此它不可能是其他句子的主语、定语或状语。又因为它之前的二句"秋千院落重帘暮，彩笔闲来题绣户"都是语法结构完整的主谓句，因此"墙头丹杏雨余花，门外绿杨风后絮"不可能是前二句的谓语或宾语、补语。可见，"墙头丹杏雨余花，门外绿杨风后絮"在语法上跟其他句子没有结构上的纠葛。例（3）是唐人张鷟（即张文成）的小说，其中"蒲桃甘蔗，楔枣石榴，河东紫盐，岭南丹橘。燉煌八子奈，青门五色瓜。太谷张公之梨，房陵朱仲之李。东王公之仙桂，西王母之神桃，南燕牛乳之椒，北赵鸡心之枣"，是由十二个句子构成的多句式名词铺排。这十二个句子，没有一个句子中有动词，每个句子都是名词性质的。第一、二句是"NP＋NP"式名词句，其他都是"NP"式名词句。这十二个句子之前的两个句子"鲜鲙共红缕争辉，冷肝与青丝乱色"，在语法上是结构完整的主谓句，因此这十二个句子构成的名词句群不可能成为其谓语或宾语、补语。又因为这十二句之后的二句"千名万种，不可具论"，本身是一个语法结构完整的主谓语（"千名万种"是主语，"不可具论"是谓语），因此这十二个名词句群不可能成为其主语或定语、状语。可见，这十二个名词句在语法上跟其前后句没有结构上的纠葛。

　　通过上面三例的分析，我们可以真切地看清本书所指的"名词铺排"的概念内涵。同时，从上面三例我们也可以清楚地看出，无论是诗人、词人笔下的名词铺排文本，还是小说家创作的名词铺排文本，都不是简单的语法现象，即不是所谓的"名词句"问题，而是一种倾注了某种审美努力的修辞行为，属于修辞现象。如例（1）的审美旨趣明显是为了定格画面，营造一种先声夺人的效果；例（2）是为了造景呈象，拓展意境；例（3）是为了铺采摛文，铺排壮势。

第二节　名词铺排的基本结构类型

纵观汉语名词铺排的发展演进，我们可以依其结构形式将其区分为如下几大类型，不同类型又可逐层划分次范畴类型。现将具体情况略述如下。

一、不带结构助词或连词的形式

不带结构助词或连词，这是古代汉语名词铺排在结构形式上的常态。而带结构助词或连词的形式，则是现代汉语名词铺排在结构形式上的新发展。

名词铺排在古代诗、词、曲、赋、小说等文体中都有运用，中国文学的发展具有源远流长的历史与传统，因此古代汉语中的名词铺排在结构形式上显得非常复杂。不过，若以名词铺排文本呈现的句子数量来观察，大体上可以将古代的名词铺排结构形式作如下区分。

（一）单句式

所谓"单句式"，是指名词铺排文本以单句形式呈现。这种形式最早出现于汉赋中，但并不普遍，根据我们对现存汉赋作品的考察，目前也只看到如下一例：

（1）于是乎崇山矗矗，龙嵸崔巍，深林巨木，崭岩参嵯，九嵕嶻嶭。南山峨峨，岩陁甗崎，摧崣崛崎。（汉·司马相如《上林赋》）

例（1）"深林巨木"，是一个"NP"式名词句，属于我们所说的名词铺排。因为在它之前的"崇山矗矗，龙嵸崔巍"二句，各是一个语法结构完整的主谓句。前句"崇山"是名词，作主语；"矗矗"（山直立高耸貌）是形容词，作谓语。后句"龙嵸"（亦指山）是名词，作主语；"崔巍"（山高峻貌）是形容词，作谓语。在它之后的"崭岩参嵯,九崚巇嵲"二句,也是两个语法结构完整的主谓句。前句的主语是名词"崭岩",后句的主语是名词"九崚"(山名);前句的谓语是形容词"参嵯"(同"参差",高低不一貌),后句的谓语是形容词"巇嵲"(山高峻貌)。可见,"深林巨木"一句在语法上跟其前后句没有结构上的纠葛,是一个独立的言语单位。在语义上,"深林巨木"是写树,而它的前后各句都是写山,因此它跟其前后的句子在内容上亦无关涉。

汉赋创造出这一名词铺排结构形式,可能并非有意而为之,只是由于整体四字句连续铺排的需要。但是,到了唐词中,有意而为之的倾向就非常明显了。根据我们的考察和目前所能掌握到的材料,唐词中的单句式名词铺排可以分为三类:一是"NP"式,二是"NP + NP"式,三是"NP + NP + NP"式。如:

(2) 画楼音信断,<u>芳草江南岸</u>。鸾镜与花枝,此情谁得知。(唐·温庭筠《菩萨蛮》)

(3) 星斗稀,钟鼓歇,<u>帘外晓莺残月</u>。(唐·温庭筠《更漏子》)

(4) 蝶舞梨园雪,莺啼柳带烟。<u>小池残日艳阳天</u>,苎萝山又山。(唐·唐昭宗《巫山一段云》之二)

例(2)"芳草江南岸",是以名词"岸"为中心语,"江南"修饰"岸",是直接修饰语;"芳草"修饰"江南岸",是间接修饰语。因此,"芳草江南岸"是"NP"式名词短语构成的单句式名词铺排。从来源上看,应该是汉赋所创结构形式的沿用。例(3)"帘外晓莺残月","晓莺"与"残月"并列,"帘外"是它们的共同修饰限定语。因此,"帘外晓莺残月"是"NP + NP"式名词短语构成的单句名词铺排。例(4)"小池残日艳阳天",由"小池""残日""艳阳天"三个名词短语并列构句,属于"NP + NP + NP"式名词短语句构成的单句式名词铺排。

(二)对句式

所谓"对句式",是指名词铺排文本以并立的双句形式呈现。这种形式出现最早,《诗经》中就已经有了。之后在历代诗歌中,在词、曲、赋、小说中,都是最常见的。如果细加区别,又可分为"NP,NP"式、"NP + NP,NP + NP"式、"NP + NP + NP,NP + NP + NP"式、"NP + NP + NP,NP"式、"NP + NP + N,NP + NP + N"式、"N + N + NP,N + N + NP"式等多种。如:

(1) <u>喓喓草虫,趯趯阜螽</u>。未见君子,忧心忡忡。亦既见止,亦既觏止,我

心则降。(《诗经·国风·召南·草虫》)

（2）楼上徘徊月，窗中愁思人。照雪光偏冷，临花色转春。（南朝梁·庾肩吾《和徐主簿望月诗》）

（3）涧水空山道，柴门老树村。忆渠愁只睡，炙背俯晴轩。（唐·杜甫《忆幼子》）

（4）倾盖金兰合，忘筌玉叶开。繁花明日柳，疏蕊落风梅。将期重交态，时慰不然灰。（唐·骆宾王《游兖部逢孔君自卫来欣然相遇若旧》）

例（1）"喓喓草虫，趯趯阜螽"，两句分别以名词"草虫"和"阜螽"为中心语，各是一个名词短语句，并列构成一个对句形式的名词铺排文本，是早期名词铺排的典型模式，是以叠字领起的"NP，NP"式对句名词铺排。例（2）"楼上徘徊月，窗中愁思人"，分别以名词"月""人"为中心语，也是两个名词短语句的并列，亦为"NP，NP"式对句名词铺排，只是不再以叠字领起。例（3）"涧水空山道，柴门老树村"，结构上是"涧水＋空山道，柴门＋老树村"，属于"NP＋NP，NP＋NP"式对句名词铺排。例（4）"繁花明日柳，疏蕊落风梅"，结构上是"繁花＋明日＋柳，疏蕊＋落风＋梅"（"落风"在此为名词），属于"NP＋NP＋N，NP＋NP＋N"式双句名词铺排。限于篇幅，其他类型的对句名词铺排不再举例。

（三）多句式

所谓"多句式"，是指名词铺排文本以三句或三句以上的形式呈现。这种形式最早出现于汉赋中，之后在历代词、曲、赋、小说中都很常见。如果细加区别，这种形式的名词铺排又分为"NP，NP，NP"式、"NP，NP，NP，NP"式、"NP，NP＋NP，NP＋NP"式、"NP＋NP，NP＋NP，NP＋NP"式、"NP＋NP，NP＋NP，NP＋NP，NP＋NP"式、"NP＋NP＋NP，NP＋NP＋NP"式、"NP＋NP＋NP，NP＋NP＋NP，NP＋NP＋NP"式等几十种。如：

（1）风微烟淡雨萧然，隔岸马嘶何处，九回肠，双脸泪，夕阳天。（五代·冯延巳《酒泉子》）

（2）遂引少府向十娘卧处：屏风十二扇，画障五三张，两头安彩幔，四角垂香囊；槟榔豆蔻子，苏合绿沉香，织文安枕席，乱彩叠衣箱。相随入房里，纵横照罗绮，莲花起镜台，翡翠生金厦；帐口银虵装，床头玉狮子，十重蛮驱毡，八叠鸳鸯被；数个袍裤，异种妖娆……（唐·张鷟《游仙窟》）

(3) 鳌溪路，潇洒翠壁丹崖，古藤高树。林间猿鸟欣然，故人隐在，溪山胜处。(元·张翥《瑞龙吟》)

(4) 落日遥岑，淡烟远浦。萧寺疏钟，戍楼暮鼓。一叶扁舟，数声去橹，那惨戚，那凄楚。恰待欢娱，顿成间阻。(元·宋方壶《越调·斗鹌鹑·送别》)

例(1)“九回肠，双脸泪，夕阳天”，是三个分别以名词“肠”“泪”“天”为中心语的名词短语句，并列构成名词铺排，属于“NP，NP，NP”式。例(2)“槟榔豆蔻子，苏合绿沉香，织文安枕席，乱彩叠衣箱”“帐口银虺装，床头玉狮子，十重蛩驱毡，八叠鸳鸯被”，各是四个名词短语句并列构成的名词铺排，属于“NP，NP，NP，NP”式。例(3)“鳌溪路，潇洒翠壁丹崖，古藤高树”，第一句由一个名词短语构成，第二、三句则由两个名词短语加合构成，属于“NP，NP+NP，NP+NP”式名词铺排。例(4)“落日遥岑，淡烟远浦。萧寺疏钟，戍楼暮鼓”，四个句子皆由两个名词短语加合构成，然后共同构成一个名词铺排文本(这四句之后是另一个名词铺排文本)，属于“NP+NP，NP+NP，NP+NP，NP+NP”式。限于篇幅，其他各种结构形式不再一一举例。

二、带结构助词或连词的形式

带结构助词或连词的名词铺排结构形式，在古代非常罕见，偶尔才能发现一两例。但是，在现代则非常普遍。纵观古今名词铺排结构形式的发展演进，如果细加区分，带结构助词或连词的，主要有如下几种情况。

(一) 带“之”式

带结构助词“之”字的名词铺排，主要出现于古代的文学作品中。根据我们的调查，汉赋与唐代小说中都有。如：

(1) 忘忧之馆，垂条之木。枝逶迟而含紫，叶萋萋而吐绿。出入风云，去来羽族。(汉·枚乘《柳赋》)

(2) 少时，饮食俱到。薰香满室，赤白兼前，穷海陆之珍羞，备川原之果菜，……熊腥纯白，蟹酱纯黄；鲜鲙共红缕争辉，冷肝与青丝乱色。蒲桃甘蔗，楔枣石榴，河东紫盐，岭南丹橘。敦煌八子柰，青门五色瓜。太谷张公之梨，房陵朱仲之李。东王公之仙桂，西王母之神桃，南燕牛乳之椒，北赵鸡心之枣。千名万种，不可具论。(唐·张鷟《游仙窟》)

在古代汉语的名词铺排中，偏正式名词短语单独构句，名词中心语与修饰语之间都是不加结构助词的。可是，例（1）和例（2）都加了助词"之"字，这是罕例。之所以会加"之"字，恐怕主要是为了使结构对称，每句凑成四字或六字，否则是不会添加结构助词"之"字的。

（二）带"和"式

带连词"和"字的名词铺排，在古今都有。但是，古代名词铺排带连词"和"字的极少，目前发现的材料中仅有一例。现代名词铺排中，带连词"和"字的则逐渐多起来。如：

（1）三十功名尘与土，八千里路云和月。（宋·岳飞《满江红》）
（2）大汽车和小汽车。无轨电车和自行车。鸣笛声和说笑声。大城市的夜晚才最有大城市的活力和特点。（王蒙《夜的眼》）

例（1）是目前所能找到的古代名词铺排带连词"和"字的唯一例证。"八千里路"是"云""月"两个名词的共同修饰语，因此是属于"NP＋NP"结构形式的名词铺排文本。例（2）"大汽车和小汽车。无轨电车和自行车。鸣笛声和说笑声"，这三句都是各自由两个名词短语加合而成的，其中两个名词短语之间都加了连词"和"字，属于"NP＋NP，NP＋NP，NP＋NP"式名词铺排文本。上面两例分别来自宋词、现代小说，这说明名词铺排中用连词"和"字已是名词铺排结构形式发展中的一个趋势。

（三）带"与"式

带连词"与"字的名词铺排，在古代汉语中没有，在现代汉语中也只是偶有一见。如：

自然是最伟大的一部书，葛德说，在他每一页的字句里我们读得最深奥的消息。并且这书上的文字是人人懂得的；阿尔帕斯与五老峰，雪西里与普陀山，来因河与扬子江，梨梦湖与西子湖，建兰与琼花，杭州西溪的芦雪与威尼市夕照的红潮，百灵与夜莺，更不提一般黄的黄麦，一般紫的紫藤，一般青的青草同在大地上生长，同在和风中波动……（徐志摩《翡冷翠山居闲话》）

上例的名词铺排，每句都是由两个名词短语加合而成，两个名词短语之间都以连词"与"字连缀。这是典型的添加连词"与"字的名词铺排文本模式。

（四）带"的"式

带结构助词"的"字的名词铺排，古代没有，但在现代非常普遍，诗歌、散文、小说中都有。如果仔细区分，又有两类：一是全部带"的"字，二是部分带"的"字。如：

（1）悠扬的竖琴，暗蓝的纱幕

　　　黄昏里，浮过一群

　　　雪白的天鹅……（钱玉林《奥杰塔》）

（2）泪水。挥别的手。脸颊上留有温度的吻。蓝色的方巾。蒙蒙细雨。火车让我想起灰白色的站台，那是出发和告别的地方。（傅菲《火车多重奏》）

（3）海云的泪珠，荷叶上的雨滴，化雪时候的房檐，第一次的，连焦渴的地面也滋润不过来的春雨！（王蒙《蝴蝶》）

上面三例，例（1）是"NP，NP"式，且带"的"字。例（2）是"NP，NP，NP，NP，NP"式，部分带"的"字。例（3）是"NP，NP，NP，NP"式，全部带"的"字。例（1）是诗歌，例（2）是散文，例（3）是小说，可见全部带"的"字或部分带"的"字乃是现代名词铺排结构形式的常态。

（五）带"的"兼"和"式

带结构助词"的"字和连词"和"字的名词铺排，古代没有，现代却很常见。如：

（1）毛茸茸狗尾巴草的巨大花影。花影内的如藤乡路。摇摇晃晃爬行并且吐烟的可爱甲虫。村庄上空的阳光和云彩。年复一年，蚂蚁一样的乡亲就是这样进出着太湖边上各自的家。（黑陶《塘溪，塘溪》）

（2）圆圆的天和圆圆的地，一条季节河，一匹马和一个人，这究竟是什么年代？这究竟是地球的哪个角落？（王蒙《杂色》）

例（1）"毛茸茸狗尾巴草的巨大花影。花影内的如藤乡路。摇摇晃晃爬行并且吐烟的可爱甲虫。村庄上空的阳光和云彩"是一个名词铺排文本，其中末一句"村庄上空的阳光和云彩"，也是"NP＋NP"形式，既用到了结构助词"的"

字，也用了连词"和"字。例（2）中开头一句与第三句，也是"NP＋NP"形式，同样是结构助词"的"字与连词"和"字同时运用。例（1）是散文，例（2）是小说，至于诗歌，这种名词铺排形式更是常见（限于篇幅例略）。可以说，兼带结构助词与连词的名词铺排在现代已是名词铺排结构形式的常态。

（六）带"的"兼"与"式

带结构助词"的"字和连词"与"字的名词铺排，古代没有，现代特别是在小说中已经很常见了。如：

世界最大的航空港之一——芝加哥机场。名目繁多的航空公司，各霸一方而又联营。荧光屏幕上密密麻麻的飞机起飞时刻表和飞机抵达时刻表，绿光闪烁。候机室里的茶，咖啡，可口可乐，橙子汁，蕃茄汁，三明治，热狗，汉堡包，意大利煎饼，生菜沙拉，熏鱼，金发的白人与银发的黑人，巴黎香水与南非豆蔻，登机前的长吻。女士们，先生们，飞行号数633……

还有一张半裸的女人像，背景是阳光灿烂的海水浴场，画在半透明的塑料板上，灯光从后面照射过来，显得就像是真正的太阳在照耀。下面是几个大字：你去过佛罗里达吗？（王蒙《相见时难》）

上例中"候机室里的茶，咖啡……"这个名词铺排文本，"金发的白人与银发的黑人，巴黎香水与南非豆蔻"二句都用了连词"与"，而且前一句的名词中心语与修饰语之间用了结构助词"的"字，也是典型的"的""与"兼用形式。

（七）带"的"兼衬字式

带结构助词"的"字兼衬字的名词铺排，古代没有，现代其他文体中也没有，只在现代诗中（主要是个别诗人作品中）才有运用。如：

（1）塔里木的麦浪呵江南的风，

南泥湾的号声响不停！（贺敬之《又回南泥湾——看话剧〈豹子湾战斗〉》）

（2）塞外的风沙呵黄河的浪，

春光万里到故乡。（贺敬之《桂林山水歌》）

上面二例，都在名词中心语与修饰语之间加了"的"字，同时在两个名词短语之间添加了衬字"呵",属于典型的既带"的"字又带衬字的形式,整体结构形式仍是"NP＋NP"式。

第三节　名词铺排在汉语中成立的基础

名词铺排是一种突破汉语语法规范、超越常规的语言现象。作为一种修辞现象,它萌芽滥觞于先秦时期,之后历代在结构形式上都有发展,在文体上也逐渐由诗歌扩及赋、小说、词、曲、散文等领域。名词铺排结构形式的发展演进过程,事实上也在说明一个问题:名词铺排作为一种修辞现象是具有极强的生命力的。

那么,名词铺排修辞现象何以有如此顽强的生命力,而为自古及今许多人所喜爱并运用呢?这与它本身具有一定的语言、心理、美学基础有关。

一、语言基础

汉语是一种具有悠久历史的语言,也是与世界诸民族语言有很大差别的语言。若将汉语与印欧语系诸语言予以比较,就能发现它迥异于印欧语系诸语言的鲜明特点。郭绍虞曾以文学批评家的直觉,明确指出了汉语语法的三个特点:"简易性""灵活性""复杂性"。[①]

郭绍虞所概括的汉语语法的三个特点,尽管汉语语法学界并不完全认同,但是汉语语法并不像英语语法那样严密,则是一个不争的事实。学过英语的人都知道,在英语中,如果有两个或两个以上的名词并列,一般名词与名词之间都是要加连词"and"的,但在汉语中就没有这种规定。比方说,在日常生活中,我们听人说"锅碗瓢盆,样样都有",觉得非常自然,绝不会认为这种说法不符合语法,当然更不会要求说者在"锅""碗""瓢""盆"四个名词之间都加上连词"和"。如果真的像英语那样,在相邻的两个名词之间都加上连词"和"(或"与""跟"),说成"锅和碗和瓢和盆,样样都有",那听起来就令人觉得非常奇怪了,会被认为不是本色的汉语。又比方说,我们说"赤橙黄绿青蓝紫,色彩缤纷",简洁明了,听起来也觉得自然。如果像英语语法那样,一定要在两个相邻名词之间加连词,那么"赤""橙""黄""绿""青""蓝""紫"七个名词之间

---

① 郭绍虞:《汉语语法修辞新探》,北京:商务印书馆,1979年,第7页。

就要加上六个连词"和"（或"与""跟"），那不仅说起来非常吃力，听起来也非常别扭。可见，相对于英语语法的严密性特点，汉语语法的"简易性"特点不仅更符合"语言经济"的原则，也符合一定的美学原则。日常口语如此，书面语更是如此。书面语涉及的范围比较广，难以统而言之。如果以数千年来对中国人影响巨大的诗歌为例，便更易于说明了。众所周知，诗歌特别是中国古代的格律诗，因为受篇幅、字句及格律等的限制，构句力求简洁，因而语法上"简易性"的特点就表现得特别突出。为了简洁，不仅关联词语尽量不用，甚至动词也可以省略不用。如唐人司空曙《喜外弟卢纶见宿》诗有"雨中黄叶树，灯下白头人"二句，是一个比喻，本体是"灯下的白头人"，喻体是"雨中的黄叶树"。但是，这个比喻分列两句，是以并列的形式出现的，并未出现比喻词"如""若"等。从语法上分析，这是动词的省略。按照西语的语法，句子中的动词是最重要的结构成分，是必不可少的，绝对不能省略。可是在唐代诗人笔下，动词"如"恰恰被省略了。不过，应该指出的是，虽然这两句诗省略了动词，但事实上并没有影响读者对其语义的理解。不仅如此，从审美的角度看，反而因为省略了动词"如"，作为比喻本体与喻体的两句在诗中的地位都得到了提升，独立性增强，即两个偏正结构的名词短语各自构成了一个完整的画面形象，提升了诗歌的意境美感。这里，我们既可以看到汉语语法具有"简易性"特点的事实，又能见出这种特点在审美上的价值。至于连词之类的虚词在诗歌（包括楹联、对联等）中的省略，那就更是司空见惯了。如明人顾宪成题东林书院楹联："风声雨声读书声，声声入耳；家事国事天下事，事事关心"，则是大量省略了连词的例子。上联"风声""雨声""读书声"，下联"家事""国事""天下事"，都是三个名词短语并列，但相邻的两个名词短语之间都没有加并列连词。正因为没有加连词，楹联文字在表达上就显得异常简洁，读来格外铿锵有力，有掷地有声的感觉。应该说，这副楹联数百年来之所以深切打动了无数志士仁人的心，激励着他们为国家为社会勇敢地承担起自己的责任，这其中固然与其所体现的思想境界有关，但也不能否认与其简洁有力的文字表达有关。这里，我们不仅再次见出汉语语法"简易性"的特点在诗歌中的表现，也再次看到汉语语法"简易性"特点在修辞文本创造上所具有的审美价值。

汉语语法"灵活性"的特点，相对于"简易性"则更为明显。如果与印欧语系诸语言（比方说英语）相比较，尤显突出（当然，俄语在语序的灵活性上也非常突出）。众所周知，英语的语法规则是很严密的，什么时候该用定冠词，什么地方该用不定冠词，主语在什么位置，谓语动词在什么位置，定语在什么地方，状语在什么位置等，都有严密的规定，一般是不会有变通的。但是在汉语中，情况就不是这样了。可以说"走在大路上",也可以说"在大路上走";可以说"鸡不吃了,吃点菜吧",也可以说"不吃鸡了,吃点菜吧"。先秦时期有"室于怒,市于色"(《左传·昭公十九年》引谚语)的说法,后世则说成"怒于室,色于市"或"于室怒、于市色"。同样的一个意思,就有三种不同的句法结构。当然,这里有历时的变化。但不论怎么历时变化,在英语中都不会有这样大的变化。这里就能清晰地看到汉语语法"灵活性"的鲜明特点。这种特点在诗歌中特别是传统诗歌中表现得更加突出。如唐人魏徵《述怀》诗有"古木鸣寒鸟,空山啼夜猿"句,按照正常句法结构应该写成"鸟鸣于寒古木上,猿啼于夜空山中";又如唐人王维《山居秋暝》诗有"竹喧归浣女,莲动下渔舟"句,按照正常句法结构应该写成"浣女归竹喧,渔舟下莲动"。如果真按正常句法结构作上述改动,可能会让人觉得没有诗味,当然更不会令人叫好了。应该承认,诗歌语言与一般的语言确实有所不同。但是,如果汉语语法没有"灵活性"的特点,即使诗歌也是不能随意颠倒句法结构成分的位置的。如果诗人硬要如此,那么是不能为人们所认同,更不会让人叫好的。朱光潜在探讨中国诗何以走上"律"的道路时,曾经说过这样的话:"西文的文法严密,不如中文字句构造可自由伸缩颠倒,使两句对得很工整。比如'红豆啄余鹦鹉粒,碧梧栖老凤凰枝'两句诗,若依原文构造直译为英文或法文,即漫无意义,而中文里却不失其为精练,就由于中文文法构造比较疏简有弹性。再如'疏影横斜水清浅,暗香浮动月黄昏'两句诗没有一个虚字,每个字都实指一种景象,若译为西文,就要加上许多虚字,如冠词前置词之类。中文不但冠词和前置词可以不用,即主词动词亦可略去。单就文法论,中文比西文较宜于诗,因为它比较容易做得工整简练。"[①] 朱光潜所说的中文(即汉语)"文法构造比较疏简有弹性",也就是郭绍虞所说的汉语语法较具"灵活性"的特点。

前面我们说过,名词铺排最初是出现于诗中的语言现象,后来扩展到词、曲乃至散文、小说等文体。但就整体而言,名词铺排的主要栖身之所还是诗。众所周知,诗歌与一般文体是有所不同的,在语言运用上有着自身的特点。但是,不管诗歌怎么特殊,也不可能超越上述我们所说的汉语语法的三个基本特点的范畴。不仅不能超越,相反,这三个特点在诗歌中表现得尤其突出。如果我们认真研究过中国诗歌特别是古代的格律诗,就会发现,很多流传千古、脍炙人口的诗篇事实上恰恰是巧妙地利用了上述汉语语法的三个特点。因为有"简易性"特点,诗人们才得以从容伸缩文身,在有限的篇幅与既定的字句数量限制下充分发

---

① 朱光潜:《朱光潜美学文学论文集》,长沙:湖南人民出版社,1982 年,第 244 – 245 页。

挥其创意造言的才华，尽情地表情达意。因为有"灵活性"特点，诗人们才得以游刃有余地调度平仄、协调韵脚，从而创造出诗歌的韵律美。因为有"复杂性"特点，诗人们创意造言的智慧才得到最大限度的展示，从而为汉语创造出了许多鲜活而富有生命力的表达式。

应该指出的是，中国古代的许多诗篇之所以具有永不消退的魅力，从接受欣赏的角度看，除了与其特有的韵律美有关，还与其意境美密切相关。而诗歌意境美的呈现，事实上又与汉语语法的"简易性"和"灵活性"密切相关。因为有这两个特点，就"为诗歌语言表达的张力预留了较大的空间，使诗歌文字所表达的内容大大扩容，思想内涵显得更深广，意境更开阔，情感更丰富"①。自《诗经》开始，名词铺排作为一种修辞现象在诗歌乃至词曲、散文、小说中逐渐得以广泛运用，并展现出无尽的魅力，事实上是与汉语本身所提供的物质基础分不开的。不可否认，诗歌作为一种文体，在语法表达上确实有一定的特殊性。但是不论怎么特殊，总不能超越汉语语法特点的基本范畴。正因为如此，最初孕育于诗歌中的名词铺排才会逐渐从词、曲、赋而最终走入散文、小说等文体中。如果没有汉语语法"简易性""灵活性""复杂性"的特点，诗歌（包括词、曲、赋）仅凭名词铺排就能顺利表情达意并营造出一种"诗中有画"的意境美的目标，固然是不可能实现的；散文、小说等非韵文体要想突破语法规约，仅以名词铺排而实现表情达意的目标，就根本没有"合法性"了。因此，完全可以这样说，没有上述汉语语法特点作为基础，名词铺排就不可能打破文体的限制，从诗、词、曲、赋等韵文体走进散文、小说等非韵文体领域。

二、心理基础

名词铺排在汉语中能够成立，还有另一个重要的基础，这便是心理基础，即与心理学上所说的"联想"有关。

从心理学观点看，联想是记忆的基础；从生理学观点看，"联想是暂时神经联系"②。巴甫洛夫指出："暂时神经联系是动物界以及人类自己的最普遍的生理现象，同时也是心理现象，就是心理学家称为联想的东西，这种联想把各种各样

---

① 吴礼权：《名词铺排与唐诗创作》，载《蜕变与开新——古典文学国际学术研讨会论文集》，台北：东吴大学，2011 年，第 159 页。

② B. B. 波果斯洛夫斯基等主编，魏庆安等译：《普通心理学》，北京：人民教育出版社，1982 年，第 225 页。

的活动、印象或字母、词和观念联系了起来。"① 普通心理学的一般原理告诉我们："人们感知的东西，并不消失得无影无踪，会在大脑皮层上留下兴奋的痕迹。在引起兴奋的刺激物离开以后，这些痕迹也能产生兴奋。据此，人们就能识记和保持并能随后再现已消失的对象的映像，或再现过去掌握的知识。"② 亦即说，"像知觉一样，记忆也是反映过程，但它不仅反映当前直接作用的东西，而且反映过去作用的东西"③。正是"由于记忆的存在与作用，当我们在现实中遇到某一对象时，我们就会在现实对象刺激物的激发下由此及彼地将当前事物与同当前事物相关的另一事物联系起来，从而形成对客观事物新的认识和体悟。这种在记忆时由一事物想起另一事物的心理过程，就是心理学上所说的'联想'，它是现实事物之间的某种联系在人脑中的反映"④。

根据苏联心理学家 B. B. 波果斯洛夫斯基等人的观点，"联想"可以分为两种："简单联想"和"复杂联想"。其中，"简单联想"又可分为三种："接近联想""类似联想"和"对比联想"。⑤

所谓"接近联想"，是指"由一种事物的经验联想到另一种在空间或时间上与它相接近的事物"的联想类型。⑥ 它是"由于当前刺激物同记忆中事物之间在空间或时间上相互毗邻、接近，使人在经验上将之联结起来，由一事物联想到其他与之相邻近的事物"⑦。例如，我们熟记了中国地图后，说到北京就想到天津，说到上海就想到江苏，这就是"接近联想"。又如我们背熟了英文二十六个字母后，说到 A 就想到下一个字母 B，这也是"接近联想"。

所谓"类似联想"，或称"相似联想"，是指"由一种事物的经验联想到另一种在性质上和它相似的事物"的联想类型。⑧ 它是"由于当前感知到的事物与记忆中的事物在性质或形态上有共同性、相似性，在大脑中形成了特定的联系，因而通过类比、类推，引起了回忆联想"⑨。例如，我们看中国古代长篇历史小说

---

① 巴甫洛夫：《巴甫洛夫文集》（俄文版）卷 3，1951 年，第 325 页。转引自 B. B. 波果斯洛夫斯基等主编，魏庆安等译：《普通心理学》，北京：人民教育出版社，1982 年，第 224 页。
② 巴甫洛夫：《巴甫洛夫文集》（俄文版）卷 3，1951 年，第 325 页。转引自 B. B. 波果斯洛夫斯基等主编，魏庆安等译：《普通心理学》，北京：人民教育出版社，1982 年，第 224 页。
③ 巴甫洛夫：《巴甫洛夫文集》（俄文版）卷 3，1951 年，第 325 页。转引自 B. B. 波果斯洛夫斯基等主编，魏庆安等译：《普通心理学》，北京：人民教育出版社，1982 年，第 224 页。
④ 吴礼权：《修辞心理学》（修订版），广州：暨南大学出版社，2013 年，第 33 页。
⑤ B. B. 波果斯洛夫斯基等主编，魏庆安等译：《普通心理学》，北京：人民教育出版社，1982 年，第 225 页。
⑥ 辞海编辑委员会编：《辞海》，上海：上海辞书出版社，1990 年，第 793 页。
⑦ 邱明正：《审美心理学》，上海：复旦大学出版社，1993 年，第 179 页。
⑧ 辞海编辑委员会编：《辞海》，上海：上海辞书出版社，1990 年，第 2171 页。
⑨ 邱明正：《审美心理学》，上海：复旦大学出版社，1993 年，第 180 页。

《水浒传》，读到描写黑旋风李逵的故事情节，往往会情不自禁地想起另一部长篇历史小说《三国演义》中的人物张飞；读到水泊梁山的军师吴用足智多谋的故事时，会想起《三国演义》中羽扇纶巾的智囊人物诸葛亮。这些就是"类似联想"的结果。因为李逵与张飞都以勇猛、粗鲁的性格特点为人所知，而吴用与诸葛亮则以智慧而为人们所称道。

所谓"对比联想"，是指"事物之间在性质、形态上的相异、相反所唤起的联想"[①]。它是"由于在经验中和观念上把握了以往经验过的事物和当前感知事物的差异性、对立性而产生的联想。它有两种形式。一是反映事物性质、形态相对立、相背反关系的联想，我们把它称做'反向对比联想'。人们见丑思美，见假贵真，遇恶怀善就是这种联想。另一种我们把它称做'正向对比联想'，是事物之间在性质、形态上既有共同性又有差异性所唤起的联想，反映了事物审美特性之间或主体审美感受之间数量、程度的差异，体现了美与更美之间或丑与更丑之间的对比。……事物的大与更大，高与更高等等，都可以引起这种联想"[②]。例如，我们学了世界地理后，从电视上看到非洲的雨季洪水泛滥的情景时，就会自然联想到它旱季时草木枯焦的情景。这就是"对比联想"，属于"反向对比"。又如唐人白居易《长恨歌》中有诗句曰："回眸一笑百媚生，六宫粉黛无颜色"，以"六宫粉黛"代指唐玄宗宫中的美女，但是这些美女相比于"回眸一笑百媚生"的杨贵妃，则顿时失色。这是说六宫粉黛虽美，但杨贵妃更美，这也是"对比联想"，属于"正向对比"。

名词铺排作为汉语中的一种修辞现象，其产生是与联想的心理机制分不开的。名词铺排文本的建构，从本质上说属于"简单联想"。不过，应该指出的是，名词铺排文本的建构虽然与"类似联想"和"对比联想"都不无关系，但整体上与"接近联想"关系最为密切。也就是说，名词铺排文本的建构是基于"接近联想"的心理机制。这是因为名词铺排文本一般多由一组名词或名词短语铺排配列而成，而这些名词或名词短语所表示的事物或事象，都是在时空上相互接近、相互毗邻的。表达者在遣词造句时，由于当前刺激物触动了记忆中与其空间或时间上相互毗邻、相互接近的相关事物或事象，于是"便在经验上将之联结起来，由一种事物联想到其他与之相邻近的事物。这样，便有了堆叠一组表示在时空上相互毗邻、接近的事物的名词或名词性词组而成的列锦修辞文本"[③]。

因此，我们可以这样说，名词铺排作为一种修辞现象之所以自古及今都一直存在，并在结构形式上不断发展，是与其有坚实的心理基础密不可分的。

---

① 邱明正：《审美心理学》，上海：复旦大学出版社，1993年，第180页。

② 邱明正：《审美心理学》，上海：复旦大学出版社，1993年，第180页。

③ 吴礼权：《修辞心理学》（修订版），广州：暨南大学出版社，2013年，第43页。

三、美学基础

除了上述语言基础与心理基础外，名词铺排作为汉语中一种有着悠久发展历史的修辞现象，还有其存在的美学基础：名词铺排通过名词或名词短语的铺排配列，以跳跃式的画面呈现，使语言表达充满张力，从而为接受者的"二度创作"留足了空间，以此极大地提升文本的审美价值。

如前所述，名词铺排一般以两个或两个以上的名词短语铺排配列而成句。这样的构句方式，由于完全突破了汉语常规的句法结构模式，铺排配列的各名词或名词短语之间既无动词辖制，也无任何连词绾合，各名词或名词短语之间的语法与逻辑联系都没有得到清晰的标示，文本实际要呈现的语义内涵也就显得模糊不清。从语言表达的交际功能看，表意清晰度不够，是一个很大的缺点。但是，从语言表达的审美功能看，表意的适度模糊，则又有其特有的价值。因为它可以增加语言表达的张力，使表达者所建构的文本在意涵上更显丰富，在形象上更显直观，在思想上更显深邃。所以，无论是从历时的角度看，还是从共时的角度看，名词铺排作为一种修辞现象都是出现于文学作品中，很少出现于口语交际中。由此可见，名词铺排作为一种修辞现象，真正的价值并不在语言表达的交际功能上，而是着重于语言表达的审美追求。的确，名词铺排文本由于纯粹以名词或名词短语铺排配列成句，各个名词或名词短语之间的语法或逻辑联系标识被隐去，因此表意的清晰度就受到了很大影响，给接受者的文本解读增加了难度。但是，也恰恰因为如此，接受者解读文本的积极性才得以最大限度地被调动起来，自由想象或联想的空间得以充分拓展，从而在文本解读接受中获得更多的审美情趣与解读成功的快慰。

值得指出的是，从滥觞肇始到逐步发展演进，贯穿汉语名词铺排发展的整个历程，名词铺排始终是与诗歌（包括诗的变体形式词、曲等）这一文体分不开的。诚然，与散文、小说等文体不同，诗歌在篇幅和字句规模上有严格的限制。"这就要求诗人在诗歌创作中要有'含不尽之意见于言外''状难写之景如在目前'的功力，在有限的篇幅内充分地表情达意，使语言的张力最大化。既要突破旧有的语言表达惯例的束缚而努力创意造言，使诗歌语言新颖灵动；又要遵守语法规约，使读者能够理解欣赏。同时，更要让读者在阅读欣赏中发挥积极性，即进行'二度创造'，从而提升作品的审美价值。"[1] 因为"创作与欣赏是两个相互

---

① 吴礼权：《名词铺排与唐诗创作》，载《蜕变与开新——古典文学国际学术研讨会论文集》，台北：东吴大学，2011年，第159－160页。

联结的过程，创作给欣赏提供了对象、文本，对作品即文本的欣赏受制于创作，并是创作的最后完成。如果说，创作是从生活到作家再到作品，欣赏则是从作品到读者再到生活。通过欣赏，使作品通过人与生活对话，在更高的层次上实现以生活作为出发点和归宿点的艺术的循环圈"①。前文我们曾说过，名词铺排是以名词或名词短语的连续铺排来构句，"突破了汉语语法常规的结构模式，荡开了逻辑或语法上的种种规约，只以一个个名词或名词短语并置呈现。这一个个的名词或名词短语所表现的内容就像一个个电影分镜头，画面感非常强，但各分镜头画面之间的逻辑联系则未被限定。这样，由这些名词铺排而成的句子，在语义表达上就显得相当模糊，语义指向不够明确清晰。但是，正是因为文本语义具有这种模糊性与多义性，遂给接受者（读者）留足了联想与想象的空间，……从而在阅读欣赏中使文本的审美价值得以增量"②。就诗歌中的名词铺排而言，这方面的表现则更为突出。"从诗的角度讲，多义性首先产生于作品本身之语法结构的模糊和语义上的模糊，这种模糊最终又会导致一种'模糊'体验。这是审美经验中与意义有关的一种最典型的体验。"③ 不过，这种体验上的模糊"并非是指糊里糊涂、茫然无知或一团漆黑。而是在极为丰富多样的意义面前的一种'目不暇接'状态，进一步说，是由这种目不暇接造成的一种'醉态'。在特定审美物件的刺激下，种种不同的含义，会通过内在心理（或注意力）的转换，不断投射向我们心灵的接收机制，它们一旦到达心灵的光屏，便会发生一种更为有趣的事情：它们在视、听、触觉等感知阶段上的差别消失了，各种意义之意相互共鸣和生发、相互抵消和补充，合成一种更为宽广、深沉和博大的体验，正如红、黄、蓝各种单色一旦进入电影、电视屏幕，就会造成五光十色、丰富灿烂的视觉一样"④。我们读唐人温庭筠《商山早行》诗中"鸡声茅店月，人迹板桥霜"二句，读元人马致远《天净沙·秋思》曲中"枯藤老树昏鸦，小桥流水人家，古道西风瘦马"三句，之所以会有别样的情感体验，完全不同于读其他句子，觉得读这些句子就像是在观赏一幅幅画，不仅意境清幽深远，而且别有一种意犹未尽的独特韵致，本源在于这些句子突破了汉语语法的常规结构模式，采用了名词或名词短语连续铺排的形式构句，从而使语法结构与语义都具有一定的模糊性。

---

① 陆贵山：《审美主客体》，北京：中国人民大学出版社，1989 年，第 207 页。
② 吴礼权：《名词铺排与唐诗创作》，载《蜕变与开新——古典文学国际学术研讨会论文集》，台北：东吴大学，2011 年，第 160 页。
③ 滕守尧：《审美心理描述》，北京：中国社会科学出版社，1985 年，第 259 页。
④ 滕守尧：《审美心理描述》，北京：中国社会科学出版社，1985 年，第 259 页。

第四节　汉语名词铺排的审美功能

汉语的名词铺排，作为一种独特的语言现象，由于本质上属于修辞问题，因而便具有其独特的审美功能。其审美功能，概括起来说，主要有如下两个方面。

一、拓展接受者的联想与想象空间

名词铺排由于突破了汉语语法的规约，以几个名词或名词短语的连续铺排来写景叙事，因此在语义呈现上必然不会像正常表达那样清晰，甚至可以说是显得相当模糊。然而，从审美的角度看，正是因为语义呈现上具有模糊性或曰多义性，由名词铺排手法创造出来的文本才充满魅力。因为它给接受者留足了联想与想象的空间，"让他们可以凭借自己的生活经验与对文本所写对象的独特感知进行'二度创造'，从而在阅读欣赏中使文本的审美价值得以增量"[1]，产生"一千个接受者有一千种解读"的效应。

关于这一点，我们不妨来看一个例子：

> 空嗟覆鼎误前朝，骨朽人间骂未销。
> <u>夜月池台王傅宅，春风杨柳太师桥</u>。（宋·刘子翚《汴京纪事》二十首其七）

众所周知，刘子翚在中国文学史上并不是成就特别大的作家，但是他的这首诗却是千古以降人们所公认的名篇，读之让人油然生发出无限的感慨，可谓耐人寻味，魅力十足。那么，为什么能臻至如此境界呢？仔细分析一下，我们不难发现，这首诗最引人回味的是三、四两句："夜月池台王傅宅，春风杨柳太师桥。"而这两句之所以深具魅力，则又与它是以名词铺排形式来呈现有关。

从创作主旨看，上引这首诗，与《汴京纪事》二十首中的其他十九首一样，也是就某一特定重大历史事件抒发诗人的历史感慨，表达其对北宋王朝由盛而衰终至走向亡国结局的沉痛反思。就诗的内容来看，上引这首诗主要是指斥北宋末期奸臣当道而误国的历史现实。整首诗只有四句，前二句"空嗟覆鼎误前朝，骨

---

① 吴礼权：《名词铺排与唐诗创作》，载《蜕变与开新——古典文学国际学术研讨会论文集》，台北：东吴大学，2011年，第160页。

朽人间骂未销"，乃是直陈其意，对北宋误国奸臣的滔天罪行予以愤怒谴责。虽然表意略嫌直白了点，不符合"温柔敦厚"的传统诗教主旨，也与唐人司空图主张的"不著一字，尽得风流"的境界有很大差距，但真真切切地呈现了诗人从心底自然流露的真情实感，这就是对误国奸佞的切齿痛恨之情，对亡宋故国的深切怀念之情。

从创作技巧看，诗歌凌空起势，一开始就大发议论，且表意直白。这看起来很不合常规，当然也算不得是妙笔。但是，当我们读完了诗人上面两句议论之后，却陡然发现随后的两句不再是议论，而是纯粹的写景——"夜月池台王傅宅，春风杨柳太师桥"，则会惊呼其转接的突兀与诗思的巧妙了。因为这样的转接会让读者于瞬间的惊诧与错愕之后，情不自禁地沉浸于这两句诗所呈现的影像之中，顿起一种思接千古、感时伤怀的情感苦痛。因为"夜月""池台"与"王傅宅"的并置，"春风""杨柳"与"太师桥"的并列，表面看是纯粹的名词或名词短语的连续铺排，是亡宋故都风物景象的自然呈现，属于写景之笔，实际上，情况并非如此。诗人有意让"夜月""池台""王傅宅"配列为一句，将"春风""杨柳"与"太师桥"组合在一起，意在通过寻常景物"夜月""池台""春风""杨柳"与特定历史建筑"王傅宅""太师桥"的匹配，让读者产生联想，在由此及彼的风物对比中体会到诗句痛斥误国奸佞的深意，从而让人们深刻反思北宋亡国的深层原因。

那么，为什么这种匹配与对比会产生这种独特的效果呢？实际上这与"王傅宅"和"太师桥"两个名词短语有着密切关系。在不了解北宋历史的读者眼中，"王傅宅"与"太师桥"就是平常的两处历史遗迹；但是，在了解北宋历史的读者看来，"王傅宅"与"太师桥"承载了太多的历史记忆，与北宋之亡国息息相关。稍微了解一点历史者皆知，"王傅宅"乃指北宋徽宗朝"六贼"之一王黼的宅子。王黼在北宋徽宗朝是一代权臣，更是一个祸国殃民的奸臣。他除了利用宰执之权力假公济私，广求天下子女玉帛，苟取四方水陆珍异而据为己有外，还罔顾国家利益，极力怂恿宋廷联金制辽，借机搜刮民脂民膏。最后，以钱六千余万缗买得燕京等空城，以此向朝廷虚报战功，得以进封太傅、楚国公。至于王黼以贪污腐败得来的钱财所营建的太傅宅，其豪奢程度就更令人惊骇了。因此，历史学家们大多认为，北宋之所以灭亡，实际上与王黼的贪腐特别是其联金制辽决策有巨大的直接关联。至于诗中提到的"太师桥"，则与北宋的另一权臣蔡京有关。蔡京亦为北宋徽宗朝的"六贼"之一，执掌朝政时间在王黼之前，而且时间也长。关于他祸国殃民的劣迹，就更是人尽皆知了。正因为"王傅宅"与"太师桥"两个名词与诗人所要指斥的特定历史人物（王黼和蔡京）紧密相连，诗人将

"夜月""池台"与"王傅宅"进行配列，将"春风""杨柳"与"太师桥"并置，就会自然"让人由此及彼产生诸多联想与想象，想到北宋故都汴京旧有的风物，想到在这风物背景下所发生的一系列历史事件，想到与这些历史事件相联系的历史人物。由此，自然让人们对北宋亡国的历史进行反思，从而深刻认识到奸臣误国的严重危害性，油然而生对王黼与蔡京等祸国殃民的奸臣切齿痛恨之情"①。

可以这样说，上引这首诗如果没有"夜月池台王傅宅，春风杨柳太师桥"这两句，那么肯定是一首非常平庸的诗。事实上，正是因为有了这两句，整首诗才顿时显得神韵生动，余味无穷。而这种独特效果的产生，则全赖名词铺排的作用。假如诗人不以名词铺排文本呈现，而是依照汉语语法规则，规规矩矩地遣词构句，那是根本无法企及上述这种表达效果的。这里需要特别指出的是，名词铺排在诗词作品中出现乃是司空见惯的，但一般多用于写景，意在营构一种意境之美。但是，刘子翚以名词铺排建构修辞文本，其目的并非写景，而是意在通过写景达到讽斥奸佞的目标。事实上，诗人的这一修辞目标完全达到了，且极具魅力与感染力。因为从审美的角度看，"夜月""池台"与"王傅宅"的配列，"春风""杨柳"与"太师桥"的并置，两句各三组名词与名词短语之间的语法结构关系没有明确予以界定。因此，"夜月""池台"到底是作为描写"王傅宅"周围景观的修饰语，还是与"王傅宅"并立的景物呈现，就有不确定性。而正是因为这种不确定性的存在，使读者有了更多自由联想与想象的空间，能够根据自己特定的生活体验，以及个人对于诗句语义的理解，而有不同的解读。"春风""杨柳"与"太师桥"的并置，情况亦然。相反，假使诗人不以名词连续铺排的方式构句，而是依汉语语法的结构规则，中规中矩地遣词造句，"即在每句三个名词（或名词短语）之间用动词或介词、连词等予以缀合串联，那么这两句诗的内涵就是'有定'的，没有别种理解的可能。这样，诗因失去了'多义性'而韵味顿减。'夜月池台王傅宅，春风杨柳太师桥'二句，由于每句三个名词（或名词短语）是采用并置对峙的形态呈现，不仅使诗歌内涵有了理解上的'多义性'，还在事实上造成了各个名词在语义上的对比效应。这就是通过'风''月'的永久性与'池台''王傅宅''杨柳''太师桥'的暂时性的对比，含蓄蕴藉地说明一个道理：宇宙、真理是永恒的，公道、人心是不可欺的，奸佞弄权及其富贵荣华都只是一时的。如果说'王傅宅''太师桥'可以永久，那么宅中之王傅、桥上之太师，骂名亦永久矣"②。

---

① 吴礼权：《表达力》，台北：台湾商务印书馆，2011 年，第 32 页。
② 吴礼权：《表达力》，台北：台湾商务印书馆，2011 年，第 33 页。

由上述一例的分析，我们足以看出名词铺排在"拓展接受者的联想与想象空间"方面的审美功能是多么的明显。

二、制造画面效果，创造某种意境

名词铺排通过名词或名词短语的连续铺排来实现其特定的写景叙事目标，其表现手法类似于现代电影艺术中的"蒙太奇"手法，极易制造鲜明的画面效果，创造出某种意境。

"蒙太奇"（Montage）是一个法语词，"原为建筑学术语，意为构成、装配，可解释为有意涵的时空人为地拼贴剪辑手法。最早被延伸到电影艺术中，后来逐渐在视觉艺术等衍生领域被广为运用"[①]。

在西方电影理论中，作为电影表现手法的"蒙太奇"，一般说来主要包括"画面剪辑"与"画面合成"两个方面。"画面剪辑"，是指"由许多画面或图样并列或叠化而成的一个统一图画作品"[②]；"画面合成"，则是指"制作这种组合方式的艺术或过程"[③]。如果说得再专业点，电影中的"蒙太奇"，就是"根据影片所要表达的内容和观众的心理顺序，将一部影片分别拍摄成许多镜头，然后再按照原定的构思组接起来。一言以蔽之：蒙太奇就是把分切的镜头组接起来的手段"[④]。如果从电影制作原理来看，"导演按照剧本或影片的主题思想，分别拍成许多镜头，然后再按原定的创作构思，把这些不同的镜头有机地、艺术地组织、剪辑在一起，使之产生连贯、对比、联想、衬托悬念等联系以及快慢不同的节奏，从而有选择地组成一部反映一定的社会生活和思想感情、为广大观众所理解和喜爱的影片，这些构成形式与构成方式，就叫蒙太奇"[⑤]。也可以这样说，"拍摄什么样的镜头，将什么样的镜头排列在一起。用什么样的方法连接排列在一起的镜头，影片摄制者解决这一系列问题的方法和手段，就是蒙太奇"[⑥]。"如果说画面和音响是电影导演与观众交流的'语汇'，那么，把画面、音响构成镜头和用镜头的组接来构成影片的规律所运用的蒙太奇手段，那就是导演的'语法'了。对于一个电影导演来说，掌握了这些基本原理并不等于精通了'语法'，蒙太奇在每一部影片中的特定内容和美学追求中往往呈现着千姿百态的面貌。蒙太

---

① 参见百度百科"蒙太奇"，http：//baike.baidu.com/view/1636.htm。
② 参见百度百科"蒙太奇"，http：//baike.baidu.com/view/1636.htm。
③ 参见百度百科"蒙太奇"，http：//baike.baidu.com/view/1636.htm。
④ 参见百度百科"蒙太奇"，http：//baike.baidu.com/view/1636.htm。
⑤ 参见百度百科"蒙太奇"，http：//baike.baidu.com/view/1636.htm。
⑥ 参见百度百科"蒙太奇"，http：//baike.baidu.com/view/1636.htm。

奇对于观众来说，是从分到分。对于导演来说，蒙太奇则先是由合到分，即分切，然后又由分到合，即组合。分切的最小单位是镜头，因此导演应写出分镜头剧本。作为观众，应当怎样从蒙太奇的角度来鉴赏导演的艺术呢？说到底，蒙太奇是导演用来讲故事的一种方法；听的人总希望故事讲得顺畅、生动，富有感染力，又能调动起观众的联想，引起观众的兴趣，这些要求完全适用于蒙太奇。观众不仅仅满足于弄清剧情梗概，或一般地领悟到影片的思想意念，而是要求清晰而流畅地感知影片叙述流程的每一个环节和细部，一部影片的蒙太奇首先应让观众看懂。"①

"蒙太奇"作为电影导演制作影片的"语法"，电影理论界一般倾向于认为它的主要审美功能有如下三个方面：

（1）通过镜头、场面、段落的分切与组接，对素材进行选择和取舍，以使表现内容主次分明，达到高度的概括和集中。

（2）引导观众的注意力，激发观众的联想。每个镜头虽然只表现一定的内容，但组接一定顺序的镜头，能够规范和引导观众的情绪和心理，启迪观众思考。

（3）创造独特的影视时间和空间。每个镜头都是对现实时空的记录，经过剪辑，实现对时空的再造，形成独特的影视时空。②

就"蒙太奇"的这三个主要审美功能来看，其中第二与第三项功能，即"引导观众的注意力，激发观众的联想"，"创造独特的影视时间和空间……实现对时空的再造"，几乎与名词铺排的审美功能是完全一致的。

前文我们说过，名词铺排是通过一组名词或名词短语的连续铺排来写景叙事的。这些连续铺排的名词或名词短语，彼此之间没有动词、助词、介词、连词等的绾合，各自呈块状独立结构，彼此对峙并立，因而在表意上就显得孤立而不连贯，不像正常语句那样表意清晰。这看起来是个缺憾，其实不然。从接受美学的角度看，各个并立对峙的名词或名词短语之间关系的不确定，语义表达具有明显的模糊性与多解性，恰恰增强了文本语言表达的张力，易于激发出接受者文本解读的积极性，引导他们集中注意力，由此及彼展开丰富的联想，进而经由文本中一个个名词或名词短语所对应的特定画面，实现对时空的再造。因为构成名词铺排的一个个名词或名词短语在意象呈现上就像电影中推出的一个个分镜头或曰特写镜头，因而极易创造出某种深邃的意境，制造出鲜明的画面效果。

关于这一点，我们不妨看一个例子：

---

① 参见百度百科"蒙太奇"，http：//baike.baidu.com/view/1636.htm。
② 参见百度百科"蒙太奇"，http：//baike.baidu.com/view/1636.htm。

枯藤老树昏鸦，小桥流水人家，古道西风瘦马。夕阳西下，断肠人在天涯。
（元·马致远《越调·天净沙·秋思》）

　　对元曲有较深入研究的学者一定会知道，"元曲中以《越调·天净沙》为曲牌的作品很多，但真正为历代读者所广泛传诵的则不多。读过《全元曲》的人都知道，以《越调·天净沙》为曲牌创作小令，并非自马致远始，元初作家商衟就以《越调·天净沙》为曲牌创作过四首小令。但是，商衟所作的四首以《越调·天净沙》为曲牌的小令中，却没有一首运用名词铺排表达法"①。马致远虽非《越调·天净沙》曲牌的创始者，但他以此为曲牌的小令却都非常有名，尤其是上引这首《秋思》更是影响超绝千古，千百年来赢得无数中国文人为之掉头苦吟。

　　那么，为什么这首小令会有如此独特的魅力呢？关于这一点，很多文学研究者都有过不同的阐释。其实，从修辞的角度看，这首小令之所以有着独特的魅力，追根究底，还是因为其是以名词铺排文本来呈现的。

　　从作品的立意来看，这首小令意在表现游子浪迹天涯、漂泊不定的行旅哀愁，以及悲秋感伤的凄凉心境。这样的主题，事实上已被中国历代作家们反复书写过，在中国古代文学作品中也不乏感人至深的篇什。马致远这首小令之所以显得难能可贵，事实上并不是因为它所表现的情感有多么深沉，而是因为它以最少的文字表达出了同类主题作品所要表达的意蕴。整首小令只有寥寥二十八个字，但诗中有画，画中有诗，既有一般诗歌所不能企及的意境之美，又有一般诗歌所难以尽情展露的凄凉之意，因此别具一种凄切苍凉之美，读之不禁令人心生无比的感动。这种效果的取得，也许文学研究者会有很多说法。但是，从修辞的角度看，我们认为这首小令独特效果的取得，全赖名词铺排。整首小令只有五句，除了最后两句"夕阳西下，断肠人在天涯"属于直抒胸臆的议论外，前三句"枯藤老树昏鸦，小桥流水人家，古道西风瘦马"，全是写景之笔。但是，它的写景不同于一般文学作品的写景，而是以名词连续铺排的形式构句，每句均由三个名词配列。由于"这些并立的名词之间没有主从关系，在语义上也无先后次序，这就使读者在解读接受时，可以充分发挥自己的想象力，根据自己的生活体验与对作品内容的把握，通过再造性想象或创造性想象，在脑海中复现出与作者建构文本时完全不同的影像世界，使作品产生'一千个读者有一千种解读'的接受效果"②。因此，从审美的视角来看，这三句并立，九个名词一字铺排开来，实在是

---

　　① 吴礼权：《表达力》，台北：台湾商务印书馆，2011 年，第 34 – 35 页。
　　② 吴礼权：《表达力》，台北：台湾商务印书馆，2011 年，第 34 页。

作家的大手笔与创意所在。因为这三句内部三个名词的并行铺排，就像三组电影分镜头组合。"前句有三个名词：'枯藤''老树''昏鸦'，其所表现的都是让人感到凄凉萧条的意象，中间一句的三个名词：'小桥''流水''人家'，其所表现的则是一种闲适宁静的意象，后句的三个名词：'古道''西风''瘦马'，则是表现一种苍凉肃杀的意象。这九个名词所呈现的三组意象以并列的形态呈现，其间的对比效应是不言而喻的，作品所要表现的主旨也是不言而喻的：'小桥流水人家'的景象虽是平常平淡，但对于漂泊无定的游子却是那么令人向往；身在异乡，本就容易触景生情，却偏偏在应该'牛羊归圈人回家'的黄昏时分，骑着瘦马，迎着西风，走在苍凉古道上，满眼看到的都是肃杀凄凉的景象：枯藤、老树、昏鸦。'真是无限凄凉意，尽在此画中！'"① 由以上一例的分析，我们便可管中窥豹，清楚地见出名词铺排在创造意境、制造画面方面显著的效果。

---

① 吴礼权：《表达力》，台北：台湾商务印书馆，2011年，第34页。

第二章 先秦两汉

　　先秦两汉时期，文学的样式并不多，只有诗、赋与散文三类。根据我们对现存的先秦两汉文学作品的考察，发现先秦时期的《诗经》中已经出现了最原始形态的名词铺排用例。到了两汉时期，除了诗歌中有名词铺排，赋中也出现了名词铺排。不过，从结构形式上看，先秦与两汉的名词铺排是有差别的，即其间是有发展变化的。先秦时期的名词铺排只有一种结构类型，但两汉时期的名词铺排则丰富多彩。除了诗歌中有新类型出现，汉赋中类型更多。下面我们就从诗、赋两个方面分别对其进行共时和历时描写。

第一节　诗中的名词铺排

　　根据我们对现存先秦两汉诗歌作品（以《诗经》与逯钦立辑校《先秦汉魏晋南北朝诗》中的先秦两汉诗歌为依据）的调查分析，发现这一时期诗中的名词铺排有如下几种结构模式。

一、以叠字领起的"NP，NP"式

　　这种结构模式的名词铺排由两个偏正式名词短语各自成句，形式上并列对峙，即"NP，NP"式。两个并列对峙的名词句皆各自意不相属，语法上也没有隶属关系（即彼此不互为语法结构成分）。一般情况下，都可以转换成两个并列的主谓结构的句子。另外，两个"NP"结构的名词短语句都以叠字领起。

　　以叠字领起的"NP，NP"式名词铺排，在先秦两汉时期有两种表现形式，一是四言成句式，二是五言成句式。

（一）四言成句式

　　就现存文学史料来看，这种结构模式是汉语名词铺排最原始的形态，首先出现于《诗经》之中。如：

　　（1）喓喓草虫，趯趯阜螽。未见君子，忧心忡忡。亦既见止，亦既觏止，我心则降。（《诗经·国风·召南·草虫》）

　　（2）秩秩斯干，幽幽南山。如竹苞矣，如松茂矣。兄及弟矣，式相好矣，无相犹矣。（《诗经·小雅·斯干》）

例（1）"喓喓草虫，趯趯阜螽"，即是以叠字领起且以四言成句的"NP，NP"式名词铺排。因为这两句居全诗之首，前面没有其他句子，因此它们不可能充当其前面句子的谓语。而它们之后的句子"未见君子，忧心忡忡"，是两个并列的主谓谓语句，主语（诗中所写的"女子"）都被省略。前句"未见君子"，有动词（"见"）、有宾语（"君子"）；后句"忧心忡忡"，是一个主谓结构，"忧心"是主语，"忡忡"则是形容词当谓语。可见，"喓喓草虫，趯趯阜螽"是个独立的言语文本。而在这个文本内部，"喓喓草虫"与"趯趯阜螽"是一种并列对峙的关系，各自独立成句，在结构上互不充当彼此的语法成分。如果将其转换成一般的主谓句，则是"草虫喓喓，阜螽趯趯"，两个句子在结构与语义上的独立性更加明显。因此，这是一个典型的名词铺排，是《诗经》创造出的最原始形态的名词铺排文本。这一名词铺排文本由于采用了两个名词短语句的并列铺排，遂使本来是叙事形态的文本添加了一种画面构图的审美效果。"喓喓"拟草虫（即蝗虫或蝈蝈）鸣叫之声，"趯趯"摹阜螽（蚱蜢）跳跃之状，两个名词短语句就像两幅画，一个是听觉形象，一个是视觉形象，冠于全诗之首，给人以强烈的视听觉冲击，先声夺人的效果非常明显，读之让人有一种意犹未尽、诗画合一的审美享受。例（2）情况亦然，是同一类型的名词铺排。"秩秩斯干，幽幽南山"，是两个"NP"式名词句的并列铺排，共同组成一个独立的语言单位，跟其后的句子在语义上互不相属，在语法上不存在结构上的纠葛（"如竹苞矣，如松茂矣"二句，各是一个比喻，在语法上是省略了主语的主谓句。"兄及弟矣，式相好矣，无相犹矣"是一个完整的句子，"兄及弟矣"是主语，后二句是两个谓语）。可见，"秩秩斯干，幽幽南山"跟例（1）一样，也是一个以叠字领起且以四言成句的"NP，NP"式名词铺排文本。这一文本由于居于全诗之首，在审美上有一种造景呈象、创造意境、先声夺人的效果。

值得指出的是，《诗经》创造的以叠字领起且以四言成句的"NP，NP"式名词铺排模式，在汉代诗歌中并没有得到继承。就现存汉人诗歌作品来看，以四言成句且以叠字领起的名词短语句虽有不少用例，但并不是本书所说的名词铺排性质。如：

（3）猗猗秋兰，植彼中阿。有馥其芳，有黄其葩。（汉·张衡《怨诗》）
（4）翼翼飞鸾，载飞载东。（汉·王粲《赠蔡子笃诗》）

例（3）中的"猗猗秋兰"，从形式上看也是以名词为中心的偏正结构

（"NP"式名词句），但跟例（1）的"喓喓草虫""趯趯阜螽"，例（2）的"秩秩斯干""幽幽南山"，无论是从语法结构上看，还是从语义逻辑上看，都是有很大差别的。"猗猗秋兰"，单独看，好像是一个以名词为中心的非主谓结构的句子。但是，从前后句联系来看，"猗猗秋兰"并不能独立成句，而只是充当了它后面一句"植彼中阿"的主语。也就是说，"猗猗秋兰"并不是一个可以独立的句子，而是因为诗歌字数的关系在音节结构上独立而不能在语法与语义上独立的语言单位，放在"植彼中阿"之前充当主语。而例（1）的"喓喓草虫""趯趯阜螽"，例（2）的"秩秩斯干""幽幽南山"则不同，它们彼此独立，在语义上互不相属，在语法结构上不能互相充当彼此的主语或谓语。从诗歌创意看，两个名词句并列铺排，共同成为一个文本，表现一种意境，成为审美对象。例（4）情况亦然，亦非名词铺排。

（二）五言成句式

以叠字领起的"NP，NP"式名词铺排，《诗经》创造于前，汉代诗人踵武其后。不过，因为汉代诗歌以五言诗为主，因此汉代诗歌中以叠字领起的"NP，NP"式名词铺排，就以五言成句的形式呈现，不再以四言成句了。就现今存量不多的汉代诗歌来看，这种模式的名词铺排文本有不少。如：

（1）<u>青青河畔草，郁郁园中柳</u>。盈盈楼上女，皎皎当窗牖。（汉《古诗十九首·青青河畔草》）

（2）<u>迢迢牵牛星，皎皎河汉女</u>。纤纤擢素手，札札弄机杼。（汉《古诗十九首·迢迢牵牛星》）

（3）<u>青青陵上柏，磊磊涧中石</u>。人生天地间，忽如远行客。（汉《古诗十九首·青青陵上柏》）

（4）<u>岧岧山上亭，皎皎云间星</u>。远望使心思，游子恋所生。（汉《乐府诗集·长歌行》）

例（1）"青青河畔草，郁郁园中柳"，与《诗经》中"喓喓草虫，趯趯阜螽"一样，也是以叠字领起的"NP，NP"式名词铺排。如果要说有什么不同，差异只在句式上，一是四言成句式，一是五言成句式，句法结构没有改变。因为"青青河畔草"与"郁郁园中柳"，都是以名词为中心的偏正词组。前句的中心语是"草"，有两个层次的修饰限定语。第一个层次的修饰限定语是"河畔"，第二个层次的修饰限定语是"青青"（修饰限定"河畔草"）。后句的中心语是"柳"，前面也有两个层次的修饰限定语。第一个层次的修饰限定语是"园中"，第二个层次的修饰限定语是"郁郁"。虽然这两句都是偏正结构的名词短语形式，却都是独立成句的。而且两句在语法结构与语义逻辑上是互不隶属的，是一种并列对峙的格局。正因为如此，所以这两句可以由偏正结构转换成主谓结构，但基本语义保持不变，即"青青河畔草，郁郁园中柳"可以转换成"河畔草青青，园中柳郁郁"。尽管句法结构有所改变，"青青"与"郁郁"由原来的修饰限定语升格为谓语，但两句所写的内容仍是"草"与"柳"及其生长的状态。不过，应该指出的是，普通句法结构的"河畔草青青，园中柳郁郁"与名词铺排形式的"青青河畔草，郁郁园中柳"在语义表达上几无差异，但从审美效果来看，则差异大矣。普通句只是告诉读者"草青柳郁、春天已经来到"的事实，而名词铺排句因为化句子为短语，两个短语句就成为一个整体的构图，画面感特别强。加上两个短语是并列铺排的，这就易于形成电影"蒙太奇"式的画面组合效果，从而大大延伸了画面的广度，给人更多遐想回味的空间，审美价值也就更高。另外，青草、郁柳作为一个完整的画面，事实上又与随后二句所写的"盈盈楼上女"形成了对比，也就是古人所说的以乐景而写哀情，反衬出楼上女子独守空房的寂寞心境，表现的是一种凄切之美。例（2）至例（4），情况亦然。

值得指出的是，汉代诗歌中有不少五言成句的"NP"式名词句，乍看好像就是名词铺排，实则不是。如：

（5）青青园中葵，朝露待日晞。阳春布德泽，万物生光辉。（汉《乐府诗集·长歌行》）

（6）翩翩堂前燕，冬藏夏来见。兄弟两三人，流宕在他县。（汉《乐府诗集·艳歌行》）

（7）盈盈楼上女，皎皎当窗牖。（汉《古诗十九首·青青河畔草》）

（8）冉冉孤生竹，结根泰山阿。与君为新婚，兔丝附女萝。（汉《古诗十九首·冉冉孤生竹》）

（9）青青陵中草，倾叶晞朝日。（汉《古诗一首》）

例（5）的"青青园中葵"，例（6）的"翩翩堂前燕"，例（7）的"盈盈楼上女"，例（8）的"冉冉孤生竹"，例（9）的"青青陵中草"等，表面是独立的以名词为中心的偏正结构的名词短语句（NP），实际上在语法结构上都是以主语的形式出现，充当后一句或前一句的谓语。因此，它们都不是名词铺排文本，我们必须将其与名词铺排区别开来。这种情况从历史来源看，应该是由《诗经·周南·关雎》篇"关关雎鸠，在河之洲；窈窕淑女，君子好逑"的格式演绎而来。如果我们将其视为名词铺排的源头，也未尝不可。

二、以非叠字领起的"NP，NP"式

这种结构模式的名词铺排，也是由两个偏正式名词短语各自成句，形式上并列对峙，但各自意不相属，语法上没有隶属关系（即彼此不互为语法结构成分）。这种名词铺排模式，虽也是"NP，NP"结构形式，但不能像叠字领起的"NP，NP"式那样自由转换成两个并列的主谓结构的句子。另外，两个"NP"结构的名词短语句都不以叠字领起。

就现存文学史料来看，这种结构模式在先秦时期的《诗经》中还未出现，到汉代才零星出现。如：

> 胡姬年十五，春日独当垆。长裙连理带，广袖合欢襦。头上蓝田玉，耳后大秦珠。（汉·辛延年《羽林郎》）

上例中"长裙连理带，广袖合欢襦"，就是一个非叠字"NP，NP"式的名词铺排文本。之所以说这是一个名词铺排文本，是因为这两个句子与它们前后的句子都没有语法结构上的关涉，是独立的。"胡姬年十五，春日独当垆"居"长裙连理带，广袖合欢襦"之前，但不以之为谓语；"头上蓝田玉，耳后大秦珠"居"长裙连理带，广袖合欢襦"之后，不以之为主语。而"长裙连理带"与"广袖合欢襦"两句之间，彼此也无语法上的关涉，呈并列对峙格局。从语义上说，"长裙连理带，广袖合欢襦"，意即"长裙的连理带，广袖的合欢襦"。它们分别是以"连理带"与"合欢襦"为中心语，以偏正结构的形式构句。这一名词铺排文本由于是以名词铺排的形式出现，将"连理带"与"合欢襦"并立对比，以两个特定镜头的形式呈现，因而不仅画面感特别强（后二句"头上蓝田玉，耳后大秦珠"，不是名词铺排，而是各省略了动词"戴"的普通句），而且于对比中呈现出一种交相辉映的审美效果。

第二节　赋中的名词铺排

赋究竟起源于何时，学术界历来都存在争议。但是，主流倾向都认可南朝梁文论家刘勰的见解。刘勰在《文心雕龙·诠赋》中明确指出："赋也者，受命于诗人，而拓宇于《楚辞》也。于是荀况《礼》《智》，宋玉《风》《钓》，爰锡名号，与诗画境，六义附庸，蔚成大国。"即认为，赋的远源是《诗经》，近源是《楚辞》，但作为一种文体，则始于战国时期的荀子与宋玉之作。不仅如此，刘勰还在此基础上概括了赋的体裁特点："述客主以首引，极声貌以穷文"，即赋在形式上都以主客对话起首开篇，以铺排声音形貌来夸示文采。现代学者的研究认为，赋除了上述特点外，还有"押韵和不押韵的结合，诗和散文的结合"，指出"赋实是诗和文的结合，在描写上比诗有更多的方便"。[①] 又指出："汉赋有继承屈原抒写情志的，像贾谊赋；继承宋玉的描绘事物再加发展的，有司马相如、扬雄等赋，后者才成为汉赋的代表作品。它也是主客问答，描写情貌，韵散结合，不过规模更大，并且有些赋还有个诗的结尾，像班固的《两都赋》。除了汉的大赋外，还有写物的小赋。到了汉末，又有抒情小赋，像王粲的《登楼赋》就是。它实际上是一种骚体赋。"[②]

在赋的发展演变过程中，除了上述诸特点日益突出外，在修辞上还有一种独特现象应运而生，这便是名词铺排。就现存的汉赋来看，名词铺排的文本并不是很多，但结构类型却很多，甚至出现了单句形式的名词铺排。我们对现存汉赋进行考察，发现汉赋中的名词铺排在结构形式上主要有如下几种情况。

一、四言成句的"NP，NP"式

这种模式的名词铺排是由两个偏正式名词短语并列构成的，是《诗经》所创名词铺排的结构形式。不同的是，《诗经》的"NP，NP"式名词铺排，每个句子中的修饰语与名词中心语之间是不加结构助词的，而汉赋中则一律加结构助词"之"字。如：

---

① 周振甫：《文心雕龙选译》，北京：中华书局，1980 年，第 74 页。
② 周振甫：《文心雕龙选译》，北京：中华书局，1980 年，第 74－75 页。

（1）忘忧之馆，垂条之木。枝透迟而含紫，叶萋萋而吐绿。出入风云，去来羽族。既上下而好音，亦黄衣而绛足。蜩螗厉响，蜘蛛吐丝。阶草漠漠，白日迟迟。于嗟细柳，流乱轻丝。君王渊穆其度，御群英而玩之。小臣瞽聩，与此陈词，于嗟乐兮。（汉·枚乘《柳赋》）

（2）兰英之酒，酌以涤口。山梁之餐，豢豹之胎。小飰大歠，如汤沃雪。此亦天下之至美也，太子能强起尝之乎？（汉·枚乘《七发》）

例（1）"忘忧之馆，垂条之木"，是两个偏正式名词短语构成的并列句。由于它居于全篇之首，不可能成为其他句子的谓语或宾语。又因为它之后的"枝透迟而含紫，叶萋萋而吐绿"二句在语法结构上是完整的，各是一个主谓句，前句的主语是"枝"，谓语是"透迟而含紫"；后句的主语是"叶"，谓语是"萋萋而吐绿"，因此，"忘忧之馆，垂条之木"在语法结构上是独立的言语单位，即"NP，NP"式名词铺排。这一名词铺排文本从结构形式上看，类似于《诗经》所创造的"NP，NP"模式，但又不以叠字领起。而且各句的名词中心语与修饰语之间加了结构助词，与《诗经》的"NP"结构有异。可见，"忘忧之馆，垂条之木"作为汉赋的名词铺排文本，在结构上是源于《诗经》的，但又有自己的创造。从审美效果来看，"忘忧之馆，垂条之木"这一名词铺排文本，居全赋之首，通过"馆"与"木"的并列铺排，既以特写镜头式的画面呈现出居室与柳树的紧密依存关系，又凸显出柳馆交相辉映的形象，读之给人丰富的联想与想象，别具一种先声夺人的效果。例（2）"山梁之餐，豢豹之胎"，也是"NP，NP"式名词句铺排，其意是在渲染菜肴的丰盛与珍贵，以期给人留下深刻的印象。

二、"NP，NP，NP，……"式

这种模式的名词铺排是由若干个偏正式名词短语并列铺排而成的，这种结构形式在《诗经》与汉代诗歌中都是没有的。这在很大程度上与文体有关，诗歌的篇幅有限，字句有规定，不可能有大量的名词句连续铺排。只有在以铺张扬厉、铺采摛文为能事的汉大赋中，才有可能出现这种由三个以上的名词句连续铺排的名词铺排结构形式。如：

太子曰："仆病未能也。"客曰："犓牛之腴，菜以笋蒲。肥狗之和，冒以山肤。楚苗之食，安胡之饭抟之不解，一噯而散。于是使伊尹煎熬，易牙调和。熊蹯之臑，芍药之酱，薄耆之炙，鲜鲤之鲙，秋黄之苏，白露之茹。兰英之酒，酌

以涤口。山梁之餐，豢豹之胎。小飤大歠，如汤沃雪。此亦天下之至美也，太子能强起尝之乎？"（汉·枚乘《七发》）

　　上例中"熊蹯之臑，芍药之酱，薄耆之炙，鲜鲤之鲙，秋黄之苏，白露之茹"，是由六个偏正结构的名词短语并列铺排而成。它之前的"使伊尹煎熬，易牙调和"二句，各有动词，是省略了主语的主谓谓语句（递系结构）。其后的"兰英之酒，酌以涤口"是一个完整的句子，"兰英之酒"是主语，"酌以涤口"是谓语。可见，"熊蹯之臑，芍药之酱，薄耆之炙，鲜鲤之鲙，秋黄之苏，白露之茹"是独立于其他句子之外的言语单位，属于我们所说的名词铺排。这种名词铺排文本出现于赋中，既凸显了表达者所要表达的主旨（强调菜肴的丰盛又珍贵），又别具一种渲染壮势的效果，读之让人有一种浩浩汤汤的痛快感。

三、"N，N，N，……"式

　　这种模式的名词铺排是由若干个表示某些特定事物的专有名词（双音节）并列铺排而成。跟上面所说的"NP，NP，NP，……"式相比，两者的差异只是构句的单位不同，一个是单个名词（专用名词），一个是名词短语。这种结构形式在汉赋中也不是很多，只是偶尔一见。如：

　　其宫室也，体象乎天地，经纬乎阴阳。据坤灵之正位，仿太紫之圆方。……仍增崖而衡阈，临峻路而启扉。徇以离宫别寝，承以崇台闲馆，焕若列宿，紫宫是环。清凉、宣温、神仙、长年、金华、玉堂、白虎、麒麟，区宇若兹，不可殚论。增盘崔嵬，登降照烂，殊形诡制，每各异观。乘茵步辇，惟所息宴。（汉·班固《西都赋》）

　　上例中"清凉、宣温、神仙、长年、金华、玉堂、白虎、麒麟"，是由八个表示宫殿名称的专有名词并列铺排而成。它的前面"焕若列宿，紫宫是环"二句，每句各有动词，是语法结构完整的句子。它后面"区宇若兹"一句，也有动词"若"（比喻词），也是语法结构完整的句子。可见，"清凉、宣温、神仙、长年、金华、玉堂、白虎、麒麟"是一个独立于其他句子之外的言语单位，属于我们所说的名词铺排。这一名词铺排文本，由于以超乎寻常的大量名词句铺排，有力地凸显出汉代西都长安宫殿之多的景象，从而在阅读接受上别具一种浩浩汤汤的气势，读之不禁使人顿起一种崇高的美感。

四、四言成句的"NP＋NP，NP＋NP"式

这种模式的名词铺排由两个短句并列构成。每个短句内部各有两个偏正式名词短语叠加铺排（即"NP＋NP"）。这种结构模式表面看起来与《诗经》所创的对句形式的"NP，NP"名词铺排相同，实际上有很大差异，它是每个句子都是由两个"NP"式名词短语加合而成的，因此算是汉赋的创新。不过，这样的名词铺排文本在汉赋中不多，只是偶尔一见而已。如：

既登景夷之台，南望荆山，北望汝海，左江右湖，其乐无有。于是使博辩之士，原本山川，极命草木，比物属事，离辞连类。浮游览观，乃下置酒于虞怀之宫。连廊四注，台城层构，纷纭玄绿。辇道邪交，黄池纤曲。涧章、白鹭，孔鸟、鹍鹋，鹓雏、鸳鹴，翠鬣紫缨。蟂龙、德牧，邕邕群鸣。阳鱼腾跃，奋翼振鳞。<u>淑漻菁蓼，蔓草芳苓</u>。女桑、河柳，素叶紫茎。苗松、豫章，条上造天。梧桐、并间，极望成林。众芳芬郁，乱于五风。（汉·枚乘《七发》）

上例中"淑漻菁蓼，蔓草芳苓"，从上下文语境看，是一个独立的言语单位（它之前的"阳鱼腾跃，奋翼振鳞"，每句各有动词。它之后的"女桑、河柳，素叶紫茎"，是一个主谓结构的完整句，"女桑、河柳"是主语，"素叶紫茎"是描写主语的谓语）。其内部结构形式都是"NP＋NP"，只是前句"淑漻菁蓼"结构稍有变异。"淑漻"，指水清澈的样子。"菁"和"蓼"是两种水生的植物。因此，"淑漻菁蓼"，意思就是"清澈水中的菁和蓼"，也算是"NP＋NP"结构。如果作者写成"淑菁漻蓼"，那就完全是"NP＋NP"结构式了。后句"蔓草芳苓"，"蔓草""芳苓"都是一种植物，结构上都属于名词短语形式，即NP式。由此可见，"淑漻菁蓼，蔓草芳苓"是一个典型的名词铺排文本。它通过两个"NP＋NP"结构的名词短句的并列铺排，将水中之草"菁""蓼"与陆上之草"蔓""苓"以特写镜头的方式予以呈现，画面感非常强，对比效果也比较明显，读之给人以丰富的联想。另外，从句法结构来看，由于"淑漻菁蓼，蔓草芳苓"与其前后正常结构的语句相比有很大的差异性，这就易于打破全赋同构句式铺排所造成的沉闷感，使行文整齐之中有变化，别具一种错综灵动之美。

五、"NP＋NP，NP＋NP，NP，NP＋NP"式

这种模式的名词铺排，结构比较复杂。它由四个短句并列构成。其中，三个

短句内部各有两个偏正式名词短语叠加铺排（即"NP＋NP"），另一个短句则由一个偏正式名词短语单独构成。就现存汉赋来看，这种结构形式的名词铺排出现并不多，跟上面我们所提的几种类型一样，也只是偶尔一见。如：

> 于是量径轮，考广袤，经城洫，营郭郛，取殊裁于八都，岂启度于往旧。乃览秦制，跨周法，狭百堵之侧陋，增九筵之迫胁。正紫宫于未央，表峣阙于闾阖。疏龙首以抗殿，状巍峨以岌嶪。亘雄虹之长梁，结棼橑以相接。蒂倒茄于藻井，披红葩之狎猎。饰华榱与璧珰，流景曜之鲜晖。雕楹玉磶，绣栭云楣。三阶重轩，镂槛文㮰。右平左城，青琐丹墀。刊层平堂，设切厓陳。坻崿鳞眴，栈齴巉崄。襄岸夷涂，修路峻险。重门袭固，奸宄是防。仰福帝居，阳曜阴藏。洪钟万钧，猛虡趪趪。负笋业而余怒，乃奋翅而腾骧。（汉·张衡《西京赋》）

上例中"雕楹玉磶，绣栭云楣。三阶重轩，镂槛文㮰"，是四个描写汉代西京长安宫殿建筑的名词短句。除第三句是"NP"结构外，其他都是"NP＋NP"结构形式。由于这四句之前的"饰华榱与璧珰，流景曜之鲜晖"二句各有动词，其后的"右平左城，青琐丹墀"是另一个言语单位，因此"雕楹玉磶，绣栭云楣。三阶重轩，镂槛文㮰"四句便成了独立于其他句子之外的言语单位，属于我们所说的名词铺排。这一名词铺排文本，由于是通过四组七个名词短语所代表的物象而进行连续铺排，这就淋漓尽致地呈现出了汉代长安宫殿非同寻常的气势。读之，一种崇高感油然而生。

六、"N＋N＋N＋N，N＋N，N＋N，N＋N"式

这种模式的名词铺排，结构更为复杂。它由四个短句并列构成。其中，三个短句内部各有两个名词叠加铺排（即"N＋N"），另一个短句则由四个单音节名词叠加铺排而成。这种结构形式的名词铺排，根据我们对现存汉赋作品的考察，目前只找到如下一例：

> 云梦者，方九百里，其中有山焉。其山则盘纡岪郁，隆崇嵂崒。岑崟参差，日月蔽亏。交错纠纷，上干青云。罢池陂陀，下属江河。其土则丹青赭垩，雌黄白附，锡碧金银。众色炫耀，照烂龙鳞。其石则赤玉玫瑰，琳珉昆吾，瑊玏玄厉，碝石碔砆。其东则有蕙圃，衡兰芷若，芎䓖菖蒲，江蓠蘪芜，诸柘巴苴。其南则有平原广泽，登降陁靡，案衍坛曼。（汉·司马相如《子虚赋》）

上例中"蘅兰芷若，芎䓖菖蒲，江蓠蘪芜，诸柘巴苴"，从上下文语境与语法结构分析，是一个独立的言语单位（它之前的句子"其东则有蕙圃"，有动词，主谓宾皆备，在语法结构上是完整的。它之后的句子"其南则有平原广泽"，也是主谓宾皆备的语法结构完整的句子）。其中，"蘅兰芷若"是"N＋N＋N＋N"结构的名词性短句，因为"蘅（杜衡）""兰（香草）""芷（白芷）""若（杜若）"各是一种植物，各以一个单音节名词呈现。"芎䓖菖蒲，江蓠蘪芜，诸柘巴苴"三句，则是"N＋N"结构的名词性短句，因为"芎䓖（藁本）""菖蒲""江蓠（香草）""蘪芜（蕲芷）""诸柘（甘柘）""巴苴（草名，一名芭蕉）"各代表一种植物，各以两个音节呈现。可见，"蘅兰芷若，芎䓖菖蒲，江蓠蘪芜，诸柘巴苴"属于名词铺排。这一名词铺排文本，通过四个名词句的并列铺排，将十种香草植物一一呈现，既凸显了楚王蕙圃中香草植物之多，又具有一种铺排壮势的效果。读之，一种艳羡神往之情油然而生。

七、四言成句的"NP"式

这种模式的名词铺排是以单句形式出现的。跟《诗经》所创的对句形式完全不同，跟汉赋中新创的多句式也不同，完全是一种全新的结构形式。它最突出的特点是以一个名词短语独立构句，杂处于其他句子之间。在语法上，它是独立的，既非前句的谓语或宾语，亦非后句的主语、定语或状语。在语义上，它也是独立的，不与前后句在内容上有什么牵连。不过，这种结构形式的名词铺排，就我们目前所能见到的汉赋作品来看，用例并不多，只是偶有一见。如：

> 于是乎崇山矗矗，茏葱崔巍，深林巨木，崭岩参嵯，九嵕巀嶭。南山峨峨，岩陁甗崎，摧崣崛崎。（汉·司马相如《上林赋》）

上例中"深林巨木"，就是一个"NP"式名词铺排文本。因为在"深林巨木"之前，"崇山矗矗，茏葱崔巍"二句，都是语法结构完整的主谓句。其中，"崇山""茏葱"（亦指山）是名词，作句子的主语；"矗矗"（山直立高耸貌）、"崔巍"（山高峻貌）是形容词，作谓语。在"深林巨木"之后，"崭岩参嵯，九嵕巀嶭"二句，也是语法结构完整的主谓句。其中，"崭岩""九嵕"（山名）是名词，作主语；"参嵯"（同"参差"，高低不一貌）、"巀嶭"（山高峻貌）是形容词，作谓语。可见，"深林巨木"一句在语法上是独立的。在语义上，唯独这一句是写树木，而其前后各句都是写山的，因此抽掉这一句，语义上也无问题。

这说明在语义上"深林巨木"跟其他句子在内容上没什么关涉。可见，"深林巨木"属于我们所说的名词铺排。这一名词铺排文本，由于是独立于其他句子之间，犹如今日我们看电影时所见正常叙事中突然插入的一个特写镜头，因此不仅画面感特别强，而且别有一种"万绿丛中一点红"的形象，对于提升赋的审美情趣明显是大有助益的。

八、四言成句的"NP + NP"式

这种模式的名词铺排也是以单句形式出现，既跟《诗经》所创的对句形式不同，也跟汉赋新创的"NP"式单句形式不同，属于汉赋中一种全新的名词铺排结构形式。它的特点是以两个名词短语并列加合而构成一个单句，从语法上看既非前句的谓语或宾语，亦非后句的主语、定语或状语；从语义上看，与其前后其他句子没有内容上的必然联系。就我们目前所能见到的汉赋作品来看，这种结构形式的名词铺排，汉赋中并不多，只是偶尔才见到。如：

土阶茅茨，匪雕匪饰。爰及季世，纵其昏惑。饕餮之群，贪富苟得。鄙我先人，乃傲乃骄。瑶台琼榭，室屋崇高；流酒为池，积肉为崤。是用鹄逝，不践其朝。三省吾身，谓予无愆。（汉·扬雄《逐贫赋》）

上例中的"瑶台琼榭"，即是一个"NP + NP"式的名词铺排。因为"瑶台琼榭"之前的句子"鄙我先人，乃傲乃骄"，在语法结构上是完整的主谓句，"鄙我先人"是主语，"乃傲乃骄"是谓语。可见，"瑶台琼榭"跟它前面的句子没有语法结构上的纠葛。"瑶台琼榭"之后的"室屋崇高"，在语法结构上也是完整的，"室屋"是主语，"崇高"是形容词作谓语，整体上是一个主谓句。可见，"瑶台琼榭"与其后面的句子也没有语法结构上的纠葛。"瑶台琼榭"不仅在语法上是独立的，在语义上也是独立的。它前一句说的是"先人"，后一句说的是"室屋"，内容上跟"瑶台琼榭"并无特别直接的关联。作为一个名词铺排文本，"瑶台琼榭"杂处于诸多主谓句之间，看上去显得很不协调，但它以独立构图的画面形象与自标一格的语法结构形式打破了全赋整齐板滞的格局，既增添了作品的形象性，又使作品文字灵动飞扬，提升了作品的审美情趣。

值得指出的是，汉赋作品中虽然不乏名词短语构成的单句或更多名词短语句的连续运用，但并非都是我们所说的名词铺排。根据我们对现存汉赋作品的考

察，至少有如下三种情况不属于我们所说的名词铺排。

第一，有些名词短语句或是几个名词短语句联合体，单独看像是名词铺排，其实并不是。结合上下文语境考察，它往往跟其后的句子在语法结构上脱不了干系，是充当其后句主语的。也就是说，这种名词短语句或是几个名词短语句的联合体在语法上没有独立成句的资格，而只是整个句子的一个语法结构成分。如：

（1）于是乎，<u>鲛龙赤螭，鰅鳙鰬魠，鰅鰫鳍鮀，禺禺魼鳎</u>，捷鳍掉尾，振鳞奋翼，潜处乎深岩，鱼鳖欢声，万物众伙。<u>明月珠子</u>，的皪江靡。<u>蜀石黄碝，水玉磊砢</u>，磷磷烂烂，采色澔汗，丛积乎其中。<u>鸿鹔鹄鸨，驾鹅属玉，交精旋目，烦鹜庸渠，箴疵鵁卢</u>，群浮乎其上，泛淫泛滥，随风澹淡，与波摇荡，奄薄水渚，唼喋菁藻，咀嚼菱藕。（汉·司马相如《上林赋》）

例（1）中"鲛龙赤螭""鰅鳙鰬魠"，皆是"N＋N"式名词短语（"鲛龙""赤螭"，皆为蛟龙类，"鰅鳙""鰬魠"各是一种鱼）；"鰅鰫鳍鮀"，是"N＋N＋N＋N"式名词短语（"鰅"，皮肤有纹的鲶鱼；"鰫"，同"鱅"，即花鲢；"鳍"，一种形似鲤而体长的鱼；"鮀"，即河豚，或曰黄颊鱼）；"禺禺魼鳎"，则是"N＋N＋N"式名词短语（"禺禺"，一种黄地黑纹、皮上有毛的鱼；"魼"，即比目鱼；"鳎"，亦比目鱼一类）。表面看来，"鲛龙赤螭，鰅鳙鰬魠，鰅鰫鳍鮀，禺禺魼鳎"四句，是"N＋N，N＋N，N＋N＋N＋N，N＋N＋N"式结构，好像是名词铺排，其实并不是。因为结合上文语境考察，这四个名词短语句只是其后三句"捷鳍掉尾"（即扬鳍摆尾）、"振鳞奋翼"、"潜处乎深岩"的共同主语，是整个主谓结构中的一部分。至于"明月珠子"，表面上是个"NP"结构（"明月"是宝珠的名称，作定语；"珠子"是名词，作中心语），像是单句形式的名词铺排，其实并不是，而是后一句"的皪江靡"（"的皪"，意为明亮的样子，这里用作动词"照耀"。"江靡"，即"江边"）的主语。而"蜀石黄碝"（"蜀石""黄碝"是两种质次玉的石头）一句，表面是个"NP＋NP"结构，像是名词铺排，实际上也不是，它跟后一句的"水玉"（即"水晶"）一起共同充当"磊砢"（魁叠貌，形容词）和"磷磷烂烂"（玉石光彩灿烂貌，形容词）的主语。"鸿鹔鹄鸨，驾鹅属玉，交精旋目，烦鹜庸渠，箴疵鵁卢"，表面看起来是五个名词句的连用，像是名词铺排。因为仅从每句的结构看，"鸿鹔鹄鸨"（"鸿"，大雁；"鹔"，即鹔鷞，雁之一种；"鹄"，即天鹅；"鸨"，似雁而大）一句，是由"N＋N＋N＋N"式名词短语构成；"驾鹅属玉，交精旋目，烦鹜庸渠"三句，都是由"N＋N"式名词短语构成。因为"驾鹅"（雁之一种，形比鸭大而嘴小)、"属玉"(似鸭而大，长颈赤目)、"交精"(似凫而脚高，有毛冠)、"旋目"(一种鸟)、"烦鹜"(鸭类)、"庸渠"(似凫，灰色而鸡脚，一名章渠)，各是一种鸟名，各为一个专有名词。"箴疵鸀卢"一句，则是由"N＋N＋N"式名词短语构成，因为"箴疵"(似鱼虎而苍黑色)、"鸀"(红种鸟)、"卢"(即鸬鹚)各是一种鸟名，都是一个专有名词。如果仅看这五句的结构形式"N＋N＋N＋N，N＋N，N＋N，N＋N，N＋N＋N"，完全就是五个名词短语句的连续铺排的规模，属于典型的名词铺排文本。但是，我们仔细考察一下这五句前后的上下文语境，就知道这五句只不过是其后一句"群浮乎其上"的主语而已，是整个主谓句的一个结构成分，并不能独立成一个言语单位。因此，例(1)中的上述四种情况都不是名词铺排。

类似于例(1)的情况，汉赋中还有，并非个案。如：

(2) 揵以绿蕙，被以江蓠，糅以蘪芜，杂以留夷。布结缕，攒戾莎。<u>揭车衡兰，槁本射干，茈姜蘘荷，葴持若荪，鲜支黄砾，蒋芧青薠</u>，布濩闳泽，延曼太原。(汉·司马相如《上林赋》)

(3) 于是乎，卢橘夏熟，<u>黄甘橙楱，枇杷橪柿，亭柰厚朴，楟枣杨梅，樱桃蒲陶，隐夫薁棣，答沓离支</u>，罗乎后宫，列乎北园。(汉·司马相如《上林赋》)

例(2)中的"揭车衡兰，槁本射干，茈姜蘘荷，葴持若荪，鲜支黄砾，蒋芧青薠"，每句都是由两种或两种以上的表示植物名称的专有名词加合而成。"揭车衡兰"，是指"揭车""杜衡""兰草"三种香草，是三个专有名词的加合；"槁本射干"，是指"槁本""射干"两种可入药的植物，是两个专有名词的加合；"茈姜蘘荷"，是指"茈姜"(即子姜)、"蘘荷"(一名蘘草，茎叶似姜，根可食)两种植物，也是两个专有名词的加合；"葴持若荪"，是指"葴持"(即酸浆草)、"若"(即杜若，一种香草)、"荪"(荪草，一种香草)三种植物，是三个专有名词的加合；"鲜支黄砾"，是指"鲜支"(又名燕支，一种香草)、"黄砾"(一种香草)两种植物，是两个专有名词的加合；"蒋芧青薠"一句，是指"蒋"(即菰，又名葵，结实为菰米)、"芧"(即三棱)、"青薠"(类于莎草而稍大)三种植物，是三个专有名词的加合。从结构上看，这六句是"N＋N＋N，N＋N，N＋N，N＋N＋N，N＋N，N＋N＋N"形式。它们的连续运用，跟前面我们所说的名词铺排形式似乎一模一样。但是，仔细分析一下这六句的上下文语境，就会发现这六句并不是可以独立的言语单位，而只是其后二句"布濩闳泽，延曼太原"(意即"布满大泽，蔓延原野"，"布濩""延曼"皆为动词)的主语，是两个主谓句的结构成分，而不是名词铺排文本。例（3）中的"卢橘夏熟"，是独立成句的，是主谓结构的单句。其中"卢橘"是主语，"夏熟"是谓语。而"黄甘橙楱，枇杷橪柿，亭奈厚朴，梬枣杨梅，樱桃蒲陶，隐夫薁棣，答沓离支"七句，则是每句皆由两种或两种以上的表示果物名称的专有名词加合而成。"黄甘橙楱"，是指"黄甘""橙""楱"（橘的一种，又称小橘，出武陵）三种果树；"枇杷橪柿"，是指"枇杷"、"橪"（橪枝木）、"柿"三种果树；"亭奈厚朴"，是指"亭"（山梨）、"奈"（一种果物）、"厚朴"（树名，树皮可入药）；"梬枣杨梅"，是指"梬枣""杨梅"两种果树；"樱桃蒲陶"，是指"樱桃""蒲陶"（即葡萄）两种果树；"隐夫薁棣"，是指"隐夫"（未详，应是一种果树）、"薁"（山李）、"棣"（唐棣）三种果树；"答沓离支"，是指"答沓"（似李，出蜀）、"离支"（即荔枝）两种果树。这些名词短语句，或由两个专有名词加合而成，或由三个专有名词加合而成，构成了一个"N＋N＋N，N＋N＋N，N＋N＋N，N＋N，N＋N，N＋N＋N，N＋N"式，看起来非常像是由七个名词短语句连续铺排的名词铺排文本，其实并不是。根据上下文语境分析一下，我们就会发现，这七个名词短语句并不是一个可以独立的言语单位，而只是充当其后二句"罗乎后宫，列乎北园"（"罗""列"皆动词）的共同主语而已，是两个主谓结构句的语法成分。

第二，有些名词短语句或是几个名词短语句联合体，单独看像是名词铺排，其实并不是。结合上下文语境考察，它实际上跟前面的句子在语法结构上脱不了干系，是充当其谓语的。也就是说，这种名词短语句或是几个名词短语句的联合体在语法上没有独立成句的资格，而只是整个句子的一个语法结构成分。如：

（4）其石则赤玉玫瑰，<u>琳珉昆吾，瑊玏玄厉，硬石碔砆</u>。（汉·司马相如《子虚赋》）

（5）惟西域之灵鸟兮，挺自然之奇姿。体金精之妙质兮，合火德之明辉。性辩慧而能言兮，才聪明以识机。故其嬉游高峻，栖跱幽深。飞不妄集，翔必择林。<u>绀趾丹觜，绿衣翠衿</u>。<u>采采丽容，咬咬好音</u>。虽同族于羽毛，固殊智而异心。配鸾皇而等美，焉比德于众禽？（汉·祢衡《鹦鹉赋》）

例（4）中的"琳珉昆吾，瑊玏玄厉，硬石碔砆"，每句都是由两个或两个以上的表示玉石的专有名词构成。"琳瑙琨吾"，是指"琳"（玉）、"珉"（石之次于玉者）、"昆吾"（山名，出美金，此代指金）三种玉石；"瑊玏玄厉"，是指"瑊玏"（石之次于玉者）、"玄厉"（黑石可用磨者）两种玉石；"硬石碔砆"，是指"硬石"（石之次于玉者，白者如冰，半有赤色）、"碔砆"（石之次于玉者，赤地白采，葱茏白黑不分）两种玉石。这三个名词短语句，从结构上看，是一个"N＋N＋N，N＋N，N＋N"式，俨然是由三个名词短语句连续铺排的名词铺排文本，其实并不是。只要我们根据上下文语境分析一下，就会发现，这三个名词短语句并不是一个可以独立的言语单位，而是跟它之前的"其石则赤玉玫瑰"一句在语法结构上脱不了干系，跟它之前的"赤玉玫瑰"一样，只是"其石"（主语）的谓语而已。也就是说，这三句不是可以独立于前句的言说单位，而只是一个主谓结构句的组成部分，不是名词铺排文本。例（5）中的"绀趾丹觜，绿衣翠衿。采采丽容，咬咬好音"四句，表面看起来是"NP＋NP，NP＋NP，NP，NP"结构，像是四个名词短语句的连续铺排，实际上并非名词铺排，而只是四个省略了主语"鹦鹉"的主谓句的连用。

第三，有些名词短语句或是几个名词短语句联合体，表面上看是名词铺排，其实并非如此。从上下文语境考察，它实际上是充当其前句动词的宾语。也就是说，这种名词短语句或是几个名词短语句的联合体在语法上没有独立成句的资格，而只是整个句子的一个语法结构成分。如：

（6）其高燥则生葴菥苞荔，<u>薜莎青薠</u>。其卑湿则生藏莨蒹葭，<u>东蔷雕胡，莲藕觚卢，庵间轩于</u>，众物居之，不可胜图。（汉·司马相如《子虚赋》）

（7）外发芙蓉菱华，内隐钜石白沙。其中则有神龟蛟鼍，<u>瑇瑁鳖鼋</u>。其北则有阴林：其树楩柟豫章，桂椒木兰，檗离朱杨，樝梨楟栗，橘柚芬芳；其上则有鹓雏孔鸾，<u>腾远射干</u>；其下则有白虎玄豹，<u>蟃蜒貙犴</u>。（汉·司马相如《子虚赋》）

例（6）中的"薜莎青薠"，是指三种草（"薜"，指蘼芜；"莎"，指蔍侯；青薠，似莎而大，生江南），是三个专有名词的加合，结构上是"N＋N＋N"式。孤立地看，这是一个典型的单句形式的名词铺排文本，实际上并不是如此。根据上下文语境看，"薜莎青薠"一句跟它之前的"葴菥苞荔"（四种草。"葴"，即马蓝；"菥"，似燕麦；"苞"，即蔍草；"荔"，即马荔）一样，都是前句动词"生"的宾语。"东蔷雕胡，莲藕觚卢，庵间轩于"三句，情况亦然。"东蔷雕胡"，是指"东蔷"（一种植物，实可食）、"雕胡"（菰米）两种食物；"莲藕觚卢"，是指"莲""藕""觚卢"（即扈鲁）三种食物；"庵间轩于"，是指"庵间"（即蒿，子可医疾）、"轩于"（莸草，生水中）两种植物。从结构上看，这三句是"N＋N，N＋N＋N，N＋N"形式，像是由三个名词短语句构成的名词铺排文本，实际上情况并非如此。这三句跟它之前的"藏莨兼葭"（"藏莨"，即狼尾草，俗称狗尾巴草；"兼葭"，即芦苇）一句一样，是动词"生"的宾语。例（7）中的"瑨瑁鳖鼋"，是指"瑨瑁"（似龟动物）、"鳖"（即甲鱼）、"鼋"（似鳖而大）三种动物。这一句表面看由表示三种动物的专有名词构成，俨然就是"N＋N＋N"式的名词铺排，实际上并非如此。它跟其前句的"神龟蛟鼍"（"神龟"，传说中的大龟；"蛟"，鱼身而蛇尾，皮有珠；"鼍"，即扬子鳄）一样，都是动词"有"的宾语。"腾远射干"（"腾远"，猿类动物；射干，亦动物），跟它前面的"鹓雏孔鸾"（"鹓雏"，凤类鸟；孔，即孔雀；鸾，凤类鸟）一样，是动词"有"的宾语。"蟃蜒貙犴"（"蟃蜒"，传说中的巨兽；貙犴，猛兽），跟它之前的"白虎玄豹"一样，也是动词"有"的宾语。

第三节　先秦两汉名词铺排的审美追求

先秦两汉时期，名词铺排作为一种修辞现象还处于萌芽与发展的初始状态，用例还不多。因此，其文本创造的审美意识还不是很强。就我们所掌握的材料来看，其在审美上的追求主要有如下三个方面。

一、妙趣天成的自然美

就现存的文学史料来看，名词铺排的原始用例见于《诗经·国风·召南·草虫》。其开篇二句："喓喓草虫，趯趯阜螽"，便是最早的名词铺排文本。因为从语法结构上看，这两句居全篇之首，前面没有其他的句子，因此就不存在充当其他句子的谓语或宾语的可能性；这两句之后的句子"未见君子，忧心忡忡。亦既见止，亦既觏止，我心则降"，都是语法结构封闭自足的主谓句。如"未见君子，忧心忡忡"二句，主语都是"女子"，即那位急切等待与情郎（诗中所谓的"君子"）相见的女主人公，因为诗句字数的限制而被省略。前句谓语动词是"见"，宾语是"君子"；后句谓语是主谓结构的"忧心忡忡"。可见，"喓喓草虫，趯趯阜螽"在诗中也没有充当后面句子的主语或定语的可能性。因此，"喓喓草虫，趯趯阜螽"是一个封闭自足的言语单位，由两个偏正式名词短语形式各自单独成句。因此，我们说它是一个名词铺排文本。这一文本的创造，采用定中结构的"NP"结构形式，先以"喓喓"之声领起，由声及物，引出发出"喓喓"之声的主体"草虫"（即蝗虫，或曰蝈蝈）；再以"趯趯"（跳跃之状）之形象领起，由远及近，引出"阜螽"（蚱蜢）。创意造言没有刻意为之的痕迹，完全是诗人不经意间的妙语天成。因为按照人的思维习惯，总是先听到一种声音，然后再循声去寻找发出声音的物体；总是先远远看到某物活动的朦胧形象，再靠近细看活动的主体（人或动物）。因此，我们说诗人以"喓喓"居前，"草虫"在后，"趯趯"领起，"阜螽"追补的语序所建构出来的修辞文本"喓喓草虫，趯趯阜螽"，虽然有一种类似现代电影"蒙太奇"手法的画面审美效果，但这种效果乃是妙趣天成，不是人工雕琢出来的美。

《诗经》所创造的名词铺排文本虽然是诗人不经意间的妙笔，不是刻意而为之，但其妙趣天成的审美效果却成了后代诗人们所热烈追求的境界。因此，在汉代诗歌中，这种以叠字领起、以偏正结构的名词短语形式成句的名词铺排，就逐渐多了起来。《古诗十九首》中就有不少，如："青青河畔草，郁郁园中柳。盈盈楼上女，皎皎当窗牖"（《青青河畔草》）、"迢迢牵牛星，皎皎河汉女。纤纤擢素手，札札弄机杼"（《迢迢牵牛星》）、"青青陵上柏，磊磊涧中石。人生天地间，忽如远行客"（《青青陵上柏》）等。汉乐府古辞中也有，如"岧岧山上亭，皎皎云间星。远望使心思，游子恋所生"（《长歌行》）。这些名词铺排，如果说它们是无意而为之，恐怕很难。相反，说它们是模仿《诗经》"喓喓草虫，趯趯阜螽"的名词铺排结构形式，则有相当充足的理由。如"青青河畔草，郁郁园中柳"，也可以变换成"河畔草青青，园中柳郁郁"，表意上没有什么变化，但在审美效果上则有相当大的差异。前者因为是名词铺排文本，接受上就有一种电影镜头式的特写画面感，给人更多的联想与想象空间，审美价值明显很高。后者则仅是一种简单的描写句，类似于陈述事实的性质，提供给读者的是"春天到了，草绿柳郁"这样一个信息，审美价值就打了折扣。虽然汉人诗歌名词铺排是有意为之，少了点妙趣天成的审美情趣，但有意以叠字领起的模式，事实上造就了一种听觉上的音乐美，这也是值得重视的。

二、铺排壮势的崇高美

先秦两汉时期的诗赋中，特别是汉赋中，以大量名词或名词短语超常规集结的形式构成名词铺排，是一种突出的修辞现象。这种大规模名词句集结的名词铺排，在接受上有一种铺排壮势的效果，对接受者会产生一种强烈的视觉与听觉冲击，犹如滚滚江水，一泻千里，不仅能给人强烈的印象，更有一种怦然心动的崇高感油然而生。如汉·班固《西都赋》写汉代西都长安宫殿之多时有这样的笔触："徇以离宫别寝，承以崇台闲馆，焕若列宿，紫宫是环。<u>清凉、宣温、神仙、长年、金华、玉堂、白虎、麒麟</u>，区宇若兹，不可殚论。"其中"清凉、宣温、神仙、长年、金华、玉堂、白虎、麒麟"，是八个宫殿专名的名词句铺排，自成一个言语单位，属于典型的名词铺排（因为它之前的句子"焕若列宿，紫宫是环"和之后的句子"区宇若兹，不可殚论"，都是语法结构封闭自足的主谓句，与这八个并列铺排的名词没有语法上的关涉）。这一名词铺排文本，通过八个名词一气呵成的连续铺排，将大汉王朝的西都长安宫殿林立的景象呼之欲出地呈现于接受者眼前，不仅给人强烈的视听觉冲击，亦让人对太平盛世、大国威仪有一种强烈的印象，一种肃然起敬的崇高感油然而生。又如汉·枚乘《七发》写楚王宫美味佳肴有这样一段文字："于是使伊尹煎熬，易牙调和。<u>熊蹯之臑，芍药之酱，薄耆之炙，鲜鲤之鲙，秋黄之苏，白露之茹。</u>兰英之酒，酌以涤口。山梁之餐，豢豹之胎。小饣大歠，如汤沃雪。此亦天下之至美也，太子能强起尝之乎？"其中，"熊蹯之臑，芍药之酱，薄耆之炙，鲜鲤之鲙，秋黄之苏，白露之茹"，是六个偏正式名词短语并列铺排，它们之前的句子"使伊尹煎熬，易牙调和"和它们之后的句子"兰英之酒，酌以涤口"，都是结构上封闭自足的主谓句。可见，这六个名词句也是名词铺排文本，它通过大量名词句的集结铺排，强烈地渲染了楚王宫菜肴的丰富与珍稀，读之让人怦然心动，不禁为之神往不已。

三、错综其文的灵动美

在先秦两汉的诗、赋中，都有这样一种现象：在全篇或全段落都以正常语法结构的句子进行铺叙的过程中，不时插入个别名词性短句。这些名词性短句，就是我们所说的名词铺排文本。由于这些名词性短句在语法结构上与其前后的句子都有所不同，这就打破了原来中规中矩的行文模式，使诗文的语言表达显得错综有变化，从而使作品增添了一种灵动之美。如汉·班固《西都赋》中有一段文字云："若乃观其四郊，浮游近县，则南望杜、霸，北眺五陵。名都对郭，邑居相承。……商、洛缘其隈，鄠、杜滨其足，源泉灌注，陂池交属。<u>竹林果园，芳草甘木</u>，郊野之富，号为近蜀。其阴则冠以九嵕，陪以甘泉，乃有灵宫起乎其中。"其中，"竹林果园，芳草甘木"二句在语法结构上就与其前后各句不同。它纯以"NP＋NP"式的名词铺排而构句，夹在文中，就显得与众不同，别有一种"万绿丛中一点红"的韵味。从整个段落看，整体上的整齐划一与局部的特异形成了强烈的对比，遂使语言表达在接受上有了一种错综其文的灵动美。又如汉·辛延年《羽林郎》："胡姬年十五，春日独当垆。<u>长裾连理带，广袖合欢襦。</u>头上蓝田玉，耳后大秦珠"，第一、二句和第五、六句，从现代语法学来分析，都是主谓结构的正常句（第二句省略了主语"胡姬"，第五、六两句都省略了动词"戴"）。只有第三、四两句是由"NP"结构的偏正式名词短语单独构句，属于名词铺排。这一名词铺排文本，因为结构形式与其前后两句都有不同，遂使整体行文有了变化，从而具有一种错综灵动之美。

第四节　小　结

先秦两汉时期，虽是名词铺排的萌芽与创始阶段，但其创意造言对后代诗、词、曲、文、小说等各种文体的影响作用不可小觑。

一、先秦两汉诗歌名词铺排的模式开启了后代名词铺排文本创造的先声

上文我们说过，先秦两汉时期诗歌中的名词铺排模式只有两种，一是由《诗经》所创造的以叠字领起的"NP，NP"式，二是由汉代诗人所创造的以非叠字领起的"NP，NP"式。前者虽出于先古诗人的妙笔偶成，是无意识的修辞创造，但因为其妙趣天成的表达效果，遂成千古以降诗人们一直追求的审美境界。无论是汉代的《古诗十九首》和乐府古辞，还是汉赋、唐诗、宋词、元曲等韵文作品，抑或是唐传奇开始的小说作品，都一直沿用这一最原始的名词铺排结构模式，至今仍具有顽强的生命力。后者则是魏晋南北朝时期的诗歌创作中最主流的名词铺排模式，初唐诗歌中所创造出来的许多新的名词铺排结构模式，也是由此而衍变出来的。这与它结构上不再追求以叠字领起而更易于建构有关。正因为如此，它的生命力更加顽强，应用面更广，即使是在现代诗歌、小说、散文中，也仍能时常见到其矫健的身影。

二、汉赋中名词铺排用例不多，结构类型却丰富多彩

从前文所列举的汉赋名词铺排模式，我们可以清楚地看出，汉赋中的名词铺排并非触目皆是，但有六种结构类型。就类型的丰富性来说，远远超过比赋更源远流长的诗歌。除了"NP，NP"式与汉代诗歌中以非叠字领起的"NP，NP"式

相同外，其他七种类型："NP，NP，NP，……"式、"N，N，N，……"式、"NP＋NP，NP＋NP"式、"NP＋NP，NP＋NP，NP，NP＋NP"式、"N＋N＋N＋N，N＋N，N＋N，N＋N"式、"NP"式、"NP＋NP"式，都是汉赋的创造，在《诗经》与汉代诗歌中都是找不到先例的。之所以出现这种情况，可能与诗赋两种文体的不同有关。诗有字句结构上的内在规范，不可能像赋那样充分铺排，将大量的名词短语句超常规地予以集结。从内容上看，汉赋特别是西汉的大赋，本来就是以"铺采摛文，体物写志"为旨趣，因而作为"铺采""体物"手段之一的名词铺排手法就有用武之地，结构形式上趋向复杂化也就自然而然。不过，应该指出的是，随着汉大赋的衰落和东汉抒情小赋的兴起，赋中名词铺排结构的复杂性也随之减弱。这既与赋体形式的变化有关，也与时代风尚有关，当然更与创作者们求新求变的审美心理有关。

从前面所举汉赋名词铺排的例子来看，涉及的内容多是建筑、园林和饮食。以名词铺排写建筑，意在通过建筑物及其形态特点的铺排，凸显大汉王朝的威仪气度；以名词铺排写园林，多是以铺排的形式展示皇家园林的气派；以名词铺排写饮食，意在通过丰盛、珍稀的食物罗列，在铺排中呈现出钟鸣鼎食的上层社会生活的奢华程度。汉赋名词铺排的这一内容特点，在唐传奇中得到了继承。后文我们要讲到的唐传奇喜欢用名词铺排写建筑物与人物服饰，就是继承了汉赋名词铺排的表现。至于张鷟《游仙窟》中的名词铺排喜欢铺排宴席食物与闺阁陈设，则更可见出其"铺采摛文"的汉赋名词铺排特色及其审美倾向的深深烙印。

第三章　魏晋南北朝

　　魏晋南北朝时期是汉语名词铺排发展演进的转折期。这一时期，虽然对先秦两汉时期所创造的名词铺排旧有模式的继承仍然相当明显（特别是诗歌），但在创新方面表现得更为突出。就诗歌而言，最突出的表现有两个方面：一是名词铺排在诗歌中的位置有了变化，突破了先秦两汉时期仅出现于诗歌篇首的惯例，篇中、篇尾都有名词铺排出现。二是名词铺排在结构模式上更趋丰富多彩，如四言成句的"NP，NP"式，四言成句的"NP，NP"（非叠字领起）与"NP，NP"（叠字领起）联合式，七言成句的"NP，NP"式，五言成句的"NP（叠字领起），NP（非叠字领起）"式，都是这一时期的创新。赋在这个时期的创作虽已经走向衰落，但赋中的名词铺排在结构形式上还是有所发展的。

　　下面我们将分诗、赋两个方面，对魏晋南北朝时期的汉语名词铺排发展演进情况进行共时和历时描写。

第一节　诗中的名词铺排

名词铺排由《诗经》发凡起例创造出来后，经过两汉时期的初始发展阶段，到魏晋南北朝时期，出现了许多新变化，也创造了不少新的结构模式。但是，先秦两汉时期所创造的两种名词铺排结构形式也得到了继承，运用更为广泛。由先秦时期创造出来的篇首名词铺排模式与由汉代创造出来的篇中名词铺排模式，在魏晋南北朝时期的诗歌中也得到了继承运用。

一、旧有模式的继承

魏晋南北朝时期对先秦与两汉时期创造的名词铺排模式及其结构形式的继承，主要体现在两个方面：一是布局上，二是结构上。

（一）布局上的继承

名词铺排的篇章布局，先秦时期只有一种模式，就是只出现于诗歌的篇首。到了汉代诗歌中，则发展出一种新的布局模式，即名词铺排也出现于诗歌的篇中。魏晋南北朝时期的诗歌中，对于先秦与汉代诗歌所创造的这两种名词铺排布局模式都有继承。

1. 篇首名词铺排

名词铺排作为一种修辞现象，从《诗经》开始就居于诗歌的篇首。如《诗经》中的"喓喓草虫，趯趯阜螽"（《国风·召南·草虫》）、"秩秩斯干，幽幽南山"（《小雅·斯干》）、"青青子衿，悠悠我心"（《郑风·子衿》）、"青青子佩，悠悠我思"（《郑风·子衿》）等，都是出现于全诗的开篇。两汉时期的名词铺排仍然继承了《诗经》的传统。又如《古诗十九首》中"青青河畔草，郁郁园中柳"（《青青河畔草》）、"迢迢牵牛星，皎皎河汉女"（《迢迢牵牛星》）、"青青陵上柏，磊磊涧中石"（《青青陵上柏》），汉古乐府古辞"岩岩山上亭，皎皎云间星"（《长歌行》），也是居于全诗的开篇。到了魏晋南北朝时期，名词铺排居于全诗篇首的模式仍然非常流行。如：

（1）遥遥山上亭，皎皎云间星。远望使心怀，游子恋所生。（三国魏·曹丕《于明津作诗》）

（2）泛泛东流水，磷磷水中石。蘋藻生其涯，华叶纷扰溺。（三国魏·刘桢《赠从弟诗》三首之一）

（3）峨峨高山首，悠悠万里道。君去日已远，郁结令人老。（三国魏·徐幹《室思诗》六章之二）

（4）惨惨寒日，肃肃其风。翩彼方舟，容裔江中。（晋·陶渊明《答庞参军诗》六章之六）

（5）奕奕两仪，昭昭太阳。四气代升，三朝受祥。（晋·傅玄《答程晓诗》）

（6）明明大宋，绀熙皇道。则天垂化，光定天保。（南朝宋·燕射歌辞《殿前登歌》三曲之一）

（7）楼上徘徊月，窗中愁思人。照雪光偏冷，临花色转春。（南朝梁·庾肩吾《和徐主簿望月诗》）

例（1）至例（7），魏晋南北朝时期的作品都有。无论是四言成句式，还是五言成句式；无论是以叠字领起的，还是以非叠字领起的，"NP，NP"式名词铺排文本都是居于全诗开篇的位置。这样的名词铺排文本在审美上有造景呈象，将画面定格化的作用，在全诗一开始便营造出一种先声夺人的画面意境效果。

2. 篇中名词铺排

名词铺排居于诗歌全篇的中间部分，这是汉代诗歌的创造。如汉·辛延年《羽林郎》："胡姬年十五，春日独当垆。长裾连理带，广袖合欢襦。头上蓝田玉，耳后大秦珠。"其中，"长裾连理带，广袖合欢襦"是一个以非叠字领起的"NP，NP"式名词铺排文本，但它的位置并不在全诗起首部分，而是在诗歌的中间部分。不过，汉代诗歌中这种情况比较少见，只是偶尔出现。到了魏晋南北朝时期，这种模式就多起来了。如：

（8）日月光太清，列宿曜紫微。<u>赫赫大晋朝，明明辟皇闱</u>。吾兄既凤翔，王子亦龙龙。（晋·傅咸《赠何劭王济》）

（9）白日沦西阿，素月出东岭。<u>遥遥万里晖，荡荡空中景</u>。风来入房户，夜中枕席冷。（晋·陶渊明《杂诗》十二首之二）

（10）顾望无所见，唯睹松柏阴。<u>肃肃高桐枝，翩翩栖孤禽</u>。仰听离鸿鸣，俯闻蜻蜩吟。（晋·张载《七哀诗》二首之二）

（11）哀鸿鸣沙渚，悲猿响山椒。<u>亭亭映江月，浏浏出谷飚</u>。斐斐气暮岫，泫泫露盈条。（南朝宋·谢惠连《泛湖归出楼中望月诗》）

（12）平生无志意，少小婴忧患。如何乘苦心，翻复值秋晏。皎皎天月明，奕奕河宿烂。<u>萧萧含风蝉，寥唳度云雁</u>。寒商动清闺，阴灯暖幽幔。（南朝宋·谢惠连《秋怀诗》）

（13）汉水如鸡，昆山抵鹊。维皇多士，譬兹珠璞。<u>皎皎名驹，昂昂野鹤</u>。思发泉涌，纸飞云落。（南朝梁·费昶《赠徐郎诗》六章之一）

（14）复殿可以娱，于兹多延纳。<u>迢迢百尺观，杳杳三休阁</u>。前后训导屏，左右文卫匝。（南朝陈·陈后主陈叔宝《五言画堂良夜履长在节歌管赋诗迥筵命酒十韵成篇》）

例（8）至例（14）都是以叠字领起的"NP，NP"式名词铺排。它们或是以四言成句，如例（13）；或是以五言成句，如例（8）至例（12）、例（14）。不管是哪种情况，它们都是居于全诗的中间部分，杂居于许多以主谓结构为主的句子中，犹如"万绿丛中一点红"，使全诗别添一种错综灵动之美。

（二）结构上的继承

魏晋南北朝诗歌在名词铺排的结构模式上，对先秦两汉也有继承，根据现存的诗歌作品考察，主要有如下三种结构形式得到了继承。

1. 四言成句的"NP，NP"（叠字领起）式

名词铺排，以四言成句，且以叠字领起，是《诗经》所创造的先例。两汉时期的诗歌中对之有所继承，但由于汉代诗歌以五言诗为主流，因而四言成句的"NP，NP"（叠字领起）式的名词铺排用例并不多。但是，魏晋南北朝时期这种模式却被较多地继承运用，不少诗人的笔下都有这样的名词铺排文本。如：

（1）<u>青青子衿，悠悠我心</u>。但为君故，沉吟至今。呦呦鹿鸣，食野之苹。我有嘉宾，鼓瑟吹笙。（三国魏·曹操《短歌行》）

（2）郁郁华林，奕奕疏圃。燕彼君后，郁郁有序。（晋·王济《从事华林诗》）

（3）黮黮重云，习习和风。黍华陵巅，麦秀丘中。（晋·石崇《华黍》）

（4）霭霭停云，蒙蒙时雨。八表同昏，平路伊阻。（晋·陶渊明《停云诗》四章之一）

（5）明明大宋，缉熙皇道。则天垂化，光定天保。（南朝宋·燕射歌辞《殿前登歌》三曲之一）

（6）师师阙里，济济洙泗。西琠献珍，南翚程赟。（南朝梁·鲍几《释奠应诏为王皦作诗》七章之三）

（7）赫赫重光，明明二圣。帝作储述，礼和乐正。（南朝梁·刘孝威《重光诗》）

（8）嫋嫋秋声，习习春吹。鸣兹玉树，涣此铜池。（南朝梁·刘孝绰《咏风诗》）

（9）五方耸听，百辟倾耳。济济耆生，莘莘胄子。（南朝陈·江总《释奠诗应令》八章之四）

（10）汉水如鸡，昆山抵鹊。维皇多士，譬兹珠璞。皎皎名驹，昂昂野鹤。思发泉涌，纸飞云落。（南朝梁·费昶《赠徐郎诗》六章之一）

例（1）至例（10），均是以四言成句且以叠字领起的"NP，NP"式名词铺排，跟《诗经》所创的名词铺排结构形式完全相同。从来源上看，完全是模仿《诗经》。尤其是例（1），已经不是模仿的问题，而是直接引用了《诗经》的句子。因为"青青子衿，悠悠我心"二句出自《诗经·郑风·子衿》篇。诗人曹操是汉魏时期的人，引用《诗经》的句子入诗，表明诗人钟情于这种以四言成句且以叠字领起的"NP，NP"式名词铺排。这二句在语法语义上互不相属，各自独立。其在语法上可以由偏正结构转换为主谓结构，即"青青子衿，悠悠我心"可以转换成"子衿青青，我心悠悠"，每句构成一个画面形象，二句并列构图，再现了一个热切渴望人才的治国者心境（前句是治国安邦之才的形象，后句是治国者的形象。《诗经》中的原意是表现女子思念心上人，即前句是男子形象，后句是女子形象）。

2. 五言成句的"NP，NP"（叠字领起）式

五言成句、以叠字领起的"NP，NP"式名词铺排，是汉代诗人仿照《诗经》所创名词铺排的模式创造出来的。魏晋南北朝时期的诗歌仍以五言诗创作为主，因此这种结构形式的名词铺排继续得到普遍沿用，不少诗人笔下都有这种名词铺

排文本。如：

（11）遥遥山上亭，皎皎云间星。远望使心怀，游子恋所生。（三国魏·曹丕《于明津作诗》）

（12）郁郁河边树，青青野田草。舍我故乡客，将适万里道。（三国魏·曹丕《见挽船士兄弟辞别诗》）

（13）泛泛东流水，磷磷水中石。蘋藻生其涯，华叶纷扰溺。（三国魏·刘桢《赠从弟诗》三首之一）

（14）亭亭山上松，瑟瑟谷中风。风声一何盛，松枝一何劲。（三国魏·刘桢《赠从弟诗》三首之二）

（15）峨峨高山首，悠悠万里道。君去日已远，郁结令人老。（三国魏·徐幹《室思诗》六章之二）

（16）洋洋熊耳流，巍巍伊阙山。高冈碣崔嵬，双阜夹长川。（晋·成公绥《诗》）

（17）昭昭清汉晖，粲粲光天步。牵牛西北回，织女东南顾。（晋·陆机《拟迢迢牵牛星诗》）

（18）青青河边草，悠悠万里道。草生在春时，远道还有期。（晋·傅玄《青青河边草篇》）

（19）昭昭朝时日，皎皎晨明月。十五入君门，一别终华发。（晋·傅玄《朝时篇》）

（20）皎皎明月光，灼灼朝日晖。昔为春蚕丝，今为秋女衣。（晋·傅玄《明月篇》）

（21）涓涓谷中泉，郁郁岩下林。泄泄君翟飞，咬咬春鸟吟。（晋·曹摅《赠石崇诗》）

（22）荣荣窗下兰，密密堂前柳。初与君别时，不谓行当久。（晋·陶渊明《拟古诗》九首之一）

（23）曀曀寒野雾，苍苍阴山柏。树迥雾萦集，山寒野风急。（南朝宋·鲍照《学刘公干体诗》五首之二）

（24）哀鸿鸣沙渚，悲猿响山椒。亭亭映江月，浏浏出谷飙。斐斐气暮岫，汸汸露盈条。（南朝宋·谢惠连《泛湖归出楼中望月诗》）

（25）涓涓乱江流，绵绵横海烟。浮生旅昭世，空事叹华年。（南朝宋·鲍照《拟青青陵上柏诗》）

（26）袅袅临窗竹，蔼蔼垂门桐。灼灼青轩女，泠泠高堂中。明志逸秋霜，

玉颜掩春红。（南朝宋·鲍令晖《拟青青河畔草》）

（27）郁郁陌上桑，盈盈道旁女。送君上河梁，拭泪不能语。（南朝梁·王台卿《陌上桑》四首之一）

（28）郁郁陌上桑，遥遥山下蹊。君去戍万里，妾来守空闺。（南朝梁·王台卿《陌上桑》四首之二）

（29）郁郁陌上桑，皎皎云间月。非无巧笑姿，皓齿为谁发。（南朝梁·王台卿《陌上桑》四首之三）

（30）郁郁陌上桑，袅袅机头丝。君行亦宜返，今夕是何时。（南朝梁·王台卿《陌上桑》四首之四）

（31）耿耿横天汉，飘飘出岫云。月斜树倒影，风至水回文。（南朝梁·阮研《秋闺有望诗》）

（32）喧喧洛水滨，郁郁小平津。路旁桃李节，陌上采桑春。（南朝陈·岑之敬《洛阳道》）

（33）蝎蝎河堤树，依依魏主营。江陵有旧曲，洛下作新声。（南朝陈·徐陵《折杨柳》）

（34）复殿可以娱，于兹多延纳。迢迢百尺观，杳杳三休阁。前后训导屏，左右文卫匝。（南朝陈·陈后主陈叔宝《五言画堂良夜履长在节歌管赋诗迥筵命酒十韵成篇》）

例（11）至例（34）全是以叠字领起的五言成句的"NP，NP"式名词铺排，而且除（24）与例（34）外，都出现于诗歌的开篇部分，完全就是《诗经》所创名词铺排模式的翻版，只是在字数上有所区别，《诗经》是四言成句，而它们是五言成句，是两汉时期创造出来的模式。这些名词铺排文本在诗中的出现，对于提升诗的意境、增加诗的审美情趣都发挥了重要作用。

3. 五言成句的"NP，NP"式

"NP，NP"式名词铺排，不以叠字领起，且以五言成句的，乃是汉代诗人的发明。现见汉人诗歌中只有一例，即前文我们提到的汉人辛延年《羽林郎》："胡姬年十五，春日独当垆。长裾连理带，广袖合欢襦。头上蓝田玉，耳后大秦珠。"其中，"长裾连理带，广袖合欢襦"即是一个以非叠字领起的五言成句的"NP，NP"式名词铺排。这一模式创出后，在南北朝诗人的作品中得到了广泛的继承沿用。如：

（35）楼上徘徊月，窗中愁思人。照雪光偏冷，临花色转春。（南朝梁·庾肩

吾《和徐主簿望月诗》）

（36）九丹开石室，三径没荒林。仙人翻可见，隐士更难寻。<u>篱下黄花菊，丘中白雪琴</u>。方欣松叶酒，自和游仙吟。[南朝梁·庾肩吾（或题庾信作）《赠周处士诗》]

（37）<u>杂色昆仑水，泓澄龙首渠</u>。岂若兹川丽，清流疾且徐。离离细碛沙，蔼蔼树阴疏。（南朝梁·简文帝萧纲《玩汉水诗》）

（38）<u>晨风白金络，桃花紫玉珂</u>。影斜鞭昭曜，尘起足蹉跎。（南朝梁·简文帝萧纲《西斋马行诗》）

（39）<u>孙生酸枣寺，王子枝江楼</u>。何如登石镜，因闲犹豫游。（南朝梁·简文帝萧纲《登锦壁诗》）

（40）<u>青槐金陵陌，丹毂贵游士</u>。方骖万乘巨，炫服千金子。（南朝梁·沈约《长安有狭斜行》）

（41）<u>戒坛青石路，灵相紫金峰</u>。影尽皈依鸽，餐迎守护龙。（南朝陈·徐孝克《仰同令君摄山栖霞寺山房夜坐六韵诗》）

（42）<u>贾谊登朝日，终军对奏年</u>。校文升广内，抚剑入崇贤。（南朝陈·江总《赠洗马袁朗别诗》）

（43）<u>十五诗书日，六十轩冕年</u>。名山极历览，胜地殊留连。（南朝陈·江总《明庆寺诗》）

（44）<u>鹫岭三层塔，菴园一讲堂</u>。驯鸟逐饭磬，狎兽绕禅林。（南朝陈·沈炯《同庾中庶肩吾周处士弘让游明庆寺诗》）

（45）钓舟画彩鹢，渔子服冰纨。<u>金辖茱萸网，银钩翡翠竿</u>。敛桡随水脉，急桨渡江湍。（南朝梁·刘孝绰《钓竿篇》）

（46）春情寄柳色，鸟语出梅中。<u>氛氲门里思，逶迤水上风</u>。落花徒入户，何解妾床空。（南朝梁·萧子范《春望古意诗》）

（47）田家足闲暇，士友暂流连。<u>三春竹叶酒，一曲鹍鸡弦</u>。（北周·庾信《春日离合诗》二首之二）

（48）<u>重峦千仞塔，危磴九层台</u>。石关恒逆上，山梁乍斗回。（北周·庾信《和从驾登云居寺塔诗》）

（49）藜床负日卧，麦陇带经锄。<u>自然曲木几，无名科斗书</u>。聚花聊饲雀，穿池试养鱼。（北周·庾信《奉报穷秋寄隐士诗》）

（50）惊心一雁落，连臂两猿腾。直知王济巧，谁觉魏舒能。<u>空心不死树，无叶未枯藤</u>。择贤方至此，传庖欣得朋。（北周·庾信《北园射堂新成诗》）

例（35）至例（50）都是以非叠字领起的五言成句的"NP，NP"式名词铺排，其间的差异仅在于有的居于全诗篇首，有的居于全诗篇中，有的居于全诗篇末。居于篇首者，有一种画面定格、先声夺人的效果；居于篇中者，有一种"万绿丛中一点红"的韵味；居于篇尾者，则有一种诗终呈画、意境悠长的韵味。三类形式都以画面感拓展了诗的意境。

二、全新模式的创出

魏晋南北朝时期，诗歌的名词铺排除了对先秦与两汉时期创造的名词铺排模式及其结构形式有所继承外，还有不少全新的开创。这主要体现于两个方面：一是布局上，二是结构上。

（一）布局上的创新

名词铺排在诗歌篇章布局中只有三种可能：一是出现于篇首，二是出现于篇中，三是出现于篇尾。前二种分别出现于先秦与两汉的诗歌作品中，而后一种则是魏晋南北朝的创造。

前面我们说过，名词铺排居于全诗篇首者，先秦时期的《诗经》创例在先，汉诗踵武其后。居于全诗篇中者，则是汉代诗人的用例。居于全诗篇尾者，则是南北朝诗人的创新。不过，就现存魏晋南北朝诗歌作品来看，这种用例并不多，只有如下三例：

（1）仲秋有秋色，始凉犹未凄。<u>萧萧山间风，泠泠积石溪</u>。（晋·湛方生《诗》）

（2）田家足闲暇，士友暂流连。<u>三春竹叶酒，一曲鹍鸡弦</u>。（北周·庾信《春日离合诗》二首之二）

（3）肆礼虞庠，弘风阙里。降心下问，劳谦让齿。五方耸听，百辟倾耳。<u>济济肯生，莘莘胄子</u>。（南朝陈·江总《释奠诗应令》八章之四）

例（1）至例（3）都是"NP，NP"式名词铺排，只是例（1）是以五言成句，且以叠字领起，是汉代诗人创造的；例（2）也以五言成句，但不以叠字领起，也是汉代诗人创造的模式；例（3）则是以四言成句，且以叠字领起，属于《诗经》创造的。尽管结构形式上有区别，但三例有一个共同的特点，就是它们都居于全诗的篇尾，这是此前所没有的，是魏晋南北朝时期诗人的创造。这种名词铺排模式往往有助于拓展诗的画面意境，给人一种意味无穷的美感。

（二）结构上的创新

魏晋南北朝诗歌在名词铺排的结构形式上的创新，根据现存资料考察，主要有如下几种。

1. 四言成句的"NP，NP"式

这种模式是由《诗经》所开创的四言成句的"NP，NP"（叠字领起）式变化而来，也是一种结构形式的创新。它仍以名词为中心语，但不以模拟声音或形貌的叠字为定语，而是以表示颜色或状态的联绵词为定语，从而构成四言成句的"NP，NP"式名词铺排。这种结构模式在魏晋南北朝时期的诗歌中只是偶有所见，并不普遍。在唐代诗歌中还有继承，但仍然不是主流。如：

（1）大飨既周，德馨惟楙。殊方知礼，声教日富。<u>陆离簪笏，徘徊舞袖</u>。楚楚儒衣，莘莘国胄。（南朝梁·鲍几《释奠应诏为王俭作诗》七章之六）

例（1）"陆离簪笏，徘徊舞袖"，即是一个四言成句的"NP，NP"式名词铺排。因为从上下文语境来看，"陆离簪笏，徘徊舞袖"是一个独立的语言单位，不与其前后的句子发生语法结构或语义上的关涉。它之前的"殊方知礼，声教日富"，是两个结构上封闭自足的主谓句；它之后的"楚楚儒衣，莘莘国胄"，则是另一个结构独立的名词铺排，属于"NP，NP"（叠字领起）式。可见，"陆离簪笏，徘徊舞袖"是一个"NP，NP"式名词铺排文本。这一文本采用"定中"式偏正结构，化陈述句为名词句，使每个句子的焦点聚于一点。前者聚焦的是"簪笏"，"陆离"是修饰其颜色状态的定语；后者聚焦的是"舞袖"，"徘徊"是说明"舞袖"的状态。这样，平常的叙述便有了画面感，审美效果大大提升。

2. 四言成句的"NP，NP"（非叠字领起）与"NP，NP"（叠字领起）联合式

这种模式不仅此前没有出现过，魏晋南北朝之后也未见其例。它是将先秦时期所创造的"NP，NP"（叠字领起）式与魏晋南北朝时期新创的"NP，NP"（非叠字领起）式联合起来予以运用，形成一种名词铺排文本的铺排。如：

（2）大飨既周，德馨惟楙。殊方知礼，声教日富。<u>陆离簪笏，徘徊舞袖。楚楚儒衣，莘莘国胄</u>。（南朝梁·鲍几《释奠应诏为王俭作诗》七章之六）

例（2）"陆离簪笏，徘徊舞袖。楚楚儒衣，莘莘国胄"，前二句是四言成句的"NP，NP"式名词铺排，后二句是四言成句的"NP，NP"（叠字领起）式名词铺排。这两种结构模式的联合运用，在形式上就是一种创新，给人耳目一新的感觉。同时，前二句以联绵字为定语，在音节上有变化的韵致；后二句以叠字为定语，在音节上有同声的效应。两种音节特点的对比映衬，使诗句在声律上更有一种整齐之中有变化的抑扬顿挫之美。

3. 七言成句的"NP，NP"式

这种模式是从汉代诗歌五言成句的"NP，NP"式演化而来，也是一种创新。不过，这种模式在魏晋与南朝的诗人作品中都未曾有过，只出现于北周诗人庾信的诗中，可谓他的创造。如：

（3）<u>青田松上一黄鹤，相思树下两鸳鸯</u>。无事交渠更相失，不及从来莫作双。（北周·庾信《代人伤往诗》二首之一）

（4）御史府中何处宿，洛阳城头那得栖。<u>弹琴蜀郡卓家女，织锦秦川窦氏妻</u>。讵不自惊长泪落，到头啼乌恒夜啼。（北周·庾信《乌夜啼》）

例（3）"青田松上一黄鹤，相思树下两鸳鸯"，居全诗之首，由两个偏正式名词短语构句。前句以"黄鹤"为中心语，"一"为直接修饰语，"青田松上"是修饰"一黄鹤"的，属于间接修饰语。后句"鸳鸯"是中心语，"两"是直接修饰语，"相思树下"则是间接修饰语。两个名词短语各自成句，呈并列对峙的格局，是典型的名词铺排文本。这一文本由于改变了寻常陈述句写景状物的惯性思维，以名词短语句铺排的方式出现，遂使诗句的画面感特别强。而且诗人将此具有画面感的名词铺排文本置于全诗之首，颇类似于现代电影"蒙太奇"的特写镜头效果，使人有广阔的想象联想空间，由此大大提升了诗句的审美价值。例（4）"弹琴蜀郡卓家女，织锦秦川窦氏妻"（即"弹琴的蜀郡卓家女，织锦的秦川窦氏妻"，是两个偏正结构的名词短语句并立），也是名词铺排，情况亦然。

4. 五言成句的"NP（叠字领起），NP（非叠字领起）"式

这种模式是将汉代诗歌中的两种名词铺排结构形式（以叠字领起的"NP，NP"式与非叠字领起的"NP，NP"式）结合起来，分别置于并列对峙的两个名词短语句中，从而幻化出一种新的名词铺排结构模式，这也是一种创新。如：

（5）<u>盘盘山巅石，飘飘涧底蓬</u>。我本太山人，何为客淮东。（三国魏·曹植《盘石篇》）

(6) 平生无志意，少小婴忧患。如何乘苦心，矧复值秋晏。皎皎天月明，奕奕河宿烂。<u>萧萧含风蝉，寥唳度云雁</u>。寒商动清闺，阴灯暖幽幔。（南朝宋·谢惠连《秋怀诗》）

例（5）"盘盘山巅石，飘飘涧底蓬"，是两个偏正式名词短语句，出现于诗歌之首，是一个典型的名词铺排文本。这一文本由于以名词句的形式出现，画面感特别强。而并列对峙的两句在声律上的有意经营，又使诗句的画面带有一种音乐之美。这是一种诗中有画、画中有乐的境界。前句以叠字"盘盘"领起，写"山巅石"之累累层层之状，既有形象感，又有音乐感。后句以叠韵联绵词"飘飘"领起，状"涧底蓬"飘摇不定之貌，也是形象与乐感俱在。因为叠字与联绵词都有一种声律上的美感，这是人所共知的审美体验。例（6）"萧萧含风蝉，寥唳度云雁"（即"萧萧的含风蝉，寥唳的度云雁"，是两个名词短语句并立），也是这种类型的名词铺排，同样具有很强的审美效果。

需要指出的是，魏晋南北朝时期的诗歌中，名词铺排文本确实非常丰富，创新也不少。但是，其中也有不少诗句看起来像是名词铺排，实则不是。这有几种情况，值得注意。

第一，有些四言成句的"NP"式名词句，看起来像是单句形式的名词铺排，实则是其后一句的主语（或话题主语）。如：

(1) <u>泛泛绿池</u>，中有浮萍。寄身流波，随风靡倾。（三国魏·曹丕《秋胡行》二首之二）

(2) <u>穆穆惠风</u>，扇彼轻尘。<u>奕奕素波</u>，转此游鳞。（三国魏·嵇康《四言赠兄秀才入军诗》十八章之五）

(3) <u>淡淡流水</u>，沦胥而逝。<u>泛泛柏舟</u>，载浮载滞。（三国魏·嵇康《四言诗》）

(4) <u>泆泆白云</u>，顺风而回。<u>渊渊绿水</u>，盈坎而颓。（三国魏·嵇康《四言诗》）

(5) <u>恂恂公子</u>，美色无比。诞姿既丰，世胄有纪。（三国吴·周昭《与孙奇诗》）

(6) <u>亭亭椅桐</u>，郁兹庭圃。翠微疏风，绿柯荫宇。（晋·伏系之《咏椅桐诗》）

例（1）至例（6）的第一句，都是四言成句的名词性偏正结构的短语形式，即"NP"式，看上去像是单句形式的名词铺排，实则不是。因为这个"NP"式名词短语句都是不能独立表意的，无一例外都是充当它随后一句的主语。尽管它们形式上非常像名词铺排，既是名词短语，又是偏正结构的语法形式，同时短语的开头也是以叠字形式领起的，但由于其后的部分并没有以相同的形式与之形成并列对峙的格局，语义逻辑上又密切相关，不能彼此独立成句，所以它们都不是名词铺排。

第二，有些五言成句的"NP"式名词句，看起来像是单句形式的名词铺排，实则也是其后一句的主语（或话题主语）。如：

（7）青青女萝草，上依高松枝。（三国魏·刘桢《诗》）

（8）浩浩长河水，九折东北流。（三国魏·应玚《别诗》二首之二）

（9）翩翩四公子，浊世称贤名。龙虎相交争，七国并抗衡。（晋·张华《游侠篇》）

（10）迢迢云端月，的烁霞间星。清商激西牖，澄景至南楣。（晋·孙绰《诗》）

例（7）至例（10）的第一句，均是五言成句的名词性偏正结构的短语形式，即"NP"式，但都不能独立表意，无一例外都是充当它随后一句的主语。因此，它们也都不是名词铺排。

第三，有些"NP + NP，NP + NP"形式的并列句，看上去像是名词铺排，实则不是，而是两个因某些句法成分被省略了的省略句。如：

（11）羊肠连九阪，熊耳对双峰。白石仙人芋，青林隐士松。北梁送孙楚，西堤别蔺龚。（北周·庾信《任洛州酬薛文学见赠别诗》）

（12）凤楼临广路，仙掌入烟霞。章台京兆马，逸陌富平车。东门疏广饯，北阙董贤家。（南朝陈·顾野王《长安道》）

例（11）的"白石仙人芋，青林隐士松"、例（12）的"章台京兆马，逸陌富平车"，从表面看每句都是"NP + NP"形式，类似于元曲"小桥流水人家"之类的典型名词铺排文本。其实，经过仔细分析之后，我们就会发现，两者并不一样。结合例（11）与例（12）二句的实际语义来看，二句的句法结构都是"状语 + 动词（省略）+ 宾语"形式。例（11）按照正常的散文句式来写，实际上是"白石上长着仙人芋，青林中有隐士松"；例（12）实际上是"章台上跑着京兆马，逸陌上行着富平车"。很明显，这与"小桥流水人家"之类的"名词＋名词＋名词"的名词铺排不是一回事，因为名词铺排的各名词（或名词短语）是相互独立而互不作彼此的句法成分的，只是相等地位的并置而已，目的是用于写景状物。

第四，有些"NP＋NP，NP＋NP"形式的并列句，看上去像是名词铺排，实则不是，而是两个"主语＋谓语"形式的普通句的并列连用。如：

（13）寒园星散居，摇落小村墟。游仙半壁画，隐士一床书。子月泉心动，阳爻地气舒。（北周·庾信《寒园即目诗》）

例（13）的"游仙半壁画，隐士一床书"，表面上看起来，每句都是"NP＋NP"形式，两句联合起来看，俨然就是一个名词铺排文本，实则并不是，而是两个"主语＋谓语"结构的陈述句的并列。因为"游仙"与"隐士"分别是平行并列的二句的主语，是句子所要陈述的对象；而"半壁画"与"一床书"则分别是说明主语"游仙"与"隐士"情况如何的谓语，是说明主语怎么样的。因此，这种情况也不算是名词铺排。

第五，有些"NP＋NP，NP＋NP"形式的并列句，看上去像是名词铺排，实则不是，而是两个省略了喻词的比喻句并列。如：

（14）洞庭春溜满，平湖锦帆张。沅水桃花色，湘流杜若香。（南朝陈·阴铿《渡青草湖诗》）

例（14）的"沅水桃花色，湘流杜若香"，表面上每句也是"NP＋NP"结构，两句并列起来，俨然就是一个名词铺排文本。其实，它跟例（13）一样，实质上每句都是"主语＋谓语"的结构形式，并不是"NP＋NP，NP＋NP"结构的名词铺排。不过，例（14）跟例（13）有些区别，它平行并列的两个句子表面上是"主语＋谓语"结构，实际上各是省略了比喻词"如"的比喻句。因为二句平行并列，故省略了比喻词"如"，将原本是"主语＋谓语＋宾语"的结构形式变成了"主语＋谓语"的形式。

第六，有些"NP＋NP，NP＋NP"形式的并列句，看上去像是名词铺排，实则并不是，而是一个省略了判断词的判断句。如：

（15）江南佳丽地，金陵帝王洲。逶迤带绿水，迢递起朱楼。（南朝齐·谢朓《入朝曲》）

例（15）的"江南佳丽地，金陵帝王洲"，表面看起来是"NP＋NP，NP＋NP"形式，属于名词铺排，实则并不是，而是两个"主语＋表语"的判断句的并列连用，其中判断词"是"因为诗句字数的限制而被省略了。

第七，有些"NP＋NP，NP＋NP"形式的并列句，看上去像是名词铺排，实则并不是，而是前句是主语，后句为谓语。如：

（16）东隅丽春日，南陌采桑时。楼中结梳罢，提筐候早期。（南朝陈·顾野王《罗敷行》）

例（16）的"东隅丽春日，南陌采桑时"，表面看起来是"NP＋NP，NP＋NP"形式的名词铺排，其实并不是。因为从语义上看，这两个句子虽然都是"NP＋NP"结构，但都不能单独成句，它们必须相互依赖，前句作主语，后句当谓语，同时省略了判断词。如果用散文的句法来表达，即"东隅丽春之日，正是南陌采桑之时"。

第八，有些"NP＋NP，NP＋NP"形式的并列句，看上去像是名词铺排，实则并不是，而是两个句法结构不同的主谓句的并列。如：

（17）春陵佳丽地，济水凤凰宫。况此徐方域，川岳迈周澧。（南朝梁·简文帝萧纲《奉和登北顾楼诗》）

例（17）的"春陵佳丽地，济水凤凰宫"，表面看起来是两个"NP＋NP"的短语句并置对峙，是名词铺排形式，其实并不然。前句是省略了判断词"是"的判断句，后句是"状语＋动词（省略）＋宾语"的结构形式，即"在济水有凤凰宫"。

第九，有些"NP＋NP＋NP，NP＋NP＋NP"形式的并列句，看上去像是名词铺排，实则并不是，而是三个句法结构为"状语＋主语＋动词（省略）＋宾语"的主谓句的并列。如：

（18）秋夜捣衣声，飞度长门城。今夜长门月，应如昼日明。小鬟宜粟填，圆腰运织成。秋砧调急节，乱杵变新声。石燥砧逾响，桐虚杵绝响。鸣石出华阴，虚桐采凤林。<u>北堂细腰杵，南市女郎砧</u>。击节无劳鼓，调声不用琴。并结连枝缕，双穿长命针。倡楼惊别心，征客动愁心。（北周·庾信《夜听捣衣诗》）

例（18）中的"北堂细腰杵，南市女郎砧"，表面看起来是"NP＋NP＋NP，NP＋NP＋NP"形式，每句都类似于元曲的"小桥流水人家"结构，是典型的名词铺排文本，其实情况并非如此。此二句因为受诗歌字数的限制而省略了一些句子成分，所以看起来两个句子都是由三个名词堆砌在一起。如果按常规将句子成分补足，则此二句就是"北堂上细腰击杵，南市中女郎捶砧"，意即"北堂之上男人正在击杵，南市之中女人正在捣衣"（"细腰"是借代，指男子）。可见，此例并非名词铺排，而是形式上相似而已。

第十，有些"N＋NP，N＋NP"形式的并列句，看上去像是名词铺排，实际上只是省略动词"在"的两个普通主谓句的并列。如：

（19）<u>大妇西北楼，中妇南陌头</u>。小妇初妆冶，拂匣动琴徽。长夜理清曲，余娇且未归。（南朝陈·陈后主陈叔宝《三妇艳词》十一首之二）

（20）佳人在北燕，相望渭桥边。<u>团团落日树，耿耿曙河天</u>。愁多明月下，泪尽雁行前。（南朝陈·陈后主陈叔宝《有所思》三首之三）

例（19）"大妇西北楼，中妇南陌头"，例（20）"团团落日树，耿耿曙河天"，表面看起来都是"名词＋名词短语"形式，俨然就是名词铺排文本，实则都是因诗歌字数的限制而省略了动词"在"的缘故。例（19）的"大妇西北楼，中妇南陌头"，补足了句法成分，即是"大妇在西北楼，中妇在南陌头"。例（20）的"团团落日树，耿耿曙河天"，补足了句法成分，即是"团团落日在树，耿耿曙河在天"。很明显，这都不是名词铺排，而是貌似名词铺排的诗歌句式。

第十一，有些"NP，NP"形式的并列句，看上去像是名词铺排，实际上只是通过句子结构倒装而形成的，属于修辞上的倒装句。如：

（21）<u>日静班姬门，风轻董贤馆</u>。卷耳缘阶出，反舌登墙唤。（南朝梁·费昶《和萧洗马画屏风诗》二首之一《阳春发和气》）

例（21）的"日静班姬门，风轻董贤馆"，表面看起来分别是以"班姬门""董贤馆"为中心的两个名词短语句的并置对峙，与两汉魏晋时期典型的名词铺排形式没有两样，其实不然。它是两个主谓结构的句子通过倒装而形成的，属于修辞上的"倒装"。其正常语序应该是"班姬门日静，董贤馆风轻"，是为了诗歌声律需要对句式进行调整的结果。

第二节　赋中的名词铺排

魏晋南北朝时期既是赋的转型期，也是赋的发展期。在名词铺排结构模式上，赋也是既有继承又有发展的。

一、旧有模式的继承

魏晋南北朝时期，赋在名词铺排结构模式上对汉赋的继承，从现有材料看，主要有如下两种情况。

（一）四言成句的"NP，NP"式

这种结构模式是汉赋的创造，跟《诗经》所创造的以四言成句且以叠字领起的模式不同。魏晋南北朝时期的赋中再次出现这种结构模式，乃是对汉赋所创模式的直接继承与沿用。不过，根据我们对现存魏晋南北朝赋的考察，这种结构模式的名词铺排并不多，目前我们只找到如下一例：

结阳城之延阁，飞观榭乎云中。开高轩以临山，列绮窗而瞰江。内则议殿爵堂，武义虎威。<u>宣化之闼，崇礼之闱</u>。华阙双邈，重门洞开。金铺交映，玉题相晖。（晋·左思《蜀都赋》）

上例中的"宣化之闼，崇礼之闱"二句，从上下文语境看，是个独立的言语单位。因为在它之前的"内则议殿爵堂，武义虎威"二句，无论是语法结构上，还是语义内涵上，都是独立完整的；它之后的"华阙双邈，重门洞开"二句，则各是两个结构完整的主谓句，语义也是完整的。可见，"宣化之闼，崇礼之闱"是一个在语法上与其前后句没有结构上的纠葛，在语义上不与其前后句有直接关涉的名词铺排文本。它以四言成句、不以叠字领起的"NP，NP"式呈现。作为名词铺排文本，它居于正常叙述的赋文之中，犹如两幅静止画或曰电影的两个特写镜头，明显增强了作品的画面效果，提升了作品的意境和审美效果。

（二）四言成句的“NP＋NP，NP＋NP”式

这种结构模式在先秦两汉诗歌中没有出现，是由汉赋作家创造出来的。不过，就现存汉赋作品来看，这种结构模式的名词铺排并不多，我们也只发现一例。到了魏晋南北朝时期的赋中，这一模式虽被继承沿用，但目前也只偶尔有见：

泽葵依井，荒葛罥涂。坛罗虺蜮，阶斗麏鼯。木魅山鬼，野鼠城狐，风嗥雨啸，昏见晨趋。饥鹰厉吻，寒鸱吓雏。（南朝宋·鲍照《芜城赋》）

上例中“木魅山鬼，野鼠城狐”二句，从上下文语境考察，属于一个独立的言语单位。因在它之前的“坛罗虺蜮，阶斗麏鼯”二句，每句各有动词，属于正常的主谓句，语义完足；在它之后的“风嗥雨啸，昏见晨趋”，每句各有两个动词，是两个主谓结构短语的联合，在语法上是完整的，语义上是完足的。因此，“木魅山鬼，野鼠城狐”二句是一个名词铺排文本。它是以四言成句、不以叠字领起的“NP＋NP，NP＋NP”式呈现的。由于它以名词短语构句，跟赋中其他有动词的正常句子不一样，画面感与对比感就特别强，这对提升作品的意境与审美无疑是有重要意义的。

二、全新模式的创出

魏晋南北朝时期的赋在结构形式上的创新比较突出。根据我们对这一时期现存赋的考察，发现有如下五种为汉赋所没有的创新形式出现。

（一）四言成句的“NP，NP”（叠字领起）式

这种结构模式早在先秦时期的《诗经》中就由诗人们创出了。但是，在汉赋中一直没有运用。因此，从赋体来看，魏晋南北朝时期的赋中出现这种名词铺排结构模式，也算是赋家的创新了。根据我们对现存魏晋南北朝赋的考察，发现这种结构形式的名词铺排不是个别现象，而是相当普遍，特别是晋人左思最爱这种结构形式了。如：

（1）赴险凌虚，猎捷相加。皎皎白间，离离列钱。晨光内照，流景外烻。（三国魏·何晏《景福殿赋》）

（2）于时运距阳九，汉网绝维。奸回内赑，兵缠紫微。翼翼京室，眈眈帝

宇，巢焚原燎，变为煨烬，故荆棘旅庭也。<u>殷殷寰内，绳绳八区</u>，锋镝纵横，化为战场，故麋鹿寓城也。伊洛榛旷，崤函荒芜。临菑牢落，鄂郓丘墟。而是有魏开国之日，缔构之初。万邑譬焉，亦独焠麋之与子都，培塿之与方壶也。（晋·左思《魏都赋》）

（3）凭太清以混成，越埃壒而资始。<u>巍巍标危，亭亭峻趾</u>。临焦原而不恍，谁劲捷而无愳？（晋·左思《魏都赋》）

（4）樵苏往而无忌，即鹿纵而匪禁。<u>脒脒垧野，奕奕菑亩</u>。甘荼伊蠚，芒种斯阜。西门溉其前，史起灌其后。（晋·左思《魏都赋》）

（5）比沧浪而可濯，方步櫩而有逾。<u>习习冠盖，莘莘蒸徒</u>。斑白不提，行旅让衢。（晋·左思《魏都赋》）

（6）琼枝抗茎而敷蕊，珊瑚幽茂而玲珑。增冈重阻，列真之宇。玉堂对霤，石室相距。<u>蔼蔼翠幄，嫋嫋素女</u>。江斐于是往来，海童于是宴语。斯实神妙之响象，嗟难得而觇缕！（晋·左思《吴都赋》）

（7）咨尔白发，观世之涂。靡不追荣，贵华贱枯。<u>赫赫闾阖，蔼蔼紫庐</u>。弱冠来仕，童髫献谟。甘罗乘轸，子奇剖符。（晋·左思《白发赋》）

例（1）中"皎皎白间，离离列钱"（白间，青琐之侧，以白涂之，谓之白间。列钱，金钉也。西京赋曰：金钉衔璧，是为列钱）二句，例（2）中"翼翼京室，眈眈帝宇"二句、"殷殷寰内，绳绳八区"二句，例（3）中"巍巍标危，亭亭峻趾"二句，例（4）中"脒脒垧野，奕奕菑亩"二句，例（5）中"习习冠盖，莘莘蒸徒"二句，例（6）中"蔼蔼翠幄，嫋嫋素女"二句，例（7）中"赫赫闾阖，蔼蔼紫庐"（闾阖，天门，此指宫门。紫庐，宫殿）二句，从上下文语境考察，都是独立的言语单位，它们跟其前后句既无语法上的结构纠葛（它们前后的语句都各有动词，语法结构上是完足的），也无语义上的直接关涉（没有必然的逻辑联系），因此都属于名词铺排。这些名词铺排文本有一个共同的特点，即都是以四言成句且以叠字领起的"NP，NP"式结构。另外，由于它们都是由名词短语构句，本身有一种静止画的效应，又都处于赋的中间位置，所以就有了另一个共同特点，就像是电影叙事中突然插入的一个特写镜头，不仅画面感非常强，而且与其他有动词的句子对比别具一种动静结合的美感效果，更有一种"万绿丛中一点红"的画面效应。至于以叠字领起、以叠字为名词中心语的修饰语，还有一种声律美的效果（前文我们已经讨论过）。这些对提升赋的审美情趣，无疑是有助益的。可见，作家在赋中创建这种名词铺排文本是有其审美追求的，是一种修辞行为。

（二）六言成句的"NP，NP"式

这种结构模式在先秦两汉的诗歌中没有出现，在汉赋中也没有出现，只是魏晋南北朝时期赋的创新。不过，应该指出的是，两汉诗歌中已经有了五言成句的以非叠字领起的"NP，NP"式名词铺排。因此，从来源上说，魏晋南北朝赋中六言成句的以非叠字领起的"NP，NP"式名词铺排是汉诗的沿用。尽管如此，因为诗与赋是不同文体，因此这一结构模式仍然算是赋的创新。根据我们对现存魏晋南北朝赋的调查，目前能找到的例证，都是出自北朝作家庾信之手。如：

（1）崎岖兮狭室，穿漏兮茅茨。檐直倚而妨帽，户平行而碍眉。坐帐无鹤，支床有龟。鸟多闲暇，花随四时。心则历陵枯木，发则睢阳乱丝。非夏日而可畏，异秋天而可悲。<u>一寸二寸之鱼，三竿两竿之竹</u>。云气荫于丛著，金精养于秋菊。枣酸梨酢，桃榹李薁。落叶半床，狂花满屋。名为野人之家，是谓愚公之谷。（北周·庾信《小园赋》）

（2）苔始绿而藏鱼，麦才青而覆雉。<u>吹箫弄玉之台，鸣佩凌波之水</u>。移戚里而家富，入新丰而酒美。石榴聊泛，蒲桃酸酽。芙蓉玉碗，莲子金杯。新芽竹笋，细核杨梅。绿珠捧琴至，文君送酒来。（北周·庾信《春赋》）

例（1）中"一寸二寸之鱼，三竿两竿之竹"，是以"鱼""竹"为中心语的两个名词短语句，属于"NP，NP"结构式。例（2）中"吹箫弄玉之台，鸣佩凌波之水"，是以"台""水"为中心语的"NP，NP"式名词短语句。从上下文语境考察，例（1）与例（2）的两个名词短语句跟它们前后的其他句子在语法上都没有结构上的纠葛，在语义上没有直接的关涉，在赋中是独立的言语单位，因此属于我们所说的名词铺排。这两个六言成句的名词铺排文本出现于赋中，既舒缓了作品的节奏（跟其他四言句对比），又增强了作品的画面感（名词短语句具有静止画的效果），对于提升作品的意境、增强作品的审美情趣明显都产生了重要作用。可见，这是作者有意而为之，是有意建构名词铺排文本的修辞努力。

（三）四言成句的"NP＋NP，NP＋NP"（叠字领起）式

这种结构模式在先秦两汉的诗歌中没有出现，但汉赋中却出现了类似结构形式的名词铺排。汉赋中的这种名词铺排也是四言成句的，只不过它不以叠字领起。可见，魏晋南北朝赋中的这种名词铺排是源自汉赋的，但又与汉赋不同，有自己的创新，似乎回归到《诗经》所创的模式。根据我们对现存魏晋南北朝赋的

调查，目前只在晋人左思的赋中发现如下一例：

> 潜流十二，同源异口。畜为屯云，泄为行雨。水澍粳稌，陆莳稷黍。黝黝桑柘，油油麻纻。均田画畴，蕃庐错列。姜芋充茂，桃李荫翳。家安其所，而服美自悦。（晋·左思《魏都赋》）

上例中"黝黝桑柘，油油麻纻"二句，从语法结构上看，是"NP＋NP，NP＋NP"式，是两个名词短语句的并列对峙。从上下文语境看，属于独立的言语单位。因为它之前的两句"水澍粳稌，陆莳稷黍"，各是一个语法结构完足的主谓句。前句的主语是"水"，谓语动词是"澍"（灌溉、滋润），宾语是"粳稌"（两种水田作物）。后句的主语是"陆"，谓语动词是"莳"（移植、栽种），宾语是"稷黍"（两种旱地谷物）。它之后的两句"均田画畴，蕃庐错列"，也是语法结构完整的主谓句。前句是一个比喻句，主语是"均田"，谓语是"画畴"（省略喻词"像"）；后句是一个一般主谓句，"蕃庐"是主语，"错列"是陈述描写主语"蕃庐"怎么样的谓语。可见，"黝黝桑柘，油油麻纻"是一个典型的以四言成句且以叠字领起的"NP＋NP，NP＋NP"式名词铺排文本，跟《诗经》中的名词铺排文本"喓喓草虫，趯趯阜螽"（《国风·召南·草虫》）、"秩秩斯干，幽幽南山"（《小雅·斯干》）如出一辙，不仅画面感十足，而且叠字的运用让非诗体的赋别具一种音乐美感。可见，作者在赋中建构这一名词铺排文本是有审美追求的，是一种明显的修辞行为。

（四）四言成句的"NP，NP，NP＋NP，NP＋NP"式

这种结构模式在汉赋中没有出现，完全是魏晋南北朝时期新创的。不过，从现存的魏晋南北朝赋来看，这种结构模式的名词铺排是北周庾信的创造，其他人的作品中没有出现。而且在庾信的作品中，目前也只发现如下一例：

> 匠石惊视，公输眩目。雕镂始就，剞劂仍加。平鳞铲甲，落角摧牙。重重碎锦，片片真花。纷披草树，散乱烟霞。若夫松子、古度、平仲、君迁，森梢百顷，槎桥千年。秦则大夫受职，汉则将军坐焉。（北周·庾信《枯树赋》）

上例中"重重碎锦，片片真花。纷披草树，散乱烟霞"四句，从语法结构上看，属于"NP，NP，NP＋NP，NP＋NP"式，是四个名词短语句的并列对峙。第一句"重重碎锦"，以名词"锦"为中心语，"重重"与"碎"分别是间接修

饰语与直接修饰语。第二句"片片真花",情况亦然,"片片"与"真"都是修饰中心语"花"的。第三句"纷披草树",以"草"与"树"为中心语,"纷披"(盛多、散乱貌)是其共同修饰语。第四句"散乱烟霞"跟第三句一样,中心语是"烟""霞",共同修饰语是"散乱"。从上下文语境来看,"重重碎锦,片片真花。纷披草树,散乱烟霞"四句属于独立的言语单位。因为它之前的"平鳞铲甲,落角摧牙"二句,都是各有谓语动词的主谓句。而它之后的"若夫松子、古度、平仲、君迁,森梢百顷,槎枿千年"诸句,则是以"若夫"为标记开始了另一个话题,在语义上不与其发生直接的关涉。可见,"重重碎锦,片片真花。纷披草树,散乱烟霞"四句是一个名词铺排文本,是作者有意以之造景呈象、拓展意境的手段,对提升作品的审美情趣起了重要作用。

（五）四言成句的"NP，NP，NP，NP"式

这种结构模式也是魏晋南北朝赋中创出的。不过,就现存的魏晋南北朝赋考察,这种结构模式的名词铺排只在北周庾信作品中出现过如下一次:

> 苔始绿而藏鱼,麦才青而覆雉。吹箫弄玉之台,鸣佩凌波之水。移戚里而家富,入新丰而酒美。石榴聊泛,蒲桃酸醋。<u>芙蓉玉碗,莲子金杯。新芽竹笋,细核杨梅。</u>绿珠捧琴至,文君送酒来。（北周·庾信《春赋》）

上例中"芙蓉玉碗,莲子金杯。新芽竹笋,细核杨梅"四句,从语法结构上看,属于"NP，NP，NP，NP"式,是四个以名词为中心语的偏正式短语句的并列对峙(第一句"芙蓉玉碗",意为绘有芙蓉的金碗。"芙蓉"是间接修饰语,"玉"是直接修饰语,"碗"是名词中心语。第二句"莲子金杯",意为绘有莲子的金杯。"莲子"是间接修饰语,"金"是直接修饰语,"杯"是名词中心语。第三句"新芽竹笋",意为抽出新芽的竹笋。"新芽"是间接修饰语,"竹"是直接修饰语,"笋"是名词中心语。第四句"细核杨梅",意为细核的杨梅。"细核"是修饰语,"杨梅"是名词中心语)。从上下文语境看,这四句属于独立的言语单位。因为它之前的"石榴聊泛,蒲桃酸醋"二句,都是各有动词的主谓句,语法结构完足。它之后的"绿珠捧琴至,文君送酒来"二句,每句都有主语、谓语动词、宾语和补语(前句主语是"绿珠",谓语动词是"捧",宾语是"琴",补语是"至"。后一句亦如此)。从逻辑上看,这四句只是纯粹地铺排物品的,跟它前后的句子在叙述的内容上没有必然的联系。因此,无论是从语法上看,还是从语义上看,这四句都是独立的言语单位,属于我们所说的名词铺排文本。这一文本置于赋中，由于跟其他句子在结构上都不一样，在阅读接受上就有新异性，易于引起读者的注意。同时，由于这四句都是以名词短语构句，客观上具有一种静态的画面效果，有利于拓展作品的意境，提升作品的审美情趣。

值得指出的是，魏晋南北朝赋中有不少名词短语句或名词短语句群，乍一看好像就是名词铺排，实际上并不是。根据我们的调查与分析，如下几种情况都不是名词铺排。

第一，有些名词短语句看起来像是单句形式的名词铺排，实则是其后一句的主语（或话题主语）。如：

（1）长庭砥平，钟虡夹陈。风无纤埃，雨无微津。<u>岩岩北阙</u>，南端逌遵。<u>竦峭双碣</u>，方驾比轮。西辟延秋，东启长春。用觐群后，观享颐宾。（晋·左思《魏都赋》）

例（1）中的"岩岩北阙"，在结构上是"NP"式，表面上看起来是单句形式的名词铺排，实际上并不是，而是后句"南端逌遵"的主语。两句实际是一个句子，即"岩岩北阙乃南端逌遵"（逌，所。遵，是动词）。因为是赋，要写成"四四"句式，所以主语与谓语分成两句。"竦峭双碣"，情况亦然，也不能独立成句，只是随后的"方驾比轮"的主语（方驾，并驾），也不是名词铺排。

第二，有些名词短语句看起来像是对句形式的名词铺排，实则是其后一句的主语（或话题主语）。如：

（2）两学齐列，双宇如一，右延国胄，左纳良逸。<u>祁祁生徒，济济儒术</u>，或升之堂，或入之室。（晋·潘岳《闲居赋》）

（3）望江南兮清且空，对荷花兮丹复红。卧莲叶而覆水，乱高房而出丛。<u>楚王暇日之欢，丽人妖艳之质</u>。且弃垂钓之鱼，未论芳萍之实。（南朝梁·简文帝萧纲《采莲赋》）

（4）树以嘉木，植以芳草。<u>悠悠玄鱼，曀曀白鸟</u>。沈浮翱翔，乐我皇道。若乃虬龙灌注，沟淢交流。（三国魏·何晏《景福殿赋》）

（5）爰定我居，筑室穿池，长杨映沼，芳枳树橘，游鳞瀺灂，菡萏敷披，竹木蓊蓊，灵果参差。<u>张公大谷之梨，溧侯乌椑之柿，周文弱枝之枣，房陵朱仲之李</u>，靡不毕植。（晋·潘岳《闲居赋》）

（6）月入歌扇，花承节鼓。<u>协律都尉，射雉中郎</u>。停车小苑，连骑长杨。金

鞍始被，柘弓新张。拂鹿看马埒，分朋入射堂。（北周·庾信《春赋》）

（7）三日曲水向河津，日晚河边多解神。<u>树下流杯客，沙头渡水人</u>。镂薄窄衫袖，穿珠帖领巾。百丈山头日欲斜，三晡未醉莫还家。池中水影悬胜镜，屋里衣香不如花。（北周·庾信《春赋》）

（8）草树混淆，枝格相交。山为篑覆，地有堂坳。藏狸并窟，乳鹊重巢。<u>连珠细菌，长柄寒匏</u>。可以疗饥，可以栖迟。（北周·庾信《小园赋》）

例（2）至例（8），或是以两个名词短语句并列的形式出现，或是以四个名词短语句并列的形式出现，看起来都非常像是名词铺排。实际上从上下文语境与语法结构上分析一下，我们就会发现，它们都不是独立的言语单位，不能构成名词铺排文本，而只是其后一句或二句的主语（或话题主语）。如例（2）的"祁祁生徒，济济儒术"，是两个"NP"式名词短语并列，都是充当其后二句"或升之堂，或入之室"的主语，在逻辑上表示或然关系。例（3）的"楚王暇日之欢，丽人妖艳之质"，意为"暇日之欢的楚王，妖艳之质的丽人"，也是两个"NP"式名词短语并列，皆作后二句"且弃垂钓之鱼，未论芳萍之实"的主语。例（4）的"悠悠玄鱼，曤曤白鸟"，以两个"NP"式名词短语联合的方式充当后二句"沈浮翱翔，乐我皇道"的主语（动词"沈浮"呼应前句的"玄鱼"，动词"翱翔"呼应前句的"白鸟"，"乐我皇道"则呼应前二句）。例（5）的"张公大谷之梨，溧侯乌椑之柿，周文弱枝之枣，房陵朱仲之李"，是四个"NP"式名词短语句联合起来作"靡不毕植"的主语。例（6）的"协律都尉，射雉中郎"，都是后二句"停车小苑，连骑长杨"的主语（即都尉、中郎都有"停车""连骑"的动作）。例（7）的"树下流杯客，沙头渡水人"是主语，随后的二句"镂薄窄衫袖，穿珠帖领巾"是谓语，用以描写陈述前二句"流杯客"（曲水流觞之人）、"渡水人"的衣着打扮情状。例（8）的"连珠细菌，长柄寒匏"，意为"紧密如连珠的细菌（因为园小，细菌无处可长），伸出长柄的寒匏（因为园子小，匏无处可容，只能伸出长柄）"，属于"NP，NP"式结构，共同作"可以疗饥，可以栖迟"的主语，描写园主人安贫乐道的生活态度。

第三，有些由多个名词短语句构成的名词短语句群，看起来像是名词铺排，实则是其后一句的主语。如：

（9）于是乎长鲸吞航，修鲵吐浪。<u>跃龙腾蛇，鲛鲻琵琶。王鲔鯸鮐，鲫龟鳞鲑</u>。乌贼拥剑，鼋鼍鲭鳄。涵泳乎其中。（晋·左思《吴都赋》）

（10）鸟则鹍鸡鹳鸹，鸧鹄鹭鸿。鹢鹠避风，候雁造江。<u>鹈鹕鹧鹘，鹔鹴鹜</u>

鸼，鹳鸥鸂鸬，泛滥乎其上。湛淡羽仪，随波参差。（晋·左思《吴都赋》）

（11）山鸡归飞而来栖，翡翠列巢以重行。其琛赂则琨瑶之阜，铜锴之垠。<u>火齐之宝，骇鸡之珍。赬丹明玑，金华银朴。紫贝流黄，缥碧素玉。</u>隐赈崴襄，杂插幽屏。精曜潜颖，婍陵山谷。（晋·左思《吴都赋》）

（12）若夫藻扃黼帐，歌堂舞阁之基；璇渊碧树，弋林钓渚之馆；吴蔡齐秦之声，<u>鱼龙爵马之玩</u>；皆薰歇烬灭，光沉响绝。（南朝宋·鲍照《芜城赋》）

（13）其深则有白鼋命鳖，玄獭上祭。<u>鳣鲔鳟魴，鲡鳢鲨鳜。</u>差鳞次色，锦质报章。（晋·左思《蜀都赋》）

例（9）至例（13）都有诸多名词短语句连续铺排，但从上下文语境与语法结构上分析，都不是可以独立的言语单位，因而皆不算本书所说的名词铺排。例（9）的"跃龙腾蛇，鲛鳃琵琶。王鲔鰅鲌，鲫龟鳝鳢。乌贼拥剑，鼋鼍鲭鳄"六句，每句都是由两个或多个表示水生动物的专有名词联合构句（"跃龙"，指飞跃之龙；腾蛇，指腾挪之蛇；"鲛"，海鲨；"鳃"，鳃科鱼类；琵琶，鱼名，以其形状得名；"王鲔"，大鲔鱼；"鰅鲌"，河豚的别称；"鲫"，一种海鱼；龟，水陆爬行动物；"鳝"，一种凶猛的海鱼；"鳢"，一种鲨鱼；"乌贼"，即墨鱼；"拥剑"，一种海鱼，以形状得名；"鼋鼍"，龟类动物；"鲭"，一种海鱼；"鳄"，指鳄鱼），整体结构上是"NP＋NP，NP＋NP＋NP，NP＋NP，N＋N＋N＋N，NP＋NP，NP＋NP＋NP"式，表面像是名词铺排，实际上只是其后一句"涵泳乎其中"的主语（这六句之前的"长鲸吞航，修鲵吐浪"二句，每句各有动词，是两个主谓句，与这六句无结构上的关涉）。例（10）的"鹥鹈鹔鷞，鹊鹤鵁鸼，鹳鸥鸂鸬"三句，每句亦是由两个或两个以上的表示鸟类的专有名词联合构句（"鹥鹈"，一种水鸟，大于鸳鸯，俗称紫鸳鸯；"鹔鷞"，一种鸟，似鸭而鸡足；"鹊鹤"，中国南方的一种水鸟；"鵁"，即秃鵁，俗称鹲鹈；"鸼"，或谓麋鸼，或谓传说中的九头怪鸟；"鹳"，一种大型候鸟，形似白鹤；"鸥"，海鸥；"鸂"，一种水鸟，形似鹭而大；"鸬"，即鸬鹚，善捕鱼），整体结构上是"NP＋NP，NP＋NP＋NP，N＋N＋N＋N"式，俨然就是一个名词铺排文本，其实不是，而是其后一句"泛滥乎其上"的主语（合前三句，意谓众鸟浮游于水上。"鹥鹈鹔鷞，鹊鹤鵁鸼，鹳鸥鸂鸬"之前的二句"鹥鹍避风，候雁造江"，每句各有动词，各是一个主谓句，与此三句在语法与语义上皆无涉）。例（11）的"火齐之宝，骇鸡之珍。赬丹明玑，金华银朴。紫贝流黄，缥碧素玉"六句，每句各由一个或两个表示玉石珍宝名称的专有名词单独或联合构句（"火齐""骇鸡""赬丹""明玑""金华""银朴""紫贝""流黄""缥碧""素玉"，各是一种珍宝名称），在整体结构上是"NP，NP，NP＋NP，NP＋NP，NP＋NP，NP＋NP"式，看起来像是名词铺排，实际上并不是，而只是其后二句"隐赈崴巍，杂插幽屏"（赈、插，皆为动词）的主语。例（12）的"藻扃黼帐，歌堂舞阁之基；璇渊碧树，弋林钓渚之馆；吴蔡齐秦之声，鱼龙爵马之玩"六句，每句各由一个名词短语或是两个名词短语构句（"藻扃"，指雕花之门。"黼帐"，指绣花之帐。"璇渊"，指玉池。"碧树"，指玉树。"弋林"，指射鸟之所。"钓渚"，指钓鱼之岛），在整体结构上是"NP＋NP，NP，NP＋NP，NP，NP，NP"，看起来像是名词铺排，实则是六句联合起来共同充当其后句"皆薰歇烬灭，光沉响绝"的主语。例（13）的"鳣鲔鳟鲂，鯬鳢鲨鱨"二句，每句各由两个以上的表示鱼类的专有名词联合构句（"鳣"，鲟鳇鱼的古称；"鲔"，即鲔鱼，古书上指鳟鱼；"鳟"，即鳟鱼；"鲂"，鲤科鱼；"鯬"，同"鲲"，大鲇；"鳢"，俗称黑鱼、乌鱼；"鲨"，即鲨鱼；"鱨"，古书上所说的黄颡鱼），在整体结构上是"N＋N＋N＋N，N＋N＋N＋N"式，表面看是名词铺排，实则不是，而是其后的两个描写句"差鳞次色，锦质报章"的主语。

第四，有些由多个名词短语句构成的名词短语句群，看起来像是名词铺排，实则是其前一句动词的宾语与后一句的主语，属于语法上的兼语成分。如：

（14）其间则有虎珀丹青，<u>江珠瑕英，金沙银砾</u>，符采彪炳，晖丽灼烁。于后则却背华容，北指昆仑。（晋·左思《蜀都赋》）

例（14）的"江珠瑕英，金沙银砾"二句，在结构上是"NP＋NP，NP＋NP"式，表面看起来是名词铺排，实际上并不是。因为从上下文语境与语法结构上分析，"江珠瑕英，金沙银砾"二句是承上一句"其间则有虎珀丹青"而来，跟"虎珀丹青"一样，是动词"有"的宾语。而再往下看，"江珠瑕英，金沙银砾"又与其后的二句"符采彪炳，晖丽灼烁"有割不断的关系，从语法上看是其主语。可见，"江珠瑕英，金沙银砾"二句在本质上不是名词铺排文本，而是一个兼语成分。

第五，有些由多个名词短语句构成的名词短语句群，看起来像是名词铺排，实则是其前一句动词的宾语。如：

（15）尔其水物怪错，则有潜鹄鱼牛，虎蛟钩蛇。<u>蛇蜪蝞蝐，鲭鳌鼊鼊。王珧海月，土肉石华。三蝗虾江，鹦螺蜁蜗</u>。璅蛣腹蟹，水母目虾。紫蚢如渠，淇蚶专车。晾蚌晞曜以莹珠，石砝应节而扬葩。（晋·郭璞《江赋》）

（16）下有芍药之诗，佳人之歌。<u>桑中卫女，上宫陈娥</u>。春草碧色，春水渌波。送君南浦，伤如之何！至乃秋露如珠，秋月如珪，明月白露，光阴往来，与子之别，思心徘徊。（南朝梁·江淹《别赋》）

例（15）的"蚍蟒鲨蝐，鳉鲞鼍鼊。王珧海月，土肉石华。三蝬虾江，鹦螺蜁蜗"六句，每句都由两个或两个以上的表示水生动物的专有名词联合构句（"蚍"，传说中一种能兴云雨的神蛇；"蟒"，一种鱼，其状如鲋而彘尾；"鲨"，鲨鱼，出交趾南海中；"蝐"，似虾，食之益人颜色；"鳉"，鳉鱼，形如圆盘，口在腹下，尾端有毒；"鲞""鼍""鼊"，各是一种鱼。"王珧"，蚌属；"海月"，海生动物，大如镜；"土肉"，海生动物；"石华"，海生动物，附石而生；"三蝬"，似蛤；"虾江"，似蟹而小，十二脚；"鹦螺"，即鹦鹉螺；"蜁蜗"，小螺），在结构上是"N＋N＋N＋N，N＋N＋N＋N，NP＋NP，NP＋NP，NP＋NP，NP＋NP"式，看起来像是名词铺排，实际上并不是，而只是跟它之前的"潜鹄鱼牛，虎蛟钩蛇"一个性质，是前句动词"有"的宾语。例（16）的"桑中卫女，上宫陈娥"，结构上是"NP，NP"式，看起来像是对句形式的名词铺排，实则不是，而是跟它前面的"芍药之诗，佳人之歌"一样，是前句动词"有"的宾语。

第六，有些名词短语句看起来像是"NP＋NP"式的名词铺排，实则是主谓句。如：

（17）下有芍药之诗，佳人之歌。桑中卫女，上宫陈娥。<u>春草碧色，春水渌波</u>。送君南浦，伤如之何！至乃秋露如珠，秋月如珪，明月白露，光阴往来，与子之别，思心徘徊。（南朝梁·江淹《别赋》）

例（17）的"春草碧色，春水渌波"，表面看起来是"NP＋NP，NP＋NP"结构形式，从上下文看似乎也是独立的言语单位，俨然就是对句形式的名词铺排，实际上并非如此。如果我们仔细分析"春草碧色，春水渌波"二句，虽然每句都是"NP＋NP"式，但两个"NP"式名词短语之间不是并列关系，而是主谓关系，彼此之间是陈述与被陈述的关系。前句的"春草碧色"，"春草"是主语，"碧色"是谓语；后句的"春水渌波"，"春水"是主语，"渌波"是谓语。

第七，有些由多个名词短语句构成的名词短语句群，看起来像是名词铺排，实则各名词短语句之间并非并列的关系，而是列举分承的关系，在逻辑上不属于同一个层面。如：

（18）方志所辨，中州所美。草则藿蒳豆蔻，姜汇非一。<u>江蓠之属，海苔之类。纶组紫绛，食葛香茅。石帆水松，东风扶留</u>。布濩皋泽，蝉联陵丘。夤缘山岳之岊，幂历江海之流。扤白蒂，衔朱蕤。（晋·左思《吴都赋》）

例（18）中的"江蓠"，指香草。"纶""组"，各是一种植物（见《尔雅》）。"紫"，指紫菜。"绛"，指绛草。"石帆"，海草类。"水松"，是一种药草。"东风"，亦草。"扶留"，藤类。可见，"江蓠之属，海苔之类。纶组紫绛，食葛香茅。石帆水松，东风扶留"在语法结构上是"NP，NP，N＋N＋N＋N，NP＋NP，NP＋NP，NP＋NP"式，俨然就是六个名词短语并列的名词铺排文本，实际上并不是。因为这六句之间在逻辑上并不是属于同一个层面的，前二句"江蓠之属，海苔之类"是总说，后四句"纶组紫绛，食葛香茅。石帆水松，东风扶留"是分承前二句，两者是列举分承的关系。因此，从语义上看，不属于名词铺排的性质。

第三节　魏晋南北朝名词铺排的审美追求

魏晋南北朝时期，名词铺排伴随着诗赋的发展，不仅结构形式有所变化，而且有意创造名词铺排文本的意识也开始增强。因此，名词铺排文本创造的审美意识在朦胧中也有所增强。就我们所掌握的材料来看，其在审美上的追求主要有如下几个方面。

一、散淡自然的音乐美

前文说过，《诗经》中的名词铺排有一个特点，就是喜欢运用表示听觉或视觉的摹状词作为全句修饰语，不仅使平常的描写句变身为特殊的名词句之后增添了诗歌语言表达的错综灵动之美，同时也由于这些表示听觉或视觉的摹状词都是叠字形式，因而在不经意间就使诗歌在审美接受中增添了一种自然而然的音乐美。这种诗歌表达的审美特点，在魏晋南北朝的诗赋中仍有传承。如：

（1）<u>霭霭停云，蒙蒙时雨</u>。八表同昏，平路伊阻。（晋·陶渊明《停云诗》四章之一）

（2）增冈重阻，列真之宇。玉堂对霤，石室相距。蔼蔼翠幄，嫋嫋素女。江斐于是往来，海童于是宴语。斯实神妙之响象，嗟难得而觊缕！（晋·左思《吴都赋》）

例（1）"霭霭停云，蒙蒙时雨"这个名词铺排文本，采用的就是《诗经》所创造的以叠字领起的"NP，NP"式结构，在强调突出云之密布、雨之细密的形象的同时，也自然营造出一种抑扬有致的音乐美。"霭霭"与"蒙蒙"之用，都是为状物而选择的自然叠字，并非诗人为了营造一种声律美而有意为之。因此，它是一种散淡自然的音乐美，没有人工斧凿的痕迹，是一种天籁之音。例（2）情况亦然。

二、诗中有画的含蓄蕴藉美

魏晋南北朝时期的诗赋中，有些名词铺排不仅在审美接受上有很强的画面感，而且在表意上别具一种含蓄蕴藉之美。如：

兰庭厌俗赏，奈苑瞩年华。始入香山路，仍逢火宅车。慈门数片叶，道树一林花。虽悟危藤鼠，终悲在箧蛇。（南朝陈·何处士《春日从将军游山寺诗》）

上例全诗八句，前四句与最后两句都是正常的主谓句，唯独第五句与第六句不是正常的主谓句，而是以名词短语独立构句，二句并列对峙，形成了一个"NP，NP"式结构的名词铺排文本。由于这二句以名词短语构句，每个句子没有动词，句子就没有了叙事性质，而是具有一种构图性质，这就增加了句子表达的画面感。因而从审美上来看，这两个名词短语句就像是插入电影叙事中的两个特写镜头，不仅画面感强，有利于拓展诗歌的意境，别具诗中有画的效果，同时也使诗的表意带有一种含蓄蕴藉之美。

三、感官联动的和谐美

魏晋南北朝时期的诗赋中，还有一些名词铺排文本带有一种有意将不同感官予以联结的倾向，从而造就出一种感官联动的和谐美。如：

（1）于是穷阴杀节，急景凋年。骈沙振野，箕风动天。严严苦雾，皎皎悲泉。冰塞长河，雪满群山。既而氛昏夜歇，景物澄廓。星翻汉回，晓月将落。感寒鸡之早晨，怜霜雁之违漠。（南朝宋·鲍照《舞鹤赋》）

（2）黯黯重云，习习和风。黍华陵巅，麦秀丘中。（晋·石崇《华黍》）

例（1）"严严苦雾，皎皎悲泉"，是两个分别以名词"雾"与"泉"为中心语的名词短语句的并列，属于名词铺排。以"严严"状雾之浓密，"皎皎"拟泉之颜色，形象感非常强。但事实上，效果不仅于此。因为名词"雾"与"泉"还各有一个直接修饰语"苦"与"悲"，其超常搭配的效果特别引人注目。"雾"与视觉和触觉有关，而作者将之跟表示味觉的"苦"匹配；"泉"也与视觉和触觉有关，作者将之与表示人的心理情绪的"悲"搭配在一起。这种超常的搭配打破了不同感官之间的界限，从而别具一种感官联动的和谐美。例（2）"黯黯重云，习习和风"，也是一个名词铺排文本。前句"黯黯重云"，以"重"修饰"云"，是通感，将视觉与触觉打通交融。同时，前句以"黯黯"写"重云"颜色之黑，后句以"习习"拟"和风"轻拂之声，则是通过两句并立，使视觉与听觉联动，将天上之云与地上之风巧妙地联系在一起，从而使文本别具一种和谐之美。

四、对比映衬的画面美

魏晋南北朝时期的名词铺排，特别是诗歌中的名词铺排，常常喜欢在名词铺排文本中通过意象的对比映衬，以凸显某种画面之美。如：

（1）遥遥山上亭，皎皎云间星。远望使心怀，游子恋所生。（三国魏·曹丕《于明津作》）

（2）洋洋熊耳流，巍巍伊阙山。高冈碣崔嵬，双阜夹长川。（晋·成公绥《诗》）

例（1）"遥遥山上亭，皎皎云间星"，是一个"NP，NP"（叠字起首）式名词铺排。它以山上之亭与天上之星进行对比映衬，使天地融为一体，构成一幅星亭相映的画面，让读者展开丰富的联想与想象，从而获得一种解读接受的审美情趣。例（2）"洋洋熊耳流，巍巍伊阙山"，亦是一个"NP，NP"（叠字起首）式名词铺排。它以山水进行对比映衬，使山水成为浑然一体的画面。

第四节　小　结

魏晋南北朝时期是诗赋转型发展的重要时期，也是名词铺排结构模式发生重要变化的时期，其对隋唐五代时期诗、词、小说中的名词铺排模式的进一步创新也有重要影响。

一、魏晋南北朝时期诗歌中的名词铺排模式有较大的演进

文学随着时代的演进而不断发展，这是自然规律。先秦时期，诗歌发展尚处于初始而自然的阶段。以诗歌抒发喜怒哀乐诸般情感，乃是诗人们情动于中、脱口而出的情感宣泄，而非有意"为文学而文学"的创作。但是，时至魏晋南北朝时期，"为文学而文学"的创作倾向已然成为常态。因为这一时期国家政局非常不稳定，政权更迭频繁，社会动荡不安，人民惨遭涂炭之苦。面对严峻的政治现实情势，文人们大都为了规避政治风险而有意逃避社会现实。反映在文学创作包括诗歌创作中，就是不敢正视现实的黑暗，反映现实社会生活的方方面面。为了保全自身，很多文人包括诗人都选择寄情山水，或在文字上做功夫，不碰触现实政治话题，结果就造成了这一时期文学的形式主义风气盛行，空泛无物的作品泛滥。

众所周知，忽视思想内容，专注于在文字上做功夫，对于文学包括诗歌的健康发展是非常不利的。因为文学是社会生活的一面镜子，反映现实社会生活的方方面面，抒写人类的性灵，反映人们的喜怒哀乐，乃是文学的题中应有之义。无论如何，文学都不应该只是比拼文字技巧的文字游戏。但是，我们也应该看到另一面，文学家包括诗人重视文字技巧，客观上也有促进文学发展的作用。因为"文学是语言的艺术"，重视语言表达的技巧，本来就是文学创作包括诗歌创作的题中应有之义。魏晋南北朝时期诗人们重视在语言文字上做功夫，其客观结果是促使中国诗歌在艺术上有了长足发展。诗歌中的名词铺排在结构形式上有较大演进，这正是魏晋南北朝时期特定情境下的产物。事实上，正是因为有魏晋南北朝时期诗歌在名词铺排结构形式上的锐意创新，将先秦时期创造的名词铺排结构形式往前大大推进了一步，唤醒了诗人们对于名词铺排文本建构的审美价值的认识，这才有力地推动了初唐时期名词铺排结构形式创新高峰的到来。

二、魏晋南北朝时期赋的名词铺排模式继承两汉的较少，创新者较多

汉人刘向、刘歆认为，赋的创作早在战国时期就已开始。楚辞被称为"骚体赋"，依据便在此。如果说赋的历史追溯到战国时期，那么赋发展到汉代便已在事实上逼近到高峰期了。事实上，到了东汉，西汉的大赋已然蜕变为东汉小赋，这便是赋由盛而衰的标志。虽然赋在东汉之后的历朝历代都有创作，甚至今天仍有人在创作，但是作为一种文体，赋的影响力已经不大了。魏晋南北朝时期虽然在时间上距离两汉时期并不算太远，但时代情势的发展变化，文学发展的进程，都使赋在这一时期无法有起死回生的力量了。从中国文学史来看，魏晋南北朝时期已经不是赋的时代，而是诗歌的时代。因为这一时期随着佛教的传入和佛经的翻译，汉语与梵文的对比使汉语四声得以发现，诗歌创作开始注重声律问题，由此推动了诗歌的进一步发展。

我们都知道，任何一种文体的发展都离不开一定规模的创作队伍。赋在魏晋南北朝时期已经不是文学创作的主流，创作队伍的萎缩必然导致创新成果的减少。虽然汉赋中的名词铺排并不是太多，但还是有许多不为诗歌所有的创新结构形式出现。这种情况，追根究底，实际上是与赋在两汉特别是西汉时期文学创作中的强势地位有关。因为有许多著名作家从事赋的创作，大家都有锐意创新的意识，自然赋中的名词铺排结构形式也有新的创造。相反，魏晋南北朝时期，赋的创作已经衰落，从事创作的人不多，作品就不多。按照常理，在为数不多的作品中，我们要从中发现有创新的名词铺排结构形式自然也不易。可是，文学发展往往并不像常理推断的那样。太平盛世未必就是文学发达的时代，政治动乱的时代并非就没有好的文学。赋的发展情况，实际上也是如此。魏晋南北朝时期，虽然相较于两汉时期政治更加不稳定，社会变乱更多，但文学的发展并不逊色，这是众所周知的。就赋的创作而言，魏晋南北朝时期的赋确实是走向衰落了，创作的人少了，作品也少了，但是我们发现诸如左思、鲍照、郭璞、庾信等人在赋的创作方面却有相当出色的表现，并不逊色于两汉时期的作家如司马相如、扬雄、枚乘、张衡等。就现存的两汉与魏晋南北朝赋来看，不说气势与格调，单就赋中名词铺排结构模式的创新来看，魏晋南北朝赋家锐意创新的努力是不容忽视的。根据前文我们对魏晋南北朝时期赋中的名词铺排结构形式的描写，就能清楚地看出这一时期的创新要大于继承（继承汉赋旧有模式的只有两个方面，而创新则有五个方面）。

虽然不能否认作品数量的多少与创新的幅度有关联，但其间的关联并不是绝

对的。魏晋南北朝时期赋中的名词铺排在结构形式上继承较少而创新较多的事实，多少是可以说明一些问题的。

三、南北朝时期名词铺排文本建构的审美追求意识比较明显

南北朝时期由于特定的政治形势与社会氛围，文学的形式主义风气盛行。形式主义虽然在很大程度上削弱了文学反映社会生活、批判现实政治的功能，却因强化了艺术上的追求而彰显出较强的审美价值。南北朝时期诗歌中名词铺排结构形式上的发展，一方面是诗歌发展的必然结果，另一方面与这一时期作家们注重诗歌语言表达技巧，审美意识大大加强有关。即以南北朝诗歌注重音律美和讲究对偶来说，就能见出这一点。

我们读先秦时期的《诗经》和汉乐府民歌，还有魏晋时期的诗歌，都会发现其中不乏音律和谐、对仗精切的佳句。但是，不可否认的是，这些佳句并非都是诗人们苦心经营文字的产物，而是偶然契合了音律，顺其自然的对仗，属于天籁之音。可是，南北朝时期的诗歌则不一样。由于佛教的兴盛与佛经的翻译，汉语四声被发现，诗人们开始有意识地利用汉语的四声营构诗歌抑扬顿挫的韵律美，开始结撰对仗精切的对偶句。正是因为南北朝时期诗人们的审美意识已经开始觉醒，表现在诗歌名词铺排文本创造上自然也有所反映。这也就是今天我们将南北朝时期的诗歌与两汉、魏晋诗歌比较，发现南北朝诗歌在名词铺排文本创造方面更显突出，名词铺排的结构形式创新更多的原因所在。

第四章　隋唐五代

　　隋唐五代，在中国历史上是非常重要的一个时期，也是文学发展的重要时期。随着文学的发展，汉语的名词铺排在这一时期的各种文学作品中都有发展变化。特别是诗歌中的名词铺排，其在结构形式上的发展变化，不仅相较于先秦两汉与魏晋南北朝时期表现得特别明显，就是从隋唐五代的不同历史阶段来看，其发展变化也是很大的。为此，我们在本章拟分隋及初唐、盛唐、中唐、晚唐（指文学史上的分期）以及五代五个时段分别讨论诗歌中的名词铺排发展变化情况（作品归属时段依诗人生活的主体时代）。

　　除了诗歌，唐代小说与词的发展成就也是举世瞩目的。而小说与词中的名词铺排现象，因跟诗歌中的情况完全不同，我们将另外立节予以专门讨论。

第一节　隋及初唐诗中的名词铺排

隋朝的历史不长，留下的诗歌作品也不多。但是，很多生活于初唐的诗人都经历过隋朝。因此，我们这里将隋朝与初唐诗歌中的名词铺排问题合并一处讨论。根据我们对《全唐诗》中所存隋及初唐诗人作品的考察，发现这一时期的诗人在名词铺排文本建构方面，既有继承前代旧有模式的，也有很多自己的创造。特别是在结构形式上的创新，不仅较之以前各个历史时期显得相当突出，比起唐代的其他历史时段也显得非常耀眼。下面我们分两个方面来论述。

一、旧有模式的继承

隋及初唐诗歌中的名词铺排，从现存作品考察，对旧有模式的继承主要有两个方面：一是布局上的，二是结构上的。

（一）布局上的继承

前文我们说过，名词铺排从理论上说有三种篇章布局模式：一是居于篇首，二是居于篇中，三是居于篇尾。居于篇首的布局模式，最早由《诗经》创造出来，两汉与魏晋南北朝诗人有所继承运用。居于篇中的布局模式，则是由两汉诗人所首先运用。居于篇尾的布局模式，是由魏晋南北朝诗人所创造。正因为如此，隋及初唐诗人在名词铺排的布局模式上已经没有发挥或创造的机会了，而只能是对前代已创模式的继承运用。根据现存隋及初唐诗歌作品考察，隋及初唐诗人在名词铺排布局方面对旧有模式的继承主要体现在篇首与篇中两个方面，其中尤以篇中名词铺排最为普遍。至于篇尾名词铺排的用例，目前尚未发现一例。

1. 篇首名词铺排

名词铺排居于篇首的布局模式，无论是先秦两汉，还是魏晋南北朝，诗人都运用得比较普遍。隋及初唐诗人也不例外，只是相对于居于篇中的布局模式来，比例上要小点而已。如：

（1）寒寒三事，师师百僚。群龙在职，振鹭盈朝。（卢照邻《中和乐九章·歌公卿第八》）

（2）历历东井舍，昭昭右掖垣。云际龙文出，池中鸟色翻。（董思恭《咏星》）

（3）七泽云梦林，三湘洞庭水。自古传剽俗，有时遘恶子。令君出使车，行迈方靡靡。（沈佺期《别侍御严凝》）

（4）青田白鹤丹山凤，婺女姮娥两相送。谁家绝世绮帐前，艳粉芳脂映宝钿。窈窕玉堂裹翠幕，参差绣户悬珠箔。绝世三五爱红妆，冶袖长裾兰麝香。（张柬之《东飞伯劳歌》）

（5）孤舟汴河水，去国情无已。晚泊投楚乡，明月清淮里。汴河东泻路穷兹，洛阳西顾日增悲。（宋之问《初宿淮口》）

（6）石榴酒，葡萄浆。兰桂芳，茱萸香。愿君驻金鞍，暂此共年芳。愿君解罗襦，一醉同匡床。（苏绾《倡女行》）

例（1）至例（6）都有名词铺排文本，但在结构形式上有所差异。其中，例（1）是以叠字领起的四言成句的"NP，NP"式（分别以名词"事""僚"为中心语），是继承《诗经》的；例（2）是以叠字领起的五言成句的"NP，NP"式（分别以名词"舍""垣"为中心语），是沿用汉代诗人的创造；例（3）是以非叠字领起的五言成句的"NP，NP"式（分别以名词"林""水"为中心语），也是汉代诗人所创模式的袭用。例（4）与例（5）跟前三例不同，是单句形式的名词铺排文本，例（4）是七言成句的"NP＋NP＋NP"式（三个名词短语分别是"青田""白鹤""丹山凤"），例（5）是五言成句的"NP＋NP"式（两个名词短语分别是"孤舟""汴河水"），都是新创的结构形式。例（6）则很特殊，是三言成句的"NP，NP，NP，NP"式（四个名词短语分别是"石榴酒""葡萄浆""兰桂芳""茱萸香"），也是新创的。尽管上面六例名词铺排在结构形式上有所差异，有的是袭用旧有的结构形式，有的则是新创，但从布局上看，都是对《诗经》所开创的篇首领起模式的继承。这些名词铺排文本从审美上看，由于都以名词铺排的形式呈现，造景呈象的画面效果就特别明显，加上这些文本又居于全诗篇首位置，因此就特别像是现代电影开幕时推出的一个特写镜头，极易对接受者造成强烈的视觉冲击，强化其接受印象，同时也大大提升了诗歌的意境，让人体味到"诗中有画"的审美愉悦。

2. 篇中名词铺排

名词铺排居于篇中的布局模式，在两汉时期仅是少数。到了魏晋南北朝诗歌中，就开始普遍运用起来。而到了隋及初唐诗人的笔下，则相当流行了，而且在出现的频率与比例上都超过了居于篇首的情况。如：

（7）周穆王季，晋美帝文。明明盛德，穆穆齐芬。藏用四履，届道参分。（魏徵《享太庙乐章·大成舞》）

（8）天香众壑满，夜梵前山空。漾漾潭际月，飘飘杉上风。兹焉多嘉遁，数子今莫同。凤归慨处土，鹿化闻仙公。（宋之问《宿云门寺》）

（9）绮峰含翠雾，照日蕊红林。镂丹霞锦岫，残素雪斑岑。拂浪堤垂柳，娇花鸟续吟。（李世民《初春登楼即目观作述怀》）

（10）涂山烽候惊，弭节度龙城。冀马楼兰将，燕犀上谷兵。剑寒花不落，弓晓月逾明。[虞世南《从军行二首》（一作《拟古》）]

（11）缔欢三十载，通家数百年。潘杨称代穆，秦晋忝姻连。风云洛阳道，花月茂陵田。相悲共相乐，交骑复交筵。（卢照邻《哭明堂裴主簿》）

（12）天津御柳碧遥遥，轩骑相从半下朝。行乐光辉寒食借，太平歌舞晚春饶。红妆楼下东回辇，青草洲边南渡桥。坐见司空扫西第，看君侍从落花朝。（沈佺期《和上巳连寒食有怀京洛》）

（13）彩仗蜿蜒绕香阁，下辇登高望河洛。东城宫阙拟昭回，南阳沟塍殊绮错。林下天香七宝台，山中春酒万年杯。微风一起祥花落，仙乐初鸣瑞鸟来。（宋之问《龙门应制》）

（14）红粉青娥映楚云，桃花马上石榴裙。罗敷独向东方去，谩学他家作使君。（杜审言《戏赠赵使君美人》）

（15）晚泊投楚乡，明月清淮里。汴河东泻路穷兹，洛阳西顾日增悲。（宋之问《初宿淮口》）

例（7）至例（15）诸例均有名词铺排文本，但在语法结构形式上有所差异。其中，例（7）是以叠字领起的四言成句的"NP，NP"式（分别以名词"德""芬"为中心语），例（8）是以叠字领起的五言成句的"NP，NP"式（分别以名词"月""风"为中心语），例（9）是以非叠字领起的五言成句的"NP，NP"式（分别以名词"岫""岑"为中心语），例（10）是五言成句的"NP＋NP，NP＋NP"式（两组名词短语组合分别是"冀马＋楼兰将""燕犀＋上谷兵"），例（11）是五言成句的"N＋N＋NP，N＋N＋NP"式（两组名词短语组合分别是"风＋云＋洛阳道，花＋月＋茂陵田"），例（12）是七言成句的"NP，NP"式（分别以名词"辇""桥"为中心语），例（13）是七言成句的"NP＋NP，NP＋NP"式（两组名词短语组合分别是"林下天香＋七宝台，山中春酒＋万年杯"），例（14）与例（15）跟前几例不同，它们不是对句形式的名词铺排，而是单句形式的名词铺排。例（14）是七言成句的"NP"式（以名词"裙"为中心语，"石榴裙"代指穿石榴裙的女子，是修辞上的"借代"手法），例（15）则是五言成句的"NP"式（以名词"里"为中心语，即"清淮"修饰"里"，是直接修饰语；"明月"修饰"清淮里"，是间接修饰语）。尽管例（7）至例（15）在结构形式上有所差异，但有一个共同的特点，就是布局上都居于诗歌的篇中位置。从审美上看，这些名词铺排文本不仅有利于调整诗歌叙述语言的节奏，同时也使诗歌增添了画面感，营造出一种"诗中有画"的韵味，有利于诗歌意境的提升。

（二）结构上的继承

隋及初唐诗歌中的名词铺排，其在结构上对旧有模式的继承，也是相当明显的。根据我们对隋及初唐现存诗歌作品的考察，发现主要有如下四种情况完全是对旧有模式的继承。

1. 四言成句的"NP，NP"（叠字领起）式

这种结构模式主要出现于四言诗中，最初是由《诗经》创出。汉代诗歌已经开始以五言创作为主流，这种模式的名词铺排已经开始减少。到了魏晋南北朝时期，四言诗的创作继续减少，这种结构模式虽有出现，但数量也在继续下降。而到了隋及初唐，四言诗的创作差不多已是凤毛麟角了。因此，随着四言诗创作的式微，这种结构形式的名词铺排也就更加不多见了。根据对现存的隋及初唐诗歌作品的考察，隋及初唐诗歌沿用《诗经》所创的这种结构模式的名词铺排只有如下数例：

（1）周穆王季，晋美帝文。<u>明明盛德，穆穆齐芬</u>。藏用四履，屈道参分。（魏徵《享太庙乐章·大成舞》）

（2）圭币咸列，笙竽备举。<u>苾苾兰羞，芬芬桂醑</u>。式资宴贶，用调霜序。

（魏徵《五郊乐章·雍和》）

（3）寒寒三事，师师百僚。群龙在职，振鹭盈朝。（卢照邻《中和乐九章·歌公卿第八》）

（4）暮春嘉月，上巳芳辰。群公禊饮，于洛之滨。**奕奕车骑，粲粲都人**。连帷竞野，祛服缛津。（陈子昂《三月三日宴王明府山亭》）

例（1）的"明明盛德，穆穆齐芬"（以名词"德""芬"为中心语），例（2）的"苾苾兰羞，芬芬桂醑"（以名词"兰羞""桂醑"为中心语。羞，同"馐"，美味；醑，美酒），例（3）的"寒寒三事，师师百僚"（以名词"事""僚"为中心语），例（4）的"奕奕车骑，粲粲都人"（以名词"车骑""都人"为中心语），都是以叠字领起（作为名词中心语的间接修饰语）的"NP，NP"式名词铺排。之所以说这些"NP，NP"式名词短语句属于名词铺排，这是因为从语法上看，它们跟其前后语句没有结构上的纠葛；从语义上看，它们跟其前后语句没有割不断的意义连贯。从表意角度看，诗中的名词铺排并非必不可少，但从审美的角度看，这些名词铺排是很值得我们玩味的。因为它们无论是出现于全诗的篇首，还是居于诗篇之中，都有造景呈象的效果，有利于营造诗歌"诗中有画"的意境，提升读者阅读接受的情感愉悦。

2. 五言成句的"NP，NP"（叠字领起）式

这种结构模式是汉乐府诗在《诗经》既有模式上创造出来的，在魏晋南北朝诗歌中得到了广泛运用。隋及初唐诗人似乎也很钟情于这种模式，根据现存的隋及初唐诗歌作品来考察，发现从隋朝进入唐朝的诗人以及初唐诗坛上重要的诗人都有沿用这种模式。如：

（5）天香众壑满，夜梵前山空。**漾漾潭际月，飘飘杉上风**。（宋之问《宿云门寺》）

（6）崖留盘古树，涧蓄神农药。乳窦何淋漓，苔藓更彩错。**娟娟潭里虹，渺渺滩边鹤**。岁杪应流火，天高云物薄。（沈佺期《自昌乐郡溯流至白石岭下行入郴州》）

（7）把臂虽无托，平生固亦亲。援琴一流涕，旧馆几沾巾。**杳杳泉中夜，悠悠世上春**。幽明长隔此，歌哭为何人。（陈子昂《同旻上人伤寿安傅少府》）

（8）玉坛栖暮夜，珠洞结秋阴。**萧萧离俗影，扰扰望乡心**。谁意山游好，屡伤人事侵。（王勃《出境游山》二首之二）

（9）风行常有地，云出本多峰。**郁郁园中柳，亭亭山上松**。客心殊不乐，乡

泪独无从。（杨炯《途中》）

（10）历历东井舍，昭昭右掖垣。云际龙文出，池中鸟色翻。（董思恭《咏星》）

（11）英英大梁国，郁郁秘书台。碧落从龙起，青山触石来。（李峤《云》）

（12）酒熟人须饮，春还鬓巳秋。愿逢千日醉，得逭百年愁。卒卒周姬旦，栖栖鲁孔丘。平生能几日，不及且遨游。（刘希夷《故园置酒》）

（13）颍川开郡邑，角宿分躔野。君非仲举才，谁是题舆者。恫恫琴上鹤，萧萧路傍马。严程若可留，别袂希再把。（马怀素《饯许州宋司马赴任》）

例（5）至例（13）均有名词铺排文本，且都是以叠字领起的五言成句的"NP，NP"式。它们均以名词为中心语各自构句，并以两两相对的对句形式呈现，打破了正常语法结构句式按照逻辑或语义顺序推进的叙述模式，以块状结构插入诗中，既调整了诗歌语言的节奏，又增强了诗歌叙事的画面感，对于创造诗歌的意境，提升作品的审美价值，无疑都发挥了重要作用。居于篇首的，犹如电影开幕时推出的一组特写镜头；居于篇中的，则如电影放映中突然插入的一组特写镜头，都能给读者遐思与想象的空间。

3. 五言成句的"NP，NP"式

这种结构模式是由汉代诗人创造出来的，在魏晋南北朝诗歌中被广泛运用。到了隋及初唐，沿用更加普遍，差不多初唐所有的诗坛领袖如虞世南、沈佺期，以及被称为"初唐四杰"的王勃、杨炯、卢照邻，被公认为初唐诗文革命领袖的陈子昂，被称为"文章四友"的杜审言、李峤等人，甚至皇帝李世民，都喜欢运用这种名词铺排结构模式。如：

（14）绮峰含翠雾，照日蕊红林。镂丹霞锦岫，残素雪斑岑。拂浪堤垂柳，娇花鸟续吟。（李世民《初春登楼即目观作述怀》）

（15）曲台临上路，高轩抵狭斜。赭汗千金马，乡轴五香车。白鹤随飞盖，朱鹭入鸣笳。（虞世南《门有车马客》）

（16）七泽云梦林，三湘洞庭水。自古传剿俗，有时遣恶子。令君出使车，行迈方靡靡。（沈佺期《别侍御严凝》）

（17）洞壑仙人馆，孤峰玉女台。空蒙朝气合，窈窕夕阳开。（沈佺期《岳馆》）

（18）小度巫山峡，荆南春欲分。使君滩上草，神女馆前云。树悉江中见，猿多天外闻。（沈佺期《十三四时尝从巫峡过他日偶然有思》）

（19）鸣环曳履出长廊，为君秋夜捣衣裳。**纤罗对凤皇，丹绮双鸳鸯**。调砧乱杵思自伤。（王勃《秋夜长》）

（20）芝廛光分野，莲阙盛规模。碧坛清桂阃，丹洞肃松枢。**玉笈三山记，金箱五岳图**。苍虬不可得，空望白云衢。（王勃《寻道观》）

（21）塞外欲纷纭，雌雄犹未分。明堂占气色，华盖辨星文。**二月河魁将，三千太乙军**。丈夫皆有志，会见立功勋。（杨炯《出塞》）

（22）**关山客子路，花柳帝王城**。此中一分手，相顾怜无声。（卢照邻《送二兄入蜀》）

（23）凤台有清曲，砧抽何人吹。丹唇间玉齿，妙响入云涯。**穷巷秋风叶，空庭寒露枝**。劳歌欲有和，星鬓已将垂。（卢照邻《和王奭秋夜有所思》）

（24）是非纷妄作，宠辱坐相惊。至人独幽鉴，窈窕随昏明。**咫尺山河道，轩窗日月庭**。别离焉足问，悲乐固能并。（陈子昂《夏日晖上人房别李参军》）

（25）葳蕤苍梧风，嚘唉白露蝉。羽翰本非匹，结交何独全。昔君事胡马，余得奉戎旃。携手向沙塞，关河缅幽燕。（陈子昂《西还至散关答乔补阙知之》）

（25）隐隐帝乡远，瞻瞻肃命虔。西河偃风俗，东壁挂星躔。**井邑枌榆社，陵园松柏田**。荣光晴掩代，佳气晓侵燕。（杜审言《和李大夫嗣真奉使存抚河东》）

（27）寻洛宜阳右，乘春别馆前。**昭仪中汉日，太傅翊周年**。列射三侯满，光师七步旋。（李峤《熊》）

（28）滴沥明花苑，**葳蕤泫竹丛**。玉垂丹棘上，珠湛绿荷中。夜警千年鹤，朝零七月风。愿凝仙掌内，长奉未央宫。（李峤《露》）

（29）布义孙卿子，登高楚屈平。铜台初下笔，乐观正飞缨。乍有凌云势，时闻掷地声。（李峤《赋》）

（30）**王粲销愁日，江淹起恨年**。带川遥绮错，分隔迥阡眠。（李峤《原》）

（31）神岳瑶池圃，仙宫玉树林。乘时警天御，清暑涤宸襟。（李峤《刘侍读见和山邸十篇重申此赠》）

（32）**仙跸九成台，香筵万寿杯**。一旬初降雨，二月早闻雷。叶向朝霁密，花含宿润开。幸承天泽豫，无使日光催。（李乂《奉和春日游苑喜雨应诏》）

（33）**万里边城地，三春杨柳节**。叶似镜中眉，花如关外雪。（韦承庆《折杨柳》）

（34）翻黄坠疏叶，凝翠积高天。**参差海曲雁，寂寞柳门蝉**。兴悼今如此，悲愁复在旃。（陆敬《游隋故都》）

（35）沙塞三河道，金闺二月春。**碧烟杨柳色，红粉绮罗人**。露叶怜啼脸，风花思舞巾。攀持君不见，为听曲中新。（刘宪《折杨柳》）

例（14）至例（35）各有一个名词铺排文本，皆是不以叠字领起的五言成句的"NP，NP"式。如例（14）分别以名词"岫"与"岑"为中心语，"镂丹霞锦"和"残素雪斑"为修饰语。二句皆以名词短语构句，以并立对峙形式呈现。其他各例亦如此。这些名词铺排文本或居于诗歌起首位置，或置于诗歌中间，以其不同于其他正常语法结构的句子而卓然独立于诗中，犹如电影的特写镜头，画面效果非常明显，既调整了诗歌语言的节奏，又使诗歌别具一种"诗中有画"的意境。

4. 七言成句的"NP，NP"式

这种结构模式是魏晋南北朝时期的诗人创造出来的。不过，根据对现存隋及初唐诗歌作品的考察，隋及初唐诗人沿用这种结构模式的并不是很多，目前我们只见到如下三例：

（36）的的珠帘白日映，娥娥玉颜红粉妆。花际裴回双蛱蝶，池边顾步两鸳鸯。<u>倾国倾城汉武帝，为云为雨楚襄王</u>。古来容光人所羡，况复今日遥相见。（刘希夷《公子行》）

（37）天津御柳碧遥遥，轩骑相从半下朝。行乐光辉寒食借，太平歌舞晚春饶。<u>红妆楼下东回辇，青草洲边南渡桥</u>。坐见司空扫西第，看君侍从落花朝。（沈佺期《和上巳连寒食有怀京洛》）

（38）昆明御宿侍龙媒，伊阙天泉复几回。<u>西夏黄河水心剑，东周清洛羽觞杯</u>。苑中落花扫还合，河畔垂杨拨不开。（宋之问《桂州三月三日》）

例（36）"倾国倾城汉武帝，为云为雨楚襄王"，从内容上看，是用典；从结构上看，是分别以"汉武帝""楚襄王"为中心语的两个名词短语句的并列对峙，属于以非叠字领起的七言成句的"NP，NP"式名词铺排。例（37）"红妆楼下东回辇，青草洲边南渡桥"，也是以非叠字领起的七言成句的"NP，NP"式名词铺排。二句分别以名词"辇""桥"为中心语，前面各有两个修饰语。前句的直接修饰语是"东回"，间接修饰语是"红妆楼下"；后句的直接修饰语是"南渡"，间接修饰语是"青草洲边"。例（38）"西夏黄河水心剑，东周清洛羽觞杯"，二句分别以"水心剑""羽觞杯"为中心语，以"西夏黄河""东周清洛"为修饰语，也是以非叠字领起的七言成句的"NP，NP"式名词铺排。三例名词铺排均居于诗歌的篇中，在审美上既有调整诗歌语言节奏之功，又有拓展诗歌意境之效。

二、全新模式的创出

隋及初唐诗歌的名词铺排，其全新模式的创出，主要集中于结构形式方面。根据我们对现存隋及初唐诗歌的考察，发现主要有如下几种全新模式是在这一时期出现的。

（一）五言成句的"NP＋NP，NP＋NP"式

这种结构模式是隋及初唐诗人独立创造出来的。整体上，它也是以对句形式出现，且以五言成句。但是，并列对峙的二句在结构上不是由一个名词短语构句，而是由两个名词短语并列构句，形成一个"NP＋NP，NP＋NP"式。根据现存隋及初唐诗歌作品考察，这种结构模式的名词铺排在许多重要诗人笔下都有，并非某一位诗人的创造。如：

（1）寒野霜氛白，平原烧火红。雕戈夏服箭，羽骑绿沉弓。怖兽潜幽壑，惊禽散翠空。（李世民《出猎》）

（2）涂山烽候惊，弭节度龙城。冀马楼兰将，燕犀上谷兵。剑寒花不落，弓晓月逾明。［虞世南《从军行二首》（一作《拟古》）］

（3）盈盈粉署郎，五日宴春光。选客虚前馆，微声遍后堂。玉钗翠羽饰，罗袖郁金香。拂黛随时广，挑鬟出意长。（沈佺期《李员外秦援宅观妓》）

（4）天将下三宫，星门召五戎。坐谋资庙略，飞檄伫文雄。赤土流星剑，乌号明月弓。秋阴生蜀道，杀气绕湟中。（杨炯《送刘校书从军》）

（5）钩陈被兰锜，乐府奏芝房。翡翠明珠帐，鸳鸯白玉堂。清晨宝鼎食，闲夜郁金香。天马来东道，佳人倾北方。（王绩《过汉故城》）

（6）南国多佳人，莫若大堤女。玉床翠羽帐，宝袜莲花炬。魂处自目成，色授开心许。迢迢不可见，日暮空愁予。（张柬之《大堤曲》）

（7）洛渚问吴潮，吴门想洛桥。夕烟杨柳岸，春水木兰桡。城邑南楼近，星辰北斗遥。无因生羽翼，轻举托还飙。（李乂《次苏州》）

例（1）"雕戈夏服箭，羽骑绿沉弓"，句法结构是"雕戈＋夏服箭，羽骑＋绿沉弓"；例（2）"冀马楼兰将，燕犀上谷兵"，句法结构是"冀马＋楼兰将，燕犀＋上谷兵"；例（3）"玉钗翠羽饰，罗袖郁金香"，句法结构是"玉钗＋翠羽饰，罗袖＋郁金香"；例（4）"赤土流星剑，乌号明月弓"，句法结构是"赤

土＋流星剑，乌号＋明月弓"；例（5）"翡翠明珠帐，鸳鸯白玉堂"，句法结构是"翡翠＋明珠帐，鸳鸯＋白玉堂"；例（6）"玉床翠羽帐，宝袜莲花炬"，句法结构是"玉床＋翠羽帐，宝袜＋莲花炬"；例（7）"夕烟杨柳岸，春水木兰桡"，句法结构是"夕烟＋杨柳岸，春水＋木兰桡"。从这七例，我们可以发现一个有趣的现象，七个"NP＋NP，NP＋NP"式名词铺排文本，其中两两并立对峙的句子，在句法结构上与五言诗的 2/3 音顿模式高度一致。可见，隋及初唐许多诗人不约而同地运用这种结构模式，实际上是与五言诗本身的形体特点有关。

（二）七言成句的"NP＋NP，NP＋NP"式

这种结构模式在先秦两汉和魏晋南北朝诗歌中都未出现。南北朝赋中虽有"NP＋NP，NP＋NP"式名词铺排，但只有四言成句的，没有出现过七言成句的。因此，无论是从诗还是赋的角度看，七言成句的"NP＋NP，NP＋NP"式都是隋及初唐诗歌的创造。根据我们对现存隋及初唐诗歌的调查，发现这是唐初诗人宋之问的创造。不过，在他现存的诗歌作品中也只有如下一例：

彩仗蜕旌绕香阁，下辇登高望河洛。东城宫阙拟昭回，南阳沟塍殊绮错。林下天香七宝台，山中春酒万年杯。微风一起祥花落，仙乐初鸣瑞鸟来。（宋之问《龙门应制》）

上例中"林下天香七宝台，山中春酒万年杯"，是全诗的第五、六句。它之前的四句与之后的二句都各有动词，因此从语法上看它跟其前后句没有结构上的纠葛；从语义上看，第五、六两句跟其前后句也没有什么必然的逻辑关涉。可见，"林下天香七宝台，山中春酒万年杯"二句是个独立的言语单位，语法结构是"（林下）天香＋七宝台，（山中）春酒＋万年杯"（前句的"林下"、后句的"山中"，分别是全句的共同修饰语），属于七言成句的"NP＋NP，NP＋NP"式名词铺排。众所周知，应制诗都是应和或吹拍帝王之作，很少有什么审美价值。但是，宋之问这首应制诗却因为有第五、六两句的名词铺排，使全诗顿添了不少诗情画意，审美价值得以大为提升。

（三）五言成句的"N＋N＋NP，N＋N＋NP"式

这种结构模式在隋及初唐诗中也很少见。根据对现存隋及初唐诗歌作品的考察，它的创造者是"初唐四杰"之一的卢照邻。不过，在卢照邻的诗中目前也只找到如下一例：

缔欢三十载，通家数百年。潘杨称代穆，秦晋忝姻连。**风云洛阳道，花月茂陵田**。相悲共相乐，交骑复交筵。（卢照邻《哭明堂裴主簿》）

上例中"风云洛阳道，花月茂陵田"，句法结构是"风＋云＋洛阳道，花＋月＋茂陵田"，属于以五言成句的"N＋N＋NP，N＋N＋NP"式名词铺排。它以名词与名词短语的并列叠加铺排出一组画面景象，以景语代情语，婉约地写出对好友裴主簿的深切哀悼之情。

（四）五言成句的"NP＋NP＋N，NP＋NP＋N"式

这种结构模式是由"初唐四杰"之一的骆宾王所创造。不过，根据我们对现存隋及初唐诗歌作品的调查，骆宾王运用这一结构模式建构的名词铺排文本也只有如下一例：

倾盖金兰合，忘筌玉叶开。**繁花明日柳，疏蕊落风梅**。将期重交态，时慰不然灰。（骆宾王《游兖部逢孔君自卫来欣然相遇若旧》）

上例中"繁花明日柳，疏蕊落风梅"，句法结构是"繁花＋明日＋柳，疏蕊＋落风＋梅"，属于以五言成句的"NP＋NP＋N，NP＋NP＋N"式名词铺排。它以每句两个名词短语加一个名词的并列铺排形式呈现，制造出一种"诗中有画"的效果，以景语代情语，不着痕迹地展露了与朋友欣然相遇的喜悦之情。

（五）三言成句的"NP，NP，NP，NP"式

这种结构模式是初唐诗人苏绾（与杜审言同时）的创造。根据对现存隋及初唐诗歌作品的考察，这一结构模式的运用在苏绾诗中也只有如下一例：

石榴酒，葡萄浆。兰桂芳，茱萸香。愿君驻金鞍，暂此共年芳。愿君解罗襦，一醉同匡床。（苏绾《倡女行》）

上例中"石榴酒，葡萄浆。兰桂芳，茱萸香"，每句三个字，各为一个名词短语独立构句，属于三言成句的"NP，NP，NP，NP"式名词铺排。这种名词铺排以四个名词短语句连续铺排，置于全诗之首，就像电影开幕时首先推出的一组特写镜头，造景呈象的效果特别明显，为所写倡女（即娼女，青楼女子）的生活环境作了交代与铺垫，给人充分的想象空间。

（六）七言成句的"NP"式

这种结构模式在隋及初唐之前的诗歌中是从未出现过的。之前的名词铺排，无论是先秦两汉，还是魏晋南北朝，都是以对句形式出现的，绝无以单句形式独立于诗中。根据我们对隋及初唐现存诗歌作品的考察，这是初唐诗人杜审言的创造。不过，这种模式的运用在他笔下也只有如下一例：

红粉青娥映楚云，<u>桃花马上石榴裙</u>。罗敷独向东方去，谩学他家作使君。（杜审言《戏赠赵使君美人》）

上例中"桃花马上石榴裙"，是一个独立的言语单位，属于单句形式的名词铺排。因为从语法结构上看，它之前的句子"红粉青娥映楚云"，它之后的句子"罗敷独向东方去"，都各自有动词，是语法结构完整的正常句，跟"桃花马上石榴裙"没有结构上的纠葛。从语义逻辑上看，"桃花马上石榴裙"跟它前后句也没有必然的关涉。因此，它就像是电影叙事中突然插入的一个特写镜头，既有调整诗歌语言节奏的作用，又有增添诗歌画面形象的效果。

（七）五言成句的"NP＋NP"式

这种结构模式是初唐诗人宋之问的创造。根据对现存隋及初唐诗歌作品的考察，在宋之问的作品中也只有两例，出现在如下同一首诗中：

（1）<u>孤舟汴河水</u>，去国情无已。晚泊投楚乡，明月清淮里。汴河东泻路穷兹，洛阳西顾日增悲。（宋之问《初宿淮口》）
（2）孤舟汴河水，去国情无已。晚泊投楚乡，<u>明月清淮里</u>。汴河东泻路穷兹，洛阳西顾日增悲。（宋之问《初宿淮口》）

例（1）"孤舟汴河水"，跟随后一句"去国情无已"没有语法结构上的纠葛，是独立表意的单位，属于五言成句的"NP＋NP"式单句形态的名词铺排。它居全诗之首，就像是电影开幕时首先推出的一个特写镜头，既有造景呈象的效果，又有为全诗定调着色的效果，对于拓展诗歌的意境，制造一种先声夺人的审美效果，无疑都有重要作用。例（2）是以名词"里"为中心语，以"明月""清淮"为修饰语的名词短语句，也是五言成句的"NP＋NP"式单句形态的名词铺排。跟例（1）不同，它居于诗的中间部分，既有造景呈象、增强诗歌画面感的效果，同时也有调整诗歌语言节奏的作用，增加作品的声律美。

（八）七言成句的"NP＋NP＋NP"式

这种结构模式是以前未曾有过的。因为无论是先秦两汉，还是魏晋南北朝，诗歌中都还没有发展出单句形态的名词铺排。到了隋及初唐诗歌中，才出现单句形态的名词铺排，包括五言成句的与七言成句的。根据我们对现存的隋及初唐诗歌的调查，发现这种结构模式是初唐诗人张柬之的创造，而且只有如下一例：

> 青田白鹤丹山凤，婺女姮娥两相送。谁家绝世绮帐前，艳粉芳脂映宝钿。窈窕玉堂褰翠幕，参差绣户悬珠箔。绝世三五爱红妆，冶袖长裾兰麝香。（张柬之《东飞伯劳歌》）

上例中"青田白鹤丹山凤"，从句法上分析是"NP＋NP＋NP"式结构，属于名词短语句。而它之后的"婺女姮娥两相送"一句，则是有动词的主谓句。可见，"青田白鹤丹山凤"与其随后的"婺女姮娥两相送"没有语法结构上的纠葛，是独立的言语单位，属于我们所说的名词铺排文本。由于它居全诗之首，因此就有为全诗造景呈象、定格画面的效果，就像今日电影开幕时首先出现的一个特写镜头，不仅画面感非常强，而且拓展了诗歌的意境，在第一时间就给读者强烈的视觉审美印象。

值得指出的是，隋及初唐诗歌中名词短语句尽管非常多，但并非都是本书所说的名词铺排。根据我们对现存隋及初唐全部诗歌作品的考察分析，认为至少如下几种名词短语句不属于本书所界定的名词铺排性质。

第一，有些诗句表面上看是"NP＋NP，NP＋NP"式结构，好像是对句形式的名词铺排，实际上并不是。因为从语义上分析，每句内部的两个"NP"之间并不是并列对峙的铺排关系，而是一种主谓结构的语法关系，因此不能算是名词铺排。如：

（1）渤海三千里，泥沙几万重。似舟漂不定，如梗泛何从。（骆宾王《浮槎》）

（2）沙塞三千里，京城十二衢。杨沟连凤阙，槐路拟鸿都。（骆宾王《久戍边城有怀京邑》）

（3）蓟北三千里，关西二十年。冯唐犹在汉，乐毅不归燕。（卢照邻《送幽

州陈参军赴任寄呈乡曲父老》）

（4）<u>紫徽三千里，青楼十二重</u>。玉关尘似雪，金穴马如龙。（李峤《道》）

（5）<u>天子三章传，陈王七步才</u>。缊衣久擅美，祖德信悠哉。（李峤《诗》）

（6）<u>玉房九霄露，碧叶四时春</u>。不及涂林果，移根随汉臣。（沈佺期《题椰子树》）

（7）<u>汤沐三千赋，楼台十二重</u>。银炉称贵幸，玉辇盛过逢。（李乂《高安公主挽歌》二首之一）

（8）<u>沙场三万里，猛将五千兵</u>。旌断冰溪戍，笳吹铁关城。（乔备《出塞》）

例（1）"渤海三千里，泥沙几万重"，前句的"渤海"是主语，"三千里"是谓语，是说明主语"怎么样"的。后句的"泥沙"也是主语，"几万重"是说明主语"泥沙"是"怎么样"的谓语。因此，这两句并不是"NP＋NP，NP＋NP"式结构的名词铺排，而是两个主谓结构的句子的对举，属于修辞上的对偶。例（2）至例（8）的情况亦然，都不是名词铺排。

第二，有些句子表面上看是"NP＋NP，NP＋NP"式结构，俨然是对句形式的名词铺排，实际上并不是。因为从语义上分析，每句内的两个"NP"之间并不是并列对峙的铺排关系，而是一种省略了判断词的判断关系，因此不能算是名词铺排。如：

（9）秦俗犹未平，汉道将何冀。<u>樊哙市井徒，萧何刀笔吏</u>。一朝时运会，千古传名谥。（李密《淮阳感怀》）

（10）林疑中散地，人似上皇时。<u>芳杜湘君曲，幽兰楚客词</u>。山中有春草，长似寄相思。（骆宾王《同辛簿简仰酬思玄上人林泉》四首之四）

（11）<u>四海帝王家，两都周汉室</u>。观风昔来幸，御气今旋跸。（李峤《扈从还洛呈侍从群官》）

（12）<u>绿琪千岁树，黄槿四时花</u>。别怨应无限，门前桂水斜。（杨炯《送杨处士反初卜居曲江》）

（13）<u>四郊秦汉国，八水帝王都</u>。阊阖雄里闬，城阙壮规模。（唐中宗李显《登骊山高顶寓目》）

（14）<u>神皋福地三秦邑，玉台金阙九仙家</u>。寒光犹恋甘泉树，淑景偏临建始花。（唐中宗李显《立春日游苑迎春》）

（15）<u>灞水欢娱地，秦京游侠窟</u>。欣承解愠词，圣酒黄花发。（韦元旦《奉和九日幸临渭亭登高应制得月字》）

（16）携琴绕碧沙，摇笔弄青霞。<u>杜若幽庭草，芙蓉曲沼花</u>。宴游成野客，形胜得仙家。往往留仙步，登攀日易斜。（杜审言《和韦承庆过义阳公主山池》五首之三）

例（9）"樊哙市井徒，萧何刀笔吏"，表面看起来是"N＋NP，N＋NP"式结构，俨然就是对句形式的名词铺排，实际上并非如此。前句的"樊哙"（专有名词）与其后的"市井徒"并不是并列对峙的名词铺排，而是主语与表语的判断关系。只不过是因为省略了判断词"是"，而使全句都以名词或名词短语的形式呈现。后句的"萧何"与"刀笔吏"，也是主语与表语的关系，因与前句对举而判断词"是"被省略。例（10）至例（16）的情况亦复如此，都不是名词铺排。

第三，有些句子表面上是"NP＋NP，NP＋NP"式结构，好像是名词铺排。实际上，从语义上分析，每句内的两个"NP"之间不是并列对峙的铺排关系，而是一种省略了动词"在"的主谓关系，因此不是我们所说的名词铺排。如：

（17）<u>白云淮水外，紫陌灞陵隈</u>。节变惊衰柳，笳繁思落梅。（骆宾王《和孙长史秋日卧病》）

（18）<u>淮沂泗水地，梁甫汶阳东</u>。别路青骊远，离尊绿蚁空。（骆宾王《在兖州饯宋五之问》）

（19）<u>骨肉胡秦外，风尘关塞中</u>。唯余剑锋在，耿耿气成虹。（卢照邻《西使兼送孟学士南游》）

（20）<u>星躔牛斗北，地脉象牙东</u>。开塞随行变，高深触望同。（杜审言《度石门山》）

（21）<u>函谷青山外，昆池落日边</u>。东京杨柳陌，少别已经年。（宋之问《登禅定寺阁》）

（22）<u>紫塞金河里，葱山铁勒隈</u>。莲花秋剑发，桂叶晓旗开。（沈佺期《塞北》二首之二）

（23）<u>大宛蒲海北，滇壑隽崖西</u>。沙平留缓步，路远暗频嘶。（苏绾《赢骏篇》）

（24）<u>香塔鱼山下，禅堂雁水滨</u>。珠幡映白日，镜殿写青春。（刘宪《奉和幸大荐福寺应制》）

例（17）"白云淮水外，紫陌灞陵隈"，表面看起来是"NP＋NP，NP＋NP"

式结构，好像是名词铺排，实际上则是省略了动词"在"的两个普通语句。如果还原为普通语句，便是"白云在淮水外，紫陌在灞陵隈"。由此可见，这二句内的两个名词"白云""紫陌"与其后的"淮水外""灞陵隈"两个名词短语（表处所）之间并非并列对峙的铺排关系，而是陈述与被陈述的语法关系。很明显，这不是名词铺排。例（18）至例（24）情况亦然。

第四，有些句子表面上是"NP＋NP，NP＋NP"式结构，似乎就是名词铺排。实际上，从语义上分析，两句内的两个"NP"之间并不是并列对峙的铺排关系，而是一种省略了比喻词"像"的比喻关系。很明显，这也不是名词铺排。如：

（25）<u>绿竹寒天笋，红蕉腊月花</u>。金绳倘留客，为系日光斜。（骆宾王《陪润州薛司空丹徒桂明府游招隐寺》）

（26）<u>马眼冰凌影，竹根雪霰文</u>。何当画秦女，烟际坐氤氲。（李峤《绫》）

例（25）"绿竹寒天笋，红蕉腊月花"，表面上是"NP＋NP，NP＋NP"式结构，俨然就是名词铺排。其实，这两个句子中的两个名词短语"绿竹""红蕉"与其后的两个名词短语"寒天笋""腊月花"之间是一种本体与喻体之间的关系，中间省略了喻词"像"。如果还原成正常语句，那么这两句便是"绿竹像寒天笋，红蕉像腊月花"。可见，"绿竹"与"寒天笋"、"红蕉"与"腊月花"之间并不是并列对峙的铺排关系，而是有一种语法上的隶属关系。因此，这两句不是名词铺排，而是修辞上的对偶与比喻。例（26）的情况亦然。

第五，有些句子表面上是"NP，NP"式结构，看起来像是对句形式的名词铺排，实际上并不是。因为从语义上分析，两个"NP"之间并不是并列对峙的铺排关系，而是一个互为语法成分的关系，即前句是后句的主语，后句是前句的谓语，因此不能算是名词铺排。如：

（27）<u>道士乘仙日，先生折角时</u>。方怀丈夫志，抗首别心期。（李峤《鹿》）

（28）<u>澹澹长江水，悠悠远客情</u>。落花相与恨，到地一无声。（韦承庆《南行别弟》）

例（27）"道士乘仙日，先生折角时"，分别是以"日"和"时"两个名词为中心语的两个偏正式名词短语（即"NP，NP"），但这两个偏正式名词短语并不能各自成句，而是互为语法成分，即前者是后者的主语，后者是前者的谓语。

它与汉代的"迢迢牵牛星，皎皎河汉女"这样的句子根本不同，因此它并不是名词铺排。例（28）"澹澹长江水，悠悠远客情"，表面上看也是两个偏正式名词短语，像是名词铺排。实际上，这两个偏正式名词短语并不能各自成句，而是互为语法成分，前者与后者有一种陈述与被陈述的关系。从修辞上看，前者是本体，后者是喻体，因此也不是名词铺排，而是一个比喻句。

第六，有些句子表面上是"NP + NP，NP + NP"式结构，像是名词铺排，实际上并不是。从语义上分析，两句内的两个名词短语之间并不是并列对峙的铺排关系，而是省略了意动动词。因此，这两句只是两个意动句的并列，并非名词铺排。如：

(29) 汉主新丰邑，周王尚父师。云符沛童唱，雪应海神期。（苏𬣙《奉和姚令公驾幸温汤喜雪应制》）

例（29）"汉主新丰邑，周王尚父师"，它的真实语义是"汉主以新丰为邑，周王以尚父为师"。因此，"汉主"与"新丰邑"、"周王"与"尚父师"之间并不是并列对峙的铺排关系，而是主谓关系。很明显，这种情况也不是名词铺排。

上述六种情况，虽都不是名词铺排，但这种表面近似于名词铺排的诗句在初唐大量出现，表明了初唐诗人有意进行名词铺排的意识在不断增强，对于后代名词铺排结构形式的进一步发展自然会产生重要影响。因为貌似名词铺排的诗句出现频率增大，就会引发人们思考这种形式的精巧性所在，努力自觉经营，从而促进名词铺排结构形式的创新发展。

第二节　盛唐诗中的名词铺排

盛唐时期在文学上的发展，也与政治、经济、军事、文化等一样，可谓达到了整个唐代的高峰。其中，诗歌的发展尤其如此。唐代最著名的大诗人如李白、杜甫、王维、孟浩然等，就是这一时期杰出的代表。但是，盛唐时期诗歌中的名词铺排在结构形式的创新与发展方面并不与这一时期诗歌整体发展趋势相一致。根据我们对《全唐诗》全部作品的考察分析，发现这一时期诗歌中的名词铺排在结构形式上继承前代旧有模式有余，创新则显得相当不足。这一点跟隋及初唐的情况完全相反。造成这一格局的原因，恐怕与盛唐时期诗歌在格律上的定型化有关。跟世界上的任何事情一样，大凡有了规范与先例存在，人们创新的动力就不太足，因循守旧就会成为常态。我们都知道，唐代以诗赋取士的科举制度，对举子们作诗是有格律上的要求的。这是可以理解的，因为考试要有标准。规定诗歌形式上的一系列要求，也就是格律化，正是判定一首应试诗是否符合要求的重要抓手。而写诗遵守格律要求一旦成为诗人自觉或不自觉的习惯，那么诗人写诗时在字句修辞上的创新就会受到束缚，创新的积极性就会受到影响。诗歌中的名词铺排本来就是一种修辞现象，是一种突破语法规范的言语创新，而诗歌格律化正好与此相违背。尽管唐代诗人写诗并非都是为了科举应试，但是一旦诗歌格律规范形成，诗人必然都会自觉或不自觉地遵从。否则，他的作品就不能为大家所认同。正因为如此，我们便看到了这样一个历史事实：尚未走向格律定型的隋及初唐诗歌中名词铺排结构形式的创新非常多，而格律定型后的盛唐诗歌中很少有名词铺排结构形式的创新。

一、旧有模式的继承

盛唐时期诗歌中的名词铺排，对旧有模式的继承，整体上跟隋及初唐一样，也分为两个方面：一是布局上的，二是结构上的。下面我们分而述之。

（一）布局上的继承

盛唐诗歌中的名词铺排，在布局上只有两种情况，跟隋及初唐一样，或是出现于全诗篇首，或是出现于全诗篇中。

1. 篇首名词铺排

名词铺排出现于诗歌篇首，是先秦诗歌《诗经》开创的传统，两汉魏晋南北朝诗歌基本沿袭下来。但是，到了隋及初唐诗歌中，这种格局开始被打破，名词铺排出现于诗歌篇中的情况开始变多，并在比例与频率上超过了出现于篇首的情况。根据《全唐诗》中现存盛唐诗歌来看，名词铺排布局于诗歌篇首的在比例上要低于布局于篇中的，这跟隋及初唐的情况一致。可见，在布局模式上，盛唐继承了隋及初唐的传统。值得指出的是，根据对《全唐诗》中现存盛唐诗歌作品的分析，我们发现一个很特别的情况，跟隋及初唐完全不一样：隋及初唐诗中的名词铺排文本很多，建构名词铺排文本的诗人也很多。但是，盛唐诗歌中名词铺排文本则不多，而且作者也很少。名词铺排布局于诗歌篇首的，只有杜甫一人。如：

（1）莘莘谷中寺，娟娟林表峰。阑干上处远，结构坐来重。（杜甫《惠义寺送王少尹赴成都得峰字》）

（2）荒村建子月，独树老夫家。（自注：上元二年建子月壬午朔，上受朝贺如正旦仪，以其月为岁首）雾里江船渡，风前径竹斜。寒鱼依密藻，宿雁聚圆沙。蜀酒禁愁得，无钱何处赊。（杜甫《草堂即事》）

（3）春岸桃花水，云帆枫树林。偷生长避地，适远更沾襟。老病南征日，君恩北望心。百年歌自苦，未见有知音。（杜甫《南征》）

（4）细草微风岸，危樯独夜舟。星垂平野阔，月涌大江流。名岂文章著，官应老病休。飘飘何所似，天地一沙鸥。（杜甫《旅夜书怀》）

例（1）至例（4）都是杜甫的作品，其名词铺排均居全诗篇首位置，只是在结构形式上有些差异。其中，例（1）是以叠字领起的五言成句的"NP，NP"式（分别以名词"寺""峰"为中心语）；例（2）是五言成句的"NP，NP＋NP"式（前句以表示时间的名词"月"为中心语，"建子"是直接修饰语，"荒村"是间接修饰语）；例（3）是五言成句的"NP＋NP，NP＋NP"式（前句由"春岸"与"桃花水"并列构句，后句由"云帆"与"枫树林"并列构句）；例（4）是以非叠字领起的五言成句的"NP，NP"式（分别以名词"岸""舟"为中心语，"细草""微风"共同修饰"岸"，"危樯""独夜"共同修饰"舟"）。这些名词铺排文本由于都居于诗歌篇首，在审美上就类似于今日电影开幕时首先推出的一组特写镜头，极大地拓展了诗歌的意境，营造出一种先声夺人的画面感，给读者强烈的印象。

2. 篇中名词铺排

名词铺排居于诗歌的篇中，是两汉诗歌创造出来的布局模式。魏晋南北朝与初唐诗歌沿袭了这种模式，并且在比例上逐渐超越居于篇首的情况。盛唐时期诗歌中，名词铺排文本居于诗歌篇中的，在比例上大大超过居于篇首的，而且不是只有个别诗人喜欢这种布局模式。如：

（5）公才征郡邑，诏使出郊坰。标格谁当犯，风谣信可听。峥嵘大岘口，逦迤汶阳亭。地迥云偏白，天秋山更青。（高适《送蔡少府赴登州推事》）

（6）三杯吐然诺，五岳倒为轻。眼花耳热后，意气素霓生。救赵挥金锤，邯郸先震惊。千秋二壮士，烜赫大梁城。纵死侠骨香，不惭世上英。谁能书阁下，白首太玄经。（李白《侠客行》）

（7）婵娟碧鲜净，萧摵寒箨聚。回回山根水，冉冉松上雨。泄云蒙清晨，初

日翳复吐。朱甍半光炯，户牖粲可数。（杜甫《法镜寺》）

（8）拾遗平昔居，大屋尚修椽。悠扬荒山日，惨澹故园烟。位下曷足伤，所贵者圣贤。（杜甫《陈拾遗故宅》）

（9）百顷风潭上，千章夏木清。卑枝低结子，接叶暗巢莺。鲜鲫银丝脍，香芹碧涧羹。翻疑舵楼底，晚饭越中行。（杜甫《陪郑广文游何将军山林》十首之二）

（10）乱后故人双别泪，春深逐客一浮萍。酒酣懒舞谁相拽，诗罢能吟不复听。第五桥东流恨水，皇陂岸北结愁亭。贾生对鹏伤王傅，苏武看羊陷贼庭。（杜甫《题郑十八著作虔》）

例（5）至例（10）都是名词铺排居全诗篇中的，只是各例在结构形式上有些差异。其中，例（5）是五言成句的以非叠字领起的"NP，NP"式（分别以名词"口""亭"为中心语，前句的"峥嵘"是间接修饰语，"大岘"是直接修饰语；后句的"逦迤"是间接修饰语，"汶阳"是直接修饰语）；例（6）也是五言成句的以非叠字领起的"NP，NP"式（分别以名词"壮士""城"为中心语，前句的"千秋"是间接修饰语，"二"是直接修饰语；后句的"烜赫"是间接修饰语，"大梁"是直接修饰语）；例（7）是五言成句的以叠字领起的"NP，NP"式（分别以名词"水""雨"为中心语，前句的"回回"是间接修饰语，"山根"是直接修饰语；后句的"冉冉"是间接修饰语，"松上"是直接修饰语）；例（8）是五言成句的以非叠字领起的"NP，NP"式（分别以名词"日""烟"为中心语，前句的"悠扬"是间接修饰语，"荒山"是直接修饰语；后句的"惨澹"是间接修饰语，"故园"是直接修饰语）；例（9）是五言成句的"NP＋NP，NP＋NP"式（每句由两个名词短语并列构句，即"鲜鲫＋银丝脍，香芹＋碧涧羹"）；例（10）是七言成句的以非叠字领起的"NP，NP"式（分别以名词"水""亭"为中心语，前句的"第五桥东"是间接修饰语，"流恨"是直接修饰语；后句的"皇陂岸北"是间接修饰语，"结愁"是直接修饰语）。以上诸例中的名词铺排文本，由于都居于诗歌篇中，在阅读接受上都有拓展意境、增添诗歌画面感的审美效果。

（二）结构上的继承

盛唐诗歌中的名词铺排，在结构上对前代所创模式的继承是比较多的。根据我们对《全唐诗》中现存全部盛唐作品的考察与分析，发现共有如下七种旧有结构形式被盛唐诗人所继承沿用。

1. 四言成句的"NP，NP"式

这种结构模式最早出现于汉赋中，但是诗歌中出现这种结构模式则是魏晋南北朝时期的事。隋及初唐诗歌中，这种结构模式没有被继承。但是，到了盛唐，这种旧有的结构模式又开始被沿用。不过，根据我们对《全唐诗》中现存的盛唐全部作品的考察，目前也只见到李白诗中有如下一例：

（1）老胡感至德，东来进仙倡。<u>五色师子，九苞凤皇</u>。是老胡鸡犬，鸣舞飞帝乡。（李白《上云乐》）

例（1）中的"五色师子，九苞凤皇"，是两个分别以"师子"与"凤皇"为中心语的偏正式名词短语句。这两个名词短语句，从上下文语境看，是独立的言语单位，因为它跟其前后句在语法上没有结构上的纠葛，语义上也没有太多逻辑上的关涉，因此属于四言成句的以非叠字领起的"NP，NP"式名词铺排。这种名词铺排在盛唐已经非常少见，究其原因，是因为盛唐不是四言诗的时期，而是以五言与七言为主。至于为什么独独出现于李白的诗中，那是因为李白的诗歌风格属于豪放类型，所作古风时常有参差不齐的各式句子，因此会出现四言成句的名词铺排。这种名词铺排文本插入诗中，表面上看微不足道，实际上对于调整诗歌语言的节奏，增强诗歌的画面感，拓展诗歌的意境，都是有重要作用的。

2. 五言成句的"NP，NP"（叠字领起）式

这种结构模式是汉代诗歌创造出来的，在魏晋南北朝诗歌中得到了广泛沿用，隋及初唐诗歌中也多有沿用。到了盛唐时期，这一结构模式虽然仍有沿用，但根据我们对《全唐诗》中现存全部盛唐作品的考察，发现喜欢沿用这一结构模式的只有杜甫一人。如：

（2）远郊信荒僻，秋色有余凄。<u>练练峰上雪，纤纤云表霓</u>。童戏左右岸，罟弋毕提携。翻倒荷芰乱，指挥径路迷。（杜甫《泛溪》）

（3）婵娟碧鲜净，萧摵寒箨聚。<u>回回山根水，冉冉松上雨</u>。泄云蒙清晨，初日翳复吐。朱甍半光炯，户牖粲可数。（杜甫《法镜寺》）

（4）青山澹无姿，白露谁能数。<u>片片水上云，萧萧沙中雨</u>。殊俗状巢居，曾台俯风渚。佳客适万里，沈思情延伫。（杜甫《雨》二首之一）

（5）圣朝兼盗贼，异俗更喧卑。<u>郁郁星辰剑，苍苍云雨池</u>。两都开幕府，万宇插军麾。南海残铜柱，东风避月支。（杜甫《偶题》）

（6）苒苒谷中寺，娟娟林表峰。阑干上处远，结构坐来重。（杜甫《惠义寺送王少尹赴成都得峰字》）

例（2）的"练练峰上雪，纤纤云表霓"，是两个分别以"雪"与"霓"为中心语的名词短语句，而且都以叠字领起，属于典型的五言成句的"NP，NP"（叠字领起）式名词铺排。例（3）至例（6）情况亦然。这些名词铺排文本，或居于诗歌的篇首，或居于诗歌的篇中，都出于杜甫笔下，这就说明诗人是有意而为之，意在增强诗歌的画面感，拓展诗歌的意境。

3. 五言成句的"NP，NP"式

这种结构模式最早是汉代诗人的创造。魏晋南北朝诗歌中得到较广泛的沿用，隋及初唐诗歌中的沿用则更加普遍。到盛唐时期，这种结构模式的沿用仍很常见。根据我们对《全唐诗》现存全部盛唐作品的考察，最喜欢沿用这种旧有模式的诗人是杜甫。诸如高适、李白等人则是偶尔沿用。如：

（7）公才征郡邑，诏使出郊垌。标格谁当犯，风谣信可听。峥嵘大岘口，逦迤汶阳亭。地迥云偏白，天秋山更青。（高适《送蔡少府赴登州推事》）

（8）三杯吐然诺，五岳倒为轻。眼花耳热后，意气素霓生。救赵挥金锤，邯郸先震惊。千秋二壮士，烜赫大梁城。纵死侠骨香，不惭世上英。谁能书阁下，白首太玄经。（李白《侠客行》）

（9）汤休起我病，微笑索题诗。细软青丝履，光明白氎巾。深藏供老宿，取用及吾身。（杜甫《大云寺赞公房》四首之二）

（10）皇天久不雨，既雨晴亦佳。出郭眺西郊，肃肃春增华。青荧陵陂草，窈窕桃李花。春夏各有实，我饥岂无涯。（杜甫《喜晴》）

（11）拾遗平昔居，大屋尚修椽。悠扬荒山日，惨澹故园烟。位下曷足伤，所贵者圣贤。（杜甫《陈拾遗故宅》）

（12）好去张公子，通家别恨添。两行秦树直，万点蜀山尖。御史新骢马，参军旧紫髯。皇华吾善处，于汝定无嫌。（杜甫《送张二十参军赴蜀州因呈杨五侍御》）

（13）有美生人杰，由来积德门。汉朝丞相系，梁日帝王孙。蕴藉为郎久，魁梧秉哲尊。（杜甫《赠比部萧郎中十兄》）

（14）舞剑过人绝，鸣弓射兽能。铦锋行惬顺，猛噬失蹄腾。赤羽千夫膳，黄河十月冰。横行沙漠外，神速至今称。（杜甫《故武卫将军挽歌》三首之二）

（15）西汉亲王子，成都老客星。百年又白鬓，一别五秋萤。（杜甫《戏题寄

上汉中王》三首之一)

（16）江汉山重阻，风云地一隅。年年非故物，处处是穷途。<u>丧乱秦公子，悲凉楚大夫</u>。平生心已折，行路日荒芜。（杜甫《地隅》）

（17）农务村村急，春流岸岸深。<u>乾坤万里眼，时序百年心</u>。茅屋还堪赋，桃源自可寻。（杜甫《春日江村》五首之一）

（18）南楚青春异，暄寒早早分。<u>无名江上草，随意岭头云</u>。正月蜂相见，非时鸟共闻。（杜甫《南楚》）

（19）卓立群峰外，蟠根积水边。他皆任厚地，尔独近高天。<u>白榜千家邑，清秋万里船</u>。词人取佳句，刻画竟谁传。（杜甫《白盐山》）

（20）几年逢熟食，万里逼清明。<u>松柏邛山路，风花白帝城</u>。汝曹催我老，回首泪纵横。（杜甫《熟食日示宗文宗武》）

（21）无数涪江筏，鸣桡总发时。别离终不久，宗族忍相遗。<u>白狗黄牛峡，朝云暮雨祠</u>。所过频问讯，到日自题诗。（杜甫《奉使崔都水翁下峡》）

（22）百顷风潭上，千章夏木清。卑枝低结子，接叶暗巢莺。<u>鲜鲫银丝脍，香芹碧涧羹</u>。翻疑舵楼底，晚饭越中行。（杜甫《陪郑广文游何将军山林》十首之二）

（23）朝朝巫峡水，远逗锦江波。<u>万里桥南宅，百花潭北庄</u>。层轩皆面水，老树饱经霜。（杜甫《怀锦水居止》二首之二）

（24）<u>细草微风岸，危樯独夜舟</u>。星垂平野阔，月涌大江流。名岂文章著，官应老病休。飘飘何所似，天地一沙鸥。（杜甫《旅夜书怀》）

例（7）至例（24），都是五言成句的"NP，NP"式名词铺排，只是内部中心语与修饰语之间的关系有差别。如例（7）"峥嵘大岘口，逦迤汶阳亭"，是两个分别以"口""亭"为中心语的名词短语句并列，每句各有两个名词分层次修饰其中心语（前句"峥嵘"是间接修饰语，"大岘"是直接修饰语；后句"逦迤"是间接修饰语，"汶阳"是直接修饰语）。它们都是五言成句，而且不以叠字领起。例（24）"细草微风岸，危樯独夜舟"，则是每句两个名词联合修饰中心语，修饰语之间没有直接与间接的层次之分（前句"细草"与"微风"联合并列作中心语"岸"的修饰语，后句"危樯""独夜"联合共同作"舟"的修饰语）。以上诸例名词铺排，或出现于诗歌的篇首，或出现于诗歌的篇中，应该都是诗人有意而为之的，特别是杜甫的诗，创作意图更为明显，目的就是要拓展诗歌意境，调整诗歌语言节奏，使作品别具一种"诗中有画"的审美情趣。

4. 五言成句的"NP（叠字领起），NP（非叠字领起）"式

这种结构模式是魏晋南北朝时期诗歌所创造出来的，但是隋及初唐诗中没有

沿用。到了盛唐，则又有出现。不过，根据我们对《全唐诗》现存全部盛唐作品的考察，发现沿用这种结构模式的也只有杜甫一人。如：

（25）马嘶未敢动，前有深填淤。<u>青青屋东麻，散乱床上书。</u>不意远山雨，夜来复何如？（杜甫《溪涨》）

例（25）"青青屋东麻，散乱床上书"，根据上下文语境来看，是一个独立的言语单位，跟其前后句没有语法上的结构纠葛，因此是名词铺排的性质，属于五言成句的"NP（叠字领起），NP（非叠字领起）"式。前句以名词"麻"为中心语，"屋东"是表示方位的，是"麻"的直接修饰语。而叠字词"青青"则是修饰"屋东麻"的，是"麻"的间接修饰语。后句以名词"书"为中心语，"床上"是直接修饰语，"散乱"是间接修饰语。

5. 七言成句的"NP，NP"式

这种结构模式是魏晋南北朝时期诗人的创造。隋及初唐诗歌创作中对之有继承沿用，但是用例不多，只有三个。盛唐时期诗歌对这种结构模式的继承沿用，根据我们对《全唐诗》现存全部盛唐作品的考察，发现数量更少，只有杜甫用过如下一例：

（26）乱后故人双别泪，春深逐客一浮萍。酒酣懒舞谁相拽，诗罢能吟不复听。<u>第五桥东流恨水，皇陂岸北结愁亭。</u>贾生对鹏伤王傅，苏武看羊陷贼庭。（杜甫《题郑十八著作虔》）

例（26）"第五桥东流恨水，皇陂岸北结愁亭"，根据上下文语境观察，跟其前后语句在语法上没有结构上的纠葛，因此属于独立表意的语言单位。又因为它的两个句子都是以名词短语独立构句，因此属于七言成句的"NP，NP"式名词铺排。前句以名词"水"为中心语，"流恨"是直接修饰语，"第五桥东"则是从方位上说明"水"的处所，是间接修饰语。后句以名词"亭"为中心语，"结愁"直接修饰"亭"，"皇陂岸北"则是进一步从处所方面对"亭"予以限定，属于间接修饰语。

6. 五言成句的"NP + NP，NP + NP"式

这种结构模式是隋及唐初诗人创造出来的，运用相当广泛。盛唐时期，这种结构模式仍有沿用，但是范围并不广泛。根据我们对《全唐诗》现存全部盛唐作品的考察，发现只有杜甫用过如下二例：

（27）骥子春犹隔，莺歌暖正繁。别离惊节换，聪慧与谁论。<u>涧水空山道，柴门老树村</u>。忆渠愁只睡，炙背俯晴轩。（杜甫《忆幼子》）

（28）<u>春岸桃花水，云帆枫树林</u>。偷生长避地，适远更沾襟。老病南征日，君恩北望心。百年歌自苦，未见有知音。（杜甫《南征》）

例（27）"涧水空山道，柴门老树村"，语法结构是"涧水＋空山道，柴门＋老树村"，例（28）"春岸桃花水，云帆枫树林"，语法结构是"春岸＋桃花水，云帆＋枫树林"，都是五言成句的"NP＋NP，NP＋NP"式名词铺排。它们或居于诗歌篇首，或植入诗歌篇中，造景呈象、拓展意境的效果非常明显，对提升诗歌的审美情趣发挥了重要作用。

7. 五言成句的"N＋N＋NP，N＋N＋NP"式

这种结构模式在先秦两汉诗歌中不可能出现，在魏晋南北朝诗中也没有可能出现。隋及初唐诗歌中虽有可能出现，但可惜未曾有人创造。直到初唐才被创出。不过，根据我们对《全唐诗》现存全部盛唐作品的考察，发现这一名词铺排结构在盛唐诗中继承沿用的并不多，只在盛唐诗人杜甫的诗中有如下一例：

（29）云气接昆仑，涔涔塞雨繁。羌童看渭水，使客向河源。<u>烟火军中幕，牛羊岭上村</u>。所居秋草净，正闭小蓬门。（杜甫《秦州杂诗》二十首之十）

例（29）中"烟火军中幕，牛羊岭上村"，从上下文语境看，是一个独立的语言单位，跟其前后句没有语法上的结构纠葛，属于名词铺排文本。从语法结构上看，是"N＋N＋NP，N＋N＋NP"式，即"烟＋火＋军中幕，牛＋羊＋岭上村"，以五言成句。这个名词铺排文本插入诗中，不仅有调整全诗节奏的作用，还有增添作品画面感、拓展意境的效果，是诗人有意而为之的修辞努力。

二、全新模式的创出

盛唐时期，在名词铺排新模式的创造方面颇有跟诗歌发展的总体趋势不匹配的地方。根据我们对《全唐诗》现存全部盛唐作品的考察，发现盛唐诗人对名词铺排结构模式的创新只有一种，即五言成句的"NP，NP＋NP"式。之所以这么少，其中的原因，前文我们已经分析过了。

这种结构模式是先秦两汉时期的诗歌，以及魏晋南北朝、隋与初唐时期的诗歌中都未曾出现过的，是盛唐诗人的创造，也是为数不多的创造。根据我们对

《全唐诗》现存全部盛唐诗人作品的考察，发现这一结构模式的创造者是盛唐诗人中最喜欢运用名词铺排的大诗人杜甫。下面便是他创造的新模式：

荒村建子月，独树老夫家。（自注：上元二年建子月壬午朔，上受朝贺如正旦仪，以其月为岁首）雾里江船渡，风前径竹斜。寒鱼依密藻，宿雁聚圆沙。蜀酒禁愁得，无钱何处赊。（杜甫《草堂即事》）

上例中"荒村建子月，独树老夫家"，居全诗开首，就像是电影开幕时首先推出的一组特写镜头，为随后各句展开的具体风物描写作了铺垫与烘托。从语法上看，这二句跟其后各句没有结构上的纠葛；从语义上看，这二句跟其后各句没有多大关涉。很明显，它是一个独立的言语单位。它的前句"荒村建子月"，是以表时间的"月"为中心语，"建子"（记月的专有名词，作者有自注）是直接修饰语，"荒村"是修饰"建子月"的，属于"月"的间接修饰语。整个前句是"NP"结构。后句"独树老夫家"，是两个名词短语的并列联合，即"独树＋老夫家"，是"NP＋NP"结构。这个名词铺排文本，前句表时间，后句写实景，是虚与实的形象画面组合，放在全诗开篇，以画面形象呈现，对于拓展诗歌意境，加深读者的印象，明显具有重要作用。

盛唐诗歌作品中确实有不少名词铺排文本，在杜甫的诗中表现尤其突出。

不过，值得指出的是，跟隋及初唐诗歌一样，盛唐诗歌中也有不少表面看起来像是名词铺排而实际上并非名词铺排的名词短语句，这是需要厘清的。根据我们对《全唐诗》现存全部盛唐作品的考察与分析，发现有如下几种情况是不能算名词铺排的。

第一，有些句子表面上是"NP＋NP，NP＋NP"的形式，像是名词铺排，实际上并不是。因为从语义上分析，前后二句内部的两个名词短语之间并不是并列对峙的铺排关系，而是一种主谓结构的语法关系。这种情况就不是名词铺排。如：

（1）白也诗无敌，飘然思不群。清新庾开府，俊逸鲍参军。渭北春天树，江东日暮云。何时一尊酒，重与细论文。（杜甫《春日忆李白》）

（2）细雨鱼儿出，微风燕子斜。城中十万户，此地两三家。（杜甫《水槛遣兴》二首之一）

（3）西京疲百战，北阙任群凶。关塞三千里，烟花一万重。蒙尘清路急，御

宿且谁供。（杜甫《伤春》五首之一）

（4）赤甲白盐俱刺天，间阎缭绕接山巅。枫林橘树丹青合，复道重楼锦绣悬。<u>瀼东瀼西一万家，江北江南春冬花。</u>背飞鹤子遗琼蕊，相趁凫雏入蒋牙。（杜甫《夔州歌十绝句》之五）

例（1）"渭北春天树，江东日暮云"，前句由"渭北"（表方位）与"春天树"两个名词短语构句，后句由"江东"（表地点）与"日暮云"两个名词短语构句，看起来像是"NP＋NP，NP＋NP"式名词铺排，实际上并不是。前句"渭北春天树"，意为诗人所在的渭北现在是树木青青的春天；后句"江东日暮云"，意为朋友李白所在的江东现在正是日落云飞的傍晚。可见，前句的"渭北"是主语，"春天树"是谓语；后句的"江东"是主语，"日暮云"是谓语。"渭北春天树，江东日暮云"，是两个主谓句的并列运用，并不是"NP＋NP，NP＋NP"式名词铺排。例（2）至例（4）亦是同样的情形。例（2）"城中""此地"是主语，"十万户""两三家"是谓语。例（3）"关塞""烟花"是主语，"三千里""一万重"是谓语。例（4）"瀼东瀼西""江北江南"是主语，"一万家""春冬花"是谓语。每句中的两个名词短语之间都是主谓关系，而非并列铺排关系。因此，上述诸例都不是名词铺排。

第二，有些句子表面上是"NP，NP"的形式，像是名词铺排，实际上并不是。因为从语义上分析，前后两个名词短语句并不能各自独立，也不是并列对峙的关系，而是互为语法结构成分，即前句是后句的主语，后句是前句的谓语。这种情况就不是名词铺排。如：

（5）<u>莽莽天涯雨，江边独立时</u>。不愁巴道路，恐湿汉旌旗。（杜甫《对雨》）

（6）<u>炎海韶州牧，风流汉署郎</u>。分符先令望，同舍有辉光。（杜甫《潭州送韦员外牧韶州》）

（7）<u>西汉亲王子，成都老客星</u>。百年又白鬓，一别五秋萤。（杜甫《戏题寄上汉中王》三首之一）

例（5）"莽莽天涯雨，江边独立时"，表面上是分别以名词"雨""时"为中心语的名词短语句，像是"NP，NP"式名词铺排，实际上并非如此。从语义上看，前后句都不能独立表意，必须合在一起才能表达一个完整的意思，即"莽莽天涯雨，正是江边独立时"。可见，这是一个省略了判断词的判断句。例（6）与例（7）情况完全与例（5）一样。例（6）"炎海韶州牧，风流汉署郎"，是由

"炎海韶州牧，是风流汉署郎"省略判断词而成；例（7）"西汉亲王子，成都老客星"，是由"西汉亲王子，是成都老客星"省略判断词而成。

第三，有些句子表面上是"NP＋NP，NP＋NP"的形式，像是名词铺排，实际上并不是。因为从语义上分析，两个名词短语句内部的两个名词短语之间并不是并列对峙的关系，而是省略了动词"在"，属于两个正常句的并列。这种情况也不是名词铺排。如：

（8）大漠风沙里，长城雨雪边。云端临碣石，波际隐朝鲜。（高适《信安王幕府诗》）

（9）功名万里外，心事一杯中。虏障燕支北，秦城太白东。（高适《送李侍御赴安西》）

（10）碣石辽西地，渔阳蓟北天。关山唯一道，雨雪尽三边。（高适《别冯判官》）

（11）薛侯故乡处，五老峰西头。归路秦树灭，到乡河水流。（岑参《送薛弁归河东》）

（12）田舍清江曲，柴门古道旁。草深迷市井，地僻懒衣裳。（杜甫《田舍》）

（13）霜露晚凄凄，高天逐望低。远烟盐井上，斜景雪峰西。（杜甫《出郭》）

（14）汉节梅花外，春城海水边。铜梁书远及，珠浦使将旋。（杜甫《广州段功曹到得杨五长史谭书功曹却归聊寄此诗》）

（15）剑阁星桥北，松州雪岭东。华夷山不断，吴蜀水相通。（杜甫《严公厅宴同咏蜀道画图得空字》）

（16）九江春草外，三峡暮帆前。戒就成都卜，休为吏部眠。（杜甫《游子》）

（17）岷岭南蛮北，徐关东海西。此行何日到，送汝万行啼。（杜甫《送舍弟频赴齐州》三首之一）

（18）白盐危桥北，赤甲古城东。平地一川稳，高山四面同。（杜甫《自瀼西荆扉且移居东屯茅屋》四首之一）

（19）八咏楼中坦腹眠，五侯门下无心忆。繁花越台上，细柳吴宫侧。绿水青山知有君，白云明月偏相识。（任华《寄李白》）

例（8）"大漠风沙里，长城雨雪边"，表面上是"大漠"与"风沙里"（表处所的名词短语），"长城"与"雨雪边"（表处所的名词短语）分别联合构句，是"NP＋NP，NP＋NP"的结构形式，好像是名词铺排，实际上并不是。因为两句中的两个名词短语之间并不是并列联合关系，而是主谓关系，其中省略了动词"在"。也就是说，"大漠风沙里，长城雨雪边"的完整表达是"大漠在风沙里，长城在雨雪边"。例（9）至例（19）的情况与例（8）完全相同。例（9）完全式是"功名（在）万里外，心事（在）一杯（酒）中""虏障（在）燕支北，秦城（在）太白东"，例（10）完全式是"碣石（在）辽西地，渔阳（在）蓟北天"，例（11）完全式是"薛侯（在）故乡处，五老（在）峰西头"，例（12）完全式是"田舍（在）清江曲，柴门（在）古道旁"，例（13）完全式是"远烟（在）盐井上，斜景（在）雪峰西"，例（14）完全式是"汉节（在）梅花外，春城（在）海水边"，例（15）完全式是"剑阁（在）星桥北，松州（在）雪岭东"，例（16）完全式是"九江（在）春草外，三峡（在）暮帆前"，例（17）完全式是"岷岭（在）南蛮北，徐关（在）东海西"，例（18）完全式是"白盐（在）危桥北，赤甲（在）古城东"，例（19）完全式是"繁花（在）越台上，细柳（在）吴宫侧"。可见，以上诸例都是表面像名词铺排，实际并非名词铺排。

第四，有些句子表面上是"NP＋NP，NP＋NP"的形式，像是名词铺排，实际上并不是。因为从语义上分析，两个句子内部的两个名词短语之间并不是并列对峙的关系，而是本体与喻体之间的关系，喻词"像"被省略了。这种情况当然不是名词铺排。如：

（20）白发千茎雪，丹心一寸灰。别离经死地，披写忽登台。（杜甫《郑驸马池台喜遇郑广文同饮》）

（21）日月笼中鸟，乾坤水上萍。王孙丈人行，垂老见飘零。（杜甫《衡州送李大夫七丈勉赴广州》）

例（20）"白发千茎雪，丹心一寸灰"，表面上是由"白发"与"千茎雪"、"丹心"与"一寸灰"两个"复合名词＋偏正式名词短语"形式构成的并列句，形式上类似于"NP＋NP，NP＋NP"式名词铺排，其实只是省略了两个喻词"如"的比喻句的并列，还原成原形便是"白发（如）千茎雪，丹心（如）一寸灰"。例（21）情况亦然，实际上是"日月如笼中鸟，乾坤如水上萍"的省略式，也是两个比喻句的并列，不是名词铺排。

第五，有些句子表面上是"NP，NP＋NP"的形式，像是名词铺排，实际上并不是。因为从语义上分析，前后两句并不是并列对峙的关系，而是主语与谓语之间的关系，动词"在"被省略了。这种情况当然不是名词铺排。如：

（22）莽莽万重山，孤城山谷间。无风云出塞，不夜月临关。（杜甫《秦州杂诗》二十首之七）

例（22）"莽莽万重山，孤城山谷间"，从结构上看，前句是以名词"山"为中心语，以"万重"为直接修饰语，"莽莽"为间接修饰语，属于"NP"式结构。后句"孤城山谷间"是"孤城＋山谷间"，属于"NP＋NP"结构（"山谷间"是表示处所的名词短语）。如果仅从结构形式上看，这二句非常像是名词铺排。但是，从语义上看，前句虽是一个名词短语句，却不能独立表意，必须结合后句才能意思完整。前后句并不是并列关系，而是主句与状语之间的关系，这二句若还原成正常句，就是"孤城在莽莽万重山之山谷间"。很明显，这不是名词铺排。

第三节　中唐诗中的名词铺排

中唐时期，虽然在政治、经济、军事等方面不是唐代最强盛的时期，但文学创作成就及文学史上的地位却不逊于盛唐。这一时期，有白居易领导的新乐府运动，有韩愈、柳宗元领导的古文运动，它们在中国文学史上的影响都是非常大的。就诗歌创作方面来说，也不输盛唐时期。这一时期涌现出来的大诗人，最著名的就有白居易、刘禹锡、韩愈、柳宗元、孟郊、贾岛、李贺、李益、刘长卿、韦应物、元稹、顾况，还有大历十才子等。就诗人阵容而言，绝对超过了盛唐时代以李白、杜甫、王维、孟浩然、高适、岑参、王昌龄等为代表的诗人团队。正因为中唐时期是唐代诗歌发展的重要转型时期，所以我们在考察中唐诗歌中的名词铺排发展情况时也就欣喜地发现，这一时期跟初唐的情况非常相似，不仅有较多对旧有模式的沿袭，也有大量的创新。下面我们分两个方面予以详细描述。

一、旧有模式的继承

中唐诗歌的名词铺排对旧有模式的继承，跟隋及初唐、盛唐都不一样，这表现在两个方面：一是篇章布局上，中唐诗歌中的名词铺排布局模式多出一个篇尾名词铺排；二是结构形式上的继承开始减少。因为中唐诗歌有较多的创新，创新的幅度虽不及初唐，却远远大于盛唐。下面我们分两个方面进行论述。

（一）布局上的继承

中唐时期的诗歌在名词铺排的布局模式上，跟初唐、盛唐相比出现了明显的差异，这就是不仅有居于篇首和居于篇中的名词铺排布局模式，也有居于篇尾的名词铺排布局模式，使魏晋南北朝时期创立的布局模式得以传承下来。

1. 篇首名词铺排

名词铺排居于诗歌篇首的，在中唐诗歌中非常常见，是对《诗经》所创布局模式的继承，也是对两汉、魏晋南北朝以及初唐、盛唐诗歌中名词铺排布局惯例的沿用。根据我们对《全唐诗》现存全部中唐作品的考察与分析，发现中唐诗人普遍喜欢运用这种名词铺排布局模式。无论是皇帝，还是著名诗人或普通诗人，诗中都有这种布局模式。如：

（1）湛湛玉泉色，悠悠浮云身。闲心对定水，清净两无尘。手把青筇杖，头戴白纶巾。兴尽下山去，知我是谁人。（白居易《题玉泉寺》）

（2）淙淙三峡水，浩浩万顷陂。未如新塘上，微风动涟漪。小萍加泛泛，初蒲正离离。红鲤二三寸，白莲八九枝。（白居易《草堂前新开一池养鱼种荷日有幽趣》）

（3）寥寥空山岑，冷冷风松林。流月垂鳞光，悬泉扬高音。希夷周先生，烧香调琴心。神力盈三千，谁能还黄金。（元稹《周先生》）

（4）悠悠南山云，濯濯东流水。念我平生欢，托居在东里。失既不足忧，得亦不为喜。安贫固其然，处贱宁独耻。（戴叔伦《古意》）

（5）绝巘东林寺，高僧惠远公。买园隋苑下，持钵楚城中。（刘长卿《禅智寺上方怀演和尚寺即和尚所创》）

（6）北苑罗裙带，尘衢锦绣鞋。醉眠芳树下，半被落花埋。（卢纶《春词》）

（7）深夜竹亭雪，孤灯案上书。不遇无为化，谁复得闲居？（韦应物《答崔都水》）

（8）绣帐博山炉，银鞍冯子都。黄昏莫攀折，惊起欲栖乌。（李益《金吾子》）

（9）山舍千年树，江亭万里云。回潮迎伍相，骤雨送湘君。（李端《幽居作》）

（10）华屋重翠帷，绮席雕象床。远漏微更疏，薄衾中夜寒。（张籍《宛

转行》)

（11）黄梅县边黄梅雨，白头浪里白头翁。九江阔处不见岸，五月尽时多恶风。（白居易《九江北岸遇风雨》）

（12）两头纤纤青玉玦，半白半黑头上发。偏偏仆仆春冰裂，磊磊落落桃花结。（王建《两头纤纤》）

（13）平阳金榜凤皇楼，沁水银河鹦鹉洲。彩仗遥临丹壑里，仙舆暂幸绿亭幽。（唐德宗李适《侍宴安乐公主山庄应制》）

（14）万里潮州一逐臣，悠悠青草海边春。天涯莫道无回日，上岭还逢向北人。（王建《送迁客》）

（15）绿野芳城路，残春柳絮飞。（刘禹锡《洛中送崔司业使君扶侍赴唐州》）

（16）黄黄芜菁花，桃李事已退。（韩愈《感春》三首之二）

（17）苍苍竹林寺，杳杳钟声晚。（刘长卿《送灵澈上人》）

（18）款款春风澹澹云，柳枝低作翠栊裙。梅含鸡舌兼红气，江弄琼花散绿纹。（元稹《早春寻李校书》）

例（1）至例（18）的名词铺排文本，或是以五言成句，或是以七言成句；或是以对句形式出现，或是以单句形式出现；或是以叠字领起的"NP，NP"式结构，如例（1）"湛湛玉泉色，悠悠浮云身"，例（2）"淙淙三峡水，浩浩万顷陂"，例（3）"寥寥空山岑，冷冷风松林"，例（4）"悠悠南山云，濯濯东流水"，或是以非叠字领起的"NP，NP"式结构，如例（5）"绝巘东林寺，高僧惠远公"，例（6）"北苑罗裙带，尘衢锦绣鞋"，例（7）"深夜竹亭雪，孤灯案上书"，例（11）"黄梅县边黄梅雨，白头浪里白头翁"，例（12）"两头纤纤青玉玦，半白半黑头上发"，例（14）"万里潮州一逐臣，悠悠青草海边春"；或是"NP＋NP，NP＋NP"式结构，如例（8）"绣帐博山炉，银鞍冯子都"（冯子都，霍光管家奴），例（9）"山舍千年树，江亭万里云"，例（10）"华屋重翠幄，绮席雕象床"，例（13）"平阳金榜凤皇楼，沁水银河鹦鹉洲"；或是"NP＋NP"式结构，如例（15）"绿野芳城路"；或是以叠字领起的"NP"式结构，如例（16）"黄黄芜菁花"，例（17）"苍苍竹林寺"；或是以叠字领起的"NP＋NP"式结构，如例（18）"款款春风澹澹云"。这些名词铺排文本，无论是以对句形式出现，还是以单句形式出现，也不论是什么结构形式，它们被诗人们置于全诗的篇首，都有一种造景呈象、拓展意境的效果，往往能给读者一种强烈的视觉印象。

2. 篇中名词铺排

名词铺排居于诗歌篇中的，相较于居于篇首的，在中唐诗歌中似乎更为普遍。这种布局模式原是汉代诗人的创造，在汉代诗歌中只是偶尔一见。到了魏晋南北朝诗歌中，就开始多起来了。而在隋及初唐、盛唐诗歌中则非常盛行，在中唐诗歌中更加突出。根据我们对《全唐诗》现存全部中唐作品的考察与分析，发现中唐著名的大诗人差不多都钟情于这种布局模式。如：

（19）忽惊明月钩，钩出珊瑚枝。灼灼不死花，蒙蒙长生丝。饮柏泛仙味，咏兰拟古词。（孟郊《宇文秀才斋中海柳咏》）

（20）睥睨斜光彻，阑干宿霭浮。芊芊粳稻色，脉脉苑溪流。郡化黄丞相，诗成沈隐侯。（张籍《新城甲仗楼》）

（21）共爱寥落境，相将偏此时。绵绵红蓼水，飏飏白鹭鸶。诗句偶未得，酒杯聊久持。（元稹《和乐天秋题曲江》）

（22）直庐惊漏近，赐被觉霜移。汉主前瑶席，穰侯许凤池。应怜后行雁，空羡上林枝。（钱起《喜李侍御拜郎官入省》）

（23）蛩悲衣褐夕，雨暗转蓬秋。客里冯谖剑，歌中宁戚牛。主人能纵酒，一醉且忘忧。（钱起《新丰主人》）

（24）始知泥步泉，莫与山源邻。洛阳岸边道，孟氏庄前溪。舟行素冰折，声作青瑶嘶。（孟郊《寒溪》八首之二）

（25）风生今为谁，湘客多远情。孤枕楚水梦，独帆楚江程。觉来残恨深，尚与归路并。（孟郊《吴安西馆赠从弟楚客》）

（26）逢幽更移宿，取伴亦探行。花下红泉色，云西乳鹤声。明朝记归处，石上自书名。（张籍《夜宿黑灶溪》）

（27）之子异于是，久要誓不谖。无波古井水，有节秋竹竿。一为同心友，三及芳岁阑。（刘禹锡《赠元稹》）

（28）萧寥发为声，半夜明月前。寒山飒飒雨，秋琴泠泠弦。一闻涤炎暑，再听破昏烦。（白居易《松声》）

（29）郡城朝解缆，江岸暮依村。二女竹上泪，孤臣水底魂。双双归蛰燕，一一叫群猿。（韩愈《晚泊江口》）

（30）心知溪卉长，居此玉林空。西殿宵灯磬，东林曙雨风。旧峰邻太白，石座雨苔蒙。（贾岛《赠弘泉上人》）

（31）苍苍岘山路，腊月汉阳春。带雪半山寺，行沙隔水人。王祥因就宦，莱子不违新。正恨殊乡别，千条楚柳新。（司空曙《送鄂州张别驾襄阳觐省》）

（32）唯高饮水节，稍浅别家愁。<u>落叶淮边雨，孤山海上秋</u>。遥知谢公兴，微月上江楼。（钱起《奉送刘相公江淮催转运》）

（33）地图经大庾，水驿过长沙。<u>腊月雷州雨，秋风桂岭花</u>。不知荒徼外，何处有人家？（杨衡《送人流雷州》）

（34）有寺山皆遍，无家水不通。<u>湖声莲叶雨，野气稻花风</u>。州县知名久，争邀与客同。（张籍《送朱庆余及第归越》）

（35）曾作关中客，频经伏毒岩。<u>晴烟沙苑树，晚日渭川帆</u>。昔是青春貌，今悲白雪髯。郡楼空一望，含意卷高帘。（刘禹锡《贞元中侍郎舅氏牧华州时余再忝科第前后由华觐谒陪登伏毒寺屡焉亦曾赋诗题于梁栋今典冯翊暇日登楼南望三峰浩然生思追想昔年之事因成篇题旧寺》）

（36）旅望花无色，愁心醉不惺。<u>春江千里草，暮雨一声猿</u>。问卜安冥数，看方理病源。（刘禹锡《武陵书怀五十韵》）

（37）西风飘一叶，庭前飒已凉。<u>风池明月水，衰莲白露房</u>。其奈江南夜，绵绵自此长。（白居易《新秋》）

（38）客路重阳日，登高寄上楼。<u>风烟今令节，台阁古雄州</u>。泛菊聊斟酒，持萸懒插头。情人共惆怅，良久不同游。（欧阳詹《九日九陵同陈十五先辈登高怀林十二先辈》）

（39）风猎红旗入寿春，满城歌舞向朱轮。<u>八公山下清淮水，千骑尘中白面人</u>。桂岭雨余多鹤迹，茗园晴望似龙鳞。（刘禹锡《寄杨八寿州》）

（40）一径向池斜，<u>池塘野草花</u>。雨多添柳耳，水长减蒲芽。（韩愈《独钓》四首之二）

（41）波涛路杳然，<u>衰柳洛阳蝉</u>。行李经雷电，禅前漱岛泉。（贾岛《送丹师归闽中》）

（42）啾啾雀满树，<u>霭霭东坡雨</u>。田家夜无食，水中摘禾黍。（王建《田家》）

（43）酒幔高楼一百家，<u>宫前杨柳寺前花</u>。内园分得温汤水，二月中旬已进瓜。（王建《宫前早春》）

（44）孤云独鹤共悠悠，<u>万卷经书一叶舟</u>。楚地巢城民舍少，烟村社树鹭湖秋。蒿莱织妾晨炊黍，隔落耕童夕放牛。（严维《送薛居士和州读书》）

（45）塞北梅花羌笛吹，<u>淮南桂树小山词</u>。请君莫奏前朝曲，听唱新翻杨柳枝。（刘禹锡《杨柳枝词》九首之一）

例（19）至例（45）的名词铺排文本，或是以五言成句，或是以七言成句；

或是以对句形式出现，或是以单句形式出现；或是以叠字领起的"NP，NP"式结构，如例（19）"灼灼不死花，蒙蒙长生丝"，例（20）"芊芊粳稻色，脉脉苑溪流"，例（21）"绵绵红蓼水，飏飏白鹭鸶"；或以非叠字领起的"NP，NP"式结构，如例（22）"汉主前瑶席，穰侯许凤池"，例（23）"客里冯谖剑，歌中宁戚牛"，例（24）"洛阳岸边道，孟氏庄前溪"，例（25）"孤枕楚水梦，独帆楚江程"，例（26）"花下红泉色，云西乳鹤声"，例（27）"无波古井水，有节秋竹竿"，例（28）"寒山飒飒雨，秋琴泠泠弦"，例（29）"二女竹上泪，孤臣水底魂"，例（30）"西殿宵灯磬，东林曙雨风"，例（31）"带雪半山寺，行沙隔水人"，例（32）"落叶淮边雨，孤山海上秋"，例（33）"腊月雷州雨，秋风桂岭花"，例（34）"湖声莲叶雨，野气稻花风"，例（38）"风烟今令节，台阁古雄州"，例（39）"八公山下清淮水，千骑尘中白面人"；或是"NP＋NP，NP＋NP"式结构，如例（35）"晴烟沙苑树，晚日渭川帆"，例（36）"春江千里草，暮雨一声猿"，例（37）"风池明月水，衰莲白露房"；或是以叠字领起的"NP"式结构，如例（42）"霭霭东坡雨"；或是"NP＋NP"式结构，如例（40）"池塘野草花"，例（41）"衰柳洛阳蝉"，例（43）"宫前杨柳寺前花"，例（44）"万卷经书一叶舟"，例（45）"淮南桂树小山词"。这些名词铺排文本，无论是以对句形式还是以单句形式出现，也不论结构形式上有什么差异，它们都有一个共同之处，就是居于全诗的篇中，就像是电影叙事中突然插入的一个特写镜头，不仅有调整叙事节奏的作用，更有一种造景呈象、拓展意境的效果，使作品别具一种"诗中有画"的审美情趣。

3. 篇尾名词铺排

名词铺排居于诗歌篇尾的布局模式，是魏晋南北朝诗歌的创造。但是，这种布局模式在隋及初唐、盛唐诗歌中都未得到继承沿用。中唐诗歌中出现了继承沿用，是一种新变化。不过，根据我们对《全唐诗》现存全部中唐作品的考察与分析，发现这种布局模式只在中唐大诗人白居易的诗中有如下一例：

（46）江上授衣晚，十月始闻砧。一夕高楼月，万里故园心。（白居易《江楼闻砧》）

例（46）"一夕高楼月，万里故园心"，是一个"NP，NP"式的名词铺排文本。前句以名词"月"为中心语，"高楼"为直接修饰语，"一夕"为间接修饰语；后句以名词"心"为中心语，"故园"为直接修饰语，"万里"是间接修饰语。二句写人在异乡，见月思故园的情感。全诗共四句，名词铺排居于全诗篇尾，是以景语代情语，以画面代直接抒情，给人更广阔的回味想象空间，不仅充满了诗情画意，而且给人意犹未尽的感觉，审美价值更高。

（二）结构上的继承

众所周知，名词铺排结构形式的发展是有一个过程的。先秦时期的《诗经》中只有一种结构形式，就是以四言成句且以叠字领起的"NP，NP"式。到了两汉时期，则发展出两种新结构形式，即以五言成句且以叠字领起的"NP，NP"式、以五言成句而不以叠字领起的"NP，NP"式。而到了魏晋南北朝时期，特别是隋及初唐时期，随着诗歌的发展，新创的名词铺排结构形式就更多了。跟任何事情一样，时代越是靠后，前代所积累下来的东西就越多，可资继承的资源就越丰富。中唐时期是中国诗歌发展的重要转折时期，诗歌创作的队伍及其诗歌数量异常庞大。因此，中唐继初唐、盛唐之后，诗歌在名词铺排结构上对前代旧有模式的继承与沿用较多，也就可以理解了。根据我们对《全唐诗》现存全部中唐作品的考察与分析，发现中唐诗歌在名词铺排结构上对旧有模式的继承沿用主要有如下八种。下面我们分而述之。

1. 五言成句的"NP，NP"（叠字领起）式

这种结构模式是汉代诗人的创造，在汉乐府民歌中最为常见。魏晋南北朝诗歌中，这一结构形式的沿用更为普遍。隋及初唐、盛唐诗歌中，这种结构形式的名词铺排也很常见。但是，根据我们对《全唐诗》现存全部中唐作品的考察与分析，发现中唐诗人对这种结构形式的继承沿用更为广泛，很多著名诗人的诗中都有这种结构形式的名词铺排文本。如：

（1）亭亭心中人，迢迢居秦关。常缄素札去，适枉华章还。忆在沣郊时，携手望秋山。久嫌官府劳，初喜罢秩闲。（韦应物《答崔都水》）

（2）岳岳冠盖彦，英英文字雄。琼音独听时，尘韵固不同。春云生纸上，秋涛起胸中。时吟五君咏，再举七子风。（孟郊《上包祭酒》）

（3）历历天上星，沉沉水中萍。幸当清秋夜，流影及微形。君生衰俗间，立身如礼经。纯诚发新文，独有金石声。（张籍《赠别孟郊》）

（4）袅袅城边柳，青青陌上桑。提笼忘采叶，昨夜梦渔阳。（张仲素《春闺思》）

（5）蔼蔼鼎门外，澄澄洛水湾。堂皇临绿野，坐卧看青山。位极却忘贵，功成欲爱闲。官名司管籥，心术去机关。（刘禹锡《奉和裴公新成绿野堂即书》）

（6）皎皎青铜镜，斑斑白丝鬓。岂复更藏年，实年君不信。（白居易

《照镜》)

（7）<u>阴阴花院月，耿耿兰房烛</u>。中有弄琴人，声貌俱如玉。清泠石泉引，雅澹风松曲。遂使君子心，不爱凡丝竹。（白居易《和顺之琴者》）

（8）<u>悠悠洛阳梦，郁郁灞陵树</u>。落日正西归，逢君又东去。（元稹《西还》）

（9）当时客自适，运去谁能矫。莫厌夏虫多，蝈蟷定相扰。<u>翩翩帘外燕，戢戢巢内雏</u>。啖食筋力尽，毛衣成紫襦。（元稹《表夏》十首之八）

（10）为伤多易子，翻吊浅为臣。<u>漫漫东流水，悠悠南陌人</u>。空思前事往，向晓泪沾巾。（耿湋《宋中》）

（11）晓桂香浥露，新鸿晴满川。<u>熙熙造化功，穆穆唐尧年</u>。顾己草同贱，誓心金匮坚。（卢纶《秋幕中夜独坐迟明因陪陈翃郎中晨谒上公因书即事兼呈同院诸公》）

（12）羸然虎溪子，迟我一虚床。<u>杳杳空寂舍，蒙蒙莲桂香</u>。拥褐依西壁，纱灯霭中央。（畅当《宿报恩寺精舍》）

（13）佳期若有待，芳意常无绝。<u>袅袅碧海风，蒙蒙绿枝雪</u>。急景自余妍，春禽幸流悦。（羊士谔《题枇杷树》）

（14）何此郡庭下，一株独华滋。<u>蒙蒙碧烟叶，袅袅黄花枝</u>。我家渭水上，此树荫前墀。（白居易《庭槐》）

例（1）至例（14）都是五言成句的"NP，NP"（叠字领起）式名词铺排。其中，例（1）至例（8）是名词铺排居于篇首，例（9）至例（14）则是居于篇中。这些名词铺排文本，无论是居于篇首者，还是居于篇中者，不仅因为以名词短语构句而造景呈象的画面效果鲜明，而且因为以叠字领起，音律上别有一种两玉相扣的乐感，别具一种"诗中有画""诗中有乐"的意境。

2. 五言成句的"NP，NP"式

这种结构模式也是汉代诗人的创造，但是用例不多。到了魏晋南北朝诗歌中，这种结构形式的名词铺排开始普遍运用。隋及初唐、盛唐时期的诗歌中，这种结构形式的沿用也非常普遍。时至中唐，诗歌中这种旧有结构形式的沿用频率还是非常高。根据我们对《全唐诗》现存全部中唐作品的调查与分析，发现中唐时期差不多所有著名的诗人都钟情于这种结构形式的名词铺排文本的建构。如：

（15）<u>葳蕤凌风竹，寂寞离人筋</u>。怆怀非外至，沉郁自中肠。（李益《城西竹园送裴佶王达》）

（16）<u>绿杨新草路，白发故乡人</u>。既壮还应老，游梁复滞秦。（李端《东门

送客》）

（17）万里海西路，茫茫边草秋。计程沙塞口，望伴驿峰头。（张籍《送安西将》）

（18）檐间清风簟，松下明月杯。幽意正如此，况乃故人来。（白居易《友人夜访》）

（19）庐宫山下州，溢浦沙边宅。宅北倚高冈，迢迢数千尺。（白居易《北亭》）

（20）零落桐叶雨，萧条槿花风。悠悠早秋意，生此幽闲中。（白居易《别元九后咏怀》）

（21）泽潞西边路，兰桡北去人。出门谁恨别，投分不缘贫。（朱庆余《送吴秀才之山西》）

（22）霏丽床前影，飘萧帘外竹。簟凉朝睡重，梦觉茶香熟。（元稹《解秋》十首之六）

（23）秦地吹箫女，湘波鼓瑟妃。佩兰初应梦，奔月竟沦辉。（韩愈《梁国惠康公主挽歌》二首之二）

（24）襄阳青山郭，汉江白铜堤。谢公领兹郡，山水无尘泥。（孟郊《献襄阳于大夫》）

（25）荆门一柱观，楚国三休殿。环佩俨神仙，辉光生顾盼。（武元衡《独不见》）

（26）霞鞍金口骝，豹袖紫貂裘。家住丛台近，门前漳水流。（郑锡《邯郸少年行》）

（27）清风乱流上，永日小山阴。解箨雨中竹，将雏花际禽。物华对幽寂，弦酌兼咏吟。（钱起《谢张法曹万顷小山眺景见忆》）

（28）片玉登科后，孤舟任兴行。月中严子濑，花际楚王城。岁暮云皋鹤，闻天更一鸣。（钱起《送虞说擢第东游》）

（29）函谷莺声里，秦山马首西。庭闱新柏署，门馆旧桃蹊。春色长安道，相随入禁闱。（刘长卿《送张七判官还京觐省》）

（30）江中远回首，波上生微霭。秋色姑苏台，寒流子陵濑。相送苦易散，动别知难会。（刘长卿《严子濑东送马处直归苏》）

（31）风截雁嘹唳，云惨树参差。高斋明月夜，中庭松桂姿。当暌一酌恨，况此两旬期。（韦应物《途中寄杨邈裴绪示褒子》）

（32）白云随浪散，青壁与城连。万岭岷峨雪，千家橘柚川。还知楚河内，天子许经年。（卢纶《送夔州班使君》）

（33）闻说南中事，悲君重窜身。<u>山村枫子鬼，江庙石郎神</u>。（司空曙《送流人》）

（34）水隔群物远，夜深风起频。<u>霜中千树橘，月下五湖人</u>。听鹤忽忘寝，见山如得邻。（陈羽《春园即事》）

（35）岂知鹈鹕鸣，瑶草不得春。<u>一片两片云，千里万里身</u>。云归嵩之阳，身寄江之滨。（孟郊《下第东归留别长安知己》）

（36）远客夜衣薄，厌眠待鸡鸣。<u>一床空月色，四壁秋蛩声</u>。守淡遗众俗，养疴念余生。（孟郊《西斋养病夜怀多感因呈上从叔子云》）

（37）那随流水去，不待镜湖春。<u>雪里登山屐，林间漉酒巾</u>。空余道士观，谁是学仙人。（朱放《经故贺宾客镜湖道士观》）

（38）宿雨净烟霞，春风绽百花。<u>绿杨中禁路，朱戟五侯家</u>。草色金堤晚，莺声御柳斜。（武元衡《长安春望》）

（39）皎皎仙家鹤，远留闲宅中。<u>徘徊幽树月，嘹唳小亭风</u>。丞相西园好，池塘野水通。（张籍《和裴司空以诗请刑部白侍郎双鹤》）

（40）银台门已闭，仙漏夜沉沉。<u>九重青琐闼，百尺碧云楼</u>。明月秋风起，珠帘上玉钩。（令狐楚《宫中乐》五首之五）

（41）省闼昼无尘，宫树朝凝碧。<u>荒街浅深辙，古渡潺湲石</u>。唯有嵩丘云，堪夸早朝客。（刘禹锡《为郎分司上都同舍》）

（42）盛筵陪玉铉，通籍尽金闺。<u>波上神仙妓，岸傍桃李蹊</u>。水嬉如鹭振，歌响杂莺啼。（刘禹锡《三月三日与乐天及河南李尹奉陪裴令公泛洛禊饮各赋十二韵》）

（43）故人千万里，新蝉三两声。<u>城中曲江水，江上江陵城</u>。两地新秋思，应同此日情。（白居易《立秋日曲江忆元九》）

（44）巽宫尊长女，台室属良人。<u>河汉重泉夜，梧桐半树春</u>。龙輀非厌翟，还辇禁城尘。（韩愈《梁国惠康公主挽歌》二首之一）

（45）侑食乐悬动，佐欢妓席陈。<u>风流吴中客，佳丽江南人</u>。歌节点随袂，舞香遗在茵。（白居易《郡斋旬假命宴呈座客示郡僚》）

（46）烛随花艳来，骑送朝云去。<u>万竿高庙竹，三月徐亭树</u>。我昔忆君时，君今怀我处。（元稹《酬乐天赴江州路上见寄》三首之二）

（47）暮欲歌吹乐，暗冲泥水情。<u>稻花秋雨气，江石夜滩声</u>。犬吠穿篱出，鸥眠起水惊。（元稹《遣行》十首之六）

（48）褒县驿前境，曲江池上情。<u>南堤衰柳意，西寺晚钟声</u>。云水兴方远，风波心已惊。（元稹《遣行》十首之八）

（49）朱点草书疏，雪平麻履踪。<u>御沟寒夜雨，宫寺静时钟</u>。此时无他事，来寻不厌重。（贾岛《宿赟上人房》）

（50）飞光染幽红，夸娇来洞房。<u>舞席泥金蛇，桐竹罗花床</u>。眼逐春瞑醉，粉随泪色黄。（李贺《感讽》六首之一）

（51）静夜四无邻，荒居旧业贫。<u>雨中黄叶树，灯下白头人</u>。以我独沈久，愧君相见频。平生自有分，况是蔡家亲。（司空曙《喜外弟卢纶见宿》）

例（15）至例（51）皆为以五言成句的"NP，NP"式名词铺排。其中，例（15）至例（26）是名词铺排居于篇首，例（27）至例（51）则是名词铺排居于篇中。居于篇首者，不仅视觉冲击感强，而且往往有一种先声夺人的审美效果；居于篇中者，则有效地调整了诗歌的语言节奏，使诗歌在节律与意境方面的审美效果同时得以提升。

3. 五言成句的"NP（叠字领起），NP（非叠字领起）"式

这种结构模式是魏晋南北朝诗人的创造，但是在隋及初唐、盛唐诗歌中都未被诗人们沿用。直到中唐时期，才有诗人沿用了这一旧有模式。不过，根据我们对《全唐诗》现存全部中唐作品的调查与分析，发现只有如下一例：

（52）<u>苍苍岘山路，腊月汉阳春</u>。带雪半山寺，行沙隔水人。王祥因就宦，莱子不违亲。正恨殊乡别，千条楚柳新。（司空曙《送鄂州张别驾襄阳觐省》）

例（52）"苍苍岘山路，腊月汉阳春"，前句以名词"路"为中心语，"岘山"为直接修饰语，"苍苍"为间接修饰语；后句以名词"春"为中心语，以"汉阳"为直接修饰语，"腊月"为间接修饰语。从语法结构上看，二句都是"NP"式名词短语句。但是，前句以叠字领起，后句则以非叠字领起。从语义形象上看，前句是表示地理景物的具体形象，后句是表示时间概念的抽象形象。二句居全诗篇首，虚实配合，既以鲜明的画面效果给人留下了强烈的视觉冲击，又有力地拓展了诗歌的意境，就像电影开幕时首先推出的一组特写镜头，给人无限的遐思空间。

4. 七言成句的"NP，NP"式

这种结构模式是魏晋南北朝诗人的创造，隋及初唐、盛唐诗人都在诗歌创作中有所沿用。时至中唐，这种结构形式仍有不少诗人（包括皇帝）沿用。如：

（53）<u>黄梅县边黄梅雨，白头浪里白头翁</u>。九江阔处不见岸，五月尽时多恶

风。（白居易《九江北岸遇风雨》）

（54）两头纤纤青玉玦，半白半黑头上发。偏偏仆仆春冰裂，磊磊落落桃花结。（王建《两头纤纤》）

（55）平阳金榜凤皇楼，沁水银河鹦鹉洲。彩仗遥临丹壑里，仙舆暂幸绿亭幽。（唐德宗李适《侍宴安乐公主山庄应制》）

（56）万里潮州一逐臣，悠悠青草海边春。天涯莫道无回日，上岭还逢向北人。（王建《送迁客》）

（57）风猎红旗入寿春，满城歌舞向朱轮。八公山下清淮水，千骑尘中白面人。桂岭雨余多鹤迹，茗园晴望似龙鳞。（刘禹锡《寄杨八寿州》）

例（53）至例（57）都是以七言成句的"NP，NP"式名词铺排。每例的两个句子，各以其末一个词为中心语，前面附加两个修饰语，一为直接修饰语，一为间接修饰语。比如例（53）"黄梅县边黄梅雨，白头浪里白头翁"，前句以名词"雨"为中心语，"黄梅"是直接修饰语，"黄梅县边"是间接修饰语；后句以名词"翁"为中心语，"白头"为直接修饰语，"白头浪里"是间接修饰语。其他各例皆如此。如果说有什么不同，例（53）至例（56）是名词铺排居于篇首，例（57）则是名词铺排居于篇中。但不论是居于篇首，还是居于篇中，都有明显的造景呈象、拓展意境的效果，对于提升作品的审美价值有重要作用。

5. 五言成句的"NP＋NP"式

这种结构模式是初唐诗人的创造。但是，在盛唐诗歌中却未得到继承运用。时至中唐，这种结构形式得到了一些大诗人的青睐而得以沿用。如：

（58）绿野芳城路，残春柳絮飞。风鸣骢骊马，日照老莱衣。（刘禹锡《洛中送崔司业使君扶侍赴唐州》）

（59）一径向池斜，池塘野草花。雨多添柳耳，水长减蒲芽。（韩愈《独钓》四首之二）

（60）波涛路杳然，衰柳洛阳蝉。行李经雷电，禅前漱岛泉。（贾岛《送丹师归闽中》）

从句法上分析，例（58）至例（60）的结构分别是"绿野＋芳城路""池塘＋野草花""衰柳＋洛阳蝉"，均属"NP＋NP"式。这三个"NP＋NP"式名词短语句，由于在语法上跟其前后句均无结构上的纠葛，属于独立表意的言语单位，因此是典型的单句性质的名词铺排。这些名词铺排文本，或居于全诗篇首，或居于全诗篇中，除了增添诗歌的画面感，还有拓展意境、调整诗歌语言节奏的效果，有助于提升诗歌的审美价值。

6. 五言成句的"NP + NP，NP + NP"式

这种结构模式是初唐诗人的创造，盛唐时期的诗歌中有所继承沿用。不过，根据我们对《全唐诗》现存全部中唐作品的调查，盛唐诗歌中只有大诗人杜甫运用过两次，其他诗人未见运用。时至中唐，这一结构形式受到很多诗人的青睐而在诗中予以广泛运用。如：

（61）绣帐博山炉，银鞍冯子都。黄昏莫攀折，惊起欲栖乌。（李益《金吾子》）

（62）山舍千年树，江亭万里云。回潮迎伍相，骤雨送湘君。（李端《幽居作》）

（63）华屋重翠幄，绮席雕象床。远漏微更疏，薄衾中夜寒。炉匼暗裴回，寒灯背斜光。（张籍《宛转行》）

（64）谢公领兹郡，山水无尘泥。铁马万霜雪，绛旗千虹霓。风漪参差泛，石板重叠蹄。（孟郊《献襄阳于大夫》）

（65）清明千万家，处处是年华。榆柳芳辰火，梧桐今日花。祭祠结云绮，游陌拥香车。惆怅田郎去，原回烟树斜。（杨巨源《清明日后土祠送田彻》）

（66）开门面淮甸，楚俗饶欢宴。舞榭黄金梯，歌楼白云面。荡子未言归，池塘月如练。（武元衡《古意》）

（67）南行风景好，昏旦水皋闲。春色郢中树，晴霞湖上山。去家旅帆远，回首暮潮还。（钱起《舟中寄李起居》）

（68）洞庭初叶下，南客不胜愁。明月天涯夜，青山江上秋。一官成白首，万里寄沧洲。（刘长卿《松江独宿》）

（69）环佩俨神仙，辉光生顾盼。春风细腰舞，明月高楼宴。梦泽水连云，渚宫花似霰。（武元衡《独不见》）

（70）千峰白露后，云壁挂残灯。曙色海边日，经声松下僧。意闲门不闭，年去水空澄。（杨衡《题山寺》）

（71）杨柳闾门路，悠悠水岸斜。夜月红柑树，秋风白藕花。江天诗景好，回日莫令赊。（张籍《送从弟戴玄往苏州》）

（72）白发放囊鞬，梁王爱旧全。竹篱江畔宅，梅雨病中天。时奉登楼宴，闲修上水船。（窦巩《悉职武昌初至夏口书事献府主相公》）

（73）漠漠淮上春，荛苗生故垒。梨花方城路，荻笋萧陂水。高斋有谪仙，

坐啸清风起。(刘禹锡《春日寄杨八唐州》二首之二)

(74)候吏立沙际,田家连竹溪。<u>枫林社日鼓,茅屋午时鸡</u>。鹊噪晚禾地,蝶飞秋草畦。驿楼宫树近,疲马再三嘶。(刘禹锡《秋日送客至潜水驿》)

(75)林端落照尽,湖上远岚清。<u>水榭芝兰室,仙舟鱼鸟情</u>。人琴久寂寞,烟月若平生。(刘禹锡《和重题》)

(76)寂寞一双鹤,主人在西京。<u>故巢吴苑树,深院洛阳城</u>。徐引竹间步,远含云外情。(刘禹锡《鹤叹》二首之一)

(77)去去莫凄凄,余杭接会稽。<u>松门天竺寺,花洞若耶溪</u>。浣渚逢新艳,兰亭识旧题。(元稹《送王协律游杭越十韵》)

(78)度岁不相见,严冬始出关。<u>孤烟寒色树,高雪夕阳山</u>。瀑布寺应到,牡丹房甚闲。南朝遗迹在,此去几时还。(贾岛《送敫法师》)

例(61)至例(78)都是五言成句的"NP+NP,NP+NP"式名词铺排,其中"NP+NP"的名词短语句在音顿上都是2/3结构,语法结构上也是2/3式。如例(61)"绣帐博山炉,银鞍冯子都",从音顿与语法结构上划分都是一致的,即"绣帐+博山炉,银鞍+冯子都"(冯子都,西汉权臣、大司马、大将军霍光管家奴)。其余各例,情况亦然。如果说以上诸例有什么差异,主要是两个方面:一是名词铺排的布局不同,有些是居于诗歌篇首,如例(61)至例(63);有些是居于诗歌篇中,如例(64)至例(78)。二是"NP+NP"式名词短语句中的两个并列项在意象组合上有差异,有些是抽象与具象的组合,有些则全是具象的组合。前者如例(69)"春风细腰舞,明月高楼宴",前句"春风细腰舞"是"春风+细腰舞"结构,但是"春风"是表示听觉和触觉的名词短语,属于抽象的意象;"细腰舞"是表示视觉的名词短语(以"舞"为中心语,"细腰"是修饰语),属于具体的意象。可见,这一句是抽象与具象的组合。而后一句"明月高楼宴",其中的"明月"与"高楼宴"都是表示具象的名词短语,属于全具象的组合。

7. 五言成句的"NP,NP+NP"式

这种结构模式是盛唐大诗人杜甫的创造。不过,也仅有一例而已。时至中唐,这种结构形式在诗歌中的运用仍不普遍。根据我们对《全唐诗》现存全部中唐作品的调查,中唐诗歌中只有诗人韦应物沿用过杜甫创造的这一结构形式,且只有如下一例:

(79)<u>深夜竹亭雪,孤灯案上书</u>。不遇无为化,谁复得闲居?(韦应物《答崔都水》)

例（79）"深夜竹亭雪，孤灯案上书"，从音顿上看，前后二句是一致的，都是2/3式，即"深夜+竹亭雪，孤灯+案上书"。但是，从语法结构上看，前句是"NP"式，后句则是"NP+NP"式。因为前句只有一个中心语"雪"，"竹亭"是直接修饰语，"深夜"则是间接修饰语。后句则有两个中心语"灯"与"书"，即"孤灯"与"案上书"是并列的关系，而非修饰与被修饰的关系。

8. 五言成句的"N+N+NP，N+N+NP"式

这种结构模式在五言诗中是很少见的，是初唐诗人卢照邻的创造，但只有一例，盛唐大诗人杜甫沿用过一次。到了中唐，则被许多诗人继承沿用。根据我们对《全唐诗》现存全部中唐作品的调查，发现沿用这种结构形式的诗人相当多。如：

（80）客路重阳日，登高寄上楼。<u>风烟今令节，台阁古雄州</u>。泛菊聊斟酒，持萸懒插头。情人共惆怅，良久不同游。（欧阳詹《九日九陵同陈十五先辈登高怀林十二先辈》）

（81）江上宣城郡，孤舟远到时。<u>云林谢家宅，山水敬亭祠</u>。纲纪多闲日，观游得赋诗。都门且尽醉，此别数年期。（韦应物《送宣城路录事》）

（82）沾襟辞阙泪，回首别乡情。<u>云树褒中路，风烟汉上城</u>。前旌转谷去，后骑踏桥声。（刘禹锡《送令狐相公自仆射出镇南梁》）

（83）此别诚堪恨，荆襄是旧游。眼光悬欲落，心绪乱难收。<u>花木三层寺，烟波五相楼</u>。因君两地去，长使梦悠悠。（贾岛《送刘知新往襄阳》）

从句法上分析，例（80）至例（83）的结构分别是"风+烟+今令节，台+阁+古雄州""云+林+谢家宅，山+水+敬亭祠""云+树+褒中路，风+烟+汉上城""花+木+三层寺，烟+波+五相楼"，均属五言成句的"N+N+NP，N+N+NP"式名词铺排。这些名词铺排文本，在布局上都是居于篇中的，不仅有增添诗歌画面感、拓展意境的效果，还有调整诗歌节奏、增添诗歌韵律美感的作用。

二、全新模式的创出

中唐时期，诗歌中的名词铺排在结构形式上的创新还是比较突出的。根据我们对《全唐诗》现存全部中唐作品的调查，发现中唐诗人在名词铺排结构形式上的创新共有如下四种。下面我们分而述之。

（一）五言成句的"NP"（叠字领起）式

名词铺排，从先秦时期的《诗经》开始就是以对句形式出现的。单句形式的名词铺排，则是初唐诗人的创造。初唐诗歌中共出现了三种单句形式的名词铺排：一是以七言成句的"NP"式，二是以五言成句的"NP＋NP"式，三是以七言成句的"NP＋NP＋NP"式。时至中唐，又出现了一种全新的单句形式的名词铺排，这便是以五言成句且以叠字领起的"NP"式。如：

（1）黄黄芜菁花，桃李事已退。狂风簸枯榆，狼藉九衢内。春序一如此，汝颜安足赖。（韩愈《感春》三首之二）

（2）苍苍竹林寺，杳杳钟声晚。荷笠带斜阳，青山独归远。（刘长卿《送灵澈上人》）

（3）啾啾雀满树，霭霭东坡雨。田家夜无食，水中摘禾黍。（王建《田家》）

例（1）至例（3）都是以五言成句且以叠字领起的"NP"式名词铺排。例（1）以名词"花"为中心语，以"芜菁"为直接修饰语，以叠字"黄黄"为间接修饰语；例（2）、例（3）的结构亦是如此。三例唯一的差异在于，例（1）、例（2）的名词铺排居于全诗篇首，例（3）则居于全诗的篇中。

（二）七言成句的"NP＋NP"（叠字领起）式

初唐诗歌中的单句名词铺排，有以五言成句的"NP＋NP"式，但没有七言成句且以叠字领起的"NP＋NP"式，盛唐诗歌中也未出现。时至中唐，七言成句的"NP＋NP"（叠字领起）式终被大诗人元稹创造出来。不过，根据我们对《全唐诗》现存全部中唐作品的调查，元稹诗中这种结构形式的名词铺排也只有如下一例：

款款春风澹澹云，柳枝低作翠梳裙。梅含鸡舌兼红气，江弄琼花散绿纹。（元稹《早春寻李校书》）

上例中"款款春风澹澹云"，是由名词中心语"春风"与"云"并列对峙构句的，两个名词中心语前各有一个叠字形式的修饰语，结构上属于"NP＋NP"式。这个名词短语句由于居于全诗篇首，因而不可能作其他句子的谓语或宾语。而它随后的语句"柳枝低作翠梳裙"在语法结构上是完整的，因而它不可能是后句的主语。可见，"款款春风澹澹云"是一个独立的言语单位，跟其他句子无语法结构上的纠葛，明显属于名词铺排的性质。这个名词铺排文本由于居全诗之首，不仅画面感强，而且因为有两个叠字在其中，韵律上双玉相扣的乐感非常强，因而在审美上的效果也特别明显。

（三）七言成句的"NP + NP"式

这种结构模式跟七言成句的"NP + NP"（叠字领起）式一样，在中唐之前的诗歌作品中从未出现过，也是中唐诗人的创造。不过，相对于七言成句的"NP + NP"（叠字领起）式，中唐诗歌中的七言成句的"NP + NP"式的运用却并非个案，不是某个诗人偶尔为之，而是不少诗人都努力为之的。如：

（1）山上青松陌上尘，云泥岂合得相亲。举世尽嫌良马瘦，唯君不弃卧龙贫。（戎昱《上湖南崔中丞》）

（2）江城柳色海门烟，欲到茅山始下船。知道君家当瀑布，菖蒲潭在草堂前。（王建《送顾非熊秀才归丹阳》）

（3）柳湖松岛莲花寺，晚动归桡出道场。卢橘子低山雨重，栟榈叶战水风凉。（白居易《西湖晚归回望孤山寺赠诸客》）

（4）酒幔高楼一百家，宫前杨柳寺前花。内园分得温汤水，二月中旬已进瓜。（王建《宫前早春》）

（5）孤云独鹤共悠悠，万卷经书一叶舟。楚地巢城民舍少，烟村社树鹭湖秋。（严维《送薛居士和州读书》）

（6）塞北梅花羌笛吹，淮南桂树小山词。请君莫奏前朝曲，听唱新翻杨柳枝。（刘禹锡《杨柳枝词》九首之一）

例（1）至例（6）都是由两个名词短语并列加合构句的，语法结构与七言诗的音顿一致，即4/3式。如例（1）"山上青松陌上尘"，在音顿上是"山上青松/陌上尘"，在语法结构上是"山上青松 + 陌上尘"。其他各例情况皆如此。这种七言成句的"NP + NP"式名词铺排，置于诗的篇首或篇中，不仅画面效果强，韵律美感也非常突出，对于拓展诗的意境，提升诗的审美价值，无疑都是非常重要的。

（四）五言成句的"NP + NP，NP"式

这种结构模式在此前的诗歌中是未曾出现过的，是中唐诗人的创造。不过，

根据我们对《全唐诗》现存全部中唐作品的调查，中唐诗人运用这种结构形式的名词铺排也只有如下一例：

　　芦荻湘江水，萧萧万里秋。鹤高看迥野，蝉远入中流。访友多成滞，携家不厌游。惠连仍有作，知得从兄酬。（司空曙《送魏季羔游长沙觐兄》）

　　上例中"芦荻湘江水，萧萧万里秋"，前句由"芦荻"与"湘江水"两个名词短语并列加合而成，语法上是"NP＋NP"结构；后句以名词"秋"为中心语，以"万里"为直接修饰语，"萧萧"为间接修饰语，语法上是"NP"结构。这二句居全诗篇首，跟随后的各句没有语法上的结构纠葛，属于独立表意的言语单位，是一个典型的以五言成句的"NP＋NP，NP"式名词铺排文本，在诗中有定格画面、烘托气氛、拓展意境的效果。

　　通过上面几个方面的总结与分析，我们可以见出，中唐诗歌作品中的名词铺排文本确实很多，名词铺排的结构形式也丰富多彩，许多大诗人在此方面都颇有建树。不过，应该指出的是，跟初唐、盛唐诗歌一样，中唐诗歌中也有不少名词短语句表面看起来像是名词铺排而实际上并非名词铺排的情况，这是需要厘清的。根据我们对《全唐诗》现存全部中唐作品的考察与分析，发现有如下几种情况明显不能算是名词铺排。

　　第一，有些句子表面上是"NP＋NP，NP＋NP"的形式，像是名词铺排，实际上并不是。因为从语义上分析，前后二句内部的两个名词短语之间并不是并列对峙的铺排关系，而是一种主谓结构的语法关系。这种情况就不是名词铺排。如：

　　（1）辞秦经越过，归寺海西峰。石涧双流水，山门九里松。曾闻清禁漏，却听赤城钟。妙宇研磨讲，应齐智者踪。（贾岛《送僧归天台》）

　　（2）执简朝方下，乘轺去不赊。感恩轻远道，入幕比还家。碣石春云色，邯郸古树花。飞书报明主，烽火静天涯。（钱起《送上官侍御》）

　　（3）天南愁望绝，亭上柳条新。落日独归鸟，孤舟何处人。生涯投越徼，世业陷胡尘。杳杳钟陵暮，悠悠鄱水春。秦台悲白首，楚泽怨青蘋。（刘长卿《负谪后登干越亭作》）

　　（4）同到长真寺，青山四面同。鸟啼花竹暗，人散户庭空。蒲涧千年雨，松门午夜风。旧游悲往日，回首各西东。（戴叔伦《重游长真寺》）

（5）千室暮山西，浮云与树齐。剖辞云落纸，拥吏雪成泥。<u>野火芦千顷，河田水万畦</u>。不知琴月夜，谁得听乌啼。（卢纶《送朝邑张明府》）

（6）梦别一仙人，霞衣满鹤身。<u>旌幢天路晚，桃杏海山春</u>。种玉非求稔，烧金不为贫。自怜头白早，难与葛洪亲。（卢纶《送王尊师》）

（7）已叹漳滨卧，何言驻隙难。异才伤促短，诸友哭门阑。<u>古道松声暮，荒阡草色寒</u>。延陵今葬子，空使鲁人观。（司空曙《哭王注》）

（8）门外转枯蓬，篱根伏寒兔。故园汴水上，离乱不堪去。近岁始移家，飘然此村住。<u>新屋五六间，古槐八九树</u>。（白居易《西原晚望》）

例（1）"石碉双流水，山门九里松"，前句"石碉"是主语，"双流水"是谓语；后句"山门"是主语，"九里松"是谓语。例（2）"碣石春云色，邯郸古树花"，前句"碣石"是主语，"春云色"是谓语；后句"邯郸"是主语，"古树花"是谓语。例（3）"杳杳钟陵暮，悠悠鄱水春"，前句"杳杳钟陵"是主语，"暮"是谓语；后句"悠悠鄱水"是主语，"春"是谓语。例（4）"蒲涧千年雨，松门午夜风"，前句"蒲涧"是主语，"千年雨"是谓语；后句"松门"是主语，"午夜风"是谓语。例（5）"野火芦千顷，河田水万畦"，前句"野火芦"是主语，"千顷"是谓语；后句"河田水"是主语，"万畦"是谓语。例（6）"旌幢天路晚，桃杏海山春"，前句"旌幢天路"是主语，"晚"是谓语；后句"桃杏海山"是主语，"春"是谓语。例（7）"古道松声暮，荒阡草色寒"，前句"古道松声"是主语，"暮"是谓语；后句"荒阡草色"是主语，"寒"是谓语。例（8）"新屋五六间，古槐八九树"，前句"新屋"是主语，"五六间"是谓语；后句"古槐"是主语，"八九树"是谓语。可见，以上诸例均不是名词铺排。

第二，有些句子表面上是"NP，NP"的形式，像是名词铺排，实际上并不是。因为从语义与语境上分析，这两个名词短语句又与随后的两个句子发生了语法上的关联，充当它们的主语。这种情况明显不是名词铺排。如：

（9）<u>长长南山松，短短北涧杨</u>。俱承日月照，幸免斤斧伤。去年与子别，诚言暂还乡。如何弃我去，天路忽腾骧。（王建《山中寄及第故人》）

（10）<u>河边织女星，河畔牵牛郎</u>。未得渡清浅，相对遥相望。（孟郊《古意》）

例（9）"长长南山松，短短北涧杨"，表面上是两个偏正式名词短语并列，即"NP，NP"式结构，但从语义与语境上分析，它们并不能独立成句，而是充当后二句"俱承日月照，幸免斤斧伤"的主语，意谓松、杨都承日月照、都免斧斤伤，因此明显不是名词铺排。例（10）"河边织女星，河畔牵牛郎"，表面也是"NP，NP"式结构，但从语义与语境上分析，也是不能独立成句的，只是充当"未得渡清浅，相对遥相望"的主语，因此也不是名词铺排。

第三，有些句子表面上看是"NP + NP，NP + NP"的形式，似乎是名词铺排，实际上却并不是。因为从语义上分析，前后二句内部的两个名词短语之间并不是并列对峙的铺排，而是省略了动词"在"的主谓结构关系。这种情况明显不是名词铺排。如：

（11）晓日早莺啼，江城旅思迷。微官同寄傲，移疾阻招携。远水间阎内，青山雉堞西。王孙莫久卧，春草欲萋萋。（钱起《崔十四宅问候》）

（12）当年不出世，知子餐霞人。乐道复安土，遗荣长隐身。衡茅古林曲，粳稻清江滨。桂棹为渔暇，荷衣御暑新。（钱起《赠汉阳隐者》）

（13）上方幽且暮，台殿隐蒙笼。远磬秋山里，清猿古木中。众溪连竹路，诸岭共松风。傥许栖林下，甘成白首翁。（刘长卿《登思禅寺上方题修竹茂松》）

（14）小邑沧洲吏，新年白首翁。一官如远客，万事极飘蓬。柳色孤城里，莺声细雨中。羁心早已乱，何事更春风？（刘长卿《海盐官舍早春》）

（15）春兰方可采，此去叶初齐。函谷莺声里，秦山马首西。庭闱新柏署，门馆旧桃蹊。春色长安道，相随入禁闱。（刘长卿《送张七判官还京觐省》）

（16）延陵衰草遍，有路问茅山。鸡犬驱将去，烟霞拟不还。新家彭泽县，旧国穆陵关。处处逃名姓，无名亦是闲。（刘长卿《送陆羽之茅山寄李延陵》）

（17）九日登高望，苍苍远树低。人烟湖草里，山翠县楼西。霜降鸿声切，秋深客思迷。无劳白衣酒，陶令自相携。（刘长卿《九日登李明府北楼》）

（18）西向看夕阳，瞳瞳映桑柘。二贤诚逸足，千里陪征驾。古树枳道傍，人烟杜陵下。伊余在羁束，且复随造化。（刘长卿《灞东晚晴简同行薛弃朱训》）

（19）终日愧无政，与君聊散襟。城根山半腹，亭影水中心。朗咏竹窗静，野情花径深。那能有余兴，不作剡溪寻。（韦应物《酬秦征君徐少府春日见寄》）

（20）黄花古城路，上尽见青山。桑柘晴川口，牛羊落照间。野情随卷幔，尘事隔重关。道合偏重赏，官微独不闲。（卢纶《和李使君三郎早秋城北亭楼宴崔司士因寄关中弟张评事时遇》／或作吕温《和李使君三郎早秋城北亭宴崔司士因寄关中张评事》）

（21）此别不可道，此心当语谁。春风灞水上，饮马桃花时。误作好文士，只应游宦迟。留书下朝客，我有故山期。（李端《留别故人》）

（22）秋色生边思，送君西入关。草衰空大野，叶落露青山。<u>故国烟霞外，</u><u>新安道路间</u>。碧霄知己在，香桂月中攀。（冷朝阳《送唐六赴举》）

（23）见说孤帆去，东南到会稽。<u>春云剡溪口，残月镜湖西</u>。水鹤沙边立，山鼯竹里啼。谢家曾住处，烟洞入应迷。（张籍《送越客》）

（24）闲园多好风，不意在街东。早早诗名远，长长酒性同。<u>竹香新雨后，</u><u>莺语落花中</u>。莫遣经过少，年光渐觉空。（张籍《晚春过崔驸马东园》）

（25）物外真何事，幽廊步不穷。一灯心法在，三世影堂空。<u>山果青苔上，</u><u>寒蝉落叶中</u>。归来还闭阁，棠树几秋风。（羊士谔《山寺题壁》）

（26）四郭青山处处同，客怀无计答秋风。<u>数家茅屋清溪上，千树蝉声落日</u><u>中</u>。（戴叔伦《题友人山居》）

（27）龙门宾客会龙宫，东去旌旗驻上东。<u>二八笙歌云幕下，三千世界雪花</u><u>中</u>。离堂未暗排红烛，别曲含凄飏晚风。才子从今一分散，便将诗咏向吴侬。（刘禹锡《福先寺雪中酬别乐天》）

例（11）至例（25）都是五言诗，每句都是"2/3"音顿，语法上也是"2/3"结构，即前二字是主语，后三字是谓语，主谓之间省略动词"在"。如例（11）"远水闾阎内，青山雉堞西"，实际上是由"远水在闾阎内，青山在雉堞西"省略两个动词"在"而形成的，表面上像是名词铺排，实际并不是。例（12）至（25）情况亦然。例（26）、例（27）是七言诗句，每句都是"4/3"音顿，语法上也是"4/3"结构，即前四字是主语，后三字是谓语，主谓之间省略动词"在"。如例（26）"数家茅屋清溪上，千树蝉声落日中"，实际上是由"数家茅屋在清溪上，千树蝉声在落日中"省略两个动词"在"而形成；例（27）"二八笙歌云幕下，三千世界雪花中"，实际是由"二八笙歌在云幕下，三千世界在雪花中"省略两个动词"在"而构句，这二例也表面像名词铺排，实际上不是名词铺排。

第四，有些句子表面上看也是"NP＋NP，NP＋NP"的形式，俨然就是名词铺排，实际上并不是。因为从语义上分析，前后二句内部的两个名词短语之间并不是并列对峙的铺排，而是省略了系词"是"的主谓结构关系，各为一个判断句。这种情况当然不是名词铺排。如：

（28）暮禽飞上下，春水带清浑。<u>远岸谁家柳，孤烟何处村</u>。谪居投瘴疠，离思过湘沅。从此扁舟去，谁堪江浦猿。（刘长卿《留题李明府霅溪水堂》）

（29）<u>汉家今上郡，秦塞古长城</u>。有日云长惨，无风沙自惊。当今圣天子，

不战四夷平。（李益《登长城》）

（30）**盘门吴旧地，蝉尽草秋时**。归国人皆久，移家君独迟。广陵经水宿，建邺有僧期。若到西霞寺，应看江总碑。（苗发《送司空曙之苏州》）

（31）**扬州隋故都，竹使汉名儒**。翊圣恩华异，持衡节制殊。朝廷连受脤，台座接讦谟。金玉裁王度，丹书奉帝俞。（武元衡《奉酬淮南中书相公见寄》）

例（28）至例（31）都是五言诗，每句都是"2/3"音顿，语法上也是"2/3"结构，即前二字是主语，后三字是谓语，主谓之间省略系词"是"。如例（28）"远岸谁家柳，孤烟何处村"，实际上是由"远岸是谁家柳，孤烟是何处村"省略了判断词"是"而构成的，表面上像是名词铺排，其实并不是。例（29）至例（31）情况亦然。

第五，有些句子表面上也是"NP + NP，NP + NP"的形式，像是名词铺排，实际上并不是。因为从语义上分析，前后二句内部的两个名词短语之间并不是并列对峙的铺排，而是限于诗歌字数而省略了某些动词的主谓结构关系。这种情况就不算名词铺排。如：

（32）**明月双溪水，清风八咏楼**。昔年为客处，今日送君游。（严维《送人入金华》）

（33）**游童苏合弹，倡女蒲葵扇**。初日映城时，相思忽相见。褰裳蹋路草，理鬓回花面。薄暮不同归，留情此芳甸。（李端《春游乐》）

（34）献策不得意，驰车东出秦。**暮年千里客，落日万家春**。（李端《送郭良辅下第东归》）

（35）感物思殷勤，怀贤心踯躅。**雄词封禅草，丽句阳春曲**。高德十年兄，异才千里足。咫尺邈雪霜，相望如琼玉。（武元衡《安邑里中秋怀寄高员外》）

（36）雨起巫山阳，鸟鸣湘水滨。离筵出苍莽，别曲多悲辛。**今朝一杯酒，明日千里人**。从此孤舟去，悠悠天海春。（刘禹锡《送华阴尉张苕赴邕府使幕》）

（37）**沙草新雨地，岸柳凉风枝**。三年感秋意，并在曲江池。早蝉已嘹唳，晚荷复离披。前秋去秋思，一一生此时。（白居易《曲江感秋》）

（38）中有孤眠客，秋凉生夜衾。**旧宅牡丹院，新坟松柏林**。梦中咸阳泪，觉后江陵心。含此隔年恨，发为中夜吟。（白居易《和元九悼往》）

例（32）至例（38）表面上看都是"NP + NP，NP + NP"的形式，俨然是名词铺排，实际上并不是，而是限于五言诗的字数而在各句中省略了相关动词的普通主谓结构句。如例（32）"明月双溪水，清风八咏楼"，实际上是由"明月照双溪水，清风吹八咏楼"分别省略动词"照""吹"而成。例（33）至例（38）情况类似。

第六，有些句子表面上是"NP + NP，NP + NP"的形式，俨然就是名词铺排，实际上并不是。因为从语义上分析，前后二句内部的两个名词短语之间并不是并列对峙的关系，而是比喻与被比喻的关系，即二句各是一个省略了比喻词的比喻句。这种情况就不是名词铺排。如：

（39）明年郊天后，庆泽岁华滋。<u>曲水杏花雪，香街青柳丝</u>。良时且暂欢，樽酒聊共持。闲过漆园叟，醉看五陵儿。寄言思隐处，不久来相追。（吕温《同舍弟恭岁暮寄晋州李六协律三十韵》）

（40）<u>三峡一线天，三峡万绳泉</u>。上仄碎日月，下掣狂漪涟。破魂一两点，凝幽数百年。峡晖不停午，峡险多饥涎。（孟郊《峡哀》十首之三）

（41）<u>杨柳黄金穗，梧桐碧玉枝</u>。春来消息断，早晚是归期。玳织鸳鸯履，金装翡翠簪。畏人相问著，不拟到城南。（令狐楚《无别离》二首之一）

（42）<u>西寺碧云端，东溟白雪团</u>。年来一夜玩，君在半天看。素魄当怀上，清光在下寒。宜裁济江什，有阻惠连欢。（欧阳詹《太原和严长官八月十五夜西山童子上玩月寄中丞少尹》）

（43）地暖雪花摧，天春斗柄回。<u>朱泥一丸药，柏叶万年杯</u>。旅雁辞人去，繁霜满镜来。今朝彩盘上，神燕不须雷。（司空曙《酬卫长林岁月见呈》）

（44）见说巴风俗，都无汉性情。<u>猿声芦管调，羌笛竹鸡声</u>。迎候人应少，平安火莫惊。每逢危栈处，须作贯鱼行。（元稹《遣行》十首之九）

（45）帝城寒尽临寒食，骆谷春深未有春。才见岭头云似盖，已惊岩下雪如尘。<u>千峰笋石千株玉，万树松萝万朵银</u>。飞鸟不飞猿不动，青骢御史上南秦。（元稹《南秦雪》）

（46）越州都在浙河湾，尘土消沉景象闲。<u>百里油盆镜湖水，千峰钿朵会稽山</u>。军城楼阁随高下，禹庙烟霞自往还。想得玉郎乘画舸，几回明月坠云间。（元稹《送王十一郎游剡中》）

例（39）至例（44），表面上看都是以五言成句的"NP + NP，NP + NP"式，像是名词铺排，实际上并不是。仔细分析，它们是每句各省略了一个动词"像"的普通主谓结构句，是两个比喻句的并列。如例（39）"曲水杏花雪，香街青柳丝"，是由"曲水杏花如雪，香街青柳如丝"省略喻词"如/像"而成。表面类似名词铺排，实则是两个比喻句的并列。例（40）至例（44）的情况亦然。例

135

（45）、例（46）表面上看是以七言成句的"NP＋NP，NP＋NP"式，俨然是名词铺排，实际上也不是。仔细分析，它们也是两个比喻句的并列。例（45）"千峰笋石千株玉，万树松萝万朵银"，实际上是"千峰笋石如千株玉，万树松萝如万朵银"的省略形式，不是名词铺排。

第七，有些句子表面上是"NP＋NP"式，像是单句形式的名词铺排，实际上并不是。因为从语义上分析，句内的两个名词短语之间并不是并列对峙的铺排关系，而是一种主谓结构的语法关系，主语与谓语之间因为受诗句字数的限制而省略了动词"如"。也就是说，它只是一个省略了喻词的比喻句。这种情况明显不是名词铺排。如：

（47）风水荆门阔，文章蜀地豪。眼青宾礼重，眉白众情高。思勇曾吞笔，投虚惯用刀。词锋倚天剑，学海驾云涛。南郡传纱帐，东方让锦袍。（元稹《送东川马逢侍御使回十韵》）

（48）衰鬓千茎雪，他乡一树花。今朝与君醉，忘却在长沙。（司空曙《玩花与卫象同醉》）

例（47）"词锋倚天剑"，例（48）"衰鬓千茎雪"，表面看起来都是"NP＋NP"式，像是单句形式的名词铺排，实际上只是两个省略了喻词的比喻句。前句是"词锋如倚天剑"，后句是"衰鬓如千茎雪"，都不是名词铺排。

第四节　晚唐诗中的名词铺排

晚唐时期，虽然是唐帝国政治、经济、军事等实力进一步衰落的时期，但并不是文学衰落的时期。特别是诗歌创作，更不比初唐、盛唐、中唐逊色。就诗歌中的名词铺排来看，这一时期既有对前代旧有模式的继承沿用，也有自己独到的创造，而且创造的幅度还不小，颇是引人注目。

一、旧有模式的继承

跟初唐、盛唐、中唐一样，晚唐诗歌的名词铺排对前代旧有模式的继承，主要也是包括两个方面：一是布局模式的继承，二是结构形式的继承。下面我们分而述之。

（一）布局上的继承

诗歌中的名词铺排布局模式，从理论上说只有三种：一是居于篇首，二是居于篇中，三是居于篇尾。先秦时期诗歌中的名词铺排都是居于篇首的，两汉时期开始出现居于篇中的，到了魏晋南北朝时期则有出现于篇尾的。隋及初唐，盛唐，都是继承沿袭了先秦两汉的布局模式，名词铺排都是出现于诗歌的篇首与篇中。到了中唐诗歌中，名词铺排既有出现于篇首与篇中的，也有出现于篇尾的。而时至晚唐，名词铺排出现于诗歌篇尾的布局模式又消失了，重新回归初唐、盛唐时期的格局。

1. 篇首名词铺排

晚唐诗歌在布局上继承前代旧有模式，将名词铺排居于篇首的，还是相当普遍。尽管从数量比例上看，居于篇首的要明显少于居于篇中的，但许多大诗人在诗歌篇首布局名词铺排文本的偏好还是比较明显的。如：

（1）长长汉殿眉，窄窄楚宫衣。镜好鸾空舞，帘疏燕误飞。君子不可问，昨夜约黄归。（李商隐《效长吉》）

（2）渺渺洞庭水，盈盈芳屿神。因知古佳丽，不独湘夫人。流苏荡遥吹，斜领生轻尘。蜀彩驳霞碎，吴绡盘雾匀。（陆龟蒙《圣姑庙》）

（3）漠漠沙堤烟，堤西雉子斑。雉声何角角，麦秀桑阴闲。游丝荡平绿，明灭时相续。白马金络头，东风故城曲。（温庭筠《故城曲》）

（4）月中一双鹤，石上千尺松。素琴入爽籁，山酒和春容。幽瀑有时断，片云无所从。何事苏门生，携手东南峰。（温庭筠《寄山中人》）

（5）十里松门国清路，饭猿台上菩提树。怪来烟雨落晴天，元是海风吹瀑布。（皮日休《寄题天台国清寺齐梁体》）

（6）卓氏炉前金线柳，隋家堤畔锦帆风。贪为两地分霖雨，不见池莲照水红。（温庭筠《题城南杜邠公林亭》）

（7）秋草樊川路，斜阳覆盎门。猎逢韩嫣骑，树识馆陶园。带雨经荷沼，盘烟下竹村。如今归不得，自戴望天盆。（杜牧《忆游朱坡四韵》）

例（1）至例（7）都是名词铺排居于诗歌篇首的，是对先秦《诗经》所创布局模式的继承沿用，只是在结构形式上不完全相同，有继承也有发展。如例（1）"长长汉殿眉，窄窄楚宫衣"，例（2）"渺渺洞庭水，盈盈芳屿神"，跟《诗经》中《国风·召南·草虫》篇："喓喓草虫，趯趯阜螽"，《小雅·斯干》篇：

"秩秩斯干，幽幽南山"一样，不仅名词铺排居于全诗篇首，而且都是以叠字领起。只是彼此在字数上有差异，《诗经》是四言成句的"NP，NP"式，而例（1）、例（2）是五言成句的"NP，NP"式。例（3）"漠漠沙堤烟，堤西雉子斑"，前后句分别以名词"烟""斑"为中心语，整体上仍然是五言成句的"NP，NP"式。但是内部跟例（1）、例（2）相比稍有变化，前句以叠字领起，后句则以非叠字领起。例（4）"月中一双鹤，石上千尺松"，跟例（1）、例（2）、例（3）都不同，是五言成句的"NP，NP"式名词铺排，是对两汉布局模式的直接继承。例（5）"十里松门国清路，饭猿台上菩提树"，例（6）"卓氏垆前金线柳，隋家堤畔锦帆风"，都是七言成句的"NP，NP"式名词铺排，每句都以一个名词为中心语，前面各有一个直接修饰语与一个间接修饰语。例（7）"秋草樊川路"，与前六例都不同，是一个单句形式的名词铺排，结构形式上是"NP"式，即以名词"路"为中心语，"樊川"是直接修饰语，"秋草"是间接修饰语，全句意为"长满秋草的樊川路"。这些名词铺排文本尽管结构形式上有所差异，但因都居于全诗篇首，在审美上就有一种造景呈象、定格画面、先声夺人的效果。

2. 篇中名词铺排

晚唐诗歌中的名词铺排居于篇中的，根据我们对《全唐诗》现存全部晚唐作品的调查，发现是最为普遍的，出现频率远超过居于篇首的。无论是著名诗人，还是一般诗人，其作品中都能发现这种名词铺排布局模式的运用。这种沿用从源头上看是上承两汉传统，从唐诗写作上看似乎是初唐以来诗人们的时尚。如：

（8）天下无双将，关西第一雄。授符黄石老，学剑白猿翁。<u>矫矫云长勇，恂恂郤縠风</u>。家呼小太尉，国号大梁公。（杜牧《题永崇西平王宅太尉愬院六韵》）

（9）本因遮日种，却似为溪移。<u>历历羽林影，疏疏烟露姿</u>。萧骚寒雨夜，敲劫晚风时。故国何年到，尘冠挂一枝。（杜牧《栽竹》）

（10）阙下经年别，人间两地情。<u>坛场新汉将，烟月古隋城</u>。雁去梁山远，云高楚岫明。君家荷藕好，缄恨寄遥程。（杜牧《送王十至褒中因寄尚书》）

（11）商於朝雨霁，归路有秋光。背坞猿收果，投岩麝退香。建瓴真得势，横戟岂能当。割地张仪诈，谋身绮季长。<u>清渠州外月，黄叶庙前霜</u>。今日看云意，依依入帝乡。（李商隐《商於》）

（12）问君何所思，迢递艳阳时。门静人归晚，墙高蝶过迟。<u>一双青琐燕，千万绿杨丝</u>。屏上吴山远，楼中朔管悲。（温庭筠《春日》）

（13）楚寺上方宿，满堂皆旧游。月溪逢远客，烟浪有归舟。<u>江馆白蘋夜，水关红叶秋</u>。西风吹暮雨，汀草更堪愁。（温庭筠《和友人盘石寺逢旧友》）

（14）遗业荒凉近故都，门前堤路枕平湖。绿杨阴里千家月，红藕香中万点珠。此地别来双鬓改，几时归去片帆孤。他年犹拟金貂换，寄语黄公旧酒垆。（温庭筠《寄卢生》）

（15）捣麝成尘香不灭，拗莲作寸丝难绝。红泪文姬洛水春，白头苏武天山雪。君不见，无愁高纬花漫漫，漳浦宴余清露寒。一旦臣僚共囚虏，欲吹羌管先汍澜。旧臣头鬓霜华早，可惜雄心醉中老。（温庭筠《达摩支曲》）

（16）六朝文物草连空，天淡云闲今古同。鸟去鸟来山色里，人歌人哭水声中。深秋帘幕千家雨，落日楼台一笛风。惆怅无因见范蠡，参差烟树五湖东。（杜牧《题宣州开元寺水阁阁下宛溪夹溪居人》）

（17）千里莺啼绿映红，水村山郭酒旗风。南朝四百八十寺，多少楼台烟雨中。（杜牧《江南春绝句》）

（18）密迩平阳接上兰，秦楼鸳瓦汉宫盘。池光不定花光乱，日气初涵露气干。（李商隐《当句有对》）

（19）陵阳佳地昔年游，谢朓青山李白楼。唯有日斜溪上思，酒旗风影落春流。（陆龟蒙《怀宛陵旧游》）

（20）鸣鞭晚日禁城东，渭水晴烟灞岸风。都傍柳阴回首望，万叶千花泪眼中。（纥干著《灞上》）

（21）云母空窗晓烟薄，香昏龙气凝晖阁。霏霏雾雨杏花天，帘外春威着罗幕。（温庭筠《阳春曲》）

例（8）至例（21）都是名词铺排居于诗歌篇中的。如果说有什么不同，则是有些以对句形式出现，如例（8）至例（16）；有些以单句形式出现，如例（17）至例（21）。有些是五言成句的"NP，NP"（叠字领起）式，如例（8）"矫矫云长勇，恂恂郄縠风"，例（9）"历历羽林影，疏疏烟露姿"；有些是五言成句的"NP，NP"式，如例（10）"坛场新汉将，烟月古隋城"，例（11）"清渠州外月，黄叶庙前霜"，例（12）"一双青琐燕，千万绿杨丝"，例（13）"江馆白蘋夜，水关红叶秋"；有些是七言成句的"NP，NP"式，如例（14）"绿杨阴里千家月，红藕香中万点珠"；有些是七言成句的"NP＋NP，NP＋NP"式，如例（15）"红泪文姬洛水春，白头苏武天山雪"；有些是七言成句的"NP＋N＋N＋NP，NP＋N＋N＋NP"式，如例（16）"深秋帘幕千家雨，落日楼台一笛风"；有些是七言成句的"NP＋NP＋NP"式，如例（17）"水村山郭酒旗风"，例（18）"秦楼鸳瓦汉宫盘"，例（20）"渭水晴烟灞岸风"；有些是七言成句的"NP＋NP"式，如例（19）"谢朓青山李白楼"；有些是七言成句的"N＋N＋

NP＋N"，如例（21）"霏霏雾雨杏花天"（即"雾＋雨＋杏花＋天"，"霏霏"修饰"雾""雨"）。这些不同形式的名词铺排文本置于诗歌篇中，不仅有拓展意境、增强作品画面感的效果，还有调整诗歌语言节奏、增添诗歌韵律美的作用。

（二）结构上的继承

晚唐诗歌中的名词铺排，在结构形式上对前代旧有模式的继承与沿用也是非常突出的。根据我们对《全唐诗》现存全部晚唐作品的调查，发现晚唐诗人在名词铺排结构形式上对前代旧有模式的继承共有九种之多。下面我们分而述之。

1. 五言成句的"NP，NP"（叠字领起）式

这种结构模式是汉代诗人的创造。魏晋南北朝诗人，还有隋及初唐、盛唐、中唐的诗人都喜欢沿用。在晚唐诗歌中，这种结构形式的名词铺排仍然很常见，一些大诗人笔下常有这样的名词铺排文本。如：

（1）长长汉殿眉，窄窄楚宫衣。镜好鸾空舞，帘疏燕误飞。君子不可问，昨夜约黄归。（李商隐《效长吉》）

（2）渺渺洞庭水，盈盈芳屿神。因知古佳丽，不独湘夫人。流苏荡遥吹，斜领生轻尘。蜀彩驳霞碎，吴绡盘雾匀。（陆龟蒙《圣姑庙》）

（3）春半南阳西，柔桑过村坞。袅袅垂柳风，点点回塘雨。襄唱牧牛儿，篱窥蒨裙女。半湿解征衫，主人馈鸡黍。（杜牧《村行》）

（4）青梅雨中熟，樯倚酒旗边。故国残春梦，孤舟一褐眠。摇摇远堤柳，暗暗十程烟。南奏钟陵道，无因似昔年。（杜牧《罢钟陵幕吏十三年来泊湓浦感旧为诗》）

（5）家乏两千万，时当一百五。飔飔杨柳风，穰穰樱桃雨。年芳苦沉潦，心事如摧橹。金鋏近兰汀，铜龙接花坞。（温庭筠《寒食节日寄楚望》二首之二）

（6）松门亘五里，彩碧高下绚。幽人共跻攀，胜事颇清便。娈娈林上雨，隐隐湖中电。薛带轻束腰，荷笠低遮面。（皮日休《雨中游包山精舍》）

例（1）"长长汉殿眉，窄窄楚宫衣"，例（2）"渺渺洞庭水，盈盈芳屿神"，例（3）"袅袅垂柳风，点点回塘雨"，例（4）"摇摇远堤柳，暗暗十程烟"，例（5）"飔飔杨柳风，穰穰樱桃雨"，例（6）"娈娈林上雨，隐隐湖中电"，都是五言成句的"NP，NP"（叠字领起）式名词铺排。如果说有什么不同，例（1）、例（2）是名词铺排居于全诗篇首，例（3）至例（6）则是居于全诗篇中。建构这些名词铺排文本者，全是晚唐最著名的大诗人，这说明这种名词铺排结构形式

是深有魅力的。

2. 五言成句的"NP，NP"式

这种结构模式也是汉代诗人的创造，不过现存汉诗中并不多见。魏晋南北朝诗中，这种结构形式的名词铺排开始普遍运用。而到了隋及初唐、盛唐、中唐诗歌中，沿用者则更多。晚唐时期，这种结构形式的魅力仍然不减，很多著名的大诗人都喜欢运用。如：

（7）<u>月中一双鹤，石上千尺松</u>。素琴入爽籁，山酒和春容。幽瀑有时断，片云无所从。何事苏门生，携手东南峰。（温庭筠《寄山中人》）

（8）华堂日渐高，雕槛系红绦。<u>故国陇山树，美人金剪刀</u>。避笼交翠尾，蹒嘴静新毛。不念三缄事，世途皆尔曹。（杜牧《鹦鹉》）

（9）碧瓦衔珠树，红轮结绮寮。<u>无双汉殿鬓，第一楚宫腰</u>。雾唾香难尽，珠啼冷易销。歌从雍门学，酒是蜀城烧。（李商隐《碧瓦》）

（10）偶到乌衣巷，含情更惘然。<u>西州曲堤柳，东府旧池莲</u>。星坼悲元老，云归送墨仙。谁知济川楫，今作野人船。（温庭筠《题丰安里王相林亭》二首之二）

（11）夜阑黄叶寺，瓶锡两俱能。<u>松下石桥路，雨中山殿灯</u>。茶炉天姥客，棋席剡溪僧。还笑长门赋，高秋卧茂陵。（温庭筠《宿一公精舍》）

（12）金犊近兰汀，铜龙接花坞。<u>青葱建杨宅，隐辚端门鼓</u>。彩索拂庭柯，轻球落邻圃。（温庭筠《寒食节日寄楚望》二首之二）

（13）坛当星斗下，楼拶翠微边。<u>一半遥峰雨，三条古井烟</u>。金庭如有路，应到左神天。（陆龟蒙《云北》）

（14）<u>几点社翁雨，一番花信风</u>。（陆龟蒙《残句》）

（15）书迹临汤鼎，吟声接舜弦。<u>白麻红烛夜，清漏紫微天</u>。雷电随神笔，鱼龙落彩笺。闲宵陪雍时，清暑在甘泉。（温庭筠《感旧陈情五十韵献淮南李仆射》）

例（7）"月中一双鹤，石上千尺松"，例（8）"故国陇山树，美人金剪刀"，例（9）"无双汉殿鬓，第一楚宫腰"，例（10）"西州曲堤柳，东府旧池莲"，例（11）"松下石桥路，雨中山殿灯"，例（12）"青葱建杨宅，隐辚端门鼓"，例（13）"一半遥峰雨，三条古井烟"，例（14）"几点社翁雨，一番花信风"，例（15）"白麻红烛夜，清漏紫微天"，都是五言成句的"NP，NP"式名词铺排。如果说有什么差别，除例（14）是残句，不能确定名词铺排的布局模式外，例

（7）是名词铺排居于篇首，其他皆居于篇中。

3. 七言成句的"NP，NP"式

这种结构模式是魏晋南北朝诗人的创造，隋及初唐、盛唐、中唐诗歌中都有继承沿用。晚唐诗歌中，一些大诗人的笔下也有这种结构形式的沿用。如：

（16）<u>十里松门国清路，饭猿台上菩提树</u>。怪来烟雨落晴天，元是海风吹瀑布。（皮日休《寄题天台国清寺齐梁体》）

（17）<u>卓氏垆前金线柳，隋家堤畔锦帆风</u>。贪为两地分霖雨，不见池莲照水红。（温庭筠《题城南杜邠公林亭》）

（18）遗业荒凉近故都，门前堤路枕平湖。<u>绿杨阴里千家月，红藕香中万点珠</u>。此地别来双鬓改，几时归去片帆孤。他年犹拟金貂换，寄语黄公旧酒垆。（温庭筠《寄卢生》）

例（16）"十里松门国清路，饭猿台上菩提树"，例（17）"卓氏垆前金线柳，隋家堤畔锦帆风"，例（18）"绿杨阴里千家月，红藕香中万点珠"，都是七言成句的"NP，NP"式名词铺排。每例中的两句都是由一个以名词为中心的偏正式名词短语构句，如例（16）的前句以名词"路"为中心语，"十里松门"是间接修饰语，"国清"是直接修饰语。后句以"树"为中心语，"饭猿台上"是间接修饰语，"菩提"是直接修饰语。例（17）、例（18）情况亦然。如果说三例有什么区别，例（16）、例（17）的名词铺排皆居于诗歌篇首，而例（18）则居于诗歌篇中。

4. 五言成句的"NP＋NP，NP＋NP"式

这种结构模式是隋及初唐诗人创造的，盛唐、中唐诗人都有继承沿用。晚唐诗歌中，这种结构形式的名词铺排不多。根据我们对《全唐诗》现存全部晚唐作品的考察与分析，发现只有温庭筠沿用过这种结构模式，其所建构的这类名词铺排文本只有如下二例：

（19）花竹有薄埃，嘉游集上才。<u>白蘋安石渚，红叶子云台</u>。朱户雀罗设，黄门驭骑来。不知淮水浊，丹藕为谁开。（温庭筠《题丰安里王相林亭》二首之一）

（20）荒戍落黄叶，浩然离故关。<u>高风汉阳渡，初日郢门山</u>。江上几人在，天涯孤棹还。何当重相见，樽酒慰离颜。（温庭筠《送人东游》）

例（19）"白蘋安石渚，红叶子云台"，例（20）"高风汉阳渡，初日郢门山"，都是五言成句的"NP＋NP，NP＋NP"式名词铺排。二例中的每个句子在音顿上都是"2/3"式，在语法结构上也是"2/3"式。如例（19）是"白蘋＋安石渚，红叶＋子云台"，例（20）是"高风＋汉阳渡，初日＋郢门山"。音顿与语法结构的一致，足见诗人是有意而为之，意在兼顾诗歌的韵律美与画面美。

5. 五言成句的"N＋N＋NP，N＋N＋NP"式

这种结构模式是初唐诗人的创造。不过，只是偶一为之，出现频率并不高。晚唐诗歌中虽有继承沿用，但是根据我们对《全唐诗》现存全部晚唐作品的调查，发现只有杜牧和温庭筠在诗中各运用过一次，其用例如下：

（21）锦帙开诗轴，青囊结道书。霜岩红薜荔，露沼白芙蕖。睡雨高梧密，棋灯小阁虚。冻醪元亮秫，寒鲙季鹰鱼。（杜牧《许七侍御弃官东归潇洒江南颇闻自适高秋企望题诗寄赠十韵》）

（22）驱车何日闲，扰扰路岐间。岁暮自多感，客程殊未还。亭皋汝阳道，风雪穆陵关。腊后寒梅发，谁人在故山。（温庭筠《途中有怀》）

例（21）"霜岩红薜荔，露沼白芙蕖"，从语法结构上分析是"霜＋岩＋红薜荔，露＋沼＋白芙蕖"；例（22）"亭皋汝阳道，风雪穆陵关"，语法结构上的切分是"亭＋皋＋汝阳道，风＋雪＋穆陵关"（"皋"是水边高地）。因此，二例属于五言成句的"N＋N＋NP，N＋N＋NP"式名词铺排。

6. 七言成句的"NP＋NP，NP＋NP"式

这种结构模式是隋及初唐诗人的创造，但是盛唐、中唐诗歌中却没有继承沿用之例。到了晚唐，突然又有继承与沿用。不过，根据我们对《全唐诗》现存全部晚唐作品的调查，发现只有温庭筠在诗中运用过如下一次：

（23）捣麝成尘香不灭，拗莲作寸丝难绝。红泪文姬洛水春，白头苏武天山雪。君不见，无愁高纬花漫漫，漳浦宴余清露寒。一旦臣僚共囚虏，欲吹羌管先汍澜。旧臣头鬓霜华早，可惜雄心醉中老。（温庭筠《达摩支曲》）

例（23）"红泪文姬洛水春，白头苏武天山雪"，前后两句在音顿上皆为"4/3"式，语法结构上也是"4/3"式。即前句的"红泪文姬""洛水春"分别对应后句的"白头苏武""天山雪"，各是"NP"式名词短语。因此，"红泪文姬洛水春，白头苏武天山雪"整体上是七言成句的"NP＋NP，NP＋NP"式名词铺

排文本。

7. 五言成句的"NP（叠字领起），NP（非叠字领起）"式

这种结构模式是魏晋南北朝诗人的创造，盛唐、中唐诗歌都有继承沿用。晚唐诗歌中，这种结构形式仍有继承沿用。不过，根据我们对《全唐诗》现存全部晚唐作品的考察，发现只有温庭筠诗中运用过如下一次：

（24）<u>漠漠沙堤烟，堤西雉子斑</u>。雉声何角角，麦秀桑阴闲。游丝荡平绿，明灭时相续。白马金络头，东风故城曲。（温庭筠《故城曲》）

例（24）"漠漠沙堤烟，堤西雉子斑"，前句以名词"烟"为中心语，"沙堤"是直接修饰语，"漠漠"是叠字形式的间接修饰语；后句以名词"斑"为中心语，"雉子"是直接修饰语，"堤西"表示方位，是间接修饰语。从语法上看，二句各为一个"NP"式名词短语句。由于"漠漠沙堤烟，堤西雉子斑"二句居全诗篇首，跟其前后句没有语法上的结构纠葛，因此是一个独立的言语单位，属于五言成句的"NP（叠字领起），NP（非叠字领起）"式名词铺排。

8. 七言成句的"NP + NP"式

这种结构模式是中唐诗人的创造，晚唐诗歌中有所继承。不过，根据我们对《全唐诗》现存全部晚唐作品的调查，发现只有如下二例：

（25）陵阳佳地昔年游，<u>谢朓青山李白楼</u>。唯有日斜溪上思，酒旗风影落春流。（陆龟蒙《怀宛陵旧游》）

（26）鸣鞭晚日禁城东，<u>渭水晴烟灞岸风</u>。都傍柳阴回首望，万叶千花泪眼中。（纥干著《灞上》）

例（25）"谢朓青山李白楼"，音顿上是"4/3"式，语法结构上也是"4/3"式，是一个"NP + NP"式的名词短语句。从上下文语境看，这个名词短语句，前句"陵阳佳地昔年游"与后句"唯有日斜溪上思"都是正常句，各有谓语动词。于此可以断定，"谢朓青山李白楼"是一个独立的言语单位，属于七言成句的"NP + NP"式名词铺排文本。例（26）的情况与例（25）完全相同。

9. 七言成句的"NP + NP + NP"式

这种结构模式是隋及初唐诗人的创造，但是盛唐、中唐诗歌中未见有继承沿用的。时至晚唐，则有一些大诗人继承沿用了这一结构形式。如：

（27）千里莺啼绿映红，<u>水村山郭酒旗风</u>。南朝四百八十寺，多少楼台烟雨中。（杜牧《江南春绝句》）

（28）密迩平阳接上兰，<u>秦楼鸳瓦汉宫盘</u>。池光不定花光乱，日气初涵露气干。（李商隐《当句有对》）

例（27）"水村山郭酒旗风"，结构上是"水村＋山郭＋酒旗风"（"酒旗风"，意谓吹动酒旗的风），属于以七言成句的"NP＋NP＋NP"式名词铺排。之所以说"水村山郭酒旗风"是名词铺排，是因为这个名词短语句在语法上与其前后的语句没有结构上的纠葛，语义逻辑上也与其他各句没有太多关涉，属于一个独立的言语单位。用今天电影艺术的视角看，就像是电影展映进程中突然插进的一个特写镜头，画面感特别强，对于拓展诗歌的意境有着非凡的意义。例（28）情况亦然。

二、全新模式的创出

众所周知，五言诗与七言诗的每个句子都有固定而有限的字数，因此以五言成句或以七言成句的名词铺排想要在结构形式上有什么创新，其空间是非常小的。特别是越往后代，诗人在名词铺排结构形式上的创新空间就越小，因为前代诗人创新成果的累积已经很多，要在原有的基础上再作创新，自然就相当困难了。关于这一点，我们看看唐诗不同历史阶段在名词铺排结构形式上的创新事实就能了然于胸。

前文我们曾总结过，初唐诗中名词铺排在结构形式上的创新类型非常多，共有八种之多。而到了盛唐，则基本上是继承初唐以及魏晋南北朝时期所创的结构形式，自己独创的结构形式只有一种。时至中唐，由于新乐府运动的缘故，唐诗名词铺排在结构形式上的创新又出现了一个高潮，新创的类型有四种之多。晚唐在初唐、盛唐、中唐之后，诗歌中名词铺排在结构形式上的创新累积到十四种之多，按常理是很难再有什么创新的空间了。可是，晚唐诗人在这种情况下仍然表现出了惊人的创造力。根据我们对《全唐诗》现存全部晚唐作品的考察，发现晚唐诗歌在名词铺排结构形式上的创新共有四种之多，这是非常不易的。下面我们分而述之。

（一）五言成句的"NP＋NP＋N，NP＋NP＋N"式

这种结构模式是晚唐大诗人温庭筠所创造的。不过，根据我们对《全唐诗》

现存全部晚唐作品的考察，这种结构形式的名词铺排在温庭筠的诗中也只有如下一例：

晨起动征铎，客行悲故乡。<u>鸡声茅店月，人迹板桥霜</u>。槲叶落山路，枳花明驿墙。因思杜陵梦，凫雁满回塘。（温庭筠《商山早行》）

上例从句法上分析，其结构是"鸡声＋茅店＋月，人迹＋板桥＋霜"，属"NP＋NP＋N，NP＋NP＋N"式。从语境与语义上看，它跟其前后的语句不存在语法上的结构纠葛，既不充当其前句的谓语或宾语，也不充当其后句的主语或状语，属于一个独立的言语单位。因此，这二句是典型的名词铺排。读唐诗的人，一定不会忘记温庭筠的这首诗。而读过这首诗的人，则肯定不会忘记"鸡声茅店月，人迹板桥霜"这二句。之所以如此，就是因为这二句是以名词铺排建构起的修辞文本，它就像电影的特写镜头，以画面的形式有力地拓展了诗歌的意境，在"不著一字"中写尽了山中早行人的行旅苦况。

（二）七言成句的"NP＋N＋N＋NP，NP＋N＋N＋NP"式

这种结构模式在晚唐诗歌之前是不曾有过的。根据我们对《全唐诗》现存全部晚唐作品的考察，这种结构形式的创造者是晚唐大诗人杜牧。不过，在他的全部诗歌作品中目前也只能找到如下一例：

六朝文物草连空，天淡云闲今古同。鸟去鸟来山色里，人歌人哭水声中。<u>深秋帘幕千家雨，落日楼台一笛风</u>。惆怅无因见范蠡，参差烟树五湖东。（杜牧《题宣州开元寺水阁阁下宛溪夹溪居人》）

从句法结构上分析，上例的结构是"深秋＋帘＋幕＋千家雨，落日＋楼＋台＋一笛风"，属"NP＋N＋N＋NP，NP＋N＋N＋NP"式。从语境与语义分析，这二句是一个独立的言说单位。因为它在语法上既不是其前句的谓语或宾语，也不是其后句的主语或状语，属于名词铺排的性质。凡是读过晚唐小杜诗的，不会不读这一首；读过这一首的，不会忘记"深秋帘幕千家雨，落日楼台一笛风"二句。究其原因，就是这二句是一个名词铺排文本，居于诗中既有拓展诗歌意境、增强诗的画面感的效果，又有调整诗歌语言节奏、增强诗的韵律美的作用。

（三）五言成句的"NP"式

这种结构模式在单句形式的名词铺排中是很少见的。前文我们已经说过，以

叠字领起的五言成句的"NP"式，在中唐诗歌中已经创造出来了。而以非叠字领起的五言成句的"NP"式，根据我们对《全唐诗》现存全部晚唐作品的调查，则是由晚唐大诗人杜牧所创造。不过，目前只找到如下一例：

秋草樊川路，斜阳覆盘门。猎逢韩嫣骑，树识馆陶园。带雨经荷沼，盘烟下竹村。如今归不得，自戴望天盆。（杜牧《忆游朱坡四韵》）

上例中"秋草樊川路"，是以名词"路"为中心语，以"秋草"为间接修饰语，以"樊川"为直接修饰语的偏正式名词短语结构。这个名词短语由于居于全诗之首，在语法上不可能成为其他句子的谓语或宾语，而其后一句"斜阳覆盘门"是个结构完整的主谓句（主语是"斜阳"，谓语动词是"覆"，宾语是"盘门"），由此可以断定它是一个独立的言语单位，即我们所说的名词铺排文本。这个文本居于全诗之首，就像是电影开幕时首先推出的一个特写镜头，既有造景呈象、定格画面的作用，又有凌空起势、先声夺人的效果。

（四）七言成句的"NP + NP + NP"（叠字领起）式

这种结构模式在以前的诗歌中一直没有出现过。时至晚唐，才被大诗人温庭筠创造出来。不过，根据我们对《全唐诗》现存全部晚唐作品的考察，在温庭筠的诗歌中目前也只找到如下一例：

云母空窗晓烟薄，香昏龙气凝晖阁。霏霏雾雨杏花天，帘外春威着罗幕。（温庭筠《阳春曲》）

从句法上分析，上例的结构是"（霏霏）雾 + 雨 + 杏花天"（"霏霏"同时修饰"雾"与"雨"），属于七言成句的"NP + NP + NP（叠字领起）"式；从语境与语义上分析，"霏霏雾雨杏花天"跟其前后句没有语法上的结构纠葛（前句"香昏龙气凝晖阁"有动词"凝"，后句"帘外春威着罗幕"有动词"着"，皆是完整的主谓句）。因此，属于典型的单句形式的名词铺排。它在诗中既有增添画面感、拓展诗歌意境的作用，又有调整诗歌语言节奏的效果。

从上面的总结与分析中，我们可以清楚地看出，晚唐诗歌作品中的名词铺排文本确实不少，名词铺排的结构形式也丰富多样，很多著名诗人在此方面都有其独到的建树。

不过，需要指出的是，与初唐、盛唐、中唐一样，晚唐诗歌中亦有相当多的名词短语句表面上看像是名词铺排而实非名词铺排的情形，这是需要加以厘清的。根据我们对《全唐诗》现存全部晚唐作品的考察与分析，我们发现有如下几种情况明显不是名词铺排。

第一，有些句子表面上是"NP＋NP，NP＋NP"的形式，像是名词铺排，实际上并不是。因为从语义上分析，前后二句内的两个名词短语之间并不是并列对峙的铺排关系，而是一种主谓结构的语法关系。很明显，这种情况就不是名词铺排。如：

（1）背楯灯色暗，宿客梦初成。<u>半夜竹窗雨，满池荷叶声</u>。簟凉秋阁思，木落故山情。（温庭筠《送人游淮海》）

例（1）"半夜竹窗雨，满池荷叶声"，表面上看是"NP＋NP，NP＋NP"的形式，像是名词铺排，实际上并不是，而是两个主谓结构的句子并列。因为"半夜""满池"与其后的"竹窗雨""荷叶声"，从语义上看是陈述与被陈述的关系，即前者是主语，后者是说明主语"怎么样"的谓语。

第二，有些句子表面上是"NP＋NP，NP＋NP"的形式，像是名词铺排，实际上并不是。因为从语义上分析，前后二句内的两个名词短语之间并不是并列对峙的铺排关系，而是一种省略了动词的主谓结构关系。因此，这种情况就不算名词铺排。如：

（2）白阁他年别，朱门此夜过。疏帘留月魄，珍簟接烟波。<u>太守三刀梦，将军一箭歌</u>。国租容客旅，香熟玉山禾。（李商隐《街西池馆》）

例（2）"太守三刀梦，将军一箭歌"，表面上看是"NP＋NP，NP＋NP"的形式，好像是名词铺排，其实并不是，而是省略了谓语动词的普通主谓结构的句子。要了解这两句所省略的动词，必须先了解这两句所用的典故。前句"三刀梦"系用晋人王濬梦刀升官之典。《晋书·王濬传》有云："濬夜梦悬三刀于卧屋梁上，须臾又益一刀，濬惊觉，意甚恶之。主簿李毅再拜贺曰：'三刀为州字（注：古州字写作"刕"），又益一刀，明府其临益州乎！'……果迁濬为益州刺史。"由此可知，"三刀梦"实是"升官"之意。唐人李德裕《题剑门》诗有云："想是三刀梦，森然在眼然。"说的正是这个意思。后句"一箭歌"系用唐人薛仁贵三箭定天山之典（因为诗歌对仗的缘故，"三箭"改为"一箭"）。《旧唐书》

卷八十七列传第三十三记薛仁贵事迹云：“寻又领兵击九姓突厥于天山，将行，高宗内出甲，令仁贵试之。上曰：'古之善射，有穿七札者，卿且射五重。'仁贵射而洞之，高宗大惊，更取坚甲以赐之。时九姓有众十余万，令骁健数十人逆来挑战，仁贵发三矢，射杀三人，自余一时下马请降。仁贵恐为后患，并坑杀之。更就碛北安抚余众，擒其伪叶护兄弟三人而还。军中歌曰：'将军三箭定天山，战士长歌入汉关。'九姓自此衰弱，不复更为边患。”由此可知，“一箭歌”是“安定边关”之意。破解了这两个典故，那么“太守三刀梦，将军一箭歌”的真实语义便清楚了，那就是“太守想的是升官之事，将军想的是安定边关之事”。可见，“太守”与“三刀梦”、“将军”与“一箭歌”之间在语义上是一种主谓关系，其间各省略了一个动词“思”。因此，“太守三刀梦，将军一箭歌”二句不算名词铺排。

第三，有些句子表面上看是“NP＋NP，NP＋NP”的形式，好像是名词铺排，其实不是。因为从语义上分析，前后二句内的两个名词短语之间并不是并列对峙的铺排关系，而是一种省略了判断系词“是”的主谓结构关系。很明显，这不是名词铺排。如：

（3）归来已不见，锦瑟长于人。今日涧底松，明日山头蘖。愁到天池翻，相看不相识。（李商隐《房中曲》）

（4）王俭风华首，萧何社稷臣。丹阳布衣客，莲渚白头人。铭勒燕山暮，碑沉汉水春。（温庭筠《中书令裴公挽歌词》二首之一）

例（3）“今日涧底松，明日山头蘖”，是由“今日是涧底松，明日是山头蘖”通过省略判断系词“是”而形成的，因此形式上类似于名词铺排，而实非名词铺排。例（4）“王俭风华首，萧何社稷臣”，是由“王俭是风华首，萧何是社稷臣”通过省略判断词“是”而成，亦非名词铺排。

第四，有些句子表面上看是“NP＋NP，NP＋NP”或“NP＋NP”的形式，俨然就是名词铺排，其实并不是。因为从语义上分析，前后二句内的两个名词短语之间并不是并列对峙的铺排关系，而是一种比喻关系，即二句各是一个省略了喻词“如”的比喻句，语法结构上是主谓关系。很明显，这种情况就不是名词铺排。如：

（5）黯黯闭宫殿，霏霏荫薜萝。晓峰眉上色，春水脸前波。古树芳菲尽，扁舟离恨多。一丛斑竹夜，环佩响如何。（温庭筠《巫山神女庙》）

（6）清音迎晓月，愁思立寒蒲。<u>丹顶西施颊，霜毛四皓须</u>。碧云行止躁，白鹭性灵粗。终日无群伴，溪边吊影孤。（杜牧《鹤》）

（7）<u>隋堤杨柳烟</u>，孤棹正悠然。萧寺通淮戍，芜城枕楚墟。鱼盐桥上市，灯火雨中船。故老青葭岸，先知儒子贤。（温庭筠《送淮阴孙令之官》）

例（5）"晓峰眉上色，春水脸前波"，表面上看是"NP＋NP，NP＋NP"式，类似于名词铺排，其实前后二句内两个名词短语之间并非并列对峙的关系，而是比喻与被比喻的关系。也就是说，前后二句各是一个比喻句，只是喻词"如"因五言诗的字数限制而被省略了。这二句若补全了，就是"晓峰如眉上色，春水如脸前波"。例（6）跟例（5）情况完全相同，"丹顶西施颊，霜毛四皓须"，是由"（鹤的）丹顶如西施颊，（鹤的）霜毛如四皓须"通过省略喻词"如"而成。例（7）"隋堤杨柳烟"，不是对句形式，而是单句形式，但性质跟前二例一样，它也是省略了喻词"如"。若补全了，就是"隋堤杨柳如烟"。

第五，有些句子表面上看是"NP＋NP，NP＋NP"的形式，好像是名词铺排，实际上并不是。因为从语义上分析，前后二句内的两个名词短语之间并不是并列对峙的铺排关系，而是由语序倒装且省略了某些动词构成的。因此，这种情况也不能算是名词铺排。如：

（8）隋堤杨柳烟，孤棹正悠然。萧寺通淮戍，芜城枕楚墟。<u>鱼盐桥上市，灯火雨中船</u>。故老青葭岸，先知儒子贤。（温庭筠《送淮阴孙令之官》）

（9）整整复斜斜，随旗簇晚沙。<u>门外韩擒虎，楼头张丽华</u>。谁怜容足地，却美井中蛙。（杜牧《台城曲》二首之一）

例（8）"鱼盐桥上市，灯火雨中船"，表面上看是"NP＋NP，NP＋NP"式结构，像是名词铺排，其实并不是，而是省略了某些动词并将句子成分作了倒装而成。如果写成正常语句，便是"桥上市贩鱼盐，雨中船有灯火"。由此可见，此二句属于修辞上的"倒装"，而不是名词铺排。例（9）"门外韩擒虎，楼头张丽华"情况亦然，它是由"韩擒虎在门外，张丽华在楼头"通过语序倒装并省去动词"在"而形成的，也不是名词铺排。

第六，有些句子表面上看是"NP＋NP，NP＋NP"的形式，俨然就是名词铺排，实际上并非如此。因为从语义上分析，前后二句内的两个名词短语（后一个名词短语多表示处所）之间并不是并列对峙的铺排关系，而是一种省略了动词"在"的主谓句。因此，这种情况当然不是名词铺排。如：

（10）禅房无外物，清话此宵同。<u>林彩水烟里，涧声山月中</u>。橡霜诸壑霁，杉火一炉空。拥褐寒更彻，心知觉路通。（温庭筠《宿辉公精舍》）

（11）<u>酒旗菰叶外，楼影浪花中</u>。醉帆张数幅，唯待鲤鱼风。（陆龟蒙《江行》）

（12）秋来频上向吴亭，每上思归意剩生。<u>废苑池台烟里色，夜村蓑笠雨中声</u>。汀洲月下菱船疾，杨柳风高酒旆轻。君住松江多少日，为尝鲈鲙与莼羹。（陆龟蒙《润州送人往长洲》）

例（10）至例（12）并立的二句内都省略了动词"在"，若补全了，则分别是"林彩在水烟里，涧声在山月中""酒旗在菰叶外，楼影在浪花中""废苑池台在烟里色，夜村蓑笠在雨中声"。可见，这三例都是表面似名词铺排，而实非名词铺排。

第五节　五代诗中的名词铺排

大唐王朝灭亡后，五代十国在短短五十年左右就走马灯似地走完了全部的历程。因此，很多五代十国时期的作家其实就是晚唐时期的人物。正因为如此，从某种意义上说，五代十国的文学也可以看作唐代文学发展的延续。不过，尽管五代十国历史比较短暂，但文学发展特别是诗歌创作并未停歇，优秀的作家与诗人还是不少。同样，在诗歌的名词铺排形式的创造方面也不是毫无建树。根据我们对《全唐诗》存录的全部五代诗歌的考察，发现这一时期诗歌在名词铺排方面既有对前代旧有模式的广泛继承，也有自己的锐意创新。下面我们从两个方面分而述之。

一、旧有模式的继承

像其他历史时期一样，五代时期诗歌中的名词铺排对前代所创模式的继承也包括两个方面：一是布局上的，二是结构上的。

（一）布局上的继承

五代时期，诗歌中的名词铺排在篇章布局上对前代旧有模式的继承是最为充分的，跟中唐差不多，包括篇首名词铺排、篇中名词铺排、篇尾名词铺排。

1. 篇首名词铺排

篇首名词铺排在五代诗中相当常见。这是对先秦《诗经》所创布局模式的继承，也是对五代之前各个时期诗歌名词铺排布局惯例的沿用。根据我们对《全唐诗》存录的全部五代诗歌的考察，发现这一时期很多著名诗人都喜欢沿用这种布局模式。如：

（1）<u>杳杳诸天路，苍苍大涤山</u>。景舆留不得，毛节去应闲。相府旧知己，教门新启关。太平匡济术，流落在人间。（罗隐《题玄同先生草堂》三首之一）

（2）<u>离离天际云，皎皎关山月</u>。羌笛一声来，白尽征人发。嘹唳孤鸿高，萧索悲风发。雪压塞尘清，雕落沙场阔。（李咸用《关山月》）

（3）<u>重叠太古色，蒙蒙花雨时</u>。好峰行恐尽，流水语相随。黑壤生红黍，黄猿领白儿。因思石桥月，曾与故人期。（贯休《春山行》）

（4）<u>十万雄军幕，三千上客才</u>。何当谈笑外，远慰寂寥来。骚雅锵金掷，风流醉玉颜。争知江雪寺，老病向寒灰。（齐己《寄答武陵幕中何支使》二首之一）

（5）<u>万壑云霞影，千年松桧声</u>。如何教下士，容易信长生。月共虚无白，香和沉澄清。闲寻古廊画，记得列仙名。（齐己《宿简寂观》）

（6）<u>万战千征地，苍茫古塞门</u>。阴兵为客祟，恶酒发刀痕。风落昆仑石，河崩苜蓿根。将军更移帐，日日近西蕃。（贯休《古塞下曲》七首之七）

（7）<u>越溪女，越江莲，齐菡萏</u>。双婵娟，嬉游向何处，采摘且同船。浩唱发容与，清波生漪涟。时逢岛屿泊，几共鸳鸯眠。（齐己《采莲曲》）

（8）<u>村桥酒旆月明楼</u>，偶逐渔舟系叶舟。莫学鲁人疑海鸟，须知庄叟恶牺牛。心寒已分灰无焰，事往曾将水共流。除却思量太平在，肯抛疏散换公侯。（罗隐《村桥》）

例（1）至例（8）都是名词铺排居于篇首的布局模式，不同的只是各例在结构形式上有差异。例（1）"杳杳诸天路，苍苍大涤山"，例（2）"离离天际云，皎皎关山月"，是五言成句且以叠字领起的"NP，NP"式；例（3）"重叠太古色，蒙蒙花雨时"，是五言成句的"NP（非叠字领起），NP（叠字领起）"式；例（4）"十万雄军幕，三千上客才"，例（5）"万壑云霞影，千年松桧声"，例（6）"万战千征地，苍茫古塞门"，皆为五言成句的以非叠字领起的"NP，NP"式；例（7）"越溪女，越江莲，齐菡萏"，是三言成句的"NP，NP，NP"式；例（8）"村桥酒旆月明楼"，是单句形式的"NP + NP + NP"式。这些不同结构形式的名词铺排文本居于诗歌的篇首，既有造景呈象、定格画面的作用，又有拓展意境、先声夺人的审美效果。

2. 篇中名词铺排

名词铺排居于诗歌篇中的布局模式，是由汉人创造的。魏晋南北朝诗歌中开始慢慢多起来。到了唐代，几乎占据了主流地位。五代时期的诗歌中，名词铺排居于篇中的频率与比例也跟唐代其他时期一样，明显要高于居于篇首的。根据我们对《全唐诗》存录的全部五代诗歌的调查，发现这一时期无论是一般诗人还是著名诗人都更喜欢沿用这种布局模式。如：

（9）今夜素娥月，何年黄鹤楼。悠悠兰棹晚，渺渺荻花秋。无奈柔肠断，关山总是愁。（刘淑柔《中秋夜泊武昌》）

（10）别离无古今，柳色向人深。万里长江水，平生不印心。远书容北雁，赠别谢南金。（贯休《归故林别知己》）

（11）香刹通真观，楼台倚郡城。阴森古树气，粗淡老僧情。壁画连山润，仙钟扣月清。（贯休《桐江闲居作》十二首之二）

（12）园林经难别，桃李几株存。衰老江南日，凄凉海上村。闲来晒朱绂，泪滴旧朝恩。（齐己《酬元员外》）

（13）厨冷烟初禁，门闲日更斜。东风不好事，吹落满庭花。过社纷纷燕，新晴淡淡霞。京都盛游观，谁访子云家？（徐铉《寒食日作》）

（14）置却人间事，闲从野老游。树声村店晚，草色古城秋。独鸟飞天外，闲云度陇头。姓名君莫问，山木与虚舟。（徐铉《秋日卢龙村舍》）

（15）中和节后捧琼瑰，坐读行吟数月来。只叹雕龙方擅价，不知赬尾竟空回。千枝白露陶潜柳，百尺黄金郭隗台。惆怅报君无玉案，水天东望一徘徊。（罗隐《县斋秋晚酬友人朱瓒见寄》）

（16）歌敲玉唾壶，醉击珊瑚枝。石羊妙善街，甘露平泉碑。扣苔想豪杰，剔藓看文词。（罗隐《钱塘遇默师忆润州旧游》）

（17）掺袂向春风，何时约再逢。若教相见密，肯恨别离重。芳草渔家路，残阳水寺钟。落帆当此处，吟兴不应慵。（李咸用《送曹税》）

（18）忆在匡庐日，秋风八月时。松声虎溪寺，塔影雁门师。步碧葳蕤径，吟香菡萏池。何当旧泉石，归去洗心脾。（齐己《忆在匡庐日》）

（19）外物尽已外，闲游且自由。好山逢过夏，无事住经秋。树影残阳寺，茶香古石楼。何时定休讲，归漱虎溪流。（齐己《匡山寓居栖公》）

（20）干禄趋名者，迢迢别故林。春风短亭路，芳草异乡心。雨过江山出，

莺啼村落深。未知将雅道,何处谢知音?(李中《春日途中作》)

(21)衣同菜子曾分笔,扇似袁宏别有天。<u>九点好山楼上客,两行高柳雨中烟</u>。陵阳百姓将何福,社舞村歌又一年。(罗隐《寄池州郑员外》)

(22)爱甚真成癖,尝多合得仙。亭台虚静处,<u>风月艳阳天</u>。自可临泉石,何妨杂管弦。(徐铉《和门下殷侍郎新茶二十韵》)

(23)汉惠秦皇事已闻,<u>庙前高木眼前云</u>。楚王谩费闲心力,六里青山尽属君。(罗隐《四皓庙》)

例(9)至例(23)都是名词铺排居于诗歌篇中的布局模式,不同的是各例在结构形式上有所差别。例(9)"悠悠兰棹晚,渺渺荻花秋",是五言成句且以叠字领起的"NP,NP"式;例(10)"万里长江水,平生不印心",例(11)"阴森古树气,粗淡老僧情",例(12)"衰老江南日,凄凉海上村",例(13)"过社纷纷燕,新晴淡淡霞",例(14)"树声村店晚,草色古城秋"(前后二句各以时间名词"晚""秋"为中心语),皆是五言成句的以非叠字领起的"NP,NP"式;例(15)"千枝白露陶潜柳,百尺黄金郭隗台",是七言成句的"NP,NP"式;例(16)"石羊妙善街,甘露平泉碑",例(17)"芳草渔家路,残阳水寺钟",例(18)"松声虎溪寺,塔影雁门师",例(19)"树影残阳寺,茶香古石楼",例(20)"春风短亭路,芳草异乡心",皆是五言成句的"NP+NP,NP+NP"式(每句均以"2/3"式为音顿与语法结构划分单位);例(21)"九点好山楼上客,两行高柳雨中烟",是七言成句的"NP+NP,NP+NP"式;例(22)"风月艳阳天",是五言成句的"N+N+NP"式;例(23)"庙前高木眼前云",是七言成句的"NP+NP"式。这些名词铺排文本因为皆居于诗歌篇中,不仅有加强诗歌画面感的作用,还有明显的调整诗歌语言节奏的效果,对于提升作品的审美价值发挥了重要作用。

3. 篇尾名词铺排

名词铺排居于诗歌篇尾的布局模式,是由魏晋南北朝诗人创造出来的。但是其运用一直不够普遍,只有中唐诗歌中有个别用例。时至五代,这一布局模式又重新被沿用,而且不是一个人。如:

(24)渔翁那会我,傲兀苇边行。乱世难逸迹,乘流拟濯缨。江花红细碎,沙鸟白分明。<u>向夕题诗处,春风斑竹声</u>。(齐己《湘中感怀》)

(25)倚筇聊一望,何处是秦川。<u>草色初晴路,鸿声欲暮天</u>。(左偃《秋晚野望》)

（26）吾唐取士最堪夸，仙榜标名出曙霞。白马嘶风三十辔，朱门秉烛一千家。郄诜联臂升天路，宣圣飞章奏日华。岁岁人人来不得，<u>曲江烟水杏园花</u>。（黄滔《放榜日》）

（27）南朝天子爱风流，尽守江山不到头。总是战争收拾得，却因歌舞破除休。尧行道德终无敌，秦把金汤可自由。试问繁华何处有？<u>雨苔烟草古城秋</u>。（李山甫《上元怀古》二首之一）

例（24）至例（27）都是名词铺排居于诗歌篇尾，不同的是各例在结构上有一定的差异。例（24）"向夕题诗处，春风斑竹声"，例（25）"草色初晴路，鸿声欲暮天"，皆是五言成句的"NP，NP"式；例（26）"曲江烟水杏园花"，语法结构为"曲江烟水＋杏园花"，是七言成句的"NP＋NP"式；例（27）"雨苔烟草古城秋"，语法结构为"雨苔＋烟草＋古城秋"，是七言成句的"NP＋NP＋NP"式。这些名词铺排文本居于诗歌篇尾，除了增添诗歌的画面感，还能拓展诗歌意境，给人遐思无限的审美情趣。

（二）结构上的继承

五代诗歌在名词铺排结构上对前代所创旧有模式的继承，根据我们对《全唐诗》存录的全部五代诗歌的调查与分析，发现有如下七种。下面我们分而述之。

1. 五言成句的"NP，NP"（叠字领起）式

这种结构模式是汉代诗人的创造，在汉乐府诗中很常见，魏晋南北朝诗歌中也相当普遍。初唐、盛唐、中唐、晚唐诗歌中也有沿用，但频率与比例都已经不高。时至五代，这种结构模式的沿用更是相当少了。根据我们对《全唐诗》存录的全部五代诗歌的调查，目前只发现如下三例：

（1）<u>杳杳诸天路，苍苍大涤山</u>。景与留不得，毛节去应闲。相府旧知己，教门新启关。太平匡济术，流落在人间。（罗隐《题玄同先生草堂》三首之一）

（2）<u>离离天际云，皎皎关山月</u>。羌笛一声来，白尽征人发。嘹唳孤鸿高，萧索悲风发。雪压塞尘清，雕落沙场阔。（李咸用《关山月》）

（3）今夜素娥月，何年黄鹤楼。<u>悠悠兰棹晚，渺渺荻花秋</u>。无奈柔肠断，关山总是愁。（刘淑柔《中秋夜泊武昌》）

例（1）至例（3）从句法上分析，其结构分别是"（杳杳）（诸天）路，（苍苍）（大涤）山""（离离）（天际）云，（皎皎）（关山）月""（悠悠兰棹）晚，

（渺渺荻花）秋"，都是五言成句且以叠字领起的"NP，NP"式名词铺排。三例所不同的是，前二例居于诗歌篇首，后一例居于诗歌篇中。

2. 五言成句的"NP，NP"式

这种结构模式也是汉代诗人的创造。不过，在汉代诗歌中只是偶尔一见。到了魏晋南北朝以后，运用逐渐多起来。初唐、盛唐、中唐、晚唐诗歌中运用更是普遍。时至五代，这种结构模式的沿用仍然较为常见。如：

（4）<u>十万雄军幕，三千上客才</u>。何当谈笑外，远慰寂寥来。骚雅锵金掷，风流醉玉颓。争知江雪寺，老病向寒灰。（齐己《寄答武陵幕中何支使》二首之一）

（5）<u>万壑云霞影，千年松桧声</u>。如何教下士，容易信长生。月共虚无白，香和沉瀣清。闲寻古廊画，记得列仙名。（齐己《宿简寂观》）

（6）<u>万战千征地，苍茫古塞门</u>。阴兵为客祟，恶酒发刀痕。风落昆仑石，河崩首蓿根。将军更移帐，日日近西蕃。（贯休《古塞下曲》七首之七）

（7）别离无古今，柳色向人深。<u>万里长江水，平生不印心</u>。远书容北雁，赠别谢南金。（贯休《归故林别知己》）

（8）香刹通真观，楼台倚郡城。<u>阴森古树气，粗淡老僧情</u>。壁画连山润，仙钟扣月清。（贯休《桐江闲居作》十二首之二）

（9）园林经难别，桃李几株存。<u>衰老江南日，凄凉海上村</u>。闲来晒朱绂，泪滴旧朝恩。（齐己《酬元员外》）

（10）厨冷烟初禁，门闲日更斜。东风不好事，吹落满庭花。<u>过社纷纷燕，新晴淡淡霞</u>。京都盛游观，谁访子云家？（徐铉《寒食日作》）

（11）置却人间事，闲从野老游。<u>树声村店晚，草色古城秋</u>。独鸟飞天外，闲云度陇头。姓名君莫问，山木与虚舟。（徐铉《秋日卢龙村舍》）

（12）渔翁那会我，傲兀苇边行。乱世难逸迹，乘流拟濯缨。江花红细碎，沙鸟白分明。<u>向夕题诗处，春风斑竹声</u>。（齐己《湘中感怀》）

例（4）至例（12），每例二句皆各以末一字为名词中心语，前附一个或两个修饰语（直接修饰语与间接修饰语）而构句，均为典型的五言成句的"NP，NP"式名词铺排。所不同的是，例（4）至例（6）是名词铺排居于篇首，例（7）至例（11）是名词铺排居于篇中，例（12）则是名词铺排居于篇尾。

3. 七言成句的"NP，NP"式

这种结构模式是魏晋南北朝诗人的创造，隋及初唐、盛唐、中唐、晚唐诗歌中都有广泛沿用。但是，时至五代，这种结构模式就很少被沿用了。根据我们对

《全唐诗》存录的全部五代诗歌的调查，目前只发现如下一例：

（13）中和节后捧琼瑰，坐读行吟数月来。只叹雕龙方擅价，不知颊尾竟空回。<u>千枝白露陶潜柳，百尺黄金郭隗台</u>。惆怅报君无玉案，水天东望一徘徊。（罗隐《县斋秋晚酬友人朱瓒见寄》）

例（13）"千枝白露陶潜柳，百尺黄金郭隗台"，意为"陶潜所植千枝带露之柳，郭隗提议所筑百尺招贤之台"。从语法结构上看，前句以名词"柳"为中心语，"千枝白露"是修饰"陶潜柳"的，是间接修饰语，"陶潜"是直接修饰"柳"的，是直接修饰语。后句情况亦然，名词"台"是中心语，"百尺黄金"是间接修饰语，"郭隗"是直接修饰语。从语境上看，这二句与其前后句没有语法结构上的纠葛，是独立表意的言语单位，属于七言成句的"NP，NP"式的名词铺排。其在诗中的作用，既有增添作品画面感的效果，又有调整诗歌语言节奏的功能。

4. 五言成句的"NP＋NP，NP＋NP"式

这种结构模式是初唐诗人创造的，盛唐、中唐、晚唐诗中都有沿用。时至五代，这种结构形式仍有强大的生命力，被许多诗人沿用。如：

（14）歌敲玉唾壶，醉击珊瑚枝。<u>石羊妙善街，甘露平泉碑</u>。扪苔想豪杰，剔藓看文词。（罗隐《钱塘遇默师忆润州旧游》）

（15）掺袂向春风，何时约再逢。若教相见密，肯恨别离重。<u>芳草渔家路，残阳水寺钟</u>。落帆当此处，吟兴不应慵。（李咸用《送曹税》）

（16）忆在匡庐日，秋风八月时。<u>松声虎溪寺，塔影雁门师</u>。步碧葳蕤径，吟香菡萏池。何当旧泉石，归去洗心脾。（齐己《忆在匡庐日》）

（17）外物尽已外，闲游且自由。好山逢过夏，无事住经秋。<u>树影残阳寺，茶香古石楼</u>。何时定休讲，归漱虎溪流。（齐己《匡山寓居栖公》）

（18）古观云溪上，孤怀永夜中。<u>梧桐四更雨，山水一庭风</u>。诗得如何句，仙游最胜宫。（黄滔《寄李校书游简寂观》）

（19）干禄趋名者，迢迢别故林。<u>春风短亭路，芳草异乡心</u>。雨过江山出，莺啼村落深。未知将雅道，何处谢知音？（李中《春日途中作》）

（20）倚筇聊一望，何处是秦川。<u>草色初晴路，鸿声欲暮天</u>。（左偃《秋晚野望》）

（21）<u>废宅寒塘水，荒坟宿草烟</u>。（杨徽之《哭江为》残句，见《纪事》）

（22）**小旗村店酒，微雨野塘花**。（米都知《伶人》残句，见《南部新书》）

（23）**山寺钟楼月，江城鼓角风**。（无名氏《句》）

例（14）至例（23）都是五言成句的"NP + NP，NP + NP"式名词铺排，每句在音顿与语法结构上都是"2/3"式。如例（14）"石羊妙善街，甘露平泉碑"，音顿与语法结构都是"石羊 + 妙善街，甘露 + 平泉碑"。其他各例情况亦然。不同的是，例（14）至例（19）都是名词铺排居于篇中，例（20）则是名词铺排居于篇尾。例（21）至例（23）是残句，全诗不存。值得指出的是，例（21）、例（22）、例（23）原诗皆不存，却独传这三个名词铺排形式的残句，可从一个侧面说明名词铺排在诗歌创作中的独特审美价值。

5. 七言成句的"NP + NP，NP + NP"式

这种结构模式是初唐诗人的创造。但是，盛唐、中唐诗歌中都没有沿用，只在晚唐诗歌中偶有沿用。时至五代，这种结构形式再次出现。不过，根据我们对《全唐诗》存录的全部五代诗歌的调查，目前只发现如下一例：

（24）衣同蔡子曾分笔，扇似袁宏别有天。**九点好山楼上客，两行高柳雨中烟**。陵阳百姓将何福，社舞村歌又一年。（罗隐《寄池州郑员外》）

例（24）"九点好山楼上客，两行高柳雨中烟"，二句在音顿与语法结构上都是"4/3"式，属于七言成句的"NP + NP，NP + NP"式名词铺排。其在诗中的作用，既有增添画面感的效果，又有调整语言节奏的功能，明显是诗人有意而为之。

6. 七言成句的"NP + NP"式

这种结构模式是晚唐诗人创造出来的。不过，五代诗中虽有继承这一模式，但并不普遍。根据我们对《全唐诗》存录的全部五代诗歌的调查，目前只发现如下一例：

（25）汉惠秦皇事已闻，**庙前高木眼前云**。楚王谩费闲心力，六里青山尽属君。［罗隐（吴越）《四皓庙》］

例（25）"庙前高木眼前云"，是由以名词"木"和"云"为中心语的两个名词短语并列构句的，属于七言成句的"NP + NP"式名词铺排。它在诗中的作用，犹如电影叙事中插入的一个特写镜头，对于诗歌的意境拓展、画面感营构都

有特殊的作用。

7. 七言成句的"NP + NP + NP"式

这种结构模式是初唐诗人创造出来的。五代诗中虽有所继承，但是根据我们对《全唐诗》存录的全部五代诗歌的调查，目前只发现如下一例：

（26）<u>村桥酒旆月明楼</u>，偶逐渔舟系叶舟。莫学鲁人疑海鸟，须知庄叟恶牺牛。心寒已分灰无焰，事往曾将水共流。除却思量太平在，肯抛疏散换公侯。（罗隐《村桥》）

例（26）"村桥酒旆月明楼"一句，是由三个偏正式名词短语"村桥""酒旆""月明楼"并列对峙而构句的，跟后句"偶逐渔舟系叶舟"毗邻，但在语法结构上彼此没有纠葛（因为后句的主语是指人），因此属于独立成句且独立表意的言语单位，是典型的七言成句的"NP + NP + NP"式名词铺排。它居全诗之首，意在写景衬托氛围，因而在诗歌中的作用便犹如电影开幕时首先推出的一个特写镜头，不仅画面感强，而且别具一种先声夺人的效果，对于提升诗歌的意境与审美效果都有重要作用。

二、全新模式的创出

五代时期虽然政局极其不稳定，社会纷扰混乱，朝代更迭犹如走马灯，但文学仍有发展，诗歌中的名词铺排在结构形式上的创新也未停歇。根据我们对《全唐诗》存录的全部五代诗歌的考察与分析，发现其在名词铺排结构形式上的创新竟然有五种之多。下面我们分而述之。

（一）五言成句的"NP（非叠字领起），NP（叠字领起）"式

这种结构模式是此前各个历史时期的诗歌所未曾有过的，应该算是五代诗人的创造。我们知道，五言成句的"NP，NP"式在历代诗歌名词铺排中都是最寻常的模式，但是并列对峙的两个名词短语句，要么都以叠字领起，要么都不以叠字领起。到了魏晋南北朝时期，诗人们创出了一种新模式，即前一句以叠字领起，后一句不以叠字领起，即五言成句的"NP（叠字领起），NP（非叠字领起）"式。五代诗人创出的新模式，则正好与之相反，前一句不以叠字领起，后一句则以叠字领起。不过，根据我们对《全唐诗》存录的全部五代诗歌的调查，目前只发现如下一例：

重叠太古色，蒙蒙花雨时。好峰行恐尽，流水语相随。黑壤生红黍，黄猿领白儿。因思石桥月，曾与故人期。（贯休《春山行》）

上例中"重叠太古色，蒙蒙花雨时"，是以名词"色"与"时"为中心语的两个名词短语句的并列对峙。因为这二句居于全诗起首，且与其后的语句没有语法结构上的纠葛，是独立表意的言语单位，因此属于名词铺排，是五言成句的"NP，NP"式。它居于全诗之首，就像今日电影开幕时推出的两个特写镜头，既有先声夺人的视觉冲击效果，又有增强画面感、拓展诗歌意境的作用，对于提升诗歌的审美情趣无疑是有效果的。

（二）五言成句的"NP，N＋N＋NP"式

这种结构模式在此之前也未曾在诗歌的名词铺排中出现过，明显是五代诗人的创造。不过，只是偶尔一见。根据我们对《全唐诗》存录的全部五代诗歌的调查，目前只发现如下一例：

古观云溪上，孤怀永夜中。梧桐四更雨，山水一庭风。诗得如何句，仙游最胜宫。（黄滔《寄李校书游简寂观》）

上例中"梧桐四更雨，山水一庭风"，从上下文语境看，是一个独立的言语单位，它跟其前后的语句都不存在语法结构上的纠葛。从这二句本身看，它们各是一个名词短语句。前句是个以名词"雨"为中心语的名词短语，"四更"是直接修饰语，"梧桐"是间接修饰语。后句是以"山""水""风"并列的名词短语句，其中"风"有修饰语"一庭"。整体上看，是五言成句的"NP，N＋N＋NP"式名词铺排。它置于诗中，犹如电影叙事中突然插入的一个特写镜头，既有增强画面感的效果，又有调整诗歌节奏的功效。

（三）五言成句的"N＋N＋N＋N＋N，N＋N＋NP"式

这种结构模式在五代以前是从未出现过的，是一种全新的创造。不过，根据我们对《全唐诗》存录的全部五代诗歌的调查，它也只是偶然一用，目前只发现如下一例：

歌舞送飞球，金觥碧玉筹。管弦桃李月，帘幕凤凰楼。一笑千场醉，浮生任白头。（徐铉《抛球乐辞》二首之一）

上例中"管弦桃李月，帘幕凤凰楼"，从语法结构上看，是"管＋弦＋桃＋李＋月，帘＋幕＋凤凰楼"，属于五言成句的"N＋N＋N＋N＋N，N＋N＋NP"式。从上下文语境看，这二句因为与其前后句没有语法结构上的纠葛，是一个独立的言语单位，且二句都是名词短语构句，明显是名词铺排的性质。它居于诗中，既有错综其文、调整诗歌节奏的作用，又有增强画面感、拓展诗歌意境的效果。

（四）三言成句的"NP，NP，NP"式

这种结构模式在五代以前的诗歌中没有出现过，是五代诗人的创造。不过，这种结构形式的名词铺排在五代诗人笔下并不普遍，只是偶尔为之。根据我们对《全唐诗》存录的全部五代诗歌的调查，目前只发现如下一例：

越溪女，越江莲，齐菡萏。双婵娟，嬉游向何处，采摘且同船。浩唱发容与，清波生漪涟。时逢岛屿泊，几共鸳鸯眠。（齐己《采莲曲》）

上例中"越溪女，越江莲，齐菡萏"，是由三个偏正式名词短语各自成句，采并列对峙的形式出现，各句之间在语法上彼此没有隶属关系，三句整体上是一个独立表意的语言单位，因而可以确认是名词铺排文本，属三言成句的"NP，NP，NP"式。这三句一字排开而居于全词之首，既有造景呈象、定格画面的效果，又有铺排壮势的审美功能。

（五）五言成句的"N＋N＋NP"式

这种结构模式也是五代诗人的创造，在五代之前的历代诗歌中都未出现过。不过，根据我们对《全唐诗》存录的全部五代诗歌的调查，这种结构形式的名词铺排并不多见，目前只发现如下一例：

爱甚真成癖，尝多合得仙。亭台虚静处，风月艳阳天。自可临泉石，何妨杂管弦。（徐铉《和门下殷侍郎新茶二十韵》）

上例中"风月艳阳天"，语法结构上是"风＋月＋艳阳天"，是五言成句的"N＋N＋NP"式名词铺排。之所以说它是名词铺排，是因为它之前的句子"亭台虚静处"是个语法结构完整的正常句（省略了动词"在"），它之后的句子"自可临泉石"也是个语法结构完整的正常句（省略了主语）。可见，"风月艳阳天"

是一个独立表意的言语单位，是以名词短语构句的名词铺排文本。这一文本居于诗中，既有增强作品画面感的效果，又有调整作品节奏的功能，对于提升作品的审美效果明显是有重要作用的。

与此前各个历史时期一样，五代十国时期的诗歌作品中也有许多貌似名词铺排而实非名词铺排的情况。这一点，我们也应该在此予以厘清。根据对《全唐诗》所存录的全部五代十国作品的考察与分析，如下几种情况是不能算名词铺排的，必须引起注意。

第一，有些句子表面上是"NP＋NP，NP＋NP"的形式，像是名词铺排，实际上并不是。因为从语义上分析，前后二句内的两个名词短语之间并不是并列对峙的铺排关系，而是一种省略了动词"在"的主谓结构关系。很明显，这种情况就不是名词铺排。如：

（1）棠树梅溪北，佳城舜庙东。谁修循吏传，对此莫匆匆。（贯休《闻王慥常侍卒》三首之三）

（2）游子灞陵道，美人长信宫。等闲居岁暮，摇落意无穷。（罗隐《红叶》）

（3）片月双松际，高楼阔水边。前贤多此得，风味若为传。（齐己《寄谢高先辈见寄》二首之二）

例（1）"棠树梅溪北，佳城舜庙东"，表面上二句都是"偏正式名词短语＋偏正式名词短语"的形式，为"NP＋NP，NP＋NP"式名词铺排，实际上它只是由"棠树在梅溪北，佳城在舜庙东"省略两个动词"在"而构成的，因此它并不算是名词铺排。例（2）（3）情况亦然。

第二，有些句子表面上是"NP＋NP"式，似乎是名词铺排，但实际上并不是。因为从语义上分析，前后二句内的两个名词短语之间并不是并列对峙的铺排关系，而是一种主谓结构关系。很明显，这种情况也不是名词铺排。如：

（4）万里风霜休更恨，满川烟草且须疑。洞庭云水潇湘雨，好把寒更一一知。（黄滔《雁》）

例（4）"洞庭云水潇湘雨"，表面看起来是"NP＋NP"式结构，似乎是名词铺排。实际上，它与后一句"好把寒更一一知"有着密切的逻辑关联，在语法上属于后句的话题主语。也就是说，"洞庭云水潇湘雨，好把寒更一一知"二句实际上是一种主谓结构关系。因此，这种情况就明显不是名词铺排。

第三，有些句子表面上是"NP，NP"（叠字领起）的形式，跟《诗经》所创造的最原始而最经典的名词铺排模式一般无二，但实际上并不是名词铺排。根据上下文语境与前后二句的语义进行分析，原来前后二句只是一个比喻句，或是两个比喻句，只是因为省略了喻词"如"而让人产生了错觉。如：

（5）滄滄长江水，悠悠远客情。落花相与恨，到地一无声。（崔道融《寄人》二首之二）

（6）阖闾兴霸日，繁盛复风流。歌舞一场梦，烟波千古愁。（李中《姑苏怀古》二首之一）

例（5）"滄滄长江水，悠悠远客情"，表面上是"NP，NP"（叠字领起）式，但前后二句不是并列对峙的关系，而是主谓关系的比喻句，前句是比喻的本体，后句是比喻的喻体，中间省略了比喻词"如"。如果不是诗，这二句说完整了，就是"滄滄长江水，恰似悠悠远客情"。可见，"滄滄长江水，悠悠远客情"二句并非名词铺排。例（6）"歌舞一场梦，烟波千古愁"，情况与例（5）相似，表面像是"NP，NP"式名词铺排，实则是两个比喻句，即"歌舞如一场梦，烟波如千古愁"。其中，比喻词"如"因诗的字句限制而被省略。因此，这二句也不是名词铺排。

第四，有些句子表面上是"N＋NP，N＋NP"的形式，似乎就是名词铺排，但实际上并不是。因为根据语境与语义进行分析，前后二句内部的两个名词短语之间并非并列对峙的关系，而是一种省略了判断词"是"的判断句。因此，这种情况明显不算是名词铺排。如：

（7）南北眼前路，东西江畔舟。世人重金玉，无金徒远游。（唐求《客行》）

例（7）"南北眼前路，东西江畔舟"，表面上是"南北＋眼前路，东西＋江畔舟"结构，即"N＋NP，N＋NP"式，是名词铺排，实际上并不是。它是由"南北是眼前路，东西是江畔舟"通过省略判断词"是"而构成。因此，这种情况也不算是名词铺排。

第六节　唐五代词中的名词铺排

词究竟肇始于何时，学术界一直存在着观点上的分歧。这主要缘于对如下这首词究竟为何人所作的争议：

平林漠漠烟如织，寒山一带伤心碧。暝色入高楼，有人楼上愁。

玉阶空伫立，宿鸟归飞急。何处是归程？长亭更短亭。

对于这首名曰"菩萨蛮"的词，宋人释文莹《湘山野录》卷上有云："此词不知何人写在鼎州沧水驿楼，复不知何人所撰。魏道辅（泰）见而爱之。后至长沙，得古集于子宣（曾布）内翰家，乃知李白所作。"因此，北宋文人都认为此词乃李白所作。后来南宋黄升编辑《唐宋诸贤绝妙词选》时，径将此词归入李白名下，录入词选之中，并谓此词乃"百代词曲之祖"。意谓词的创作始于李白。换言之，意即词的创作始于盛唐。但事实上，这个观点在古代就遭到质疑。如明人胡应麟就有怀疑，认为不是李白所作，可能是"晚唐人词，嫁名太白"（《少室山房笔丛》卷41《庄岳委谈下》）。如果此论成立，则词的创作乃始于晚唐。现代学者对此分歧更大。有学者认为，此词只能认为是唐代作品，究竟是盛唐还是晚唐的作品，不可考；究竟是何人所作，不能遽定。如朱东润主编的《中国历代文学作品选》在此词的题解中说："寻绎题旨，当为旅客思家之词。词中反映出主人公穷途无归的苦闷。"① 还有学者认为，不仅此词的作者是否为盛唐的李白难以断定，甚至在李白生活的盛唐时期是否有《菩萨蛮》这一词调也很难说。② 因此，"从词的发展来考察，认为中唐以前，词尚在草创期，这样成熟的表现形式，这样玲珑圆熟的词风，不可能是盛唐诗人李白的手笔"③。但是，仍有学者坚持认为此词有可能出自盛唐的李白之手，其理由是"敦煌卷子中《春秋后语》纸背写有唐人词三首，其一即《菩萨蛮》，亦颇成熟，虽无证据断为中唐以前人所作，亦难以断为必非中唐以前人所作，而且，在文学现象中，得风气之先的早熟的果

---

① 朱东润主编：《中国历代文学作品选》（中编第一册），上海：上海古籍出版社，1980 年，第422 页。

② 参见唐圭璋等：《唐宋词鉴赏辞典》，上海：上海辞书出版社，1988 年，第 4 页。

③ 参见唐圭璋等：《唐宋词鉴赏辞典》，上海：上海辞书出版社，1988 年，第 4 页。

子是会结出来的"，"六朝时期的不少吴声歌曲，已近似唐人才开始有的、被称为近体诗的五言绝句"。① "李白同时人、玄宗时代的韦应物既然能写出像《调笑令》（'胡马，胡马'）那样的小词，为什么李白偏偏就办不到呢？"②

不管词的创作肇始于盛唐还是晚唐，也不管《菩萨蛮》词（"平林漠漠烟如织"）是出自李白之手还是其他人之手，都改变不了一个基本的历史事实，这便是词在唐代（起码在晚唐）就已经开始创作并逐渐流行了。至于五代时期，词的发展进入一个重要的历史阶段，则更是不争的事实。

既然唐及五代已经有了词的创作，那么词中的名词铺排又是怎样的情况，与诗歌比较又有什么特点，我们不妨仔细考察一下。

一、唐词中的名词铺排

我们都知道，词是诗的同道，有"诗余"之称。一般认为，词始于南北朝时期的梁，形成于唐代。诗歌中有名词铺排，从逻辑上说，词中也必有名词铺排的现象。事实上，在唐代及五代（包括十国）时期的词作中，我们都发现有不少名词铺排的文本。下面我们分别予以阐述。

根据我们对《全唐诗》中存录的全部唐代词作的调查与分析，发现唐词中的名词铺排主要有如下几种结构形式。

（一）三言成句的"NP，NP"式

这种结构模式实际上是先秦时期《诗经》所创造的词铺排形式的延续，也是两汉与魏晋南北朝时期陆续创造的名词铺排形式的延续。如果说有什么差异，那只是字数上的变化，语法结构上没有变化。《诗经》创造的名词铺排，如"喓喓草虫，趯趯阜螽"（《国风·召南·草虫》），是四言成句，分别由两个偏正式名词短语独立成句，每句以叠字领起。两汉魏晋南北朝的名词铺排形式主要有两种情况：一是延续《诗经》创造的结构形式，但扩展成五言成句，如"青青河畔草，郁郁园中柳"（汉《古诗十九首》）、"荣荣窗下兰，密密堂前柳"（晋·陶渊明《拟古诗九首》之一）。二是起首不以叠字领起，但语法上仍是偏正式名词短语的结构。每句字数或是五字，或是七字，如"楼上徘徊月，窗中愁思人"（南朝梁·庾肩吾《和徐主簿望月诗》），以五字成句，每句都是偏正式名词短语单独构句，但不以叠字领起。这是南北朝时期的创造。以七字成句的，如"青田松上

---

① 参见唐圭璋等：《唐宋词鉴赏辞典》，上海：上海辞书出版社，1988年，第4页。
② 参见唐圭璋等：《唐宋词鉴赏辞典》，上海：上海辞书出版社，1988年，第6页。

一黄鹤，相思树下两鸳鸯"（北周·庾信《代人伤往诗》二首之一），也是不以叠字领起而以偏正式名词短语单独构句的。这几种情况在唐五代诗中都得到了继承。到了唐五代词中，这些结构其实仍在使用，只是因为词不同于诗，它的句子有长有短，因此就创出了以三字成句、不以叠字领起、结构仍以偏正式呈现的"NP，NP"结构形式。根据我们对《全唐诗》中存录的全部唐代词的考察分析，这种三言成句的"NP，NP"结构是唐词名词铺排的主要形式。如：

（1）雪溪湾里钓鱼翁，舴艋为家西复东。<u>江上雪，浦边风</u>，笑著荷衣不叹穷。（张志和《渔父》）

（2）乐是风波钓是闲，草堂松桧已胜攀。<u>太湖水，洞庭山</u>，狂风浪起且须还。（张松龄《渔父》）

（3）<u>梧桐树，三更雨</u>，不道离情正苦。一叶叶，一声声，空阶滴到明。（温庭筠《更漏子》）

（4）玉钗斜篸云鬟重，裙上金缕凤。<u>八行书，千里梦</u>，雁南飞。（温庭筠《酒泉子》）

（5）<u>钿蝉筝，金雀扇</u>，画梁相见。雁门消息不归来，又飞回。（温庭筠《蕃女怨》二首之一）

（6）<u>玉连环，金镞箭</u>，年年征战。画楼离恨锦屏空，杏花红。（温庭筠《蕃女怨》二首之二）

例（1）至例（6）是四种不同词牌的作品，其中都有名词铺排文本的建构。例（1）"江上雪，浦边风"，两个偏正式名词短语各自成句，每句都是三个字。两句之间在语义上互不相属，没有语法上的隶属关系，呈并列对峙的格局。而且这两句与后面一句"笑著荷衣不叹穷"在语法上没有关涉，因为"笑著荷衣不叹穷"是一个省略了主语的自足句。因此，从形式与语义上看，例（1）都属于南北朝时期新创的"NP，NP"结构形式。这一名词铺排文本的建构就像是电影放映过程中突然插入的静止画面，与整体动态演进的画面形成了对比，使作品叙事文字显得灵动飞扬。例（2）至例（6）情况亦然。

（二）四言成句的"NP，NP"式

这种结构模式在唐词中也已存在，可以看成南北朝时期五言成句的"NP，NP"（起首非叠字）形式的变体。不过，根据我们的调查，这种结构形式在唐词的运用并不多，只是偶有一见。如：

乐游原上清秋节，咸阳古道音尘绝。音尘绝，西风残照，汉家陵阙。（李白《忆秦娥》）

上例中"西风残照，汉家陵阙"，是两个偏正式名词短语各自成句，在语法上彼此独立，呈并列对峙的格局，属四字成句的名词铺排结构形式。值得指出的是，这种结构形式在唐词中很少见，但在唐诗中普遍存在，乃是李白所创造。李白古风《上云乐》有云："五色师子，九苞凤皇。是老胡鸡犬，鸣舞飞帝乡"，其中"五色师子，九苞凤皇"，就是以四言成句、不以叠字领起的"NP，NP"结构形式。上述这个名词铺排文本的建构，配置于词末，从审美上看，犹如电影放映结束时的两个特定镜头，不仅画面感强，而且给人无穷的回味。

（三）五言成句的"NP，NP"式

这种结构模式在唐词中也有少量例子。它与南北朝时期五言成句的"NP，NP"（起首非叠字）形式一脉相承，是诗歌中的名词铺排结构形式向词中迁移的表现。如：

（1）缥缈云间质，盈盈波上身。袖罗斜举动埃尘，明艳不胜春。（唐昭宗《巫山一段云》之一）
（2）照花前后镜，花面交相映。新帖绣罗襦，双双金鹧鸪。（温庭筠《菩萨蛮》）

例（1）"缥缈云间质，盈盈波上身"，是写神女美质之句，采用的也是名词铺排。两句都是偏正式名词短语，各自成句，呈并列对峙格局，以两幅静止画的形式出现，以衬托出后文动态的描写，使动静交相呼应，意境得以拓展。例（2）"新帖绣罗襦，双双金鹧鸪"，是分别以名词"罗襦""鹧鸪"为中心的偏正结构的名词短语，前面分别有"绣"与"金"修饰。而"新帖"则指"新花样"，是用以修饰"绣罗襦"的间接修饰语。"双双"则用以修饰"金鹧鸪"（指头饰），亦属间接修饰语。这两个名词短语各自成句，在语法上互不相属，呈并列对峙的格局，所以也是名词铺排。值得指出的是，这二例在句法结构上有些特别，既与《诗经》创造的两句都以叠字领起的"NP，NP"形式不同，也与南北朝时期新创的两句皆不以叠字领起的"NP，NP"形式相异，可以说是两种形式的整合。这里，我们可以看出唐词在名词铺排结构形式上既有继承又有创新的努力。

（四）六言成句的"NP，NP"式

这种结构模式在唐词中偶有所见，是南北朝时期新创的"NP，NP"（起首非叠字）形式的变体。它以六言成句，这在诗歌中是没有的，也是一种结构形式的创新。不过，根据我们的调查，这种结构形式在唐词中并不多见，只是偶有一见而已。如：

青草湖边草色，飞猿岭上猿声。万里三湘客到，有风有雨人行。（王建《江南三台词》四首之二）

上例中"青草湖边草色，飞猿岭上猿声"，是分别由"草色""猿声"为中心语的两个偏正式名词短语构成的句子，在语法上彼此互不隶属，各自成句，呈并列对峙的格局，属于六字成句的名词铺排。

（五）四言成句的"NP + NP"式

这种结构模式是一种单句名词铺排的类型，在唐诗中就已经出现，但多是五言成句。四言成句，且以单句形式出现的，则是始于晚唐词。不过，应该指出的是，这种单句形式的名词铺排在唐词中非常少见，《全唐诗》中存录的唐人词作中也仅有如下一例：

万枝香雪开已遍，细雨双燕。钿蝉筝，金雀扇，画梁相见。雁门消息不归来，又飞回。（温庭筠《蕃女怨》二首之一）

上例中"细雨双燕"，是两个名词"细雨""双燕"并列对峙而自成一句，与前句"万枝香雪开已遍"无语法上的隶属关系，更与后几句无语法上的关涉，属于单个句子的名词铺排。

（六）五言成句的"NP"式

这种结构模式亦是单句名词铺排的一种类型，在唐诗中非常多。但在唐词中，仅晚唐词人温庭筠的词中偶有出现。如：

（1）杨柳又如丝，驿桥春雨时。（温庭筠《菩萨蛮》）
（2）画楼音信断，芳草江南岸。鸾镜与花枝，此情谁得知。（温庭筠《菩萨蛮》）

例（1）"驿桥春雨时"，是以"时"为中心语的偏正式名词短语。从语法上看，它与前句没有隶属关系，属于名词铺排。例（2）"芳草江南岸"，则是由两个名词短语（"芳草""江南"）联合起来共同作名词"岸"的修饰语，整个名词短语句在语法上可自成一统，不与前后句发生语法上的隶属关系，也是属于单句形式的名词铺排。

（七）七言成句的"NP"式

"NP"式七言成句的单句名词铺排始于唐诗。唐词中有此结构形式，乃是受唐诗的影响。唐诗中七言成句的"NP"式名词铺排很多，唐词中则是偶有所见。如：

萧声咽，秦娥梦断秦楼月。秦楼月，年年柳色，灞陵伤别。乐游原上清秋节，咸阳古道音尘绝。（李白《忆秦娥》）

上例中"乐游原上清秋节"，是以"清秋节"为中心语的名词短语句，"乐游原上"是其修饰语。从语法上看，这一名词短语句与其前后句都无结构上的隶属关系，属于七言成句的单句名词铺排。

（八）六言成句的"NP＋NP"式

单句形式的名词铺排始于唐诗，但是唐诗中没有六言成句的单句名词铺排。因此，以六言成句的"NP＋NP"结构形式是唐词的创造。不过，根据我们的调查，唐词中这种结构形式的名词铺排并不多。如：

（1）星斗稀，钟鼓歇，帘外晓莺残月。（温庭筠《更漏子》）
（2）杨柳，杨柳，日暮白沙渡口。船头江水茫茫，商人少妇断肠。（王建《宫中调笑》）

例（1）"帘外晓莺残月"，是由"晓莺""残月"两个名词并列对峙成句（"帘外"修饰"晓莺残月"），且与前后句无语法关涉，属于六言成句的"NP＋NP"式名词铺排。例（2）"日暮白沙渡口"，是以"白沙""渡口"两个名词并列对峙成句（"日暮"修饰"白沙渡口"），且不与前后句发生语法上的隶属关系，也属于六言成句的"NP＋NP"式名词铺排。

（九）七言成句的"NP＋NP＋NP"式

这种形式的单句名词铺排在晚唐诗歌中始见，但也只是偶有一见。在唐词中则有较多的例子。如：

（1）蝶舞梨园雪，莺啼柳带烟。<u>小池残日艳阳天</u>，苎萝山又山。（唐昭宗《巫山一段云》之二）

（2）<u>宝函钿雀金鸂鶒</u>，沉香阁上吴山碧。杨柳又如丝，驿桥春雨时。（温庭筠《菩萨蛮》）

（3）<u>玉炉冰簟鸳鸯被</u>，粉融香汗流山枕。帘外辘轳声，敛眉含笑惊。（牛峤《菩萨蛮》）

例（1）"小池残日艳阳天"，是由"小池""残日""艳阳天"三个名词或名词短语并列对峙而成句，且与前后句无语法上的关涉，属于七言成句的名词铺排。例（2）（3）情况类此，也是由三个名词或名词短语并列对峙而成句，属于七言成句的"NP＋NP＋NP"式单句名词铺排。

与诗歌中的情况相似，唐代的词中也有一些形式上类似于名词铺排，而实非名词铺排的情况。因此，在考察五代词的名词铺排结构形式发展演进时，需要予以厘清。如下面几种情况，都是值得注意的。

第一，有些句子表面上是"NP，NP"的形式，像是对句形式的名词铺排，但实际上却并不是。根据上下文语境与前后句的语义进行分析，它只是两个省略了主语与谓语动词的普通主谓句的并列。因此，这种情况就不算是名词铺排。如：

（1）西塞山前白鹭飞，桃花流水鳜鱼肥。<u>青箬笠，绿蓑衣</u>，斜风细雨不须归。（张志和《渔父》）

例（1）"青箬笠，绿蓑衣"，表面上也是二句毗邻成双，都是偏正结构的名词短语形式，与汉代创造的以非叠字领起的"NP，NP"式名词铺排相同。但实际上它并非名词铺排，而是两个省略了主语与谓语动词的普通句子，即"渔父穿着青箬笠，渔父穿着绿蓑衣"。

第二，有些句子表面上是"NP，NP"的形式，俨然就是对句形式的名词铺排，实际上并不是，而是随后语句的主语而已。只要结合上下文语境与前后句的语义分析一下，便知真实情形。诸如此类情形，当然不算是名词铺排。如：

（2）扬州桥边小妇，长干市里商人。三年不得消息，各自拜鬼求神。（王建《江南三台词》四首之一）

例（2）"扬州桥边小妇，长干市里商人"，是两个分别以"小妇"与"商人"为中心语的偏正式名词短语的句子，表面上是"NP，NP"式名词铺排，实际上并不是。因为联系后二句看，这两句在语法上是充当"三年不得消息""各自拜鬼求神"二句的主语，因而它不能独自成句，不算名词铺排。

第三，有些句子表面上是"NP + NP + NP"的形式，像是单句形式的名词铺排，实际上并不是，而是与前句对应的普通主谓句。这种情况需要从前后句的语义上去分析，否则会产生误会。如：

（3）池北池南草绿，殿前殿后花红。天子千秋万岁，未央明月清风。（王建《宫吕三台词》二首之二）

例（3）"未央明月清风"，表面看起来是由三个名词"未央（宫）""明月""清风"并列构成的联合短语，类似于"NP + NP + NP"式名词铺排，实际上并不是，而是一个主谓句。主语是"未央（宫）"，谓语因与前句谓语"千秋万岁"形成对仗，故以"明月清风"两个名词短语并列联合作为描述"未央宫"的谓语。

第四，有些句子表面上是"NP + NP + NP，NP + NP + NP"的形式，像是对句形式的名词铺排，实际上并不是。从上下文语境分析，这二句只是相互对应对仗的普通主谓句，各自省略了动词"在"。这种情况就不能算是名词铺排。如：

（4）白云千里万里，明月前溪后溪。独恨长沙谪去，江潭春草萋萋。（刘长卿《谪仙怨》）

例（4）"白云千里万里，明月前溪后溪"，表面结构是"NP + NP + NP，NP + NP + NP"式，像是名词铺排，实际上并不是，而是各自省略了动词"在"的两个普通主谓句并列。如果补齐，这二句的真实结构形式便是"白云在千里万里，明月在前溪后溪"。

二、五代词中的名词铺排

五代词是唐词的延续，很多五代词人其实也是晚唐词人。因此，五代词的名词铺排结构形式有相当一部分是与唐词一致的。但是，五代词在名词铺排结构形式上的创新发展也是非常突出的。

根据我们对《全唐诗》中存录的全部五代词作的调查与分析，发现五代词中的名词铺排继承唐词旧有模式的有五种，创新则有十三种。下面我们就分两个方面分而述之。

（一）旧有模式的继承

五代词对唐词中所创造的名词铺排结构形式的继承，根据我们对《全唐诗》中存录的全部五代词作的调查来看，主要有如下五种。

1. 四言成句的"NP，NP"式

"NP，NP"（非叠字领起）结构形式的名词铺排是南北朝时期诗歌所创出的新模式，但都是以五言成句的。四言成句者，则是唐词的创造。五代词延续了这种名词铺排模式，但数量也不多，只是偶尔一见。如：

（1）渺莽云水，惆怅暮帆，去程迢递。（张泌《河传》）

例（1）"渺莽云水，惆怅暮帆"，是两个偏正式名词短句各自构句，在语法上彼此独立，彼此呈并列对峙的格局，属四言成句的"NP，NP"（非叠字领起）式单句名词铺排。

2. 五言成句的"NP，NP"式

这种结构模式是南北朝诗歌的创造，在唐诗中很常见，唐词中也时有所见。五代词中有此结构形式的运用，乃是一种诗词的名词铺排常用模式的延续。不过，根据我们对《全唐诗》中存录的全部五代词作的调查，运用者并不多，只是偶有一见。如：

（2）今夜画船何处，潮平淮月朦胧。酒醒人静奈愁浓。残灯孤枕梦，轻浪五更风。（徐昌图《临江仙》）

例（2）"残灯孤枕梦，轻浪五更风"，两句都是偏正式名词短语各自构句，彼此呈并列对峙格局。前句"残灯孤枕梦"，以"梦"为中心语，"残灯孤枕"是作为一个整体修饰"梦"的。后句"轻浪五更风"，以"风"为中心语，"轻浪""五更"从状态与时间两个角度修饰"风"。两句都以五言成句，但不以叠字领起，是南北朝时期名词铺排的典型模式。

3. 六言成句的"NP，NP"式

这种结构模式是晚唐词的创造，五代词中有沿用。但是，根据我们对《全唐诗》中存录的全部五代词作的调查，运用者并不多，目前只见到如下一例：

(3) <u>四十年来家国，三千里地山河</u>。凤阙龙楼连霄汉，玉树琼枝作烟，几曾识干戈。(李煜《破阵子》)

例（3）"四十年来家国，三千里地山河"，是分别由"家国""山河"为中心语的两个偏正式名词短语各自构句（"四十年来"修饰"家国"，"三千里地"修饰"山河"），在语法上彼此互不隶属，彼此呈并列对峙的格局，属于六言成句的"NP，NP"（非叠字领起）式名词铺排。

4. 四言成句的"NP + NP"式

这种结构模式在唐词中已经出现。五代词中出现这种结构形式的名词铺排，乃是对唐词所创模式的沿用。如：

(4) <u>夕阳芳草</u>，千里万里，雁声无限起。(张泌《河传》)

(5) <u>芳草长川</u>，柳映危桥桥下路。归鸿飞，行人去，碧山边。(冯延巳《酒泉子》)

例（4）"夕阳芳草"，是两个名词"夕阳""芳草"并列对峙而自成一句，与后二句"千里万里，雁声无限起"无语法上的隶属关系，属于单个句子的名词铺排。例（5）情况类此。

5. 七言成句的"NP + NP + NP"式

这种结构模式在唐词中已经出现，五代词只是对唐词所创结构形式的继承。如：

(6) 马上凝情忆旧游，照花淹竹小溪流，<u>钿筝罗幕玉搔头</u>。(张泌《浣溪沙》)

（7）几日行云何处去，忘却归来，不道春将暮。**百草千花寒食路**，香车系在谁家树？（冯延巳《鹊踏枝》）

例（6）"钿筝罗幕玉搔头"，由"钿筝""罗幕""玉搔头"三个名词或名词短语并列对峙而成句；例（7）"百草千花寒食路"，由"百草""千花""寒食路"三个名词短语并列对峙而成句。这二例都是以单个句子形式出现的名词铺排，因为它们都以名词短语形式而成句，且在语法上与其前后句没有隶属关系。

（二）全新模式的创出

五代词在名词铺排结构形式方面的创新共有十三种之多，可见五代词人在文学上的锐意创新精神是非常难得的。下面我们就分述五代词人所新创的十三种名词铺排结构形式。

1. 三言成句的"NP，NP，NP"式

这种结构模式在唐词中没有出现。唐诗中虽有三字成句的名词铺排，但并列对峙的只有两句，而非三句。诸如此类三足鼎立的名词铺排，实乃五代词的首创。不过，根据我们对《全唐诗》中存录的全部五代词作的调查，这种用例并不多，目前只发现如下一例：

（1）风微烟淡雨萧然，隔岸马嘶何处，**九回肠，双脸泪，夕阳天**。（冯延巳《酒泉子》）

例（1）"九回肠，双脸泪，夕阳天"，由三个偏正式名词短语各自构句，每句都是三个字。三句之间在语义上互不相属，没有语法上的隶属关系，彼此呈并列对峙的格局。而且这三句与其前面的两句也没有语法上的隶属关系。因此，从形式与语义上看，例（1）都属于典型的名词铺排。

2. "NP（四言），NP（六言）"式

这种结构模式在以往的诗歌中不可能出现（因为诗歌一般都是同样字数的句子相对），只有句式长短不一的词中才有可能出现。不过，根据我们对《全唐诗》中存录的全部唐五代词作的调查，这种结构形式在唐词中没有出现，只在五代词中有如下一例：

（2）**紫陌青门，三十六宫春色**。御沟辇路暗相通，杏园风。（张泌《酒泉子》）

例（2）"紫陌青门，三十六宫春色"，是由两个偏正式名词短语各自构句，前句以"青门"为中心语，后句以"春色"为中心语。两个名词短语各自成句，并列对峙，与后几句没有语法上的隶属关系，明显属于名词铺排的性质。只是这两个名词短语句一个为四言句，一个为六言句，与其他类型不同，是词中所特有的，因为词的句子有长短。

3. "NP + NP（四言），NP（五言或六言）"式

这种结构模式在唐诗与唐词中都未曾出现，乃是五代词的首创。根据我们对《全唐诗》中存录的全部五代词作的调查，这种结构形式的用例并不多，目前只发现如下二例：

（3）<u>野花芳草，寂寞关山道</u>。柳吐金丝莺语早，惆怅香闺暗老。（韦庄《清平乐》）

（4）<u>碧桃红杏，迟日媚笼光影</u>。彩霞深。香暖熏莺语，风清引鹤音。（毛熙震《女冠子》二首之一）

例（3）"野花芳草，寂寞关山道"，由两个句子构成，前句为四言，后句为五言。前句是联合结构，由"野花"与"芳草"两个名词短语并列构成，自成一句。后句是偏正结构，以"关山道"为中心语，"寂寞"是修饰语，也自成一句。前后两句并列对峙，且不与它们前后的其他句子发生语法上的隶属关系，属于名词铺排。例（4）"碧桃红杏，迟日媚笼光影"，也是由两个句子构成，但前句是四言，后句是六言。前句由两个偏正式名词短语"碧桃""红杏"构成，后句由"迟日"修饰"媚笼光影"，是"光影"的间接修饰语，"媚笼"则是"光影"的直接修饰语。前后两句结构虽有不同，但二者之间是一种并列对峙的关系，且不与其前后句发生语法上的隶属关系，因此也是名词铺排。

4. "NP + NP + NP（六言），NP（三言）"式

这种结构模式在唐词中还没有出现，是五代词的新创。不过，根据我们对《全唐诗》中存录的全部五代词的考察，这种结构形式并不多见，目前只发现如下一例：

（5）罗襦绣袂香红，画堂中。<u>细草平沙蕃马、小屏风</u>。（薛昭蕴《相见欢》）

例（5）"细草平沙蕃马、小屏风"，由两个小句构成。前句由"细草""平沙""蕃马"三个偏正式名词短语并列对峙构成，后句"小屏风"则是一个偏正

式的名词短语独立成句，与前句形成并列对峙的格局，但不与其前后句发生语法上的隶属关系，明显是名词铺排文本。

5. "NP（二言），NP（二言），NP + NP（四言）"式

这种结构模式在唐词中尚未出现，亦为五代词首创。不过，根据我们对《全唐诗》中存录的全部五代词的考察，这种结构形式在五代词中用例尚不多，目前我们只找到如下一例：

（6）锦浦，春女，绣衣金缕。雾薄云轻。花深柳暗，时节正是清明，雨初晴。（韦庄《河传》）

例（6）"锦浦，春女，绣衣金缕"，由三个句子构成，前两个句子各是一个偏正结构的名词短语（"锦浦""春女"），第三句是两个名词短语（"绣衣""金缕"）构成一个并列的名词短语结合体。三个句子都是名词性的，各自成句，且不与它们前后的句子发生语法上的隶属关系，明显属于名词铺排的性质。三个句子连续铺排，就像三个特写镜头，由远而近，逐步推摇逼近，画面感非常强。

6. "NP（三言），NP（三言），NP + NP（七言）"式

这种结构模式在唐词中未出现过，亦为五代词首创。不过，根据我们对《全唐诗》中存录的全部五代词的考察，这种结构形式在五代词中用例也只是偶有一见。如：

（7）相见处，晚晴天，刺桐花下越台前。暗里回眸深属意，遗双翠，骑象背人先过水。（李珣《南乡子》）

例（7）"相见处，晚晴天，刺桐花下越台前"，前两句各是一个表示处所的名词短语，第三句则是由两个表示处所的名词短语叠加而成，三个名词短语各自独立成句，彼此呈并列对峙的关系，也是名词铺排文本。我们读现代剧本，时常会看到由名词或名词短语构成的表示"时间""地点""人物"等背景交代的文字。例（7）这个名词铺排文本就有点类似于我们现代剧本交代背景的文字，现代剧本写作是否受到词中名词铺排文本的影响，也是值得我们重视的。

7. "NP + NP（七言），NP + NP（四言）"式

这种结构模式在唐诗中没有出现，唐词中也没有出现，乃是五代词的创造。不过，根据我们对《全唐诗》中存录的全部五代词的考察，这种结构形式在五代词中的运用还不普遍，目前我们只发现如下一例：

（8）越罗小袖新香茜，薄笼金钏。倚阑无语摇轻扇，半遮匀面。（毛熙震《后庭花》）

例（8）"越罗小袖新香茜，薄笼金钏"，是由两个名词短语各自构句。前句为七言，后句为四言。前句由"越罗小袖"与"新香茜"两个偏正式名词短语构成，后句由"薄笼"与"金钏"两个偏正式名词短语构成。这两个名词短语句彼此之间是并列对峙的，且与其前后句没有语法上的隶属关系，明显是名词铺排的性质。

8. 五言成句的"NP＋NP，NP＋NP"式

这种结构模式在唐诗与唐词中都没有，亦为五代词的创造。不过，根据我们对《全唐诗》中存录的全部五代词的考察，这种结构形式在五代词中的运用并不多，目前我们只发现如下一例：

（9）锦帐银灯影，纱窗玉漏声。迢迢永夜梦难成，愁对小庭秋色月空明。（欧阳炯《南歌子》）

例（9）"锦帐银灯影，纱窗玉漏声"，前句由"锦帐""银灯影"两个偏正式名词短语构成，后句由"纱窗""玉漏声"两个偏正式名词短语构成。两个句子内的几个名词短语呈并列对峙的格局，两个句子之间也呈并列对峙的格局，因此也是名词铺排。

9. 五言成句的"N＋N＋N＋N＋N，N＋N＋NP"式

这种结构模式是此前诗词中都没有出现过的，是五代词中新创的类型。不过，根据我们对《全唐诗》中存录的全部五代词的调查，这种结构形式非常罕见，目前只发现如下一例：

（10）歌舞送飞球，金觥碧玉筹。管弦桃李月，帘幕凤凰楼。一笑千场醉，浮生任白头。（徐铉《抛球乐》）

例（10）"管弦桃李月，帘幕凤凰楼"，前句由"管""弦""桃""李""月"五个单音节名词（"管""弦"，指两种乐器；"桃""李"，是两种植物）构成，后句由"帘""幕"两个单音节名词加上一个偏正式名词短语"凤凰楼"构成。两个句子内部的名词或名词短语间是一种并列对峙的关系，两个句子之间也呈并列对峙的格局，因此属于名词铺排。

10. 六言成句的"NP"式

这种结构模式在唐诗与唐词中都未出现过，是五代词的创新。不过，根据我们对《全唐诗》中存录的全部五代词的调查，这种结构形式用例非常少，目前只发现如下一例：

（11）金翡翠，为我南飞传我意。鬈画桥边春水，几年花下醉。（韦庄《归国谣》）

例（11）"鬈画桥边春水"，是以"春水"为中心语的偏正式名词短语单独成句，且与前后句没有语法关涉，明显属于名词铺排。

11. 五言成句的"NP + NP"式

这种结构模式在唐诗中比较常见，但在唐词中没有出现。五代词中首次出现，乃是其新创。不过，根据我们对《全唐诗》中存录的全部五代词的调查，这种结构形式在五代词中非常少见，目前只发现如下一例：

（12）柳堤芳草径，梦断辘轳金井。昨夜更阑酒醒，春愁过却病。（李煜《应天长》）

例（12）"柳堤芳草径"，是两个偏正式名词短语"柳堤""芳草径"并列对峙而成句的，它与后几句在语法上没有隶属关系，明显属于单句形式的名词铺排。

12. 七言成句的"NP + NP"式

这种结构模式在唐诗中比较常见，但在唐词中没有出现，五代词中始有出现，属于创新。根据我们对《全唐诗》中存录的全部五代词的调查，这种结构形式在五代词中的用例并不多，目前只发现如下三例：

（13）河畔青芜堤上柳。为问新愁，何事年年有？独立小桥风满袖，平林新月人归后。（冯延巳《蝶恋花》）

（14）娇鬟堆枕钗横凤，溶溶春水杨花梦。红烛泪阑干，翠屏烟浪寒。（冯延巳《菩萨蛮》）

（15）云一缏，玉一梭，淡淡衫儿薄薄罗。轻颦双黛螺。（李煜《长相思》）

例（13）"河畔青芜堤上柳"，由"河畔青芜""堤上柳"两个名词短语并列对峙而成句；例（14）"溶溶春水杨花梦"，由"溶溶春水""杨花梦"两个名词性短语并列对峙而成句；例（15）"淡淡衫儿薄薄罗"，由"淡淡衫儿""薄薄罗"两个名词短语并列对峙而成句。这三例都是单句形式的名词铺排，因为它们都是以名词短语形式而成句，且在语法上与其前后句没有隶属关系。

13. 六言成句的"NP＋NP＋NP"式

"NP＋NP＋NP"式单句名词铺排在唐词中已经出现。不过，唐词的这种结构形式都是以七言成句出现的。以六言成句的，则是五代词的首创。如：

（16）芳草灞陵春岸，柳烟深，满楼弦管，一曲离声肠寸断。（韦庄《上行杯》）

（17）别后只知相愧，泪珠难远寄。罗幕绣帏鸳被，旧欢如梦里。（韦庄《归国谣》）

（18）白马玉鞭金辔，少年郎，离别容易，迢递去程千万里。（韦庄《上行杯》）

例（16）"芳草灞陵春岸"，由"芳草""灞陵""春岸"三个名词并列对峙而成句，它与后几句没有语法上的隶属关系，属于六言成句的单句式名词铺排。例（17）"罗幕绣帏鸳被"，由"罗幕""绣帏""鸳被"三个名词并列对峙而成句，且与前后句无语法关涉，也属于六言成句的单句式名词铺排。例（18）"白马玉鞭金辔"，由"白马""玉鞭""金辔"三个名词并列对峙而成句，且与前后句无语法上的隶属关系，与例（16）、例（17）类似，同属六言成句的单句式名词铺排。

与诗歌中的情况相似，也与唐词的情况相同，五代词中也有一些形式上类似于名词铺排，而实非名词铺排的情形。因此，在考察五代词的名词铺排结构形式演进时，需要予以厘清。如下面几种情况，都是值得注意的。

第一，有些句子表面上是"NP＋NP"的形式，像是单句形式的名词铺排，实际上并不是。根据上下文语境分析，便知它只是其随后一句的主语而已。诸如这种情况，自然就不是名词铺排了。如：

（1）林间戏蝶帘间燕，各自双双。忍更思量，绿树青苔半夕阳。（冯延巳《采桑子》）

（2）水上游人沙上女，回顾，笑指芭蕉林里住。（欧阳炯《南乡子》）

例（1）"林间戏蝶帘间燕"，语法结构上是由"林间戏蝶"与"帘间燕"两个偏正式名词短语并列构成；例（2）"水上游人沙上女"，语法结构上是由"水上游人"与"沙上女"两个偏正式名词短语并列构成。单独从结构上看，这二句都是"NP＋NP"的形式，好像是名词铺排。实际上，从上下文语境看，它们都只是后句的主语。因此，诸如此类的句子就不能算是名词铺排。

第二，有些句子表面上是"NP＋NP＋NP"的形式，俨然就是单句形式的名词铺排，实际上并不是。根据上下文语境分析，不难发现它只是作为其前句谓语动词的宾语而已。像这种情况，明显不是名词铺排。如：

（3）林间戏蝶帘间燕，各自双双。忍更思量，绿树青苔半夕阳。（冯延巳《采桑子》）

例（3）"绿树青苔半夕阳"，语法结构上是由"绿树""青苔""半夕阳"三个偏正式名词短语构成。三个名词短语之间是一种并列对峙的关系，彼此没有语法上的隶属关系，因此，从单句形式上看极似名词铺排。但是，从上下文语境与语义上分析，我们便会发现，"绿树青苔半夕阳"并不能独立，而是与其前句"忍更思量"有割不断的语法关涉，是前句谓语动词"思量"的宾语。可见，"绿树青苔半夕阳"并不是名词铺排。

第七节　唐代小说中的名词铺排

隋唐五代之前，中国的小说创作已经有很长的历史，特别是笔记小说的创作。但是，由于小说包括唐代开始的传奇，还有唐代开始的寺院的俗讲作品（即今所谓"敦煌变文"，类似于宋代话本小说），都是以叙事记人为主，写景的文字相当少，因此，以名词铺排形式写景的文本也就不易见到。我们都知道，小说不像诗词，没有格律与字句上的限制，因而作者也就不必刻意省略动词、介词等。正因为如此，小说中即使是写景，也不会那么热衷于以名词铺排的形式来建构文本。这就是我们在中国古典小说中很难发现有名词铺排文本的原因。

虽然从学理上说，小说中一般不会出现（或曰不会经常出现）名词铺排，但是文学创作过程中往往会有意外，不可能有某种修辞现象出现的文体中，有时也会因作者个人特别的爱好而有所突破。如唐代小说《游仙窟》中大量呈现的名词铺排，就是一个例证。

唐代小说中的名词铺排，根据目前我们所能找到的材料，主要有两类：一是唐代的传奇（文言体小说），二是寺院俗讲的文字本。前者如鲁迅编校的《唐宋传奇集》、张友鹤的《唐宋传奇选》等；后者则只有王重民、王庆菽、向达、周一良、启功、曾毅公所编《敦煌变文集》（上、下）一种（人民文学出版社，1957 年）。本节我们对唐代小说中名词铺排结构类型的分析与概括，主要就是根据如上这些有限的资料。

一、唐代小说中的名词铺排

唐代小说中所能见到的名词铺排文本数量非常有限，就我们所调查的结果，其所创造的名词铺排文本，从结构形式上看主要有如下几种：

（一）四言成句的"NP"式

单句形态的"NP"式最初是由初唐诗歌创造出来的，但以七言成句形式呈现。以四言成句形式呈现，则是唐代小说的首创。不过，根据我们对现有唐代小说资料的调查，发现这种结构形式的名词铺排在唐代传奇中并未出现，只在唐代寺院俗讲（变文）中出现过如下一例：

远公迤逦而行，将一部涅盘之经，来往庐山修道。是时也，春光扬艳，薰色芳菲，渌柳随风而尾婀娜，望云山而迢递，睹寒雁之归忙。自为学道心坚，意愿早达真理。远公行经数日，便至江州。巡诸巷陌，歇息数朝，又乃进发。向西行经五十余里，整行之次，路逢一山，问人曰："此是甚山？"乡人对曰："此是庐山。"远公曰："我当初辞师之日，处分交代，逢庐即住，只此便是我山修道之处。"且见其山非常，异境何似生。嵯峨万岫，叠掌千层，崒屼高峰，崎岖峻岭。猿啼幽谷，虎啸深溪。枯松□万岁之藤萝，桃花弄千春之色。（《庐山远公话》）

上例中的"嵯峨万岫"，从上下语境看，是语法结构上自成一统的言语单位。它的前句"见其山非常，异境何似生"，后句"叠掌（嶂）千层"，都是语法结构完整的语句。由此可以判定，"嵯峨万岫"为一个独立的言语单位，是文中纯粹写景的文字，属于"NP"式名词铺排。也许这样的遣词造句只是说话人（即说书人）无意所为，但在事实上却有很好的审美效果，既调整了小说叙事语言的节奏，使语言表达灵动有致，又有增强文字画面感、拓展小说意境的功效。

（二）四言成句的"NP＋NP"式

"NP＋NP"结构模式在中唐诗歌中已然存在。如元稹《早春寻李校书》："款款春风澹澹云，柳枝低作翠桄裙。梅含鸡舌兼红气，江弄琼花散绿纹"，其中"款款春风澹澹云"一句，就是"NP＋NP"结构模式的单句名词铺排，只不过是七言成句。无独有偶，我们在唐代小说作家的传奇作品以及唐代寺院俗讲（即今天所见的《敦煌变文》）中也发现有这种结构形式的名词铺排。如：

（1）俄见一门洞开，生降车而入。<u>彩槛雕楹</u>；华木珍果，列植于庭下；几案茵褥，帘帏肴膳，陈设于庭上。生心甚自悦。（李公佐《南柯太守传》）

（2）征马合合杂杂，隐隐琪琪，铁马提撕，大军浩汗。长松青翠，<u>短草黄禾</u>，玉响清冷，金鞍瑾锡。日夜登其长路，旬月即到吴中。吴王闻子胥得胜，遂即从骑迎来。（《伍子胥变文》）

（3）独有沙洲一郡，人物风华，一同内地。天使两两相看，一时垂泪，左右骖从，无不惨怆。安下既毕，日置歌筵，毹乐宴赏，无日不有。是时也，日藏之首，境媚青苍，红桃初熟，九酝如江。天使以王程有限，不可稽留。修表谢恩，当即进发。尚书远送郊外，拜表离筵，<u>碧空秋思</u>，去住怆然，踌躇塞草，信宿留连，……（《张淮深变文》）

例（1）"彩槛雕楹"一句，结合上下文语境可以看出，它既与前句"生降车而入"无语法上的关涉，也与后句"华木珍果，列植于庭下"没有牵连。因为动词"列植"的主语是"华木珍果"，"彩槛雕楹"从逻辑上看不能与之匹配。可见"彩槛雕楹"是独立的一句，在文中是纯粹写景状物之笔，属于"NP＋NP"式单句名词铺排。也许这是脱胎于唐代诗歌，但用在小说中，也别有意味。从审美的角度看，这一单句形式的名词铺排置于"生降车而入"一句之后，有一种电影"蒙太奇"的特写效果，"大槐安国"宫殿华丽的景象扑面而来，让读者一下子就深入小说主人公淳于棼的内心世界，体会到他"降车而入"时肃然起敬的第一感觉。以此为基础，小说再写"华木珍果，列植于庭下；几案茵褥，帘帏肴膳，陈设于庭上"的景象，就显得水到渠成。因此，从这个意义上看，这句纯粹写景的名词铺排还有一种心理铺垫和文意层递的作用。可见，小说中适当运用名词铺排，对于审美效果的提升是相当明显的。例（2）的"短草黄禾"、例（3）的"碧空秋思"，情况与例（1）类似，从上下文语境来看，它们都是独立于其前后语句的言语单位，是纯粹的写景文字，属于"NP＋NP"式单句名词铺排。因此，在审美上同样有增强画面感、拓展小说环境描写意境的效果。

（三）四言成句的"NP，NP"（叠字领起）式

这种结构模式是先秦时期的诗歌集《诗经》所创造的。后来，魏晋南北朝诗歌、初唐诗歌都有沿用继承。但是，在小说中出现，则是唐代小说家的创造。不过，根据我们对现有唐代小说资料的调查，唐传奇中目前尚未发现有这种结构形式的名词铺排，唯在唐代寺院俗讲（变文）中有如下一例：

西天有国名欢喜，有王欢喜王。王之夫人，名有于（相）者。夫人容仪窈窕，玉貌轻盈，如春日之天桃，类秋池之荷叶；盈盈素质，灼灼娇姿；实可漫漫，偏称王心。（《欢喜国王缘》）

上例中"盈盈素质，灼灼娇姿"，前句以名词"质"为中心语，"素"为直接修饰语，"盈盈"为间接修饰语；后句以名词"姿"为中心语，"娇"为直接修饰语，"灼灼"为间接修饰语。根据上下文语境观察，这两个名词短语句在语法结构上跟其前后句没有纠葛，是独立表意的言语单位。由此我们可以断定，"盈盈素质，灼灼娇姿"二句属于名词铺排，正是《诗经》所创造的以叠字领起的"NP，NP"式名词铺排的经典模式。它在小说中的作用，犹如今日电影叙事中突然插入的两个特写镜头，不仅有调整叙事节奏的作用，还有增加画面感，拓展意境的效果。

（四）四言成句的"NP，NP"式

这种结构模式是汉赋的创造，之后在魏晋南北朝诗、盛唐诗、唐五代词中都有沿袭运用。在小说中运用，则是唐代的创造。不过，根据我们对现存唐代小说的调查，唐代传奇作品中没有发现这种结构形式的名词铺排，只在唐代寺院俗讲（变文）中发现如下一例：

远公迤逦而行，将一部涅盘之经，来往庐山修道。是时也，春光扬艳，薰色芳菲，渌柳随风而尾婀娜，望云山而迢递，睹寒雁之归忙。自为学道心坚，意愿早达真理。远公行经数日，便至江州。巡诸巷陌，歇息数朝，又乃进发。向西行经五十余里，整行之次，路逢一山，问人曰："此是甚山？"乡人对曰："此是庐山。"远公曰："我当初辞师之日，处分交代，逢庐即住，只此便是我山修道之处。"且见其山非常，异境何似生。嵯峨万岫，叠掌千层，崒屼高峰，崎岖峻岭。

猿啼幽谷，虎啸深溪。枯松□万岁之藤萝，桃花弄千春之色。(《庐山远公话》)

上例中"崒屼高峰，崎岖峻岭"，前句以名词"峰"为中心语，"崒屼"为间接修饰语，"高"为直接修饰语；后句以名词"岭"为中心语，"崎岖"为间接修饰语，"峻"为直接修饰语。从上下文语境看，这二句在语法结构上与其前后句没有任何纠葛。因为其前后句都是语法结构完整的句子，无须"崒屼高峰，崎岖峻岭"二句充当其语法成分。其前句"叠掌（嶂）千层"，主语是"叠嶂"，谓语是"千层"；其后句"猿啼幽谷"，主语是"猿"，谓语动词是"啼"，补语是"幽谷"，介词"于"省略。可见，"崒屼高峰，崎岖峻岭"是一个语法与语义皆独立的言语单位，属于以四言成句的"NP，NP"式名词铺排。这一名词铺排文本在小说叙事中出现，既有调整小说叙事节奏、增加语言灵动感的效果，又有拓展小说意境的作用。

（五）四言成句的"NP + NP，NP + NP"式

这种结构模式是从初唐诗歌中发展出来的一种类型，有五言成句与七言成句两种情况。在唐传奇与唐代寺院俗讲（变文）中，这种结构形式的名词铺排也有运用。不过，它不是以五言成句或七言成句的形式呈现，而是以四言成句的形式表现。如：

（1）是夕，遂宿毅于凝光殿。明日，又宴毅于凝碧宫。会友戚，张广乐，具以醪醴，罗以甘洁。初，笳角鼙鼓，旌旗剑戟，舞万夫于其右。中有一夫前曰："此《钱塘破阵乐》。"（李朝威《柳毅传》）

（2）长者巡游三处，尊者皆言不堪，佛与此地无缘，为复多生业障。须达怏怏反侧，非分彷徨，烦怨回车，又出城南按行。去城不近不远，显望当途，忽见一园，竹木非常蓊蔚，三春九夏，物色芳鲜；冬际秋初，残花翁郁。草青青而吐绿，花照灼而开红，千种池亭，万般果药，香芬芬而扑鼻，鸟噪咭而和鸣。树动扬三宝之名，神钟震息苦之响。（《降魔变文》）

例（1）"笳角鼙鼓，旌旗剑戟"一句，从上下文语境看，与前面的时间词"初"没有语法上的关涉，与后句"舞万夫于其右"也无语法结构上的隶属关系。因为"舞万夫于其右"是一个句法结构完整的句子，如果转换成现代汉语，即是"万夫舞于其右"，"万夫"是主语，"舞"是谓语动词，"于"是介词，"其右"是补语。可见，"笳角鼙鼓，旌旗剑戟"是两个独立的句子。但是，这两个独立的句子又与一般的语句不同。它没有谓语动词，每句只是两个名词短语并列铺排而成，属于典型的名词铺排，与我们上面所说的初唐诗歌中的"NP＋NP，NP＋NP"结构形式完全相同。从小说情节来看，这段文字是写洞庭龙君答谢柳毅传书之情而举行的宴会。"笳角鼙鼓，旌旗剑戟"，以八字二组名词短语并列联合，既显得文字简洁干练，与"舞万夫于其右"的劲舞场景匹配，又有一种表意上铺排壮势的效果，对提升作品的审美价值无疑是有很大作用的。例（2）"千种池亭，万般果药"，跟例（1）情况一样，语法结构上也是"NP＋NP，NP＋NP"。前句以名词"池""亭"为中心语，"千种"是其共同修饰语；后句以名词"果""药"为中心语，"万般"为其共同修饰语。这一名词铺排文本纯粹是写景，意在夸耀园中之物的丰富，既有铺排壮势的效果，又有增强画面感的作用，有明显的审美功能。

（六）五言成句的"NP，NP，NP，NP"式

这种结构模式由四个短句构成，每个短句都是一个偏正式名词短语结构形式。它是张鷟在小说《游仙窟》中的首创，此前的诗歌或小说都未曾有过。如：

于时，日落西渊，月临东渚。五嫂曰："向来调谑，无处不佳；时既曛黄，且还房室。庶张郎共娘子安置。"十娘曰："人生相见，且论杯酒，房中小小，何暇匆匆！"遂引少府向十娘卧处：屏风十二扇，画障五三张，两头安彩幔，四角垂香囊；槟榔豆蔻子，苏合绿沉香，织文安枕席，乱彩叠衣箱。相随入房里，纵横照罗绮，莲花起镜台，翡翠生金履；帐口银龀装，床头玉狮子，十重蛮氍毡，八叠鸳鸯被；数个袍裤，异种妖娆；姿质天生有，风流本性饶；红衫窄裹小撷臂，绿袜帖乱细缠腰；时将帛子拂，还捉和香烧；妍华天性足，由来能装束；敛笑正金钗，含娇累绣襦；梁家妄称梳发缓，京兆何曾画眉曲。（张鷟《游仙窟》）

上例中有两个"NP，NP，NP，NP"结构形式的名词铺排。一是"槟榔豆蔻子，苏合绿沉香，织文安枕席，乱彩叠衣箱"，是四个分别以"豆蔻子""绿沉香""安枕席""叠衣箱"为中心语的偏正短语（仔细分析，这四个中心语本身也各是一个偏正式名词短语）句。二是"帐口银龀装，床头玉狮子，十重蛮氍毡，八叠鸳鸯被"，是分别以"银龀装""玉狮子""蛮氍毡""鸳鸯被"为中心语的四个偏正式名词短语结构的句子（名词中心语本身也各是一个偏正式名词短语）。之所以说这两个"NP，NP，NP，NP"结构形式的言语单位是名词铺排，是因为它们与其前后的句子在语法结构上都无关涉。"槟榔豆蔻子，苏合绿沉香，织文安枕席，乱彩叠衣箱"的前句"两头安彩幔，四角垂香囊"，语法结构完整，主语、谓语齐全。它的后句"相随入房里"，也是动词、宾语俱全，主语省略。可见，"槟榔豆蔻子，苏合绿沉香，织文安枕席，乱彩叠衣箱"确是一个独立的言语单位，是由四个名词短语句并列对峙构成的名词铺排文本。"帐口银钮装，床头玉狮子，十重蛮氆毡，八叠鸳鸯被"，情况亦然。这两个"NP，NP，NP，NP"结构形式的名词铺排文本，是写仙女十娘闺房的陈设，通过大量名词短语句的铺排，意在凸显仙窟陈设的奢华与非同寻常，给人一种进入仙境的真切感。

（七）四言成句的"NP + NP，NP + NP，NP + NP，NP + NP，NP + NP，NP，NP"式

这种结构模式是由七个短句构成。前四句各由两个名词短语并列铺排而成，后两句则各由一个偏正式名词短语构成。这种超常规的名词铺排句的集结是以往诗歌中不曾见过的，也是唐代小说中很难见到的，唯独张鹭《游仙窟》中才有。如：

> 下官答曰："必其不免，只可须身当。"五嫂笑曰："只恐张郎不能禁此事。"众人皆大笑。一时俱坐。即换香儿取酒。俄尔中间，擎一大钵，可受三升已来。金钿铜环，金盏银杯，江螺海蚌，竹根细眼，树瘿蝎唇，九曲酒池，十盛饮器。觞则咒觥犀角，厄厄然置于座中；杓则鹅项鸭头，汛汛焉浮于酒上。遣小婢细辛酌酒，并不肯先提。五嫂曰："张郎门下贱客，必不肯先提。娘子但须把取。"（张鹭《游仙窟》）

上例中"金钿铜环，金盏银杯，江螺海蚌，竹根细眼，树瘿蝎唇，九曲酒池，十盛饮器"七句，都是四言句，但结构有所不同，前五句是每句由两个名词短语并列铺排而成，如第一句的"金钿铜环"，就是由"金钿""铜环"两个偏正式名词短语并列铺排构句。第二句至第五句，情况亦然，都是"NP + NP"的结构形式。第六句与第七句，则是"NP"式，因为"九曲酒池，十盛饮器"二句分别以"酒池"与"饮器"为中心语，"九曲"与"十盛"是修饰语。可见，这七句确是名词铺排的性质。至于算不算是名词铺排文本，还要看它们与其前后的句子有没有语法结构上的关涉。如果这七句是并列联合起来充当它们前面一句的某一语法成分（如谓语或宾语），那么就不算名词铺排。如果它们是并列联合起来充当它们后面一句的主语，也不算名词铺排。为此，我们不妨看看这七句前后两个句子的语法结构。"擎一大钵，可受三升已来"，处于这七句之前，但与这七句没有语法上的关涉，因为这个句子在语法结构上是完整的。"擎一大钵"的主语是"香儿"（承前省略），谓语动词是"擎"，宾语是"一大钵"；"可受三升已来"的主语是"大钵"（承前省略），"受三升已来"是谓语。可见，"擎一大钵，可受三升已来"一句，不需要后七句充当它的任何语法结构成分。"觥则兕觥犀角，尫尫然置于座中"，虽处于这七句之后，但在语法结构上也是完整的。因为"觥则兕觥犀角"的主语是"觥"（酒杯），"兕觥犀角"是表语，"则"在此充当了系词"是"的语法角色。"尫尫然置于座中"，是说觥弯弯曲曲置于座间的样子，是个描写句。可见，"觥则兕觥犀角，尫尫然置于座中"一句，也是句法结构自足的句子，与它前面的七个名词铺排的短语句没有语法上的关涉。因此，我们可以据此断定，上面我们所说的七句属于名词铺排的性质。这七句是写仙窟主人宴客的场面，运用名词铺排手法极力渲染饮食、酒器等的珍贵，在表意上有凸显仙窟宴客不同凡俗的意味，在审美上则有一种铺排壮势、耸动人心的效果。

（八）四言成句的"NP, NP, NP＋NP, NP＋NP, NP＋NP, NP＋NP, NP＋NP, NP＋NP"式

这种结构模式也是张鷟的创造。它由八个句子构成，前两个句子都是由一个偏正式名词短语独立成句，后六个句子则由两个名词短语并列铺排而成句。如：

五嫂笑曰："张郎心专，赋诗大有道理。俗谚曰：'心欲专，凿石穿。'诚能思之，何远之有！"其时，绿竹弹筝。五嫂咏筝曰："天生素面能留客，发意关情并在渠。莫怪向者频声战，良由得伴乍心虚。"十娘曰："五嫂咏筝，儿咏尺八：'眼多本自令渠爱，口少由来每被侵；无事风声彻他耳，教人气满自填心。'"下官又谢曰："尽善尽美，无处不佳。此是下愚，预闻高唱。"少时，桂心将下酒物来：<u>东海鲻条，西山凤脯，鹿尾鹿舌，干鱼炙鱼，雁醢荇菹，鹑臛桂糁，熊掌兔髀，雉臛豺唇</u>，百味五辛，谈之不能尽，说之不能穷。十娘曰："少府亦应太饥。"唤桂心盛饭。下官曰："向来眼饱，不觉身饥。"（张鷟《游仙窟》）

上例中"东海鲻条，西山凤脯，鹿尾鹿舌，干鱼炙鱼，雁醢荇菹，鹑臛桂糁，熊掌兔髀，雉臛豺唇"，是由八个名词短语句（只是在结构上稍有不同。前二句"东海鲻条，西山凤脯"，各由一个名词短语单独成句。"东海鲻条"，以"鲻"修饰"条"，以"东海"修饰"鲻条"，整体上是一个偏正式名词短语。"西山凤脯"一句，情况亦然。后六句则都是各由两个名词短语并列铺排而成。

如第三句"鹿尾""鹿舌"都各是一个名词短语）构成的名词铺排文本。如果作形式化描写，便是"NP，NP，NP＋NP，NP＋NP，NP＋NP，NP＋NP，NP＋NP，NP＋NP"。之所以说这八句是一个名词铺排文本，是因为这八句作为一个整体，在语法结构上既与它之前的句子"桂心将下酒物来"没有关涉，也与它之后的句子"百味五辛，谈之不能尽，说之不能穷"没有牵连。在"桂心将下酒物来"一句中，"桂心"是主语，"将"是动词，"下酒物"是宾语，"来"是补语性质的句子成分。在"百味五辛，谈之不能尽，说之不能穷"一句中，"百味五辛"是主语，"谈之不能尽，说之不能穷"是两个并列的谓语。这八句是用以叙述仙窟宴客下酒物的种类，在表意上有凸显仙窟待客下酒物的丰盛与珍稀的意味，在审美上则有铺排壮势、耸动人心的效果。

（九）杂言成句的"NP，NP，NP＋NP，NP＋NP，NP，NP"式

这种结构模式是由六个短句构成的。但是，结构形式与上述几种模式不同。它前二句与后二句各由一个偏正式名词短语构成，中间两句则各由两个名词短语并列铺排而成，各句字数不一样。如：

十娘曰："五嫂如许大人，专拟调合此事。少府谓言儿是九泉下人，明日在外谈道儿一钱不值。"下官答曰："向来承颜色，神气顿尽；又见清谈，心胆俱碎。岂敢在外谈说，妄事加诸，忝预人流，宁容如此！伏愿欢乐尽情，死无所恨。"少时，饮食俱到。薰香满室，赤白兼前，穷海陆之珍羞，备川原之果菜，肉则龙肝凤髓，酒则玉醴琼浆。<u>城南雀噪之禾，江上蝉鸣之稻。鸡臇雉臛，鳖醢鹑羹，椹下肥肫，荷间细鲤。</u>鹅子鸭卵，照曜于银盘；麟脯豹胎，纷纶于玉叠。（张鷟《游仙窟》）

上例中"城南雀噪之禾，江上蝉鸣之稻。鸡臇雉臛，鳖醢鹑羹，椹下肥肫，荷间细鲤"，是由六个名词短语句并列对峙构成，属于名词铺排文本。之所以这样说，是因为这六句前后的句子都是语法结构完整的句子，与这六句在语法结构上没有关涉。居前的"肉则龙肝凤髓，酒则玉醴琼浆"，是两个结构完整的判断句，居后的"鹅子鸭卵，照曜于银盘"，则是一个结构完整的主谓句（"鹅子鸭卵"是主语，"照曜于银盘"是谓语）。可见，这六个名词短语句是作为一个整体构成一个文本。这个文本的第一、二句与第五、六句，都是以名词为中心的偏正式名词短语。如第一句"城南雀噪之禾"，以"禾"为中心语，带有两个修饰语。一个是"雀噪"，是直接修饰语；一个是"城南"，属间接修饰语，它修饰"雀噪之禾"这个名词短语。第二句情况亦然。第五、六两句分别以名词"胜""鲤"为中心语,各以形容词"肥""细"为直接修饰语,以"椹下""荷间"两个表示处所的短语为间接修饰语。从整体结构看,这四句都是由一个偏正式名词短语构句的。中间两句"鸡臛雉腥,鳖醢鹑羹",则各以两个名词短语并列联合而成,因为"鸡臛""雉腥""鳖醢""鹑羹"都是偏正式名词短语。因此,这六个名词短语句的并列对峙格局具备了名词铺排的性质。它记述仙窟宴客的菜色,以六个名词短语句超常规集结,意在铺排壮势,凸显仙窟宴客菜肴的丰富与不同凡响,让人读之,一种向往艳羡之情油然而生。

(十) 杂言成句的"NP + NP,NP + NP,NP,NP,NP,NP,NP,NP,NP,NP,NP,NP"式

这种结构模式是由十二个名词短语句构成的。前二句由两个名词短语并列铺排构成,后十句则各由一个偏正式名词短语构句,各句字数不一样。如:

> 少时,饮食俱到。薰香满室,赤白兼前,穷海陆之珍羞,备川原之果菜,……熊腥纯白,蟹酱纯黄;鲜鲙共红缕争辉,冷肝与青丝乱色。蒲桃甘蔗,榠枣石榴,河东紫盐,岭南丹橘。燉煌八子柰,青门五色瓜。太谷张公之梨,房陵朱仲之李。东王公之仙桂,西王母之神桃,南燕牛乳之椒,北赵鸡心之枣。千名万种,不可具论。(张鷟《游仙窟》)

上例中"蒲桃甘蔗,榠枣石榴,河东紫盐,岭南丹橘。燉煌八子柰,青门五色瓜。太谷张公之梨,房陵朱仲之李。东王公之仙桂,西王母之神桃,南燕牛乳之椒,北赵鸡心之枣",是一个名词铺排文本。因为它之前的句子"鲜鲙共红缕争辉,冷肝与青丝乱色",是两个结构完整的并列主谓句,它之后的句子"千名万种,不可具论"也是一个结构完整的主谓句。例中画线部分的十二个名词短语句作为一个整体,不与其前后的句子发生语法结构上的关涉,因此是典型的名词铺排性质。这十二句中,前两句皆由两个名词短语并列铺排而成,是"NP + NP"结构;后十句各由一个偏正式名词短语单独构句,是"NP"结构。这个以大量名词短语句超常规集结的名词铺排文本,通过十二个名词句的铺排,将仙窟宴席上的十四种佳肴美味一一呈现,在表意上有力地凸显了仙窟的非同凡响,让人读之,一种仰慕神往之情油然而生,在审美上则有一种铺排壮势、一气呵成的力量感。

二、小说与诗词中的名词铺排之异同

小说中出现名词铺排，就现有资料显示，乃始于唐代的传奇与寺院俗讲（变文）。虽然唐代小说中建构名词铺排文本的情况并不算多，但唐代小说中的名词铺排与唐代及其以前的诗歌、唐代开始的词中的名词铺排是有显著差异的。当然，也有相同之处。

（一）相异点

根据我们的考察，唐代小说中的名词铺排与唐代诗词以及唐以前诗歌中的名词铺排相比，其间存在的差异是非常明显的。具体说来有如下几个方面：

1. 内容上差异明显

从以上我们对唐代小说中名词铺排的分析，可以发现：唐代小说中的名词铺排，虽然涉及唐代及其以前历代诗歌中名词铺排所写的建筑、服饰等内容，但主要集中于宴会排场及其食物丰盛的描写方面，这跟以前诗歌中名词铺排主要用以写景的情形大不相同。写宴会排场的，如前举李朝威《柳毅传》中"笳角鼙鼓，旌旗剑戟"，即是其例。写食物丰盛及饮器高贵等情形的，例子最多。如前举张鹜《游仙窟》中的"金钿铜环，金盏银杯，江螺海蚌，竹根细眼，树瘿蝎唇，九曲酒池，十盛饮器""东海鲻条，西山凤脯，鹿尾鹿舌，干鱼炙鱼，雁醢荇菹，鹑臘桂糁，熊掌兔髀，雉臛豺唇""城南雀噪之禾，江上蝉鸣之稻。鸡臘雉臛，鳖醢鹑羹，椹下肥肫，荷间细鲤""蒲桃甘蔗，楔枣石榴，河东紫盐，岭南丹橘。燉煌八子奈，青门五色瓜。太谷张公之梨，房陵朱仲之李。东王公之仙桂，西王母之神桃，南燕牛乳之椒，北赵鸡心之枣"等，都是非常典型的例子。

2. 运用的普遍性方面有差异

唐代及其前代的诗歌中名词铺排的运用非常普遍，唐代开始的词创作，名词铺排文本也较常见。但是，唐代小说包括传奇与非传奇类的志怪小说、寺院俗讲（变文）中，则很少有名词铺排的运用。唐传奇中也只有李公佐《南柯太守传》和李朝威《柳毅传》中各有一例，其他唐传奇作品中很难找到名词铺排的例子。至于非传奇类的小说以及寺院俗讲（变文），也不易找到名词铺排。只有张鹜志怪类小说《游仙窟》是个特例，它与作者有意而为之的游戏炫才有关。

3. 在创作自觉性方面有差异

名词铺排的创造自《诗经》而降就赓续不断，虽然不能完全否认作者有自觉创造的意识，但起码可以说自觉的意识并不是特别强烈，更多的恐怕还是无意识的或是被动的。因为诗歌的字句有限制，因此往往就会被迫放弃句中的某些介词、连词等，结果在格律或字句的限制下客观上创造出了许多诗歌名词铺排模式。但是，我们看唐代小说，特别是张鷟的小说《游仙窟》，其间名词铺排句大规模、超常规地集结，不仅为唐代前后的历代诗歌所无，也是唐及唐以后的词曲、小说所无。因为小说不像诗词等有格律或字句的要求或限制，完全可以不用名词铺排。可见，张鷟《游仙窟》中的许多名词铺排都是有意而为之的，明显带有游戏炫才的倾向。而这种倾向，正是名词铺排创造自觉性的突出表现。

4. 在结构形式上有差异

隋唐五代及其以前的诗歌，其名词铺排形式虽多，但结构上都比较简单，唐五代词中的名词铺排情况亦然。但是，在唐代小说中，特别是在张鷟《游仙窟》这部小说中，名词铺排形式的创新特点不仅非常突出，而且结构形式的复杂程度是从未有过的，可谓空前绝后。直至现代，小说中仍没有比张鷟《游仙窟》中所创造的列锦结构形式更加复杂的。如"蒲桃甘蔗，樱枣石榴，河东紫盐，岭南丹橘。燉煌八子奈，青门五色瓜。太谷张公之梨，房陵朱仲之李。东王公之仙桂，西王母之神桃，南燕牛乳之椒，北赵鸡心之枣"，结构形式是"NP + NP，NP + NP，NP，NP，NP，NP，NP，NP，NP，NP，NP，NP"，竟然有十二个名词短语句超常规集结。其他几种类型虽无这样多的并列铺排的句子，但结构上比此还要复杂。如"城南雀噪之禾，江上蝉鸣之稻。鸡臘雉臛，鳖醢鹑羹，樃下肥肫，荷间细鲤"，其结构形式是"NP，NP，NP + NP，NP + NP，NP，NP"，相较于上面我们所举的例子，虽然句子数目只有其一半（六句），但结构的复杂程度明显超过上例。可见，唐代小说中的名词铺排，其结构形式与诗词的差异是非常明显的。

（二）相同点

诗词与小说虽然体裁不同，但其中所运用到的名词铺排还是有相同之处的。根据我们对隋唐五代诗歌、唐五代词和唐代小说的考察与比较，发现唐代小说的名词铺排与唐五代诗词中的名词铺排在内容上有相当多的相同点。这主要表现在如下几个方面：

1. 喜欢以名词铺排写建筑物

名词铺排作为一种修辞手段，自《诗经》肇始以来，一直以写风景等自然风物为主，但也有很多是写建筑物的。先秦两汉、魏晋南北朝诗歌姑且不论，即以隋唐五代诗词来看，就有很多。如"云林谢家宅，山水敬亭祠"（韦应物《送宣城路录事》）、"花木三层寺，烟波五相楼"（贾岛《送刘知新往襄阳》）、"柳湖松岛莲花寺"（白居易《西湖晚归回望孤山寺赠诸客》）、"苍苍竹林寺"（刘长卿《送灵澈上人》）、"村桥酒旆月明楼"（罗隐《村桥》）、"千枝白露陶潜柳，百尺黄金郭隗台"（罗隐《县斋秋晚酬友人朱瓒见寄》）、"谢朓青山李白楼"（陆龟蒙《怀宛陵旧游》）等，都是写建筑物的名词铺排之诗句。唐代小说中以名词铺排写建筑物的，如前举李公佐《南柯太守传》中的"彩槛雕楹"，即是其例。虽然例子不多，但其结构形式与立意趣向的一脉相承，是非常明显的。

2. 喜欢以名词铺排写服饰及闺阁陈设

以名词铺排写服饰与闺阁陈设的内容，也不是唐代小说的创造发明，在唐代以前的诗歌作品中就有，在隋唐五代的诗词中更是常见。如"华屋重翠幄，绮席雕象床"（张籍《宛转行》）、"翡翠明珠帐，鸳鸯白玉堂"（吴少微《过汉故城》）、"新帖绣罗襦，双双金鹧鸪"（温庭筠《菩萨蛮》）、"罗幕绣帏鸳被"（韦庄《归国谣》）、"越罗小袖新香茜，薄笼金钏"（毛熙震《后庭花》）、"锦帐银灯影，纱窗玉漏声"（欧阳炯《南歌子》）等，都是典型的例子。唐代小说中，如张鷟《游仙窟》中不仅有这种写服饰与闺阁陈设的名词铺排文本，而且结构形式更为复杂。如"槟榔豆蔻子，苏合绿沉香，织文安枕席，乱彩叠衣箱""帐口银钮装，床头玉狮子，十重蛮罽毡，八叠鸳鸯被"，分别是四个句子的铺排，结构是"NP，NP，NP，NP"，铺排的密度更高，读之让人印象更深。

第八节　隋唐五代名词铺排的审美追求

隋唐五代时期，是名词铺排大发展的重要时期。这一时期的名词铺排，在结构模式上可谓继往开来、创新最多。正因为如此，这一时期的名词铺排在审美上也自有其自己的追求。大体说来，这些审美追求可以从如下几个方面加以认识。

一、刻意为工的整齐均衡之美

前文说过，名词铺排肇始于《诗经》，其最初的基本结构模式便是以双句成对匹配的形式出现。秦汉、魏晋与南北朝时期，名词铺排的这种基本结构形式得到了广泛运用，在诗歌作品中几乎成为司空见惯的修辞现象。隋唐五代是中国诗歌发展的重要时期，也是格律诗逐渐形成并最终定型的重要时期。既然要作格律诗，自然要讲究对仗。正因为如此，在隋唐五代时期的诗歌作品中，名词铺排也经常是以双句成对匹配的形式出现，既是《诗经》以来名词铺排的传统模式，也是近体诗的格律要求。所以，在隋唐五代诗歌中，经常可以见到诸如以下各种以双句成对匹配的名词铺排用例：

（1）周穆王季，晋美帝文。**明明盛德，穆穆齐芬**。藏用四履，屈道参分。（魏徵《享太庙乐章·大成舞》）

（2）**七泽云梦林，三湘洞庭水**。自古传剽俗，有时遣恶子。（沈佺期《别侍御严凝》）

（3）**第五桥东流恨水，皇陂岸北结愁亭**。贾生对鹏伤王傅，苏武看羊陷贼庭。（杜甫《题郑十八著作虔》）

这些名词铺排，或是四言成句，或是五言成句，或是七言成句，都是以双句成对匹配的形式出现，或写景，或叙事，在视觉形象上都有一种对仗平衡的均衡美。如例（1）不是格律诗，而是继承《诗经》而来的古风。"明明盛德，穆穆齐芬"二句，是《诗经》所创造的典型名词铺排模式，它是以双句对称的形式歌颂先王之德，从形式上看让人有一种肃然起敬的崇高感。因为对称的形式易于造就一种平稳、镇定的心理感受，这正与肃然起敬的崇高感的心理感受相关。而从视觉形象上看，这种对仗工整的形式极易引发接受者身心左右平衡的心理律动，从而产生一种对称平衡的均衡美的心理感受。例（2）"七泽云梦林，三湘洞庭水"，以"七泽"对"三湘"，"云梦"对"洞庭"，"林"对"水"，从修辞学上的"对仗"角度看，都是属于"严对"。而正是这严整的对仗，最易引发接受者身心左右平衡的心理律动，从而产生一种均衡美的心理感受。例（3）"第五桥东流恨水，皇陂岸北结愁亭"，前句是一个以"水"为中心语的偏正式名词短语，后句也是一个以"亭"为中心语的偏正式名词短语，结构形式相同，对仗可谓工整，因此同样也易于给人一种均衡美的审美感受。

隋唐五代诗歌中的名词铺排，根据我们对《全唐诗》全部作品的考察，诸如上述此类以双句成对匹配形式出现的名词铺排用例是占绝大多数的，因此可以说，隋唐诗歌作品中以双句成对匹配的名词铺排在视觉审美上的整齐均衡美特点非常鲜明。

二、有意为之的错综变化之美

上文指出，名词铺排自《诗经》创始以来就以双句成对匹配形式出现为常规。但是，到了初唐，名词铺排的这种典型的结构模式开始被打破，诗歌作品中出现了一种新的名词铺排结构模式，是诗人们锐意创新的结果。它的典型模式便是在毗邻成对的二句中，一句作成正常的叙事句或陈述句，另一句则作成以一个名词短语或几个名词短语并列构句的名词铺排模式。如：

（1）孤舟汴河水，去国情无已。（宋之问《初宿淮口》）

（2）绿野芳城路，残春柳絮飞。（刘禹锡《洛中送崔司业使君扶侍赴唐州》）

（3）柳湖松岛莲花寺，晚动归桡出道场。（白居易《西湖晚归回望孤山寺赠诸客》）

这些名词铺排，不论是五言成句者，还是七言成句者；不论是初唐诗歌，还是中唐作品，都是以单句形式出现的，与上述以双句成对匹配形式出现的典型结构模式不同。但是，由于这种单句形式的名词铺排本身是以一个或几个名词（或名词短语）铺排成句，因此句子本身的画面感非常强。而这种画面感与它前后正常句式的诗句的叙事性或陈述性的平板感相比，显得更加灵动，进而造成一种错综灵动的审美情趣。例（1）"孤舟汴河水，去国情无已"，前句是名词铺排，只以"孤舟"与"汴河水"并列铺排，不表明两者之间的关系，这就好比在桌面上放了两样静物，如何组合成作品或画面，接受者可以充分发挥自己的想象力。而后句"去国情无已"，则是一个平常的陈述句，直白地表达出去国离乡的悲愁之情。两句相比，前句表意蕴藉，后句表意直白，两者形成了鲜明的对比。这样，就给读诗人一种错综灵动的审美感受。例（2）、例（3）情况亦然，前句是名词铺排，画面感很强，但给人的感受是"静"的；后句是描写，给人的感受是"动"的，前后对比，相得益彰，错综灵动的审美情趣便很突出。

值得指出的是，词在唐代已经开始出现。词与诗有密切的关系，一般认为词是"诗之余"，是诗的另一种变体形态。也正因为是变体形态，词不必像诗那样每句整齐对仗，而是有长有短，长短间杂，因此在形式上便有了较诗更为活泼灵动的优点。而利用词在结构形式上的这种特点，词人们在词中创造的名词铺排文本自然便不同于诗人所创造的名词铺排文本。因此，当我们分析唐五代词中的名词铺排结构模式时，便会惊奇地发现，词的名词铺排结构形式更丰富（详见本章第六节）。其实，词中名词铺排不仅以丰富多彩而有别于诗，而且在审美情趣上也别有特点，这便是错综灵动之美。如：

（4）雪溪湾里钓鱼翁，舴艋为家西复东。江上雪，浦边风，笑著荷衣不叹穷。（张志和《渔父》）

例（4）"江上雪，浦边风"是一个由两个偏正式名词短语并列铺排构成的名词铺排文本。虽然"江上雪，浦边风"本身也很对仗工整，但是与其前句"雪溪湾里钓鱼翁，舴艋为家西复东"和后句"笑著荷衣不叹穷"均为七字的句式比较，形体上便显得短小，与整体七字句的格局不一样，打破了全由七字成句模式所带来的板滞感，让整首词作别添一种错综有致、短小灵动的审美效果。

三、叠字营造的音乐美

名词铺排自《诗经》肇始，便是以两句成对匹配，且每句都是以叠字领起。这种结构模式，自《诗经》以降，历经先秦、两汉、魏晋、南北朝，直到隋唐，都一直是诗歌名词铺排的典范模式。翻开《全唐诗》，不论是隋及初唐，还是盛唐、中唐或是晚唐，这种结构模式的名词铺排都是诗人笔下的"宠儿"。如：

（1）恫恫琴上鹤，萧萧路傍马。严程若可留，别袂希再把。（马怀素《饯许州宋司马赴任》）
（2）本因遮日种，却似为溪移。历历羽林影，疏疏烟露姿。萧骚寒雨夜，敲劫晚风时。故国何年到，尘冠挂一枝。（杜牧《栽竹》）

从以上诸例可以看出，无论是初唐诗坛巨子，还是盛唐或中唐、晚唐的才人，他们的诗歌作品中都有以叠字领起的双句成对的名词铺排。那么，为什么自《诗经》"喓喓草虫，趯趯阜螽"（《国风·召南·草虫》）创例以来，诗歌名词铺排的这一结构模式能够成为典型而历久不衰呢？这是因为以叠字领起，本身就富有一种音乐美感。清人李重华《贞一斋诗说》有云："叠韵如两玉相扣，取其铿锵；双声如贯珠相联，取其婉转。"叠字因为兼具叠韵字与双声字的双重身份，因此不仅有"两玉相扣"的"铿锵"之美，更有"贯珠相联"的"婉转"之美。除此，有些以叠字领起的名词铺排，相对应的叠字还有平仄相对错杂的技巧，因此读起来更有一种抑扬顿挫的音乐美感。如例（1）的"恫恫"与"萧萧"，前者是"仄仄"，后者是"平平"，这样前后二句平仄交错，在诗句一开头便先声夺人地营造出了一种抑扬顿挫的音乐美，这无疑大大提升了诗句的审美价值。例（2），情况亦然。

四、以景语代情语的含蓄蕴藉之美

对名词铺排这一修辞现象有基本认识的都会明白，名词铺排最主要的表达功能是写景。如前文所说，以名词铺排的文本来写景，往往会有一种如同电影镜头组接的"蒙太奇"画面效果。但是，这仅是问题的一个方面。因为事实上，这种以名词铺排的文本呈现有时还有一种表意含蓄蕴藉之美。王国维在《人间词话》中曾说过："一切景语皆情语，一切情语皆景语。"诗人写景的目的并不完全是"为写景而写景"，而是通过写景烘托氛围，或以景写情。清人王夫之《姜斋诗话》有云："情景名为二，而实不能离。神于诗者，妙合无垠。巧者则有情中景，景中情。"又说："以乐景写哀，以哀景写乐，一倍增其哀乐。"可见，诗人写景多是为了抒情。因此，名词铺排辞格以名词铺排写景，除了营造一种电影"蒙太奇"似的画面感，还有借景写情、婉约达意的含蓄美追求。唐诗中的名词铺排就有这种审美倾向。如：

晨起动征铎，客行悲故乡。**鸡声茅店月，人迹板桥霜**。槲叶落山路，枳花明驿墙。因思杜陵梦，凫雁满回塘。（温庭筠《商山早行》）

这首诗是写山中早行者的辛苦。其中，以"鸡声茅店月，人迹板桥霜"最为有名。而这二句就是典型的以名词铺排而成的修辞文本。两句由四个双音节的名词短语与两个单音节的名词铺排组成，无论是视觉形象的"茅店""板桥""人迹""月""霜"，还是听觉形象的"鸡声"，都像一个个电影分镜头。它们组合起来所构成的深秋山色的图画，不同的读者可以经由自己不同的生活阅历而有不同的解读。但是，不论解读者脑海中呈现的画面如何不同，总会有一种抹不掉的色彩，这便是淡淡的哀伤之情，既是哀秋之零落，更是哀行者山中早行之悲苦。这层语义在诗句表面并没有出现，而是通过名词铺排修辞法，经由六个名词和名词短语的铺排，以景语呈现出来的。正因为如此，这两句诗才深具婉约含蓄之美，成为照亮全诗的灵魂。唐诗中诸如此类的名词铺排还有很多，前文我们已经随文予以了阐发。

第九节　小　结

隋唐时期，名词铺排在结构模式上的大发展格局与审美趣味多样化特点，既与文学发展自身的规律有关，又与隋唐时期特定的社会文化背景分不开。

一、隋唐时期名词铺排结构形式的多样化是诗歌修辞发展的必然规律

由前文的论述，我们可以清楚地知道，隋唐时期的诗歌（主要是唐代，隋朝存在的时间很短，隋朝的诗人多半进入初唐）在名词铺排结构形式上的发展并不是各个时段都是一致的。大体说来，初唐时期名词铺排的结构形式最为丰富，创新也最多。从盛唐开始，名词铺排的结构形式创新渐少，结构模式趋向于单一化。

那么，为什么会出现这种情况呢？从文学发展的规律看，这是可以解释的。前文我们曾总结过，初唐时期的名词铺排结构形式，既有全面继承先秦两汉时期就已定型的类型，也有承袭魏晋南北朝时期新创的类型，更有八种新创的类型。从结构形式上看，可谓达到了前所未有的类型丰富化的阶段。这种类型多样化的特点，是文学发展的必然规律。众所周知，诗歌表现风格后代必定比前代丰富，诗歌修辞手段也是如此。就名词铺排来说，唐代诗歌是中国诗歌发展数千年的继承，前代诗歌中名词铺排结构形式的既有规范必然会深刻地影响着唐代诗人的修辞实践。因此，我们在初唐诗人作品中看到了他们对先秦两汉、魏晋南北朝各个历史时期的诗歌名词铺排结构模式的全面继承。然而，初唐诗人的名词铺排修辞实践又不是消极机械地模仿前人，而是在继承中表现了锐意创新的可贵勇气。八种新的名词铺排结构形式的创出就是最好的说明。

前文我们也已说过，唐代的各个历史阶段在诗歌名词铺排结构形式上都有创造，但是没有哪一个阶段像初唐那样，有那么多的结构形式创新。那么，这是为什么呢？其实，这也可以从文学发展自身的规律中找到答案。我们都知道，近体诗（格律诗）的定型，与初唐杜审言、宋之问、沈佺期等人的努力分不开。也就是说，在杜、宋、沈等人未使近体诗格律定型化之前，初唐诗人的创作在格律上没有一个可以共同遵循的创作规范。由此，大家的创作必然呈现出一种"百花齐放"、"群雄竞逐"、自由发挥的景象。而等到格律诗的创作规范建立以后，大家都会自觉遵守，这就容易形成创作风格的趋同化现象，以及修辞方式运用的一致化倾向。就名词铺排修辞手段的运用来说，就会表现出结构形式单一化的特点。

二、盛唐开始诗歌名词铺排结构形式趋向单一化与唐代社会文化背景分不开

通过前文对唐代诗歌名词铺排结构模式发展演变的爬梳，我们已然能够清楚地看出，从盛唐开始，诗歌的名词铺排结构形式在继承先秦两汉和魏晋南北朝既

有模式上逐渐有固定化的倾向，而在新模式的创新方面则又逐渐减少。中唐与晚唐的诗歌作品，在名词铺排结构形式方面又在盛唐的基础上进一步趋向统一，虽然其间也稍有上下起伏，创新有所回升，但基本趋势是一致的。

根据我们前面研究的结论，唐代诗歌在名词铺排结构形式上的创新，隋及初唐有八种，盛唐只有一种，中唐是五种，晚唐是四种。数字上的对比，让我们一眼就发现了问题：为什么盛唐时期在名词铺排结构形式上的创新这么少？这个问题，乍一看还真令人百思不得其解。但是，如果我们转换思路，从诗歌创新与唐代的社会文化背景的联系上来观察，问题的答案就有了。众所周知，大唐王朝是建立在隋朝灭亡的基础之上的，唐高祖与唐太宗执政期间吸取了隋朝灭亡的惨痛经验教训，对统治政策进行了一系列调整。经过初唐相当一段时间的休养生息，唐代的社会经济得到了较大的发展。到唐太宗贞观年代，大唐王朝的发展到达了第一个高峰，这便是史称的"贞观之治"时期，唐代逐渐进入了国泰民安、天下太平的历史时期。而到盛唐玄宗的"开元盛世"，大唐王朝的国力与社会繁荣则可谓如日中天，盛极一时。其时，天下的安定，人民生活的优裕与稳定，都使人们产生了安于现状、不思开拓的心理。在诗歌创作方面，情况亦复如此。特别是随着近体诗在格律上的"定于一尊"，大家都安于在既有的修辞规范内做文字功夫，创新的冲动在安逸的社会环境与优裕的生活境遇中慢慢消解殆尽。就诗歌中名词铺排的结构形式创新来说，情况也必然如此。这是受社会因素的影响。除此，还有一个现实的考量，就是科举考试的要求。唐代是以诗赋取士的，而诗赋在近体诗格律定型化之后就有了一个大家必须遵守的规范问题。这就要求士子在应试作诗时必须按照规范，除了平仄与押韵的规范外，当然也包括其他修辞规范必须恪守。这其中，就少不了有名词铺排等不成文的修辞规范必须遵守。尽管考试时没有明文规定有哪些修辞规范，但在作诗人心中，相信大家一定有一个共同遵守的参照系，有一个大家潜意识中都认可的标准。这样，就必然导致在名词铺排的结构形式创新方面受到影响。因为任何规范一旦建立，就会促使人们渐趋墨守成规，创新的动力就被消解了。

三、唐五代词的名词铺排结构形式多有新变化

词是"诗之余"，是诗的同类，因此唐五代词中有名词铺排，乃是题中应有之义，理之必然。但是，由于词的句子可以长短不一，这给名词铺排的创造提供了更多的可能性。句子长短不同，就会在名词铺排结构形式上有所变化。因此，唐五代词中的名词铺排结构形式较之唐五代诗更显丰富，自然可以理解。

四、唐代小说名词铺排结构形式的创新与"有意为小说"的自觉意识分不开

前文我们说过，唐代小说中的名词铺排文本数量虽然并不多，但结构形式类型之丰富却是令人瞩目的。这其中有两个原因：一是与唐代小说家的创作意识有关，二是与小说的文体性质有关。

众所周知，小说的创作并不肇始于唐代，但唐人"有意为小说"的创作意识表现得特别明显，这是学术界公认的事实。唐代的科举考试尚未实行"糊名"制度，考生与考官在考前没有被严格区隔开来以避嫌，这就形成了当时的一种与考试相关的"温卷"风气。所谓"温卷"，就是考生考前一段时间内将自己写好的诗文或小说投送考官，赢得他们的好印象，希冀考试后考官批卷时因之前先入为主的印象而给高分。唐代士子写小说的目的更明确，就是为了展示自己的"史""才""识"，也就是要炫才而博得考官好印象。既然写小说是为了炫才，为科举最终目标服务，那么作者就必然要在写作中有语言运用方面的创新，以期给行卷的主试官以深刻印象。因此，唐代传奇中有名词铺排，亦是可以想见的。虽然唐代小说中创造名词铺排文本最多的是张鹭的《游仙窟》，张鹭写作此《游仙窟》时早已考中了进士，没有赢取主试官好感的目的，但其炫才的倾向更为明显，因此张鹭《游仙窟》中有大量名词铺排文本及结构新模式的创造也是必然的。另外，我们也都知道，小说作为一种文体，跟诗词是有很大不同的。诗词有字句与格律的限制，小说是散体，文字的展开更自由。因此，小说在名词铺排文本创造时，其在结构形式上就显得天地更宽广。正是因为有这个方面的原因，我们这才看到张鹭《游仙窟》一文中有那么多结构新颖的名词铺排文本。

第五章　宋金元

　　宋金元时期，特别是宋元二代，在中国文学发展史上堪称非常重要的一个时期。宋诗、宋词、宋文以及宋代的话本小说创作，都取得了辉煌的成就。元代在文学发展方面，也有非常耀眼的表现。其中，元曲与小说创作的成就尤其值得称道。至于金代，除了在诗、词创作方面有不容忽视的成就外，在杂剧创作方面的骄人成就，则是人所共知的。

　　伴随着宋金元时期文学的发展，汉语的名词铺排文本建构在这一时期的各种文学作品中都有突出的表现。特别是诗歌中的名词铺排，其在结构形式上的发展变化，即使是相较于名词铺排文本建构非常活跃的唐代也显得相当突出，出现了不少结构形式的创新。

　　下面我们就从诗词曲三个方面，对宋金元时期在名词铺排方面的建树进行具体考察与分析，总结概括其结构形式类型，并探讨其名词铺排文本建构的审美倾向。

第一节　宋诗中的名词铺排

众所周知，宋代诗歌创作的成就并不亚于唐代。如果以数量而论，宋诗流传至今的作品数量要远远超过《全唐诗》所收录的总数。鉴于宋诗数量异常庞大的事实以及我们的精力与本书的篇幅都有限的现实，对于宋诗中的名词铺排文本的考察，我们不拟采用考察唐诗中名词铺排的全面观照之法（即以《全唐诗》为全部考察对象），而是采用抽样调查与定量分析的方法。综合考虑了各种因素，我们最终选择了《宋诗鉴赏辞典》（上海辞书出版社，1997 年）为依据，通过对其所收 253 位宋代诗人的作品 1 040 题共 1 253 首诗的全面考察，以此观照宋诗中名词铺排文本建构的基本情况以及名词铺排结构形式的演进发展概况。抽样调查与定量分析的方法，是现代学术研究普遍采用的科学方法，将之运用到对宋诗名词铺排的研究上，从学理上说是可行的。《宋诗鉴赏辞典》所收录的两宋诗人的作品，应该说是最具有代表性的。通过考察这些最具代表性的诗人诗作，我们得出的对宋诗名词铺排发展演进的结论与认知应该不会与事实本相距离太远。

根据我们对《宋诗鉴赏辞典》所收录的两宋诗人作品的考察，发现这一时期的诗人在名词铺排文本建构方面，继承前代旧有模式的虽多，但也有不少自己的创造。特别是在结构形式上的创新，有着相当突出的成就，这是我们不容忽视的。下面我们分两个方面来论述。

一、旧有模式的继承

宋诗中的名词铺排，从我们所抽样调查的全部作品来考察，对旧有模式的继承，主要有两个方面：一是布局上的，二是结构上的。

（一）布局上的继承

宋诗在名词铺排布局上对旧有模式的继承，跟中唐与五代诗一样，属于全面性继承，即居于篇首、居于篇中、居于篇尾三种模式都有沿用。不过，就我们抽样调查的作品来看，名词铺排居于篇中的最多，居于篇首的次之，居于篇尾的则最少。下面我们分而述之。

1. 篇首名词铺排

居于篇首的名词铺排布局模式是最早产生的，《诗经》创例在前。从数量上看，先秦两汉以及魏晋南北朝的诗歌中，这种布局一直维持最高比例。只是到了唐及五代，情况发生了变化，居于篇中的布局模式比例逐渐上升并超过了居于篇首者。宋诗名词铺排在布局上的情形，类似唐五代，篇首名词铺排虽多，但在比例上略逊于篇中名词铺排。根据我们的考察与分析，宋诗中名词铺排居于篇首的用例不少，在意境创造与审美效果提升上都发挥了很大作用。如：

（1）咫尺春三月，寻常百姓家。为迎新燕入，不下旧帘遮。翅湿沾微雨，泥香带落花。巢成雏长大，相伴过年华。（葛天民《迎燕》）

（2）淡烟枫叶路，细雨蓼花时。宿雁半江画，寒蛩四壁诗。少年成老大，吾道付逶迤。终有剑心在，闻鸡坐欲驰。（文天祥《夜坐》）

（3）淡淡晓山横雾，茫茫远水平沙。安得绿蓑青笠，往来泛宅浮家。（尤袤《题米元晖潇湘图》二首之二）

（4）冥冥寒食雨，客意向谁亲？泉乱如争壑，花寒欲傍人。（刘一止《冥冥寒食雨》）

（5）梅花南北路，风雨湿征衣。出岭同谁出？归乡如不归。山河千古在，城郭一时非。饿死真吾志，梦中行采薇。（文天祥《南安军》）

（6）云里烟村雨里滩，看之容易作之难。早知不入时人眼，多买燕脂画牡丹。（李唐《题画》）

（7）江上双峰一草堂，门闲心静自清凉。诗书发冢功名薄，麋鹿同群岁月长。句里江山随指顾，舌端幽眇致张皇。莫欺九尺须眉白，解醉佳人锦瑟傍。（陈师道《次韵夏日》）

（8）山外青山楼外楼，西湖歌舞几时休？暖风吹得游人醉，直把杭州作汴州。（林升《题临安邸》）

（9）数间茅屋水边村，杨柳依依绿映门。渡口唤船人独立，一蓑烟雨湿黄

昏。（孙觌《吴门道中》二首其一）

（10）一点炊烟竹里村，人家深闭雨中门，数声好鸟不知处，千丈藤萝古木昏。（孙觌《吴门道中》二首其二）

（11）乔木幽人三亩宅，生刍一束向谁论？藤萝得意干云日，箫鼓何心进酒尊。（黄庭坚《徐孺子祠堂》）

（12）竹边台榭水边亭，不要人随只独行。一番过雨来幽径，无数新禽有喜声。只欠翠纱红映肉，两年寒食负先生。（杨万里《春晴怀故园海棠》二首其二）

（13）断芦洲渚落枫桥，渡口沙长过午潮。山鸟自鸣泥滑滑，行人相对马萧萧。（王安石《送项判官》）

例（1）至例（13）诸例都有名词铺排文本建构，只是在结构形式上有所差异。例（1）是"（咫尺）（春）三月，（寻常）（百姓）家"结构，属五言成句的"NP，NP"式；例（2）是"淡烟＋枫叶路，细雨＋蓼花时"结构，属五言成句的"NP＋NP，NP＋NP"式；例（3）是"（淡淡）晓山＋横雾，（茫茫）远水＋平沙"结构，属六言成句的"NP＋NP，NP＋NP"式；例（4）是"（冥冥）（寒食）雨"结构，属五言成句的"NP，NP"（叠字领起）式；例（5）是"梅花＋南北路"结构，属五言成句的"NP＋NP"式；例（6）是"（云里）烟村＋（雨里）滩"结构，例（7）是"（江上）双峰＋（一）草堂"结构，例（8）是"（山外）青山＋（楼外）楼"结构，均属七言成句的"NP＋NP"式；例（9）是"（数间茅屋）（水边）村"结构，例（10）是"（一点炊烟）（竹里）村"结构，均属七言成句的"NP"式；例（11）是"乔木＋幽人＋三亩宅"结构，例（12）是"（竹边）台＋榭＋（水边）亭"结构，例（13）是"断芦＋洲渚＋落枫桥"结构，均属七言成句的"NP＋NP＋NP"式。这些名词铺排文本，尽管在结构形式上有所差别，但它们都是居于诗歌篇首，在创造意境、提升诗歌审美效果上都有相同的作用，这就是凌空起势、造景呈象、定格画面，让人一开始便能感受到扑面而来的画面感，别具"诗中有画"的审美效果。

2. 篇中名词铺排

名词铺排居于篇中是两汉时期便已创造出来的布局模式。唐五代诗歌中，这种布局模式逐渐流行起来，并在比例上超过了居于篇首的模式。宋代诗歌中的名词铺排，根据我们的抽样调查，名词铺排居于篇中的比例仍然维持最高比例，与唐五代的情形类同。根据我们对所调查的用例进行的分析，发现这种布局模式不仅有创造意境的功能，还有调整诗歌节奏的作用，因此其审美效果十分明显。如：

（14）商水西门语，东风动柳枝。年华入危涕，世事本前期。草草檀公策，茫茫杜老诗。山川马前阔，不敢计归期。（陈与义《发山水道中》）

（15）节物岂不好，秋怀何黯然。西风酒旗市，细雨菊花天。感事悲双鬓，包羞食万钱。（欧阳修《秋怀》）

（16）径暖草如积，山晴花更繁。纵横一川水，高下数家村。静憩鸡鸣午，荒寻犬吠昏。（王安石《即事》）

（17）君看陌上春，令人笑拍手。半青篱畔草，半绿畦中韭。闲乌下牛背，奔豕穿狗窦。（徐积《花下饮》）

（18）南云本同征，变化知无极。四年孤臣泪，万里游子色。临别不得言，清愁涨胸臆。（陈与义《己酉九月自巴丘过湖南别粹翁》）

（19）不作苍茫去，真成浪荡游。三年夜郎客，一柁洞庭秋。得句鹭飞处，看山天尽头。（萧德藻《登岳阳楼》）

（20）误喜残胡灭，那知患更长。黄云新战路，白骨旧沙场。巴蜀连年哭，江淮几郡疮。襄阳根本地，回首一悲伤。（严羽《有感》六首之一）

（21）四山矗矗野田田，近是人烟远是邨。鸟外疏钟灵隐寺，花边流水武陵源。有逢即画元非笔，所见皆诗本不言。（洪炎《四月二十三日晚同太冲表之公实野步》）

（22）花枝已尽莺将老，桑叶渐稀蚕欲眠。半湿半晴梅雨道，乍寒乍暖麦秋天。村垆沽酒谁能择，邮壁题诗尽偶然。（黄公度《道间即事》）

（23）谁将玉笛弄中秋？黄鹤归来识旧游。汉树有情横北渚，蜀江无语抱南楼。烛天灯火三更市，摇月旌旗万里舟。却笑鲈乡垂钓手，武昌鱼好便淹留。（范成大《鄂州南楼》）

（24）底处凭阑思渺然，孤山塔后阁西偏。阴沉画轴林间寺，零落棋枰葑上田。秋景有时飞独鸟，夕阳无事起寒烟。（林逋《孤山寺端上人房写望》）

（25）愁到浓时酒自斟，挑灯看剑泪痕深。黄金台愧少知己，碧玉调将空好音。万叶秋风孤馆梦，一灯夜雨故乡心。庭前昨夜梧桐雨，劲气萧萧入短襟。（汪元量《秋日酬王昭仪》）

（26）不趁常参久，安眠向旧溪。五更千里梦，残月一城鸡。适往言犹在，浮生理可齐。（梅尧臣《梦后寄七夕阳永叔》）

（27）云乱水光浮紫翠，天含山气入青红。一川钟呗淮南月，万里帆樯海外风。老去衣襟尘土在，只将心目羡冥鸿。（曾巩《多景楼》）

（28）平揖双峰俯霁虹，近窥乔木欲相雄。一溪流水一溪月，八面疏棂八面风。取用自然无尽藏，高寒如在太虚空。落成恰值三秋半，为我吹开白兔宫。

（冯取洽《自题交游风月楼》）

（29）我诗如曹邻，浅陋不成邦；公如大国楚，吞五湖三江。<u>赤壁风月笛，玉堂云雾窗</u>。句法提一律，坚城受我降。枯松倒涧壑，波涛所春撞；万牛挽不前，公乃独力扛。诸人方嗤点，渠非晁张双；袒怀相识察，床下拜老庞。小儿未可知，客或许敦庞；诚堪婿阿巽，买红缠酒缸。（黄庭坚《子瞻诗句妙一世，乃云效庭坚体，……次韵道之》）

（30）一叫一春残，声声万古冤。<u>疏烟明月树，微雨落花村</u>。易堕将干泪，能伤欲断魂。（余靖《子规》）

（31）还家五度见春容，长被春容恼病翁。高柳下来垂处绿，小桃上去末梢红。<u>卷帘亭馆酣酣日，放杖溪山款款风</u>。更入新年足新雨，去年未当好时丰。（杨万里《南溪早春》）

（32）油壁香车不再逢，峡云无迹任西东。<u>梨花院落溶溶月，柳絮池塘淡淡风</u>。几日寂寥伤酒后，一番萧索禁烟中。（晏殊《无题》）

（33）早岁那知世事艰，中原北望气如山。<u>楼船夜雪瓜洲渡，铁马秋风大散关</u>。塞上长城空自许，镜中衰鬓已先斑。出师一表真名世，千载谁堪伯仲间！（陆游《书愤》）

（34）柳叶鸣蜩绿暗，荷花落日红酣。<u>三十六陂春水</u>，白头想见江南。（王安石《题西太一宫壁》二首之一）

（35）曾作金陵烂漫游，北归尘土变衣裘。<u>芰荷声里孤舟雨</u>，卧入江南第一州。（张耒《怀金陵》三首其三）

（36）缲帷垂垂马踏沙，水长山远路多花。<u>眼中形势胸中策</u>，缓步徐行静不哗。（宗泽《早发》）

（37）五十年功如电扫，<u>华清花柳咸阳草</u>。五坊供奉斗鸡儿，酒肉堆中不知老。（李清照《浯溪中兴颂诗和张文潜》二首其一）

（38）自把孤樽擘蟹斠，<u>荻花洲渚月平林</u>。一江秋色无人管，柔橹风前语夜深。（萧立之《第四桥》）

例（14）至例（38）诸例都有名词铺排文本建构，只是所建构的名词铺排文本在结构上有所区别。例（14）是"（草草）（檀公）策，（茫茫）（杜老）诗"结构，属五言成句的"NP，NP"（叠字领起）式；例（15）是"（西风＋酒旗）市，（细雨＋菊花）天"结构，例（16）是"（纵横）（一川）水，（高下）（数家）村"结构，例（17）是"（半青）（篱畔）草，（半绿）（畦中）韭"结构，例（18）是"（四年）（孤臣）泪，（万里游子）色"结构，例（19）是"（三年）（夜郎）客，（一柁）（洞庭）秋"结构，例（20）是"（黄云）（新）战路，（白骨）（旧）沙场"结构，均属五言成句的"NP，NP"式；例（21）是"（鸟外疏钟）灵隐寺，（花边流水）武陵源"结构，例（22）是"（半湿半晴）（梅雨）道，（乍寒乍暖）（麦秋）天"结构，例（23）是"（烛天灯火）（三更）市，（摇月旌旗）（万里）舟"结构，例（24）是"（阴沉画轴）（林间）寺，（零落棋枰）（墅上）田"结构，例（25）是"（万叶秋风）（孤馆）梦，（一灯夜雨）（故乡）心"结构，均属七言成句的"NP，NP"式；例（26）是"（五更）（千里）梦，残月＋（一城）鸡"结构，属五言成句的"NP，NP＋NP"式；例（27）是"（一川）钟呗＋（淮南）月，（万里）帆樯＋（海外）风"结构，例（28）是"（一溪）流水＋（一溪）月，（八面）疏棂＋（八面）风"结构，均属七言成句的"NP＋NP，NP＋NP"式；例（29）是"（赤壁）风＋月＋笛，（玉堂）云＋雾＋窗"结构，例（30）是"疏烟＋明月＋树，微雨＋落花＋村"结构，均属五言成句的"NP＋NP＋N，NP＋NP＋N"式；例（31）是"（卷帘）亭＋馆＋（酣酣）日，（放杖）溪＋山＋（款款）风"结构，例（32）是"梨花＋院落＋（溶溶）月，柳絮＋池塘＋（淡淡）风"结构，例（33）是"楼船＋夜雪＋瓜洲渡，铁马＋秋风＋大散关"结构，均属七言成句的"NP＋NP＋NP，NP＋NP＋NP"式；例（34）是"（三十六陂）春水"结构，属六言成句的"NP"式；例（35）是"（菱荷声里）（孤舟）雨"结构，属七言成句的"NP"式；例（36）是"（眼中）形势＋（胸中）策"结构，属七言成句的"NP＋NP"式；例（37）是"（华清）花＋柳＋（咸阳）草"结构，属七言成句的"NP＋NP＋NP"式；例（38）是"荻花＋洲渚＋月＋平林"结构，属七言成句的"NP＋NP＋N＋NP"式。尽管例（14）至例（38）诸例在结构形式上有很大差异，但是它们均是镶嵌于诗歌篇中部位，恰如珠玉潜水，既有造景呈象、拓展意境的效果，又有调整诗歌节奏的功能，因而从审美角度看，既增添了诗歌的视觉美感，又别具听觉美感，可谓形声兼备。

3. 篇尾名词铺排

名词铺排居于篇尾，乃是魏晋南北朝诗歌的创造。之后，中唐、五代诗歌都有继承。宋诗中继承这一布局模式的亦不少。如：

（39）我居北海君南海，寄雁传书谢不能。桃李春风一杯酒，江湖夜雨十年灯。（黄庭坚《寄黄几复》）

（40）茫茫汝水抱城根，野色偷春入烧痕。千点湘妃枝上泪，一声杜宇水边魂。（黄庭坚《次韵太守向公登楼眺望》二首其一）

（41）萧萧白发卧扁舟，死尽中朝旧辈流。<u>万里关河孤枕梦，五更风雨四山秋</u>。（陆游《枕上作》）

（42）空嗟覆鼎误前朝，骨朽人间骂未销。<u>夜月池台王傅宅，春风杨柳太师桥</u>。（刘子翚《汴京纪事》二十首其七）

（43）虚堂人静不闻更，独坐书床对夜灯。门外不知春雪霁，<u>半峰残月一溪冰</u>。（周弼《夜深》）

例（39）至例（43）诸例均有名词铺排文本建构，但是结构形式各有差别。例（39）是"（桃李春风）（一杯）酒，（江湖夜雨）（十年）灯"结构［此二句正常结构是：（一杯）（桃李春风）酒，（十年）（江湖夜雨）灯。前句写快乐之情，后句写凄凉之意。二句合起来是说二人聚少离多，欢少愁多］，例（40）是"（千点）（湘妃枝上）泪，（一声）（杜宇水边）魂"结构（后句正常结构是"一声水边杜宇魂"），均属七言成句的"NP，NP"式；例（41）是"（万里）关＋河＋（孤枕）梦，（五更）风＋雨＋（四山）秋"结构，例（42）是"夜月＋池台＋王傅宅，春风＋杨柳＋太师桥"结构，均属七言成句的"NP＋NP＋NP，NP＋NP＋NP"式；例（43）是"（半峰）残月＋（一溪）冰"结构，属七言成句的"NP＋NP"式。上述诸例名词铺排文本，虽然结构上不尽相同，但都居于诗歌篇尾，从审美的角度看均有终篇定格画面的效果，别具一种"曲终人不见，江上数峰青"的意境之美。

（二）结构上的继承

宋诗中的名词铺排，从结构上分析可以看出其对旧有模式的继承是相当明显的，而且继承的种类也是非常多的。这一点跟先秦两汉以及魏晋南北朝诗歌不同，跟唐诗也不同。先秦两汉时期，名词铺排结构模式的创造尚处于初期，没有多少结构模式可以继承沿用。魏晋南北朝与唐五代虽有先秦两汉创造的结构模式可以沿用，但数量有限。正因为如此，在初唐诗歌中我们只见到四种名词铺排结构是继承沿用前代的。时至宋代，情况就完全不同了。经过唐五代诗人的不断创造，到宋代诗人开始建构名词铺排文本时可以借鉴沿用的结构模式就空前丰富多彩了。正因为有了这个条件，在我们所抽样调查的宋代诗人作品中就发现有如下十三种名词铺排结构模式是继承沿用前代所创。下面我们分而述之。

1. 五言成句的"NP，NP"（叠字领起）式

这种结构模式是汉代诗人的创造。之后，魏晋南北朝诗人、唐五代诗人都喜欢沿用。从汉语名词铺排发展史的角度观察，这种结构模式可以说是一种经典模

式。但是，从我们所抽样调查的宋诗作品来看，宋代诗人似乎并不特别热衷于继承沿用这种名词铺排的经典结构模式。根据我们的抽样调查结果，只发现如下一例：

（1）商水西门语，东风动柳枝。年华入危涕，世事本前期。<u>草草檀公策，茫茫杜老诗</u>。山川马前阔，不敢计归期。（陈与义《发山水道中》）

例（1）"草草檀公策，茫茫杜老诗"，前句以名词"策"为中心语，以"檀公"为直接修饰语，以"草草"为间接修饰语；后句以名词"诗"为中心语，以"杜老"为直接修饰语，以"茫茫"为间接修饰语。从上下文语境观察，这二句与其前后句均无语法结构上的纠葛，是各自成句的，属于名词铺排性质。从结构上看，它们属于汉代诗人创造的五言成句的"NP，NP"（叠字领起）式名词铺排。值得指出的是，汉人这种结构模式的名词铺排文本建构都是用以写景或状物的，名词中心语都是表示具象意义的，如"青青河畔草，郁郁园中柳"等。而"草草檀公策，茫茫杜老诗"，则明显是述事的，名词中心语则是表示抽象意义的。这种文本建构旨趣上的变化，应该算是宋诗在建构同类名词铺排文本方面的创新努力。

2. 五言成句的"NP，NP"式

这种结构模式也是汉代诗人的创造，魏晋南北朝与唐五代诗人都喜欢沿用。当然，宋代诗人也不例外。根据我们所抽样调查的宋诗作品来看，这种旧有模式的沿用在宋诗中是相当盛行的。如：

（2）节物岂不好，秋怀何黯然。<u>西风酒旗市，细雨菊花天</u>。感事悲双鬓，包羞食万钱。（欧阳修《秋怀》）

（3）径暖草如积，山晴花更繁。<u>纵横一川水，高下数家村</u>。静憩鸡鸣午，荒寻犬吠昏。（王安石《即事》）

（4）君看陌上春，令人笑拍手。<u>半青篱畔草，半绿畦中韭</u>。闲乌下牛背，奔豕穿狗窦。（徐积《花下饮》）

（5）南云本同征，变化知无极。<u>四年孤臣泪，万里游子色</u>。临别不得言，清愁涨胸臆。（陈与义《己酉九月自巴丘过湖南别粹翁》）

（6）不作苍茫去，真成浪荡游。<u>三年夜郎客，一柂洞庭秋</u>。得句鹭飞处，看山天尽头。（萧德藻《登岳阳楼》）

（7）误喜残胡灭，那知患更长。<u>黄云新战路，白骨旧沙场</u>。巴蜀连年哭，江

淮几郡疮。襄阳根本地，回首一悲伤。（严羽《有感》六首之一）

（8）<u>咫尺春三月，寻常百姓家</u>。为迎新燕入，不下旧帘遮。翅湿沾微雨，泥香带落花。巢成雏长大，相伴过年华。（葛天民《迎燕》）

例（2）至例（8）均有名词铺排文本建构，在结构上各例略有细微差异。例（2）的结构是"（西风＋酒旗）市，（细雨＋菊花）天"，例（3）的结构是"（纵横）（一川）水，（高下）（数家）村"，例（4）的结构是"（半青）（篱畔）草，（半绿）（畦中）韭"，例（5）的结构是"（四年）（孤臣）泪，（万里游子）色"，例（6）的结构是"（三年）（夜郎）客，（一桄）（洞庭）秋"，例（7）的结构是"（黄云）（新）战路，（白骨）（旧）沙场"，例（8）的结构是"（咫尺）（春）三月，（寻常）（百姓）家"。尽管以上诸例在结构上有细微差异，但整体结构上皆为五言成句的"NP，NP"式，且与其前后的其他句子不存在语法结构上的纠葛，是典型的名词铺排文本。这些名词铺排文本在篇章布局上分为两类：一是居于诗歌篇中，如例（2）至例（7）；二是居于诗歌篇首，如例（8）。居于篇中的，在审美上除了有造景呈象、定格画面的效果，还有调整诗歌节奏的功能；居于篇首的，在审美上除了有造景呈象、定格画面的功效，还有凌空起势，以画面感直接冲击读者视觉，达到先声夺人的效果。

3. 七言成句的"NP，NP"式

这种结构模式是魏晋南北朝诗人的创造。之后，初唐、盛唐、中唐、晚唐与五代诗人都广泛沿用。根据我们对宋诗的抽样调查，宋代诗人对于这种结构模式的沿用也是非常热衷的，用例相当多。如：

（9）<u>逍遥堂后千寻木，长送中宵风雨声</u>。误喜对床寻旧约，不知漂泊在彭城。（苏辙《逍遥堂会宿》二首并引）

（10）我居北海君南海，寄雁传书谢不能。<u>桃李春风一杯酒，江湖夜雨十年灯</u>。（黄庭坚《寄黄几复》）

（11）茫茫汝水抱城根，野色偷春入烧痕。<u>千点湘妃枝上泪，一声杜宇水边魂</u>。（黄庭坚《次韵太守向公登楼眺望》二首其一）

（12）四山矗矗野田田，近是人烟远是邨。<u>鸟外疏钟灵隐寺，花边流水武陵源</u>。有逢即画元非笔，所见皆诗本不言。（洪炎《四月二十三日晚同太冲表之公实野步》）

（13）花枝已尽莺将老，桑叶渐稀蚕欲眠。<u>半湿半晴梅雨道，乍寒乍暖麦秋天</u>。村垆沽酒谁能择，邮壁题诗尽偶然。（黄公度《道间即事》）

（14）谁将玉笛弄中秋？黄鹤归来识旧游。汉树有情横北渚，蜀江无语抱南楼。烛天灯火三更市，摇月旌旗万里舟。却笑鲈乡垂钓手，武昌鱼好便淹留。（范成大《鄂州南楼》）

（15）底处凭阑思渺然，孤山塔后阁西偏。阴沉画轴林间寺，零落棋枰葑上田。秋景有时飞独鸟，夕阳无事起寒烟。（林逋《孤山寺端上人房写望》）

例（9）至例（15）均有名词铺排文本建构，在结构上各例略有细微差异。例（9）的结构是"（逍遥堂后）（千寻）木，（长送中宵）（风雨）声"，例（10）的结构是"（桃李春风）（一杯）酒，（江湖夜雨）（十年）灯"（正常语序是"一杯桃李春风酒，十年江湖夜雨灯"），例（11）的结构是"（千点）（湘妃枝上）泪，（一声）（杜宇水边）魂"，例（12）的结构是"（鸟外疏钟）灵隐寺，（花边流水）武陵源"，例（13）的结构是"（半湿半晴）（梅雨）道，（乍寒乍暖）（麦秋）天"，例（14）的结构是"（烛天灯火）（三更）市，（摇月旌旗）（万里）舟"，例（15）的结构是"（阴沉画轴）（林间）寺，（零落棋枰）（葑上）田"（这二句实际上是两个比喻句，即"林间寺像阴沉画轴，葑上田像零落棋枰"，以缩喻的形式构句，便成了两个名词句）。以上诸例都是两两相对的名词句，尽管结构上略有差异，但整体结构上都属于七言成句的"NP，NP"式，且与其前后句没有语法结构上的纠葛，是典型的名词铺排文本。例（9）的名词铺排文本居于全诗的篇首，既有造景呈象、定格画面之美，也有凌空起势、先声夺人之效。例（10）至例（15）的名词铺排文本都是居于诗歌篇中，既有造景呈象，创造"诗中有画"意境的倾向，也有调整诗歌节奏的功能。

4. 五言成句的"NP，NP + NP"式

这种结构模式是盛唐诗人的创造，中唐诗人有所继承。但是，晚唐、五代诗人作品中都未见有沿用的。到了宋代，又有诗人沿用这一模式。如：

（16）不趁常参久，安眠向旧溪。五更千里梦，残月一城鸡。适往言犹在，浮生理可齐。（梅尧臣《梦后寄七夕阳永叔》）

例（16）"五更千里梦，残月一城鸡"，由两个名词句并立构成，跟其前后其他语句没有语法结构上的纠葛，其结构是"（五更）（千里）梦，（残）月 + （一城）鸡"，属于五言成句的"NP，NP + NP"式，是典型的名词铺排文本。

5. 七言成句的"NP + NP，NP + NP"式

这种结构模式是初唐诗人的创造。之后，晚唐、五代诗人的作品中有沿用。

到了宋代，继续有诗人沿用这种结构模式。如：

（17）云乱水光浮紫翠，天含山气入青红。<u>一川钟唄淮南月，万里帆樯海外风</u>。老去衣襟尘土在，只将心目羡冥鸿。（曾巩《多景楼》）

（18）平揖双峰俯霁虹，近窥乔木欲相雄。<u>一溪流水一溪月，八面疏棂八面风</u>。取用自然无尽藏，高寒如在太虚空。落成恰值三秋半，为我吹开白兔宫。（冯取洽《自题交游风月楼》）

例（17）、例（18）均有名词铺排文本建构，在结构上也完全相同。例（17）的结构是"（一川）钟唄＋（淮南）月，（万里）帆樯＋（海外）风"，例（18）的结构是"（一溪）流水＋（一溪）月，（八面）疏棂＋（八面）风"，皆属于七言成句的"NP＋NP，NP＋NP"式名词铺排。

6. 五言成句的"NP＋NP＋NP，NP＋NP＋NP"式

这种结构模式是初唐诗人的创造。之后，盛唐诗人有沿用。但中唐、晚唐与五代诗人都未见有沿用的。到了宋代，又有沿用之例出现。不过，用例并不多。根据我们抽样调查的结果，只在黄庭坚的诗中发现如下一例：

（19）我诗如曹邺，浅陋不成邦；公如大国楚，吞五湖三江。<u>赤壁风月笛，玉堂云雾窗</u>；句法提一律，坚城受我降。枯松倒涧壑，波涛所春撞；万牛挽不前，公乃独力扛。诸人方嗤点，渠非晁张双；袒怀相识察，床下拜老庞。小儿未可知，客或许敦庞；诚堪婿阿巽，买红缠酒缸。（黄庭坚《子瞻诗句妙一世，乃云效庭坚体，……次韵道之》）

例（19）"赤壁风月笛，玉堂云雾窗"，结构上是"（赤壁）风＋月＋笛，（玉堂）云＋雾＋窗"，即前句的"赤壁"属于全句修饰语，修饰限定其后的三个名词"风""月""笛"，是三个名词短语并列构句的性质；后句的"玉堂"，也是全句的修饰语，修饰说明其后的三个名词"云""雾""窗"。前句有视觉形象（月）、触觉形象（风）和听觉形象（笛），后句则都是视觉形象。两个名词短语句的并列对峙，使诗歌所呈现的画面更加阔大，画面内容更加丰富，由此给读者带来的联想与想象空间也更大。

7. 五言成句的"NP＋NP＋N，NP＋NP＋N"式

这种结构模式是晚唐诗人的创造。五代诗人作品中未见有继承沿用的，到宋代则得到继承沿用。不过，根据我们抽样调查的结果，宋诗中的用例并不多，目

前仅见如下一例：

（20）一叫一春残，声声万古冤。<u>疏烟明月树，微雨落花村</u>。易堕将干泪，能伤欲断魂。（余靖《子规》）

例（20）"疏烟明月树，微雨落花村"二句，跟其前后的其他语句没有语法结构上的纠葛，是由两个名词句并立构成。从结构上分析，是"疏烟 + 明月 + 树，微雨 + 落花 + 村"，属于五言成句的"NP + NP + N，NP + NP + N"式，是典型的名词铺排文本。

8. 七言成句的"NP + NP + NP，NP + NP + NP"式

这种结构模式是初唐诗人的创造。但是，在盛唐、中唐、晚唐与五代诗人作品中都未见有沿用继承的。时至宋代，这种结构模式得到了宋代诗人的青睐，许多大诗人都喜欢运用。如：

（21）还家五度见春容，长被春容恼病翁。高柳下来垂处绿，小桃上去末梢红。<u>卷帘亭馆酣酣日，放杖溪山款款风</u>。更入新年足新雨，去年未当好时丰。（杨万里《南溪早春》）

（22）油壁香车不再逢，峡云无迹任西东。<u>梨花院落溶溶月，柳絮池塘淡淡风</u>。几日寂寥伤酒后，一番萧索禁烟中。（晏殊《无题》）

（23）空嗟覆鼎误前朝，骨朽人间骂未销。<u>夜月池台王傅宅，春风杨柳太师桥</u>。（刘子翚《汴京纪事》二十首其七）

（24）早岁那知世事艰，中原北望气如山。<u>楼船夜雪瓜洲渡，铁马秋风大散关</u>。塞上长城空自许，镜中衰鬓已先斑。出师一表真名世，千载谁堪伯仲间！（陆游《书愤》）

（25）萧萧白发卧扁舟，死尽中朝旧辈流。<u>万里关河孤枕梦，五更风雨四山秋</u>。（陆游《枕上作》）

例（21）至例（25）均有名词铺排文本建构，但在结构上各例略有细微差异。例（21）的结构是"（卷帘）亭 + 馆 + （酣酣）日，（放杖）溪 + 山 + （款款）风"，例（22）的结构是"梨花 + 院落 + （溶溶）月，柳絮 + 池塘 + （淡淡）风"，例（23）的结构是"夜月 + 池台 + 王傅宅，春风 + 杨柳 + 太师桥"，例（24）的结构是"楼船 + 夜雪 + 瓜洲渡，铁马 + 秋风 + 大散关"，例（25）的结构是"（万里）关 + 河 + （孤枕）梦，（五更）风 + 雨 + （四山）秋"。但是，

从整体上看，以上诸例都属于七言成句的"NP＋NP＋NP，NP＋NP＋NP"式，且与其前后的语句没有语法结构上的纠葛，因此是典型的名词铺排文本。

9. 五言成句的"NP"（叠字领起）式

这种结构模式是中唐诗人的创造，但是晚唐、五代诗歌中未见有继承沿用的。时至宋代，又有诗人继承沿用这一结构模式。不过，根据我们所抽样调查的宋诗来看，这种结构模式的名词铺排文本并不多，目前我们只发现如下一例：

（26）<u>冥冥寒食雨</u>，客意向谁亲？泉乱如争壑，花寒欲傍人。（刘一步《冥冥寒食雨》）

例（26）"冥冥寒食雨"，以名词"雨"为中心语，"寒食"是其直接修饰语，"冥冥"是其间接修饰语。整体结构上是五言成句的"NP"（叠字领起）式。由于它居于全诗篇首，跟随后的一句"客意向谁亲"没有语法结构上的纠葛，明显是独立成句的语言单位，属于名词铺排文本。

10. 七言成句的"NP"式

这种结构模式是初唐诗人的创造，但盛唐、中唐、晚唐与五代诗人作品中都未见有继承沿用的。时至宋代，宋诗中终于有了沿用继承之例。如：

（27）曾作金陵烂漫游，北归尘土变衣裘。<u>芰荷声里孤舟雨</u>，卧入江南第一州。（张耒《怀金陵》三首其三）

（28）万顷沧江万顷秋，<u>镜天飞雪一双鸥</u>。摩挲数尺沙边柳，待汝成阴系钓舟。（董颖《江上》）

例（27）"芰荷声里孤舟雨"，从结构上分析，是"（芰荷声里）（孤舟）雨"，属于七言成句的"NP"式名词铺排文本。它写诗人对江南的眷念之情，但诗人并没有过多地抒发情怀，而只是以"芰荷声里孤舟雨"这七个字的名词短语句来表现。虽然只有七个字，但包含的具象却很丰富，有芰荷，有孤舟，还有雨，既有视觉形象，又有听觉形象，就像一幅有声的图画，读之让人生发无限的遐思。例（28）"镜天飞雪一双鸥"，也是一个七言成句的"NP"式名词铺排文本，结构上是"（镜天飞雪）（一双）鸥"，是一个以名词为中心的名词短语句。只不过它与一般的名词性偏正短语有所不同，它的修饰语与中心语之间是一种比喻关系。"鸥"是本体，"镜天飞雪"是喻体。由于这个比喻没有采用普通的主谓结构形式，而是以压缩的名词句（缩喻）呈现，因此画面感就特别强。

11. 五言成句的"NP + NP"式

这种结构模式是初唐诗人的创造。中唐诗人有继承沿用，但晚唐与五代诗人都未见运用。时至宋代，又有诗人沿用这种结构模式。不过，根据我们对宋诗的抽样调查，运用者不多，目前只找到如下一例：

（29）梅花南北路，风雨湿征衣。出岭同谁出？归乡如不归。山河千古在，城郭一时非。饿死真吾志，梦中行采薇。（文天祥《南安军》）

例（29）"梅花南北路"，从结构上分析，是"（梅）花 +（南北）路"，属五言成句的"NP + NP"式。由于它居于诗歌篇首，又跟随后的"风雨湿征衣"没有语法结构上的纠葛，明显是独立成句的，因而属于典型的名词铺排文本。

12. 七言成句的"NP + NP"式

这种结构模式是中唐诗人的创造。之后，晚唐、五代诗人都有继承沿用。时至宋代，仍有很多诗人喜欢沿用。如：

（30）云里烟村雨里滩，看之容易作之难。早知不入时人眼，多买燕脂画牡丹。（李唐《题画》）

（31）江上双峰一草堂，门闲心静自清凉。诗书发冢功名薄，麋鹿同群岁月长。句里江山随指顾，舌端幽眇致张皇。莫欺九尺须眉白，解醉佳人锦瑟傍。（陈师道《次韵夏日》）

（32）数间茅屋水边村，杨柳依依绿映门。渡口唤船人独立，一蓑烟雨湿黄昏。（孙觌《吴门道中》二首其一）

（33）一点炊烟竹里村，人家深闭雨中门，数声好鸟不知处，千丈藤萝古木昏。（孙觌《吴门道中》二首其二）

（34）山外青山楼外楼，西湖歌舞几时休？暖风吹得游人醉，直把杭州作汴州。（林升《题临安邸》）

（35）伞幄垂垂马踏沙，水长山远路多花。眼中形势胸中策，缓步徐行静不哗。（宗泽《早发》）

例（30）至例（35）均有名词铺排文本建构，但各例在结构上略有差异。例（30）的结构是"（云里）（烟）村 +（雨里）滩"，例（31）的结构是"（江上）（双）峰 +（一）草堂"，例（32）的结构是"（数间）茅屋 +（水边）村"，例（33）的结构是"（一点）炊烟 +（竹里）村"，例（34）的结构是"（山外）青

山 + （楼外）楼"，例（35）的结构是"（眼中）形势 + （胸中）策"。不过，整体结构上诸例都是七言成句的"NP + NP"式，且与其前后其他语句没有语法结构上的纠葛，皆属于典型的单句式名词铺排文本。

13. 七言成句的"NP + NP + NP"式

这种结构模式是初唐诗人的创造。之后，晚唐、五代诗人都有继承沿用。时至宋代，许多诗人仍然喜欢沿用。如：

（36）<u>乔木幽人三亩宅</u>，生刍一束向谁论？藤萝得意干云日，箫鼓何心进酒尊。（黄庭坚《徐孺子祠堂》）

（37）<u>竹边台榭水边亭</u>，不要人随只独行。一番过雨来幽径，无数新禽有喜声。只欠翠纱红映肉，两年寒食负先生。（杨万里《春晴怀故园海棠》二首其二）

（38）<u>断芦洲渚落枫桥</u>，渡口沙长过午潮。山鸟自鸣泥滑滑，行人相对马萧萧。（王安石《送项判官》）

（39）五十年功如电扫，<u>华清花柳咸阳草</u>。五坊供俸斗鸡儿，酒肉堆中不知老。（李清照《浯溪中兴颂诗和张文潜》二首其一）

（40）虚堂人静不闻更，独坐书床对夜灯。门外不知春雪霁，<u>半峰残月一溪冰</u>。（周弼《夜深》）

例（36）至例（40）均有名词铺排文本建构，但各例在结构上略有差异。例（36）的结构是"（乔）木 + （幽）人 + （三亩）宅"，例（37）的结构是"（竹边）台 + 榭 + （水边）亭"，例（38）的结构是"（断）芦 + 洲渚 + （落枫）桥"，例（39）的结构是"（华清）花 + 柳 + （咸阳）草"，例（40）的结构是"（半）峰 + （残）月 + （一溪）冰"。不过，整体结构上诸例都是七言成句的"NP + NP + NP"式，且与其前后其他语句没有语法上的纠葛，因而属于独立成句的单句式名词铺排文本。

二、全新模式的创出

众所周知，诗歌的字句是有限的。而在有限的字句条件下进行名词铺排的结构形式创新，事实上是有难度的。正因为如此，时代越早，诗人创新的空间就越大；反之，时代越晚，诗人创新的空间就越小。名词铺排结构模式的创新经过隋唐、五代的大爆发后，到宋代诗人这里就没有多少空间了。然而，令人欣喜的是，宋代诗人仍然锐意进取，在诗歌名词铺排结构模式的创新方面有所斩获。根据我们对宋诗的抽样调查，可以确认的名词铺排创新模式就有如下四种。下面我们分而述之。

（一）六言成句的"NP + NP，NP + NP"（叠字领起）式

这种结构模式在以前任何时期的诗歌作品中都未出现，但在宋诗中开始出现。不过，根据我们的抽样调查，这样的结构模式在宋诗中也不多，目前只找到如下一例：

淡淡晓山横雾，茫茫远水平沙。安得绿蓑青笠，往来泛宅浮家。（尤袤《题米元晖潇湘图》二首之二）

上例中"淡淡晓山横雾，茫茫远水平沙"，居于全诗篇首，跟其后的二句没有语法结构上的纠葛，属于独立成句的语言单位。这个语言单位是两个并立的名词短语句，其结构是"（淡淡）（晓）山 +（横）雾，（茫茫）（远）水 +（平）沙"，属于六言成句的"NP + NP，NP + NP"（叠字领起）式，是典型的对句形式的名词铺排文本。它描写了宋代著名画家米芾名画《潇湘图》的意境，由于是以名词短语的形式构句，对其画中所描绘的画面意境的再现更为逼真，仿佛让人看见的不是一幅纸上的画，而是历历在目的现实的画，读之让人有味之无穷的妙趣。另外，它铺排于全诗之首，还有一种犹如电影镜头特写的视觉冲击力，给读者的印象特别深刻。

（二）七言成句的"NP + NP，NP + NP + NP"式

这种结构模式在宋诗之前是从未见过的。不过，根据我们对所抽样调查的宋诗的分析，宋人建构的这种结构模式的名词铺排文本也是难得一见的。目前我们只找到如下一例：

愁到浓时酒自斟，挑灯看剑泪痕深。黄金台愧少知己，碧玉调将空好音。万叶秋风孤馆梦，一灯夜雨故乡心。庭前昨夜梧桐雨，劲气萧萧入短襟。（汪元量《秋日酬王昭仪》）

从结构上分析，此例是"（万叶）（秋）风 +（孤馆）梦，（一）灯 +（夜）雨 +（故乡）心"结构，属于七言成句的"NP + NP，NP + NP + NP"式。从上下文语境分析，这二句与其前后的其他语句不存在语法结构上的纠葛，是独立成

句的语言单位，因而属于典型的名词铺排文本。

（三）六言成句的"NP"式

这种结构模式在宋诗之前未曾出现，应该说是宋代诗人的创造。不过，根据我们所抽样调查的宋诗来看，这种结构模式的名词铺排文本并不多，目前我们只发现如下一例：

柳叶鸣蜩绿暗，荷花落日红酣。<u>三十六陂春水</u>，白头想见江南。（王安石《题西太一宫壁》二首之一）

上例中"三十六陂春水"，是以名词"水"为中心语，"春"是直接修饰语，"三十六陂"是数量词组作间接修饰语。因此，从结构上看，它属于六言成句的"NP"式。从上下文语境分析，它跟其前后其他语句都不存在语法结构上的纠葛，语义上也具有独立性，明显是属于以单句形式出现的名词铺排文本。由于它是以名词短语的形式构句，因此就犹如一幅画镶嵌于全诗之中，给全诗增添了无尽的活力。

（四）七言成句的"NP＋NP＋N＋NP"式

这种结构模式是宋诗之前未曾有过的，属于宋代诗人的创造。不过，根据我们所抽样调查的宋诗来看，这种结构模式的名词铺排文本并不多，目前我们只发现如下一例：

自把孤樽擘蟹斝，<u>荻花洲渚月平林</u>。一江秋色无人管，柔橹风前语夜深。（萧立之《第四桥》）

上例中"荻花洲渚月平林"，从上下文语境看，是一个独立的语言单位，因为它与其前后的语句都不存在语法结构上的纠葛。从结构上分析，它是"荻花＋洲渚＋月＋平林"，属于七言成句的"NP＋NP＋N＋NP"式，是一个典型的单句形式的名词铺排文本。

通过上面的描写与分析，我们可以清楚地看出，宋诗的名词铺排文本就我们抽样调查所得来看就有不少，既有继承沿用前代旧有模式的，也有自己创新的。

不过，值得指出的是，跟宋之前的历代诗歌一样，宋诗中也有不少名词短语句乍看像是名词铺排文本而实际并非名词铺排文本的情形。这种情况是需要予以厘清的。根据我们对宋诗的抽样调查的结果，有如下几种情况明显不能算是名词铺排。

第一，有些句子表面上是"NP＋NP，NP＋NP"式，俨然就是名词铺排，实际上并不是。因为从语义上分析，前后二句内部的两个名词短语之间并不是并列对峙的铺排关系，而是一种主谓结构的语法关系，其间省略了动词"在"。这种情况就不算是名词铺排。如：

（1）*巴山楼之东，秦岭楼之北*。楼上卷帘时，满楼云一色。（文同《望云楼》）

（2）与鸥分渚泊，邀月共船眠。*灯影渔舟外，湍声客枕边*。（真山民《泊白沙渡》）

例（1）"巴山楼之东，秦岭楼之北"，前后二句两个表示方位的偏正式名词短语看似并列对峙，似乎是名词铺排，实际上并不是名词铺排，而只是两个省略了动词"在"的普通主谓结构句，即"巴山在楼之东，秦岭在楼之北"。例（2）的情况亦然，可还原为"灯影在渔舟外，湍声在客枕边"，明显不是名词铺排。

第二，有些句子表面上是"NP＋NP＋NP，NP＋NP＋NP"式，像是名词铺排，实际上并不是。因为从语义上分析，前后二句内部的三个名词短语之间并不是并列对峙的铺排关系，而是一种主谓结构的语法关系，其间有动词"在"的省略。这种情况就不是名词铺排。如：

（3）五更攲枕一凄然，梦里扁舟水接天。*红蕖绿荚梅山下，白塔朱楼禹庙边*。（陆游《上巳临川道中》）

例（3）表面结构是"红蕖＋绿荚＋梅山下，白塔＋朱楼＋禹庙边"（"梅山下""禹庙边"是表示方位的名词短语），跟七言成句的"NP＋NP＋NP，NP＋NP＋NP"式名词铺排文本没有区别，实际上并不是，而是两个省略了动词"在"的普通主谓句的并列。如果我们将其省略的动词"在"补足，还原为"红蕖绿荚在梅山下，白塔朱楼在禹庙边"，便知此类情况并非名词铺排的真相了。

第三，有些句子结构上也是"NP＋NP，NP＋NP"式，俨然就是对句形式的名词铺排，实际上并不是。因为从语义上分析，前后二句中的二个名词短语之间并非并列对峙的铺排关系，而是一种说明与被说明的关系，即主谓结构关系，属于两个普通的主谓句。这种情况就不是名词铺排。如：

（4）黄梅时节家家雨，青草池塘处处蛙。有约不来过夜半，闲敲棋子落灯花。（赵师秀《约客》）

例（4）"黄梅时节家家雨，青草池塘处处蛙"二句，从结构上可以分析为"（黄梅）时节 +（家家）雨，（青草）池塘 +（处处）蛙"，俨然就是七言成句的"NP + NP，NP + NP"式名词铺排文本。但从语义上分析，前句"黄梅时节"、后句"青草池塘"都是主语，前句"家家雨"、后句"处处蛙"都是谓语。可见，这种情况并非名词铺排。

第四，有些句子结构上也是"NP + NP"式，像是单句形式的名词铺排，实际上并不是。因为从语义上分析，句内的两个名词短语之间并非并列对峙的铺排关系，而是一种说明与被说明的关系，即主谓结构关系，属于普通的主谓句。这种情况就不是名词铺排。如：

（5）飞花两岸照船红，百里榆堤半日风。卧看满天云不动，不知云与我俱东。（陈与义《襄邑道中》）

例（5）"百里榆堤半日风"，从结构上分析是"（百里）榆堤 +（半日）风"，俨然是"NP + NP"式单句名词铺排。实际上，从语义上分析并不是这样。"百里榆堤"与"半日风"之间不是并立对峙的关系，而是陈述与被陈述的关系，属于一般的主谓结构的陈述句，而非修辞上的名词铺排。

第五，有些句子结构上也是"NP + NP，NP + NP"式，看起来像是对句形式的名词铺排，实际上并非如此。因为从语义上分析，前后二句中的两个名词短语之间并非并列对峙的铺排关系，而是一种本体与喻体之间的关系，即是两个省略了喻词的比喻句的并列。这种情况就不是名词铺排。如：

（6）荣枯皆定数，枉作送穷吟。有色非真画，无弦是古琴。青松秦世事，黄菊晋人心。尘外烟萝客，相寻入远林。（王镃《山中》）

例（6）"青松秦世事，黄菊晋人心"，从结构上看是"青松 + 秦世事，黄菊 + 晋人心"，像是"NP + NP，NP + NP"式名词铺排，实际上并非如此。因为从语义上分析，这二句内的两个名词短语之间并不是并立对峙的关系，而是陈述与被陈述的关系，是省略了喻词"像"的比喻句。还原成正常形式，便是"青松像秦世事，黄菊像晋人心"。"青松"是主语，"秦世事"是谓语；"黄菊"是主语，"晋人心"是谓语。两句的前一部分是本体，后一部分是喻体，喻词"像"因诗歌字数限制而被省略。

第六，有些句子结构上也是"NP＋NP，NP＋NP"式，乍看像是对句形式的名词铺排，实际上并不是。因为从语义上分析，前后二句中的两个名词短语之间并非并列对峙的铺排关系，而是一种陈述与被陈述的关系，即是两个省略了判断词"是"的判断句的并列。这种情况就不是名词铺排。如：

（7）蓓蕾树上花，莹絜昔婴女。春风不长久，吹落便归土。（梅尧臣《戊子三月二十一日殇小女称称》三首其二）

例（7）"蓓蕾树上花，莹絜昔婴女"，表面上看，两句各由两个偏正式名词或名词短语构句，像是"NP＋NP，NP＋NP"式名词铺排。但从语义上分析，我们就会发现，这二句内的两个名词或名词短语之间并不是并立对峙的关系，而是主谓关系，表示一种判断，省略了表词"是"。若还原成正常形式，便是"蓓蕾是树上花，莹絜是昔婴女"。两句并举，还有将"昔婴女"莹絜比作树上凋谢之花的意思。可见，这种情况就不是名词铺排。

第七，有些句子结构上虽是"NP＋NP，NP＋NP"式，看似对句形式的名词铺排，实际上并不是。因为从语义上分析，前后二句中的两个名词短语之间并非并列对峙的铺排关系，而是一种偏正关系，即前句是一个名词短语，后句也是一个名词短语。前后二句之间不是并列关系，而是陈述与被陈述的关系，即前后二句共同构成一个判断句。这种情况就不是名词铺排。如：

（8）金陵古会府，南渡旧陪京。山势犹盘礴，江流已变更。（文天祥《建康》）

例（8）"金陵古会府，南渡旧陪京"，表面结构是"NP＋NP，NP＋NP"式，像是名词铺排；深层结构则是"NP，NP"式，即"（金陵）古会府，（南渡）旧陪京"。前后二句之间不是并立对峙的关系，而是主谓关系，其间省略了一个表词"是"。若还原为正常形式，便是"金陵古会府是南渡旧陪京"。因此，诸如此类情况就不是名词铺排。

第八，有些句子结构上是"NP＋NP"式，看似单句形式的名词铺排，实际上并不是。因为从语义上分析，句内的两个名词短语之间并非并列对峙的铺排关系，而是一种陈述与被陈述的关系，是一个省略了判断词"是"的判断句。这种情况就不是名词铺排。如：

（9）冰姿琼骨净无瑕，<u>竹外溪边处士家</u>。若使牡丹开得早，有谁风雪看梅花？（赵希桐《次萧冰崖梅花韵》）

例（9）"竹外溪边处士家"，表面结构是"竹外溪边"（表处所）与"处士家"两个偏正式名词短语的叠加并立，像是"NP＋NP"式名词铺排。实际上并不是名词铺排，而是省略了判断词"是"的判断句，是一个主谓结构的普通句。前者是主语，后者是谓语。因此，这种情况就不是名词铺排。

第九，有些句子结构上是"NP"式，单独看就是一个单句形式的名词铺排，实际上并不是。因为从上下文语境观察，它实际上只是其随后一句的主语或话题主语。这种情况就不是名词铺排。如：

（10）<u>逍遥堂后千寻木</u>，长送中宵风雨声。误喜对床寻旧约，不知漂泊在彭城。（苏辙《逍遥堂会宿》二首并引）

（11）<u>山路婷婷小树梅</u>，为谁零落为谁开？（杨万里《明发房溪》二首其一）

（12）聊为溪上游，一步一回顾。<u>悠悠出山水</u>，浩浩无停注。（刘子翚《潭溪十咏·南溪》）

（13）一自胡尘入汉关，十年伊洛路漫漫。<u>青墩溪畔龙钟客</u>，独立东风看牡丹。（陈与义《牡丹》）

（14）<u>萧萧十日雨</u>，稳送祝融归。燕子经年梦，梧桐昨暮非。（陈与义《雨》）

（15）一凉恩到骨，四壁事多违。<u>衮衮繁华地</u>，西风吹客衣。（陈与义《雨》）

（16）河洛倾遗愤，英雄叹后尘。<u>煌煌中兴业</u>，公合冠麒麟。（陈与义《刘大资挽词》二首其二）

（17）健儿徒幽土，新鬼哭台城。<u>一片清溪月</u>，偏于客有情。（文天祥《建康》）

（18）寄语林和靖，梅花几度开？<u>黄金台下客</u>，应是不归来。（宋恭帝赵㬎《在燕京作》）

例（10）"逍遥堂后千寻木"，例（11）"山路婷婷小树梅"，例（12）"悠悠出山水"，例（13）"青墩溪畔龙钟客"，例（14）"萧萧十日雨"，例（15）"衮衮繁华地"，例（16）"煌煌中兴业"，例（17）"一片清溪月"，例（18）"黄金台下客"，从结构上看，或是七言成句的"NP"式，或是五言成句的"NP"式，单独看都像是名词铺排。若是从语义上看，从上下文语境观察，它们都只是其随后一句的主语或是话题主语，并不能构成名词铺排。

第十，有些句子结构上是"NP + NP"式或"NP + NP + NP"式，俨然是一个单句形式的名词铺排，实际上并不是。因为从上下文语境观察，它实际上只是其随后一句的主语或话题主语。这种情况就不是名词铺排。如：

（19）雨映寒空半有无，重楼闲上倚城隅。<u>浅深山色高低树</u>，一片江南水墨图。（高敞《微雨登城》二首之一）

（20）坐卧芙蓉花上头，青香长绕饮中浮。<u>金风玉露玻璃月</u>，并作诗人富贵秋。（汪莘《湖上早秋偶兴》）

例（19）"浅深山色高低树"，结构上是"NP + NP"式；例（20）"金风玉露玻璃月"，结构上是"NP + NP + NP"式，单独看俨然是单句形式的名词铺排。实际上，从语义与语境上观察，它们只是其随后一句的主语或话题主语，并不能构成名词铺排文本。

第十一，有些句子结构上是"NP + NP"式，像是单句形式的名词铺排，实际上并不是。因为从语义上分析，句内的两个名词短语之间并非并列对峙的铺排关系，而是本体与喻体的关系，即是一个比喻句。这种情况就不是名词铺排。如：

（21）淡烟枫叶路，细雨蓼花时。<u>宿雁半江画</u>，寒蛩四壁诗。少年成老大，吾道付逶迤。终有剑心在，闻鸡坐欲驰。（文天祥《夜坐》）

例（21）"宿雁半江画"，结构上可以分析为"宿雁 + 半江画"，属于"NP + NP"式，俨然是一个单句形式的名词铺排，实际上并不是。因为从语义上分析，"宿雁"与"半江画"之间并非并列对峙的关系，而是本体与喻体之间的关系，喻词"像"因五言诗字句限制而被省略。如果还原成完全式，即是"宿雁像半江画"。可见，这种情况就不算是名词铺排。至于"宿雁半江画"之前的"淡烟枫叶路，细雨蓼花时"与之后的"寒蛩四壁诗"，因为跟它们前后的语句没有语法结构上的纠葛，语义上有独立性，所以都是名词铺排。前者从结构上可以分析为"（淡烟＋枫叶）路，（细雨＋蓼花）时"，后者可以分析为"寒蛩＋四壁诗"，分别属于是"NP，NP"式、"NP＋NP"式名词铺排文本。

第二节　金诗中的名词铺排

众所周知，金是契丹人建立的少数民族政权，与南宋王朝呈南北对峙的态势。金王朝统辖的地区既有契丹等少数民族人民，也有广大中原汉民族人民。汉民族与少数民族人民杂居的特殊政治环境与文化背景，既对金统治时期的中国文化发展有着深刻的影响，也对中国文学的发展有着不可忽视的影响。撇开文学的其他方面不说，单就诗歌中的名词铺排结构模式的发展演进，我们就能看出金诗跟中国历代诗歌在名词铺排结构模式上的差异。

根据对《全金诗》（四册，薛瑞兆、郭明志编纂，南开大学出版社，1995年）的全面调查，我们发现金代诗人在诗歌名词铺排文本建构方面，既广泛继承了前代的旧有模式，又有非常多的创新。特别是在结构形式上的创新，其类型之丰富，远远超出了中国许多朝代包括两宋。下面我们分两个方面来论述。

一、旧有模式的继承

金诗在名词铺排文本建构方面对旧有模式的继承跟其他朝代一样，主要也是两个方面：一是篇章布局上的，二是结构模式上的。

（一）布局上的继承

在金代之前，中国历代诗歌中的名词铺排文本相继产生了三种篇章布局模式，最早的是名词铺排居于篇首，次则居于篇中，再则居于篇尾。根据我们对《全金诗》的调查，这三种名词铺排布局模式在金人诗歌中都有继承的。就出现的频率而言，居于篇中的最多，居于篇首的次之，居于篇尾的略少。

1. 篇首名词铺排

名词铺排居于诗歌篇首，在历代诗歌中是很常见的，而且出现频率很高。在金诗中，情况亦然。如：

（1）渺渺横烟渚，凄凄挂月村。酒非邻舍取，诗复故人论。世态乌栖屋，生涯雀在门。西山却多思，松雪动吟魂。（郝俣《次仁甫韵》）

（2）澄澄东海月，皓皓西山雪。残夜忽严凝，清光何皎洁。（丘处机《雪霁》）

（3）沉沉江浦云，浩浩朔漠雪。微生几寒暑，翅老飞欲折。楼中见新过，夕照送明灭。欹枕数声来，疏窗耿残月。（元德明《同侯子晋赋雁》）

（4）鼓角边城暮，关河古塞秋。渊明方止酒，王粲亦登楼。摇荡伤残岁，栖迟忆故丘。乾坤尚倾仄，吾敢叹淹留。（高士谈《秋兴》）

（5）霭霭西陵树，萧条歌吹声。客愁连断雁，地古更荒城。山色娇新雨，河流怒不平。浮云台上起，不尽古今情。（赵秉文《西陵》）

（6）瘦藤蔓角蔓，杂草树根花。夹道悬新枣，荒畦卧晚瓜。（郦权《村行》）

（7）茫茫襄城野，岁晏多风埃。野田半已荒，草虫鸣更哀。西风吹白云，大槐安在哉。七圣之所迷，而我胡为来。（王渥《被檄再至扬州制司驿亭有题诗讥予和事不成者云来往二年无一事青山也解笑行人因为解嘲》）

（8）南楚二月雨，淮天如漏卮。畏途泥三尺，车马真鸡栖。却思闲居乐，雨具无所施。高枕听檐声，炉烟晕如丝。（蔡松年《淮南道中》五首其一）

（9）荒陂废佛寺，古殿依闲云。残僧杖锡去，却驻防河军。天晴山色远，地迥河流分。诗成独立久，坏壁夕阳曛。（杨宏道《古寺》）

（10）茉莉花心晓露，蔷薇萼底温风。洗念六根尘外，忘情一炷烟中。（高宪《焚香六言》四首其一）

（11）冷落襟风杯月，崎岖马足车尘。林下何曾一见，直教美杀闲人。（雷仲泽《蒲城马上偶得》二首其一）

（12）半空风雨山头树，十顷玻璃水底天。孤客南来无著处，相宜只有百门泉。（王磐《百门泉》二首其二）

（13）胧胧霁色冷黄昏，缺月疏桐水外村。人在天涯花在手，一枝香雪寄销魂。（李仲略《嗅梅图》）

（14）一叶黄飞一叶舟，半竿落日半江秋。青草渡，白蘋洲，归路月明山上头。（赵秉文《仿张志和西塞》二首其一）

（15）桃李东风蝴蝶梦，关山明月杜鹃魂。玉阑烟冷空千树，金谷香销谩一尊。（郝经《落花》）

（16）飕飕林响四山风，雪后人家闭户中。应被火炉头上说，水边清杀两诗翁。（元好问《赵士表山林暮雪图为高良卿赋》二首其一）

（17）白云亭上白云秋，桂棹兰桨记昔游。往事已随流水去，青山空对夕阳愁。兴亡翻手成舒卷，今古无心自去留。独倚西风一惆怅，数声柔橹下汀州。（李晏《白云亭》）

（18）墙下溪流屋上山，高亭稳著茂林间。波光云影相摇荡，谷鸟沙禽互往还。已拼千金待宾友，更分余粟济惸鳏。人中旷达如君少，郿客闻风亦厚颜。（李庭《曹京父清晖亭》）

（19）淡淡烟霞浅浅山，此身长在翠微间。白云空谷无人到，赢得身心竟日闲。（于道显《寄郎大师》三首其三）

（20）松门明月佛前灯，庵在孤云最上层。犬吠一山秋意静，敲门时有夜归僧。（赵沨《晚宿山寺》）

（21）溪，溪，古岸金堤。盈道眼，惠光辉。涓涓不止，流入天池。水碧开清谷，渊深动渺弥。（侯善渊《溪》）

例（1）至例（21）均有名词铺排文本建构。只是从结构模式上看，各例皆有所不同。例（1）的结构是“（渺渺）（横烟）渚，（凄凄）（挂月）村”，例（2）的结构是“（澄澄）（东海）月，（皓皓）（西山）雪”，例（3）的结构是“（沉沉）（江浦）云，（浩浩）（朔漠）雪”，皆属汉诗创造的经典模式，即五言成句的“NP，NP”（叠字领起）式。例（4）的结构是“（鼓角＋边城）暮，（关河＋古塞）秋”，属五言成句的“NP，NP”式。例（5）的结构是“（霭霭）（西陵）树，（萧条）（歌吹）声”，属五言成句的“NP（叠字领起），NP（非叠字领起）”式。例（6）的结构是“（瘦）藤＋（薍角）蔓，（杂）草＋（树根）花”，属五言成句的“NP＋NP，NP＋NP”式。例（7）的结构是“（茫茫）（襄城）野”，属五言成句的“NP”（叠字领起）式。例（8）的结构是“（南楚）（二月）雨”，属五言成句的“NP”式。例（9）的结构是“荒陂＋废佛寺”，属五言成句的“NP＋NP”式。例（10）的结构是“（茉莉花心）晓露，（蔷薇萼底）温风”，属六言成句的“NP，NP”式。例（11）的结构是“（冷落）（襟）风＋（杯）月，（崎岖）（马）足＋（车）尘”，属六言成句的“NP＋NP，NP＋NP”式。例（12）的结构是“（半空）风＋雨＋（山头）树，（十顷）（玻璃）（水底）天”，属七言成句的“NP＋NP＋NP，NP”式。例（13）的结构是“（胧胧）霁色＋（冷）黄昏，（缺）月＋（疏）桐＋（水外）村”，属七言成句的“NP＋NP，NP＋NP＋NP”式。例（14）的结构是“（一叶）黄飞＋（一叶）舟，（半竿）落日＋（半江）秋”，属七言成句的“NP＋NP，NP＋NP”式。例（15）的结构是“桃李＋东风＋（蝴蝶）梦，关山＋明月＋（杜鹃）魂”，属七言成句的

"NP＋NP＋NP，NP＋NP＋NP"式。例（16）的结构是"（飕飕林响）（四山）风"，属七言成句的"NP"（叠字领起）式。例（17）的结构是"（白云亭上）（白云）秋"，属七言成句的"NP"式。例（18）的结构是"（墙下）溪流＋（屋上）山"，属七言成句的"NP＋NP"式。例（19）的结构是"（淡淡）烟霞＋（浅浅）山"，属七言成句的"NP＋NP"（叠字领起）式。例（20）的结构是"（松）门＋（明）月＋（佛前）灯"，属七言成句的"NP＋NP＋NP"式。例（21）的结构是"溪，溪，（古）岸＋（金）堤"，属杂言成句的"N，N，NP＋NP"式。从语境上看，上述诸例均居于诗歌篇首，且跟随后的语句无语法结构上的纠葛，皆是独立表意的语言单位，因此明显属于名词铺排文本。从审美上看，这些文本都居于全诗起首部位，就像今日电影开幕时首先推出的一个或一组特写镜头，不仅画面感强，有先声夺人的效果，更有造景呈象、拓展意境的审美情趣。

2. 篇中名词铺排

名词铺排居于诗歌篇中，乃是汉人的创造。之后，这种布局模式渐渐多起来。时至金代，则臻至主流地位，出现频率大大超过了居于篇首的模式。如：

（22）一叶黄飞一叶舟，半竿落日半江秋。青草渡，白蘋洲，归路月明山上头。（赵秉文《仿张志和西塞》二首其一）

（23）希夷自然，三光灵秀。阆苑仙花，胜春花柳。转运南辰，慧观北斗。（刘处玄《述怀》十一首其八）

（24）去除憎爱，常行平等。弗恋世华，闲步松径。绿水青山，洞天仙景。本来面目，炼磨如镜。（刘处玄《述怀》十一首其六）

（25）老峰蹙云，壁立挽秀。林阴洒雨，苍苍玉门。虚明满镜，夜气成画。（李经《失题》）

（26）解放虚舟缆，疏开冷铁枷，声身闲月用，百衲旧生涯。踽踽人间世，飘飘象外家。虹竿好收拾，钩饵饮云霞。（姬志真《云游》）

（27）洋洋长江水，渺渺涨平湖。田田青茄荷，艳艳红芙蕖。酣酣斜日外，冉冉凉风余。蔼蔼谁家子，袅袅二八初。两两并轻舟，笑笑相招呼。悠悠波上鸳，波波蒲中鱼。采采不盈手，依依欲何如。（萧贡《古采莲曲》）

（28）雪射瑶堦月，春回玉女扉。云中三秀草，石上六铢衣。酒熟鹅儿色，身轻燕子飞。客槎还泛斗，谁解卜揲机。（吴激《国公女生日席上命赋》）

（29）高树出大根，源清流不浑。千年洛阳陌，赫赫于公门。外翁老去住山村，正要儿童侍酒樽。（元好问《为程孙仲卿作》）

（30）鹊语喜复喜，山城谁与娱。<u>青灯一杯酒，千里故人书</u>。（元好问《得纬文兄书》）

（31）扇底无残暑，西风日夕佳。云山藏客路，烟树记人家。<u>小渡一声橹，断霞千点鸦</u>。诗成鞍马上，不觉在天涯。（蔡珪《霍川道上》）

（32）树霭连山郭，林烟接塞垣。断崖悬屋势，涨水没沙痕。<u>烽火云间戍，牛羊岭外村</u>。太平闲檄手，文字付清樽。（赵秉文《塞上》四首其四）

（33）国风久已熄，如火不再然。流为玉台咏，铅粉娇华年。政须洗妖冶，八骏踏芝田。<u>青苔明月露，碧树凉风天</u>。尘土一一尽，象纬昭昭悬。寂寥抱玉辨，争竞摇尾怜。幸有元公子，不为常语牵。（麻九畴《元裕之以山游见招兼以诗四首为寄因以山中之意仍其韵》四首其四）

（34）寺得新游处，轩余旧赋诗。<u>山川蒲子国，松柏晋侯祠</u>。行止非人力，登临且岁时。道人应笑我，真负鹿门期。（郝俣《揽秀轩》）

（35）遭乱重相见，宽心不用悲。<u>江山佳丽地，人物太平时。白蚁千家酒，黄花九日诗</u>。鹿门不可隐，吾道欲安之。（房皞《和杨叔能之字韵》）

（36）山腰抱佛刹，十里望家园。亦有野人居，层厓映柴门。昔我东岩君，曾此避尘喧。林泉留杖履，岁月归琴樽。翁今为飞仙，过眼几寒暄。<u>苍苍池上柳</u>，青衫见诸孙。疏灯照茅舍，新月入颓垣。依依览陈迹，恻怆不能言。（元好问《九日读书山用陶诗露凄暄风息气清天旷明为韵赋》十首其三）

（37）云山空，冈阜重。檞叶半湿新霜红。溪猿得意适其适，闲攀静挂晴光中。孤麇何从来，<u>寂历野竹风</u>。举头相视不相测，昂藏却立如痴童。（党怀英《题獐猿图》）

（38）独上平台上，风云万里来。<u>青山一樽酒</u>，落日未能回。（赵沨《聚远台》）

（39）寻常行处酒债，每日江头醉归。<u>薄暮斜风细雨</u>，长安一片花飞。（李俊民《老杜醉归图》二首其一）

（40）鞭催瘦塞蹋晴沙，路入青林一径斜。翠巘倚空千万叠，黄茅映竹两三家。<u>嘲嘲唧唧山禽语，白白红红野草花</u>。却喜太平还有象，丛祠春赛响琵琶。（李庭《渭水道中》）

（41）时危不用直臣筹，认得胶盆莫刺头。云梦韩侯无罪灭，杜邮白起有功囚。<u>碧松林下高低庙，芳草堤边新故丘</u>。试向碑间观举止，都无一个称心头。（李道玄《警世》）

（42）佳气犹能想郁葱，云间双阙峙苍龙。<u>春风十里霸陵树，晓月一声长乐钟</u>。小苑花开红漠漠，曲江波涨碧溶溶。眼前叠嶂青如画，借问南山共几峰？

（吴激《长安怀古》）

（43）风烟万顷一椽茅，丘壑端能傲市朝。窈窕云山三兔穴，飘飘风树一鸠巢。本来无取亦无与，只合自渔还自樵。三十六峰俱可隐，愿从君后不须招。（赵元《题嵩阳归隐图》）

（44）斗鸡台下秋风里，白白黄黄无数花。日暮城南城北道，半随榛棘上樵车。（王庭坚《野菊》）

（45）广寒高处野花黄，荆棘丛生古洞房。乱石圯垣新境界，败荷衰草旧池塘。云浮冠盖亦何在，电转山舟无处藏。试向西风问消息，倚天松相自苍苍。（姬志真《秋游琼花岛》二首其一）

（46）二月已破春将残，连朝风雨春犹寒。烟消日出好天色，城隅花柳犹堪观。萋萋芳草平沙路，乘兴招君共君步。恨无樽酒助清欢，赖有溪藤书鄙句。（杨宏道《咏晴》）

（47）梨园子弟去无踪，门掩蓬莱绣帐空。寂寞绿窗深夜雨，伤心不独有梧桐。（段克己《芭蕉雨》）

（48）西湖之月清无尘，橘中之乐犹避秦。向来所见止此耳，渠亦岂是真知津？如君眼孔乃许大，万事付之尘甄堕。儿能诗书又肯播，著脚世间看踏破。青巾玉带桃李花，日斜空望紫云车。布衣谁识隐君子，一马赜然何处家。（张翰《赠石德固》）

（49）功成何许觅菟裘，天地云溪一钓舟。梦破烦襟濯明月，诗成醉耳枕寒流。西风归兴随黄鹄，皎日盟言信白鸥。政恐苍生未忘在，草堂才得画中游。（杨云翼《侯右丞云溪》）

例（22）至例（49）各例均有名词铺排文本建构。只是从结构模式上看，诸例各有不同。例（22）的结构是"（青草）渡，（白蘋）洲"，属三言成句的"NP，NP"式；例（23）的结构是"（阆苑）（仙）花，（胜春）花+柳"，属四言成句的"NP，NP＋NP"式；例（24）的结构是"（绿）＋水（青）山，（洞天）（仙）景"，属四言成句的"NP＋NP，NP"式；例（25）的结构是"（苍苍）玉门"，属四言成句的"NP"（叠字领起）式；例（26）的结构是"（踽踽）（人间）世，（飘飘）（象外）家"，例（27）的结构是"（田田）（青茄）荷，（艳艳）（红）芙蕖"，均属五言成句的"NP，NP"（叠字领起）式；例（28）的结构是"（云中）三秀草，（石上）六铢衣"，属五言成句的"NP，NP"式；例（29）的结构是"（千年）（洛阳）陌，（赫赫）（于公）门"，属五言成句的"NP（非叠字领起），NP（叠字领起）"式；例（30）的结构是"（青）灯＋（一杯）

酒，（千里）（故人）书"，属五言成句的"NP＋NP，NP"式；例（31）的结构是"（小渡）（一声）橹，（断）霞＋（千点）鸦"，属五言成句的"NP，NP＋NP"式；例（32）的结构是"烽火＋（云间）戍（指戍所），牛＋羊＋（岭外）村"，属五言成句的"NP＋NP，N＋N＋NP"式；例（33）的结构是"青苔＋明月＋露，碧树＋凉风＋天"，属五言成句的"NP＋NP＋N，NP＋NP＋N"式；例（34）的结构是"山＋川＋蒲子国，松＋柏＋晋侯祠"，属五言成句的"N＋N＋NP，N＋N＋NP"式；例（35）的结构是"（江山佳丽）地，（人物太平）时。（白蚁）（千家）酒，（黄花）（九日）诗"（此四句意为：江山美丽之地，人物太平之时。千家浮沫如蚁之酒，九日咏菊之诗），属五言成句的"NP，NP，NP，NP"式；例（36）的结构是"（苍苍）（池上）柳"，属五言成句的"NP"（叠字领起）式；例（37）的结构是"（寂历）（野竹）风"，属五言成句的"NP"式；例（38）的结构是"（青）山＋（一樽）酒"，属五言成句的"NP＋NP"式；例（39）的结构是"（薄）暮＋（斜）风＋（细）雨"，属六言成句的"NP＋NP＋NP"式；例（40）的结构是"（嘲嘲哳哳）（山禽）语，（白白红红）（野草）花"，属七言成句的"NP，NP"（叠字领起）式；例（41）的结构是"（碧松林下）（高低）庙，（芳草堤边）（新故）丘"，属七言成句的"NP，NP"式；例（42）的结构是"春风＋（十里）（霸陵）树，（晓）月＋（一声）（长乐）钟"，属七言成句的"NP＋NP，NP＋NP"式；例（43）的结构是"（窈窕）云＋山＋（三兔）穴，（飘飘）风＋树＋（一鸠）巢"，属七言成句的"NP＋NP＋NP，NP＋NP＋NP"式；例（44）的结构是"（白白黄黄）（无数）花"，属七言成句的"NP"（叠字领起）式；"（日暮）（城南城北）道"，属七言成句的"NP"式；例（45）的结构是"（荆棘丛生）（古）洞房"，属七言成句的"NP"式；例（46）的结构是"（萋萋）（芳）草＋（平沙）路"，属七言成句的"NP＋NP"（叠字领起）式；例（47）的结构是"（寂寞）（绿）窗＋（深夜）雨"，属七言成句的"NP＋NP"式；例（48）的结构是"（青）巾＋（玉）带＋（桃李）花"，属七言成句的"NP＋NP＋NP"式；例（49）的结构是"天＋地＋云＋溪＋（一钓）舟"，属七言成句的"N＋N＋N＋N＋NP"式。从语境上看，上述诸例皆居于诗歌篇中，且跟其前后的其他语句没有语法结构上的纠葛，是独立表意的语言单位，因此都属于名词铺排文本。从审美上看，这些居于全诗篇中的名词铺排文本，不仅调节了诗歌的节奏，更像镶嵌于诗中的一幅画，使诗歌别具一种"诗中有画"的意境之美。

　　3. 篇尾名词铺排

　　将名词铺排文本置于诗歌篇尾，是魏晋南北朝诗歌中出现的现象。之后，中唐与五代诗中都有这种布局模式的沿用继承。在金诗中，这种布局模式也得到了继承沿用，但在出现频率上不及居于篇中与篇首的模式。不过，就我们对《全金诗》的调查，发现数量还是不少的。如：

（50）茅斋迫官居，尘土日蓬勃。道人掩关坐，挂眼无外物。明窗一蒲团，濯足晨理发。一片万古心，清潭两明月。（元好问《郎文炳心远斋》二首其一）

（51）鹊语喜复喜，山城谁与娱。青灯一杯酒，千里故人书。（元好问《得纬文兄书》）

（52）极目江湖雨，连阴甲子秋。青灯十年梦，白发一扁舟。（王庭筠《忆涧川》）

（53）印破玄玄得纵收，须眉毫末尽天游。忘怀物外求鸡犬，恒服从人唤马牛。有质挥斤无犯鼻，无情堕甑不回头。寥寥月白风清夜，江海飘飘一叶舟。（姬志真《独行》）

（54）侯门旧说炎如火，陋巷今犹冷似冰。半夜杯盘长袖舞，白头书册短檠灯。（刘泽《阙题》）

（55）沿流端坐泛星槎，悟彻灵源却是家。经卷诗囊闲戏具，药炉丹鼎老生涯。清溪道士邀明月，白石先生卧翠霞。相对两忘三益友，一篇秋水一杯茶。（姬志真《随流》）

（56）澹烟衰草慵回首，晚日残霞欲断魂。脱帽卸鞍投逆旅，萧萧黄叶水边村。（朱之才《宿闲厩》）

（57）倚岩萧寺据危崖，丈室轩窗面水开。雪霁暮寒山月上，数竿修竹一枝梅。（刘豫《杂诗》六首其四）

（58）从来鸡鹤不同羣，泾渭何人与细分。镜里光阴谁念我，云中歧路已饶君。清觞且吸年时月，白雪休征梦里云。别后相思不相见，水边黄叶暮山村。（边元鼎《别友》）

（59）翠被匆匆见执鞭，戴盆郁郁梦瞻天，只知河朔归铜马，又说台城堕纸鸢。血肉正应皇极数，衣冠不及广明年。何时真得携家去，万里秋风一钓船。（元好问《壬辰十二月车驾东狩后即事》五首其一）

（60）石壁城头夜斩关，软红尘底晓催班。道人一笑那知许，门外清溪屋上山。（史学《李道人嵩阳归隐图》）

（61）白蘋红蓼几千秋，鲅鲅金鳞不上钩。云饵括囊徒自秘，虹竿收拾便宜休。离朱罔测还南望，狂屈难言知北游。千丈洪涛沧海阔，满天明月一虚舟。（姬志真《罢钓》）

（62）干戈扰扰遍中州，挽粟车行似水流。何日承平如画里，<u>短蓑长笛一川秋</u>。（田锡《牧牛图》）

（63）水曲山阿古乐乡，圣谟曾此降英皇。遗风欲问应无处，<u>破屋颓垣半夕阳</u>。（陈庚《妫汭夕阳》）

（64）弱丧家园已不知，忘羊路上转增迷。早回收拾云霞饵，<u>一棹清风明月溪</u>。（姬志真《钓归》二首其二）

　　例（50）至例（64）各例皆有名词铺排文本的建构。只是从结构模式上看，诸例各有不同。例（50）的结构是"（一片）（万古）心，（清潭）（两）（明）月"，例（51）的结构是"（青）灯＋（一杯）酒，（千里）（故人）书"，皆属五言成句的"NP，NP"式；例（52）的结构是"（青）灯＋（十年）梦，（白）发＋（一）（扁）舟"，属五言成句的"NP＋NP，NP＋NP"式；例（53）的结构是"（寥寥）（月白风清）夜，（江海飘飘）（一叶）舟"，属七言成句的"NP（叠字领起），NP（非叠字领起）"式；例（54）的结构是"（半夜）杯盘＋（长袖）舞，（白头）书册＋（短檠）灯"，属七言成句的"NP＋NP，NP＋NP"式；例（55）的结构是"（一篇）秋水＋（一杯）茶"（"秋水"指《庄子》中的《秋水》篇），属七言成句的"NP＋NP"式；例（56）的结构是"（萧萧）（黄）叶＋（水边）村"，属七言成句的"NP＋NP"（叠字领起）式；例（57）的结构是"（数竿）（修）竹＋（一枝）梅"，例（58）的结构是"（水边）（黄）叶＋（暮）（山）村"，例（59）的结构是"（万里）（秋）风＋（一）（钓）船"，例（60）的结构是"（门外）（清）溪＋（屋上）山"，例（61）的结构是"（满天）（明）月＋（一）（虚）舟"，均属七言成句的"NP＋NP"式；例（62）的结构是"（短）蓑＋（长）笛＋（一川）秋"，例（63）的结构是"（破）屋＋（颓）垣＋（半）（夕）阳"，均属七言成句的"NP＋NP＋NP"式；例（64）的结构是"（一棹）（清）风＋（明月）溪"，属七言成句的"NP＋NP"式。从语境上看，以上诸例均居于诗歌篇尾，且跟其前面的语句没有语法结构上的纠葛，可以独立表意，因此皆属于名词铺排文本。从审美上看，这些名词铺排文本，由于居于全诗篇尾，不仅有造景呈象、定格画面的效果，还有拓展意境之效，让人由画面展开联想想象，从而大大提升诗歌的审美情趣。

（二）结构上的继承

　　金诗的创作是承继中国历代汉诗传统而来，在诗歌的名词铺排文本建构方面继承沿用中国历代诗人创造的模式也是自然而然的。根据我们对《全金诗》的调查，发现金代诗人对历代诗歌中名词铺排的旧有结构模式的继承与沿用非常多，共计有二十种之多。下面我们分而述之。

1. 五言成句的"NP，NP"（叠字领起）式

这种结构模式是汉代诗人创造出来，是历代诗人都奉为经典的名词铺排结构模式。根据我们对《全金诗》的调查，发现金代诗人也特别喜欢继承沿用这种经典模式。无论是大诗人元好问、赵秉文，还是其他一般的诗人，都有沿用这种模式的。如：

（1）解放虚舟缆，疏开冷铁枷，声身闲月用，百衲旧生涯。踽踽人间世，飘飘象外家。虹竿好收拾，钩饵饮云霞。（姬志真《云游》）

（2）渺渺横烟渚，凄凄挂月村。酒非邻舍取，诗复故人论。世态乌栖屋，生涯雀在门。西山却多思，松雪动吟魂。（郝侯《次仁甫韵》）

（3）澄澄东海月，皓皓西山雪。残夜忽严凝，清光何皎洁。（丘处机《雪霁》）

（4）沉沉江浦云，浩浩朔漠雪。微生几寒暑，翅老飞欲折。楼中见新过，夕照送明灭。欹枕数声来，疏窗耿残月。（元德明《同侯子晋赋雁》）

（5）洋洋长江水，渺渺涨平湖。田田青茄荷，艳艳红芙蕖。酣酣斜日外，冉冉凉风余。蒨蒨谁家子，袅袅二八初。两两并轻舟，笑笑相招呼。悠悠波上鸳，泼泼蒲中鱼。采采不盈手，依依欲何如。（萧贡《古采莲曲》）

（6）层宫枕苍陂，地迥风日冷。旌旗隐复现，原陆互驰骋。悠悠尘外趣，窅窅壶中境。山川蒸淑气，草木闷清景。周疆有楚宋，汉隶列钟鼎。尚矣千岁桧，荒哉九龙井。怀奇目以击，契冥心独省。悲欢万古促，赏晤一日永。（赵秉文《从帅府谒太清宫》）

（7）亭亭涧底松，婉婉窗前柳。秾华能几时，不耐风霜久。感君倾意气，遂托金石友。膝上横秋霜，中筵列杯酒。（赵秉文《和渊明拟古》九首其一）

（8）灼灼陌上花，青青路傍草。人心任荣悴，过眼无丑好。马嵬三尺坟，西出剑门道。如何倾国颜，伤心不同老。（赵秉文《杨妃墓》）

（9）夕阳山豁处，平照大河流。漠漠云间树，悠悠天际舟。黄尘随匹马，白水自双鸥。会得闲中趣，浮生半白头。（赵秉文《过潳水》）

（10）渺渺亡羊路，悠悠化鹤身。人间同逆旅，谁主复谁宾。（李俊民《客》）

（11）浏浏竹间雨，荧荧窗下灯。相逢不相顾，含泪过巴陵。（高永《戏作鬼仙诗》）

（12）亭亭祠宫桧，郁郁上云雨。扶持几来年，造物心独苦。青余玉川润，根入铁岸古。虽含栋梁姿，斤斧安得取。流泷地中久，骇浪思一鼓。（元好问《济南庙中古桧同叔能赋》）

例（1）的"踽踽人间世，飘飘象外家"，例（2）的"渺渺横烟渚，凄凄挂月村"，例（3）的"澄澄东海月，皓皓西山雪"，例（4）的"沉沉江浦云，浩浩朔漠雪"，例（5）的"田田青茄荷，艳艳红芙蕖""悠悠波上鸳，泼泼蒲中鱼"，例（6）的"悠悠尘外趣，窅窅壶中境"，例（7）的"亭亭涧底松，婉婉窗前柳"，例（8）的"灼灼陌上花，青青路傍草"，例（9）的"漠漠云间树，悠悠天际舟"，例（10）的"渺渺亡羊路，悠悠化鹤身"，例（11）的"浏浏竹间雨，荧荧窗下灯"，例（12）的"亭亭祠宫桧，郁郁上云雨"，每句都以末一字（即单音节词）为中心语，前有一个直接修饰语，句首叠字则是其间接修饰语。整体上属于五言成句的"NP，NP"（叠字领起）式，属于典型的名词铺排文本。因为从语境上看，它们与其前后的其他语句没有语法结构上的纠葛，能够独立成句与独立表意。

2. 五言成句的"NP，NP"式

这种结构模式也是汉代诗人的创造。之后，历代诗人都有沿用继承。根据我们对《全金诗》的调查，发现金代诗人继承沿用这种结构模式的非常普遍，用例相当多。如：

（13）松竹浣花里，桑麻杜曲田。苍茫辞蜀地，辛苦见秦天。死去谁怜汝，生还事偶然。但甘终垅亩，待聘岂前贤。（杜仁杰《至日》）

（14）鼓角边城暮，关河古塞秋。渊明方止酒，王粲亦登楼。摇荡伤残岁，栖迟忆故丘。乾坤尚倾仄，吾敢叹淹留。（高士谈《秋兴》）

（15）雪射瑶堦月，春回玉女扉。云中三秀草，石上六铢衣。酒熟鹅儿色，身轻燕子飞。客槎还泛斗，谁解卜揣机。（吴激《国公女生日席上命赋》）

（16）东有古精蓝，西城近道庵。南山高翠岭，北海大深潭。霞友玄中间，云朋妙处参。人能清表里，默默自然谈。（马钰《和黄县响殿试韵》二首其一）

（17）前年守淮西，官府颇雄壮。园池通远近，亭榭分背向。炎方得春早，二月花已放。白红与青紫，夺目纷万状。得非造物者，为出无尽藏。朱樱结嘉实，炫耀极一望。钱王锦绣树，金谷红步障。予时籍清阴，坐待佳月上。（王寂《乙酉宿清安县治之生明堂清安世传辽太祖始置为肃州……感怀今昔为作诗》）

（18）白帝离金阙，苍龙下玉京。地神开要妙，天质赋清英。色贯银蟾媚，

香浮宝殿清。参差千万树，皎洁二三更。艳杏无光彩，妖桃陪下情。梅花先自匿，柳絮敢相轻。（丘处机《开官梨花》）

（19）十月滂沱雨，三更汹涌声。浮云连海峤，激水灌山城。野暗风波急，泥深道路倾。行人兼走马，一夜到天明。（丘处机《初冬括马值雨》）

（20）潮蹙三山岛，烟横万里沙。蜃楼春作市，鼍鼓暮催衙。一曲水仙操，片帆渔父家。安期定何处，试问枣如瓜。（刘迎《海上》）

（21）乱目宝花雨，过眉斑竹筇。挈音迎画鸜，喜态动乌龙。水镜千江月，风琴万壑松。遥知永今夕，情话得从容。（刘迎《题雪浦人归图》）

（22）张翰一杯酒，林逋千首诗。性惟便自适，材敢论时施。狡兔从三窟，鹪鹩分一枝。青山有佳色，只似往年量。（元德明《遣兴》）

（23）陆地无根客，江村有发僧。两盂残喘粥，一寸苦吟灯。（李遹《江村》）

（24）几日西郊雾，连宵北牖风。菊花犹泛酒，雪片忽填空。草树秋容失，河关晓气蒙。听初疑落叶，仰不辨高鸿。烂漫三冬意，凭陵百围功。披裘赴鸡黍，扫径惜篱丛。（王琢《辛未九月二十一日雪》）

（25）劈碎昆仑顶，真元入杳冥。一炉丹凤髓，两鼎赤龙精。五岳祥云起，三峰瑞气生。放开天眼照，宇宙廓然明。（侯善渊《五言全篇》十九首其一）

（26）王氏乌衣巷，芦家白玉堂。（张行简《燕》佚句）

（27）远径留残照，疏林出小园。山川半豺虎，岁月且琴樽。杜老新鸡栅，庞公旧鹿门。不才真忝窃，人道典型存。（赵沨《涧上》）

（28）阪路太行险，波涛沧海深。素缦未偶时，白发将盈簪。壮士暮年意，游子中夜心。抚剑一太息，月暗天横参。（师拓《秋夜吟》）

（29）层宫枕苍陂，地迥风日冷。旌旗隐复现，原陆互驰骋。悠悠尘外趣，宵宵壶中境。山川蒸淑气，草木闷清景。周疆有楚宋，汉隶列钟鼎。尚矣千岁桧，荒哉九龙井。怀奇目以击，契冥心独省。悲欢万古促，赏晤一日永。（赵秉文《从帅府谒太清宫》）

（30）忆昔穆天子，侈心穷八荒。昆仑入马蹄，蓬庐视明堂。王母为之谣，白云何茫茫。作风高俯九州，块如蝼蚁场。归来越河关，万家压嵩邙。遂令学仙者，闻风为激昂。汉武千秋露，淮南八公方。至今瑶池宴，空为后代伤。（赵秉文《和渊明拟古》九首其三）

（31）初从招募军，麾下点行频。衣上两行泪，灯前万里身。鼓声青海振，战骨黑山尘。落日边风起，萧萧愁杀人。（赵秉文《仿刘长卿出塞》二首其二）

（32）老雨梧桐夜，孤灯蟋蟀秋。（张琚《初至华下》佚句）

（33）九曲羊肠路，千层剑戟山。行钩藤蔓刺，坐印石花斑。树发三春暮，云归万壑闲。相陪林下屐，虽倦不知还。（李俊民《九里谷》）

（34）华亭载月船，长安遮日手。一网腥城市，吾于尔何有。（李俊民《鱼》）

（35）千载辽东鹤，双飞叶县凫。应怜尘世里，无地著臞儒。（李俊民《仙》）

（36）千层宝楼阁，一片玉山川。（刘从益《春雪》佚句）

（37）神物污难久，一日落吾手。寿光阅人多，曾有此客不？呵呵吾戏云，雅志踵先民。镜里春风面，泉下今日尘。九原不可作，哲弟师有若。（李夷《古镜》）

（38）堤外三竿日，河边八尺泥。夜风喧马枥，秋露冷鸡栖。岁月吾生老，送山客梦迷。故园桃李树，摇荡不成蹊。（史肃《河上》）

（39）老病乡心重，艰危世契疏。少年知自立，近日定何如。渭上千丛玉，陂头半尺鲈。往来元不恶，容我坐篮舆。（杨奂《陶君秀晋人尝为司竹监使因祖渊明尝游五柳庄为立五柳祠在县东西原方见有祠堂诗碑向禹城侯先生司竹时与扶风张明叙六曲季仲常凤翔董彦材从之学如白云楼海棠观所谓胜游也后后吾弟主之亦西州衣冠之幸感今慨昔不能不惘然也握手一笑知复何年敢此以为质兼示鄂赵秀才》四首其四）

（40）盎薄轩裳贵，高寻绮皓纵。一囊闾里药，六尺水云筇。午枕眠芳景，晴檐望远峰。柴门常不掩，应得野夫从。（辛愿《赠刘庵主》）

（41）茅斋迫官居，尘土日蓬勃。道人掩关坐，挂眼无外物。明窗一蒲团，濯足晨理发。一片万古心，清潭两明月。（元好问《郎文炳心远斋》二首其一）

（42）几案满书史，欣然忘百忧。一篇诗遣兴，三盏酒扶头。千载陶元亮，平生马少游。但留强健在，老矣复何求。（元好问《遣兴》）

（43）老境欢娱少，愁怀感叹长。世途多险阻，归兴渺苍茫。疏雨梧桐夜，西风蟋蟀床。平明揽青镜，衰鬓又添霜。（麻革《秋夜感怀》）

（44）憔悴杜陵客，悲凉王仲宣。四围晴立壁，一突午无烟。病卧秋风里，愁吟夜雨边。明朝谁裹饭，万一使君怜。（麻革《云中夜雨》）

（45）明德本生公，医名一代雄。杖头闲日月，舌上旧家风。雅趣钱神外，高情酒圣中。治人阴德在，寿骨秀而丰。（张宇《赠皇甫德璋》）

（46）平生无作为，禀性太愚痴。一钵千家饭，三冬百纳衣。般般常足意，事事不愁眉。何为穷能固，玄元说俭慈。（李道玄《明守分》）

例（13）至例（46）诸例，整体上都是五言成句的"NP，NP"式，彼此之间只有一些细微的结构差异。例（13）的结构是"（松＋竹）浣花里，（桑＋麻）杜曲田"，例（14）的结构是"（鼓角＋边城）暮，（关河＋古塞）秋"，例（15）的结构是"（云中）三秀草，（石上）六铢衣"，例（16）的结构是"（南山）（高）（翠）岭，（北海）（大）（深）潭"，例（17）的结构是"（钱王）（锦绣）树，（金谷）（红步）障"，例（18）的结构是"（参差）（千万）树，（皎洁）（二三）更"，例（19）的结构是"（十月）（滂沱）雨，（三更）（汹涌）声"，例（20）的结构是"（一曲）（水仙）操，（片帆）（渔父）家"，例（21）的结构是"（水镜）（千江）月，（风琴）（万壑）松"〔此为两个"缩喻"，意为"千江之月像水镜，万壑松（声）像风琴"〕，例（22）的结构是"（张翰）（一杯）酒，（林逋）（千首）诗"，例（23）的结构是"（陆地）（无根）客，（江村）（有发）僧"，例（24）的结构是"（几日）（西郊）雾，（连宵）（北牖）风"，例（25）的结构是"（一炉）（丹凤）髓，（两鼎）（赤龙）精"，例（26）的结构是"（王氏）乌衣巷，（芦家）白玉堂"，例（27）的结构是"（杜老）（新）鸡栅，（庞公）（旧）鹿门"，例（28）的结构是"（壮士）（暮年）意，（游子）（中夜）心"，例（29）的结构是"（尚矣）千岁桧，（荒哉）九龙井"，例（30）的结构是"（汉武）（千秋）露，（淮南）（八公）方"，例（31）的结构是"（衣上）（两行）泪，（灯前）（万里）身"，例（32）的结构是"（老雨＋梧桐）夜，（孤灯＋蟋蟀）秋"，例（33）的结构是"（九曲羊肠）路，（千层）剑戟山"，例（34）的结构是"（华亭）（载月）船，（长安）（遮日）手"，例（35）的结构是"（千载）（辽东）鹤，（双飞）（叶县）凫"，例（36）的结构是"（千层）（宝）楼阁，（一片）（玉）山川"，例（37）的结构是"（镜里）（春风）面，（泉下）（今日）尘"，例（38）的结构是"（堤外）（三竿）日，（河边）（八尺）泥"，例（39）的结构是"（渭上）（千丛）玉，（陂头）（半尺）鲈"，例（40）的结构是"（一囊）闾里药，（六尺）水云筇"，例（41）的结构是"（一片）（万古）心，（清潭）（两）（明）月"，例（42）的结构是"（千载）陶元亮，（平生）马少游"，例（43）的结构是"（疏雨）（梧桐）夜，（西风）（蟋蟀）床"，例（44）的结构是"（憔悴）杜陵客，（悲凉）王仲宣"，例（45）的结构是"（杖头）（闲）日月，（舌上）（旧）家风"，例（46）的结构是"（一钵）千家饭，（三冬）百纳衣"。以上诸例都是以对句形式出现，且与其前后句没有语法结构上的纠葛，有独立的表意功能，因此都是典型的名词铺排文本。

3. 五言成句的"NP（叠字领起），NP（非叠字领起）"式

这种结构模式乃是魏晋南北朝诗人的创造。之后，盛唐、中唐、晚唐诗人都

有沿用继承。时至金代，仍有诗人沿用继承这种结构模式。不过，根据我们对《全金诗》的调查，发现金代诗人继承沿用这种结构模式的并不多，目前只见到如下一例：

（47）霭霭西陵树，萧条歌吹声。客愁连断雁，地古更荒城。山色娇新雨，河流怒不平。浮云台上起，不尽古今情。（赵秉文《西陵》）

例（47）"霭霭西陵树，萧条歌吹声"，前句以名词"树"为中心语，"西陵"为直接修饰语，叠字"霭霭"为间接修饰语；后句以名词"声"为中心语，"歌吹"为直接修饰语，"萧条"为间接修饰语，结构上属五言成句的"NP（叠字领起），NP（非叠字领起）"式。从语境与语义上观察，"霭霭西陵树，萧条歌吹声"居于全诗篇首，且与随后一句"客愁连断雁"无语法结构上的纠葛，属于独立的表意单位，因而明显是名词铺排文本。

4. 五言成句的"NP（非叠字领起），NP（叠字领起）"式

这种结构模式出现比较晚，是五代诗人的创造。金诗中有这种结构模式的名词铺排文本建构，明显是沿用继承五代诗人所创。不过，根据我们对《全金诗》的调查，发现金代诗人继承沿用这种结构模式的并不多，目前只见到如下二例：

（48）灯火万家夜，萧萧帘下声。（李经《夜雨》佚句）
（49）高树出大根，源清流不浑。千年洛阳陌，赫赫于公门。外翁老去住山村，正要儿童侍酒樽。（元好问《为程孙仲卿作》）

例（48）"灯火万家夜，萧萧帘下声"，前句以名词"夜"为中心语，"灯火万家"（实际上是"万家灯火"的倒装）为修饰语；后句以名词"声"为中心语，"萧萧帘下"（实际上是"帘下萧萧"的倒装）为修饰语；例（49）"千年洛阳陌，赫赫于公门"，前句以名词"陌"为中心语，"洛阳"为直接修饰语，"千年"为间接修饰语；后句以名词"门"为中心语，"于公"为直接修饰语，叠字"赫赫"为间接修饰语。从结构上看，二例都属五言成句的"NP（非叠字领起），NP（叠字领起）"式。从语境与语义上观察，二例都以对句形式出现，与其前后语句没有语法结构上的纠葛，是结构与语义都相对独立的语言单位，因而明显属于名词铺排文本。

5. 七言成句的"NP，NP"式

这种结构模式是魏晋南北朝诗人的创造。之后，初唐、盛唐、中唐、晚唐、

五代、宋代诗歌中都有广泛的继承沿用。时至金代，这种结构模式的名词铺排文本建构也深受诗人们的青睐。根据我们对《全金诗》的调查，发现金代诗人继承沿用这种结构模式非常普遍，用例非常多。如：

（50）时危不用直臣筹，认得胶盆莫刺头。云梦韩侯无罪灭，杜邮白起有功囚。碧松林下高低庙，芳草堤边新故丘。试向碑间观举止，都无一个称心头。（李道玄《警世》）

（51）善恶同生用不同，两般元出一心中。慈言喜作养花雨，怒气休为送雪风。凤屋门前栽柳老，虎窝村外种瓜翁。古贤不是无能智，念道忘言乐固穷。（李道玄《述怀警众》二首其二）

（52）半空风雨山头树，十顷玻璃水底天。孤客南来无著处，相宜只有百门泉。（王磐《百门泉》二首其二）

（53）游戏铜驼不记春，漆瞳阅尽世间人。诗中放浪陶彭泽，教外风流贺季真。九转丹成聊应物，五噫歌罢更忧民。掀髯一笑南华老，却向逍遥说大椿。（李庭《萧公弼炼师生朝》）

（54）霄汉云收日月开，澄清天下属英才。太平官府久不见，独步中丞今始来。草木气苏三日雨，豺狼胆碎一声雷。绣衣快逐春风去，趁饮朝堂软脚杯。（李庭《送杨御史》）

（55）鞍马丁年事远游，北州未稳复南州。胸怀落落冯欢铗，尘土翩翩季子裘。击筑悲歌增感慨，倒瓶浊酒浣离忧。一编笑我衡茅底，坐送光阴到白头。（段克己《送王载之》）

（56）干戈未定欲何之，一事无成两鬓丝。踪迹大纲王粲传，情怀小样杜陵诗。鹡鸰信断云千里，乌鹊巢寒月一枝。安得中山千日酒，陶然直到太平时。（无名氏《题九华寺壁》）

（57）大夫泽畔行吟处，司马江头送别时。尔辈何伤吾道在，此心惟有彼苍知。（王寂《日暮倚杖水边》）

（58）四海苍生谢安石，一言宣室贾长沙。（吴激《送乐之侍郎》佚句）

（59）海东绝域皇华使，天上仙官碧落卿。（吴激《送韩凤阁使高丽》）

（60）燕来燕去乌衣巷，花落花开谷雨天。（魏道明《春兴》佚句）

（61）碧海半湾蜗角国，春风十里鸭头波。（魏道明《高丽馆偏凉亭》佚句）

（62）帝城回想梦魂中，秋月春花在处同。朱雀桥南三月草，凤凰楼上四更风。锦囊别后吟笺少，玉笛闲来酒盏空。赢得当时旧标格，九分憔悴入青铜。（边元鼎《帝城》）

（63）五年风雪黄州闰，万里关河渭水秋。（王寂《留别郭熙氏》残句）

（64）霜林余叶未全凋，极目西风对沉寥。万里沙荒秋后草，三神山动晚来潮。移樽正及兵厨近，结客何须驿骑招。老素抚床端可必，未甘随分隐耕樵。（刘迎《陪诸友登三山亭》二首其二）

（65）云静洞庭秋寺月，雨昏湘浦夜船灯。（元德明《题张公佐画》佚句）

（66）万里鸾舆去不还，故宫风物尚依然。四围锦绣山河地，一片云霞洞府天。空有遗愁生落日，可无佳气起非烟。古来亡国皆如此，谁念经营三百年。（毛麾《过龙德故宫》）

（67）白头波上白头人，黄叶渡西黄叶村。山几朵，酒盈尊，落日西风送到门。（赵秉文《仿张志和西塞》二首其二）

（68）使君兴寄本翛然，爱此澄波清且涟。杨柳阴中黄鸟地，芙蕖香底白鸥天。凉通帘幌风生座，露浥琴尊月满船。相见仙裙乘一叶，恍疑太一下云边。（赵秉文《和林卿锦波亭韵》）

（69）顾陆张吴宝绘堂，风花雪月保宁坊。锦囊玉轴三千幅，翠袖金钗十二行。数笔丹青参李范，一时迁谪为苏黄。太原珍玩名天下，旧迹犹凭古印章。（完颜璹《题晋卿王晖宝绘》）

（70）一十八里汴堤柳，三十六桥梁苑花。纵使风光都似旧，北人见了也思家。（完颜璹《梁园》）

（71）杨柳风前白板扉，荷花雨里绿蓑衣。红稻美，锦鳞肥。渔笛闲拈月下吹。（完颜璹《渔父词》二首其一）

（72）黄金错落云间阙，红粉高低柳外墙。（刘从益《阙题》佚句）

（73）长拖酒债杜工部，新有诗声侯校书。（刘勋《赠王清卿》佚句）

（74）休笑参军靴不袜，休嗟门客食无鱼。燕鸿来去端谁使，鹏鷃逍遥本自如。潦倒渊明三径菊，荒唐惠子五车书。古人淡里求真味，身外纷华不美渠。（胡汲《无题》）

（75）玉台辞客富年华，乐府风流有故家。水碧金膏步兵酒，天香国色洛阳花。皇居郁郁今何在，世事悠悠日又斜。后夜云州古城下，故应回首一长嗟。（元好问《兰文仲郎中见过》）

（76）黄河城下水澄澄，送别秋风似洞庭。李白形骸虽放浪，并州豪杰未凋零。十年道路双蓬鬓，万里乾坤一草亭。八月崤陵霜树老，伤心休折柳条青。（李汾《陕州》）

（77）烟波苍苍孟津渡，旌旗历历河阳城。（李汾《阙题》佚句）

（78）塞上愁多云易阴，故人虽在雁无音。交情念子黄金重，世故稽人白发

深。<u>芳草春风千里梦，青灯夜雨两乡心。</u>岱宗入眼东南秀，怅望云山泪满襟。（麻革《寄杜仲梁》）

（79）燕山重九约朋俦，杖屦琼花岛上游。荒径披榛穿古洞，危崖倚石瞰神州。<u>苍松古柏萧森日，红叶黄花冷冷秋。</u>一事无怀幽兴尽，却寻归路棹轻舟。（姬志真《重阳日游琼花岛》）

（80）广寒高处野花黄，荆棘丛生古洞房。<u>乱石圮垣新境界，败荷衰草旧池塘。</u>云浮冠盖亦何在，电转山舟无处藏。试向西风问消息，倚天松相自苍苍。（姬志真《秋游琼花岛》二首其一）

例（50）至例（80）诸例，整体上都是七言成句的"NP，NP"式，彼此之间只有一些细微的结构差异。例（50）的结构是"（碧松林下）（高低）庙，（芳草堤边）（新故）丘"，例（51）的结构是"（凤屋门前）（栽柳）老（指老人），（虎窝村外）（种瓜）翁"，例（52）的结构是"（半空风雨）（山头）树，（十顷）（玻璃）（水底）天"，例（53）的结构是"（诗中放浪）陶彭泽，（教外风流）贺季真"，例（54）的结构是"（草木气苏）（三日）雨，（豺狼胆碎）（一声）雷"，例（55）的结构是"（胸怀落落）冯欢铗，（尘土翩翩）季子裘"，例（56）的结构是"（踪迹大纲）王粲传，（情怀小样）杜陵诗"，例（57）的结构是"（大夫泽畔行吟）处，（司马江头送别）时"（修饰语皆用典），例（58）的结构是"（四海苍生）谢安石，（一言宣室）贾长沙"（修饰语皆用典），例（59）的结构是"（海东绝域）皇华使，（天上仙官）碧落卿"，例（60）的结构是"（燕来燕去）乌衣巷，（花落花开）谷雨天"，例（61）的结构是"（碧海半湾）（蜗角）国，（春风十里）（鸭头）波"，例（62）的结构是"（朱雀桥南）（三月）草，（凤凰楼上）（四更）风"，例（63）的结构是"（五年风雪）（黄州）闰，（万里关河）（渭水）秋"（闰指闰年），例（64）的结构是"（万里沙荒）（秋后）草，（三神山动）（晚来）潮"，例（65）的结构是"（云静洞庭）（秋寺）月，（雨昏湘浦）（夜船）灯"，例（66）的结构是"（四围锦绣）（山河）地，（一片云霞）（洞府）天"，例（67）的结构是"（白头波上）（白头）人，（黄叶渡西）（黄叶）村"，例（68）的结构是"（杨柳阴中）（黄鸟）地，（芙蕖香底）（白鸥）天"，例（69）的结构是"（顾＋陆＋张＋吴）宝绘堂，（风＋花＋雪＋月）保宁坊"，例（70）的结构是"（一十八里）（汴堤）柳，（三十六桥）（梁苑）花"，例（71）的结构是"（杨柳风前）（白板）扉，（荷花雨里）（绿）蓑衣"，例（72）的结构是"（黄金错落）（云间）阙，（红粉高低）（柳外）墙"，例（73）的结构是"（长拖酒债）杜工部，（新有诗声）侯校书"，例

（74）的结构是"（潦倒渊明）（三径）菊，（荒唐惠子）（五车）书"，例（75）的结构是"（水碧金膏）步兵酒，（天香国色）洛阳花"，例（76）的结构是"（十年道路）（双）（蓬）鬓，（万里乾坤）（一）（草）亭"，例（77）的结构是"（烟波苍苍）孟津渡，（旌旗历历）河阳城"，例（78）的结构是"（芳草春风）（千里）梦，（青灯夜雨）（两乡）心"，例（79）的结构是"（苍松古柏萧森）日，（红叶黄花冷冷）秋"，例（80）的结构是"（乱石圮垣）（新）境界，（败荷衰草）（旧）池塘"。从语境与语义方面观察，以上诸例皆以对句形式呈现，各例与其前后语句没有语法结构上的纠葛，各是独立表意的语言单位，因而皆为典型的名词铺排文本。

　　6. 五言成句的"NP，NP＋NP"式

　　这种结构模式是盛唐诗人的创造。之后，中唐诗与宋诗中都有继承沿用这种结构模式的名词铺排文本。根据我们对《全金诗》的调查，发现金代诗人也有继承沿用这种结构模式的。不过，并不常见，目前只发现如下一例：

　　（81）一片昆仑心，夕阳小烟树。（李经《步云谣》佚句）

　　例（81）"一片昆仑心，夕阳小烟树"，前句以名词"心"为中心语，"昆仑"为直接修饰语，"一片"为间接修饰语；后句则由"夕阳"与"小烟树"加合成句，"烟"是中心语"树"的直接修饰语，是喻体（意为"远树如烟"）；"小"修饰"烟树"，是"树"的间接修饰语。因此，从结构上看，整体上属于五言成句的"NP，NP＋NP"式。虽然"一片昆仑心，夕阳小烟树"是佚句，我们现在看不到其上下文的其他诗句，但根据其对句呈现的规律，基本可以判定它是可以独立表意的语言单位，属于名词铺排文本。

　　7. 五言成句的"NP＋NP，NP"式

　　这种结构模式乃是中唐诗人的创造，之后一直未见有继承沿用的。但是，根据我们对《全金诗》的调查，发现金代诗人继承沿用了这种结构模式。不过，目前我们也只发现大诗人元好问诗中有如下一例：

　　（82）鹊语喜复喜，山城谁与娱。青灯一杯酒，千里故人书。（元好问《得纬文兄书》）

　　例（82）"青灯一杯酒，千里故人书"，前句是以名词"灯"与"酒"为中心语的两个名词短语加合成句，后句则是以名词"书"为中心语的名词短语独立成句，两句的整体结构是五言成句的"NP + NP，NP"式。从语境与语义方面观察，这二句居于全诗篇尾，且跟其前面的二句没有语法结构上的纠葛，明显是独立表意的语言单位，因而属于典型的名词铺排文本。

8. 五言成句的"NP + NP，NP + NP"式

这种结构模式是初唐诗人的创造。之后，盛唐、中唐、晚唐、五代诗中都一直继承沿用。根据我们对《全金诗》的调查，发现金诗中继承沿用这种结构模式的也不少。如：

（83）瘦藤蔓角蔓，杂草树根花。夹道悬新枣，荒畦卧晚瓜。（郦权《村行》）

（84）细草沙边树，疏烟岭外村。（张斛《河池出郭》佚句）

（85）扇底无残暑，西风日夕佳。云山藏客路，烟树记人家。小渡一声橹，断霞千点鸦。诗成鞍马上，不觉在天涯。（蔡珪《霅川道上》）

（86）极目江湖雨，连阴甲子秋。青灯十年梦，白发一扁舟。（王庭筠《忆涧川》）

（87）秋水四五尺，暮山三两峰。浮云白毫相，落日紫金容。蓑笠前村笛，楼台古寺钟。殷勤小平远，图画忆渠侬。（刘迎《秋郊》）

（88）去国五千里，马头犹向东。宦情蕉叶鹿，世味蓼心虫。倦枕三更梦，征衫八月风。山川秋满眼，归思寄飞鸿。（李通《使高丽》）

（89）马上逢元日，东风送客愁。滹沱春水渡，瀛海夕阳楼。雪照潘郎鬓，尘侵季子裘。劳生已强半，更欲跕清流。（赵沨《元日》）

（90）弟妹他乡隔，无家问死生。兵戈尘共暗，江汉月偏清。落日黄牛峡，秋风白帝城。中原消息断，何处是帝京。（赵秉文《仿老杜无家》）

（91）春水三山渡，斜阳八字堤。河淤树身短，沙截草痕齐。地纳黄流大，天衔浚泽低。故人不见我，愁思使人迷。（赵秉文《三山渡口》）

（92）老去宦情薄，秋来乡思多。遥怜桑垅在，无奈棘林何。白水青沙谷，黄云赤土坡。几时随父老，社酒太平歌。（杨云翼《父老》）

（93）违别亦已久，萧萧双鬓丝。自怜多病后，不似早年时。暮雨千山道，春风五柳祠。剩留溪上竹，到处刻新诗。（杨奂《陶君秀晋人尝为司竹监使因祖渊明尝游五柳庄为立五柳祠在县东西原方见有祠堂诗碑向禹城侯先生司竹时与扶风张明叙六曲季仲常凤翔董彦材从之学如白云楼海棠观所谓胜游也后后吾弟主之亦西州衣冠之幸感今慨昔不能不怃然也握手一笑知复何年敢此以为质兼示鄠赵秀才》四首其二）

（94）地僻境逾静，林疏秋巳分。<u>清溪一片月，修竹四山云</u>。（元好问《洛阳高少府瀍阳后庵》五首其四）

（95）<u>明月一樽酒，清风万卷书</u>。南山山下地，终欲卜邻居。（梅泽《望终南山诗》）

（96）瘦马踏晴沙，微风度陇斜。<u>西风八九月，疏树两三家</u>。寒草留归狭，夕阳送去鸦。邻村有新酒，篱畔看黄花。（王庭筠《秋郊》）

例（83）至例（96）诸例，整体上都是五言成句的"NP + NP，NP + NP"式，只是彼此之间有一些细微的结构差异。例（83）的结构是"（瘦）藤 +（篱角）蔓，（杂）草 +（树根）花"，例（84）的结构是"（细）草 +（沙边）树，（疏）烟 +（岭外）村"，例（85）的结构是"（小）渡 +（一声）橹，（断）霞 +（千点）鸦"（渡指渡口），例（86）的结构是"（青）灯 +（十年）梦，（白）发 +（一）（扁）舟"，例（87）的结构是"蓑笠 +（前村）笛，楼台 +（古寺）钟"，例（88）的结构是"（倦）枕 +（三更）梦，（征）衫 +（八月）风"，例（89）的结构是"滹沱（河流名）+（春水）渡，瀚海 +（夕阳）楼"（渡指渡口），例（90）的结构是"（落）日 + 黄牛峡，（秋）风 + 白帝城"，例（91）的结构是"（春）水 +（三山）渡（指渡口），（斜）阳 +（八字）堤"（渡指渡口），例（92）的结构是"（白）水 + 青沙谷，（黄）云 + 赤土坡"，例（93）的结构是"（暮）雨 + 千山道，（春）风 + 五柳祠"，例（94）的结构是"（清）溪 +（一片）月，（修）竹 +（四山）云"，例（95）的结构是"（明）月 +（一樽）酒，（清）风 +（万卷）书"，例（96）的结构是"（西风）（八九）月，（疏树）（两三）家"。从语境与语义上看，以上诸例皆以对句形式呈现，各例与其前后语句均无语法结构上的纠葛，都是可以独立成句与独立表意的语言单位，明显是典型的名词铺排文本。

9. 七言成句的"NP + NP，NP + NP"式

这种结构模式是初唐诗人的创造。之后，盛唐、中唐、晚唐、五代诗中都一直继承沿用。根据我们对《全金诗》的调查，发现金诗中继承沿用这种结构模式的也不少。如：

（97）佳气犹能想郁葱，云间双阙峙苍龙。<u>春风十里霸陵树，晓月一声长乐钟</u>。小苑花开红漠漠，曲江波涨碧溶溶。眼前叠嶂青如画，借问南山共几峰？（吴激《长安怀古》）

（98）<u>五更好梦经年事，三月残花一夜风</u>。（边元鼎《阙题》残句）

（99）一叶黄飞一叶舟，半竿落日半江秋。青草渡，白蘋洲，归路月明山上头。（赵秉文《仿张志和西塞》二首其一）

（100）羡君中岁早知还，择胜栖身意自闲。二顷良田十亩竹，一溪流水四围山。客中把酒聊乘兴，愁里题诗亦强颜。明日东风吹破袂，仙居回首白云间。（杨宏道《留别高君玉》）

（101）乐府新声绿绮裘，梁州旧曲锦缠头。酒兵易压愁城破，花影长随日脚流。万里青云休自负，一茎白发尽堪羞。人间只怨天公了，未便天公得自由。（元好问《追录洛中旧作》）

（102）生气曾思作九原，迷涂争得背南辕。梁鸿故事要离墓，卫国孤儿祇树园。旧说布衣甘绝脰，今传史笔记归元。知君禄社无心在，旌孝终当到李源。（元好问《哀武子君》）

（103）关塞无缘笑语同，偶然情话此从容。青天蜀道不得过，山色归心空自浓。九日茱萸蓝涧酒，十年朝马景阳钟。三间老屋知何处，惆怅云间陆士龙。（元好问《柳亭雨夕与高御史夜话》）

（104）昨日东周今日秦，咸阳烟火洛阳尘。百年蚁穴蜂衙里，笑杀昆仑顶上人。（元好问《杂著》九首其八）

例（97）至例（104）诸例，整体上皆为七言成句的"NP + NP，NP + NP"式，但彼此之间有一些细微的结构差异。例（97）的结构是"（春）风 +（十里）（霸陵）树，（晓）月 +（一声）（长乐）钟"，例（98）的结构是"（五更）（好）梦 +（经年）事，（三月）（残）花 +（一夜）风"，例（99）的结构是"（一叶）黄飞（指飞叶）+（一叶）舟，（半竿）落日 +（半江）秋"，例（100）的结构是"（二顷）良田 +（十亩）竹，（一溪）流水 +（四围）山"，例（101）的结构是"（乐府）（新）声 +（绿绮）裘，（梁州）（旧）曲 +（锦）缠头"，例（102）的结构是"（梁鸿）故事 +（要离）墓，（卫国）孤儿 +（祇树）园"，例（103）的结构是"（九日）茱萸 + 蓝涧酒，（十年）朝马 + 景阳钟"，例（104）的结构是"（昨日）东周 +（今日）秦，（咸阳）烟火 +（洛阳）尘"。以上诸例，从语境与语义上看，都是以对句形式出现的，且各例与其前后语句均无语法结构上的纠葛，是皆可独立成句、独立表意的语言单位，因此是典型的名词铺排文本。

10. 五言成句的"NP + NP + N，NP + NP + N"式

这种结构模式是晚唐诗人的创造。五代诗中未见有继承，但宋诗中有沿用。根据我们对《全金诗》的调查，发现金诗中虽有继承沿用，但用例很少，目前只

发现如下一例：

（105）国风久已熄，如火不再然。流为玉台咏，铅粉娇华年。政须洗妖冶，八骏踏芝田。<u>青苔明月露，碧树凉风天</u>。尘土一一尽，象纬昭昭悬。寂寥抱玉辨，争竞摇尾怜。幸有元公子，不为常语牵。（麻九畴《元裕之以山游见招兼以诗四首为寄因以山中之意仍其韵》四首其四）

例（105）"青苔明月露，碧树凉风天"，从结构上分析是"青苔＋明月＋露，碧树＋凉风＋天"，属五言成句的"NP＋NP＋N，NP＋NP＋N"式。从语境与语义上看，它与其前后其他语句没有语法结构上的纠葛，是自成一体的语言单位，因而属于名词铺排文本。

11. 五言成句的"N＋N＋NP，N＋N＋NP"式

这种结构模式是初唐诗人的创造。盛唐、晚唐诗中都有继承沿用，但宋诗中未曾发现。根据我们对《全金诗》的调查，发现金诗中有继承沿用之例，但并不常见，目前只发现如下二例：

（106）寺得新游处，轩余旧赋诗。<u>山川蒲子国，松柏晋侯祠</u>。行止非人力，登临且岁时。道人应笑我，真负鹿门期。（郝俣《揽秀轩》）

（107）老伴不易得，残年唯有闲。<u>桑麻一村落，鸡犬两柴关</u>。樊守能供酒，周侯许买山。从今钓溪上，日日望君还。（元好问《送崔振之迎家汴梁》）

从结构上分析，例（106）的结构是"山＋川＋蒲子国，松＋柏＋晋侯祠"，例（107）的结构是"桑＋麻＋（一）村落，鸡＋犬＋（两）柴关"，均属五言成句的"N＋N＋NP，N＋N＋NP"式。从语境与语义上看，二例都以对句形式呈现，且与其前后的其他语句没有语法结构上的纠葛，是一个独立表意的语言单位，因而属于名词铺排文本。

12. 七言成句的"NP＋NP＋NP，NP＋NP＋NP"式

这种结构模式是初唐诗人的创造。但是，盛唐、中唐、晚唐、五代诗中都未见有继承沿用之例，直到宋代才又重新被继承沿用。根据我们对《全金诗》的调查，发现金诗中继承沿用之例开始增多，用例并非个别。如：

（108）李白一杯人影月，郑虔三绝画诗书。情知不得文章力，乞与黄华作隐君。（元好问《寄王学士子端》）

（109）桃李东风蝴蝶梦，关山明月杜鹃魂。玉阑烟冷空千树，金谷香销谩一尊。（郝经《落花》）

（110）侯门旧说炎如火，陋巷今犹冷似冰。半夜杯盘长袖舞，白头书册短檠灯。（刘泽《阙题》）

（111）纶竿老子绿蓑衣，细雨轻烟一钓矶。正是邻家社醅熟，柳条穿得锦鳞归。（刘铎《所见》）

（112）立马西风不忍行，往回只是片时程。一年又作半年客，百里有如千里情。落日寒林山下路，淡烟疏竹水边城。愿君把酒休惆怅，四海由来皆弟兄。（李俊民《赴山阳》）

（113）幽径疏篱竹外村，淡烟斜日水边城。地形占斗辨南北，风俗以人分重轻。坐上有山围似画，樽中得酒论如兵。青春将种多才调，拂袖林泉恐不情。（李俊民《留题靳载之园亭》）

（114）风烟万顷一椽茅，丘壑端能傲市朝。窈窕云山三兔穴，飘飘风树一鸠巢。本来无取亦无与，只合自渔还自樵。三十六峰俱可隐，愿从君后不须招。（赵元《题嵩阳归隐图》）

（115）书来聊得慰怀思，清镜平明见白髭。明月高楼燕市酒，梅花人日草堂诗。风光流转何多态，儿女青红又一时。涧底孤松二千尺，殷勤留看岁寒枝。（元好问《人日有怀遇斋张兄纬文》）

（116）少日鸾飞掣臂鹰，只今痴钝似秋蝇。耽书业力贫犹在，涉世筋骸老不胜。千里关河高骨马，四更风雪短檠灯。一瓶一钵平生了，惭愧南窗打睡僧。（元好问《十二月十六日还冠氏十八日夜雪》）

例（108）至例（116）诸例，整体上皆为七言成句的"NP＋NP＋NP，NP＋NP＋NP"式，只是彼此间略有一些细微的结构差异。例（108）的结构是"（李白一杯）人＋影＋月，（郑虔三绝）画＋诗＋书"（此二句是用典，是夸赞王庭筠兼有李白与郑虔的三绝技），例（109）的结构是"桃李＋东风＋蝴蝶梦，关山＋明月＋杜鹃魂"，例（110）的结构是"（半夜）杯＋盘＋（长袖）舞，（白头）书册＋（短檠）灯"，例（111）的结构是"纶竿＋老子＋（绿）蓑衣，（细）雨＋（轻）烟＋（一）钓矶"，例（112）的结构是"（落）日＋（寒）林＋（山下）路，（淡）烟＋（疏）竹＋（水边）城"，例（113）的结构是"（幽）径＋（疏）篱＋（竹外）村，（淡）烟＋（斜）日＋（水边）城"，例（114）的结构是"（窈窕）云＋山＋（三）（兔）穴，（飘飘）风＋树＋（一）（鸠）巢"，例（115）的结构是"（明）月＋（高）楼＋（燕市）酒，梅花＋人日＋（草堂）诗"，例（116）的结构是"（千里）关＋河＋（高骨）马，（四更）风＋雪（短檠）灯"。从语境与语义方面观察，以上诸例皆是以对句形式出现的，各例与其前后语句均无语法结构上的纠葛，皆可独立成句、独立表意，明显属于典型的名词铺排文本。

13. 五言成句的"NP"（叠字领起）式

这种结构模式是中唐诗人的创造。但是，晚唐、五代诗中都未见继承沿用之例，直到宋代才重新被沿用。根据我们对《全金诗》的调查，发现金诗中继承沿用这种结构模式的诗人不少，包括大诗人元好问、李俊民等的诗中都有用例。如：

（117）山腰抱佛刹，十里望家园。亦有野人居，层厓映柴门。昔我东岩君，曾此避尘喧。林泉留杖屦，岁月归琴樽。翁今为飞仙，过眼几寒暄。<u>苍苍池上柳</u>，青衫见诸孙。疏灯照茅舍，新月入颓垣。依依览陈迹，恻怆不能言。（元好问《九日读书山用陶诗露凄暄风息气清天旷明为韵赋》十首其三）

（118）斜川一壶玉，川东三四家。篱落半流水，<u>苒苒青蒲芽</u>。我为水边游，月魄舒晴华。临篱见灯火，儿语时纷拏。想像泽南州，寄兴栖云霞。从渠非知音，我意亦自嘉。（蔡珪《邻屋如江村》）

（119）<u>耿耿中宵月</u>，无人独自行。下连沧海白，高满太虚清。奋迹离三岛，游空照万城。城中多少客，睡重不能惊。（丘处机《夜深对月》二首其一）

（120）<u>峨峨景明宫</u>，五云涌蓬莱。山空白昼永，野旷清风来。（赵沨《凉陉》）

（121）转首一场梦，惊心三月春。<u>扬扬枝上蝶</u>，不见惜花人。（李俊民《蝶》）

（122）<u>盘盘古皇州</u>，梦断繁华歇。一鞭春事忙，耕出垄头月。（李夷《古镜》）

（123）<u>茫茫襄城野</u>，岁晏多风埃。野田半已荒，草虫鸣更哀。西风吹白云，大槐安在哉。七圣之所迷，而我胡为来。（王渥《被檄再至扬州制司驿亭有题诗讥予和事不成者云来往二年无一事青山也解笑行人因为解嘲》）

例（117）的"苍苍池上柳"，例（118）的"苒苒青蒲芽"，例（119）的"耿耿中宵月"，例（120）的"峨峨景明宫"，例（121）的"扬扬枝上蝶"，例（122）的"盘盘古皇州"，例（123）的"茫茫襄城野"，每例皆以末一字（即单音节词）为中心语，句首叠字为间接修饰语，紧接着中心语的则是直接修饰语。

这些以五言成句的"NP"（叠字领起）式名词短语句，从语境与语义上观察，皆与其前后句没有语法结构上的纠葛，均可独立成句与独立表意，因而属于名词铺排文本。

14. 五言成句的"NP"式

这种结构模式是晚唐诗人的创造。但是，五代诗与宋诗中都未见有继承沿用之例，直到金代才重新被沿用。根据我们对《全金诗》的调查，发现金诗中继承沿用这种结构模式的诗人不少，包括大诗人党怀英、李俊民、蔡松年等的诗中都有用例。如：

（124）疏柳静茅亭，亭下长江路。不见亭中人，萧萧烟景暮。（雷渊《题黄华江皋烟树》二首其一）

（125）南楚二月雨，淮天如漏卮。畏途泥三尺，车马真鸡栖。却思闲居乐，雨具无所施。高枕听檐声，炉烟晕如丝。（蔡松年《淮南道中》五首其一）

（126）高陵五六松，潭水涵清阴。白鸟如避世，巢居得幽深。杂花眩青红，苦节方森森。何人作虚亭，想像云栖心。（蔡松年《丁巳九月梦与范季霈同登北潭之临芳亭觉而作诗记其事以示范》）

（127）郑南峰下寺，泉石间疏篁。飞雨度山阁，闲云生野塘。檐前松子落，厨际柏烟香。别后闻钟磬，山阴空夕阳。（赵亮功《甘露寺》）

（128）王谢堂前燕，秋风又送归。向人如惜别，入户更低飞。海阔迷烟岛，楼高近落晖。不知从此去，几日到乌衣。（李晏《赠燕》）

（129）云山空，冈阜重。槲叶半湿新霜红。溪猿得意适其适，闲攀静挂晴光中。孤麇何从来，寂历野竹风。举头相视不相测，昂藏却立如痴童。（党怀英《题獐猿图》）

（130）病眼花生纸，羁怀棘绕墙。挑灯檐溜急，到枕漏声长。响彻鸡坽曙，寒迎雁背霜。凄凉三径菊，无梦到壶觞。（党怀英《次文孺韵》）

（131）长吟伐木诗，停立以望子。日暮飞鸟归，门前长春水。（张秦娥《南城》二首其二）

（132）岁晚西溪路，谁过旧草堂。苔纹侵柱础，竹色度邻墙。白首光阴疾，青山意绪长。相思老兄弟，夜夜梦还乡。（赵沨《贡院中怀山中故居》）

（133）一声歌欸乃，万顷国烟波。鳌蟹中间醉，蓑衣拜浪婆。（李俊民《渔》）

例（124）至例（133）诸例，整体上皆为五言成句的"NP"式，只是各例间略有一些细微的结构差异。例（124）的结构是"（亭下长江）路"，例（125）的结构是"（南楚）（二月）雨"，例（126）的结构是"（高陵）（五六）松"，例（127）的结构是"（郑南峰下）寺"，例（128）的结构是"（王谢堂前）燕"，例（129）的结构是"（寂历）（野竹）风"，例（130）的结构是"（凄凉）（三径）菊"，例（131）的结构是"（门前）（长春）水"，例（132）的结构是"（岁晚）（西溪）路"，例（133）的结构是"（万顷国）（烟）波"。从语境与语义上看，以上诸例都是以单句形式呈现的，但与其前后句没有语法结构上的纠葛，且可以独立成句与独立表意。很明显，它们都属于名词铺排文本。

15. 七言成句的"NP"式

这种结构模式是初唐诗人的创造。但是，盛唐、中唐、晚唐、五代诗中都未见有继承沿用的，直到宋代才又有诗人沿用。金诗中继承沿用这种结构模式的，根据我们对《全金诗》的调查，发现数量相当多，包括著名诗人元好问、段克己、李俊民等的诗中都有用例。如：

（134）城东车马已促装，城西江水青茫茫。绿杨陌上一杯酒，离愁惨淡春无光。秦楼花映晴烟直，谁家少妇当门立。金鞭入手紫燕嘶，回首飞云晚山碧。（王郁《阳关曲》）

（135）与君把臂临黄河，缺壶声里度悲歌。玉缸酒半离筵起，千里东风射马耳。孰能忍饥学夷齐，看人鼻孔吹虹霓。莫道书生成事小，男儿盖棺事乃了。剑心虽壮未能伸，客里萧条逢暮春。卢沟河上千株柳，满地杨花愁杀人。（段克己《送李山之燕》）

（136）广寒高处野花黄，荆棘丛生古洞房。乱石圮垣新境界，败荷衰草旧池塘。云浮冠盖亦何在，电转山舟无处藏。试向西风问消息，倚天松相自苍苍。（姬志真《秋游琼花岛》二首其一）

（137）白云亭上白云秋，桂棹兰桨记昔游。往事已随流水去，青山空对夕阳愁。兴亡翻手成舒卷，今古无心自去留。独倚西风一惆怅，数声柔橹下汀州。（李晏《白云亭》）

（138）梁上遗经古硬黄，前身僧永后僧房。葛洪泽畔中秋月，此夕相逢话更长。（王寂《明昌改元之三月予又以使事按部经此自甲午抵今凡十有七年……此与刘梦得三过玄都观留诗况昧殆相似焉》三首其一）

（139）锡南南游久未归，北蓝清胜与谁期。明窗但见横经处，静坐还思酌茗时。独诵隔林机杼句，谩题渴井辘轳诗。翠贞庵外千竿竹，啸月吟风待阿师。（乔宸《翠贞庵访晦之不遇》）

（140）栖迟零落未归人，已坐无成更坐贫。意气敢论题柱客，晨昏多负倚门亲。囊空渐觉钱余贯，衣敝翻饶虱满身。遥望秦关独惆怅，<u>一天风雨落花春</u>。（步元举《下第过榆次》）

（141）画楼西畔石州山，指点云烟识翠鬟。回首十年真一梦，淡天如水夕阳闲。（郝俣《叠翠楼》）

（142）<u>碧琅轩里小蘧庐</u>，想象幽人手植初。不独禅心破诸有，还于法性识真如。应缘任笑风月底，出世要观霜雪余。他日升堂参玉版，会须傍出赏春蔬。（刘迎《虚春亭》）

（143）花木阴阴一亩宫，平生高兴与谁同。樽罍北海无虚日，乡里东家有故风。先业固知衣钵在，大门应惜橐奁空。襄阳耆旧今谁识，尚喜风流见阿戎。（刘迎《寄题孔德通东园》）

（144）万里烟波一叶舟，轻帆短棹泛中流。蟾光影里闲垂钓，那计鲸鱼不上钩。（于道显《李官人告》）

（145）<u>万仞峰前一小亭</u>，横眠正坐眼中明。目前大道人难见，终日逍遥自快情。（尹志平《岳神山小亭诗》二绝其一）

（146）万仞峰前一草庵，终朝兴味坐偏甘。有人来话人间事，闭目无言到晚参。（尹志平《岳神山小亭诗》二绝其二）

（147）五华再变类蓬宫，一片清凉眼界中。天赐老身闲自在，<u>五华池畔快哉风</u>。（尹志平《游五华山五绝答王子正》五首其三）

（148）一杯送别古阳关，<u>关外千重万叠山</u>。试问青青渭城柳，不知眼见几人还。（李俊民《阳关图》）

（149）芳华原头一望空，<u>村南村北落花风</u>。可怜当日堆钱屋，寂寂无人晚照中。（李俊民《新安》）

（150）旱则为霖水则舟，若人端合梦中求。<u>荆王枕上阳台雨</u>，版筑英雄老死休。（刘从益《过武丁庙》）

（151）未脱来时旧衽衣，语言面目复何施。无心求僧士人服，糊口可为童子师。过世有缘蒙顾遇，穷途乏力仗扶持。<u>汉江十月萧萧雨</u>，一夕颠毛半作丝。（杨宏道《投黄司李》）

（152）<u>聚星堂畔霏霏雪</u>，高会宾僚宴郡城。若引昔贤为故事，可能白战出奇兵。寒枝欲宿鸟还去，晓径迷踪人未行。收拾残膏和君句，庶几相慰苦吟情。（杨宏道《次韵元伯雪》）

（153）<u>龙盘虎踞古幽州</u>，甲子推移仅两周。佛寺尚为天下最，皇居尝记梦中游。清明谷雨香山道，脆管繁弦平乐楼。莫对遗民谈往事，恐渠流泪不能收。

（杨宏道《中都》二首其一）

（154）千古吴中富贵家，秋风吹送洛阳花。真妃镜里春难老，玉女边边日易斜。纪瑞定谁增旧谱，换根元自有灵砂。来迟不及西堂宴，犹想分香入棣华。（元好问《追赋定襄周帅梦卿家秋日牡丹》）

（155）楚些招魂自往年，明珠真见抵深渊。巨鳌有铒虽堪钓，怒虎无情可重编。千丈气豪天也妒，七言诗好世空传。伤心鹦鹉洲边泪，却望西山一泫然。（元好问《过诗人李长源故居》）

（156）松亭竹阁数家村，通德仍余旧里门。乔木未须论巨室，青衫今有读书孙。（元好问《题高孟卿家晦道堂图》二首其一）

（157）临水华枝淡淡春，水光华影两无尘。风流一枕西园梦，惆怅幽禽是故人。（元好问《郑先觉幽禽照水扇头》）

（158）山气森岑入葛衣，砧声偏与客心期。僧窗连夜萧萧雨，又较归程几日迟。（元好问《僧寺阻雨》）

（159）中台启事山吏部，东阁词臣何水曹。松柏萧萧一丘土，龙门依旧泰山高。（元好问《内相杨文献公哀挽三章效白少傅体》三首其二）

（160）画出升平古意同，江村渺渺绿杨风。看来总是哦诗客，远胜驴骑著雪中。（元好问《跨牛图》）

（161）天津桥上晚凉天，郁郁皇州动紫烟。长乐舻棱青似染，建章驰道直于弦。犬牙磐石三千国，圣子神孙亿万年。一策治安经济了，汉庭谁识贾生贤。（李汾《汴梁杂诗》四首其一）

（162）白沙翠竹溪上村，渔家卖鱼唤行人。西风吹皱一溪水，水光日影金鳞鳞。（邢安国《过唐州西李口》）

（163）凉秋佳月酒一杯，送子东下心徘徊。半山亭前一茅屋，岁寒霜劲君当来。（麻革《送杜仲梁东游》）

（164）篁竹潇潇野水滨，光风过眼与时新。阴崖积雪犹含冻，远树浮烟已带春。世故未应悲古道，岁华聊得伴闲身。蕨芽笋稚行当好，莫拟山中问主人。（麻革《板桥道中》）

例（134）至例（164）诸例，从整体上看皆为七言成句的"NP"式，只是各例彼此间略有一些细微的结构差异。例（134）的结构是"（绿杨陌上）（一杯）酒"，例（135）的结构是"（卢沟河上）（千株）柳"，例（136）的结构是"（荆棘丛生）（古）洞房"，例（137）的结构是"（白云亭上）（白云）秋"，例（138）的结构是"（葛洪泽畔）（中秋）月"，例（139）的结构是"（翠贞庵外）

（千竿）竹"，例（140）的结构是"（一天风雨）（落花）春"，例（141）的结构是"（画楼西畔）（石州）山"，例（142）的结构是"（碧琅轩里）（小）蓬庐"，例（143）的结构是"（花木阴阴）（一亩）宫"，例（144）的结构是"（万里烟波）（一叶）舟"，例（145）的结构是"（万仞峰前）（一）（小）亭"，例（146）的结构是"（万仞峰前）（一）（草）庵"，例（147）的结构是"（五华池畔）（快哉）风"，例（148）的结构是"（关外）（千重）（万叠）山"，例（149）的结构是"（村南村北）（落花）风"，例（150）的结构是"（荆王枕上）（阳台）雨"，例（151）的结构是"（汉江）（十月）（萧萧）雨"，例（152）的结构是"（聚星堂畔）（霏霏）雪"，例（153）的结构是"（龙盘虎踞）（古）幽州"，例（154）的结构是"（千古）（吴中）（富贵）家"，例（155）的结构是"（伤心鹦鹉洲边）泪"，例（156）的结构是"（松亭＋竹阁）（数家）村"，例（157）的结构是"（风流）（一枕）（西园）梦"，例（158）的结构是"（僧窗连夜）（萧萧）雨"，例（159）的结构是"（松柏萧萧）（一丘）土"，例（160）的结构是"（江村渺渺）（绿杨）风"，例（161）的结构是"（天津桥上）（晚）（凉）天"，例（162）的结构是"（白沙＋翠竹）（溪上）村"，例（163）的结构是"（半山亭前）（一）（茅）屋"，例（164）的结构是"（篁竹潇潇）（野水）滨"。从语境与语义方面观察，以上诸例皆以单句形式呈现，但与其前后的其他语句无语法结构上的纠葛，且能独立成句、独立表意。很明显，它们都属于名词铺排文本。

16. 五言成句的"NP＋NP"式

这种结构模式是初唐诗人的创造。之后，中唐、宋代诗中都有继承沿用。根据对《全金诗》的调查，我们发现金诗中继承沿用这种结构模式的还有不少，包括著名诗人元好问、赵秉文、杨宏道等的诗中都有用例。如：

（165）独上平台上，风云万里来。青山一樽酒，落日未能回。（赵沨《聚远台》）

（166）落日前溪渡，钟声隔岸闻。秋水深可涉，挽衣踏行云。行云忽破碎，波动生鱼鳞。化为百千我，何者为我身。（赵秉文《渡水僧》二首其一）

（167）屈已接妯娌，尽心奉舅姑。孰谓连理枝，半壁先摧枯。春风合欢床，分守夜雨孤。西邻久钦慕，诚与六礼俱。（杨奂《孙烈妇歌》）

（168）荒陂废佛寺，古殿依闲云。残僧杖锡去，却驻防河军。天晴山色远，地迥河流分。诗成独立久，坏壁夕阳曛。（杨宏道《古寺》）

（169）茅斋迫官居，尘土日蓬勃。道人掩关坐，挂眼无外物。明窗一蒲团，

濯足晨理发。一片万古心，清潭两明月。（元好问《郎文炳心远斋》二首其一）

（170）秦府贤初聚，瀛州路不遥。谟谋在廊庙，物色到渔樵。布褐岂终隐，旌车匪见招。<u>春风两黄鹄</u>，老眼看云霄。（元好问《送阎子实焦和之北上》）

（171）三十八年过，星星白发多。干戈犹浩荡，踪迹转蹉跎。世事堪长叹，吾生付短歌。江湖从此逝，<u>烟雨一渔蓑</u>。（房皞《丙申元日》）

例（165）的"青山一樽酒"，例（166）的"落日前溪渡"，例（167）的"春风合欢床"，例（168）的"荒陂废佛寺"，例（169）的"明窗一蒲团"，例（170）的"春风两黄鹄"，例（171）的"烟雨一渔蓑"，每例前两个音节为一个名词短语，后三个音节为一个名词短语，如例（165）的"青山＋一樽酒"，整体结构上是五言成句的"NP＋NP"式。这些单句形式的名词短语句，从语境与语义上看，与其前后的其他语句没有语法结构上的纠葛，且能独立成句、独立表意，即是一个独立的语言单位。因此，上述诸例皆为名词铺排文本。

17. 七言成句的"NP＋NP"（叠字领起）式

这种结构模式是中唐诗人的创造。但是，之后一直未曾有继承沿用的。直到金代，才又有继承沿用者。不过，根据我们对《全金诗》的调查，发现金诗中继承沿用这种结构模式的也不多，目前只见到如下二例：

（172）澹烟衰草慵回首，晚日残霞欲断魂。脱帽卸鞍投逆旅，<u>萧萧黄叶水边村</u>。（朱之才《宿闲厩》）

（173）二月已破春将残，连朝风雨春犹寒。烟消日出好天色，城隅花柳犹堪观。<u>萋萋芳草平沙路</u>，乘兴招君共君步。恨无樽酒助清欢，赖有溪藤书鄙句。（杨宏道《咏晴》）

例（172）的结构是"（萧萧）（黄叶＋水边）村"，例（173）的结构是"（萋萋）（芳草＋平沙）路"，但整体结构上都是七言成句的"NP＋NP"（叠字领起）式，属于名词铺排文本。因为它们都跟其前后没有语法结构上的纠葛，具有独立表意的功能。

18. 七言成句的"NP＋NP"式

这种结构模式是中唐诗人的创造。之后，晚唐、五代、宋代诗中都有继承沿用。金诗中继承沿用这种结构模式的，根据我们对《全金诗》的调查，发现数量还相当多，许多著名诗人特别是元好问尤其喜欢沿用这种结构模式。如：

（174）大桥南郭野桥东，<u>十里垂杨十里风</u>。渺渺烟波连御道，离离云稼入郊宫。雨滋蔓草晓逾绿，日映荷花晚更红。登览只宜开笑口，尊前六客四衰翁。（王磵《记南塘所见简孟友之》）

（175）沿流端坐泛星槎，悟彻灵源却是家。经卷诗囊闲戏具，药炉丹鼎老生涯。清溪道士邀明月，白石先生卧翠霞。相对两忘三益友，<u>一篇秋水一杯茶</u>。（姬志真《随流》）

（176）<u>墙下溪流屋上山</u>，高亭稳著茂林间。波光云影相摇荡，谷鸟沙禽互往还。已拼千金待宾友，更分余粟济惮鳏。人中旷达如君少，鄙吝闻风亦厚颜。（李庭《曹京父清晖亭》）

（177）梨园子弟去无踪，门掩蓬莱绣帐空。<u>寂寞绿窗深夜雨</u>，伤心不独有梧桐。（段克己《芭蕉雨》）

（178）<u>一叶轻舟一钓纶</u>，朝廷无处觅玄真。太虚明月为知己，细雨斜风不著人。西塞贪看飞白鹭，东华忘却软红尘。还思扰扰求名者，肯信人间有逸民。（段克己《读张志和传》）

（179）倚岩萧寺据危崖，丈室轩窗面水开。雪霁暮寒山月上，<u>数竿修竹一枝梅</u>。（刘豫《杂诗》六首其四）

（180）<u>楼外青山半夕阳</u>，寒鸦翻墨点林霜。平沙细草三千里，一笛西风人断肠。（邢具瞻《出塞》）

（181）<u>一轮明月一清风</u>，内外交驰西复东。衮出昆仑山顶上，照吹明爽自为雄。（王喆《再知》）

（182）从来鸡鹤不同群，泾渭何人与细分。镜里光阴谁念我，云中歧路已饶君。清觞且吸年时月，白雪休征梦里云。别后相思不相见，<u>水边黄叶暮山村</u>。（边元鼎《别友》）

（183）<u>门外清流屋上山</u>，偶来此地寄安闲。书因遮眼有时读，名恶为宾无意攀。修竹种成千万个，茅庐结就两三间。幽情犹有云相友，暮卷朝舒数往还。（于道显《幽居》）

（184）<u>屋上青山屋下泉</u>，泉声相杂竹琅然。人生有限兴无限，海会结缘终有缘。身外岂知真佛计，忙中聊复定心田。那堪更著潇潇雨，妆点清虚助客眠。（杨天衢《海会寺宴集以禅房花木深为韵得禅字》）

（185）雪滋垄麦雨滋桑，<u>五月薰风九月霜</u>。山拥潼关遮陕右，地倾河水浸睢阳。英雄封建分诸国，主客安和浑五方。莫道书生无用处，也能歌雅美宣王。（杨宏道《遣兴》二首其二）

（186）道人薄有尘外缘，迫入尘埃私自怜。<u>三十六峰一茅屋</u>，梦里西家掠社

钱。津津喜色见眉宇，峨峨青城当眼前。寒驴径入风烟去，恰是梅花欲雪天。（元好问《雪中自洛阳还嵩山》）

（187）画家李范真勍敌，方外只今谁第一。自非刘宗祭酒阜昌孙，未信仙翁轻落笔。长洲远浦各清冷，万顷风烟一草亭。千章古木散岩谷，鹤发松姿余典刑。纸尾不须题姓字，人人知是老人星。（元好问《紫微刘丈山水为济川赋》）

（188）翠被匆匆见执鞭，戴盆郁郁梦瞻天，只知河朔归铜马，又说台城堕纸鸢。血肉正应皇极数，衣冠不及广明年。何时真得携家去，万里秋风一钓船。（元好问《壬辰十二月车驾东狩后即事》五首其一）

（189）逆竖终当鲙缕分，挥刀今得快三军。燃脐易尽嗟何及，遗臭无穷古未闻。京观岂当诬翟义，衰衣自合从高勋。秋风一掬孤臣泪，叫断苍梧日暮云。（元好问《即事》）

（190）石壁城头夜斩关，软红尘底晓催班。道人一笑那知许，门外清溪屋上山。（史学《李道人嵩阳归隐图》）

（191）芳树春融绛蜡凝，春风寂寞掩柴荆。画眉卢女娇无奈，龋齿孙娘笑不成。已怕宿妆添蝶粉，更堪暖蕊闹蜂声。一般疏影黄昏月，独爱寒梅恐未平。（元好问《杏花》二首其一）

（192）窈渺朱弦寂寞心，得诗何啻得黄金。冷猿挂梦山月暝，老雁叫群江渚深。异县五年仍隔阔，荒城连日想登临。书来且只平安了，拨触离愁恐不禁。（元好问《寄答商孟卿》）

（193）七十鸳鸯五十弦，酒薰花柳动春烟。人间只道黄金贵，不问天公买少年。（元好问《无题》二首其一）

（194）相君许送买山钱，晚岁邻居定有缘。一树梅花一尊酒，知君东望亦凄然。（元好问《寄史同年》二首其二）

（195）凤凰在山天下奇，泰和以来王李倪。承平人物天未绝，耆旧风流今复谁。青红自是儿女事，老干宁与春风期。万壑松声一壶酒，从公未觉去年迟。（元好问《赠李文伯》）

（196）此心安处是真归，念念今知故习非。一首新诗一杯酒，五陵裘马自轻肥。（元好问《寓乐堂》）

（197）牧笛无声画意工，水村烟景绿杨风。题诗忆得樗轩老，更觉升平是梦中。（元好问《祖唐臣所藏樗轩画册》二首其二）

（198）细点轻团转复飘，隋家堤岸灞陵桥。非绵非絮寒无用，如雪如霜暖不消。狂惹客衣知有恨，巧寻禅榻故相撩。陂塘回首浮萍满，依旧春风摆翠条。（邢安国《杨花》）

（199）白蘋红蓼几千秋，鲅鲅金鳞不上钩。云饵括囊徒自秘，虹竿收拾便宜休。离朱罔测还南望，狂屈难言知北游。千丈洪涛沧海阔，<u>满天明月一虚舟</u>。（姬志真《罢钓》）

例（174）至例（199）诸例，从整体上看皆为七言成句的"NP＋NP"式，只是彼此间稍有一些细微的结构差异。例（174）的结构是"（十里）垂杨＋（十里）风"，例（175）的结构是"（一篇）秋水＋（一杯）茶"（"秋水"指《庄子》中的"秋水"篇），例（176）的结构是"（墙下）溪流＋（屋上）山"，例（177）的结构是"（寂寞）（绿）窗＋（深夜）雨"，例（178）的结构是"（一叶）（轻）舟＋（一）（钓）纶"，例（179）的结构是"（数竿）（修）竹＋（一枝）梅"，例（180）的结构是"（楼外）（青）山＋（半）夕阳"，例（181）的结构是"（一轮）（明）月＋（一）（清）风"，例（182）的结构是"（水边）（黄）叶＋（暮）（山）村"，例（183）的结构是"（门外）（清）流＋（屋上）山"，例（184）的结构是"（屋上）（青）山＋（屋下）泉"，例（185）的结构是"（五月）（薰）风＋（九月）霜"，例（186）的结构是"（三十六）峰＋（一）（茅）屋"，例（187）的结构是"（万顷）风烟＋（一）草亭"，例（188）的结构是"（万里）（秋）风＋（一）（钓）船"，例（189）的结构是"（秋）风＋（一掬）（孤臣）泪"，例（190）的结构是"（门外）（清）溪＋（屋上）山"，例（191）的结构是"（一般）（疏）影＋（黄昏）月"，例（192）的结构是"（窈渺）（朱）弦＋（寂寞）心"，例（193）的结构是"（七十）鸳鸯＋（五十）弦"，例（194）的结构是"（一树）梅花＋（一尊）酒"，例（195）的结构是"（万壑）（松）声＋（一壶）酒"，例（196）的结构是"（一首）（新）诗＋（一杯）酒"，例（197）的结构是"（水村）（烟）景＋（绿杨）风"，例（198）的结构是"（隋家）（堤）岸＋（灞陵）桥"，例（199）的结构是"（满天）（明）月＋（一）（虚）舟"。以上诸例，或居于诗歌篇首，或居于诗歌篇中，或居于诗歌篇尾，它们皆与其前句或后句没有语法结构上的纠葛，是能独立表意的语言单位。因此，它们都属于名词铺排文本。

19. 七言成句的"NP＋NP＋NP"（叠字领起）式

这种结构模式是晚唐诗人的创造。但是，之后一直未见有继承沿用的。金诗中继承沿用这种结构模式的，根据我们对《全金诗》的调查，发现也很少，目前只发现如下一例：

（200）<u>淡淡烟霞浅浅山</u>，此身长在翠微间。白云空谷无人到，赢得身心竟日

257

闲。（于道显《寄郎大师》三首其三）

例（200）"淡淡烟霞浅浅山"，分别以"烟""霞""山"为中心语，其中"烟""霞"共用一个修饰语"淡淡"，"山"的修饰语则是"浅浅"，整个句子是七言成句的"NP＋NP＋NP"（叠字领起）式结构。这个名词短语句居于诗歌篇首，与随后的一句"此身长在翠微间"（普通的主谓句）无语法结构上的纠葛，因此是个独立表意的语言单位，属于名词铺排文本。

20. 七言成句的"NP＋NP＋NP"式

这种结构模式是初唐诗人的创造。之后，晚唐、五代、宋代诗歌中都有继承沿用的。金诗中继承沿用这种结构模式的，根据我们对《全金诗》的调查，发现相当多。如：

（201）落日孤云带远冈，戍楼烟瘴旧边场。疲民卒岁方怀土，远客凭高自忆乡。汉使一朝延四皓，秦诗千古吊三良。行藏此意无人解，聊借青山送酒觞。（姚孝锡《次李闰子登台有感韵》）

（202）客怀重倚仲宣楼，白草黄云塞上秋。山色不随尘世改，水声还抱故城流。隙中畏景那堪玩，镜里衰颜只自羞。多愧诗人苦相忆，远传佳句吊清愁。（姚孝锡《次韵王无竞见寄》）

（203）青芜平野四围山，山郭依依紫翠间。村远路长人去少，一竿斜日酒旗闲。（吕中孚《小景》）

（204）松门明月佛前灯，庵在孤云最上层，犬吠一山秋意静，敲门时有夜归僧。（赵沨《晚宿山寺》）

（205）西湖之月清无尘，橘中之乐犹避秦。向来所见止此耳，渠亦岂是真知津？如君眼孔乃许大，万事付之尘甑堕。儿能诗书又肯播，著脚世间看踏破。青巾玉带桃李花，日斜空望紫云车。布衣谁识隐君子，一马隤然何处家。（张翰《赠石德固》）

（206）白沙翠竹小江村，路转西郊隔市尘。入坐好山如有素，忘情鹊鸟澹相亲。芋魁饭豆平生足，涧草岩花各自春。得酒谁能更羁束，不妨倒著白纶巾。（路铎《赫仲华求赋邺台张氏野堂》）

（207）莲烛光中久废吟，一朝超擢睿恩深。四朝耆旧大宗伯，三纪声名老翰林。人道蛟龙得云雨，我知麋鹿强冠襟。宝岩空谷西窗梦，不信秋来不上心。（完颜踌《闻闲闲再起为翰林》）

（208）干戈扰扰遍中州，挽粟车行似水流。何日承平如画里，短蓑长笛一川

秋。（田锡《牧牛图》）

（209）木兰芙蓉满芳洲，白云飞来北渚游。千秋万岁帝乡远，云来云去空悠悠。秋风秋月沅江渡，波上寒烟引轻素。九疑山高猿夜啼，竹枝无声堕残露。（元好问《湘夫人咏》）

（210）饮鹤池边万木稠，养龙崖上五峰秋。藤垂绝壁云添润，涧落哀湍雪共流。田父占年惊玉䇠，诗仙留迹叹昆丘。西风落日山阳道，空对红尘忆旧游。（元好问《望嵩少》二首其二）

（211）老马凌兢引席车，高城回首一长嗟。市声浩浩如欲沸，世路悠悠殊未涯。潦倒本无明日计，往来空置六年家。东园花柳西湖水，剩著新诗到处夸。（元好问《出东平》）

（212）烟中草木水中山，笔到天机意态闲。九十仙翁自游戏，不应辛苦作荆关。（元好问《郭熙溪山秋晚》二首其一）

（213）绕坟三匝去无因，千里冰霜半病身。斗酒只鸡孤旧约，素车白马属何人。（元好问《哭曹微君子玉》二首其二）

（214）暮山明月晓溪云，今古仙凡此地分。醉后狂歌间渔叟，残年何计得随君。（元好问《武元直秋江罢钓》）

（215）琪树明霞五凤楼，夷门自古帝王州。衣冠繁会文昌府，旌戟森罗部曲侯。美酒名讴陈广座，凝笳咽鼓送华辀。秦川王粲何为者，憔悴嚣尘坐白头。（李汾《汴梁杂诗》四首其二）

（216）水曲山阿古乐乡，圣谟曾此降英皇。遗风欲问应无处，破屋颓垣半夕阳。（陈庚《妫汭夕阳》）

（217）明月珠衣翡翠裳，冰肌玉骨自清凉。不随王母瑶池去，来侍维摩病几傍。（商挺《水仙花》二首其二）

例（201）至例（217）诸例，从整体上看皆为七言成句的"NP＋NP＋NP"式，只是各例彼此间稍有一些细微的结构差异。例（201）的结构是"（戍）楼＋烟瘴＋（旧）边场"，例（202）的结构是"（白）草＋（黄）云＋（塞上）秋"，例（203）的结构是"（青）芜＋（平）野＋（四围）山"，例（204）的结构是"（松）门＋（明）月＋（佛前）灯"，例（205）的结构是"（青）巾＋（玉）带＋（桃李）花"，例（206）的结构是"（白）沙＋（翠）竹＋（小）江村"，例（207）的结构是"（宝）岩＋（空）谷＋（西窗）梦"，例（208）的结构是"（短）蓑＋（长）笛＋（一川）秋"，例（209）的结构是"（秋）风＋（秋）月＋沅江渡"，例（210）的结构是"（西）风＋（落）日＋（山阳）道"，例（211）的结构是"（东园）花＋柳＋（西湖）水"，例（212）的结构是"（烟中）草＋木＋（水中）山"，例（213）的结构是"（千里）冰＋霜＋（半病）身""（斗）酒＋（只）鸡＋（孤）（旧）约"，例（214）的结构是"（暮）山＋（明）月＋（晓溪）云"，例（215）的结构是"（琪）树＋（明）霞＋（五凤）楼"，例（216）的结构是"（破）屋＋（颓）垣＋（半）夕阳"，例（217）的结构是"（明）月＋（珠）衣＋（翡翠）裳"。这些单句形式呈现的名词句，或居于诗歌篇首，或居于诗歌篇中，或居于诗歌篇尾，皆与其前后句无语法结构上的纠葛，是独立成句的语言单位，且能独立表意，明显是属于名词铺排文本。

二、全新模式的创出

金诗在名词铺排方面的创新，主要体现于结构模式方面。根据我们对《全金诗》的全面调查，金代诗人在名词铺排结构模式方面的创新主要有如下十五种。下面我们分而述之。

（一）四言成句的"NP，NP＋NP"式

这种结构模式在金诗之前未曾有过，乃是金诗的创造。不过，根据我们对《全金诗》的全面考察，这种名词铺排结构文本的建构在金诗中只是偶有一见，目前只发现如下一例：

希夷自然，三光灵秀。阆苑仙花，胜春花柳。转运南辰，慧观北斗。（刘处玄《述怀》十一首其八）

上例中"阆苑仙花，胜春花柳"，从上下文语境看，是一个独立的语言单位，因为它与其前句"三光灵秀"和其后句"转运南辰"都不存在语法结构上的纠葛。从结构上分析，它是"（阆苑）（仙）花，（胜春）花＋柳"，属于四言成句的"NP，NP＋NP"式，是一个典型的单句形式的名词铺排文本。

（二）六言成句的"NP，NP"式

这种结构模式也是金诗的创造，在金诗之前未曾有过。不过，根据我们对《全金诗》的全面考察，这种名词铺排结构文本的建构在金诗中并不是太多，目前只发现如下三例：

（1）茉莉花心晓露，蔷薇萼底温风。洗念六根尘外，忘情一炷烟中。（高宪《焚香六言》四首其一）

（2）满地落花春晓，一帘微雨轻阴。正要金蕉引睡，不妨玉陇知音。（高宪《焚香六言》四首其二）

（3）朱黄笔底三簏，白黑胸中两棋。画作萧然野服，云龙蔽日骙骙。（元好问《定斋兄写真》）

例（1）至例（3）三例，从结构上可分别分析为"（茉莉花心）（晓）露，（蔷薇萼底）（温）风""（满地落花）（春）晓，（一帘微雨）（轻）阴""（朱黄笔底）（三）簏，（白黑胸中）（两）棋"，均属六言成句的"NP，NP"式。从语境上看，它们都居于全诗之首，且与其随后的句子没有语法结构上的纠葛，是独立表意的语言单位，属于典型的单句形式的名词铺排文本。

（三）七言成句的"NP，NP"（叠字领起）式

这种结构模式在金诗之前未曾出现过，亦属金诗的创造。不过，根据我们对《全金诗》的全面调查，发现金诗中这种结构模式的运用并不多，目前只见到如下二例：

（1）狞鬼驱驰推诉难，千金不诺买开颜。豪家岂许贫家替，今日何容明日攀。寂寂红楼人院落，漫漫黑雾鬼门关。奈何无限悲酸苦，尽出平生爱念间。（李道玄《无常推诉难》）

（2）鞭催瘦寒蹋晴沙，路入青林一径斜。翠巘倚空千万叠，黄茅映竹两三家。嘲嘲哳哳山禽语，白白红红野草花。却喜太平还有象，丛祠春赛响琵琶。（李庭《渭水道中》）

例（1）、例（2）二例，从整体上看，皆为七言成句的"NP，NP"（叠字领起）式，但彼此之间稍有一些细微的结构差异。例（1）的结构是"（寂寂红楼人）院落，（漫漫黑雾）鬼门关"，例（2）的结构是"（嘲嘲哳哳）（山禽）语，（白白红红）（野草）花"。二例皆居于诗歌篇中，但皆与其前后句无语法结构上的纠葛，能够独立成句、独立表意，明显属于名词铺排文本。

（四）七言成句的"NP（叠字领起），NP（非叠字领起）"式

这种结构模式在诗歌创作中非常少见，金诗之前从未出现过，实为金代诗人的创造。不过，根据我们对《全金诗》的全面调查，发现金诗中这种结构模式的名词铺排文本的建构只是偶有一见，目前只发现如下一例：

> 印破玄玄得纵收，须眉毫末尽天游。忘怀物外求鸡犬，恒服从人唤马牛。有质挥斤无犯鼻，无情堕甑不回头。<u>寥寥月白风清夜，江海飘飘一叶舟</u>。（姬志真《独行》）

上例中"寥寥月白风清夜，江海飘飘一叶舟"，从结构上可以分析为"（寥寥）（月白风清）夜，（江海飘飘）（一叶）舟"，属七言成句的"NP（叠字领起），NP（非叠字领起）"式。这两个名词短语句居于全诗的末尾，与其前二句在语法结构上没有任何纠葛，在表意功能上是独立的，因此明显属于名词铺排文本。

（五）四言成句的"NP + NP，NP"式

这种结构模式在以往的四言诗中未曾有过，乃是金诗的创造。不过，根据我们对《全金诗》的全面调查，发现金诗中这种结构模式的名词铺排文本并不常见，目前只发现如下一例：

> 去除憎爱，常行平等。弗恋世华，闲步松径。<u>绿水青山，洞天仙景</u>。本来面目，炼磨如镜。（刘处玄《述怀》十一首其六）

上例中"绿水青山，洞天仙景"，从结构上分析是"（绿）水 + （青）山，（洞天）（仙）景"，属于四言成句的"NP + NP，NP"式。从语境上观察，"绿水青山，洞天仙景"居于诗歌篇中，跟其前后其他语句皆不发生语法结构上的纠葛，具有独立表意的功能，明显属于名词铺排文本。

（六）五言成句的"NP + NP，N + N + NP"式

这种结构模式在金代以前的五言诗中没有出现过，属于金代诗人的创造。不过，根据我们对《全金诗》的全面调查，发现金诗中这种结构模式的名词铺排文本的建构尚不普遍，目前只见到如下一例：

> 树霭连山郭，林烟接塞垣。断崖悬屋势，涨水没沙痕。<u>烽火云间戍，牛羊岭外村</u>。太平闲橄手，文字付清樽。（赵秉文《塞上》四首其四）

上例中"烽火云间戍，牛羊岭外村"，从结构上分析是"烽火＋（云间）戍（指戍所），牛＋羊＋（岭外）村"，属五言成句的"NP＋NP，N＋N＋NP"式。从语境上观察，"烽火云间戍，牛羊岭外村"二句跟其前后的其他语句没有语法结构上的纠葛，完全是一个独立表意的语言单位。因此，我们可以确认它是一个对句形式的名词铺排文本。

（七）六言成句的"NP＋NP，NP＋NP"式

这种结构模式在六言诗中非常少见，金诗之前未曾出现过，乃金诗的创造。不过，根据我们对《全金诗》的全面调查，发现金诗中这种结构模式的名词铺排只是偶有一见，目前只找到如下一例：

冷落襟风杯月，崎岖马足车尘。林下何曾一见，直教羡杀闲人。（雷仲泽《蒲城马上偶得》二首其一）

上例中"冷落襟风杯月，崎岖马足车尘"，从结构上分析是"（冷落）（襟）风＋（杯）月，（崎岖）（马）足＋（车）尘"，属六言成句的"NP＋NP，NP＋NP"式。从语境上观察，"冷落襟风杯月，崎岖马足车尘"居于全诗之首，跟其随后的其他语句没有语法结构上的纠葛，明显是一个独立表意的语言单位。很明显，"冷落襟风杯月，崎岖马足车尘"是一个对句形式的名词铺排文本。

（八）七言成句的"NP（叠字领起），NP＋NP＋NP（非叠字领起）"式

这种结构模式在七言诗中也算是非常复杂的，金诗之前未曾有过，乃是金代诗人的创造。不过，根据我们对《全金诗》的全面调查，发现金人运用这种结构模式的并不多，目前只见到如下一例：

胧胧霁色冷黄昏，缺月疏桐水外村。人在天涯花在手，一枝香雪寄销魂。（李仲略《嗅梅图》）

上例中"胧胧霁色冷黄昏，缺月疏桐水外村"，从结构上分析是"（胧胧）（霁色）（冷）黄昏，（缺）月＋（疏）桐＋（水外）村"，属七言成句的"NP（叠字领起），NP＋NP＋NP（非叠字领起）"式。从语境上观察，"胧胧霁色冷黄昏，缺月疏桐水外村"居于全诗之首，且跟其随后的二句无语法结构上的纠葛，明显是独立成句、独立表意。因此，我们可以确认它是一个典型的名词铺排文本。

（九）五言成句的"NP，NP，NP，NP"式

这种结构模式在以前的五言诗中是不曾见过的，是金诗的创造。不过，根据我们对《全金诗》的全面调查，发现金诗中这种结构模式的名词铺排文本也仅有如下一例：

> 遭乱重相见，宽心不用悲。<u>江山佳丽地，人物太平时。白蚁千家酒，黄花九日诗</u>。鹿门不可隐，吾道欲安之。（房暤《和杨叔能之字韵》）

上例中"江山佳丽地，人物太平时。白蚁千家酒，黄花九日诗"，从结构上分析是"（江山佳丽）地，（人物太平）时。（白蚁）（千家）酒，（黄花）（九日）诗"（意为"江山美丽之地，人物太平之时。千家浮沫如蚁之酒，重九咏菊花之诗"），属五言成句的"NP，NP，NP，NP"式。从语境上观察，"江山佳丽地，人物太平时。白蚁千家酒，黄花九日诗"居于诗歌篇中，但跟其前后的其他语句均无语法结构上的纠葛，属于独立表意的语言单位。因此，可以确认它是一个超长的名词铺排文本。

（十）四言成句的"NP"（叠字领起）式

这种结构模式在以往的四言诗中未曾出现过，乃金诗之创造。不过，根据我们对《全金诗》的全面调查，发现金诗中这种结构模式的名词铺排文本仅有如下一例：

> 老峰蘸云，壁立挽秀。林阴洒雨，<u>苍苍玉门</u>。虚明满镜，夜气成画。（李经《失题》）

上例中"苍苍玉门"，从结构上分析是"（苍苍）玉门"，属四言成句的"NP"（叠字领起）式。从语境上观察，"苍苍玉门"居于诗歌篇中，但跟其前后的其他语句都没有语法结构上的纠葛，是独立成句、独立表意的语言单位。可见，它是一个名词铺排文本。

（十一）七言成句的"NP"（叠字领起）式

这种结构模式在金诗之前的七言诗中未曾有过，是金诗的创造。不过，根据我们对《全金诗》的全面调查，发现金诗中这种结构模式的名词铺排文本并不

多，目前仅见如下一例：

飕飕林响四山风，雪后人家闭户中。应被火炉头上说，水边清杀两诗翁。（元好问《赵士表山林暮雪图为高良卿赋》二首其一）

上例中"飕飕林响四山风"，从结构上分析是"（飕飕林响）（四山）风"，属七言成句的"NP"（叠字领起）式。从语境上观察，"飕飕林响四山风"居于诗歌起首，且跟其后的语句没有语法结构上的纠葛（"雪后人家闭户中"是语法结构完整的正常句），可见它是独立成句、独立表意的语言单位，是典型的名词铺排文本。

（十二）四言成句的"NP + NP"式
这种结构模式在之前的四言诗中没有出现过，乃金诗的创造。不过，根据我们对《全金诗》的全面调查，发现金诗中这种结构模式的名词铺排文本只是偶一见之，目前仅见如下一例：

老峰矗云，壁立挽秀。林阴洒雨，苍苍玉门。虚明满镜，夜气成画。（李经《失题》）

上例中"老峰矗云"，从结构上分析是"（老）峰 + （矗）云"（是拟人法构句），属四言成句的"NP + NP"式。从语境上看，"老峰矗云"居于诗歌之首，且跟其后的语句"壁立挽秀"没有语法结构上的纠葛，可见它是独立成句、独立表意的，属于名词铺排文本。

（十三）六言成句的"NP + NP"式
这种结构模式在金诗之前的六言诗中未曾见过，是金诗的创造。不过，根据我们对《全金诗》的全面调查，发现金诗中这种结构模式的名词铺排文本并不常见，而是偶一见之，目前仅见如下一例：

寻常行处酒债，每日江头醉归。薄暮斜风细雨，长安一片花飞。（李俊民《老杜醉归图》二首其一）

上例中"薄暮斜风细雨"，从结构上分析是"（薄暮）（斜）风 + （细）雨"，属六言成句的"NP＋NP"式。从语境上看，"薄暮斜风细雨"居于诗歌篇中，但跟其前后的语句皆无语法结构上的纠葛，属于独立成句、独立表意的语言单位。因此，可以确认它是一个名词铺排文本。

（十四）七言成句的"NP＋NP＋N"式

这种结构模式在之前的七言诗中是没有出现过的，乃金诗之创造。不过，根据我们对《全金诗》的全面调查，发现金诗中这种结构模式的名词铺排文本也很少见，目前仅见如下一例：

弱丧家园已不知，忘羊路上转增迷。早回收拾云霞饵，一棹清风明月溪。（姬志真《钓归》二首其二）

上例中"一棹清风明月溪"，从结构上分析是"（一棹）（清）风＋（明）月＋溪"（"棹"代指船，属于修辞上的借代），属七言成句的"NP＋NP＋N"式。从语境上看，"一棹清风明月溪"居于诗歌篇尾，跟其前句"早回收拾云霞饵"没有语法结构上的纠葛，属于独立成句、独立表意的语言单位。因此，可以确认它是一个名词铺排文本。

（十五）七言成句的"N＋N＋N＋N＋NP"式

这种结构模式在金诗之前的七言诗中未曾见过，属于金诗的创造。不过，根据我们对《全金诗》的全面调查，发现金诗中这种结构模式的名词铺排文本建构很少见，目前仅见如下一例：

功成何许觅蒐裘，天地云溪一钓舟。梦破烦襟濯明月，诗成醉耳枕寒流。西风归兴随黄鹄，皎日盟言信白鸥。政恐苍生未忘在，草堂才得画中游。（杨云翼《侯右丞云溪》）

上例中"天地云溪一钓舟"，从结构上分析是"天＋地＋云＋溪＋（一）（钓）舟"，属七言成句的"N＋N＋N＋N＋NP"式。从语境上看，"天地云溪一钓舟"居于诗歌篇中，跟其前后句均无语法结构上的纠葛，属于独立成句、独立表意的语言单位。可见，它是一个名词铺排文本。

根据上面的描写与分析，我们可以清楚地看出，金诗的名词铺排文本建构是相当丰富多彩的，既有大量继承沿用前代旧有模式的，也有许多自己创新的。

不过，值得指出的是，跟之前的历代诗歌一样，金诗中也有不少名词短语句乍看像是名词铺排文本而实际上并非名词铺排文本的情形。这种情况，我们是应该予以厘清的。根据我们对《全金诗》的全面考察，发现有如下几种情况就明显不算是名词铺排。

第一，有些句子表面上是"NP，NP"式，俨然就是名词铺排，实际上并不是。因为从语义上分析，这二句只是其随后语句的主语。这种情况就不算是名词铺排。如：

（1）长桥之蛟，南山之虎，在彼州曲，父老所苦。（李俊民《萧权府三害图》）

（2）魏侯照乘珠，卞氏连城玉。此物岂易得，君家贮满屋。平生积德深，天锡以多福。熊罴入梦频，不待封人祝。（房皞《庆王鼎玉生子》）

例（1）"长桥之蛟，南山之虎"，表面虽是"NP，NP"式结构，但它只是联合起来作为随后二句"在彼州曲，父老所苦"的主语。例（2）"魏侯照乘珠，卞氏连城玉"，结构上也是"NP，NP"式，但也不是独立表意的语言单位，而是充当"此物岂易得"的实际主语，由"此"指代。

第二，有些句子表面上是"NP，NP"式，俨然就是对句形式的名词铺排，实际上并不是。因为从语义上分析，前后二句并不是并列对峙的铺排关系，而是共同构成一个判断句，中间省略了判断词。这种情况就不算是名词铺排。如：

（3）兰皋飞暗尘，征车纡去辙。长安虽咫尺，回首繁华歇。故人亭下酒，蛾眉眼中血。平生慷慨肠，忽作柔丝结。传闻紫塞傍，秋烽下危堞。班超未投笔，来填空嚼铁。谁能金闺中，坐眷娟娟月。（王郁《伤别曲》）

例（3）"故人亭下酒，蛾眉眼中血"，真实的语义是"故人亭下酒是蛾眉眼中血"，是个判断句，两个名词短语并不能独立成句与独立表意。

第三，有些句子表面上是"NP＋NP，NP＋NP"式，表面像是名词铺排，实际上并不是。因为从语义上分析，前后二句内的两个名词短语之间并不是并列对峙的铺排关系，而是主语与谓语的关系，其间省略了相关的动词。这种情况就不算是名词铺排。如：

（4）年来百事废，渐与世情疏。案上一杯酒，床头几册书。春风疑混沌，水

月似空虚。顷刻翻晴晦，吾心淡久如。（赵秉文《寒食遥奠西山寺》二首其二）

（5）挂名仙籍上，晦迹茂林间。<u>门外丹河水，墙头明月山</u>。境随心自远，人与话俱闲。应笑红尘客，区区谩往还。（李俊民《宿夹谷彦实庵》）

（6）<u>洛南千户邑，章谷一家村</u>。屏迹山川僻，无时雾雨昏。短檐垂苇箔，老树并柴门。日汲清泉饮，汲多常巩浑。（杨宏道《章谷村》）

从语法结构上分析，例（4）"案上""床头"分别是主语，"一杯酒""几册书"分别是谓语，主语与谓语之间皆省略了动词"有"。例（5）、例（6）情况亦然。

第四，有些句子表面上是"NP＋NP，NP＋NP"式，俨然就是名词铺排，实际上并不是。因为从语义上分析，前后二句内的两个名词短语之间并不是并列对峙的铺排关系，而是一种主谓结构的语法关系，相关动词被省略。这种情况就不算是名词铺排。如：

（7）肃肃霜秋晚，荒荒寒日斜。<u>老松经岁叶，寒菊过时花</u>。天阔愁孤鸟，江流悯断槎。有巢相唤急，独立羡归鸦。（高士谈《秋晚书怀》）

（8）览照休惊白发新，弈棋翻覆见来频。燕南赵北留诗卷，王后卢前尽故人。<u>平地青云一炉药，旧都乔木百年身</u>。凭君剩醉浮香酒，梁苑而今不算春。（元好问《赠王仙翁道成》）

从语法结构上分析，例（7）"老松""寒菊"分别是主语，"经岁叶""过时花"分别是谓语，主语与谓语之间皆省略了表判断的动词（系词）"是"。例（8）"平地青云""旧都乔木"分别是主语，"一炉药""百年身"分别是谓语，主语与谓语之间分别省略了动词"靠""有"。

第五，有些句子表面上是"NP＋NP，NP＋NP"式，俨然就是名词铺排，实际上并不是。因为从语义上分析，前后二句内的两个名词短语之间并不是并列对峙的铺排关系，而是本体与喻体的关系，在语法上属于一种主谓结构的关系，中间省略了喻词"如"。这种情况就不算是名词铺排。如：

（9）万壑千岩里，林开一径深。数年劳想望，此日快登临。胜境情难尽，危途力不任。楼台相映抱，松柏自萧森。花散诸天雨，灯传古佛心。<u>鹤泉寒漱玉，园地旧铺金</u>。石磴崎岖上，桃溪窈窕寻。（张通古《被命按山东路因游灵岩》）

（10）<u>世事邯郸枕，归心渭上舟</u>。蚌来无朕兆，意外得停囚。忠信天堪仗，

清明泽自流。蔾羹犹火食，永愧绝粮丘 。（高士谈《丙寅刑部中》二首其一）

（11）钟湖亭下水淙淙，绿野平泉未易双。十里藕花红步障，一轩松荫碧油幢。洛中独乐有司马，天下不名知曲江。纸尾欲烦贤宅相，雨蓑添我坐篷窗。（王寂《奉题少保张公曲阿别墅》二首其二）

（12）风色著鬐面，霜华侵老须。昏埃埋故驿，积雪缟修途。冻岫新诗句，寒林古画图。夜寒孤月上，天地一冰壶。（吕子羽《广平道中》）

（13）醉梦萧森蝶翅轻，一灯无语梦边明。虚檐急雨三江浪，老木高风万马兵。枕簟先秋失残暑，湖山彻晓看新晴。对床会有诗来否，为问韦家好弟兄。（田紫芝《夜雨寄元敏之昆弟》）

从语法结构上分析，例（9）"鹤泉""园地"分别是本体，"寒漱玉""旧铺金"分别是喻体。例（10）"世事""归心"分别是本体，"邯郸枕""渭上舟"分别是喻体。例（11）"十里藕花""一轩松荫"分别是本体，"红步障""碧油幢"分别是喻体。例（12）"冻岫""寒林"分别是本体，"新诗句""古画图"分别是喻体。例（13）"虚檐急雨""老木高风"分别是本体，"三江浪""万马兵"分别是喻体。五例的喻词"如"皆省略。

第六，有些句子表面上是"NP＋NP，NP＋NP"式，俨然就是名词铺排，实际上并不是。因为从语义上分析，前后二句内的两个名词短语之间并不是并列对峙的铺排关系，而是表示判断关系，在语法上属于一种主谓结构的关系，中间省略了判断词"是"。这种情况就不算是名词铺排。如：

（14）奔走红尘二十年，归来参破净名禅。忙开鞠径成嘉遁，静闭柴门草太玄。千嶂风岚真辋谷，一川风月小壶天。旱时若用商岩雨，应遍齐州九点烟。（薛玄《归潜堂诗》三首其二）

例（14）"千嶂风岚"与"真辋谷"之间，"一川风月"与"小壶天"之间，其间皆省略了判断词"是"，二句是两个判断句的并列。

第七，有些句子表面上是"NP＋NP，NP＋NP"式，俨然就是名词铺排，实际上并不是。因为从语义上分析，前后二句内的两个名词短语之间并不是并列对峙的铺排关系，而是主语与谓语的关系。其中，后一个名词短语中的形容词是使动用法。这种情况就不算是名词铺排。如：

（15）晓起先乌鹊，愁多竟不眠。风霜严塞草，星月淡秋天。落叶亲携帚，

垂瓶自汲泉。禁门朝万马，魂断忆当年。（高士谈《早起》）

例（15）"风霜严塞草，星月淡秋天"二句，真实的语义是"风霜使塞草寒，星月使秋天淡"，可见"风霜"与"严塞草"、"星月"与"淡秋天"不是结构上的并列关系，因此不属于名词铺排。

第八，有些句子表面上是"NP"式，俨然是单句形式的名词铺排，实际上并不是。因为从语义上分析，它并不能独立成句，而只是充当其后句的主语或话题主语。这种情况就不算是名词铺排。如：

（16）斗鸡台下秋风里，白白黄黄无数花。日暮城南城北道，半随榛棘上樵车。（王庭坚《野菊》）

（17）唱得新翻稳贴腔，阿谁能得肯双双。天宁寺里尊前月，分擘轻寒入小窗。（施宜生《无题》）

（18）青白堂中一水泉，清灵澄湛又深渊。源源滚处流无竭，泼泼来时润有缘。（王喆《赴登州太守会青白堂》）

（19）松梢皓鹤向风冷，只有翻云归去心。万里青天一片雪，尽教华表柱头寻。（赵抱渊《临终留颂》）

（20）已作西溪约，还为汶上行。漂流知分际，会合见平生。旅枕劳归梦，家山入去程。空斋桃李月，寂寞照清明。（党怀英《送高智叔归济南》）

（21）扶疏窗外竹，岁暮亦可爱。萧散轩中人，高节凛相对。清寒入梦境，风雨号万籁。觉来闻雪落，淅沥珠玑碎。饥肠出佳句，叠叠入三昧。华堂沸丝竹，此乐付儿辈。（郝侯《听雪轩》）

（22）山雨溪边过，山堂夜独吟。悠悠松上月，照见壁间琴。（刘昂《山堂》）

（23）洋洋长江水，渺渺涨平湖。田田青茄荷，艳艳红芙蕖。酣酣斜日外，冉冉凉风余。蔼蔼谁家子，袅袅二八初。两两并轻舟，笑笑相招呼。悠悠波上鹜，泼泼蒲中鱼。采采不盈手，依依欲何如。（萧贡《古采莲曲》）

（24）黄河城上逍遥楼，何人能作逍遥游。断霞落日今犹古，明月清风春复秋。（赵秉文《逍遥楼》）

（25）江风不波，峭壁森立。冥冥飞鸿，翔而后集。（李俊民《烟江绝岛图》）

（26）学诗二十年，钝笔死不神。乞灵白少傅，佳句傥能新。遥遥洛阳城，梅花千树春。山中有忙事，寄谢城中人。（元好问《龙门杂诗》二首其二）

（27）王门西边井陉渡，野日荒荒下汀树。榆关石岭都几程，客梦往往迷归路。尘埃风雨半生过，尽著筋骸支世故。宁州假馆又两年，未保东来不西去。（元好问《鹿泉新居二十四韵》）

（28）幽幽山中寺，释子二三人。晨兴击钟鼓，喧喧诵灵文。（李庭《古诗》二十一首其十八）

（29）亭亭长松树，白云护其颠。飞鸟不敢下，茯苓已千年。（李庭《古诗》二十一首其二十）

（30）黄尘滚滚平阳道，去马来牛几时了。小轩高枕谢劳生，旷达如君今亦少。（李庭《息轩》）

（31）应教松林更著书，体中春到又何如。听知人去须思汝，寄得诗来已起予，湛露固应胜醴酒，秋风犹恐忆鲈鱼。北堂花外西楼月，压倒知章旧鉴湖。（李庭《寄王百一》二首其一）

例（16）至例（31），从上下文语境与语法结构上分析，居前的"NP"式名词短语都是不能独立成句与独立表意的，只是充当了其随后一句的主语或话题主语。

第九，有些句子表面上是"NP"式，俨然是单句形式的名词铺排，实际上并不是。因为从语义上分析，它并不能独立成句，而只充当其前句的谓语。这种情况就不算是名词铺排。如：

（32）斗鸡台下秋风里，白白黄黄无数花。日暮城南城北道，半随榛棘上樵车。（王庭坚《野菊》）

例（32）"白白黄黄无数花"，结构上虽是"NP"式名词短语句，但并不能独立成句，而是充当其前句的谓语，说明"斗鸡台下秋风里"到底有什么的问题。

第十，有些句子表面上是"NP"式，俨然是单句形式的名词铺排，实际上并不是。因为从语义上分析，它并不能独立成句，而只是跟其前句共同构成一个判断句，中间省略了系词"是"。这种情况就不算是名词铺排。如：

（33）秋水一抹碧，残霞几缕红。水穷霞尽处，隐隐两三峰。（张秦娥《远山》）

例（33）"隐隐两三峰"，虽是"NP"式名词短语，但从语义上看并不能独立成句，而只能跟其前句"水穷霞尽处"共同构成一个判断句，中间省略了系词"是"。

第十一，有些句子表面上是"NP"式，俨然是单句形式的名词铺排，实际上并不是。因为从语义上分析，它并不能独立成句，而只是倒装句的主语。这种情况就不算是名词铺排。如：

（34）倾盖相逢，<u>堂堂两公</u>。寂寥渡口，以济不通。（李俊民《双松古渡图》）

例（34）"倾盖相逢，堂堂两公"，是个倒装句，正常语序是"堂堂两公倾盖相逢"。可见，"堂堂两公"在语法结构上是"倾盖相逢"的主语。可见，"堂堂两公"虽是"NP"式名词短语，但并不能独立成句，所以不是名词铺排。

第十二，有些句子表面上是"NP"式，俨然是单句形式的名词铺排，实际上并不是。因为从语义上分析，它并不能独立成句，而只充当其后句主语的定语。这种情况就不算是名词铺排。如：

（35）<u>盘盘十二曲</u>，石岭瘦峥嵘。脚底有平地，何人险处行。（杨奂《辗辕阪》）

例（35）"盘盘十二曲"，虽是"NP"式名词短语，但并不能独立成句，从前后句语义上分析，它实际上是后句"石岭"的定语，即"（盘盘十二曲）石岭瘦峥嵘"。

第十三，有些句子表面上是"NP + NP"式，俨然就是单句形式的名词铺排，实际上并不是。因为从语义上分析，它只是其后句的主语或话题主语。这种情况就不算是名词铺排。如：

（36）<u>一首新诗一纸书</u>，喜于沧海得遗珠。古来献玉犹难售，此日闻韶本不图。白雪任教春事晚，青天终放月轮孤。并州命驾才千里，嵇吕风流未可无。（元好问《寄答飞卿》）

（37）夫子何为者，昂藏不入时。眼前诸事罢，膝下两儿嬉。落落真难合，悠悠听所之。<u>黄花一杯酒</u>，岁喜与君持。（段克己《寿李济夫》）

例（36）结构是"（一首）（新）诗＋（一纸）书"，例（37）结构是"（黄）花＋（一杯）酒"，皆属"NP＋NP"式名词短语。但是，从语境上观察，它们都不能独立成句并独立表意，而只是充当其随后一句的主语或话题主语。

第十四，有些句子表面上是"NP＋NP"式，俨然就是单句形式的名词铺排，实际上并不是。因为从语义上分析，句内的两个名词短语之间并不是并列对峙的铺排关系，而是一种本体与喻体的关系，中间省略了喻词。这种情况就不算是名词铺排。如：

（38）古人相马不相肉，画工画马亦画骨。淡淡生绢一片云，眼中群龙何突兀。（麻革《杨将军垌马图》）

例（38）"淡淡生绢"与"一片云"，并不是并列对峙的关系，而是本体与喻体的关系，即"淡淡生绢像一片云"，前后二句共同构成一个比喻句，省略喻词。

第十五，有些句子表面上是"NP＋NP"式，俨然就是单句形式的名词铺排，实际上并不是。因为从语义上分析，句内的两个名词短语之间并不是并列对峙的铺排关系，而是一种主谓结构的语法关系。这种情况就不算是名词铺排。如：

（39）闲庭随分占年芳，袅袅青枝淡淡香。流落孤臣那忍看，十分深似御袍黄。（高士谈《棣棠》）

（40）鼎足分来汉祚移，阿瞒曾因火船归。一时豪杰成何事，千里江山半落晖。云破小蟾分树暗，夜深孤鹤掠舟飞。梦寻仙老经行处，只有当年旧钓矶。（李晏《题武元直赤壁图》）

（41）张园多古木，萧寺半斜阳。（吕中孚《红叶》残句）

例（39）"袅袅青枝"与"淡淡香"，例（40）"千里江山"与"半落晖"，例（41）"萧寺"与"半斜阳"，彼此之间从语义上看都不是并列关系，而是陈述与被陈述的关系，即主谓关系。

第十六，有些句子表面上是"NP＋NP"式，俨然就是单句形式的名词铺排，实际上并不是。因为从语义上分析，它并不能独立成句，而只是充当后句的主语或话题主语。这种情况就不算是名词铺排。如：

（42）一瓢仙药一壶丹，货卖凡间入市廛。几度不逢真烈士，复将此物上瑶

天。（侯善渊《柳仙问丹药》）

例（42）"一瓢仙药一壶丹"，虽是"NP＋NP"式结构的名词短语，但并不能独立表意，只是充当其随后一句的主语。

第十七，有些句子表面上是"NP＋NP"式，俨然是单句形式的名词铺排，实际上并不是。因为从语义上分析，它并不能独立成句，而只充当其后句的主语或是前句的谓语，中间省略了相关的动词。这种情况就不算是名词铺排。如：

（43）川光茫茫风景暮，一雪无情天地素。长安闭门千万家，亦有行人踏长路。<u>新丰烟火灞桥水</u>，画史工作荒寒趣。雪中故事知几何，偏识诗翁忍寒处。（元德明《寒林图为侯子晋赋》）

（44）言从陆浑去，不遇紫芝还。鸟飞不尽处，<u>夕阳千万山</u>。云起动兼静，水流忙更闲。坐待石上月，灭没烟岚间。（赵秉文《过陆浑》）

例（43）"新丰烟火灞桥水"，虽是"NP＋NP"式名词短语，但并不能独立成句与表意，而只是充当了其后句"画史工作荒寒趣"的主语，中间省略了系词"是"；例（44）情况亦然，"夕阳千万山"并不能独立成句，而只是前句"鸟飞不尽处"的谓语，中间省略了系词"是"。

第十八，有些句子表面上是"NP＋NP＋NP"式，俨然是单句形式的名词铺排，实际上并不是。因为从语义上分析，它并不能独立成句，而只充当其后句的主语或话题主语。这种情况就不算是名词铺排。如：

（45）百里相望邂逅迟，如今始得话心期。情深堂上留髡夜，兴尽山阴访戴时。客舍故人那用送，异乡游子不胜悲。<u>烟村水驿秦川路</u>，来往邮筒好寄诗。（李俊民《别邻阳申伯福昆仲》）

（46）清霜茅屋耿无眠，坐忆分携一慨然。楚客登临动归兴，谢公哀乐感中年。凄凉古驿人烟外，迤逦荒山雪意边。<u>千树春风水杨柳</u>，待君同系晋溪船。（元好问《寄刘继先》）

（47）来时儿女拜灯前，此日壶觞是别筵。聚散共知阴有数，笑谈争遣病相先。秋风古道将谁语，残月长庚更可怜。<u>鸡栅鱼梁一村落</u>，若为还似浙江边。（元好问《留别仲经》）

例（45）至例（47）的结构分别是"（烟）村＋（水）驿＋（秦川）路"

"（千）树＋（春）风＋（水）杨柳""鸡栅＋鱼梁＋（一）村落"，皆属"NP＋NP＋NP"式名词短语，但都不能独立成句与独立表意，只是充当其随后一句的主语或话题主语。

第十九，有些句子表面上是"NP＋NP＋NP"式，俨然是单句形式的名词铺排，实际上并不是。因为从语义上分析，它并不能独立成句，而是前句所提问题的答案，语义上有割不断的关系。这种情况就不算是名词铺排。如：

（48）丈人未始出吾宗，草靡波流尽太冲。七窍凿开无混沌，六根消落尽圆通。法身兔角声闻外，尘事牛毛梦幻中。谁会天游更端的？瘦梅疏竹一窗风。（李纯甫《天游斋》）

（49）桃花红深李花白，昨日成团今日折。歌声满耳何处来？杨柳青旗洛阳陌。拊君背，握君手，朝钟暮鼓无了期，世事于人竟何有？青青镜中发，忽忽成白首。（元好问《九月七日梦中作诗续以末后一句》）

（50）一室散开花，一榻飐茶烟。家风嗣阿谁？残月晓风禅。（李俊民《卧》）

例（48）至例（50）的结构分别是"（瘦）梅＋（疏）竹＋（一窗）风""杨柳＋青旗＋洛阳陌""（残）月＋（晓）风＋禅"，均属"NP＋NP＋NP"式名词短语，但都不能在语义上独立，跟其前句的提问脱不开干系。

第三节　元诗中的名词铺排

元代是由少数民族蒙古人执掌政权的时期，是汉民族人民备受压迫的时期。但是，中国文学发展的活力并未因受到民族与阶级压迫而减损。相反，由于汉民族知识分子在政治生活中彻底被边缘化，被迫生活在社会底层，与底层人民的关系更加亲密，因而造就了中国通俗文学的异常繁荣，元曲、元杂剧的高度成就，正是在此背景下达成的。除此之外，中国传统的诗词创作在这一时期也没有消歇，也有不同程度的发展，特别是诗歌创作，就流传到今天的作品来看，还是数量众多、成就不俗的。撇开别的方面不说，单就诗歌中的名词铺排结构模式的发展演进，我们就能毫不夸张地说，元代诗歌在名词铺排文本建构方面的成就绝不逊色于之前的唐宋金等朝代。

根据对清人顾嗣立所编《元诗选》（包括初集、二集、三集，初集六十八卷，二集二十六卷，三集十六卷，中华书局，1987 年）的全面调查，我们惊奇地发现，元代诗人在诗歌名词铺排文本建构方面，既广泛继承了中国历代诗人所创造的大量旧有模式，又有自己许多独到的创新，既有篇章布局上的创新，也有结构形式上的创新，特别是结构形式上的创新竟达二十四种之多，成为前所未有的特殊现象。下面我们分两个方面来论述。

一、旧有模式的继承

跟其他朝代一样，元诗在名词铺排文本建构方面对旧有模式的继承，主要也是两个方面，一是篇章布局上的，二是结构模式上的。

（一）布局上的继承

在元代之前，诗歌中的名词铺排文本已有三种篇章布局模式，即篇首名词铺排、篇中名词铺排、篇尾名词铺排。根据我们对《元诗选》的全面调查，这三种名词铺排的布局模式在元诗中都得到了继承，三种布局模式出现的频率都很高。但相对来说，居于篇中者出现频率更高。下面我们分而述之。

1. 篇首名词铺排

名词铺排文本居于诗歌篇首，这在元诗中相当普遍。无论是三言诗，还是五言诗或七言诗中，都是出现频率相当高的。如：

（1）万山雪瀑，一叶莲舟。世人指似，泰华峰头。（滕斌《灵泉翀举自有诗十八章留人间今止存五遂续之》其五）

（2）潇潇三日雨，苒苒度残暑。草木行变衰，岂不感节序。荒园有络纬，日夕促机杼。念汝戒衣裳，所思恨修阻。（汪珍《秋怀》七首其四）

（3）风月无边地，乾坤有此楼。城随山北固，潮蹴海西流。眼界宽三岛，胸襟隘九州。阶前遗恨石，谁复话安刘。（丁鹤年《登北固山多景楼》）

（4）杨柳董家桥，鹅黄万万条。行人莫到此，春色易相撩。（杨维桢《杨柳词》）

（5）峨峨青原山，洋洋白鹭水。炳炳照舆图，磊磊足多士。四忠与一节，流风甚伊迩。往往举义旗，事由匹夫始。（郭钰《悲庐陵》）

（6）平章桥上日，光禄寺前春。杨柳绿垂地，桃花红照人。粉香迷醉袖，草色妒行轮。屠狗悲歌者，空埋泉下尘。（张宪《大都即事》六首其一）

（7）四壁青萝月，长松白鹭巢。山风吹叶下，添覆一重茅。（张天英《松屋》）

（8）白马吴中寺，袈裟建业船。黄花季秋月，锦树大江烟。洗钵胡僧饭，驮经汉帝年。何时虎丘石，共论永明禅。（吴克恭《送龙翔俊用章住吴白马寺》）

（9）潇潇山城雨，械械书馆风。喔喔邻屋鸡，迢迢远方钟。遐思在古人，展转梦魂通。抱拙俗所弃，岁晚将谁同。赋成不轻卖，金尽当忍穷。（刘诜《春寒闲居》五首其二）

（10）流水数株残柳，西风两岸芦花。荒草客愁远道，夕阳牛带归鸦。（陈普《野步》十首其七）

（11）杨柳轻寒水驿，楝花小雨官桥。回首人间往事，孤灯挑尽春宵。（刘诜《春日偶赋》二首其二）

（12）夜月小楼筚篥，东风深院琵琶。料理宿醒未了，春光又在邻家。（张宪《夜月》）

（13）木叶西风古道，稻花北垅新田。流水美人何处，夕阳荒草连天。（陈普《野步》十首其十）

（14）潇洒枯藤老屦，行行只复行行。泥路野人屐迹，石桥流水琴声。（陈普《野步》十首其二）

（15）十八岩前罗汉竹，百千洞里老龙泉。山僧约我重来日，花落花开五百年。（汪泽民《题崇果寺》）

（16）紫贝楼阙郁金香，暖云七十红鸳鸯。玉蝉笑拥霞绡裳，星河不堕宫点长。绿樽滟滟麟髓泣，露重花寒秋不湿。歃歌一声惊怒涛，海鲸夹陛如人立。（陈孚《吴宫子夜歌》）

（17）半空风雨山头树，十顷玻璃水底天。孤客南来无著处，相宜只有百门泉。（王磐《百门泉》二首其二）

（18）稍稍林间布谷声，村南村北水云平。偶来竹寺看山坐，闲听清溪绕舍鸣。（麻革《竹林院同张之纯赋》二首其二）

（19）张家宅前萧寺桥，侵晨发船江雾消。村鸡三唱屋角树，柔橹数声沙际潮。此时飞上海底日，锦云满江光荡摇。（许恕《萧寺早行》）

（20）萧条黄叶山中寺，回首松萝满夕曛。丈锡遽行三十里，一风相送两孤云。竹堂听雨惊秋晚，木榻留灯语夜分。在昔山林忧患等，应修白业益精勤。（周砥《宝粹二上人值雨留宿西涧草堂明日赋此以赠》）

（21）离宫别馆短长亭，忘却江南旧日春。是处人家种杨柳，往来系马解留人。（周霆震《杨柳枝词》四首其一）

（22）巷南亭馆春风树，魏紫姚黄取次开。翠羽当窗林影丽，红云绕坐国香来。凝酥暖泛金壶酿，群玉晴笼锦帐埃。洧外何能夸芍药，番禺自足愧玫瑰。竟须高宴烦燕女，左手持花右酒杯。（李攒《牡丹一章奉寄玉山公子》）

例（1）至例（22）各例皆有名词铺排文本的建构。只是从结构模式上看，诸例各有不同。例（1）的结构是"（万山）（雪）瀑，（一叶）（莲）舟"，属四言成句的"NP，NP"式；例（2）的结构是"（潇潇）（三日）雨"，属五言成句的"NP"（叠字领起）式；例（3）的结构是"（风月无边）地"，属五言成句的"NP"式；例（4）的结构是"杨柳＋董家桥"，属五言成句的"NP＋NP"式；例（5）的结构是"（峨峨）（青原）山，（洋洋）（白鹭）水"，属五言成句的"NP，NP"（叠字领起）式；例（6）的结构是"（平章桥上）日，（光禄寺前）春"，属五言成句的"NP，NP"式；例（7）的结构是"（四壁）青萝＋月，（长）松＋（白鹭）巢"，属五言成句的"NP＋N，NP＋NP"式；例（8）的结构是"白马＋（吴中）寺，袈裟＋（建业）船。（黄）花＋（季秋）月，（锦）树＋（大江）烟"，属五言成句的"NP＋NP，NP＋NP，NP＋NP，NP＋NP"式；例（9）的结构是"（潇潇）（山城）雨，（槭槭）（书馆）风。（喔喔）（邻屋）鸡，（迢迢）（远方）钟"，属五言成句的"NP，NP，NP，NP"（叠字领起）式；例（10）的结构是"流水＋（数株）（残）柳，西风＋（两岸）（芦）花"，属六言成句的"NP＋NP，NP＋NP"式；例（11）的结构是"杨柳＋（轻寒）水驿，楝花＋小雨＋官桥"，属六言成句的"NP＋NP，NP＋NP＋NP"式；例（12）的结构是"（夜）月＋（小）楼＋筚篥，东风＋（深）院＋琵琶"，例（13）的结构是"（木）叶＋西风＋（古）道，（稻）花＋（北）垅＋（新）田"，均属六言成句的"NP＋NP＋NP，NP＋NP＋NP"式；例（14）的结构是"（潇洒）（枯）藤＋（老）屦"，属六言成句的"NP＋NP"式；例（15）的结构是"（十八岩前）（罗汉）竹，（百千洞里）（老）龙泉"，属七言成句的"NP，NP"式；例（16）的结构是"（紫贝）楼阙＋郁金香，暖云＋（七十）（红）鸳鸯"，属七言成句的"NP＋NP，NP＋NP"式；例（17）的结构是"（半空）风＋雨＋（山头）树，（十顷玻璃）（水底）天"，属七言成句的"NP＋NP＋NP，NP"式；例（18）的结构是"（稍稍）（林间）（布谷）声"，属七言成句的"NP"（叠字领起）式；例（19）的结构是"（张家宅前）萧寺桥"，属七言成句的"NP"式；例（20）的结构是"（萧条）（黄）叶＋（山中）寺"，属七言成句的"NP＋NP"式；例（21）的结构是"（离）宫＋（别）馆＋（短长）亭"，属七言成句的"NP＋NP＋NP"式；例（22）的结构是"（巷南）亭＋馆＋

（春）风＋树"，属七言成句的"NP＋NP＋NP＋N"式。以上诸例虽然结构上有所不同，但都居于诗歌的篇首，在审美上皆有造景呈象、定格画面、拓展意境的作用，更有一种先声夺人的接受效果。

2. 篇中名词铺排

元诗中的名词铺排居于篇中的，就我们所调查的《元诗选》来看，出现频率在三种旧有布局模式中算是最高的，用例比比皆是。如：

（23）于赫世皇，并用豪杰。一定宇内，櫜厥戈甲。……既有兄弟，又多孙子。<u>奕奕勋门，秩秩良材</u>。天之报忠，岂有涯哉。（虞集《万户张公庙堂诗》）

（24）华屋带修浍，梧竹夹雨庑。流云荡微阴，<u>冉冉菊花雨</u>。张筵广乐作，彼美瑶之圃。仙人紫云裘，渥赪颜孔肫。（陆仁《九月八日以满城风雨近重阳分韵得雨字》）

（25）神京极高峻，风露恒冷然。憧憧十二门，车马如云烟。紫霞拥宫阙，王气浮山川。<u>峨峨龙虎台</u>，日月开中天。圣祖肇洪业，永保亿万年。（廼贤《京城杂言》六首其一）

（26）独坐对明月，<u>遥遥千古情</u>。西风两三日，庭树已秋声。（赵孟頫《即事》）

（27）当年见明月，不饮亦清欢。讵意有今夕，照此长恨端。……不知亲与故，零落几家完。<u>徘徊庭中影</u>，对酒起长叹。死生两莫测，欲往书问难。（张羽《中秋望月》）

（28）金陵南之镇，兴废满目中。青山澹无言，万里江流东。<u>高楼朱雀桥</u>，野笛交秋风。子行览其余，弹琴送飞鸿。柏台云霄间，貂荐峨群公。为言经济理，所贵贤俊崇。（刘诜《古诗三首赠张汉臣游金陵》其三）

（29）虚室寒侵骨，<u>疏梅月影床</u>。三更孤雁泪，悲怨不成行。（萧国宝《冬夜》）

（30）回塘带兰薄，曲槛映朱蕤。春雨夜初至，绿波池上生。游鱼荡清涟，细藻承落英。<u>浩浩谢池思，悠悠南浦情</u>。日夕澹无语，燕坐望寰瀛。（陆仁《春草池绿波亭》）

（31）慰眼非无主，相看欲损神。一枝初带雪，半树已为薪。<u>惨澹黄昏月，荒凉古墓春</u>。含情不忍折，老泪一沾巾。（许恕《乱后省祖茔见梅花》）

（32）大星芒鬣张，小星光华开。皇天示兵象，胜地今蒿莱。河岳气不分，烛龙安在哉。参赞道岂谬，积阴故迟回。疏风夜萧萧，野磷纷往来。安知非游魂，相视白骨哀。<u>汩汩饮马窟，云冥望乡台</u>。于时负肝胆，慷慨思雄材。（王逢

《秋夜叹》)

(33) 远观亭上望，风物六朝余。<u>古寺荆王宅，荒墩谢傅居</u>。英灵传草树，冠盖逐丘墟。欲问当时事，飞云灭太虚。(周驰《远观亭》三首其三)

(34) 之子梁园彦，才华迥不群。<u>书灯双鬓雪，野饭一犁云</u>。久病怜为客，多愁忍送君。钟山吾旧隐，不用勒移文。(周权《赠别》)

(35) 白发新梳见，青云往事嗟。西风惊落木，寒雨淡幽花。<u>鱼稻村村酒，沤波处处家</u>。素怀何必问，一笑数昏鸦。(许恕《次朱九龄韵》)

(36) 明月照寒水，清霜积厚冰。知君多念我，为客独依僧。<u>湖海十年梦，诗书半夜灯</u>。忽闻江国雁，写寄剡溪藤。(郑守仁《和句曲张外史韵寄上清薛外史》)

(37) 仙人悲世换，宴景在清都。寒暑自来往，英雄生钓屠。<u>钱塘江畔柳，风雨夜啼乌</u>。(倪瓒《次韵陈维允姑苏钱塘怀古》四首其三)

(38) 故人违我久，千里慰相思。尊酒成山瓮，笼鹅到墨池。<u>青山荒草径，暮雨落花时</u>。赖有春洲雁，南来可寄诗。(罗蒙正《寄谢何东道》)

(39) 清游及新霁，缓步得嘉宾。<u>古木寒泉寺，鸣鸠乳燕春</u>。山行六七里，舟受两三人。总是曾经处，何须更问津。(郭麟孙《与龚子敬同赋》)

(40) 人海偶相逢，凄凉共客中。笑谈良不恶，去住若为同。<u>春草池塘夜，梨花院落风</u>。乡人如问讯，即此是诗筒。(张伯淳《赠富翠屏》)

(41) 猗猗澧有兰，馥馥沅有芷。<u>猎猎石上蒲，泛泛水中茝</u>。<u>鲜鲜三径菊，旎旎百亩蕙</u>。采掇集众芳，灿烂成杂佩。佩服何所从，将以待君子。(许谦《遣兴》四首其二)

(42) 访旧五溪薄暮，沙长归路迢遥。虚市人家烧烛，流水孤村断桥。一个残僧待渡，<u>数声短笛归樵</u>。闪闪昏鸦啼后，江风又落寒潮。(吕诚《晚归书事六言》二首其一)

(43) 访旧五溪薄暮，沙长归路迢遥。虚市人家烧烛，<u>流水孤村断桥</u>。一个残僧待渡，数声短笛归樵。闪闪昏鸦啼后，江风又落寒潮。(吕诚《晚归书事六言》二首其一)

(44) 铁马长驱汗血流，眼前戈甲几时休。谁能宰似陈平社，那免悲如宋玉秋。<u>漠漠微凉风里殿，萧萧残夜水边楼</u>。千村万落荒荆棘，何止山东二百州。(金·李俊民《即事》)

(45) 忆昔家住蓉城东，周遭乌白杂青枫。<u>一春门巷绿阴雨，六月林塘清昼风</u>。时当收藏未黄落，景因壮观还青红。织成谁似天孙巧，染出岂非青女工。(许恕《锦树行》)

（46）紫盖星临北斗躔，金门客去几千年。蒙泉有味见福地，劫火离灰是洞天。尘外仙家山上屋，日边帆影海东船。飘飘云气蓬莱近，五彩飞鸾不用鞭。（李思衍《天庆宫》）

（47）白水青山杳眇边，每怀高节自茫然。不从猿鸟疏名姓，虚托鳞鸿问岁年。灯外檐花清夜雨，江头云树暮春天。须知无限沧洲意，渺渺东风一斾愚。（周棐《次韵顾玉山见寄》）

（48）旛竿东峙彭家寨，鹿角曾绕刘家村。彭家旗槊落草莽，刘家衣冠遗子孙。百年风土又一变，丛林化壑池成堑。山亭杨柳驿马坊，官道豫章北商店。喆人令族困屠沽，疃夫互郎高门间。（刘诜《饮南山故居》）

（49）长城小姬如小怜，红丝新上琵琶弦。可人座上三株树，美酒沙头双玉船。小洞桃花落香屑，大堤杨柳扫晴烟。明朝纱帽青藜杖，更访东林十八仙。（杨维桢《又湖州作》四首其三）

（50）大药霜髭竟不玄，白鱼无计满千仙。别离岁月落花雨，歌舞楼台芳草烟。世事荣枯分一日，人生感慨萃中年。刘郎恨满玄都观，重到题诗共几篇。（郭钰《简罗伯英》）

（51）碌碌从人愧抱关，赏心应共鹤飞还。孤舟野水东西渡，落日长淮远近山。神鼓乍喧香雾合，宾筵初散绿阴间。相思咫尺长相隔，一似河流九曲湾。（陈大诉《赏心亭》）

（52）短棹吴歌花满川，春帆愁断蓼莪篇。小溪蘋藻墙间祭，春雨桑麻墓下田。黄壤有灵终异土，青山无树半荒阡。伤哉巴峡松楸路，狐兔苍寒六十年。（邓文原《清明省墓》）

（53）十年京国擅才华，宰相频招载后车。太液苍凉黄鹄羽，玄都烂漫碧桃花。三清风露仙人馆，万里风烟野老家。拂拭旧题如隔世，华星明汉望归槎。（虞集《送胡士恭》）

（54）东华厌逐软红尘，一见潘兴味真。落落孤松霄壑志，昂昂野鹤水云身。关山客梦三更月，驿路梅花十里春。谁唱渭城朝雨曲，坐中愁绝未归人。（周权《送友东归》）

（55）轻车繁吹尚纷纭，衮衮香浮紫陌尘。杜宇青山三月暮，桃花流水一溪云。东风旗旆亭中酒，小雨阑干柳外人。何许数声牛背笛，天涯芳草正斜曛。（周权《晚春》）

（56）绣纹刺绮春纤长，兰膏鬐鬣琼肌香。芳年艳质媚花月，三三两两红鸳鸯。翠靴踏云云帖妥，海棠露湿胭脂朵。（陈基《群珠太多伤吴帅潘元绍众妾作》）

（57）白鹧鹕小穿云幕，碧海波澄浸石扉。<u>一片岩前秋月影</u>，凉风吹上藕丝衣。（周砥《观音岩》）

（58）寂寂僧房半梦中，<u>萧萧修竹四山风</u>。惟应门外苍髯叟，解乱儋州秃鬓翁。（鲜于枢《净慧寺》四绝其一）

（59）荆溪溪上晚山稠，<u>沙棠港口木兰舟</u>。裹头女子唱歌去，水色山光总是愁。（吕诚《荆溪棹歌》四首其一）

（60）漠漠江云路不分，<u>小桥流水夕阳村</u>。吟翁马上频回首，一阵东风暗断魂。（叶颙《江路梅香》）

（61）主家池馆西龙塘，龙塘华国参差芳。秋轮轧露春云热，<u>水风杨柳芙蓉月</u>。星桥高挂东西虹，宫花小队烟花红。金丝拂鞍长袖舞，夜静水凉神欲语。草池梦落西堂客，吟诗一夜东方白。（杨维桢《题柳风芙月亭诗卷》）

（62）古木阴阴溪上村，隔溪呼唤隔溪应。<u>柳堤渔艇水双港</u>，山崦人家云半层。早麦熟随芹菜馂，晚茶香和树芽蒸。自惭未得亢桑乐，痴坐寒窗似冻蝇。（方夔《溪上》）

　　例（23）至例（62）各例皆有名词铺排文本的建构。只是从结构模式上看，诸例各有不同。例（23）的结构是"（奕奕）（勋）门，（秩秩）（良）材"，属四言成句的"NP，NP"（叠字领起）式；例（24）的结构是"（冉冉）（菊花）雨"，例（25）的结构是"（峨峨）龙虎台"，例（26）的结构是"（遥遥）（千古）情"，均属五言成句的"NP"（叠字领起）式；例（27）的结构是"（徘徊）（庭中）影"，属五言成句的"NP"式；例（28）的结构是"（高）楼＋朱雀桥"，属五言成句的"NP＋NP"式；例（29）的结构是"（疏）梅＋（月）影＋床"，属五言成句的"NP＋NP＋N"式；例（30）的结构是"（浩浩）（谢池）思，（悠悠）（南浦）情"，属五言成句的"NP，NP"（叠字领起）式；例（31）的结构是"（惨澹）（黄昏）月，（荒凉）（古墓）春"，属五言成句的"NP，NP"式；例（32）的结构是"（汩汩）（饮马）窟，（云冥）（望乡）台"，属五言成句的"NP（叠字领起），NP（非叠字领起）"式；例（33）的结构是"（古）寺＋（荆王）宅，（荒）墩＋（谢傅）居"，属五言成句的"NP＋NP，NP＋NP"式；例（34）的结构是"书＋灯＋（双鬓）雪，（野）饭＋（一犁）云"，例（35）的结构是"鱼＋稻＋（村村）酒，沤波＋（处处）家"，均属五言成句的"N＋N＋NP，NP＋NP"式；例（36）的结构是"湖＋海＋（十年）梦，诗＋书＋（半夜）灯"，属五言成句的"N＋N＋NP，N＋N＋NP"式；例（37）的结构是"（钱塘江畔）柳，风＋雨＋（夜啼）乌"，属五言成句的"NP，N＋N＋

NP"式；例（38）的结构是"（青山）（荒草）径，（暮雨落花）时"，属五言成句的"NP，NP"式；例（39）的结构是"（古）木＋（寒泉）寺，（鸣）鸠＋（乳）燕＋春"，属五言成句的"NP＋NP，NP＋NP＋N"式；例（40）的结构是"（春草＋池塘）夜，（梨花＋院落）风"，属五言成句的"NP，NP"式；例（41）的结构是"（猎猎）（石上）蒲，（泛泛）（水中）芰。（鲜鲜）（三径）菊，（旎旎）（百亩）蕙"，属五言成句的"NP，NP，NP，NP"（叠字领起）式；例（42）的结构是"（数声）（短）笛＋（归）樵"（樵指樵夫），属六言成句的"NP＋NP"式；例（43）的结构是"（流）水＋（孤）村＋（断）桥"，属六言成句的"NP＋NP＋NP"式；例（44）的结构是"（漠漠）（微凉）（风里）殿，（萧萧）（残夜）（水边）楼"，属七言成句的"NP，NP"（叠字领起）式；例（45）的结构是"（一春）门巷＋（绿阴）雨，（六月）林塘＋（清昼）风"，例（46）的结构是"（尘外）（仙）家＋（山上）屋，（日边）（帆）影＋（海东）船"，例（47）的结构是"（灯外）（檐）花＋（清夜）雨，（江头）（云）树＋（暮春）天"，均属七言成句的"NP＋NP，NP＋NP"式；例（48）的结构是"山亭＋杨柳＋（驿马）坊，（官）道＋（豫章北）商店"，属七言成句的"NP＋NP＋NP，NP＋NP"式；例（49）的结构是"（可人座上）（三株）树，（美）酒＋（沙头）（双）（玉）船"，属七言成句的"NP，NP＋NP"式；例（50）的结构是"（别离岁月）（落花）雨，歌舞＋楼台＋芳草烟"，属七言成句的"NP，NP＋NP＋NP"式；例（51）的结构是"（孤）舟＋（野）水＋（东西）渡，（落）日＋（长）淮＋（远近）山"，属七言成句的"NP＋NP＋NP，NP＋NP＋NP"式；例（52）的结构是"（小）溪＋蘋＋藻＋（墙间）祭，（春）雨＋桑＋麻＋（墓下）田"，属七言成句的"NP＋N＋N＋NP，NP＋N＋N＋NP"式；例（53）的结构是"（太液苍凉）（黄鹄）羽，（玄都烂漫）（碧）桃花。（三清风露）（仙人）馆，（万里风烟）（野老）家"，属七言成句的"NP，NP，NP，NP"式；例（54）的结构是"（落落孤松）（霄壑）志，（昂昂野鹤）（水云）身。（关山）（客）梦＋（三更）月，（驿路）梅花＋（十里）春"，属七言成句的"NP（叠字领起），NP（叠字领起），NP＋NP（非叠字领起），NP＋NP（非叠字领起）"式；例（55）的结构是"杜宇＋青山＋（三月）暮，桃花＋流水＋（一溪）云。东风＋旗旆＋（亭中）酒，小雨＋阑干＋（柳外）人"，属七言成句的"NP＋NP＋NP，NP＋NP＋NP，NP＋NP＋NP，NP＋NP＋NP"式；例（56）的结构是"（三三两两）（红）鸳鸯"，例（57）的结构是"（一片）（岩前）（秋月）影"，均属七言成句的"NP"式；例（58）的结构是"（萧萧）（修）竹＋（四山）风"，属七言成句的"NP＋NP"（叠字领起）式；例（59）

的结构是"沙棠＋港口＋木兰舟"，例（60）的结构是"小桥＋流水＋（夕阳）村"，均属七言成句的"NP＋NP＋NP"式；例（61）的结构是"水＋风＋杨柳＋芙蓉＋月"，属七言成句的"N＋N＋NP＋NP＋N"式；例（62）的结构是"（柳）堤＋（渔）艇＋水＋（双）港"，属七言成句的"NP＋NP＋N＋NP"式。以上名词铺排文本虽然结构各有差异，但是都居于诗歌篇中。因此，在审美上不仅能拓展意境，使诗歌别具"诗中有画"的效果，而且也有调整诗歌节奏的作用，使诗歌语言显得灵动。

3. 篇尾名词铺排

名词铺排居于篇尾的布局模式，根据我们对《元诗选》的全面调查，相对于居于篇首、篇中的两种类型，在出现频率上要低得多。但是，在一些著名诗人如虞集、鲜于枢、黄公望、耶律楚材等笔下都是时有所见的。如：

（63）城邑带秋水，盈盈笠泽湄。西风一夜起，鸿雁尽南飞。晋日东曹掾，唐朝左拾遗。长揖谢轩冕，悠悠千载期。（陈基《吴江》）

（64）阴凉生研池，叶叶秋可数。京华客梦醒，一片江南雨。（鲜于枢《题纸上竹》）

（65）濯濯金明柳，年年照妾容。飞花怨春尽，落日渡江风。（郭翼《柳枝词》）

（66）红叶林风飒飒，苍苔径雨斑斑。人迹石边流水，樵歌鸟外青山。（陈普《野步》十首其六）

（67）燕拂花阴绣毂，人指箫声画楼。杨柳六桥旧梦，夕阳一段新愁。（马臻《春日偶成六言》二首其二）

（68）堤晚游人争渡，花密流莺乱鸣。近水亭台柳色，转山楼观钟声。（马臻《杂咏六言》三首其一）

（69）仙人杏花满树，处士杨柳当门。白发乌纱棋局，绿水青山酒尊。（郭翼《杂咏》三首其一）

（70）远岫层层何处，矮房簇簇谁家。烟树夕阳归鸟，清溪古渡横槎。（张宪《题画》）

（71）数幅晴云翠岫，千重碧树琼楼。美杀承平公子，笔端万里瀛洲。（柯九思《题赵千里画八幅》）

（72）香里寒云满溪，月明津渡人迷。梦入江南旧路，夕阳流水桥西。（叶颙《月夜梅边即事》）

（73）浦口寒潮频有信，空中鸟迹了无痕。野航落日东西渡，黄叶秋风远近

村 。（吕诚《秋日雨后》二首其一）

（74）没马尘埃白昼驰，人生得似此翁稀。西风墙竹疏疏雨，短帽长髯百衲衣。（李存《赠人》）

（75）东望吴山紫翠缠，凭阑忽坐小吴轩。石桥杨柳半塘寺，修竹梨花金氏园。（朱德润《至元二年二月八日陈子善范昭甫同游虎丘》四首其一）

（76）瑶池积雪与天平，西极空闻八骏名。玉殿重来人世换，萧萧苜蓿汉宫城。（虞集《八骏图》）

（77）野水芙蕖绕鹤汀，画桥杨柳挂鱼罾。秋风携手青溪曲，竹杖荷衣一个僧。（至仁《次韵寄唐伯刚断事》二首其二）

（78）到得咸淳国步艰，几回抗疏动天颜。丈夫那肯死牖下，余子从教活草间。有分珠崖终著去，无心白发望生还。故人目断暮云处，雾雨蒙蒙山外山。（王义山《挽遂初陈尚书》）

（79）灯前自了读残经，风入疏帘月入棂。坐到夜深谁是伴，数枝梅萼一铜瓶。（虞集《癸酉岁晚留上方观》三首其一）

（80）水生白石渡头湾，念子携书共往还。今日相思不相见，越南残照海门山。（罗蒙正《怀马教授》二首其二）

（81）遥山近山青欲滴，大木小木叶已疏。斜日疏篁无鸟雀，一湾溪水数函书。（黄公望《倪云林为静远画》）

（82）高人有眼看山川，不费从来买画钱。万古丹青垂宇宙，百川楼观倚风烟。人行槲叶林边路，鸟没芦花影里天。我欲与公添一笔，寒滩蓑笠钓鱼船。（胡天游《赠余公图画楼》二首其二）

（83）看花醉眼不须扶，花下长歌击唾壶。回首荒城春较晚，淡烟疏雨绿平芜。（朱希晦《次李二丈韵》）

（84）卷帘春色上苔衣，新水相看近竹扉。风动树枝鸣宿鸟，云收山崦放晴晖。举杯竹叶扫愁去，欹枕杨花约梦飞。肠断碧苔溪上路，暖风晴日钓鱼矶。（薛汉《睡起》）

（85）三日钱塘海不波，子婴系组纳山河。兵临鲁国犹弦诵，客过殷墟独啸歌。铁马渡江功赫奕，铜人辞汉泪滂沱。知章喜得黄冠赐，野水闲云一钓蓑。（廼贤《读汪水云诗集》二首其一）

（86）石渠承雨作流泉，中有参差荇菜牵。花近飞舲鱼骇逝，柳低步障燕随穿。红尘朝路常参史，清昼斋居几劫仙。但乞会稽寻贺监，酒船一棹水中天。（虞集《次韵伯庸尚书春暮游七祖真人庵兼简吴宗师》二首其一）

（87）清明时节过边城，远客临风几许情。野鸟间关难解语，山花烂熳不知

285

名。蒲萄酒熟愁肠乱，玛瑙杯寒醉眼明。遥想故园今好在，<u>梨花深院鹧鸪声</u>。（耶律楚材《庚辰西域清明》）

（88）百花憔悴东风寒，六花烂漫开正繁。东君似欲夸富贵，琼台玉榭真珠阑。……酒酣舞剑情难歇，指点银瓶莫教竭。醉中犹自忆当时，<u>鹅鸭城边一池月</u>。（叶颙《春雪》）

例（63）至例（88）各例均有名词铺排文本的建构，只是在结构模式上诸例各有不同。例（63）的结构是"（悠悠）（千载）期"，属五言成句的"NP"（叠字领起）式；例（64）的结构是"（一片）（江南）雨"，属五言成句的"NP"式；例（65）的结构是"（落）日＋（渡江）风"，属五言成句的"NP＋NP"式；例（66）的结构是"（人）迹＋（石边）（流）水，（樵）歌＋（鸟外）（青）山"，属五言成句的"NP＋NP，NP＋NP"式；例（67）的结构是"杨柳＋六桥＋（旧）梦，（夕）阳＋（一段）（新）愁"，属六言成句的"NP＋NP，NP＋NP"式；例（68）的结构是"（近水）亭＋台＋（柳）色，（转山）楼＋观＋（钟）声"，例（69）的结构是"（白）发＋（乌）纱＋（棋）局，（绿）水＋（青）山＋（酒）尊"，例（70）的结构是"（烟）树＋（夕）阳＋（归）鸟，（清）溪＋（古）渡＋（横）槎"，均属六言成句的"NP＋NP＋NP，NP＋NP＋NP"式；例（71）的结构是"（笔端）（万里）瀛洲"，属六言成句的"NP"式；例（72）的结构是"（夕）阳＋（流）水＋（桥）西"，属六言成句的"NP＋NP＋NP"式；例（73）的结构是"（野）航＋（落）日＋（东西）渡，（黄）叶＋（秋）风＋（远近）村"，例（74）的结构是"（西）风＋（墙）竹＋（疏疏）雨，（短）帽＋（长）髯＋（百衲）衣"，例（75）的结构是"（石）桥＋杨柳＋半塘寺，（修）竹＋梨花＋金氏园"，均属七言成句的"NP＋NP＋NP"式；例（76）的结构是"（萧萧）苜蓿＋（汉）（宫）城"，属七言成句的"NP＋NP"（叠字领起）式；例（77）的结构是"（竹）杖＋（荷）衣＋（一个）僧"，属七言成句的"NP＋NP＋NP"式；例（78）的结构是"（雾）雨＋（蒙蒙）（山外）山"，例（79）的结构是"（数枝）（梅）萼＋（一）（铜）瓶"，例（80）的结构是"（越南）残照＋（海门）山"，例（81）的结构是"（一湾）（溪）水＋（数函）书"，均属七言成句的"NP＋NP"式；例（82）的结构是"（寒）滩＋蓑笠＋（钓鱼）船"，例（83）的结构是"（淡）烟＋（疏）雨＋（绿）平芜"，例（84）的结构是"（暖）风＋（晴）日＋（钓鱼）矶"，例（85）的结构是"（野）水＋（闲）云＋（一）（钓）蓑"，例（86）的结构是"（酒）船＋（一）棹＋（水中）天"，例（87）的结构是"梨

花 +（深）院 +（鹧鸪）声"，例（88）的结构是"鹅 + 鸭 +（城边）（一池）月"（正常语序是：城边一池鹅鸭月），均属七言成句的"NP + NP + NP"式。以上诸例的名词铺排文本虽然结构各有不同，但是都居于全诗的篇尾。因此，从审美上看，它们都有造景呈象、拓展意境的效果，更有"曲终人不见，江上数峰青"的韵味与美感。

（二）结构上的继承

元诗在名词铺排结构上对前代旧有模式的继承，在种类上是非常多的。根据我们对《元诗选》的全面调查，共计达二十七种之多。下面我们分而述之。

1. 四言成句的"NP，NP"（叠字领起）式

这种结构模式乃是最早产生的，源自先秦时期《诗经》的创造。汉代五言诗逐渐取代四言诗成为诗歌创作主流后，这种结构模式的运用也随四言诗的逐渐式微而少有沿用继承。根据我们对《元诗选》的全面调查，发现元诗中还有少数沿用之例。如：

于赫世皇，并用豪杰。一定宇内，橐厥戈甲。……既有兄弟，又多孙子。<u>奕奕勋门，秩秩良材</u>。天之报忠，岂有涯哉。（虞集《万户张公庙堂诗》）

上例中"奕奕勋门，秩秩良材"，前句以名词"门"为中心语，"勋"为直接修饰语，叠字"奕奕"为间接修饰语；后句以名词"材"为中心语，分别以"良"与"秩秩"（叠字）为直接与间接修饰语。它们以对句的形式呈现，且与其前后句没有语法结构上的纠葛，因此是典型的四言成句的"NP，NP"（叠字领起）式名词铺排文本。

2. 四言成句的"NP，NP"式

这种结构模式最早出现于汉赋中。出现于诗歌中，乃魏晋南北朝诗人的创造。之后，只有盛唐诗中有继承沿用之例，其他朝代的诗歌中未见有沿用的。但是，根据我们对《元诗选》的全面调查，发现元诗中又有沿用之例。不过，数量并不多，目前我们只发现如下一例：

（2）<u>万山雪瀑，一叶莲舟</u>。世人指似，泰华峰头。（滕斌《灵泉㸌举自有诗十八章留人间今止存五遂续之》其五）

例（2）"万山雪瀑，一叶莲舟"，前句以名词"瀑"为中心语，"雪"为直

287

接修饰语，"万山"为间接修饰语；后句以名词"舟"为中心语，分别以名词"莲"与数量短语"一叶"为直接与间接修饰语。它们以对句的形式呈现，且与其前后句没有语法结构上的纠葛，明显是名词铺排文本，属四言成句的"NP，NP"（非叠字领起）式。

3. 五言成句的"NP，NP"（叠字领起）式

这种结构模式乃是汉乐府诗人的创造，在历代诗歌的名词铺排文本建构中运用最为广泛。当然，元诗也不例外。根据我们对《元诗选》的全面调查，发现元诗中继承沿用这一结构模式非常广泛。无论是诗歌篇首，还是诗歌篇中与篇尾，都有广泛运用。如：

（3）<u>峨峨青原山，洋洋白鹭水</u>。炳炳照舆图，磊磊足多士。四忠与一节，流风甚伊迹。往往举义旗，事由匹夫始。（郭钰《悲庐陵》）

（4）回塘带兰薄，曲槛映朱薨。春雨夜初至，绿波池上生。游鱼荡清涟，细藻承落英。<u>浩浩谢池思，悠悠南浦情</u>。日夕澹无语，燕坐望寰瀛。（陆仁《春草池绿波亭》）

（5）<u>青青太湖波，小小芙蓉檝</u>。舟轻弗解操，水深那敢涉。（陆仁《春波曲》）

（6）<u>翳翳云中树，亭亭江上山</u>。秋风生柁尾，荡漾碧波间。（陆友《题米元晖画山水》）

（7）清晨出南陌，平旦下城闉。东风微淡荡，草木一何新。郁郁游子情，祁祁女如云。<u>翩翩桃花马，辘辘翠车轮</u>。娟娟珠帘下，袅袅看行人。（李序《都门道》）

（8）<u>青青河畔草，矫矫园中李</u>。娟娟楼上妇，微微启玉齿。仰叹浮云驰，俯首理绿绮。自惜韶华姿，误身游侠子。（汪珍《青青河畔草》）

（9）<u>英英西山云，翳翳终日雨</u>。清池散圆文，空林绝行屦。野性凤所赋，好怀谁共语。烧香对长松，相与成宾主。（倪瓒《雨中寄孟集》）

（10）<u>离离南山田，采采山下绿</u>。兹晨凉风发，秋气已可掬。美人平生亲，零落在空谷。颜色不可见，何由踵高躅。我耕南山田，我结南山屋。下山交桑麻，上山友麋鹿。还肯过邻家，邻家酒应熟。（黄镇成《南田耕舍》）

（11）山妍雨初暗，洞窈云常暝。<u>琤琤碧涧流，落落青松影</u>。游咏有高人，诛茅临复岭。开窗翠岚香，展卷白日永。兴来即吟诗，客至但烹茗。抱琴暮出游，蕙帐夜深冷。（卢琦《题陈允中山居卷》）

（12）初日高楼上，卷幔对黄山。黄山出霄汉，烂熳发青莲。参差非一状，

朝夕看屡妍。九华承双凫，敬亭附骈筵。漫漫云幂岭，沉沉松覆泉。清飙坐中起，如闻帝女弦。（余阙《云松楼》）

（13）峨峨虎丘山，湛湛剑池水。水深人莫测，草生寒不萎。世传龙祖剑，斫断苍云根。千古两绝壁，铁花点苔痕。（谢应芳《剑池曹广文送府学院检讨》）

（14）奕奕让王宫，遥遥延陵墓。吴侬奉烝尝，春秋几霜露。胡为后之人，无复继高步。（谢应芳《次韵陈维寅苏杭怀古各》三首其三）

（15）琤琤白玉佩，烨烨紫云裳。海上几千里，云间十二楼。（舒頔《梦仙》）

（16）迢迢涧上松，瀌瀌松下泉。微飙散晴雪，飞琴泻寒弦。怀哉山中人，眇予堕尘缘。九江秀可揽，山色青于莲。浩歌招黄鹄，重赋云巢篇。（郭翼《松泉图》）

（17）龌龊宁堪处，卑污奈此逢。看人骑白马，唤狗作乌龙。濯濯河边柳，青青涧底松。待看天气好，应得露华浓。（王冕《龌龊》）

（18）堂堂琼林客，籍籍金銮殿。一官岩州最，再调淮县见。人生逐日老，世事浮云变。亦有古宫台，凄凉入荒甸。（丁复《次韵殿字》）

（19）悠悠溪上山，叠叠山下云。幽人不出户，芝草日以春。伯也种丹杏，心与孤鸿轻。仲也捣玄霜，西风林间声。（黄清老《题医人黄子厚》）

（20）绵绵江上草，郁郁庭中柯。人生不相知，有如东逝波。食杏犹苦酸，食梅当若何。衣褐犹苦寒，衣葛寒更多。岂无千载友，肯听渔樵歌。（黄清老《古乐府》三首其三）

（21）片片落花心，悠悠飞絮意。清风明月中，此风不可企。（吴镇《画竹》十二首其十一）

（22）亭亭月下阴，挺挺霜中节。寂寂空山深，不改四时叶。（吴镇《画竹》十二首其二）

（23）耿耿玉京夜，迢迢银汉流。影斜乌鹊树，光隐凤凰楼。云锦虚张月，星房冷闭秋。遥怜天帝子，辛苦会牵牛。（傅若金《七夕》）

（24）惊飙吹罗幕，明月照阶庀。春草忽不芳，秋兰亦同死。斯人蕴淑德，凤昔明诗礼。灵质奄独化，孤魂将安止。迢迢湘西山，湛湛江中水。水深有时极，山高有时已。忧思何能齐，日月从此始。（傅若金《悼亡》四首其一）

（25）离离鸿雁群，渺渺水云国。白雪剡川藤，玄香牧溪迹。形真具生意，仿佛二百翼。四海兄弟情，于兹见叙秩。（岑安卿《百雁图》）

（26）细雨堂前酒，初梅雪后吟。谁云新识面，已是旧知心。冉冉莲花幕，青青桂子林。箪瓢千古意，临别一何深。（李存《送徐典史归四明》）

（27）驱车出都门，别酒忽在手。去国古所悲，况复失良友。芃芃丘中麦，郁郁道傍柳。挥手从此辞，烟云黯回首。（李存《下第南归别俞伯贞》）

（28）冉冉江上芦，离离路傍草。霜露侵衣裳，何用涉远道。鸿雁方有序，孤飞任林表。岂不顾其群，长风翮难矫。（许谦《舟中杂兴》三首其一）

（29）上清山灵都，凡山无与俦。况兹琼林台，云气接神州。……外史洞玄化，于焉采真游。珊删紫霞佩，皎皎明月钩。手携千岁藤，足弄万里流。（杜本《题薛玄卿琼林台》）

（30）灼灼绛桃花，袅袅黄柳丝。风流少年场，妖冶不自持。春风日夜变，点拂飞故枝。（周权《桃柳词》）

（31）皎皎红罗幕，高高碧云楼。娟娟一美人，炯炯露双眸。郎居柳浦头，妾住鹤沙尾。好风吹花来，同泛春江水。（萨都剌《吴姬曲》）

（32）百金买骏马，千金买红妆。长安画楼上，饮酒吹笙簧。天天园中桃，郁郁陌上桑。美人越山下，白发生雕房。（陈旅《次韵答都下友人》二首其一）

（33）青杨吹白花，银鱼跳碧藻。落日江船上，三月淮南道。渺渺春水涯，悠悠云树杪。安得快剪刀，江头剪芳草。（萨都剌《送吴寅可之扬州》）

（34）曹务唯章句，官规自法程。斋扉侵雨润，宴几得风清。历历三刀梦，行行万里城。明年遂耕隐，深仗酒为名。（柳贯《同杨仲礼和袁集贤上都诗》十首其七）

（35）嶷嶷儋耳城，历历桄榔树。百年遗故丘，新堂设宾阼。清风海上至，朝阳在庭户。丹山五色凤，览德屡来下。（虞集《题儋耳东坡载酒堂》二首其一）

（36）郁郁岩下柏，青青水中蒲。岩前有幽人，壮岁常独居。独居亦何为，不美春华敷。（安熙《拟古次韵》六首其一）

（37）春水武昌船，帆飞敬亭雨。孤城厌喧嚣，听此樯燕语。挥手谢时人，开胸散烦暑。煌煌阙下书，曳曳云间侣。真人紫霞佩，执简授璇宇。（贡奎《送史高士谒吴闲闲》）

（38）堂堂金陵州，草草石台路。羽书急星驰，锋车却金错。飞雪古戍基，积雪寒沙步。我舟欲轻行，我马何踯顾。（袁桷《蒋商卿叙其先人客金陵与先子事契末章复以见属次韵》）

（39）悠悠空山云，泱泱长江流。廊庙意不屑，山泽聊淹留。故人在天位，高步追巢由。岂曰子无衣，辛苦被羊裘。东京多节义，之子乃其尤。穷居虽独善，辅世岂不优。（赵孟頫《咏逸民》九首其四）

（40）青青云外山，炯炯松下石。顾此山中人，风神照松色。（赵孟頫《题周秀才此山堂》）

（41）忆从长杨猎，于时始识公。堂堂九尺干，落落万夫雄。补衮弥缝密，能书点画工。劳谦延士类，岂弟到儿童。（赵孟頫《送夹谷公分省陕西》）

（42）亭亭祠宫桧，郁郁上云雨。扶持几年来，造物心独苦。青余玉川润，根入铁岸古。（金·元好问《济南庙中古桧同叔能赋》）

（43）海内皆兄弟，情深莫若君。那知经乱后，翻作久离群。皎皎云中月，悠悠岩上云。相思不可见，清梦绕江溃。（陈深《寄友》）

（44）英英天上星，碌碌涧中石。升沈虽不同，精爽或相激。我有知名友，四海邯郸壁。（戴表元《书叹》七首其三）

（45）南渡邦初造，西山将独贤。立功何赫赫，流庆尚绵绵。……卫公犹故物，郑老竟寒毡。矫矫青云器，冷冷白雪弦。同游虽未达，自视已无前。（杨载《送张仲实之宜兴》）

（46）萩萩黄桑叶，苍苍白竹峰。居人争野碓，归客背村钟。路暗缘溪湿，山寒著雾浓。阿咸收稻未，辛苦阙相从。（揭傒斯《山庄晚立有怀舍侄沆督获临川》）

（47）迢迢层城阿，峨峨凤凰山。下有隐沦士，能为淮汉言。两日一寓音，五日一承颜。每谈经济事，恒及离乱间。（揭傒斯《春暮闲居寄城西程汉翁十五韵》）

（48）三尺枯桐树，相随年岁深。此行端有意，何处托知音。隐隐青山夜，寥寥太古心。空携水仙曲，更向海中岑。（黄溍《抱琴》）

（49）奇石争迎立，青杉互引前。泠泠两溪水，澹澹一峰烟。闲作题岩字，时逢采药仙。苍厓恐陡绝，松影一飓然。（何中《奇石》）

（50）泠泠山中涧，皎皎天上月。以月照涧泉，举世无此洁。月以表我心，涧以明我德。秋风吹八极，踞石濯华发。（刘诜《寄题胡氏涧月堂》二首）

（51）秋风殊未来，林叶独先见。譬如老将至，颜貌已潜变。娟娟庭中月，落落梁上燕。有酒谁与同，微凉发如练。（刘诜《初秋感兴》）

（52）踽踽荒村客，悠悠远道情。竹梧秋雨碧，荷芰晚波明。穴鼠能人拱，池鹅类鹤鸣。萧条阮遥集，几屐了余生。（倪瓒《荒村》）

（53）落落汉时月，萧萧古战场。扬辉子卿节，逐影细君装。高映玉关外，低沈青海傍。不似闺中夜，祇照绣鸳鸯。（钱惟善《关山月》）

（54）青青首阳薇，皎皎孤竹子。求仁亦何怨，清风千万祀。昌黎述玄圣，雄文剧颂美。伟哉青社书，感激有深旨。（汪泽民《敬题范文正公所书伯夷颂卷尾》）

（55）泠泠山下泉，谡谡松上风。松风吹我心，置彼山泉中。清深聊洗耳，

汪洋因荡胸。时时酌玄酒，孰与甘醴同。张侯坐斋阁，尺宅如虚空。泊然濯尘虑，明德庶弥崇。（宋沂《题澹斋》）

（56）江国徂春暮，兰苕生蕙风。佳人天之末，高隐林泉中。有怀不能伸，愁思渺无穷。朱弦发清响，大吕振黄钟。<u>依依阊门柳，去去塞北鸿</u>。永言寄歌诗，用以慰幽悰。（李瓒《袁南宫江西归吴门隐居短句奉寄》）

例（3）至例（56）诸例，都是以对句形式呈现。每句都是以末一个字（单音节词）为中心语，以紧邻中心语的二字为直接修饰语，以句首的叠字为间接修饰语。在整体结构上，都是以五言成句的"NP，NP"式。这些对句形式的名词句，无论是居于诗歌篇首，还是居于诗歌篇中或篇尾，在语法结构上皆与其前句或后句没有纠葛，是独立表意的语言单位，因此都是名词铺排文本。

4. 五言成句的"NP，NP"式

这种结构模式亦是汉代诗人的创造，在历代诗歌中都有广泛的沿用。当然，元诗也不例外。根据我们对《元诗选》的全面调查，发现元诗中继承沿用这一结构模式的也是非常广泛，在诗歌篇首、篇中与篇尾都有广泛运用。如：

（57）慰眼非无主，相看欲损神。一枝初带雪，半树已为薪。<u>惨澹黄昏月，荒凉古墓春</u>。含情不忍折，老泪一沾巾。（许恕《乱后省祖茔见梅花》）

（58）故人违我久，千里慰相思。尊酒成山瓮，笼鹅到墨池。<u>青山荒草径，暮雨落花时</u>。赖有春洲雁，南来可寄诗。（罗蒙正《寄谢何东道》）

（59）春事遽如许，相过忽偶同。<u>四檐留客雨，一径落花风</u>。病骨缘诗瘦，愁颜借酒红。抟沙宁久聚，明日又西东。（何景福《暮春王茂叔相过》）

（60）<u>士衡三间屋，元龙百尺楼</u>。幽期在一壑，壮气横九州。坐令湖海豪，结束归林丘。秋风动丛薄，此念良悠悠。（汪珍《秋怀》七首其七）

（61）<u>黄金台上客，大庾岭头春</u>。如是无诗句，梅花也笑人。（聂古柏《梅岭题知事手卷》）

（62）水驿夜初寒，风帆向德安。<u>青枫三楚路，白首一儒官</u>。梦泽尊前赋，巫山雨外看。未须嫌独冷，兰菊政堪餐。（王璋《送高罗谷赴德安教》）

（63）<u>二水玄晖郡，双桥太白诗</u>。江山遗迹在，惠政大贤知。累石砌湍濑，飞梁跨诸涯。仙宫鳌赑屃，星汉鹊参差。（王璋《宛溪济川桥成》）

（64）<u>爱客孔文举，能诗陆士衡</u>。十年求识面，千里饱闻名。郁郁芝兰秀，萧萧风露清。几时尊酒畔，容我话平生。（房皞《寄王文炳》）

（65）遭乱重相见，宽心不用悲。江山佳丽地，人物太平时。<u>白蚁千家酒，</u>

黄花九日诗。鹿门不可隐，吾道欲安之。（房暤《和杨叔能之字韵》）

（66）旧日逢春喜，而今怕见春。红尘长路客，残病老夫身。政拙难书考，家贫只累人。自怜头上发，更比去年新。（房暤《辛巳巴东元日》）

（67）憔悴杜陵客，悲凉王仲宣。四围晴立壁，一突午无烟。病卧秋风里，愁吟夜雨边。明朝谁裹饭，万一使君怜。（麻革《云中夜雨》）

（68）高秋多病客，古寺寄黄昏。野迥常疑虎，天寒早闭门。离愁灯下影，乡泪枕边痕。赖有诸禅侣，情亲似弟昆。（丁鹤年《逃禅室卧病简诸禅侣》）

（69）身世水云乡，冰肌玉色裳。灵均千载恨，和靖一生忙。南国遗高躅，东风递暗香。久同松柏操，肯学杏桃妆。冷淡孤山月，高寒半夜霜。鹤猿常款狎，蜂蝶任猖狂。（叶颙《故园梅花》）

（70）仗剑出西游，来从帝王州。登高望故国，感慨弹筌篌。……神飞故宫远，月出西陵幽。凄凉白云乡，寂寞芳草洲。我欲吊古迹，落日寒飕飕。（叶颙《江南怀古》）

（71）雨过暮云收，江空凉月出。轻蓑独钓翁，一曲秋风笛。宿鹭忽惊飞，点破烟波碧。（叶颙《渔父曲》）

（72）平章桥上日，光禄寺前春。杨柳绿垂地，桃花红照人。粉香迷醉袖，草色妒行轮。屠狗悲歌者，空埋泉下尘。（张宪《大都即事》六首其一）

（73）三月西山道，春风平则门。绣鞍红叱拨，毡帽黑昆仑。衣幪分香裹，壶瓶借火温。醉归杨柳月，绿雾掩黄昏。（张宪《大都即事》六首其二）

（74）朱雀街头雨，乌衣巷口风。飞来双燕子，不入景阳宫。为问秦淮女，还知玉树空。（张宪《子夜吴声四时歌》四首其一）

（75）白苎鸦头袜，红绫锦鞠靴。玉阶零露冷，羞折凤仙花。去去荡游子，秋深不念家。（张宪《子夜吴声四时歌》四首其三）

（76）迹忝芙蓉幕，心依虎豹关。老惊诗鬓短，贫觉酒尊悭。特达高书记，清新庾子山。多情凭塞雁，时寄一书还。（陈基《次韵答高元善》）

（77）窈窕溪桥路，阴森枫树林。岸随青嶂转，家在白云深。画史分明意，山人去住心。劳形何日已，于此欲投簪。（郑元祐《朱泽民画》）

（78）我祖文章伯，余光耿未休。圣朝崇学校，犹子重箕裘。……嗟予倚市拙，壮子异乡游。白酒春风席，红灯夜雨楼。生徒交授受，宾主迭赓酬。（胡天游《送侄胡文学修江馆》）

（79）流水三椽舍，桑阴五亩田。饭香分野碓，茶熟候山泉。石榻看云坐，溪窗听雨眠。桃花川上路，应有钓鱼船。（黄镇成《春雨南田书事》）

（80）结屋依山麓，衣冠尚古风。醉人千日酒，扶杖百年翁。云起山松绿，

风回野烧红。谁云避世者，犹自在崆峒。（郑玉《黔坑桥亭次以文韵二首》其二）

（81）北都冠盖地，西郭水云乡。珠树三花放，鸾旗五色翔。鸡翘辉凤渚，豹尾殿龙骧。驾拥千官仗，帆开百尺樯。（泰不华《陪幸西湖》）

（82）旅食京华日，莺啼上苑春。鲁连惟仗义，范叔不辞贫。绝域来龙马，清时出凤麟。襟怀开霁月，谈笑接清尘。沧海三珠树，青霄五色云。酒倾香味别，诗写性情真。（朱希晦《和包原彬韵》）

（83）海上青油幰，城中白发簪。百年重得老，万事独余心。过客门嘶雁，遐荒字抵金。平生俱莫料，造物意何深。（刘诜《挽邓中斋侍郎》）

（84）野水明春色，晴沙带汐痕。朱楼黄鸟日，青草白鹅村。野老能分席，官军不到门。毋烦问渔艇，即此是桃源。（成廷珪《三月二十五日过上洋十六保徐居士柯庄》二首其一）

（85）黄叶树层层，兹游记昔曾。到山疑是梦，出寺忽逢僧。短簿荒祠酒，生公旧塔灯。留诗骇浮俗，山鬼也多能。（成廷珪《秋日游虎丘逢径山元上人》）

（86）捧檄上京华，清才素共夸。封章不起草，健笔自生花。燕市千金马，天河八月槎。看君冠獬廌，好为触奸邪。（成廷珪《送郭仲安贡察院》）

（87）激烈山阳笛，凄凉祖逖鞭。才高天不惜，命薄世空怜。故里一丘土，荒城五亩田。虽云有宿草，宁忍不潸然。（雅琥《鄢陵经进士李伯昭墓》）

（88）车马自骈阗，风寒复禁烟。野筵惟粔籹，村女亦秋千。远岫清明雨，高坟白打钱。乞墦君莫笑，攫肉有轻鸢。（宋褧《先兄正献公坟所寒食》三首其一）

（89）黄叶空阶晓，清斋白发人。于于风力紧，滴滴雨声频。妻子千山远，诗书一饭身。人间有知己，重老未相亲。（任士林《上虞客中》）

（90）绝壁三千丈，荒烟八九家。黄茅青草瘴，黑质白章蛇。橄榄高悬子，芭蕉倒吐花。岭头一回首，何处是京华。（陈孚《度三花岭》）

（91）借问为仙吏，幽怀定若何。江声云外急，山色雨余多。小市金陵酒，遗宫玉树歌。好乘巴马子，闲踏落花过。（陈肃《寄上元韩少将》）

（92）霜发孤舟客，风帆七里滩。渔家江树晚，雁影水云寒。乡近人情好，年丰老虑宽。归舟真误矣，何事著儒冠。（鲜于枢《过钓台》）

（93）细雨堂前酒，初梅雪后吟。谁云新识面，已是旧知心。冉冉莲花幕，青青桂子林。箪瓢千古意，临别一何深。（李存《送徐典史归四明》）

（94）堤边古木风，江上飞鸿影。秋江待潮人，立到前山暝。（朱德润《秋江》）

（95）逝水无回波，去箭无返笴。十载昭阳春，万里龙荒月。风沙满宫衣，

惨淡余香歇。哀弦湿丝泪，泪尽弦亦绝。（周权《明妃曲》）

（96）皇唐开宝构，历劫抵金时。<u>绝妙青松障，清凉白玉池</u>。长廊秋雁响，高阁夜钟迟。独有乘闲客，扶藜读旧碑。（廼贤《万寿寺》）

（97）雾气沈坤极，涛声撼北溟。<u>云霞五色水，丹碧万重屏</u>。脉络华夷秀，并吞宇宙青。石梁横地户，洞构压风霆。（宋无《海上自之罘至成山览秦皇汉武遗迹》）

（98）老病思明主，乾坤入苦吟。<u>秋风茅屋句，春日杜鹃心</u>。诗史孤忠在，文星万古沈。只应忆李白，到海去相寻。（宋无《杜工部祠》）

（99）秋江明似镜，月色静更好。之子罢琴来，萝径初尚早。……离离不可招，白露下烟草。<u>高风桐庐士，俊业渭川老</u>。同是钓鱼人，那应不同道。把酒酹清辉，如何答穹昊。（范梈《秋江钓月》）

（100）蹛林闻野祭，汉室议门诛。<u>辛苦楼兰将，凄凉太史书</u>。（马祖常《李陵台》二首其二）

（101）箭落惊游骑，铃传督运车。土风殊楚越，驿道仿褒斜。<u>细雨三更枕，清秋八月槎</u>。夜听繁管急，渐习五陵奢。（袁桷《再次韵》十首其九）

（102）<u>高下云中树，疏明雪外山</u>。坡凹茅结屋，岭转水回湾。禁路分驰道，沙场当内闲。通明风露冷，时许侍清班。（袁桷《再次韵》十首其三）

（103）<u>萧洒稽山道，风流贺季真</u>。相思不相见，愁杀谪仙人。（赵孟頫《题太白酒船图》）

（104）落魄宜多病，艰危更百忧。<u>雨声孤馆夜，草色故园秋</u>。行役鱼赪尾，归期乌白头。中州遂南北，残息付悠悠。（元好问《落魄》）

（105）<u>小炷博山鼎，半残心字灰</u>。游蜂何处客，应为百花来。（李俊民《香》）

（106）之子成春服，欢言驾出游。<u>残红三月路，叠翠万山州</u>。夏后乘辀泽，轩皇炼药丘。（方回《送徐如心如婺源三十韵》）

（107）吴兴山水邦，杳霭云气萃。冈峦抱萦回，溪流泻清驶。<u>超遥烟中客，缥渺云际寺</u>。振锡赴幽寻，揽袂接遐契。（陈深《送释存游苕川兼怀子昂学士》）

（108）冉冉虞渊月，回光照我衣。萧萧大堤马，送客长鸣嘶。穷冬霜雪繁，陟冈行旅稀。子何意浩荡，归心如奋飞。<u>王粲故乡志，江淹南浦悲</u>。丈夫各有适，聚散焉可期。（袁易《送潘鹤臞归侍母》）

（109）良朋不易得，此去复谁群。别酒无劳劝，浓愁已自醺。<u>间关花外鸟，冷淡日边云</u>。莫唱阳关彻，离群忍更闻。（许衡《别友人》）

（110）此地可消忧，长江不断流。<u>桥边朱雀市，城外白鸥洲</u>。凤去名犹在，

潮回浪倒收。六朝春梦散，遗迹在荒丘。（元淮《凤凰台》）

（111）万里云南路，青山落照边。省郎新紫绶，幕府旧红莲。见面嗟吾晚，观文觉子贤。只应清淑气，不受瘴溪烟。（赵孟頫《送翟伯玉云南省都事》）

（112）拉友寻佳致，迢迢远市喧。度山宁惜马，傍水得观猿。……风杉苍晚节，雨径绿秋痕。数亩栖霞洞，千年落照村。谁怜丞相宅，我爱故人樽。（曹伯启《和陈爱山》）

（113）澹荡风云气，沈雄虎豹姿。由来天下士，绝异里中儿。苦县常栽李，商山旧采芝。不当卿相位，犹可帝王师。（杨载《寿杜尊师》）

（114）飘萧树梢风，渐沥湖上雨。不见打鱼人，菰蒲雁相语。（萨都剌《过高邮射阳湖杂咏》九首其一）

（115）天造西来险，山回北固形。断岸缠赤日，孤柱擘苍溟。此地何能限，长江有或灵。然犀夜照浪，饮马晓吞星。铁锁沈寥廓，楼船没杳冥。乾坤一衣带，吴楚两邮亭。声桡人人倦，吹笳处处听。（宋无《甘露寺放舶至瓜洲风作》）

（116）病后得书频，情知未立身。孤灯风雨夜，两处别离人。乙鸟归来社，辛夷开过春。如逢元白问，莫说为诗贫。（宋无《答王子长》）

（117）一昔逢寒食，行吟采物华。风生敲槛竹，雨湿堕船花。曲坞青龙树，长滩白鹭沙。回看江上水，直去到吾家。（吴莱《吉祥寺》）

（118）无奈良夜永，起登楼上头。鹊翻金殿宿，萤近玉阶流。梧桐老叶恨，芙蓉新蕊愁。婕妤团扇上，那得不惊秋。（吴莱《秋夜效梁简文宫体》二首其一）

（119）老病乡心重，艰危世契疏。少年知自立，近日定何如。渭上千丛玉，陂头半尺鲈。往来元不恶，容我坐蓝舆。（杨奂《陶君秀晋人尝为司竹监使因祖渊明尝游五柳庄……示鄠亭赵秀才》四首其四）

（120）沂水碧潺潺，江沙白鸟闲。林边郯子国，烟际峄阳山。茅屋秋先□，荒城夜不关。烹鱼呼浊酒，一笑夕阳间。（陈孚《邳州》）

（121）逶迤溪南路，窈窕招仙谷。空堂两道人，残棋映深竹。一叶响疏篱，双鸦啼高屋。出门随归人，远烧在山麓。（何中《招仙观》）

（122）遥见江西船，认是同乡客。何日发龙兴，迎人问消息。长河落雁秋，古渡啼鸦夕。不见楚天长，重重暮云色。（何中《同乡客》）

（123）春江望不极，芳草绿江浔。千里长沙道，孤帆去客心。县城依水国，吏语带蛮音。到日应无事，华谊自鼓琴。（刘永之《送吴德基赴安化令》）

（124）问讯山中隐，中山第几重。风廊巡夜虎，云钵听经龙。流水千溪月，寒岩一树松。无因净查滓，来共上堂钟。（张宪《寄中山隐讲师》）

（125）隐几方熟睡，故人来扣扉。一笑无言说，清坐澹忘机。衣上松萝雨，

袖中南涧薇。知尔山中来，山中无是非。（倪瓒《赠惟演》）

（126）首义罗明远，倾家郭楚金。俊功随日起，遗恨与年深。白日重泉影，青天万古心。如何有位者，翻不计浮沈。（周霆震《罗郭》）

（127）风物中州美，人材圣代优。恢恢光岳合，肃肃羽仪修。……飙车驰羽檄，霜刃避吴钩。白下诸侯酒，淮南使者舟。风清捎退鹢，月冷动潜虬。（陈大䜣《送何颜敬赴山东宪幕》）

（128）松竹浣花里，桑麻杜曲田。苍茫辞蜀地，辛苦见秦天。死去谁怜汝，生还事偶然。但甘终垄亩，待聘岂前贤。（杜仁杰《至日》）

（129）吴山名胜处，独说此林丘。人去剑留迹，僧来石点头。苏台千古月，萧寺几番秋。岩壁寒泉响，辘轳声未休。（李源道《虎丘》）

（130）春舟度鹤嘴，晨鼓发龙湾。软语劳相接，幽期任独还。风清建业渚，云白敬亭山。自有府公荐，惭无游子颜。（吴克恭《送汤生茂才归宛陵》）

例（57）至例（130）诸例都有以对句形式呈现的名词句，每句结构上皆以末一字（即单音节词）为中心语，前面有一至两个修饰语（分为直接修饰语与间接修饰语）。如例（57）"惨澹黄昏月，荒凉古墓春"，前句以"月"为中心语，"黄昏"与"惨澹"分别为直接与间接修饰语。后句以"春"为中心语，分别以"古墓"与"荒凉"为直接与间接修饰语，整体结构上是五言成句的"NP，NP"式。又如例（128）"松竹浣花里，桑麻杜曲田"，前句以专有名词"浣花里"为中心语，以"松""竹"联合充当其修饰语；后句以专有名词"杜曲田"为中心语，以"桑""麻"联合作修饰语，整体结构上也是五言成句的"NP，NP"式。这些对句形式的名词句，无论是居于诗歌的篇首，还是篇中与篇尾，都与其前句或后句在语法结构上没有纠葛，属于独立成句与独立表意的语言单位，因此明显是名词铺排文本。

5. 五言成句的"NP（叠字领起），NP（非叠字领起）"式

这种结构模式是魏晋南北朝诗人的创造。之后，盛唐、中唐、晚唐诗以及金诗中都有继承沿用。根据我们对《元诗选》的全面调查，发现元诗中也有继承沿用这一结构模式的，不过并不普遍，目前只发现如下二例：

（131）大星芒鬣张，小星光华开。皇天示兵象，胜地今蒿莱。河岳气不分，烛龙安在哉。参赞道岂谬，积阴故迟回。疏风夜萧萧，野磷纷往来。安知非游魂，相视白骨哀。汩汩饮马窟，云冥望乡台。于时负肝胆，慷慨思雄材。（王逢《秋夜叹》）

297

（132）<u>离离凤食干，绵互亘修峦</u>。君子怀静仪，虚贞媚苍寒。灵厓发潜颖，崇苞闷幽盘。筮邻从蒋诩，永结求羊欢。（丁复《竹山》）

从结构上分析，例（131）是"（泔泔）饮马窟，（云冥）望乡台"，例（132）是"（离离）凤食干，（绵互）亘修峦"，皆是五言成句的"NP（叠字领起），NP（非叠字领起）"式。它们以对句形式呈现，且与其前句或后句没有语法结构上的纠葛，是独立表意的语言单位，因此属于名词铺排文本。

6. 六言成句的"NP，NP"式

这种结构模式是金诗的创造。根据我们对《元诗选》的全面调查，发现元诗中也有继承沿用这一结构模式的，而且并非个别诗人偶然为之。如：

（133）<u>一枕北窗周易，五弦南风舜琴</u>。自是无心富贵，从教遁迹山林。（郭翼《杂咏》三首其一）

（134）<u>三间两间茅屋，五里十里松声</u>。如此山中景色，何时共我同行。（贡性之《题画扇》四首其一）

（135）<u>绿树湾头钓艇，青山凹里人家</u>。前度刘郎去也，莫教流出桃花。（贡性之《题画扇》四首其四）

（136）<u>树影半窗明月，虫声一夜清秋</u>。我意浩然千古，人间总是闲愁。（廖大圭《无题》）

（137）<u>楚尾吴头旧梦，水边山际闲情</u>。一夜杏园风急，等闲吹老莺声。（马臻《杂咏六言》三首其三）

例（133）至例（137）从结构上看都是六言成句的"NP，NP"式。并立的两个名词句，每句都以一个名词（第六字）为中心语，前四字为间接修饰语，第五字为直接修饰语〔例（133）中的"周易"例外，因为是专书名〕，如例（134）的结构是"（三间两间）（茅）屋，（五里十里）（松）声"。其他用例结构类此。从语境与语义上看，这两个并立的名词句跟其前句或后句在语法结构上均无纠葛，属于独立表意的语言单位，因而是名词铺排的性质。

7. 七言成句的"NP，NP"式

这种结构模式亦是魏晋南北朝诗人的创造。之后，盛唐、中唐、晚唐、五代、宋、金各代诗都有继承沿用。根据我们对《元诗选》的全面调查，发现元诗中继承沿用这一结构模式的也非常广泛，居于篇首或篇中、篇尾的名词铺排文本都很常见。如：

（138）秋帆冲暑过荆扉，喜得山人采药归。青蔓引瓜茅屋小，白花吹稻海田肥。萧条烟火三家墅，浩荡风尘一布衣。我亦与君同避世，暮年踪迹莫相违。（许恕《寄沈仲参架阁》）

（139）忆昔家住蓉城东，周遭乌白杂青枫。一春门巷绿阴雨，六月林塘清昼风。时当收藏未黄落，景因壮观还青红。织成谁似天孙巧，染出岂非青女工。（许恕《锦树行》）

（140）十八岩前罗汉竹，百千洞里老龙泉。山僧约我重来日，花落花开五百年。（汪泽民《题崇果寺》）

（141）捐躯难报圣明君，补拙惟将一寸勤。为政但当求实效，劝农何敢具虚文。夜来江上一犁雨，晓起山前万锸云。愿得岁丰民物阜，素餐犹可度朝曛。（王都中《依紫崖韵和彬卿》）

（142）老来脚力不胜鞋，竹杖扶行步落华。待月伴云眠藓石，寻梅陪客过邻家。粥香瓦钵山田米，雪泛瓷瓯水磨茶。今日为翁时暂出，此心长只在烟霞。（清珙《赵会初心提举》）

（143）峨嵋秀色杳难攀，玉局仙人不受闲。南斗日躔韩吏部，西湖风气白香山。宁教刺舌奸邪党，可惜低头侍从班。试问东坡铁拄杖，于今海上未曾还。（张雨《书东坡先生画像》）

（144）万里云霄敛翼回，挂冠高卧大江隈。春深门巷先生柳，雪后园林处士梅。翠拥樊山邀杖屦，绿浮汉水映樽罍。谁能领取坡仙鹤，月下吹箫共往来。（丁鹤年《樊口隐居》）

（145）久客怀归思惘然，松间茅屋女萝牵。三杯桃李春风酒，一榻菰蒲夜雨船。鸿迹偶曾留雪渚，鹤情原只在芝田。他乡未若还家乐，绿树年年叫杜鹃。（倪瓒《怀归》）

（146）六鳌捧出法王宫，楼阁居然积浪中。门外鸥眠春水碧，堂前僧散夕阳红。扬州城郭高低树，瓜步帆樯上下风。人世几回江上梦，不堪垂老送飞鸿。（张昱《金山寺》）

（147）天街如水夜初凉，照室铜盘璧月光。别院三千红芍药，洞房七十紫鸳鸯。绣靴蹋蹋句骊样，罗帕垂弯女直妆。愿尔康强好眠食，百年欢乐未渠央。（杨维桢《无题效商隐体》四首其四）

（148）五月落残梅子雨，沙湖水高三尺强。大风开帆作弓满，白浪触船如马狂。唱歌买鱼赤须老，打鼓踏车青苎娘。故人相忆在楼上，坐对玉山怀草堂。（杨维桢《过沙湖书所见》）

（149）西子湖边苏小宅，锦官城里薛涛家。来时豆蔻初含蕤，别后菖蒲又著

花。（陈基《戏和玉山韵》）

（150）松扉深入白云中，蹭蹬扪萝路可通。结社几人从惠远，登山何处觅壶公。<u>五更客梦芳檐雨，六月秋声木叶风</u>。独倚阑干望江海，故乡应在海门东。（卢琦《予客莆中同登壶山真净岩访古道了堂二师》）

（151）老夫归从东海头，春风送客归秦邮。出门复睹雁北乡，物我喜得同悠悠。……征袍十年尘土多，濯缨今年沧浪歌。<u>一百五日寒食雨，三十六湖春水波</u>。交游台榭剪荆棘，继美前修集佳客。（谢应芳《送李彦明归高邮》）

（152）清溪溪口荻花秋，底事年年伴白鸥。北去不辞书帛寄，南来非为稻粱谋。<u>荒烟渺渺长桥外，落叶萧萧古渡头</u>。见说洞庭风月好，碧波千顷少渔舟。（曹文晦《清溪落雁》）

（153）风水霓裳妙可听，断云过雁笔纵横。<u>扬州杜牧楼中梦，淮海秦郎天下声</u>。骆马柳枝余感慨，沈香芍药待才名。从今伐梓供新谱，流播梨园与妓营。（刘诜《再和曾学士》）

（154）七十老兄生理浮，未寒先试木棉裘。<u>管弦四海华筵月，钟鼓半山僧寺秋</u>。醉里一尊歌浩浩，老怀万事叹休休。故人相弃谁来往，惟有殷勤白发留。（刘诜《中秋和学翁兄》）

（155）浮云一昔凉风起，游子匆匆买去舟。喜奉严君辞远徼，不因作客别神州。<u>白蘋漠漠吴江岸，红树萧萧楚驿楼</u>。总是停桡捧觞处，知君无复有离愁。（宋褧《送贾孟善闽浙觐省遂奉父之官淮安》）

（156）风气凉凉水气清，白榆如玉绛津明。横江渡口晚潮过，采石矶头凉月生。<u>远道迢迢蝴蝶梦，旧游历历凤皇城</u>。群公奋翮青云上，应笑扁舟万里行。（宋褧《江上夜泊遇京使回却寄都下诸公》）

（157）<u>云开三茅古洞天，借风一舵荆溪船</u>。所思绵绵长在梦，此行冉冉如登仙。汲泉净洗黄独雪，劚石深耕瑶草烟。蕙帐香凝蒲坐暖，共续南华秋水篇。（仇远《送峿侍者游茅山》）

（158）豪气年来渐扫除，箪瓢自乐守臞儒。<u>江头尽醉唐朝士，泽畔行吟楚大夫</u>。万里鹍鹏何必羡，一官蚔蝚不如无。葛巾草履从人笑，莫问青山落叶枯。（仇远《书与士瞻上人》十首其十）

（159）往年初记抵京师，正类机云入洛时。未说鳌头分赤管，先传马首控青丝。<u>琼楼旧醉家家酒，金刹新题处处诗</u>。此日扬州归去路，锦衣光采照城池。（杜本《送赵伯常归扬州》）

（160）嗣宗诸侄仲容贤，客路飘零雪满颠。曾为颂椒留子美，却思戏蜡爱僧虔。<u>十年江海三杯酒，百里溪山一钓船</u>。何日兵戈得休息，敬亭春雨共归田。

（贡师泰《送有亨侄还钱唐》）

（161）翳日桧阴翠幄遮，苷围高下弈枰斜。陂塘几曲浅深水，桃李一溪红白花。赪尾自跳鱼放子，绿头相并鸭眠沙。春郊景物堪图写，输与烟樵雨牧家。（宋无《春日野步书田家》）

（162）流水年华去不穷，眼看浓绿换芳丛。半溪浅碧春前雨，满地残红午后风。客舍萧条唯感物，壮心寂寞谩书空。吟诗羡杀唐公子，兴在三山碧海东。（曹伯启《暮春用唐寿卿韵》二首其二）

（163）未必书生气尽寒，食常不足为居闲。清于孺子沧浪水，瘦似诗人饭颗山。欲向田文弹铗去，恐因丘嫂颉羹还。闻君自有江湖量，肯为枯鱼少破悭。（李俊民《代乐仲和张温甫处督米》）

（164）古鼎烟销倦点朱，翛然高卧夜寒初。四檐寂寂半床梦，两鬓萧萧一卷书。日月冥心知代谢，阴阳回首验盈虚。起来万象皆吾有，收拾乾坤在草庐。（黄庚《枕易》）

（165）寒夜残灯照客愁，衾单添尽鹔鹴裘。半窗明月三更梦，一枕西风两鬓秋。吟骨棱棱宽带眼，归心切切望刀头。何时束篚家山去，独驾柴车访伯休。（黄庚《秋夜和月山韵》）

（166）半纸功名满地愁，都教白了少年头。早应未拜曹参相，终不当封李广侯。曲水乱山红树晚，西风残照白云秋。归鸦一片投林去，自笑劳生未解休。（刘秉忠《秋日途中》）

（167）燕钗宫额蜡妆匀，梦绕罗浮雪里村。持赠一枝遮老眼，淡依疏影度黄昏。风流灯下佳人面，潇洒吟边竹叶樽。我老忘情被花恼，曲屏深锁惜芳温。（王恽《谢徐容斋赠梅》）

（168）绕郭烟岚溪上来，千峰碧玉一环开。红云岛上熙春路，帘幕重重阆楚台。（元淮《春游忆武阳》）

（169）迥无江左管夷吾，谁复能称晋宋书。运本关天聊尔耳，力能盖世复奚欤。百年草草云龙地，四海悠悠法象庐。曾向钟山酹芳草，至今心死及蔺奋。（范梈《秋日集咏奉和潘李二使君浦编修诸公》八首其三）

（170）景阳官中景阳井，手出银瓶牵素绠。铅华不御面生光，宝帐垂绡花妒影。临春结绮屹层空，璧月琼枝狎客同。鸳鸯戏水池塘雨，蛱蝶寻香殿阁风。日高欢宴骄若诉，床脚表章昏不窹。（吴莱《题钱舜举张丽华侍女汲井图》）

（171）毗陵城西渔火红，家家夜香烧碧空。荻花离离季子冢，枫叶索索春申宫。鸡声人语三十里，大船小船浪相倚。鸂鶒一双飞上天，又在舵楼弄秋水。（陈孚《常州》）

（172）千载残城生乱莎，夕阳吹角秋风多。吴公台下已黄土，杨子桥头空白波。<u>隔岸橹声桃叶渡，满楼灯影柳枝歌</u>。当年杜牧亦何意，空向珠帘醉绮罗。（陈孚《扬州》）

（173）<u>诗中甲子春秋笔，篱下黄花雨露枝</u>。便向斜川频载酒，风光不似义熙时。（邓文原《题陶渊明像》）

（174）春雨松楸望眼赊，春城杨柳舞腰斜。<u>四千里地江南客，五百风光陌上车</u>。儿为归迟稀遣信，仆多愠见苦思家。公余少慰凄凉意，蓓蕾一枝红杏花。（张伯淳《寒食》）

（175）忆昨同门绾柳条，远烦相送过枫桥。<u>夕阳陌上东西路，春水江头早晚潮</u>。老境此心惟白社，英年何处不青霄。诗林别后应俱进，时遣邮简慰寂寥。（张翥《寄陈敬初郏九成》）

（176）骑节扶桑泛海槎，振衣尘世读南华。<u>汉时河上仙翁传，晋代山中宰相家</u>。鹤去玉棺藏宝剑，龙乘金鼎护丹砂。芙蓉千骑层城路，楼观参差隔彩霞。（雅琥《挽张上卿开封真人》）

（177）峡中钟磬十八寺，山腹茅茨三两家。雨后乱溪清似发，霜前病叶赤于花。悬厓万仞涂猩血，怪石千株插犬牙。牢绊芒鞋行一月，出山慎勿向人夸。（李孝光《和人游雁山家字韵》二首其二）

（178）雄冠南来二百州，相君金虎领貔貅。<u>西山云气三天竺，东海潮声八月秋</u>。圣代只今文物盛，名藩自古庶民稠。狂飙一夜烟尘起，太白行天大火流。（吴景奎《次韵忆钱唐》二首其二）

（179）塞上愁多云易阴，故人虽在雁无音。交情念子黄金重，世故稽人白发深。<u>芳草春风千里梦，青灯夜雨两乡心</u>。岱宗入眼东南秀，怅望云山泪满襟。（麻革《寄杜仲梁》）

（180）水沈烟煖翠云低，婺女星高斗转移。<u>百子帐中青玉案，群仙会上紫金卮</u>。乐成彩凤将雏曲，礼尚嘉鱼式燕诗。基构有堂高数尺，绿衣白发两相宜。（黄复圭《寿上官夫人》）

例（138）至例（180）画线部分都是名词铺排文本，因为它们都是以对句形式呈现，且与其前句或后句没有语法结构上的纠葛，属于独立表意的语言单位。这些名词铺排文本，整体结构都是七言成句的"NP，NP"式。两个并立的名词句，每句都是以末一字或末一词为中心语，紧邻的一字或二字为直接修饰语，句首的四字为间接修饰语。如例（138）"萧条烟火三家墅，浩荡风尘一布衣"，前句"萧条烟火"是间接修饰语，"三家"是直接修饰语，中心语是"墅"；后句

"浩荡风尘"是间接修饰语，"一"是直接修饰语，"布衣"是中心语。其他各例情况类似。

8. 五言成句的"NP＋NP，NP＋NP"式

这种结构模式乃初唐诗人的创造。之后，盛唐、中唐、晚唐、五代、金各代诗歌中都有继承沿用。根据我们对《元诗选》的全面调查，发现元诗中沿用这一结构模式的也非常普遍，用例很多。如：

（181）远观亭上望，风物六朝余。古寺荆王宅，荒墩谢傅居。英灵传草树，冠盖逐丘墟。欲问当时事，飞云灭太虚。（周驰《远观亭》三首其三）

（182）南浦路东西，佳人不可期。断云荒草渡，归鸟夕阳枝。心事十二曲，头颅太半丝。低徊问流水，去去复何之。（陈普《凭阑》二首其一）

（183）野色画难染，杖藜春水边。新烟榆木火，迟日杏花天。村酒倾壶浊，溪鱼入脍鲜。人生行处乐，莫负杖头钱。（马臻《野步》）

（184）嘉兴马录判，归筑水村居。土锉长腰米，莼羹巨口鱼。青衫沾露薄，华发向秋疏。尚尔丹心壮，无时去玉阶。（王逢《过马天章水村居》）

（185）陇戍通恒代，河关控鲁齐。日经亡国淡，天入战场低。玉帐千羊酪，青郊万马蹄。悲歌频劝酒，送客去安西。（周霆震《闵陇吟》）

（186）海宇久承平，风尘忽四惊。官僚生间道，黎庶死乘城。壮士天山箭，将军细柳营。寥寥千载事，忧世与谁评。（周霆震《杂咏》三首其一）

（187）首义罗明远，倾家郭楚金。俊功随日起，遗恨与年深。白日重泉影，青天万古心。如何有位者，翻不计浮沈。（周霆震《罗郭》）

（188）红雪点绵袍，青楼酒价高。朱丝红桫杪，玉斗紫葡萄。春馔行绫卷，秋腌割佩刀。帘钩风不定，触损鹨翎毛。（张宪《大都即事》六首其五）

（189）病起秋水上，拂衣尘土间。鸡鸣戴星出，月黑骑马还。旌节黄龙塞，羽书青海湾。征人在万里，风雪鬓毛斑。（郯韶《病起书事》）

（190）使傅来遥甸，估车驰近坰。茅庐城外市，杨树驿边亭。淄水穿原绿，牛山入郡青。西游应未遂，又复渡沧溟。（戴良《次益都》）

（191）微月悬孤榻，残云过断塍。松风林外笛，茅屋水边灯。久坐忘为客，清吟未得朋。沙头有饥鹙，昏暝亦飞腾。（曹文晦《九月一日清溪道中》二首其二）

（192）老树依沙岸，柴门上下邻。断桥归郭路，细雨过溪人。白鹭双飞去，黄花数点新。惜无遗世友，联句坐苔茵。（曹文晦《九月一日清溪道中》二首其一）

（193）白发居庸塞，青衫瘴海涛。平生余志在，薄宦累才高。器业庸流嫉，篇章大化劳。乡邦人物尽，江汉日滔滔。（刘诜《挽潮州教授李以翁》）

（194）伊昔西湖里，娉娉十里莲。香凝花上露，影落镜中天。枕簟水亭雨，笙歌月夜船。双鸳不解事，常傍翠阴眠。（于石《伊昔》四首其三）

（195）伊昔西湖上，孤山几树梅。断篱深院落，流水旧亭台。明月无今古，春风自去来。逋仙不复作，消瘦为谁开。（于石《伊昔》四首其二）

（196）顽坐故贪黙，忽行时自言。寒沙梅影路，微雪酒香村。时序冀发改，人家童稚喧。街头试灯候，不到郭西门。（何中《辛亥元夕二日》）

（197）今旦始自信，余坐非数奇。怀人发清兴，欲雪成良时。波响双橹涩，滩宽众帆驰。危槎立小渡，残竹悬断旗。指浦见鸦合，转蓬惜峰移。深烟曲江磬，微雨三洲炊。寂阒有余适，蒙鸿无定姿。余宁不可奈，久与西山期。（何中《访贡仲章舟行阻风》）

（198）春风如少年，狂逐无定处。垂杨曲江堤，细草东郊路。只言今似昔，不悟新非故。流水何时归，残莺数声暮。（何中《春风如少年效程汉翁》）

（199）烟际系孤舟，芦花满棹秋。江空双雁落，天阔一星流。急鼓西津渡，残灯北固楼。商人茅店下，沽酒话扬州。（陈孚《瓜州》）

（200）违别亦已久，萧萧双鬓丝。自怜多病后，不似早年时。暮雨千山道，春风五柳祠。剩留溪上竹，到处刻新诗。（杨奂《陶君秀晋人尝为司竹监使因祖渊明尝游五柳庄……示鄠亭赵秀才》四首其四）

（201）四月余杭道，一晴生意繁。朱樱青豆酒，绿草白鹅村。水满船头滑，风轻袖影翻。几家蚕事动，寂寂昼关门。（白珽《余杭四月》）

（202）流水数家村，青山白云坞。春晚落红深，夜寒溪上雨。（周权《杂兴》六首其一）

（203）远公庐山下，手种玉色莲。清修香火社，杂还山林贤。龙眼弄笔墨，貌出晋宋前。横桥虎溪水，古木东林烟。须眉策遗老，瓶磬跌枯禅。（吴师道《李龙眠莲社图》）

（204）倦游借禅榻，客意稍从容。落日江船鼓，孤灯野寺钟。竹鸡啼雨过，山白带云春。半夜波涛作，长潭起卧龙。（萨都剌《宿龙潭寺》）

（205）万里风沙断，三湘日夜流。名成亲白首，岁暮客扁舟。黄鹄延归思，丹枫替别愁。眼穿回处雁，心静狎余鸥。细雨黄陵庙，残阳杜若洲。渐深桑梓敬，翻畏友朋留。（揭傒斯《送李掾自北回归省长沙因简赵宣慰张徵士吕宗二判官》）

（206）都门落叶满，游子去京畿。忍听离鸾操，遥逐秋鸿飞。愁霜晓入镜，泪雨夕沾衣。烟树黄河岸，风帆采石矶。平沙回渺漫，寒雨暖熹微。（揭傒斯

《吴子高悼亡归岳阳》)

（207）风雨忽如此，闭门方昼眠。故应为计拙，可复要人怜。<u>灯火乡村路，桑麻杜曲田</u>。悠悠今视昔，把卷一茫然。（范梈《风雨》)

（208）溪碧石生处，山青云起时。藕花红映岸，藤蔓翠牵篱。<u>落日渔家网，微风酒市旗</u>。顺流船渐急，翻觉去心迟。（贡奎《清河》)

（209）土驿高低置，苍茫七日程。马通分熠耀，牛酪注深清。<u>残雪明珠阙，繁星列火城</u>。前山黄白处，草药不知名。（袁桷《再次韵》十首其七）

（210）君莫夸少年，与我愈者疏。我亦尝少年，少年君不如。谈谐今已忘，犹有少年余。东南山水国，早得飞长裾。<u>春园虎丘树，夏槛玉泉鱼</u>。吴妍与楚艳，过眼日千车。（戴表元《君莫夸少年一首赠余光远》)

（211）鹤化城犹在，龙移井未枯。百年吾道半，六合此身孤。<u>西岭栽花屋，东风卖酒垆</u>。伴狂觅耆旧，处处土音殊。（戴表元《和邓善之秋兴》二首其二）

（212）之子沧浪去，三吴西更西。<u>白盐莼菜脍，红酒稻花鸡</u>。地少惊云满，天空见日低。锦囊看烂熳，佳客醉留题。（戴表元《史昭甫招陈宗鲁之长兴》)

（213）孤灯寒照影，清夜自沈吟。<u>砧杵他乡泪，松楸故国心</u>。路长归梦短，酒浅客愁深。了却江湖债，携书隐竹林。（尹廷高《客中思归》)

（214）竟别桑干水，归并却似家。<u>春风故巢燕，夜雨废池蛙</u>。石径曾栽菊，砖垆旧煮茶。自怜萍梗迹，何日定生涯。（尹廷高《壬午秋自翁村回奕山》)

（215）楼阁笼云飞，苍茫第几峰。<u>长风万松雨，落月半山钟</u>。石磴盘空险，僧廊落叶重。先王曾驻跸，千古说蟠龙。（萨都剌《秋日钟山晓行》)

（216）微雨过溪上，青山草阁前。牛羊知返径，童稚喜归船。<u>烟树村村鸟，春泉处处田</u>。披图忆芝草，头白尚安眠。（祖柏《诚道原溪山晚霁图》)

例（181）至例（216）诸例画线部分都是五言成句的"NP + NP，NP + NP"式名词铺排文本。因为它们都是以对句形式呈现，与其前句或后句没有语法结构上的纠葛，属于独立表意的语言单位。它们在结构上的共同特点是，每句前二字为一个名词短语，后三字构成一个名词短语，以"NP + NP"形式构句。如例（181）的结构是"古寺 + 荆王宅，荒墩 + 谢傅居"，例（215）的结构是"长风 + 万松雨，落月 + 半山钟"。

9. 六言成句的"NP + NP，NP + NP"式

这种结构模式乃是金诗的创造。根据我们对《元诗选》的全面调查，发现元诗中也有诗人沿用这一结构模式。不过，目前只发现如下一例：

（217）冷落襟风杯月，崎岖马足车尘。林下何曾一见，直教羡杀闲人。（雷仲泽《蒲城马上偶得》二首其一）

例（217）的结构是"（冷落）（襟）风 +（杯）月，（崎岖）（马）足 +（车）尘"，是六言成句的"NP + NP，NP + NP"式结构。这二句是以对句形式呈现的，且跟其前句或后句皆无语法结构上的纠葛，是独立表意的语言单位，因而属于名词铺排文本。

10. 七言成句的"NP + NP，NP + NP"式

这种结构模式乃是初唐诗人的创造。之后，晚唐、五代、宋、金诸朝代的诗歌中都有沿用继承的。根据我们对《元诗选》的全面调查，发现元诗中也有不少诗人沿用这一结构模式。如：

（218）台州候吏扬州去，驿马回途一月期。官寺偶分银烛坐，客楼每怪玉杯迟。山中桃树仙人洞，天下琼花后土祠。卢掾此游元不浪，锦囊收得数篇诗。（瞿智《庐彦志自台州候官至维扬》）

（219）何许开樽散旅愁，疏帘冰簟水南楼。天边远岫一黄鹄，雨里垂杨双白鸥。闲对故人思故国，不堪归梦阻归舟。东行未见烟尘静，肠断高堂鹤发秋。（周砥《五月廿日雨中饮南楼》）

（220）书余饮水枕长肱，四壁啼螀诉不平。月色满窗诗骨冷，露华方枕梦魂清。西风岁岁长堤柳，流水朝朝沧海情。红叶山深无雁过，残砧几处捣愁声。（陈普《秋日即事》五首其四）

（221）菩提岭外空王寺，丹磴行穿虎豹群。万壑涛声岩下瀑，千峰雨气屋头云。海龙送水金瓶贮，天女怀香宝鼎焚。惭愧无缘尘土客，朝朝钟鼓下方闻。（丁鹤年《寓奉化寺寄菩提寺主》）

（222）八月西山爽气多，两峰如髻绿嵯峨。苏公堤上无杨柳，岳武坟前多薜萝。关口烽烟苗子寨，江头风浪越郎歌。远游不似归来好，菱芡满湖生白波。（郑洪《寄楚良》）

（223）兴来不买剡溪船，匹马冲寒款著鞭。绕驿水声残雪夜，半桥山影夕阳天。雁横云宕犹千里，春入梅花又一年。唤仆更寻前处宿，有诗还和旧时篇。（李孝光《越乡次旧韵》）

（224）婀娜新衣锦绣重，美人今夕过湖东。一声铁笛千家月，十幅蒲帆万里风。孔雀画屏占贵客，甘棠嘉树咏先公。墨池光动凌云笔，春满花封赋更雄。（雅琥《送赵秉彝亲迎江夏之官临川》）

（225）碧云双引树重重，除却丹经户牖空。一径绿阴三月雨，数声啼鸟百花风。年深不记栽桃客，夜静长留卖药翁。几度到来浑不语，独依秋色数归鸿。
（虞集《费无隐丹室》）

（226）顿觉文星阙下稀，旁人犹道此言非。东风十日京城雪，西道三春客子衣。莺满辋川君定到，鹃啼剑阁我思归。千花并绕图书府，相待承恩入紫微。
（虞集《送王君实御史》）

（227）蚺城谁筑溪之涯，层楼簇簇排人家。两岸春风好杨柳，一池霁月芙蓉花。香与清风远方觉，污泥不染尘不著。小亭红瞰碧波心，著我中间看飞跃。
（胡炳文《西湖水榭》）

（228）且莫匆匆数去程，一壶别酒为君倾。三薄领妨行乐，十里溪山管送迎。溢浦芦花风里恨，渭城柳色雨中情。三峰无复同州看，休著新诗笑不平。
（李俊民《送赵庆之赴邠州》）

（229）江边缭绕惜芳丛，绝笔天真在眼中。素艳乍开珠蓓蕾，暗香微度玉玲珑。一枝倒影斜斜月，万树浮光细细风。明日行经山下路，几回特地驻青骢。
（刘秉忠《江边梅树》）

（230）百年头上著乌纱，一日江边踏钓槎。病似相如空有赋，贫于杜甫更无家。渔歌楚楚蒹葭月，樵笛村村踯躅花。事业已随兵燹尽，青门惟守邵平瓜。
（吴当《浔阳舟中》三首其一）

（231）紫盖星临北斗躔，金门客去几千年。蒙泉有味见福地，劫火离灰是洞天。尘外仙家山上屋，日边帆影海东船。飘飘云气蓬莱近，五彩飞鸾不用鞭。
（李思衍《天庆宫》）

（232）紫贝楼阙郁金香，暖云七十红鸳鸯。玉蝉笑拥霞绡裳，星河不堕宫点长。绿樽滟滟麟髓泣，露重花寒秋不湿。歈歌一声惊怒涛，海鲸夹陛如人立。
（陈孚《吴宫子夜歌》）

（233）白了江梅柳又青，游丝千尺网红尘。鹁鸠夫妇孤村雨，杜宇君臣故国春。客里易添芳草思，樽前谁是去年人。桃花源上空流水，安得渔郎一问津。
（于石《春事》）

（234）背依古塔面层峰，曲曲阑干峻倚空。万屋参差江色外，片帆出没树阴中。五更钟鼓半山月，两岸渔樵一笛风。极目子陵台下路，滔滔惟有水流东。
（于石《潇江亭》）

（235）细雨霏霏不湿衣，山前山后乱莺飞。过桥春色绯桃树，临水人家白板扉。此地酒帘邀我醉，隔船箫鼓送人归。清游恐尽今朝乐，回首阊门又夕晖。
（郭麟孙《三月三日重游虎丘》二首其二）

（236）东家老人语且悲，衰年却忆垂髫时。王师百万若过客，青盖夜出民不知。巷南巷北痴儿女，把臂牵衣学番语。<u>高楼急管酒旗风，小院新声杏花雨。</u>北来官长能相怜，民间蛱蝶飞青钱。（潘纯《送杭州经历李全初代归》）

例（218）至例（236）诸例画线部分都是名词铺排文本，属于七言成句的"NP＋NP，NP＋NP"式。因为它们都是以对句形式呈现，且与其前句或后句没有语法结构上的纠葛，属于独立表意的语言单位，所以明显是名词铺排文本。这些名词铺排文本在结构上有一个共同特点，每句前四个字为一个名词短语，后三个字为一个名词短语，加合成"NP＋NP"式名词句。如例（218）前句是"（山中）桃树＋仙人洞"，后句是"（天下）琼花＋后土祠"。其他诸例大体如此。但也有少数是例外，如例（220）的结构是"西风＋（岁岁）长堤柳，流水＋（朝朝）沧海情"。不过，整体结构仍是七言成句的"NP＋NP，NP＋NP"式。

11. 五言成句的"NP，N＋N＋NP"式

这种结构模式是五代诗人的创造。之后，历代诗歌一直未见有沿用继承的。根据我们对《元诗选》的全面调查，发现元诗中有沿用这一结构模式的用例。不过，目前只发现如下一例：

（237）仙人悲世换，宴景在清都。寒暑自来往，英雄生钓屠。<u>钱塘江畔柳，风雨夜啼乌。</u>（倪瓒《次韵陈维允姑苏钱塘怀古》四首其三）

例（237）从结构上分析，前句是"（钱塘江畔）柳"，后句是"风＋雨＋（夜啼）乌"，整体上是五言成句的"NP，N＋N＋NP"式。从语境与语义上观察，"钱塘江畔柳，风雨夜啼乌"二句与其前句或后句皆无语法结构上的纠葛，属于独立表意的语言单位。很明显，它是名词铺排文本。

12. 五言成句的"N＋N＋NP，N＋N＋NP"式

这种结构模式乃是初唐诗人的创造。之后，盛唐、晚唐诗人与金代诗人都有沿用继承。根据我们对《元诗选》的全面调查，发现元诗中也有沿用这一结构模式的用例，不过数量不多。如：

（238）明月照寒水，清霜积厚冰。知君多念我，为客独依僧。<u>湖海十年梦，诗书半夜灯。</u>忽闻江国雁，写寄剡溪藤。（郑守仁《和句曲张外史韵寄上清薛外史》）

（239）溪上花无数，春风别有天。<u>楼台仙子宅，书画米家船。</u>绛雪回歌扇，

红霞落舞筵。羽觞飞醉月，应是酒如泉。（张渥《绛雪亭》）

（240）我已浮屠隐，君仍冷掾游。向人空说项，何地可依刘。<u>风雨残灯梦，关河落木秋</u>。近闻吟更苦，应是雪盈头。（厉英《寄刘仲鼎山长》）

例（238）至例（240）诸例皆是五言成句的"N＋N＋NP，N＋N＋NP"式名词铺排文本。这类名词铺排文本在结构上有一个共同特点，每句前二字各是一个单音节名词，后三字为一个偏正式名词短语，加合形成一个"N＋N＋NP"式名词短语句。它们与其前句或后句皆无语法结构上的纠葛，是独立表意的语言单位，因而属于名词铺排的性质。

13. 五言成句的"NP＋NP＋N，NP＋NP＋N"式

这种结构模式是晚唐诗的创造。之后，宋诗、金诗都有沿用继承。根据我们对《元诗选》的全面调查，发现元诗中也有沿用这一结构模式的，不过出现频率不是太高。如：

（241）人海偶相逢，凄凉共客中。笑谈良不恶，去住若为同。<u>春草池塘夜，梨花院落风</u>。乡人如问讯，即此是诗筒。（张伯淳《赠富翠屏》）

（242）我还京口去，君入浙东游。<u>风雨孤舟夜，关河两鬓秋</u>。出江吴水尽，接岸楚山稠。明日相思处，惟登北固楼。（萨都剌《送人之浙东》）

（243）故人久不见，怅望思迟留。<u>白雁寒沙月，黄云老树秋</u>。风霜侵客鬓，鼓角入边愁。满目关河兴，登临倦倚楼。（萨都剌《和权上人》）

（244）十年前此日，视篆上严州。借服初金佩，峨冠尚黑头。乾坤谁失驭，江海已横流。……屡跋三关马，更乘四渎舟。<u>长城青冢月，大漠黑山秋</u>。甫息台卿担，空余季子裘。解官终欠早，破产复奚尤。（方回《七月十日有感》）

（245）之子成春服，欢言驾出游。残红三月路，叠翠万山州。夏后乘辅泽，轩皇炼药丘。……宣平何处在，太白此中求。<u>仙墅丹池火，僧庐野竹秋</u>。农谈通稗史，骚咏入樵讴。楚雨三江外，吴云五岭头。（方回《送徐如心如婺源三十韵》）

例（241）从结构上分析是"春草＋池塘＋夜，梨花＋院落＋风"，属于五言成句的"NP＋NP＋N，NP＋NP＋N"式。由于这二句是以对句形式呈现，且跟其前句或后句皆无语法结构上的纠葛，属于独立表意的语言单位，所以明显是名词铺排文本。例（242）至例（245）诸例，情况类此，亦是名词铺排文本。

14. 七言成句的"NP＋NP，NP＋NP＋NP"式

这种结构模式是宋诗的创造。金诗未见沿用继承的，但元诗中有这种结构模

式的名词铺排文本。不过，根据我们对《元诗选》的全面调查，发现沿用这一结构模式的并不多，目前只找到如下一例：

（246）白水青山杳眇边，每怀高节自茫然。不从猿鸟疏名姓，虚托鳞鸿问岁年。灯外檐花清夜雨，江头云树暮春天。须知无限沧洲意，渺渺东风一旆悬。（周棐《次韵顾玉山见寄》）

例（246）从结构上分析是"（灯外）（檐）花＋（清夜）雨，（江头）云＋树＋（暮春）天"，属于七言成句的"NP＋NP，NP＋NP＋NP"式。从语境与语义上观察，这二句跟其前后皆无语法结构上的纠葛，属于独立表意的语言单位，因而明显是名词铺排文本。

15. 七言成句的"NP＋NP＋NP，NP＋NP＋NP"式

这种结构模式是初唐诗人的创造。之后，一直未见继承沿用，直到宋诗、金诗才又出现。根据我们对《元诗选》的全面调查，发现元诗中沿用这一结构模式的却不少。如：

（247）浦口寒潮频有信，空中鸟迹了无痕。野航落日东西渡，黄叶秋风远近村。（吕诚《秋日雨后》二首其一）

（248）碌碌从人愧抱关，赏心应共鹤飞还。孤舟野水东西渡，落日长淮远近山。神鼓乍喧香雾合，宾筵初散绿阴间。相思咫尺长相隔，一似河流九曲湾。（陈大诉《赏心亭》）

（249）丙穴鱼来江尽头，玄真卜筑更深幽。对门灯火三家市，何处烟波万里舟。明月竹枝扬子夜，西风木叶洞庭秋。棹歌一曲闲来往，指点侬家鹦鹉洲。（钱惟善《渔村意》）

（250）悠悠江影雁南飞，黄菊飘香蝶满枝。斜日西风彭泽酒，殊方异国杜陵诗。烟峦惨淡山林暮，霜叶萧疏草木悲。醉后不思时节异，半欹乌帽任风吹。（叶颙《至正戊戌九日感怀赋十律见意云》其九）

（251）二月春光如酒浓，好怀每与故人同。杏花城郭青旗雨，燕子楼台玉笛风。锦帐将军烽火外，凤池仙客碧云中。凭谁解释春风恨，只有江南盛小丛。（杨维桢《寄卫叔刚》）

（252）塞北凝阴无子规，晓看山色不胜奇。坚冰怪石涧边路，残月疏星马上诗。（杨允孚《滦京杂咏》一百首其十九）

（253）金络丝缰白鼻骡，锦衣乌帽小宫花。临邛市上人争看，不是当年卖酒

家。（泰不华《送新进士还蜀》）

（254）鳌载三峰拥客槎，采真访古意无涯。<u>云山夜雨棠梨树，宇宙春风棣萼花</u>。龙洞远分丹井水，鹤松高映赤城霞。宗师应帝光前绪，仙馆新开第一家。（吴全节《牧斋真人华阳道院》）

（255）<u>白沙翠竹溪边路，绿树青山郭外村</u>。钓艇直随流水出，僧钟遥隔暝烟闻。谩夸李愿居盘谷，绝胜庞公隐鹿门。如此故乡归未得，看君图画一消魂。（贡性之《题画》）

（256）蛮荒溪洞极边头，仗剑从军忆壮游。<u>杨柳春风千部落，旌旗晓日万貔貅</u>。路经彭蠡洲前过，江自巴州峡外流。早报远人归圣化，貂蝉从古出兜鍪。（贡性之《送陆景宣靖州从军》）

（257）万仞寒容尺度量，巍然亘古独苍苍。<u>三秋风露松梢月，九夏林泉石上霜</u>。野径晴烟笼树白，危峰暮霭接天黄。我游乘兴吟魂爽，浪欲骑鹏谒帝乡。（徐舫《清冷山》）

（258）煮茶闭户看残编，风味凄凉似玉川。春到名花偏久雨，人逢佳节恨衰年。<u>棠梨野馆轻寒燕，杨柳人家薄暮烟</u>。新水夜来生郭外，麦畦桑陇不论钱。（刘诜《清明和李亦愚》）

（259）开岁雨阴连十日，雪寒兼与旧春同。乾坤半落穷荒外，楼阁横陈澹月中。<u>瑟瑟松篁山屋夜，疏疏鼓角郭门风</u>。梅花惯与清寒敌，却喜群英未放红。（刘诜《春雪》）

（260）斗帐方床一布衾，睡余推枕复长吟。<u>青灯细雨三更梦，白首残编万古心</u>。天上不知何岁月，城中谁信有山林。哀歌坐待东方白，短发刁骚不满簪。（成廷珪《夜思》）

（261）归来更读十年书，自笑今吾即故吾。<u>栗里溪山晋处士，桐江风月汉狂奴</u>。种梅添得诗多少，爱菊何拘酒有无。随分生涯聊尔耳，门前应免吏催租。（于石《自笑》）

（262）西风聒耳过黄芦，万水东流草树枯。<u>蟾阙一年秋色远，鹊桥万里客心孤</u>。青山故国新丰市，芳草王孙旧酒垆。壮志未磨天地阔，剑光耿耿照江湖。（李孟《金陵怀古》）

（263）没马尘埃白昼驰，人生得似此翁稀。<u>西风墙竹疏疏雨，短帽长鬈百衲衣</u>。（李存《赠人》）

（264）东望吴山紫翠缠，凭阑忽坐小吴轩。<u>石桥杨柳半塘寺，修竹梨花金氏园</u>。（朱德润《至元二年二月八日陈子善范昭甫同游虎丘》四首其一）

（265）有客空斋叹不归，乡心二月乱于丝。<u>杏花深巷春风梦，茅屋荒田夜雨</u>

诗。天气未佳宜小住，人生行乐竟何时。乞君安得千壶酒，烂饮狂歌慰别离。（吴师道《简王文学》）

（266）一冬雨雪天涯客，千里云山马上诗。记得小红楼畔梦，杏花春雨早寒时。（萨都剌《次程宗赐》二首其一）

（267）平生尺剑众中师，臣子肝肠天地知。少壮金戈探虎穴，太平铠甲网蛛丝。青衫白发尊前酒，紫寒黄云马上诗。今日又随天表去，梅花香里立沙墀。（萨都剌《送南安镇抚赵南山捧表西省》）

（268）濯足常思万里流，几年尘迹意悠悠。闲云一片不成雨，黄叶满城都是秋。落日断鸿天外路，西风长笛水边楼。梦回已悟人间世，犹向邯郸话旧游。（张养浩《黄州道中》）

（269）旧隐湖山笔底收，相从京洛意中游。昏昏车马飞花雨，寂寂钟鱼落叶秋。千古登临翻昨梦，百年歌舞漾清愁。何当化鹤看沧海，不用呼猿汲涧流。（袁桷《西湖空濛图》）

（270）铁城秋色接西垣，远客还乡易断魂。霸业可怜燕太子，战楼谁吊汉公孙。冷烟衰草千家塚，流水斜阳一点村。慰眼西风犹有物，太行依旧压中原。（刘因《遂城道中》）

（271）触目钱塘昨梦非，行春载酒忆当时。花间不辗香轮入，柳外空鞭骏马飞。落日荒山和靖墓，断云流水子胥祠。忘情鸥鹭闲于我，应笑江湖客未归。（黄庚《游西湖次毛玉田韵》）

（272）使君腊月扬州去，东阁梅开雪亚枝。淮上有官皆避马，竹西无处不题诗。春风杨柳平山路，夜月琼花后土祠。从此公余多胜览，好传佳句远人知。（萨都剌《送金事王君实之淮东》）

（273）离离秋色上梧枝，向晓烟云冷砚池。绛帐谈经千载道，青山对酒几联诗。西风红叶林边树，夜雨青灯发上丝。竹瘦荷枯篱菊净，暂韬笔砚彻皋比。（陈普《儒家秋》）

例（247）从结构上分析是"野航＋落日＋东西渡，黄叶＋秋风＋远近村"，属于七言成句的"NP＋NP＋NP，NP＋NP＋NP"式。例（248）至例（273）诸例，情况亦然，只有个别用例例外。如例（257）的结构是"（三秋）风＋露＋（松梢）月，（九夏）林＋泉＋（石上）霜"，整体结构上仍然是七言成句的"NP＋NP＋NP，NP＋NP＋NP"式。这些以对句形式呈现的名词句，无论是居于诗歌篇首，还是篇中或篇尾，都跟其前句或后句没有语法结构上的纠葛，属于独立表意的语言单位。因此，它们都是名词铺排的性质。

16. 七言成句的"NP＋N＋N＋NP，NP＋N＋N＋NP"式

这种结构模式是晚唐诗的创造。之后，一直未见继承沿用，直到元诗中才又出现。不过，根据我们对《元诗选》的全面调查，发现元诗中沿用这一结构模式的只是偶有一见。如：

（274）短棹吴歌花满川，春帆愁断蓼莪篇。<u>小溪蘋藻墙间祭，春雨桑麻墓下田</u>。黄壤有灵终异土，青山无树半荒阡。伤哉巴峡松楸路，狐兔苍寒六十年。（邓文原《清明省墓》）

例（274）从结构上看，是"（小）溪＋蘋＋藻＋（墙间）祭，（春）雨＋桑＋麻＋（墓下）田"，属于七言成句的"NP＋N＋N＋NP，NP＋N＋N＋NP"式。从语境与语义上看，这二句与其前后句均无语法结构上的纠葛，是独立表意的语言单位，因此属于名词铺排的性质。

17. 五言成句的"NP"（叠字领起）式

这种结构模式是中唐诗人的创造。之后，宋诗、金诗中都有继承沿用。元诗中继承沿用这种模式的，根据我们对《元诗选》的全面调查，发现其数量非常多。如：

（275）华屋带修沱，梧竹夹雨庑。流云荡微阴，<u>冉冉菊花雨</u>。张筵广乐作，彼美瑶之圃。仙人紫云裘，渥赪颜孔肌。（陆仁《九月八日以满城风雨近重阳分韵得雨字》）

（276）清晨出南陌，平旦下城闉。东风微淡荡，草木一何新。<u>郁郁游子情</u>，祁祁女如云。翩翩桃花马，辘辘翠车轮。娟娟珠帘下，袅袅看行人。（李序《都门道》）

（277）<u>潇潇三日雨</u>，苒苒度残暑。草木行变衰，岂不感节序。荒园有络纬，日夕促机杼。念汝戒衣裳，所思恨修阻。（汪珍《秋怀》七首其四）

（278）高堂列绮席，宾御何委蛇。<u>粲粲金芙蓉</u>，春菂照蛾眉。檀槽起清籁，铁拨弦鹍鸡。祇闻筵中曲，不闻曲中词。（毛直方《拟古》二首其一）

（279）城邑带秋水，<u>盈盈笠泽湄</u>。西风一夜起，鸿雁尽南飞。晋日东曹掾，唐朝左拾遗。长揖谢轩冕，<u>悠悠千载期</u>。（陈基《吴江》）

（280）<u>寂寂江村路</u>，轻烟晚自生。远峰晴有色，独树暖无声。渚鹭行看水，溪鱼卖入城。孤舟人不渡，两岸夕阳明。（金涓《江村》）

（281）<u>峨峨九龙峰</u>，寒泉落冰雪。美人此倾盖，为我涤烦热。世途自荆榛，

肝胆无楚越。凭高一长啸，清风满林樾。（谢应芳《无锡赠何敬存》）

（282）采采岩下菊，菊老花压地。泉露飘我衣，撷英不盈袂。铮然松子落，林下远风至。沈吟不成诗，支筇领山意。（黄清老《山行》二首其二）

（283）萧萧江上竹，依依遍山麓。晨霞屑明金，夕月拥寒玉。梢梢绿凤翼，叶叶青鸾足。深丛疑立壁，高节折垂蠹。（王士熙《江上竹》）

（284）青青河畔草，江上春来早。春来不见人，思君千里道。千里君当还，夙昔奉容颜。青楼独居妾，含情山上山。（王士熙《青青河畔草》）

（285）亭亭北山松，宿霭荫深碧。苍根走虬龙，巨干蟠铁石。平生栋梁具，不受霜雪厄。（许谦《采药》）

（286）亭亭岭上云，玄鹤相与飞。俯啄恋故巢，不得从云归。秋风飑黄叶，飘飘各何之。籯粮事远游，在昔闻断机。栖鸟辞茂林，徘徊更依违。悠悠两江水，共此明月辉。（许谦《舟中杂兴》三首其二）

（287）养钝习成癖，居贫道已闻。蒲团延客话，芋火就僧分。林润夜疑雨，窗寒曙拂云。丛丛墙下菊，书暇亦锄耘。（周权《卜隐次韵》）

（288）朔风号枯榆，厚地冻欲裂。大漠无人行，长空欲飞雪。阴阴古长城，野燐明复灭。草死沙场空，饥乌啄残骨。（周权《古塞下曲》）

（289）夏末始炎毒，沉忧坐匡床。起行无所之，登高睇遐荒。……圣主御大历，故可稽明堂。粲粲白骆驼，兹晨郊路长。（范梈《数日毒热喜雨适立秋先三日也》）

（290）神京极高峻，风露恒冷然。憧憧十二门，车马如云烟。紫霞拥宫阙，王气浮山川。峨峨龙虎台，日月开中天。圣祖肇洪业，永保亿万年。（廼贤《京城杂言》六首其一）

（291）独坐对明月，遥遥千古情。西风两三日，庭树已秋声。（赵孟頫《即事》）

（292）秋风西北来，一夕几万里。湛湛长江枫，落叶逝流水。自非贞劲草，颜色槁欲死。时当蛰蛟龙，么麽况蝼蚁。塞埂非不可，旨蓄焉所恃。（方回《秀亭秋怀》四首其一）

（293）远树含空烟，群峰缄积翠。离离雁外墙，落日来天际。高侯丘壑心，点墨悟三昧。我欲画沧洲，昼长枕篷睡。（郭天锡《题高尚书秋山暮霭图》）

（294）晓风吹银床，萧萧古桐树。时有新汲人，瓶携落花去。（廖大圭《桐下井》）

例（275）至例（294）从结构上看，每句都是以末一字（词）为中心语，以紧邻中心语的二字为直接修饰语，以句首叠字为间接修饰语，整体是五言成句的"NP"（叠字领起）式。这些名词短语句，或居于全诗的篇首，或居于篇中，都跟其他语句没有语法结构上的纠葛，属于独立表意的语言单位，因而是名词铺排的性质。

18. 五言成句的"NP"式

这种结构模式是汉乐府诗人的创造。之后，历代诗歌中都有广泛继承沿用。根据我们对《元诗选》的全面调查，发现元诗中这种结构模式的沿用也非常普遍，数量非常多。如：

（295）风月无边地，乾坤有此楼。城随山北固，潮蹴海西流。眼界宽三岛，胸襟临九州。阶前遗恨石，谁复话安刘。（丁鹤年《登北固山多景楼》）

（296）萧条江上寺，迢递白云横。坐待高僧久，时闻落叶声。鸱夷怀往事，张翰有余情。独棹扁舟去，门前潮未生。（倪瓒《题元璞上人壁》）

（297）后土祠前路，金鞍忆旧游。春风双燕子，浑似在扬州。（张昱《题扬州左史臣画扇》）

（298）三月山南路，村村叫杜鹃。白云千嶂晓，斜月一溪烟。水冷长松井，春香小荠田。何时移别业，来往绣湖边。（金涓《云门道中》）

（299）疏雨孤灯夜，相看又岁除。江山犹寓客，亲友绝来书。新酒初堪酌，长愁未暂疏。艰难吾敢恨，百岁定何如。（刘诜《除夕》）

（300）八月天台路，清风物物嘉。晴虹生远树，过雁带平沙。日气常蒸稻，天香喜酿花。门前五株柳，定是故人家。（李孝光《天台道上闻天香》）

（301）阴凉生研池，叶叶秋可数。京华客梦醒，一片江南雨。（鲜于枢《题纸上竹》）

（302）越国龟峰寺，楼台曜锦罂。许询初有造，徐浩久相依。开户琅玕裂，登山窄堵危。昔闻禅板少，今见讲花飞。（鲜于枢《宝林寺》）

（303）燕人重东作，熔铁象牛形。角断苔花碧，蹄穿土锈腥。遗踪传野老，古庙托山灵。一酹壶中酒，穰穰黍麦青。（廼贤《铁牛庙》）

（304）当年见明月，不饮亦清欢。讵意有今夕，照此长恨端。……不知亲与故，零落几家完。徘徊庭中影，对酒起长叹。死生两莫测，欲往书问难。（张翥《中秋望月》）

（305）窈窕麻姑宅，登临忆谢公。近闻好山色，都在小楼中。屋曙丹霞吐，城深翠雨通。石池正当户，人立藕花风。（陈旅《建昌胡氏小有楼》）

（306）远宦身安不，题书泪几行。千山万水路，一日九回肠。鹈𫛷怀春语，

蘼芜入梦香。王孙归未得，归得早还乡。（宋无《寄郴阳廖有大》）

（307）古燕城下路，柳树落西枝。每到重来处，长怜欲别时。（范梈《寄李彦谦御史》）

（308）群贤辅绝学，嵯峨武夷峰。荧荧方瞳光，汲汲汗简中。（袁桷《观真文忠公画像》）

（309）丈室不自扫，寸心徒尔豪。世途仍险阻，风物故萧骚。皓月霜洗净，明河天放高。空庭一片石，独坐首频搔。（刘因《书堂旅夜》）

（310）迢递三山道，重来感旧游。潮声寒带雨，山色淡生秋。（黄庚《书山阴驿》）

（311）春雨江湖夜，东风花柳寒。举头不见日，何处是长安。岁月缠星节，乾坤绕血盘。控拳纷愈甚，排难古来难。（郝经《春夜》）

（312）草木随寒暑，殊方荣悴同。苇华兼露白，桎叶未霜红。日月双飞鸟，江湖一病翁。晚来沙屿上，愁坐独书空。（姚燧《舟达黄溪》）

（313）浙水东边寺，禅房处处家。千崖无虎豹，二月已莺花。晓饭天童笋，春泉雪窦茶。烦询梦堂叟，面壁几年华。（成廷珪《送澄上人游浙东》二首其一）

（314）浙水西边寺，天寒子独经。雪山当户白，云树入湖青。虎迹泉头见，猿声石上听。俊公中立坐，烦尔候禅扃。（成廷珪《送澄上人游浙东》二首其二）

例（295）至例（314）诸例，从结构上看，每句都是以末一字（词）为中心语，前附一个或两个修饰语。如例（295）的结构是"（风月无边）地"，例（296）的结构是"（萧条）（江上）寺"，例（311）的结构是"（春雨＋江湖）夜"，其他各例情况类此，整体上皆是五言成句的"NP"式。这些名词短语句，无论是居于全诗的篇首，还是居于篇中和篇尾，都跟其他语句没有语法结构上的纠葛，属于独立表意的语言单位，因而可以确认是名词铺排文本。

19. 六言成句的"NP"式

这种结构模式是宋诗的创造。金诗中未见有继承的，但元诗中有沿用。不过，根据我们对《元诗选》的全面调查，发现元诗中沿用这一结构模式的也只是偶尔见之。如：

（315）数幅晴云翠岫，千重碧树琼楼。美杀承平公子，笔端万里瀛洲。（柯九思《题赵千里画八幅》）

例（315）从结构上看，是"（笔端）（万里）瀛洲"，属于六言成句的

"NP"式。从语境与语义上看，"笔端万里瀛洲"是独立表意的语言单位，它在语法结构上与其前句"羡杀承平公子"没有纠葛，因而是名词铺排的性质。

20. 七言成句的"NP"（叠字领起）式

这种结构模式乃是金诗的创造。根据我们对《元诗选》的全面调查，发现元诗中也有沿用这一结构模式的，用例还有不少。如：

（316）<u>稍稍林间布谷声</u>，村南村北水云平。偶来竹寺看山坐，闲听清溪绕舍鸣。（麻革《竹林院同张之纯赋》二首其二）

（317）绣纹刺绮春纤长，兰膏鬓鬓琼肌香。芳年艳质媚花月，<u>三三两两红鸳鸯</u>。翠靴踏云云帖妥，海棠露湿胭脂朵。（陈基《群珠太多伤吴帅潘元绍众妾作》）

（318）<u>青青两点海门山</u>，郎去贩鲜何日还。潮水便如郎信息，江花恰是妾容颜。（郑元佑《竹枝词》二首其二）

（319）西风吹我登黄鹤，白云半在栏轩角。题诗不见旧时人，惟见青山俯城郭。<u>萋萋芳草鹦鹉洲</u>，江水滚滚来无休。岁月俯仰成春秋，古人今人无限愁。（刘清叟《登黄鹤楼》）

（320）瑶池积雪与天平，西极空闻八骏名。玉殿重来人世换，<u>萧萧苜蓿汉宫城</u>。（虞集《八骏图》）

（321）白杨河上看明月，昔人曾见今人别。茅屋数家河上村，化作三山白银阙。波平风静棹歌来，万顷冲融镜面开。今夜江南忆游子，空瞻云汉上昭回。<u>茫茫万里燕齐路</u>，北斗从横泰阶曙。黄河东逝月西流，明日南风过洪去。（揭傒斯《白杨河看月》）

例（316）至例（321）诸例，每句都以末一个词（绝大多数是单音节词，个别是双音节联绵词）为中心语，紧邻中心语的是直接修饰语，句首的叠字则是间接修饰语。如例（316）中心语是"声"，"林间布谷"是直接修饰语，"稍稍"则是间接修饰语；例（317）中心语是"鸳鸯"，"红"是直接修饰语，"三三两两"是间接修饰语。其他诸例类此。它们都是七言成句的"NP"（叠字领起）式，属于名词铺排文本。因为从语境与语义上考察，这些单句形式的名词短语句跟其前后的其他语句没有语法结构上的纠葛，是独立表意的语言单位，因而属于名词铺排的性质。

21. 七言成句的"NP"式

这种结构模式是初唐诗人的创造。之后，盛唐、中唐、晚唐与五代都未见有继承沿用的，到了宋诗、金诗又有继承沿用的。根据我们对《元诗选》的全面调查，发现元诗中沿用这一结构模式的用例相当多。如：

（322）张家宅前萧寺桥，侵晨发船江雾消。村鸡三唱屋角树，柔橹数声沙际潮。此时飞上海底日，锦云满江光荡摇。（许恕《萧寺早行》）

（323）白鹦鹉小穿云幕，碧海波澄浸石扉。一片岩前秋月影，凉风吹上藕丝衣。（周砥《观音岩》）

（324）野马何决骤，飞云何悠扬。商岩不足稽此士，又欲东略宋与梁。……凉秋佳月酒一杯，送子东下心徘徊。半山亭前一茅屋，岁寒霜劲君当来。（麻革《送杜仲梁东游》）

（325）篁竹潇潇野水滨，光风过眼与时新。阴崖积雪犹含冻，远树浮烟已带春。世故未应悲古道，岁华聊得伴闲身。蕨芽笋稚行行当好，莫拟山中问主人。（麻革《板桥道中》）

（326）野水芙蕖绕鹤汀，画桥杨柳挂鱼罾。秋风携手青溪曲，竹杖荷衣一个僧。（至仁《次韵寄唐伯刚断事》二首其二）

（327）窈窕仙姝出禁闱，小西门外绿杨堤。五陵公子多豪纵，缓勒骄骢不敢嘶。（杨允孚《滦京杂咏》一百首其五十六）

（328）槎牙老树响天风，寂历幽篁泣露丛。惆怅玉堂旧公子，故家陵庙月明中。（张宪《赵集贤枯木竹石》）

（329）袖里惭无博浪槌，酒醒空赋稚桑诗。悲凉一曲山阳笛，满眼山河是义熙。（郑元佑《陶靖节像》）

（330）几村桑柘远相连，村北村南小渡船。茅屋有缘临水住，闲身无事看山眠。孤林欲暮鸦争树，一雨及时人种田。昨夜邻翁喜相报，今年依旧是丰年。（金涓《村舍》）

（331）阖闾城畔姑苏台，百花洲上千花开。笙歌半空晓未绝，一声落月啼乌来。蛾眉鬒翠愁如簇，空捧春娇在心曲。沧江罗网纵鲸鲵，碧瓦丘墟走麋鹿。（金涓《姑苏台》）

（332）茅茨数家黄叶村，霏雨一月溪水浑。慈鸦种麦日未暝，猛虎下山人闭门。（谢应芳《复愁》）

（333）春来一月苦阴雨，少顷雨晴邀客嬉。金斗城西芳草路，水边杨柳青离离。（谢应芳《代简蒋成玉》）

（334）细草幽花二月天，暖风晴日弄春妍。村孤路僻行人少，忽听深林叫杜鹃。（舒頔《由绩坑出乳溪闻鹃》）

（335）采莲湖上一双舟，白穀风生易觉秋。浅浅溪流齐鹤膝，青青荷叶过人头。（郭翼《和铁厓西湖竹枝词》二首其一）

（336）赏心亭前春草花，赏心亭下柳生芽。收功谩说韩擒虎，亡国岂由张丽华。江山万古足登览，豪杰几人过叹嗟。野老相逢闲指点，六朝宫阙尽桑麻。（王冕《题金陵》）

（337）主宾二美古称难，笑语轻舟十八滩。幕有仁言官政善，士从知己旅怀宽。文章不肯时科试，山水元须胜士看。想见郁孤吟赏旧，渚烟汀树满毫端。（刘诜《赠胡履平偕克有之兴国》）

（338）忆昔走马寻丹丘，醉卧白云溪上楼。黄石桥东两松树，一夜水长到梢头。（黄清老《忆昔寄子静弟》）

（339）旧隐荆溪第几村，手栽松桧至今存。大茅峰下千年鹤，迟汝重来问子孙。（成廷珪《题张天民先生移居图》）

（340）白沙江头水杨树，正是秋风送君处。海门日出潮欲平，把润娱君君不住。杨公庙前闻鼓声，多少行人此中去。江子于今空复情，干戈满地兵纵横。丹枫叶堕山鬼啸，黄竹丛薄饥鼯鸣。湘中有家不得往，时对此图双眼明。（成廷珪《题苏昌龄画秋江送别图赠湘中江可翁》）

（341）西州门外石头寺，共说英雄绿鼍洞。王气黄旗千岁尽，水声广乐六时朝。白鼯裘坏埋珠柙，玉燕钗飞坠藻翘。重到谢安携妓处，维舟寂寞听春潮。（李孝光《次萨天锡登石头城》）

（342）海上参差十二楼，阆风玄圃彩云浮。神仙尚厌人间世，故作乘龙汗漫游。（邓文原《郭恕先升龙图》二首其一）

（343）到得咸淳国步艰，几回抗疏动天颜。丈夫那肯死牖下，余子从教活草间。有分珠崖终著去，无心白发望生还。故人目断暮云处，雾雨蒙蒙山外山。（王义山《挽遂初陈尚书》）

（344）道山亭下梅花村，坡仙作诗为招魂。明姿照人隔寒水，瘦影带月欺黄昏。先生颇厌郡斋冷，持书晚约窥山园。松风吹香清人骨，地炉烟销酒初温。（朱德润《陪于思庸训导登道山亭观梅》）

（345）百战残城古下邳，白门楼下草萋萋。古来多少英雄恨，落月城头乌夜啼。（周权《邳州》）

（346）地幽山气霭空岚，落叶萧萧白石庵。归鹤一声无觅处，松梢擎月影毵毵。（周权《白石庵》）

（347）惠山郁律九龙峰，磅礴大地包鸿蒙。划然一夕震风雨，欲启灵境昭神功。六丁行空怒鞭斥，电火摇光飞霹雳。一声槌破老云根，嵌洞中开迸寒液。

（周权《惠山寺九龙峰下酌泉》）

（348）稽亭山下三天洞，忆我金华物色同。拔地飞崖云汹涌，映空嵌穴树葱茏。不知混沌何年凿，直恐神仙有路通。终拟赤松归隐去，清游还堕梦魂中。（吴师道《游三天洞》）

（349）楼阁参差烟水村，凉风槲叶下纷纷。何人理钓秋江上，惊起新来白雁群。（贡师泰《题画》）

（350）秋水桥边红叶林，数家茅屋傍青岑。冈头种玉朝烟暖，陇上锄云宿雨深。摩诘辋川宜入画，少陵韦曲自成吟。束薪岁晚来同煮，应许山中道士寻。（张翥《题唐子华画王师鲁尚书石田山房》）

（351）瑶池池上万芙蕖，孔雀听经水殿虚。扇影已随鸾影去，轻纨留得瘦金书。（柳贯《题宋徽宗扇面》）

（352）豫章城西江上舟，船翁夹舵起红楼。官盐法名有饶乏，市利商功无算筹。（柳贯《洪州歌》六首其一）

（353）东风千里福州城，绿水青山老送迎。惟有垂杨偏待客，数株残雨带流莺。（范梈《春日西郊》）

（354）槟榔池上芭蕉雨，更种垂杨十六株。中有玉堂萧散吏，检书正对辋川图。（范梈《县下凿池种树成聚晨起视水深五寸而草树承夜雨后苍翠然可爱戏题厅柱》）

（355）平坡谷前桃杏花，年时著屐到君家。只今可买惟村酒，无复能来识石茶。帘幕高高通紫燕，溪潭款款伏青蛇。同游昨有虞公子，却为卢郎得浪夸。（范梈《至夏庄怀平坡旧游》）

（356）郭西寺门双石头，水槛相对林塘幽。白花过雨落松暝，黄鸟隔溪鸣麦秋。衰朽虚蒙宣室问，淹迟实爱小山留。为贪佛日同僧话，满袖天香念旧游。（虞集《甲戌四月十七日至临川冲云寺祝圣寿斋罢为赋此诗》）

（357）贺兰山下河西地，女郎十八梳高髻。茜根染衣光如霞，却召瞿昙作夫婿。紫驼载锦凉州西，换得黄金铸马蹄。沙羊冰脂蜜脾白，个中饮酒声渐渐。（马祖常《河西歌效长吉体》）

（358）古木阴阴溪上村，隔溪呼唤隔溪应。柳堤渔艇水双港，山崦人家云半层。早麦熟随芹菜饷，晚茶香和树芽蒸。自惭未得丌桑乐，痴坐寒窗似冻蝇。（方夔《溪上》）

（359）云冷风高天井关，太行岭上看河湾。九州占绝中原地，一堑拦回左界山。王霸分争图未捲，英雄鏖战血犹殷。华阳春草年年绿，汗马南来不放闲。（刘秉忠《过天井关》五首其一）

（360）渺渺春江碧若空，<u>一丝斜袅钓坛风</u>。富春莫拟幽栖稳，已在君王物色中。（王恽《春江独钓图》）

（361）<u>晋家曲沃旧池台</u>，无数行人去又来。可惜石桥三百尺，只留驴迹印青苔。（陈孚《宿赵州驿》）

（362）<u>枣树湾西乱石矼</u>，萧萧落木见秋江。渔郎击楫悲歌意，不道风吹上客窗。（李孝光《宿枣树湾》）

（363）<u>彭郎矶畔小茅堂</u>，露满秋林木叶黄。石渚水生鱼欲上，一江风雨夜鸣榔。（刘永之《为彭子弘题渔钓图》）

（364）<u>天地飘摇一短篷</u>，小窗虚白地炉红。翛然忽起梨云梦，不定仍因柳絮风。鹤影襜裯檐上下，鹿远散漫屋西东。杜门我自无干请，闲写芭蕉入画中。（倪瓒《题孙氏雪林小隐图》）

（365）南望铜官晓色新，<u>三株松下一茅亭</u>。何当濯足临前涧，坐石闲书相鹤经。（倪瓒《题画》）

（366）长江秋色渺无边，鸿雁来时水拍天。<u>七十二湾明月夜</u>，荻花枫叶覆渔船。（倪瓒《题秋江图》）

（367）玉龙衔烛晴光吐，怪底空檐响残雨。南山一夜服还丹，沧浪之水总如故。……笔端生意开缣素，恍然不计寒宵苦。<u>泥滑迢迢江上路</u>，行客茅檐不少住。（郭钰《题萧质所藏终南雪霁图》）

（368）<u>万里清江两桨船</u>，一竿一缕水云边。平生不识书与剑，也得醉饱供闲眠。（毛直方《渔父词》七首其一）

（369）<u>九曲溪边玉女峰</u>，年年独倚落花风。何因不驾青鸾去，伫立空山皓月中。（刘边《答彦修》）

（370）<u>武陵溪上钓鱼矶</u>，白云青树秋晖晖。长竿倚石月初上，新雨满池鱼欲飞。清郎笑奉长生箓，寿客看舞斑斓衣。风流一散何时见，梦绕竹林行翠微。（张天英《题钓月轩》）

例（322）至例（370）诸例，都是以句末一个名词为中心语，前附一个或两个修饰语，结构上都是七言成句的"NP"式。如例（322）"张家宅前萧寺桥"，名词"桥"是全句中心语，"萧寺"是直接修饰语，"张家宅前"是间接修饰语。其他各例结构类此。这些单句形式的名词短语句，无论是居于诗歌篇首，还是篇中或篇尾，都跟其前后的其他语句没有语法结构上的纠葛，是独立表意的语言单位，因而都是名词铺排文本。

22. 五言成句的"NP＋NP"式

这种结构模式是初唐诗人的创造。之后，中唐诗、宋诗、金诗都有继承沿用的。根据我们对《元诗选》的全面调查，发现元诗中沿用这一结构模式的用例也相当多。如：

（371）杨柳董家桥，鹅黄万万条。行人莫到此，春色易相撩。（杨维桢《杨柳词》）

（372）濯濯金明柳，年年照妾容。飞花怨春尽，落日渡江风。（郭翼《柳枝词》）

（373）青山阖闾墓，荒草起秋风。古隧苍精化，阴房玉雁空。夕阳明野寺，远树落霜枫。送子难为别，无情楚水东。（郯韶《送郑同夫归豫章分题虎丘》）

（374）我性不藏事，急吐如建瓴。世人务宽厚，叩意如坚城。岂不共谈笑，何以同其情。秋风一杯酒，千载无渊明。（刘诜《九日偶赋》）

（375）金陵南之镇，兴废满目中。青山澹无言，万里江流东。高楼朱雀桥，野笛交秋风。子行览其余，弹琴送飞鸿。柏台云霄间，貂荐峨群公。为言经济理，所贵贤俊崇。（刘诜《古诗三首赠张汉臣游金陵》其三）

（376）幽人海昌住，草屋向村墟。□竹频呼鹤，分泉谩种鱼。梨花春巷冷，榆叶夜窗虚。细雨篝灯火，匡床正读书。（贡师泰《题朱质夫东野草堂》）

（377）春水武昌船，帆飞敬亭雨。孤城厌喧嚣，听此檐燕语。挥手谢时人，开胸散烦暑。煌煌阙下书，曳曳云间侣。真人紫霞佩，执简授璇宇。（贡奎《送史高士谒吴闲闲》）

（378）羁客无恒居，六月走长路。清风黄公祠，地古欣所遇。剑飞素灵哭，龙跃云雨赴。堂堂文成君，谈笑取帝傅。（元好问《黄公庙》）

（379）残阳古城曲，岌岌荒台高。不知何年创，尚尔结构牢。青山拥危楯，白水环空壕。（陈深《姑苏台晚眺分韵得高字》）

（380）高秋江汉波，卉木入摇落。荒林拥孤桐，蔓草重绕缚。凄迷气日丧，憔悴若陨箨。（郝经《秋桐》）

（381）斜日秋瓜圃，云间雨过初。平畴交晚吹，凉意满轻裾。草木浮元气，河山拥草庐。拊心欣有得，重展故人书。（王恽《田间》）

（382）北风河间道，沙飞云浩浩。上有衔芦不鸣之寒雁，下有陨霜半死之秋草。城外平波青黛光，大鱼跳波一尺长。牧童吹笛枫叶里，疲牛倦马眠夕阳。（陈孚《河间府》）

（383）西风黄叶馆，晓起候钟声。驿吏张灯送，山童抱褥行。短筇千万里，长剑月三更。犹有钧天梦，依稀绕禁城。（陈孚《良乡县早行》）

（384）山林真学士，天地一诗翁。乘兴不可返，孤舟雪后风。浩荡襟期别，

艰难道术穷。何当真卜宅，共老水精宫。（任士林《晓发衡山访子昂学士》）

（385）落日南朝寺，吟筇几度登。欲寻前日路，去访昔年僧。浙水生新浪，吴云暗旧灯。阿师如到彼，为谢岭南能。（叶颙《送应空谷上人游吴寻师二首仆于湖山泉石有畴昔之好末章故及之》）

（386）一室绝纤尘，炉烟贝叶经。每呼明月至，常遣白云扃。竹色侵虚幌，荷香袭小亭。晚来开瓮牖，放入数峰青。（叶颙《题应上人净深精舍》）

（387）钓艇已收缗，无人深闭门。云生沙上石，月出水南村。寂寞寒潮远，微茫烟浪昏。孤舟中夜笛，感慨动吟魂。（叶颙《日暮江村杂兴》）

例（371）至例（387）诸例，每句都是由两个名词短语加合构成，前二字为第一个短语，后三字为第二个短语。如例（371）"杨柳董家桥"，分别由"杨柳""董家桥"两个名词短语加合而成句。其他诸例结构类此。这些单句形式的名词短语句，无论是居于诗歌篇首，还是篇中或篇尾，都跟其前后其他语句没有语法结构上的纠葛，是独立表意的语言单位，因此属于名词铺排的性质。

23. 六言成句的"NP＋NP"式

这种结构模式乃是金诗的创造。根据我们对《元诗选》的全面调查，发现元诗中就有沿用这一结构模式的，只是用例尚不多。如：

（388）潇洒枯藤老屦，行行只复行行。泥路野人屐迹，石桥流水琴声。（陈普《野步》十首其二）

（389）访旧五溪薄暮，沙长归路迢遥。虚市人家烧烛，流水孤村断桥。一个残僧待渡，数声短笛归樵。闪闪昏鸦啼后，江风又落寒潮。（吕诚《晚归书事六言》二首其一）

例（388）从结构上分析是"（潇洒）（枯）藤＋（老）屦"，属于六言成句的"NP＋NP"式。例（389）的结构是"（数声）（短）笛＋（归）樵"，也是六言成句的"NP＋NP"式。前例居于全诗篇首，后例居于诗歌篇中，但都跟其前句或后句没有语法结构上的纠葛，属于独立表意的语言单位，因此是名词铺排的性质。

24. 七言成句的"NP＋NP"（叠字领起）式

这种结构模式乃是中唐诗人的创造。但是，晚唐、五代、宋代都未曾见有继承沿用的。直到金代，才有诗人沿用继承。根据我们对《元诗选》的全面调查，发现元诗中虽有沿用这一结构模式的，但目前也只发现如下一例：

（390）寂寂僧房半梦中，<u>萧萧修竹四山风</u>。惟应门外苍髯叟，解乱儋州秃鬓翁。（鲜于枢《净慧寺》四绝其一）

例（390）从结构上分析是"（萧萧）（修）竹＋（四山）风"，属于七言成句的"NP＋NP"（叠字领起）式。从语境与语义考察，这个名词短语句跟其前句"寂寂僧房半梦中"没有语法结构上的纠葛，跟其后句"惟应门外苍髯叟"亦无语法结构上的关涉，因此是独立表意的语言单位，属于名词铺排的性质。

25. 七言成句的"NP＋NP"式

这种结构模式也是中唐诗人的创造。之后，晚唐、五代、宋代、金代诗歌都有继承沿用。元诗对这一结构模式的继承沿用，根据我们对《元诗选》的全面调查，发现是相当普遍的。如：

（391）灯前自了读残经，风入疏帘月入棂。坐到夜深谁是伴，<u>数枝梅萼一铜瓶</u>。（虞集《癸酉岁晚留上方观》三首其一）

（392）荆溪溪上晚山稠，<u>沙棠港口木兰舟</u>。裹头女子唱歌去，水色山光总是愁。（吕诚《荆溪棹歌》四首其一）

（393）水生白石渡头湾，念子携书共往还。今日相思不相见，<u>越南残照海门山</u>。（罗蒙正《怀马教授》二首其二）

（394）萧条黄叶山中寺，回首松萝满夕曛。丈锡遽行三十里，一风相送两孤云。竹堂听雨惊秋晚，木榻留灯语夜分。在昔山林忧患等，应修白业益精勤。（周砥《宝粹二上人值雨留宿西涧草堂明日赋此以赠》）

（395）<u>门外青溪溪外山</u>，山光长在有无间。白云飞尽晴窗午，喜见遥峰露一班。（黄元实《春江十咏·午窗山色》）

（396）<u>涧边瑶草洞中花</u>，细水流春带碧沙。昨夜山瓢酒初熟，道人不暇读南华。（卢挚《游茅山》五首其二）

（397）月下孤鸿枕上鸡，高城今日又分携。九秋云气靖陵底，万里河声砥柱西。饮罢关山秋寂寂，诗成风雨暮凄凄。千金善保并州器，要放昆仑入马蹄。（陈赓《送李长源》）

（398）偶因试马小盘桓，明德门前御道宽。<u>楼下绿杨楼上酒</u>，年年万国会衣冠。（杨允孚《滦京杂咏》一百首其七十七）

（399）不须白粲备晨炊，乳酪羊酥塞北奇。<u>泥土炕床银瓮酒</u>，佳人椎髻语侏离。（杨允孚《滦京杂咏》一百首其八十二）

（400）野人篱落并江滨，<u>竹里流泉竹外云</u>。好学橐驼惟种树，莫夸司马最能

文。小桥斜接渔樵路，落日争呼雁鹜群。独忆咏归亭上客，久留城府思纷纷。（陈基《寄沈仲说》二首）

（401）涉江已阅裴公洞，复访焦先到此山。险绝远同巴蜀峡，屹然对峙海门关。神蛟戏浪时潜跃，野鸟巢林自往还。建业青山广陵树，开轩尽在酒壶间。（周伯琦《游焦山寺》）

（402）满目西风塞上尘，五花骢马转精神。凭君莫射双飞雁，恐有音书寄远人。（卢琦《题射猎图》）

（403）远山如蓝近山绿，前门苍松后门竹。幽人读书栖石根，有客挐舟访溪曲。白云冉冉落虚窗，清风泠泠散飞瀑。林泉深处隔红尘，便欲相依结茅屋。（陈高《山中读书图》）

（404）船头浇酒祀神龙，手掷金钱撒水中。百尺楼船双夹橹，唱歌齐上吕梁洪。（余阙《扬州客舍》）

（405）送别应思旧所经，秦川花柳短长亭。三峰高拊仙人掌，万里先占使者星。锦水东流江月白，潼关西去蜀山青。当年不尽登临意，待汝重镌剑阁铭。（吴全节《送虞伯生使蜀》）

（406）遥山近山青欲滴，大木小木叶已疏。斜日疏篁无鸟雀，一湾溪水数函书。（黄公望《倪云林为静远画》）

（407）万仞苍山百尺楼，西风吹送满林秋。疏钟遥落空亭里，尽属营丘笔底收。（吴镇《李营丘真迹》）

（408）山上荒祠山下溪，系牲断石是谁题。落日行人更回首，青枫树里鹧鸪啼。（李孝光《古庙折碑》）

（409）东西湖水百花洲，行子归时雪已收。明月可能随客去，浮云自足使人愁。重来柳树应千尺，相见梅花隔数州。我亦高歌望吾子，东风好正仲宣楼。（李孝光《送人还鄱阳》）

（410）湖上云烟百态新，湖边幽趣属闲身，春风杨子江头路，白首行人又问津。（陈思济《移官淮东别杭州》）

（411）山上清风山下尘，碧纱流水浅如春。不知松外谁敲月，惊动南华梦里人。（小云石海涯《题庐山太平宫》）

（412）海棠开后月黄昏，王谢楼台寂寂春。柳外东风花外雨，香泥高垒画堂新。（张弘范《新燕》）

（413）万树芙蓉两蕊宫，秋风开遍水边丛。白墙遮尽红墙出，只见红墙一半红。（白斑《湖居杂兴》八首其八）

（414）秦川公子谪仙人，布袍落魄余一身。锦囊香歇玉箫断，庚郎白发徒伤春。金台掉头不肯住，欲把钓竿东海去。故乡入梦忽归来，井邑依依铁炉步。碧池槐叶玄都桃，眼空旧雨秋萧飉。太湖风月数万顷，扁舟乘兴寻三高。西北高楼一杯酒，与子长歌折杨柳。江山信美盍便留，莼菜鲈鱼随处有。（仇远《赠张玉田》）

（415）冰雪肌肤铁石肠，翩翩和月按霓裳。临窗喜见横斜影，却有王孙翰墨香。（杜本《题吉学士墨梅》）

（416）城上高楼城下湖，城头画角晓呜呜。望中灯火明还灭，天际星河淡欲无。隔水人家种杨柳，带霜凫雁起菰蒲。短衣匹马非吾事，拟向烟波觅钓舟。（萨都剌《高邮城晓望》）

（417）绿阴庭院碧窗纱，半卷珠帘映晚霞。芳草萋萋春寂寂，东风吹堕落残花。（赵孟頫《暮春》）

（418）千山红树万山云，山鸟江枫得雨新。我自飘零是羁旅，不堪仍送故乡人。（李俊民《送客之荆南》）

（419）远山过雨绿崔嵬，竹外青松竹下梅。满树丹青随物换，平生富贵逐春来。歌珠一串莺流出，花影数重风揭开。关右牛酥贱如土，莫教红紫落成堆。（陈樵《临花亭》五首其五）

（420）阳乌炎炎焦九土，老农吁嗟气如缕。山中神化出移时，一片闲云半溪雨。谁家金谷有凉台，葵扇桃笙争自媒。清风却在长松下，不须用智不须才。（何中《高囤四时歌》其二）

例（391）至例（420）诸例，每句都是由两个名词短语加合成句的。一般都是前四字为一个名词短语，后三字为一个名词短语。如例（391）的结构是"（数枝）（梅）萼＋（一）（铜）瓶"，例（420）的结构是"（一片）（闲）云＋（半溪）雨"，都是七言成句的"NP＋NP"式。其他诸例结构类此。这些名词短语句，无论是居于诗歌篇首，或是篇中或篇尾，都跟其前句或后句没有语法结构上的纠葛，是独立表意的语言单位，因此属于名词铺排的性质。

26. 七言成句的"NP＋NP＋NP"式

这种结构模式乃初唐诗人的创造。之后，晚唐、五代、宋代、金代诗歌都有继承沿用。根据我们对《元诗选》的全面调查，发现元诗对这一结构模式的继承沿用是相当广泛的。如：

（421）春风桂楫木兰舟，欲采芳蘅不自由。浅濑潺潺吹暮雨，苍梧云冷易生愁。（柯九思《题风雨泊舟图》）

（422）古庙残碑野水村，行人回首暗消魂。遥天何许孤云没，不尽青山万马奔。（陈大诉《古庙折碑图》）

（423）漠漠江云路不分，小桥流水夕阳村。吟翁马上频回首，一阵东风暗断魂。（叶颙《江路梅香》）

（424）离宫别馆短长亭，忘却江南旧日春。是处人家种杨柳，往来系马解留人。（周霆震《杨柳枝词》四首其一）

（425）春水凫鹥野外堂，山园细路橘花香。栖栖身世画盈箧，漠漠风烟酒一觞。岂为任真无礼法，也须从俗着冠裳。不营产业人应笑，竹本桃栽已就行。（倪瓒《山园》）

（426）一个茅庐何处，小桥古木溪湾。但见山青云白，不知天上人间。（张昱《题青山白云》）

（427）苕山如画云，苕水如篆文。使君画船山水里，荡漾朝晖与夕曛。……东村击鼓送将醉，西村吹笛迎余醺。三日新妇拜使君，野花山叶斑斓裙。使君本是龙门客，宫衫脱锦披黄斤。（杨维桢《苕山水歌》）

（428）高人有眼看山川，不费从来买画钱。万古丹青垂宇宙，百川楼观倚风烟。人行楝叶林边路，鸟没芦花影里天。我欲与公添一笔，寒滩蓑笠钓鱼船。（胡天游《赠余公图画楼》二首其二）

（429）看花醉眼不须扶，花下长歌击唾壶。回首荒城春较晚，淡烟疏雨绿平芜。（朱希晦《次李二丈韵》）

（430）横林之北横山西，孤村流水古招提。青苔一径童不扫，白云半间人共栖。松枝甘露落麈尾，桂子香风吹麝脐。我来欲问生石公，道价孰与生公齐。（谢应芳《贺润天泽住持保宁寺》）

（431）茅屋苍苔野水滨，岁寒冰雪久相亲。江湖后夜扁舟梦，犹记尊前对玉人。（刘永之《题墨梅》二首其一）

（432）素纨便面小行书，最爱风流半醉余。芙蓉杨柳娟娟月，何处相逢解玉鱼。（刘永之《寄彭声之》）

（433）春江一番游春艇，瀺灂青山东复东。杨柳孤村寒食雨，流莺百啭落花风。卷题宫锦驼泥紫，杯泛仙桃枸杞红。铁龙后夜来同听，拟借琴高赤鲤公。（郭翼《同敬常泛娄江》）

（434）有客有客何累累，国破家亡无所归。荒村独树一茅屋，终夜泣血知者谁。燕云茫茫几万里，羽翮铩尽孤飞迟。呜呼我生分乱中遭，不自我先分不自我后。（伯颜《七哀诗》七首其一）

（435）卷帘春色上苔衣，新水相看近竹扉。风动树枝鸣宿鸟，云收山崦放晴

晖。举杯竹叶扫愁去，欹枕杨花约梦飞。肠断碧苔溪上路，暖风晴日钓鱼矶。（薛汉《睡起》）

（436）谁家修篁千万竿，短墙流水朱阑干。孤芳托根得春早，一枝斜出行路看。遥拟青林炯初霁，一点两点雪未残。小窗月落霜角动，谁与伴此空山寒。（刘诜《竹外梅梢》）

（437）远山斜日紫烟霏，一棹鸱夷竟不归。萧瑟秋风虚阁表，诗翁吟罢欲添衣。（吴镇《赵子昂秋景》）

（438）斗帐方床一布衾，睡余推枕复长吟。青灯细雨三更梦，白首残编万古心。天上不知何岁月，城中谁信有山林。哀歌坐待东方白，短发刁骚不满簪。（成廷珪《夜思》）

（439）春风东来泛幽谷，出门一笑人间绿。新雨池塘柳带莺，嫩云洲渚沙眠鷞。一蓑一笠东西村，天高地下斯人存。归来醉醒聊随意，翠树无言花满门。（何中《高囷四时歌》其一）

（440）秦川公子谪仙人，布袍落魄余一身。锦囊香歇玉箫断，庾郎白发徒伤春。金台掉头不肯住，欲把钓竿东海去。故乡入梦忽归来，井邑依依铁炉步。碧池槐叶玄都桃，眼空旧雨秋萧飅。太湖风月数万顷，扁舟乘兴寻三高。西北高楼一杯酒，与子长歌折杨柳。江山信美盍便留，莼菜鲈鱼随处有。（仇远《赠张玉田》）

（441）疏竹人家短短墙，绿荫深处水村凉。山风吹断岩前雨，高树蝉声正夕阳。（周权《村居》）

（442）稳棹红衣泛渺茫，风帆浪楫水云乡。晓撑太华半峰月，晚载西湖十里香。藕放雪丝应作缆，荷敧翠柄若为樯。不须更捧金仙足，太乙真人梦正凉。（谢宗可《莲叶舟》）

（443）三日钱塘海不波，子婴系组纳山河。兵临鲁国犹弦诵，客过殷墟独啸歌。铁马渡江功赫奕，铜人辞汉泪滂沱。知章喜得黄冠赐，野水闲云一钓蓑。（廷贤《读汪水云诗集》二首其一）

（444）九衢花月万家灯，忆在钱塘与广陵。过去豪华春似梦，老来心赏冷于冰。苏耽仙后还为鹤，房琯生前本是僧。唤取家人多置酒，只将寂寞付蕾腾。（张翥《元夜独坐》）

（445）故人不见意何如，流水孤村处士庐。犹记去年双橘熟，分甘曾得寄来书。（范梈《斋居即事用教微君韵》二首其一）

（446）石渠承雨作流泉，中有参差荇菜牵。花近飞觞鱼骇逝，柳低步障燕随穿。红尘朝路常参史，清昼斋居几劫仙。但乞会稽寻贺监，酒船一棹水中天。

（虞集《次韵伯庸尚书春暮游七祖真人庵兼简吴宗师》二首其一）

（447）积雪平沙阴山道，射虎残年不知老。岂识船如天上坐，翠竹为帷树为葆。昔乞镜湖苦不早，白发如丝照清潦。他年此地若相逢，应著渔蓑脱貂帽。（虞集《题溧阳胡氏雪溪卷》）

（448）石溜穿渠瀎瀎鸣，眼中幽事总关情。故人载酒不尽醉，好鸟隔花空有声。但使轩扉常款客，不妨松菊屡寻盟。西风瘦马长安路，说与山灵笑绝缨。（许有壬《和可行乡友具宴》）

（449）青鞋高挂天平壁，指点云门三两峰。禅榻已容黄叶覆，诗瓢从把碧苔封。晓风残月千村橹，细雨疏烟隔水舂。我向京城疑老尽，吴山清浅越山浓。（袁桷《昌上人游京师欲言禅林弊事甫入国门若使之去者昌余里人幼岁留吴东郡遗老及颖秀自异者多处其地以予所识闻若承天了天平恩穹窿林开元茂皆可依止遂各一诗以问讯虎丘永从游尤久闻其谢世末为一章以悼》六首其二）

（450）东风庭院夕阳天，恨绿愁红又一年。春自要归花自落，莫将芳事怨啼鹃。（黄庚《暮春》二首其一）

（451）风土迢迢吴芮邑，送君还忆旧羁栖。芝山拥郭苍龙卧，番水粘云白雁低。远道故应劳梦想，一官那得限东西。野花芳草江南路，千里秋风入马蹄。（袁易《送汤师言番江书院山长》）

（452）清明时节过边城，远客临风几许情。野鸟间关难解语，山花烂熳不知名。蒲萄酒熟愁肠乱，玛瑙杯寒醉眼明。遥想故园今好在，梨花深院鹧鸪声。（耶律楚材《庚辰西域清明》）

（453）西风易水长城道，老汀查牙马频倒。岸浅桥横路欲平，重向荒寒问遗老。易水南边是白沟，北人为界海东头。石郎作帝从珂败，便割燕云十六州。（郝经《白沟行》）

例（421）至例（453）诸例，标记有下划线的句子每句都是由三个名词短语加合而成。如例（421）的结构是"（春）风 + （桂）楫 + （木兰）舟"，例（453）的结构是"（西）风 + （易）水 + （长城）道"，其他诸例结构类此，都是七言成句的"NP + NP + NP"式。这些名词短语句，无论是居于诗歌篇首，还是篇中或篇尾，都跟其前后句没有语法结构上的纠葛，是独立表意的语言单位，因此属于名词铺排的性质。

27. 七言成句的"NP + NP + N + NP"式

这种结构模式是宋诗的创造。但是，金诗中未曾见有继承沿用的。元诗对这一结构模式的继承沿用，根据我们对《元诗选》的全面调查，目前只发现如下一例：

(454) 古木阴阴溪上村，隔溪呼唤隔溪应。<u>柳堤渔艇水双港</u>，山崦人家云半层。早麦熟随芹菜饷，晚茶香和树芽蒸。自惭未得亢桑乐，痴坐寒窗似冻蝇。(方夔《溪上》)

例 (454) "柳堤渔艇水双港"，从结构上分析是 "(柳) 堤 + (渔) 艇 + 水 + (双) 港"，属七言成句的 "NP + NP + N + NP" 式。从语境与语义上看，"柳堤渔艇水双港" 一句既与其前句 "隔溪呼唤隔溪应" 没有语法结构上的纠葛，也与其后句 "山崦人家云半层" 在语法结构上无牵涉，属于独立表意的语言单位，具有名词铺排的性质。

二、全新模式的创出

元代是通俗文学最为发达的时期，也是文学的活力最为突出的时期。除了元曲、元杂剧有令人耳目一新的局面外，在传统诗歌创作方面也有其特色。即如诗歌中的名词铺排文本建构，就与前代大有不同。这一时期的诗歌名词铺排文本建构，既有结构模式方面的大量创新，计有二十四种之多，为历代之最；也有篇章布局方面的创新突破，产生了全篇名词铺排的布局模式。下面我们分而述之。

(一) 布局上的创新

前文我们说过，诗歌中名词铺排文本建构曾先后产生了三种篇章布局模式，最先产生的是先秦时期《诗经》所创造的篇首名词铺排模式，其次是汉代诗人创造的篇中名词铺排模式，再次是魏晋南北朝诗人创造的篇尾名词铺排模式。到了元代，诗歌中又创造出了一种全新的篇章布局模式，这就是全篇名词铺排模式。

全篇名词铺排，就是全诗从开首一句至全诗结束为止，每一句都是名词铺排句，中间没有插入正常语法结构的句子。这种布局模式，就目前我们所涉猎的诗歌作品来说，只在元诗中出现，而且主要局限于以四句为限的六言诗之中，是陈普、许恕等个别诗人别出心裁的创造。如：

(1) 几处渔樵石路，数家鸡犬柴门。灶屋残烟杳霭，溪流淡月黄昏。(陈普《野步》十首其九)

（2）<u>午背斜阳远村，沤边独树闲门。</u>有莘野中未耜，浣花溪上盘飧。（许恕《题耕乐子卷》）

（3）<u>黄犊眼中荒草，鹭鸶立处枯荷。</u>宦海风涛舟楫，故山烟雨松萝。（陈普《野步》十首其三）

例（1）至例（3）都由名词短语构成，只是各例在结构上稍有差异。例（1）的结构是"（几处）渔＋樵＋（石）路，（数家）鸡＋犬＋（柴）门。（灶）屋＋（残）烟＋（杳）霭，（溪）流＋（淡）月＋黄昏"，属六言成句的"NP＋NP＋NP，NP＋NP＋NP，NP＋NP＋NP，NP＋NP＋NP"式；例（2）的结构是"（午背）（斜）阳＋（远）村，（沤边）（独）树＋（闲）门。（有莘野中）未耜，（浣花溪上）盘飧"，属六言成句的"NP＋NP，NP＋NP，NP，NP"式；例（3）的结构是"（黄犊眼中）（荒）草，（鹭鸶立处）（枯）荷。（宦海）风涛＋舟楫，（故山）烟雨＋松萝"，属六言成句的"NP，NP，NP＋NP，NP＋NP"式。这种超乎寻常的名词铺排文本建构，打破了传统诗歌创作的成规惯例，给人一种新颖别致之感；同时因为大量名词句的连续铺排，使诗歌画面感特别强，读之让人有在欣赏画卷之感，真可谓达到了"如诗如画"的境界。

（二）结构上的创新

元诗在名词铺排文本建构方面最突出的创新，就是结构模式的创造。根据我们对清人顾嗣立所编《元诗选》中所有元诗的调查，发现其创造的结构模式竟达二十四种之多，堪称中国历代之最。下面我们分而述之。

1. 七言成句的"NP，NP"（叠字领起）式

这种结构模式，完全是元诗的首创。前文我们说过，七言成句的"NP，NP"式名词铺排模式早在魏晋南北朝的诗歌中就出现了，之后历代诗歌都有继承沿用。但是，在元代以前所有七言成句的"NP，NP"式名词铺排文本都是以非叠字领起形式出现的。以叠字领起的，则只有元诗中才出现。不过，根据我们对《元诗选》的全面调查，发现元诗中这种结构模式的文本建构尚不普遍，目前只找到如下几例：

（1）南山树影糊轻煤，北山云花玉嵬嵬。绝怜我辈少姿媚，幻此异景穷奇瑰。……谢公屐齿殊济胜，偏反蓬宇徒低摧。<u>娟娟新青故堤柳，片片轻白孤山梅。</u>春风佳游讵易得，相与一笑同衔杯。（袁桷《善之携酒招游西湖值雷雨分韵得杯字》）

（2）铁马长驱汗血流，眼前戈甲几时休。谁能宰似陈平社，那免悲如宋玉秋。<u>漠漠微凉风里殿，萧萧残夜水边楼。</u>千村万落荒荆棘，何止山东二百州。（李俊民《即事》）

（3）云巢幽人爱江渚，捕思挥毫写横素。波澜不惊潦水尽，秋气晶明绝烟雾。……孤村城市仅如蚁，百丈牵江直如缕。<u>萧萧木叶洞庭波，历历晴川汉阳树。</u>蒹葭宿雁天欲霜，丛苇寒鸦日云暮。（虞集《为汪华玉题所藏长江万鸦图》）

（4）千山万山紫翠芒，巍阁突起山中央。<u>煜煜金身兜率佛，棱棱铁面扶风王。</u>烟云浮动貔虎气，日月飞绕狻猊光。回望交州渺何处，孤鸢跕跕南海黄。（陈孚《马王阁》）

例（1）至例（4）诸例都有名词铺排文本建构，每个名词句的结构大体相同，皆以全句末一字（词）为中心语，句首叠字作为间接修饰语，紧邻中心语的是一到两个不等的直接修饰语（有远近分层）。如例（1）从结构上可以分析为"（娟娟）（新青）（故堤）柳，（片片）（轻白）（孤山）梅"，整体上属七言成句的"NP，NP"（叠字领起）式。例（2）至例（4）情况亦然。这些对句形式的名词句，虽皆居于诗歌篇中，但与其他语句没有语法结构上的纠葛，属于独立表意的语言单位，因而我们说它们是名词铺排文本。

2. 七言成句的"NP，NP＋NP"式

这种结构模式在元诗之前未曾有过。不过，根据我们对《元诗选》的全面调查，发现元诗中这种结构模式的文本建构并不多，目前只见到如下一例：

（5）长城小姬如小怜，红丝新上琵琶弦。<u>可人座上三株树，美酒沙头双玉船。</u>小洞桃花落香屑，大堤杨柳扫晴烟。明朝纱帽青藜杖，更访东林十八仙。（杨维桢《又湖州作》四首其三）

例（5）从结构上分析是"（可人座上）（三株）树，（美）酒＋（沙头）（双）（玉）船"，属七言成句的"NP，NP＋NP"式。从语境与语义上看，它以对句形式呈现，虽居诗篇中，却跟其他语句皆无语法结构上的纠葛，是独立表意的语言单位，属于名词铺排的性质。

3. 七言成句的"NP，NP＋NP＋NP"式

这种结构模式也是元诗的创造。不过，根据我们对《元诗选》的全面调查，发现元诗中这种结构模式的文本建构只是偶有一见，目前只找到如下一例：

（6）大药霜髭竟不玄，白鱼无计满千仙。<u>别离岁月落花雨，歌舞楼台芳草烟</u>。世事荣枯分一日，人生感慨萃中年。刘郎恨满玄都观，重到题诗共几篇。（郭钰《简罗伯英》）

例（6）从结构上分析是："（别离岁月）（落花）雨，歌舞＋楼台＋芳草烟"，属七言成句的"NP，NP＋NP＋NP"式。从语境与语义上看，这二句跟其他语句没有语法结构上的纠葛，为独立表意的语言单位，因而可以确认是名词铺排文本。

4. 五言成句的"NP＋NP，NP＋NP＋N"式

这种结构模式也是元诗之前未曾有过的。不过，根据我们对《元诗选》的全面调查，发现元诗中这种结构模式的文本建构难得一见，目前只见到如下一例：

（7）清游及新霁，缓步得嘉宾。<u>古木寒泉寺，鸣鸠乳燕春</u>。山行六七里，舟受两三人。总是曾经处，何须更问津。（郭麟孙《与龚子敬同赋》）

例（7）从结构上分析是"（古）木＋（寒泉）寺，（鸣）鸠＋（乳）燕＋春"，属五言成句的"NP＋NP，NP＋NP＋N"式。从语境与语义上看，这二句与其他语句皆无语法结构上的纠葛，属于独立表意的语言单位，因而是名词铺排文本。

5. 六言成句的"N＋NP＋NP，NP＋NP＋NP"式

这种结构模式在元诗之前未曾出现过。不过，根据我们对《元诗选》的全面调查，发现元诗中这种结构模式的文本建构也只是偶一为之，目前只见到如下一例：

（8）<u>杨柳轻寒水驿，楝花小雨官桥</u>。回首人间往事，孤灯挑尽春宵。（刘诜《春日偶赋》二首其二）

例（8）从结构上分析是"杨柳＋（轻寒）水＋驿，（楝）花＋（小）雨＋（官）桥"，属六言成句的"N＋NP＋NP，NP＋NP＋NP"式（"杨柳"是一个词，算N）。从语境与语义上看，它是独立表意的语言单位，跟其他语句皆无语法结构上的纠葛，因而属于名词铺排的性质。

6. 五言成句的"N＋N＋NP，NP＋NP"式

这种结构模式也是元代诗人的创造。不过，出现的频率并不高。根据我们对

《元诗选》的全面调查，这种结构模式的文本建构在元诗中也只见到如下二例：

（9）之子梁园彦，才华迥不群。<u>书灯双鬓雪，野饭一犁云。</u>久病怜为客，多愁忍送君。钟山吾旧隐，不用勒移文。（周权《赠别》）

（10）白发新梳见，青云往事嗟。西风惊落木，寒雨淡幽花。<u>鱼稻村村酒，沤波处处家。</u>素怀何必问，一笑数昏鸦。（许恕《次朱九龄韵》）

例（9）从结构上分析是"书＋灯＋（双鬓）雪，（野）饭＋（一犁）云"，例（10）的结构是"鱼＋稻＋（村村）酒，（沤）波＋（处处）家"，皆属五言成句的"N＋N＋NP，NP＋NP"式。从语境与语义上看，它们都与其他语句没有语法结构上的纠葛，属于独立表意的语言单位，因而明显是名词铺排文本。

7. 六言成句的"NP＋NP＋NP，NP＋NP"式

这种结构模式在元诗之前未曾出现过。不过，根据我们对《元诗选》的全面调查，这种结构模式的文本建构在元诗中出现的频率不高，目前只见到如下一例：

（11）<u>木叶西风古道，稻花北垅新田。</u>流水美人何处，夕阳荒草连天。（陈普《野步》十首其十）

例（11）从结构上分析是"（木）叶＋（西）风＋（古）道，（稻）花＋（北垅）（新）田"，属六言成句的"NP＋NP＋NP，NP＋NP"式。从语境与语义上看，它居全诗之首，跟其后句没有语法结构上的纠葛，是独立表意的语言单位，因而属于名词铺排的性质。

8. 六言成句的"NP＋NP＋NP，NP＋NP＋NP"式

这种结构模式也是元诗之前没有出现过的。不过，根据我们对《元诗选》的全面调查，这种结构模式的文本建构在元诗中不是太多，目前只见到如下四例：

（12）堤晚游人争渡，花密流莺乱鸣。<u>近水亭台柳色，转山楼观钟声。</u>（马臻《杂咏六言》三首其一）

（13）仙人杏花满树，处士杨柳当门。<u>白发乌纱棋局，绿水青山酒尊。</u>（郭翼《杂咏》三首其一）

（14）<u>夜月小楼箪簟，东风深院琵琶。</u>料理宿醒未了，春光又在邻家。（张宪《夜月》）

（15）远岫层层何处，矮房簇簇谁家。<u>烟树夕阳归鸟，清溪古渡横槎</u>。（张宪《题画》）

例（12）至例（15）皆是以对句形式呈现的名词铺排文本，每句都由三组名词短语并列加合成句（基本是两个音节为一个短语单位），整体上属六言成句的"NP + NP + NP，NP + NP + NP"式。它们或居全诗篇尾，或居全诗篇首，但都跟其他语句没有语法结构上的纠葛，属于独立表意的语言单位，因而都具有名词铺排的性质。

9. 五言成句的"N + N + NP + N，N + N + NP + N"式

这种结构模式亦为元诗的创造。不过，根据我们对《元诗选》的全面调查，这种结构模式的文本建构在元诗中出现的频率并不高，目前只见到如下一例：

（16）试数乱离年，伤情更惘然。<u>牛羊荒草树，天地老风烟</u>。白骨苍苔外，山花野水边。幽禽未栖宿，来往自翩翩。（何中《春郊》二首其一）

例（16）从结构上看是"牛 + 羊 + （荒）草 + 树，天 + 地 + （老）风 + 烟"，属五言成句的"N + N + NP + N，N + N + NP + N"式。从语境与语义上看，它虽居于全诗篇中，但并不与其他语句存在语法结构上的纠葛，属于独立表意的语言单位，因而可以确认是名词铺排文本。

10. 七言成句的"NP + N + NP，NP + NP"式

这种结构模式在元诗之前未曾出现过。不过，根据我们对《元诗选》的全面调查，这种结构模式的文本在元诗中并不多，目前只找到如下一例：

（17）旛竿东峙彭家寨，鹿角曾绕刘家村。彭家旗纛落草莽，刘家衣冠遗子孙。百年风土又一变，丛林化壑池成堑。<u>山亭杨柳驿马坊，官道豫章北商店</u>。喆人令族困屠沽，疃夫互郎高门闾。（刘诜《饮南山故居》）

例（17）从结构上看是"（山）亭 + 杨柳 + （驿马）坊，（官）道 + （豫章）（北商）店"，属七言成句的"NP + N + NP，NP + NP"式（"杨柳"是一个词，算 N）。从语境与语义上看，这二句虽居于全诗篇中，却是独立表意的语言单位，在语法结构上并不与其他语句存在纠葛，因而属于名词铺排的性质。

11. 五言成句的"NP，NP，NP，NP"（叠字领起）式

这种结构模式也是元诗的创造。不过，根据我们对《元诗选》的全面调查，

这种结构模式的文本在元诗中出现的频率也不是太高，目前只见到如下三例：

（18）巍巍百尺台，荡荡昌平原。<u>隆隆镇天府，奕奕环星垣。</u>居庸亘北纪，隩区敛全燕。苍龙左蟠拏，白虎右踞蹲。（周伯琦《龙虎台》）

（19）潇潇山城雨，槭槭书馆风。<u>喔喔邻屋鸡，迢迢远方钟。</u>遐思在古人，展转梦魂通。抱拙俗所弃，岁晚将谁同。赋成不轻卖，金尽当忍穷。（刘诜《春寒闲居》五首其二）

（20）猗猗澧有兰，馥馥沅有芷。<u>猎猎石上蒲，泛泛水中芰。鲜鲜三径菊，</u><u>旎旎百亩蕙。</u>采撷集众芳，灿烂成杂佩。佩服何所从，将以待君子。（许谦《遣兴》四首其二）

例（18）至例（20）从结构上看皆是五言成句的"NP，NP，NP，NP"（叠字领起）式名词铺排。各例四个名词短语皆以叠字领起，以句末名词为中心语。与中心语紧邻的二字为直接修饰语，句首的叠字为间接修饰语。从语境与语义上看，这四个名词短语句彼此是并列对峙的关系，跟其他语句皆无语法结构上的纠葛。很明显，它们都是独立表意的语言单位，属于名词铺排文本。

12. 七言成句的"NP，NP，NP，NP"式

这种结构模式也为元诗的创造。不过，根据我们对《元诗选》的全面调查，这种结构模式在元诗中只有如下一例：

（21）十年京国擅才华，宰相频招载后车。<u>太液苍凉黄鹄羽，玄都烂漫碧桃</u><u>花。三清风露仙人馆，万里风烟野老家。</u>拂拭旧题如隔世，华星明汉望归槎。（虞集《送胡士恭》）

例（21）由四个名词短语句构成，分别以名词"羽""花""馆""家"为中心语。与中心语紧邻的二字为其直接修饰语，句首二字为其间接修饰语，整体结构上属七言成句的"NP，NP，NP，NP"式。从语境与语义上看，这四句虽居于全诗篇中，却是一个独立表意的语言单位，在语法结构上并不与其他语句存在任何纠葛，明显是名词铺排文本。

13. 五言成句的"NP，NP，NP＋NP，NP＋NP"式

这种结构模式在元诗之前未曾出现过。不过，根据我们对《元诗选》的全面调查，这种结构模式在元诗中并不是太多，目前只见到如下一例：

（22）湖外三天竺，溪边九里松。禅心秋寺月，诗思晚林钟。齐巳名无敌，支郎说有宗。京华同惜别，泽国几时逢。（柯九思《送泽天泉上人》）

从句法上分析，例（22）的结构是"（湖外）（三）天竺，（溪边）（九里）松。禅心 +（秋寺）月，诗思 +（晚林）钟"，属五言成句的"NP，NP，NP + NP，NP + NP"式名词铺排文本。从语境与语义上看，这四个名词短语句彼此是并列对峙的关系，且跟其他语句皆无语法结构上的纠葛，属于独立表意的语言单位，因此可以确认其是名词铺排的性质。

14. 五言成句的"NP + NP，N + NP，NP + NP，NP + NP"式

这种结构模式，元诗之前未曾见过。不过，根据我们对《元诗选》的全面调查，这种结构模式在元诗中并不是太多，目前只见到如下一例：

（23）白马吴中寺，袈裟建业船。黄花季秋月，锦树大江烟。洗钵胡僧饭，驮经汉帝年。何时虎丘石，共论永明禅。（吴克恭《送龙翔俊用章住吴白马寺》）

例（23）从句法上分析，其结构是"（白）马 +（吴中）寺，袈裟 +（建业）船。（黄）花 +（季秋）月，（锦）树 +（大江）烟"，属五言成句的"NP + NP，N + NP，NP + NP，NP + NP"式名词铺排文本。从语境与语义上看，这四个名词短语句是彼此并列对峙的，跟其他语句均无语法结构上的纠葛，是独立表意的语言单位，因此属于名词铺排文本。

15. 六言成句的"NP，NP，NP + NP，NP + N"式

这种结构模式在元诗之前从未出现过。不过，根据我们对《元诗选》的全面调查，元诗中这种结构模式并不多见，目前只找到如下一例：

（24）黄犊眼中荒草，鹭鸶立处枯荷。宦海风涛舟楫，故山烟雨松萝。（陈普《野步》十首其三）

例（24）从结构上分析是"（黄犊眼中）（荒）草，（鹭鸶立处）（枯）荷。（宦海）风涛 + 舟楫，（故山）烟雨 + 松萝"，属六言成句的"NP，NP，NP + NP，NP + N"式（"松萝"是一个词，算 N）。这四个名词短语句就是全诗的四句，它们彼此之间没有语法结构上的纠葛，完全是并列对峙的关系。很明显，这是名词铺排文本。

16. 六言成句的"NP + NP，NP + NP，NP + NP，NP"式

这种结构模式也是元诗之前从未出现过的。不过，根据我们对《元诗选》的

全面调查，这种奇特的结构模式在元诗中并不多，目前只找到如下一例：

（25）午背斜阳远村，沤边独树闲门。有莘野中耒耜，浣花溪上盘飧。（许恕《题耕乐子卷》）

从句法上分析，例（25）的结构是"（午背）（斜）阳 +（远）村，（沤边）（独）树 +（闲）门。（有莘野中）耒 + 耜，（浣花溪上）（盘）飧"，属六言成句的"NP + NP，NP + NP，NP + NP，NP"式。四个名词短语句内部结构虽有所不同，但彼此之间没有语法结构上的纠葛，完全是并列对峙的关系，因而属于名词铺排的性质。

17. 七言成句的"NP + NP（叠字领起），NP + NP（叠字领起），NP + NP，NP + NP"式

这种结构模式也是元诗的创造。不过，根据我们对《元诗选》的全面调查，元诗中这种结构模式的文本也并不多见，目前只见到如下一例：

（26）东华厌逐软红尘，一见潘兴味真。落落孤松霄壑志，昂昂野鹤水云身。关山客梦三更月，驿路梅花十里春。谁唱渭城朝雨曲，坐中愁绝未归人。（周权《送友东归》）

例（26）从结构上分析是"（落落）（孤）松 +（霄壑）志，（昂昂）（野）鹤 +（水云）身。（关山）（客）梦 +（三更）月，（驿路）（梅）花 +（十里）春"，属七言成句的"NP + NP（叠字领起），NP + NP（叠字领起），NP + NP，NP + NP"式。这四个名词短语句虽居全诗篇中，但它们跟其他语句皆无语法结构上的纠葛，属于一个独立表意的语言单位，明显是名词铺排的性质。

18. 六言成句的"NP，NP + NP + NP，NP + NP + NP，NP + NP + N"式

这种结构模式也是非常罕见，元诗之前未曾出现过。不过，根据我们对《元诗选》的全面调查，这种结构模式在元诗中也并不多见，目前只见到如下一例：

（27）几处渔樵石路，数家鸡犬柴门。灶屋残烟杳霭，溪流淡月黄昏。（陈普《野步》十首其九）

从句法上分析，例（27）的结构是"（几处）（渔樵）（石）路，（数家）鸡 + 犬 +（柴）门。（灶）屋 +（残）烟 +（杳）霭，（溪）流 +（淡）月 + 黄

昏"，属六言成句的"NP，NP＋NP＋NP，NP＋NP＋NP，NP＋NP＋N"式（"黄昏"是一个词，算 N）。这四个名词短语句彼此之间是并列对峙的关系，明显属于名词铺排文本。

19. 七言成句的"N＋NP＋NP，NP＋NP＋NP，NP＋N＋NP，NP＋N＋NP"式

这种结构模式亦为元诗的独创。不过，根据我们对《元诗选》的全面调查，元诗中这种结构模式的文本也是难得一见，目前只找到如下一例：

（28）轻车繁吹尚纷纭，袅袅香浮紫陌尘。<u>杜宇青山三月暮，桃花流水一溪云。东风旗旆亭中酒，小雨阑干柳外人</u>。何许数声牛背笛，天涯芳草正斜曛。（周权《晚春》）

例（28）从结构上分析是"杜宇＋（青）山＋（三月）暮，（桃）花＋（流）水＋（一溪）云。（东）风＋旗旆＋（亭中）酒，（小）雨＋阑干＋（柳外）人"，属七言成句的"N＋NP＋NP，NP＋NP＋NP，NP＋N＋NP，NP＋N＋NP"式（"旗旆""阑干"都是一个词，算 N）。四个名词短语句虽居于诗歌篇中，但与其他语句皆无语法结构上的纠葛，属于独立表意的语言单位，因而可以确认为名词铺排文本。

20. 五言成句的"NP＋NP＋N"式
这种结构模式在元诗之前未曾出现过。不过，根据我们对《元诗选》的全面调查，这种结构模式在元诗中也并不多见，目前只找到如下一例：

（29）虚室寒侵骨，<u>疏梅月影床</u>。三更孤雁泪，悲怨不成行。（萧国宝《冬夜》）

从句法上分析，例（29）的结构是"（疏）梅＋（月）影＋床"，属五言成句的"NP＋NP＋N"式。从语境与语义上看，"疏梅月影床"居于诗歌篇中，但与其他语句并没有任何语法结构上的纠葛，属于独立表意的语言单位。可见，它是一个名词铺排文本。

21. 六言成句的"NP＋NP＋NP"式
这种结构模式亦为元诗的创造。不过，根据我们对《元诗选》的全面调查，元诗中这种结构模式的文本也并不多，目前只见到如下三例：

（30）访旧五溪薄暮，沙长归路迢遥。虚市人家烧烛，<u>流水孤村断桥</u>。一个残僧待渡，数声短笛归樵。闪闪昏鸦啼后，江风又落寒潮。（吕诚《晚归书事六言》二首其一）

（31）流水数株残柳，西风两岸芦花。<u>荒草客愁远道</u>，夕阳牛带归鸦。（陈普《野步》十首其七）

（32）香里寒云满溪，月明津渡人迷。梦入江南旧路，<u>夕阳流水桥西</u>。（叶颙《月夜梅边即事》）

例（30）至例（32）从句法上分析，其结构分别是"流水＋孤村＋断桥""荒草＋客愁＋远道""夕阳＋流水＋桥西"，均属六言成句的"NP＋NP＋NP"式。从语境与语义上看，它们与其前后的其他语句皆无任何语法结构上的纠葛，是独立表意的语言单位，因而属于名词铺排的性质。

22. 七言成句的"N＋N＋NP"式

这种结构模式在元诗之前未曾出现过。不过，根据我们对《元诗选》的全面调查，这种结构模式在元诗中并不常见，目前只见到如下一例：

（33）百花憔悴东风寒，六花烂漫开正繁。东君似欲夸富贵，琼台玉榭真珠阑。……酒酣舞剑情难歇，指点银瓶莫教竭。醉中犹自忆当时，<u>鹅鸭城边一池月</u>。（叶颙《春雪》）

从句法上分析，例（33）的结构是"鹅＋鸭＋（城边）（一池）月"，属七言成句的"N＋N＋NP"式。从语境与语义上看，它是独立表意的语言单位，跟其前句"醉中犹自忆当时"没有语法结构上的纠葛，因而可以确认是名词铺排。

23. 七言成句的"NP＋NP＋NP＋N"式

这种结构模式也是元诗的创造。不过，根据我们对《元诗选》的全面调查，元诗中这一结构模式的运用只是偶一为之，目前只见到如下一例：

（34）<u>巷南亭馆春风树</u>，魏紫姚黄取次开。翠羽当窗林影丽，红云绕坐国香来。凝酥暖泛金壶酿，群玉晴笼锦帐埃。洧外何能夸芍药，番禺自足愧玫瑰。竟须高宴烦燕女，左手持花右酒杯。（李瓒《牡丹一章奉寄玉山公子》）

例（34）从结构上分析是"（巷南）亭＋馆＋春风＋树"，属七言成句的"NP＋NP＋NP＋N"式。从语境与语义上看，它是独立表意的语言单位，跟其后句"魏紫姚黄取次开"没有语法结构上的纠葛，因而可以确认是名词铺排。

24. 七言成句的"N+N+N+N+N"式

这种结构模式在元诗之前未曾出现过。不过，根据我们对《元诗选》的全面调查，这一结构模式在元诗中并不多，目前只见到如下一例：

（35）主家池馆西龙塘，龙塘华国参差芳。秋轮轧露春云热，<u>水风杨柳芙蓉月</u>。星桥高挂东西虹，宫花小队烟花红。金丝拂鞍长袖舞，夜静水凉神欲语。草池梦落西堂客，吟诗一夜东方白。（杨维桢《题柳风芙月亭诗卷》）

从句法上分析，例（35）的结构是"水＋风＋杨柳＋芙蓉＋月"，属七言成句的"N+N+N+N+N"式（"杨柳""芙蓉"都是一个词，皆为N）。从语境与语义上看，它跟其前句"秋轮轧露春云热"与后句"星桥高挂东西虹"皆无语法结构上的纠葛，属于独立表意的语言单位，因而可以确认是名词铺排文本。

通过上面的描写与分析，我们可以非常清楚地看到，元诗的名词铺排文本建构是非常丰富的，既有对前代旧有模式的大量继承沿用，也有许多自己独创的新模式。

不过，应该指出的是，跟元代之前的所有诗歌一样，元诗中也有不少名词短语句，乍一看像是名词铺排文本，而实际并非如此。这种情况是需要予以厘清的。根据我们对清人顾嗣立所编《元诗选》的全面考察，发现如下的几类就明显不是名词铺排。

第一，有些句子表面上是"NP，NP"式，俨然就是名词铺排，实际上并不是。因为从语义上分析，这二句并非独立表意的语言单位，而只是充当其随后句子的主语。这种情况就不算是名词铺排。例如：

（1）<u>汉高三尺剑，子房三寸舌</u>。刚柔两相济，秦降楚随灭。君不见乾坤狡兔飞鸟秋，脱使子房无世仇，箕栖颖饮死则休。（王逢《题留侯小像》）

例（1）第三句"刚柔两相济"，其主语便是承前二句"汉高三尺剑，子房三寸舌"的两个中心语"剑"与"舌"而来。这就说明"汉高三尺剑，子房三寸舌"在语义上并不是独立的语言单位，而只是充当第三句的话题主语，因而"汉高三尺剑，子房三寸舌"也就不能算是名词铺排。

第二，有些句子表面上是"NP，NP"式，俨然就是名词铺排，实际上并不是。因为从语义上分析，这二句只是主谓关系，前句是主语，后句是谓语，中间省略了相关动词。这种情况就不算是名词铺排。如：

（2）端溪温润石，价重百车渠。<u>一滴玄潭水，蝇头万卷书</u>。（李俊民《砚》）

（3）<u>桑柘斜阳道，天然锦绣机</u>。云容催溽暑，花片忆春霏。水落新鱼瘦，风清宿麦肥。归程时屈指，重午试生衣。（袁桷《舟中杂书》五首其五）

例（2）按句法切分是"（一滴）（玄潭）水，（蝇头）（万卷）书"，似乎是"NP，NP"式结构，俨然就是名词铺排，实际上并不是。因为从语义上分析，这二句的意思是说"一滴玄潭水能写出蝇头万卷书"，可见，"一滴玄潭水"与"蝇头万卷书"并不是并列对峙的关系，而是主谓关系，其间的相关动词被省略了。例（3）按句法切分是"（桑柘+斜阳）道，（天然）（锦绣）机"，似乎也是"NP，NP"式结构，俨然就是名词铺排，实际上并不是。它的实际语义是"桑柘斜阳道，就像天然锦绣机"。可见，二例都非名词铺排，而是因为诗歌字句的限制而省略了相关动词的普通主谓句。

第三，有些句子表面上是"NP，NP"式，俨然就是对句形式的名词铺排，实际上并不是。因为从语义上分析，前后二句中的两个名词短语并不是并列对峙的铺排关系，而是各自构成一个判断句，中间省了判断词。这种情况就不算是名词铺排。如：

（4）天堑鸿流拥积沙，石城虎踞谩雄夸。<u>山陵青草六朝地，巷陌乌衣百姓家</u>。紫盖黄旗消王气，琼枝璧月吊庭花。孤云更作降旛势，目断楼船日又斜。（宋无《秣陵晚眺》）

例（4）的真实语义是："山陵青草是（旧时）六朝地，乌衣巷陌是（今日）百姓家。"可见，"山陵青草六朝地，巷陌乌衣百姓家"二句不是名词铺排，而是两个省略了判断词的主谓句。

第四，有些句子表面上是"NP，NP"式，俨然就是对句形式的名词铺排，实际上并不是。因为从语义上分析，前后二句彼此之间并不是并列对峙的铺排关系，而是共同构成一个判断句，中间省略了判断词。这种情况就不算是名词铺排。如：

（5）<u>山林真学士，天地一诗翁</u>。乘兴不可返，孤舟雪后风。浩荡襟期别，艰

难道术穷。何当真卜宅，共老水精宫。（任士林《晓发衡山访子昂学士》）

例（5）的真实语义是"（山林）（真）学士是（天地）（一）诗翁"。可见，这二句不是名词铺排，而是一个判断句分成了两个诗句组构。

第五，有些句子表面上是"NP，NP"式，俨然就是对句形式的名词铺排，实际上并不是。因为从语义上分析，前后二句皆非名词句，而是省略了相关动词的普通句。这种情况就不算是名词铺排。如：

（6）瞻彼修竹，下临清流。文石偃堤，华松荫丘。……课艺嘉植，坐思远游。濯缨微波，看云良畴。逸而不放，俨而自修。（虞集《竹林七贤图》）

（7）千花重作阳春节，野杏山桃随处发。莫思前度看花谁，已见荒原芳草歇。穆山山下数湾月，华山山涯千丈雪。幽人独在雪月中，要与梅花成四绝。山中之乐谁得知，我独知之来何为。除却山家新腊酝，世间无事可相宜。（何中《山中乐效欧阳公》四首其四）

例（6）的实际结构是"濯缨于微波，看云于良畴"（动词"于"限于四字句结构而被省略），而不是"（濯缨）（微）波，（看云）（良）畴"（"NP，NP"式）。例（7）的实际结构是"穆山山下（有）数湾月，华山山涯（有）千丈雪"，而不是"（穆山山下）数湾月，（华山山涯）千丈雪"（"NP，NP"式）。可见，这二例都不是名词铺排。

第六，有些句子表面上是"NP，NP"式，俨然就是对句形式的名词铺排，实际上并不是。因为从语义上分析，前后二句之间并非对峙并立的关系，而是本体与喻体的关系，喻词被省略。这种情况就不算是名词铺排。如：

（8）积雨淹幽事，初晴得此晨。问舟寻上客，放步约同人。偶入招提境，如酬宿昔因。禅心本无住，吾道岂忧贫。城郭千年鹤，林丘一聚尘。欢娱时不偶，激越意空陈。（马臻《春霁陪葛元白游南山》）

例（8）从句法上切分是"（城郭）（千年）鹤，（林丘）（一）（聚）尘"，结构上是"NP，NP"式，俨然就是名词铺排。实际上并不是。因为它的真实语义是"城郭的千年鹤，就像林丘的一聚尘，都是微不足道的"，是个比喻，喻词被省略。

第七，有些句子表面上是"NP，NP＋NP"式，俨然就是名词铺排，实际上并不是。因为从语义上分析，这二句只是主谓关系，前句是主语，后句是谓语。这种情况就不算是名词铺排。如：

（9）先朝黄叶寺，老屋白云扉。灯续长明火，僧犹坏色衣。驮经马迹远，念佛鸟声微。唯有闲闲叟，坐看红日飞 。（陈植《龙兴寺》）

例（9）从句法上切分是"（先朝）黄叶寺，老屋+白云扉"，结构上是"NP，NP+NP"式，俨然是名词铺排，实际上并不是。因为从语义上看，"先朝黄叶寺"是主语，"老屋白云扉"是说明"黄叶寺"究竟如何的谓语。可见，这二句并不是名词铺排。

第八，有些句子表面上是"NP+NP，NP+NP"式，看上去像是名词铺排，实际上并不是。因为从语义上分析，前后二句内的两个名词短语之间并不是并列对峙的铺排关系，而是主语与谓语之间的关系。这种情况就不算是名词铺排。如：

（10）六宫禾黍千年恨，一片江山万古情。明月不关兴废事，夜深还照石头城。（黄庚《金陵怀古》）

（11）绝壁两屦云，荒村半桥霜。孤往欲何之，林下幽径长。寒梅在何许，临风几徜徉。谁家断篱外，一枝寄林塘。水静不摇影，竹深难护香。无言独倚树，山空月荒凉。（于石《探梅分韵得香字》）

（12）童稚相催忽白头，西风满袖古洪州。重阳天气村村雨，残柳人家处处楼。樵牧忘机鸿北去，古今无迹水东流。卸帆旋买枫林酒，饱睡归舟十日秋。（刘诜《发洪州》）

例（10）的结构是"六宫禾黍（S）千年恨（P），一片江山（S）万古情（P）"，例（11）的结构是"绝壁（S）两屦云（P），荒村（S）半桥霜（P）"，例（12）的结构是"重阳天气（S）村村雨（P），残柳人家（S）处处楼（P）"。可见，这三例都是对举形式的主谓句，属于对偶形式，不是名词铺排。

第九，有些句子表面上是"NP+NP，NP+NP"式，俨然就是名词铺排，实际上并不是。因为从语义上分析，前后二句内的两个名词短语之间并不是并列对峙的铺排关系，而是一种主谓结构的语法关系，相关动词被省略。这种情况就不算是名词铺排。如：

（13）浙水东边寺，禅房处处家。千崖无虎豹，二月已莺花。晓饭天童笋，春泉雪窦茶。烦询梦堂叟，面壁几年华。（成廷珪《送澄上人游浙东》二首其一）

（14）叠嶂云仍起，崇山境转幽。溪云千顷雪，松籁一林秋。长啸临朱阁，清游卧石楼。桥回泉溜远，消尽古今愁。（吴镇《郭忠恕仙山楼观》）

（15）月明何处乱啼乌，坐久徒怜永夜徂。千里关山双雪鬓，百年城郭半烟芜。穆生谢病先辞楚，张翰知机远忆吴。衰晚不如归隐好，故山随处且樵苏。（朱希晦《秋兴》）

（16）太行苍翠插秋旻，叠岭重关自昔闻。战国东西分晋赵，中原南北带河汾。帝王都邑青青草，豪杰勋名点点坟。鸟道盘空频立马，便从高处望飞云。（周伯琦《过太行山》）

（17）暖云将雨骤阴晴，四月罗衣尚未成。万点愁心飞絮影，五更残梦卖花声。方空越白承恩厚，绣袄诸于照道明。自笑穷途不归去，空怀漫刺阖闾城。（张宪《留别赛景初》）

（18）壮心忽忽剧悬旌，秋气能令客子惊。白雁不闻云外过，清霜先向鬓边生。铜驼巷陌周东土，金凤楼台邺北城。千古繁华俱一梦，空余草木战风声。（杜瑛《秋思》）

（19）江上秋风吹断鸿，江头开遍木芙蓉。几家篱落依红树，万壑烟霞锁翠峰。南国风光一杯酒，故园魂梦五更钟。举头日近长安远，阊阖云深第几重。（聂古柏《鄱阳道中》）

例（13）至例（19）都是两个主谓句的对举，每个主谓句都因为字句的限制而省略了相关动词。如果补全了相关动词，例（13）是"晓饭（吃）天童笋，春泉（泡）雪窦茶"，例（14）是"溪云（如）千顷雪，松籁（呈）一林秋"，例（15）是"千里关山（使）双鬓成雪，百年城郭（成）半烟芜"，例（16）是"帝王都邑（成）青青草，豪杰勋名（成）点点坟"，例（17）是"万点愁心（如）飞絮影，五更残梦（有）卖花声"，例（18）是"铜驼巷陌（是）周东土，金凤楼台（是）邺北城"，例（19）是"南国风光（如）一杯酒，故园魂梦（在）五更钟"。可见，诸例都是两个省略了相关动词的主谓句的并举，而非名词铺排。

第十，有些句子表面上是"NP＋NP，NP＋NP"式，俨然就是名词铺排，实际上并不是。因为从语义上分析，前后二句内的两个名词短语之间并不是并列对峙的铺排关系，而是本体与喻体之间的关系，在语法上属于一种主谓结构的关系，中间省略了喻词"如"。这种情况就不算是名词铺排。如：

(20) 黄衫少年如玉笔，生长侯门人不识。道逢豪客问姓名，袖把金鞭侧身揖。卧驼行橐锦帕蒙，石榴压浆银作筒。八月苍鹰一片雪，五花骄马四蹄风。日暮新丰原上猎，三更歌舞灞桥东。（元好问《长安少年行》）

(21) 眼前培楼足萦缠，去去瀛洲大洞天。一息南溟能几月，再行东海定何年。江淮巨浪千堆雪，榆柳中原万里烟。解视归装还不俗，有诗曾酌瘴乡泉。（程钜夫《寅夫示再登鼓山四诗仆虽不获同游然来诗不可虚辱次韵奉谢且致归班之饯》录二）

(22) 丈夫落落志四海，俗士拘拘守一途。羡子春秋当壮日，结交豪俊必通都。孤舟惊浪千堆雪，片纸长江万里图。历览山川俱遍了，归来我欲问今吾。（吴澄《送人游武昌》）

(23) 并马春风陌，高歌夜雨床。遨游前梦失，漂泊此身忙。绿酒西湖色，冰肌六月凉。难招髯似戟，来对玉成行。（袁易《萧子中》）

(24) 有美区中彦，由来志不群。舟航了吴越，裘马向燕云。才思庾开府，风流王右军。得时宜玉笋，稽古剩香芸。（杨载《送丘子正之海盐州教授》）

(25) 识子今无日，风流可复寻。山林余楚制，弟子解闽音。沧海他年梦，青天后夜心。平生匣中剑，零落遂如今。（黄潜《过谢皋羽墓》）

(26) 残日凄风岸，登临感物华。早禾千顷雪，秋树半村霞。酩酊携壶牧，风流落帽嘉。古人哪可作，一笑对黄花。（曹文晦《九日》）

例（20）至例（26）诸例都是两个比喻句对举，每个比喻句都省略了喻词。如果还原，例（20）是"八月苍鹰（如）一片雪，五花骄马四蹄（如）风"，例（21）是"江淮巨浪（如）千堆雪，中原榆柳（如）万里烟"（"榆柳中原"是"中原榆柳"的倒装），例（22）是"孤舟惊浪（如）千堆雪，片纸长江（如）万里图"，例（23）是"绿酒（如）西湖色，肌（如）六月冰凉"（倒装），例（24）是"才思（如）庾开府，风流（如）王右军"，例（25）是"沧海（如）他年梦，青天（如）后夜心"，例（26）是"早禾（如）千顷雪，秋树（如）半村霞"。可见，诸例都不是名词铺排，而是比喻句的对举，属于对偶形式。

第十一，有些句子表面上是"NP＋NP，NP＋NP"式，俨然就是名词铺排，实际上并不是。因为从语义上分析，前后二句内的两个名词短语之间并不是并列对峙的铺排关系，而是判断关系，在语法上属于一种主谓结构的关系，中间省略了判断词"是"。这种情况就不算是名词铺排。如：

(27) 老去多怀旧，兴来时坐驰。出门穷鬼笑，蟹室故人知。野饭新菰米，

诗囊古竹枝。诸孙溪上别，矻矻问归期。（谢应芳《出门》）

例（27）从句法上切分是"野饭＋新菰米，诗囊＋古竹枝"，似乎是"NP＋NP，NP＋NP"结构，俨然是名词铺排，实际上并不是。因为从语义上看，它省略了判断词。若加以还原，便是："野饭是新菰米，诗囊是古竹枝"，属于两个判断句的对举，而不是名词铺排。

第十二，有些句子表面上是"NP＋NP＋NP，NP＋NP＋NP"式，俨然就是名词铺排，实际上并不是。因为从语义上分析，前后二句内的三个名词短语之间并不是并列对峙的铺排关系，而是一种主谓结构的语法关系，相关动词被省略。这种情况就不算是名词铺排。如：

（28）鸡人唱罢晓沉沉，仙杖遥分翠殿深。<u>三岛楼台龙虎气，五云丝竹凤鸾音</u>。普天率土皆臣妾，航海梯山总照临。今日南荒瞻北阙，不胜惆怅泪沾襟。（李京《越隽元日》）

（29）风沙渺渺客联镳，时拂吟鞭慰寂寥。<u>车道绿缘酸枣树，野田青蔓苦瓜苗</u>。杜陵老去家何在，阮籍愁来气不骄。自笑闲人闲未得，得闲终合隐渔樵。（马臻《新州道中》）

从句法上切分，例（28）是"三岛＋楼台＋龙虎气，五云＋丝竹＋凤鸾音"，例（29）是"车道＋绿缘＋酸枣树，野田＋青蔓＋苦瓜苗"，似乎都是"NP＋NP＋NP，NP＋NP＋NP"式结构，俨然是名词铺排。实际上，从语义上看，它们的意思分别是"三岛楼台（有）龙虎气，五云丝竹（如）凤鸾音"，"车道（有）绿缘酸枣树，野田（有）青蔓苦瓜苗"。可见，此二例皆是省略了相关动词的主谓句的并举，而非名词铺排。

第十三，有些句子表面上是"NP＋NP＋NP，NP＋NP＋NP"式，俨然就是名词铺排，实际上并不是。因为从语义上分析，前后二句内的三个名词短语之间并不是并列对峙的铺排关系，而是一种本体与喻体的关系，相关喻词被省略。这种情况就不算是名词铺排。如：

（30）钱塘之景天下无，我昔未游知画图。吴王阑槛神仙壶，沙河灯火锦绣衢。四城翠翘上灵隐，万象画舫游西湖。<u>孤峰梅花白雪庐，大堤杨柳黄金株</u>。百年风物未尽改，游子那得闻其初。（刘诜《送刘玉成之杭州》）

例（30）从句法上切分是"孤峰＋梅花＋白雪庐，大堤＋杨柳＋黄金株"，俨然是"NP＋NP＋NP，NP＋NP＋NP"式的名词铺排，实际上并非如此。因为从语义上看，它的真实意思是"孤峰梅花（如）白雪庐，大堤杨柳（如）黄金株"，是两个比喻句的并举，喻词被省略了。

第十四，有些句子表面上是"NP"式，俨然是单句形式的名词铺排，实际上并不是。因为从语义上分析，它并不能独立成句，而只是充当其后句的主语或话题主语。这种情况就不算是名词铺排。如：

（31）浩浩长安陌，琼楼夹广廛。鸳鸯御沟上，芍药吹楼前。骏马追韩嫣，金尊约郑虔。功名有时有，且得乐当年。（余阙《长安陌》）

（32）幽幽青田山，积翠高千寻。大溪经其南，日云在山阴。下有隐者居，卜筑邃以深。开门面石壁，结构依松林。（陈高《青田山房为刘养愚赋》）

（33）彩凤楼前汴水流，君王不复锦帆游。长堤旧日青青柳，曾带春风拂御舟。（黄庚《炀帝行宫》）

（34）东南都会帝王州，三月莺花非旧游。故国金人泣辞汉，当年玉马去朝周。湖山靡靡今犹在，江水悠悠只自流。千古兴亡尽如此，春风麦秀使人愁。（赵孟頫《钱唐怀古》）

（35）一片中原地，纷纷几战争。至今将不去，留与后人耕。（赵孟頫《牧废苑》）

（36）阳林堂下百株梅，傲雪凌寒次第开。枝上山禽晓啁哳，定应唤我早归来。（赵孟頫《怀德清别业》）

（37）今夜彭城月，楼头又许高。故乡千里别，浮世百年劳。酒力消残梦，诗怀起旧豪。西风稻粱雁，江海去嗷嗷。（贡奎《彭城夜泊》）

（38）溮南有农者，家仅一两车。王师征淮蔡，官遣给军储。翁无应门儿，一身老当夫。劳劳千里役，泥雨半道途。到军遭焚烹，翁脱走故闾。（张耒《溮农叹》）

（39）百花洲上姑苏台，吴王宴时花正开。半空画烛西子醉，三更铁甲东门来。（吴师道《姑苏台》）

（40）昔日珠楼拥翠钿，女墙犹在草芊芊。东风第六桥边柳，不见黄鹂见杜鹃。（陈孚《湖上感旧》）

（41）亭亭翠柏倚朱阑，云母窗扉逼暮寒。玉德殿前红杏树，数花犹作去年看。（周伯琦《宣文下直》）

（42）玉帐临江近，金城镇海遥。鼓声秋动地，剑气夜冲霄。露下星河白，

风高草木凋。……紫枢虚上座，黄阁待清朝。会见擒奸操，归来醉小乔。恩波门外柳，长拂富春潮。（张宪《投赠周元帅十韵》）

（43）短棹轻舟白发翁，往来常在泖西东。一篙绿水孤篷外，九点青山落照中。不尽春光杨柳雨，无边秋兴蓼花风。鸱夷盛酒羊裘卧，表海封齐莫论功。（张宪《赋松江渔者》）

例（31）的结构是"（浩浩）（长安）陌"，例（32）的结构是"（幽幽）（青田）山"，例（33）的结构是"（长堤）（旧日）（青青）柳"，例（34）的结构是"（东南都会）（帝王）州"，例（35）的结构是"（一片）（中原）地"，例（36）的结构是"（阳林堂下）（百株）梅"，例（37）的结构是"（西风）（稻粱）雁"，例（38）的结构是"（劳劳）（千里）役"，例（39）的结构是"（百花洲上）（姑苏）台"，例（40）的结构是"（东风）（第六桥边）柳"，例（41）的结构是"（玉德殿前）（红）杏树"，例（42）的结构是"（恩波门外）柳"，例（43）的结构是"（短棹＋轻舟）（白发）翁"。虽然诸例结构上略有差异，但整体上都是"NP"式，俨然是单句形式的名词铺排。其实并不是。因为从语义上看，它们都不能独立成句，而只是其随后一句的主语或话题主语。

第十五，有些句子表面上是"NP"式，俨然是单句形式的名词铺排，实际上并不是。因为从语义上分析，这些句子并不能独立成句，而只充当其前句的谓语，相关动词被省略。这种情况就不算是名词铺排。如：

（44）昔年酾酒地，江汉一茅亭。同会人何在，东风柳又青。（丁鹤年《题江亭柳色图》）

例（44）从句法上可以切分为"（江汉）（一）（茅）亭"，是"NP"式结构，俨然是单句形式的名词铺排，其实并不是。因为从语义上看，它并不能独立成句，只是充当其前句"昔年酾酒地"的谓语，相关动词被省略。如果予以还原，则是"昔年酾酒地（成为今日）江汉一茅亭"。

第十六，有些句子表面上是"NP"式，俨然是单句形式的名词铺排，实际上并不是。因为从语义上分析，它并不能独立成句，而只能充当其后句的主语或话题主语，中间省略了相关动词。这种情况就不算是名词铺排。如：

（45）万里云南路，青山落照边。省郎新紫绶，幕府旧红莲。见面嗟吾晚，观文觉子贤。只应清淑气，不受瘴溪烟。（赵孟頫《送瞿伯玉云南省都事》）

例（45）从句法上可以切分为"（万里）（云南）路"，是"NP"式结构，俨然是单句形式的名词铺排，其实并不是。因为从语义上看，它并不能独立成句，只是充当其后句"青山落照边"的主语，二句之间省略了动词"在"。如果予以还原，则是"万里云南路在青山落照边"。

第十七，有些句子表面上是"NP＋NP"式，俨然就是单句形式的名词铺排，实际上并不是。因为从语义上分析，它只是其前句的动词的宾语。这种情况就不算是名词铺排。如：

（46）一来驻泊便淹旬，洲渚人家雁鹜村。满地月明疑白昼，半帆烟影易黄昏。（郝经《沙洲夜泊》）

例（46）从结构上看是"（洲渚）人家＋（雁鹜）村"，是"NP＋NP"式的名词铺排，实际上并不是。因为从语境与语义上看，它只是前句"一来驻泊便淹旬"的动词"驻泊"的宾语。如果还原成散文句式，便是"一来驻泊洲渚人家雁鹜村便淹旬"。

第十八，有些句子表面上是"NP＋NP"式，俨然就是单句形式的名词铺排，实际上并不是。因为从语义上分析，句内的两个名词短语之间并不是并列对峙的铺排关系，而是一种主谓结构的语法关系。这种情况就不算是名词铺排。如：

（47）长路风寒酒力醒，马头岁月短长亭。冻云欲雪风吹散，望出西山一半青。（萨都剌《题范阳驿》）

例（47）从句法上可以切分为"（马头）岁月＋短长亭"，是"NP＋NP"式结构，俨然是单句形式的名词铺排，其实并不是。因为从语义上看，它的意思是说"马头岁月（指漂泊在外的时间）就是长亭更短亭（指赶路）"，是个普通主谓句，省略了相关动词。

第十九，有些句子表面上是"NP＋NP＋NP"式，俨然就是单句形式的名词铺排，实际上并不是。因为从语义上分析，它并不能独立成句，而只是充当后句的主语或话题主语。这种情况就不算是名词铺排。如：

（48）青山修竹矮篱笆，仿佛林泉隐者家。酷爱绿窗风日美，鹤梳轻毳乱杨花。（缪鉴《咏鹤》）

例（48）可从句法上切分为"青山 + 修竹 + 矮篱笆"，是"NP + NP + NP"式结构，俨然是名词铺排，实际上并不是。因为从语境与语义上看，它只是其后句"仿佛林泉隐者家"的主语。

第四节　宋金元词中的名词铺排

词经由唐及五代的初步发展，于宋时达到了辉煌的顶点。所以，文学史上有"唐诗宋词"的说法。伴随着词的发展，汉语名词铺排文本的建构也出现了新的景象。至于金元词，虽然发展不及宋，但在名词铺排文本的建构方面也有自己的进展。根据我们对清人朱彝尊编、汪森增订的《词综》（包括宋词三百七十六家、金词二十七家、元词八十四家）中所收宋金元词人作品（同时参考上海辞书出版社出版的《唐宋词鉴赏辞典》中所收宋辽金代表词人的作品）的考察分析，发现宋金元词在名词铺排文本建构方面既有对唐及五代词所创结构模式的大量继承，也有自己许多独到的创造。下面我们分两个方面予以论述。

一、旧有模式的继承

在宋金元词对唐五代词所创结构模式的继承方面，根据我们的调查，就视野所及，发现主要分为两大类，一类是单句式，另一类是对句式。下面我们分而述之。

（一）单句式
单句式名词铺排，由唐五代词人所创造的如下七种结构模式，在我们所调查的宋金元词人作品中都有继承沿用。

1. 五言成句的"NP"式
这种结构模式是唐代词人的创造，宋元词中都有继承沿用之例。如：

（1）蓬窗醉梦惊箫鼓，回首青楼在何处。柳岸风轻吹残暑。菊开青蕊，叶飞红树，江上潇潇雨。（宋·谢逸《青玉案》）

（2）九日西城路。滟平川、黄云万顷，碧山无数。（元·张埜《贺新郎》）

例（1）与例（2）从句法上分析，其结构分别是"（江上）（潇潇）雨"和"（九日）（西城）路"，整体上均属五言成句的"NP"式。从语境与语义上看，它们跟其前后句无语法结构上的纠葛，均属独立表意的语言单位，因而具有名词铺排的性质。

2. 六言成句的"NP"式

这种结构模式是五代词的创造。根据我们的调查，宋元词中都有继承沿用这种结构模式的名词铺排文本。如：

（3）登临总成去客，更软红、先有探芳人。回首沧波故苑，<u>落梅烟雨黄昏</u>。（宋·吴文英《木兰花慢》）

（4）幸相从、蓟门仙客，<u>萧然林下秋叶</u>。对云淡星疏，眉青影白。佳人已倾国，赢得痴铜旧画。兴亡事，道人知否，见了也华发。（元·詹正《霓裳中序第一》）

（5）连理树，一样骊山怀古。<u>古今朝暮云雨</u>。六郎夫妇三生梦，幽恨从来艰阻。须念取，共鸳鸯翡翠，照影长相聚。（元·李冶《迈陂塘》）

（6）拼一醉留春，留春不住，醉里春归。<u>西楼半帘斜日</u>，怪衔春、燕子却飞来。（元·梁曾《木兰花慢》）

从句法上分析，例（3）至例（6）的结构分别是"（落梅＋烟雨）黄昏""（萧然）（林下）（秋）叶""（古今）（朝暮）云雨（有特定含义）""（西楼）（半帘）（斜）日"，整体上皆属六言成句的"NP"式。从语境与语义上看，它们虽处词中，但跟其前后句皆无语法结构上的纠葛，明显是独立表意的语言单位，属于名词铺排的性质。

3. 七言成句的"NP"式

这种结构模式是唐代词人的创造。根据我们的调查，宋金元词中有继承沿用这种结构模式的名词铺排文本。如：

（7）碧海无波，瑶台有路。思量便合双飞去。当时轻别意中人，山长水远知何处？绮席凝尘，香闺掩雾。红笺小字凭谁附？高楼目尽欲黄昏，<u>梧桐叶上萧萧雨</u>。（宋·晏殊《踏莎行》）

（8）<u>天外吴门清霅路</u>，君家正在吴门住。赠我柳枝情几许，春满缕，为君将入江南去。（宋·张先《渔家傲》）

（9）<u>半烟半雨溪桥畔</u>，渔翁醉着无人唤。疏懒意何长，春风花草香。（宋·

黄庭坚《菩萨蛮》)

（10）诸将说封侯，短笛长歌独倚楼。万事尽随风雨去，休休，<u>戏马台南金络头</u>。（宋·黄庭坚《南乡子》）

（11）西城杨柳弄春柔，动离忧，泪难收。犹记多情、曾为系归舟。<u>碧野朱桥当日事</u>，人不见，水空流。（宋·秦观《江城子》）

（12）一春长费买花钱，日日醉湖边。玉骢惯识西湖路，骄嘶过、沽酒楼前。红杏香中箫鼓，绿杨影里秋千。<u>暖风十里丽人天</u>，花压鬓云偏。画船载取春归去，余情付、湖水湖烟。明日重扶残醉，来寻陌上花钿。（宋·俞国宝《风入松》）

（13）<u>临锦堂前春水波</u>，兰皋亭下落梅多。三山宫阙空瀛海，万里风埃暗绮罗。云子酒，雪儿歌，留连风月共婆娑。人间更有伤心处，奈得刘伶醉后，零落栖迟感兴多。（金·元好问《鹧鸪天》）

（14）<u>千古武陵溪上路</u>，桃花流水潺潺。可怜仙契剩浓欢，黄鹂惊梦破，青鸟唤春还。回首旧游浑不见，苍烟一片荒山。玉人何处倚阑干，紫箫明月底，翠袖暮天寒。（元·张弘范《临江仙》）

从句法上分析，例（7）至例（14）的结构分别是"（梧桐叶上）（萧萧）雨""（天外）（吴门）（清雪）路""（半烟半雨）（溪）（桥）畔""（戏马台南）（金）络头""（碧野＋朱桥）（当日）事""（暖风十里）（丽人）天""（临锦堂前）（春）（水）波""（千古）（武陵溪上）路"，整体上皆属七言成句的"NP"式。从语境与语义上看，它们都与其前后句没有语法结构上的纠葛，是独立表意的语言单位，因而都属于名词铺排文本。

4. 四言成句的"NP＋NP"式

这种结构模式是唐代词人的创造。根据我们的调查，宋金元词中皆有这种结构模式的继承沿用。如：

（15）<u>轻云微月</u>，二更酒醉船初发。孤城回望苍烟合。（宋·苏轼《醉落魄》）

（16）凭阑久，<u>疏烟淡日</u>，寂寞下芜城。（宋·秦观《满庭芳》）

（17）<u>暗柳啼鸦</u>，单衣伫立，<u>小帘朱户</u>。桐花半亩，静锁一庭愁雨。（宋·周邦彦《琐窗寒》）

（18）朝云横度。辘辘车声如水去。<u>白草黄沙</u>，月照孤村三两家。（宋·蒋兴祖女《减字木兰花》）

（19）窈窕青门紫曲，蒨罗新、衣翻金缕，旧音恍记，轻拢慢拈，哀弦危柱。

金屋难成，阿娇已远，不堪春暮。听一声杜宇，红殷绿老，雨花风絮。（宋·陈以庄《水龙吟》）

（20）短衣匹马清秋，惯曾射虎南山下。西风白水，石鲸鳞甲，山川图画。千古神州，一时胜事，宾僚儒雅。（金·王磵《水龙吟》）

（21）淡烟疏雨，香径渺啼鴂。新晴画帘闲卷，燕外寒犹力。依约天涯芳草，染得春风碧。（元·李琳《六幺令》）

（22）回首天涯江路永。远树孤村，数点青山暝。梦过煮茶岩下听，石泉呜咽松风冷。（元·卢挚《蝶恋花》）

（23）中原形势，壮东南，梦里谯城秋色。万水千山收拾就，一片空梁落月。烟雨松楸，风尘泪眼，滴尽青青血。（元·刘因《念奴娇》）

（24）放棹沧浪，落霞残照，聊倚岸回山转。乘雁双凫，断芦漂苇，身在画图秋晚。雨送滩声，风摇烛影，深夜尚披吟卷。（元·虞集《苏武慢》其五）

从句法上分析，例（15）至例（24）的结构分别是“（轻）云＋（微）月”、“（疏）烟＋（淡）日”、“（暗）柳＋（啼）鸦”、“（小）帘＋（朱）户”、“（白）草＋（黄）沙”、“（雨）花＋（风）絮”（意为“飘落如雨之花，随风飞舞之絮”）、“（西）风＋（白）水”（随后的二句“石鲸鳞甲，山川图画”是独立成句的两个主谓句，动词省略，如果补上，则是“石鲸有鳞甲，山川如图画”）、“（淡）烟＋（疏）雨”、“（远）树＋（孤）村”、“（烟）雨＋（松）楸”、“（落）霞＋（残）照”，整体上都是四言成句的“NP＋NP”式。从语境与语义上分析，它们都是独立表意的语言单位，跟它们的前后句没有语法结构上的纠葛，所以是名词铺排的性质。

5. 七言成句的“NP＋NP”式

这种结构模式是五代词人的创造。根据我们的调查，宋金元人词中继承沿用这种结构模式的不在少数。如：

（25）一曲新词酒一杯，去年天气旧亭台。夕阳西下几时回？（宋·晏殊《浣溪沙》）

（26）柳外轻雷池上雨，雨声滴碎荷声。小楼西角断虹明。阑干倚处，待得月华生（宋·欧阳修《临江仙》）

（27）秋水斜阳演漾金，远山隐隐隔平林。几家村落几声砧。记得西楼凝醉眼，昔年风物似如今。（宋·贺铸《减字浣溪沙》）

（28）谪宦江城无屋买，残僧野寺相依。松间药臼竹间衣。水穷行到处，云

起坐看时。（宋·晁补之《临江仙》）

（29）**参差烟树灞陵桥**，风物尽前朝。衰杨古柳，几经攀折，憔悴楚宫腰。夕阳闲淡秋光老，离思满蘅皋。一曲阳关，断肠声尽，独自凭兰桡。（宋·柳永《少年游》）

（30）**襄阳古道灞陵桥**，诗兴与秋高。千古风流人物，一时多少雄豪。（金·完颜王寿《朝中措》）

（31）**帘底青灯帘外雨**。酒醒更阑，寂寞情何许？肠断南园回首处，月明花影闲朱户。（元·刘敏中《蝶恋花》）

（32）十年久共梅花别，乍见殊佳绝。**腊前风景雨中天**，翠竹青松恰似映清妍。（元·宋聚《虞美人》）

从句法上分析，例（25）至例（32）的结构分别是"（去年）天气＋（旧）亭台""（柳外）（轻）雷＋（池上）雨""（几家）村落＋（几声）砧""（松间）（药）臼＋（竹间）衣""（参差）（烟）树＋（灞陵）桥""（襄阳）（古）道＋（灞陵）桥""（帘底）青灯＋（帘外）雨""（腊前）风景＋（雨中）天"，皆属七言成句的"NP＋NP"式。从语境与语义上分析，它们跟其前后句没有语法结构上的纠葛，都是独立表意的语言单位，所以是名词铺排文本。

6. 六言成句的"NP＋NP＋NP"式

这种结构模式亦是五代词人的创造。根据我们的调查，宋金元词中都有继承沿用这种结构模式之例。如：

（33）**细草孤云斜日**，一向弄晴天色。帘外落花飞不得，东风无气力。（宋·陈克《谒金门》）

（34）一晌凝情无语，手撚梅花何处。倚竹不胜愁，暗想江头归路。东去，东去，**短艇淡烟疏雨**。（宋·王之道《如梦令》）

（35）快长堤万弩，平冈千骑，波涛卷，鱼龙夜。**落日孤城鼓角**，笑归来，长围初罢。风云惨澹，貔貅得意，旌旗闲暇。（金·王磵《水龙吟》）

（36）曲岸西边近水湾，**渔网纶竿钓槎**。断桥东壁傍溪山，**竹篱茅舍人家**。满山满谷，红叶黄花。正是凄凉时候，离人又在天涯。（元·白无咎《百字折桂令》）

从句法上分析，例（33）至例（36）的结构分别是"（细）草＋（孤）云＋（斜）日""（短）艇＋（淡）烟＋（疏）雨""（落）日＋（孤）城＋鼓角"

"（渔）网＋纶竿＋（钓）槎""（竹）篙＋（茅）舍＋人家"，整体上皆属六言成句的"NP＋NP＋NP"式。从语境与语义上分析，它们都是独立表意的语言单位，跟其前后句没有语法结构上的纠葛，因而属于名词铺排的性质。

7. 七言成句的"NP＋NP＋NP"式

这种结构模式乃唐代词人的创造。根据我们的调查，宋元词中继承沿用这种结构模式的相当多。如：

（37）斗草阶前初见，穿针楼上曾逢。<u>罗裙香露玉钗风</u>，靓妆眉沁绿，羞脸粉生红。（宋·晏几道《临江仙》）

（38）<u>杏花村馆酒旗风</u>，水溶溶。飏残红。野渡舟横，杨柳绿阴浓。（宋·谢逸《江神子》）

（39）<u>绿槐烟柳长亭路</u>，恨取次、分离去。日永如年愁难度。高城回首，暮云遮尽，目断人何处。（宋·惠洪《青玉案》）

（40）<u>西风乱叶溪桥树</u>，秋在黄花羞涩处。满袖尘埃推不去。马蹄浓露，鸡声淡月，寂历荒村路。（宋·张榘《青玉案》）

（41）<u>夕阳门巷荒城曲</u>，清音早鸣秋树。薄翦绡衣，凉生鬓影，独饮天边风露。朝朝暮暮。奈一度凄吟，一番凄楚。（宋·仇远《齐天乐》）

（42）<u>绿杨芳草长亭路</u>，年少抛人容易去。楼头残梦五更钟，花底离愁三月雨。无情不似多情苦，一寸还成千万缕。（宋·晏殊《玉楼春》）

（43）<u>西风落日丹阳道</u>，竹岗松阪相环抱。何处最多情？练湖秋水明。（元·宋聚《菩萨蛮》）

从句法上分析，例（37）至例（43）的结构分别是"罗裙＋（香）露＋（玉钗）风""（杏）花＋（村）馆＋（酒旗）风""（绿）槐＋（烟）柳＋（长亭）路""（西）风＋（乱）叶＋（溪桥）树""（夕）阳＋门巷＋（荒城）曲""（绿）杨＋（芳）草＋（长亭）路""（西）风＋（落）日＋（丹阳）道"，整体上均属七言成句的"NP＋NP＋NP"式。从语境与语义上分析，它们跟其前句或后句均无语法结构上的纠葛，皆是独立表意的语言单位，因而是名词铺排文本。

（二）对句式

对句式名词铺排由唐五代词人所创造，有如下六种结构模式，在我们所调查的宋金元词人作品中都有不同程度的继承沿用。

1. 三言成句的"NP，NP"式

这种结构模式是唐词的创造，五代词未见继承沿用之例。根据我们的调查，宋词中继承沿用这种结构模式的不少。如：

（1）碧云天，黄叶地，秋声连波，波上寒烟翠。（宋·范仲淹《苏幕遮》）

（2）向望湖楼，孤山寺，涌金门。（宋·苏轼《行香子》）

（3）水涵空，山照市，西汉二疏乡里。新白发，旧黄金，故人恩义深。（宋·苏轼《更漏子》）

（4）闲院宇，小帘帏，晚初归，钟声已过，篆香才点，月到门时。（宋·仲殊《诉衷情》）

（5）闲意态，细生涯，牛栏西畔有桑麻。青裙缟袂谁家女，去趁蚕生看外家。（宋·辛弃疾《鹧鸪天》）

（6）云外月，风前絮。情与恨，长如许。想绮窗今夜，为谁凝伫？（宋·岳珂《满江红》）

（7）旧游旧游今在否？花外楼，柳下舟。（宋·蒋捷《梅花引》）

从句法上分析，例（1）至例（7）的结构分别是"（碧云）天，（黄叶）地""（孤山）寺，（涌金）门""（新）（白）发，（旧）黄金""（闲）院宇，（小）帘帏""（闲）意态，（细）生涯""（云外）月，（风前）絮""（花外）楼，（柳下）舟"，皆属三言成句的"NP，NP"（非叠字领起）式。从语境与语义上分析，它们跟其前句或后句均无语法结构上的纠葛，皆是独立表意的语言单位，因而是名词铺排文本。

2. 四言成句的"NP，NP"式

这种结构模式亦为唐词所创造，五代词有继承沿用。根据我们的调查，宋词中继承沿用这种结构模式的也相当多，元词中也有继承沿用之例。如：

（8）二社良辰，千秋庭院。翩翩又见新来燕，凤凰巢稳许为邻，潇湘烟暝来何晚。（宋·陈尧佐《踏莎行》）

（9）谢家池上，江淹浦畔，吟魄与离魂。那堪疏雨滴黄昏，更特地、忆王孙。（宋·欧阳修《少年游》）

（10）别馆寒砧，孤城画角，一派秋声入寥廓。（宋·王安石《千秋岁引》）

（11）荆江留滞最久，故人相望处，离思何限。渭水西风，长安乱叶，空忆诗情宛转。（宋·周邦彦《齐天乐》）

（12）凄凉只恐乡心起，凤楼远、回头谩凝睇。何处今宵孤馆里，一声征雁，半窗残月，总是离人泪。（宋·曹组《青玉案》）

（13）数峰江上，芳草天涯，参差烟树。（宋·廖世美《烛影摇红》）

（14）十里春风，二分明月，蕊仙飞下琼楼。（宋·赵以夫《扬州慢》）

（15）一夜东风，不见柳梢残雪。御楼烟暖，对鳌山彩结。箫鼓向晚，凤辇初回宫阙。千门灯火，九衢风月。（宋·晁冲之《传言玉女》）

（16）早叶初莺，晚风孤蝶，幽思何限。檐角蒙云，阶痕积雨，一夜苔生遍。玉窗闲掩，瑶琴慵理，寂寞水沈烟断。消无言、春归无觅处，卷帘见双飞燕。（元·危复之《永遇乐》）

（17）溪上千峰明紫翠，放出群龙头角。潇洒云林，微茫烟草，极目春洲阔。城高楼迥，恍然身在寥廓。（元·鲜于枢《念奴娇》）

（18）石头城上，望天低吴楚，眼空无物。指点六朝形胜地，唯有青山如壁。蔽日旌旗，连云樯橹，白骨纷如雪。一江南北，消磨多少豪杰。（元·萨都剌《念奴娇》）

从句法上分析，例（8）至例（18）的结构分别是"（二社）良辰，（千秋）庭院""（谢家）池上，（江淹）浦畔""（别馆）寒砧，（孤城）画角""（渭水）（西）风，（长安）（乱）叶""（一声）（征）雁，（半窗）（残）月""（芳草）天涯，（参差）烟树""（十里）（春）风，（二分）（明）月""（千门）灯火，（九衢）风月""（早叶）（初）莺，（晚风）（孤）蝶""（潇洒）（云）林，（微茫）（烟）草""（蔽日）旌旗，（连云）樯橹"，整体上皆属四言成句的"NP，NP"（非叠字领起）式。从语境与语义上看，它们都是独立表意的语言单位，跟其前后句均无语法结构上的纠葛，因而属于名词铺排的性质。

3. 五言成句的"NP，NP"式

这种结构模式也是唐词所首创。根据我们的调查，宋元词中都有继承沿用之例。如：

（19）只道真情易写，那知怨句难工，水流云散各西东。半廊花院月，一帽柳桥风。（宋·陆游《临江仙》）

（20）万顷黄湾口，千仞白云头。一亭收拾，便觉炎海豁清秋。（宋·李昴英《水调歌头》）

（21）碧瓦小红楼，芳草江南岸。雨后纱窗几阵寒，零落梨花晚。看到水如云，送尽鸦成点。南北东西处处愁，独倚阑干遍。（宋·朱敦儒《卜算子》）

（22）花下钿筌箧，尊前白雪讴。记怀中、朱李曾投。镜约钗盟心已许，诗写在、小红楼。（元·张翥《唐多令》）

从句法上分析，例（19）至例（22）的结构分别是"（半廊）（花院）月，（一帽）（柳桥）风""（万顷）（黄湾）口，（千仞）（白云）头""（碧瓦）（小）（红）楼，（芳草）（江南）岸""（花下）钿筌箧，（尊前）白雪讴"，整体上皆属五言成句的"NP，NP"（非叠字领起）式。从语境与语义上分析，它们跟其前后句均无语法结构上的纠葛，皆为独立表意的语言单位，因而可以确认是名词铺排文本。

4. 六言成句的"NP，NP"式

这种结构模式亦为唐代词人所创。根据我们的调查，宋元词人都有继承沿用的文本建构。如：

（23）燕子来时新社，梨花落后清明。池上碧苔三四点，叶底黄鹂一两声，日长飞絮轻。（宋·晏殊《破阵子》）

（24）照野弥弥浅浪，横空隐隐层霄。障泥未解玉骢骄，我欲醉眠芳草。（宋·苏轼《西江月》）

（25）纨扇婵娟素月，纱巾缥缈轻烟。高槐叶长阴初合，清润雨余天。（宋·陆游《乌夜啼》）

（26）一春长费买花钱，日日醉湖边。玉骢惯识西湖路，骄嘶过、沽酒楼前。红杏香中箫鼓，绿杨影里秋千。（宋·俞国宝《风入松》）

（27）林下一溪春水，林上数峰岚翠。中有隐居人，茅屋数间而已。无事，无事，石上坐看云起。（元·王容溪《如梦令》）

（28）东风绿芜千里，怕登楼、归思渺天涯。烟外一双燕子，雨中半树梨花。（元·吴存《木兰花慢》）

从句法上分析，例（23）至例（28）的结构分别是"（燕子来时）（新）社，（梨花落后）清明""（照野）（弥弥）（浅）浪，（横空）（隐隐）（层）霄""（纨扇婵娟）（素）月，（纱巾缥缈）（轻）烟""（红杏香中）箫鼓，（绿杨影里）秋千""（林下）（一溪）（春）水，（林上）（数峰）岚翠""（烟外）（一双）燕子，（雨中）（半树）梨花"，皆属六言成句的"NP，NP"（非叠字领起）式。从语境与语义上看，它们均为独立表意的语言单位，跟其前句或后句均无语法结构上的纠葛，因而属于名词铺排文本。

5．"NP（四言），NP（六言）"式

这种结构模式乃五代词人所创。根据我们的调查，宋词中也有继承沿用之例，但并不常见。如：

（29）花底朱户何处？<u>半黄梅子，向晚一帘疏雨</u>。断魂分付与，春将去。（宋·贺铸《感皇恩》）

例（29）从句法上分析是"（半黄）梅子，（向晚）（一帘）（疏）雨"，属"NP（四言），NP（六言）"式。从语境与语义分析，"半黄梅子，向晚一帘疏雨"与其前后句皆无语法结构上的纠葛，属于独立表意的语言单位，因而具有名词铺排的性质。

6．"NP＋NP（四言），NP（五言）"式

这种结构模式亦为五代词的创造。根据我们的调查，宋词也有继承沿用，只是频率并不高。如：

（30）<u>断云疏雨，冷落空山道</u>。匹马骎骎又重到。望孤村，两三间、茅屋疏篱。溪水畔、一簇芦花晚照。（宋·无名氏《洞仙歌》）

例（30）从句法上分析是"（断）云＋（疏）雨，（冷落）（空山）道"，属于"NP＋NP（四言），NP（五言）"式。从语境与语义分析，"断云疏雨，冷落空山道"与后句无语法结构上的纠葛，是独立表意的语言单位，因而具有名词铺排的性质。

二、全新模式的创出

宋金元词中的名词铺排文本，根据我们的调查发现，其在结构模式方面的创新是相当多的。大致说来，有三个大的方面：一是单句式，二是对句式，三是多句式。下面我们分三个部分来讨论。

（一）单句式

根据我们对《词综》中所收宋金元词的调查与分析，发现宋金元词在单句式名词铺排结构模式方面的创新至少有如下十种。

1．三言成句的"NP"式

这种结构模式是金词的创造。不过，目前我们只发现如下一例：

（1）云淡薄，月朦胧，小帘栊。江湖残梦，半在南楼画角声中。（金·王庭筠《诉衷情》）

从句法上分析，例（1）的结构是"（小）帘栊"，属三言成句的"NP"式，是个三字构成的名词短语句。从语境与语义上看，它是独立表意的语言单位，跟其前后句均无语法结构上的纠葛，因此是名词铺排文本，有自成一景的美感。

2. 四言成句的"NP"式

这种结构模式在唐五代词中尚未产生，但在宋词中已经相当常见，金元词也是如此。如：

（2）半堤花雨。对芳辰消遣，无奈情绪。春色尚堪描画在，万紫千红尘土。（宋·德祐太学生《百字令》）

（3）渺渺予怀，漠漠烟中树。西楼暮，一帘疏雨，梦里寻春去。（金·元好问《点绛唇》）

（4）旧家应在，梧桐覆井，杨柳藏门。闲身空老，孤篷听雨。灯火江村。（元·倪瓒《人月圆》）

从句法上分析，例（2）至例（4）的结构分别是"（半堤）（花）雨""（一帘）（疏）雨""（灯火）（江）村"，属四言成句的"NP"式。从语境与语义方面分析，它们跟其前后句皆无语法结构上的纠葛，属于独立表意的语言单位，因而是名词铺排文本。

3. 四言成句的"NP"（叠字领起）式

根据我们的调查，这种结构模式属于元词中新创出的类型。不过，运用并不普遍，目前只见过如下一例：

（5）章台人远，芳草和烟，萋萋南浦。（元·赵雍《玉珥坠金环》）

例（5）从句法上分析，结构是"（萋萋）南浦"，属四言成句的"NP"（叠字领起）式。从语境与语义上看，它居于词的下阕结尾，与前面的"章台人远""芳草和烟"二句皆无语法结构上的纠葛，属于独立表意的语言单位，明显是名词铺排文本。

4. 五言成句的"NP"（叠字领起）式

根据我们的调查，这种结构模式属于宋人的创造。以五言成句的"NP"式，虽在唐五代词中就已出现，但皆以非叠字领起的形式呈现。以叠字领起且以五言成句的"NP"模式，则是宋人的创造。虽然数量不多，但颇具表达力。如：

（6）娇云容易飞，梦断知何处？深院锁黄昏，<u>阵阵芭蕉雨</u>。（宋·张先《生查子》）

（7）袅袅水芝红，<u>脉脉蒹葭浦</u>。渐渐西风淡淡烟，几点疏疏雨。（宋·葛立方《卜算子》）

从句法上分析，例（6）、例（7）的结构分别是"（阵阵）芭蕉雨""（脉脉）蒹葭浦"，均属五言成句的"NP"（叠字领起）式。从语境与语义分析，它们皆属独立表意的语言单位，跟前后其他语句均无语法结构上的纠葛，明显是名词铺排文本。

5. 六言成句的"NP"（叠字领起）式

根据我们的调查，这种结构模式乃属宋词的创造。不过，建构的文本并不多，目前只发现如下一例：

（8）探春尽是，伤离意绪。官柳低金缕，归骑晚，<u>纤纤池塘飞雨</u>。断肠院落，一帘风絮。（宋·周邦彦《瑞龙吟》）

从句法上分析，例（8）的结构是"（纤纤）（池塘）（飞）雨"，属六言成句的"NP"（叠字领起）式。从语境与语义分析，"纤纤池塘飞雨"跟其前后语句无语法结构上的纠葛，属于独立表意的语言单位，因而可以确认是名词铺排文本。

6. 七言成句的"NP"（叠字领起）式

根据我们的调查，这种结构模式在宋词中未出现过，属元词的创造。不过，元词中也并不多，目前只发现如下一例：

（9）<u>渺渺烟波一叶舟</u>，西风木落五湖秋。盟鸥鹭，傲王侯，管甚鲈鱼不上钩。（元·赵孟𫖯《渔父词》）

从句法上分析，例（9）的结构是"（渺渺烟波）（一叶）舟"，属七言成句的"NP"（叠字领起）式。从语境与语义分析，"渺渺烟波一叶舟"居于词首，跟其后句无语法结构上的纠葛，属于独立表意的语言单位，因而具有名词铺排的性质。

7. 六言成句的"NP＋NP"式

这种结构模式在唐五代词中均未见过，当属宋人的创造。不过，金元词中也有用例。如：

（10）东风吹柳日初长，<u>雨余芳草斜阳</u>。杏花零乱燕泥香，睡损红妆。（宋·秦观《画堂春》）

（11）明日又还重九，<u>黄昏小雨疏风</u>。菊英莪糁一尊同，付与今宵好梦。（宋·丘崇《西江月》）

（12）<u>落日孤城鼓角</u>，笑归来、长围初罢。（金·王渥《水龙吟》）

（13）人生能几欢笑？但相逢、尊酒莫相催。<u>千古幕天席地</u>，一春翠绕珠围。（元·梁曾《木兰花慢》）

（14）春色去何急，春去尚微寒。<u>满地落花芳草</u>，渐觉绿阴圆。（元·赵雍《水调歌头》）

从句法上分析，例（10）至例（14）的结构分别是"（雨余）（芳）草＋（斜）阳""（黄昏）（小）雨＋（疏）风""（落）日＋（孤城）鼓角""（千古）（幕）天＋（席）地""（满地）（落）花＋（芳）草"，整体上均属六言成句的"NP＋NP"式。从语境与语义上看，它们都是独立表意的语言单位，跟其前后句没有语法结构上的纠葛，因此属于名词铺排的性质。

8. 九言成句的"NP＋NP"式

这种结构模式是从宋词中发展出来的，属于宋人的创造。但是，用例不多，目前我们只见到如下一例：

（15）素云凝澹月婵娟，<u>门外鸭头春水木兰船</u>。（宋·晏几道《虞美人》）

从句法上分析，例（15）的结构是"（门外）（鸭头）（春）水＋（木兰）船"，属九言成句的"NP＋NP"式。从语境与语义上看，"门外鸭头春水木兰船"跟其前句"素云凝澹月婵娟"没有语法结构上的纠葛，属于单独表意的语言单位，因而可以确认是名词铺排文本。

9. 四言成句的"N＋N＋NP"式

这种结构模式不仅在唐五代词中未曾发现，在宋金词中也没有，只在元词中偶有一见，明显是元人的创造。如：

（16）更月明洲渚，杜鹃声里，立向临分。三生石，情缘千里，<u>风月柴门</u>。（元·萧列《八声甘州》）

例（16）"风月柴门"，是由两个单音节词"风""月"和一个名词短语"柴门"并列构句，置于全词之尾，且与其前句"情缘千里"无语法结构上的纠葛，属于独立表意的名词铺排文本，在词尾出现有曲终见画之美。

10. 六言成句的"NP + NP + N + N"式

根据我们的调查，这种结构模式属于元代词人的创造。不过，目前我们只找到如下一例：

（17）扁舟来往烟波里，<u>青箬绿蓑风雨</u>。时泛渚，把远岫遥岑，收拾来孤屿。（元·许桢《摸鱼子》）

例（17）从句法上分析，结构是"（青）箬 +（绿）蓑 + 风 + 雨"，属于六言成句的"NP + NP + N + N"式。从语境与语义上看，它跟其前后的其他语句没有语法结构上的纠葛，属独立表意的语言单位，明显是名词铺排文本。

（二）对句式

在宋金元词对句式名词铺排结构模式的创新方面，根据我们对《词综》中所收宋金元词的调查与分析，发现至少有如下十七种。下面我们分而述之。

1. "NP（三言），NP（四言）"式

根据我们的调查，这种结构模式属于元代词人的创造。不过，运用并不普遍，目前只见到如下一例：

（1）来是春初，去是春将老。<u>长亭道，一般芳草</u>，只有归时好。（元·曾允元《点绛唇》）

例（1）从句法上分析，结构是"（长亭）道，（一般）芳草"，两句并立，各自成句，都由名词短语构成。不同的是，前句三言成句，后句四言成句，属于"NP（三言），NP（四言）"式结构。从语境与语义分析，它跟其前句"去是春将老"和后句"只有归时好"均无语法结构上的纠葛，属独立表意的语言单位，因而可以确认是名词铺排文本。

2. 四言成句的"NP，NP"（叠字领起）式

根据我们的调查，这种结构模式乃属宋人的创造。以四言成句的"NP，NP"式名词铺排，早在唐五代词中就已经出现，但是皆以非叠字领起。以叠字领起

的，则始于宋词。不过，元词中也有用例。如：

（2）杳杳神京，盈盈仙子，别来锦字终难偶。（宋·柳永《曲玉管》）

（3）天下奇观，江浮两山，地雄一州。对晴烟抹翠，怒涛翻雪。离离塞草，拍拍风舟。春去春来，潮生潮落。几度斜阳人倚楼。（宋·李曾伯《沁园春》）

（4）悠悠万古，茫茫天宇，自笑平生豪举。元龙尽意卧床高，浑占得、乾坤几许？（元·刘因《鹊桥仙》）

从句法上分析，例（2）至例（4）的结构分别是"（杳杳）神京，（盈盈）仙子""（离离）（塞）草，（拍拍）（风）舟""（悠悠）万古，（茫茫）天宇"，均属四言成句的"NP，NP"（叠字领起）式。从语境与语义上分析，它们均跟其前后句无语法结构上的纠葛，属于独立表意的语言单位，因而是名词铺排文本。

3."NP（四言），NP（五言）"式

根据我们的调查，这种结构模式亦为宋代词人的创造。不过，宋词中运用也不普遍，目前我们视野所及只发现如下二例：

（5）江南好，千钟美酒，一曲满庭芳。（宋·苏轼《满庭芳》）

（6）竹杳花深连别墅。曲曲回廊，小小闲庭宇。忽地香来无觅处，杖藜闲趁游蜂去。（宋·周密《凤栖梧》）

从句法上分析，例（5）、例（6）的结构分别是"（千钟）（美）酒，（一曲）满庭芳""（曲曲）（回）廊，（小小）（闲）庭宇"，均属"NP（四言），NP（五言）"式。从语境与语义上看，它们均属独立表意的语言单位，跟其前后句无语法结构上的纠葛，因而可以确认具有名词铺排的性质。

4."NP（六言），NP（五言）"式

根据我们的调查，这种结构模式是金词中最早出现的。不过，运用并不广泛，目前我们只发现如下一例：

（7）海外九州，邮亭一别，此生未卜他生。江上数峰青。怅断云残雨，不见高城。二月辽阳芳草，千里路傍情。（金·赵可《望海潮》）

从句法上分析，例（7）的结构是"（二月）（辽阳）（芳）草，（千里）（路傍）情"，前句以"草"为中心语，"二月"与"辽阳"是两个间接修饰语，

"芳"则是直接修饰语。后句以"情"为中心语,"千里""路傍"分别是间接与直接修饰语。二例均属"NP(六言),NP(五言)"式。从语境与语义上分析,它们跟其前句均无语法结构上的纠葛,属于独立表意的语言单位,因而是名词铺排文本。

5. 七言成句的"NP,NP"式

根据我们的调查,这种结构模式属于宋元词人的创造。不过,用例尚不多。如:

(8)整整斜斜杨柳陌,疏疏密密杏花村。一番风月更消魂。(宋·无名氏《浣溪沙》)

(9)忽忽东风又老,冷云吹晚阴。疏帘下茶鼎孤烟,断桥外梅豆千林。江南庾郎憔悴,睡未醒,病酒愁怎禁?(元·王学文《绮寮怨》)

从句法上分析,例(8)、例(9)的结构分别是"(整整斜斜)(杨柳)陌,(疏疏密密)(杏花)村""(疏帘下)(茶鼎)(孤)烟,(断桥外)(梅豆)(千)林",均属七言成句的"NP,NP"式。从语境与语义上看,它们皆属独立表意的语言单位,跟其前后句没有语法结构上的纠葛,可以确认具有名词铺排的性质。

6. "NP(三言),NP + NP(六言)"式

这种结构模式在唐五代词中没有出现,是宋词的创造,但并不常见。目前我们只见到如下一例:

(10)弹指一襟怨恨,谩空倩啼鹃声诉。深院宇,黄昏杏花微雨。(宋·吴文英《玉漏迟》)

从句法上分析,例(10)的结构是"(深)院宇,(黄昏)(杏)花 + (微)雨",属"NP(三言),NP + NP(六言)"式。从语境与语义上看,"深院宇,黄昏杏花微雨"居于词末,且跟其前句"谩空倩啼鹃声诉"没有语法结构上的纠葛,属于独立表意的语言单位,明显是名词铺排文本。

7. 六言成句的"NP,NP + NP"式

根据我们的调查,这种结构模式在唐五代词中尚未出现,在宋词中开始出现,不过出现的频率并不高,只是偶有一见。如:

（11）蓁渐穿险磴，步荒苔、犹认瘗花痕。千古兴亡旧恨，半丘残日孤云。开尊。重吊吴魂。岚翠冷、洗微醺。（宋·吴文英《木兰花慢》）

例（11）从句法上分析，结构是"（千古兴亡）（旧）恨，（半丘）（残）日＋（孤）云"，属六言成句的"NP，NP＋NP"式。从语境与语义方面分析，这二句虽居词篇中，但跟其前后句均无语法结构上的纠葛，属于独立表意的语言单位，明显是名词铺排文本。

8. "NP（六言），NP＋NP（四言）"式

根据我们的调查，这种结构模式乃是元代词人的创造。不过，用例并不多，只是偶尔有见。如：

（12）寂寞避暑离宫，东风辇路，芳草年年发。落日无人松径冷，鬼火高低明灭。（元·萨都剌《念奴娇》）

例（12）从句法上分析，结构是"（寂寞）（避暑）离宫，东风＋（辇）路"，属"NP（六言），NP＋NP（四言）"式。从语境与语义上分析，此二句乃居词之下阕开头，且跟其后句无语法结构上的纠葛，属于独立表意的语言单位，因而可以确认是名词铺排文本。

9. "NP（六言），NP＋NP（八言）"式

根据我们的调查，这种结构模式在唐五代词中皆未曾出现，乃是元代词人的创造。不过，所见用例并不多，目前只找到如下一例：

（13）曲岸西边近水湾，渔网纶竿钓槎。断桥东壁傍溪山，竹篱茅舍人家，满山满谷红叶黄花。正是凄凉时候，离人又在天涯。（元·白无咎《百字折桂令》）

例（13）从句法上分析，结构是"（竹篱＋茅舍）人家，（满山满谷）（红）叶＋（黄）花"，属"NP（六言），NP＋NP（八言）"式。从语境与语义上分析，这二句属于独立表意的语言单位，它虽居词篇中，却跟其前后句没有语法结构上的纠葛，明显是名词铺排文本。

10. 四言成句的"NP＋NP，NP＋NP"式

根据我们的调查，这种结构模式在唐五代词中尚未出现，是宋金元词人的创造。不过，就我们的视野所及，这种结构模式在宋金元词中的运用还不普遍，只

是偶有一见而已。如：

（14）月影帘栊，金堤波面，渐细细香风满院。（宋·无名氏《鞓红》）

（15）风台月榭，朱唇檀板，多病全疏酒盏。刘郎争得似当时，比前度心情又减。（金·元好问《鹊桥仙》）

（16）放棹沧浪，落霞残照，聊倚岸回山转。乘雁双凫，断芦漂苇，身在画图秋晚。（元·虞集《苏武慢》）

（17）杨舣万里，笑当年底事，中分南北。须信平生无梦到，却向而今游历。老柳官河，斜阳古道，风定波犹直。野人惊问，泛槎何处狂客？（元·张炎《壶中天》）

（18）燕帘莺户，云窗雾阁，酒醒啼鸦。折得一枝杨柳，归来插向谁家？（元·张炎《朝中措》）

（19）又是年时，杏红欲脸，柳绿初芽。奈寻春步远，马嘶湖曲；卖花声过，人唱窗纱。暖日晴烟，轻衣罗扇，看遍王孙七宝车。（元·王炎午《沁园春》）

（20）吴楚风烟遥入望，独识登临真趣。晚日帆樯，秋风钟梵，倚遍东柱。兴来携手，与君更上高处。（元·朱晞颜《念奴娇》）

（21）残鸦古道，荒鸡村店，渐觉楼头人远。桃花流水小桥东，是那个、柴门半掩。（元·滕宾《鹊桥仙》）

（22）惟有龙煤解染，数枝入画里，如印溪碧。老树枯苔，玉晕冰圈，满幅寒香狼藉。墨池雪岭春长好，悄不管、小楼横笛。（元·张翥《疏影》）

从句法上分析，例（14）至例（22）的结构分别是"（月）影＋（帘）栊，（金）堤＋（波）面""（风）台＋（月）榭，（朱）唇＋（檀）板""（乘）雁＋（双）凫，（断）芦＋（漂）苇""（老）柳＋（官）河，（斜）阳＋（古）道""燕帘＋莺户，云窗＋雾阁""（暖）日＋（晴）烟，（轻）衣＋（罗）扇""（晚）日＋帆樯，（秋）风＋钟梵""（残）鸦＋（古）道，（荒）鸡＋（村）店""（老）树＋（枯）苔，（玉）晕＋（冰）圈"，整体上皆属四言成句的"NP＋NP，NP＋NP"式。从语境与语义上看，它们都跟其前后句无语法结构上的纠葛，属独立表意的语言单位，是名词铺排文本。

11．"NP＋NP（四言），NP＋NP（七言）"式

根据我们的调查，这种结构模式属于元代词人的创造。不过，只是偶有一见。如：

（23）有坡柳风情，逼梅月色。<u>画鼓红船，满湖春水断桥客</u>。（元·詹正《齐天乐》）

例（23）从句法上分析，其结构是"（画）鼓＋（红）船，（满湖）（春）水＋（断桥）客"，属"NP＋NP（四言），NP＋NP（七言）"式。从语境与语义上分析，它跟其前二句"有坡柳风情，逼梅月色"无语法结构上的纠葛，属独立表意的语言单位，因而是名词铺排文本。

12. 五言成句的"NP＋NP，NP＋NP"式

这种结构模式在唐五代词中皆未曾出来过。根据我们的调查，金元词中也未见，只在宋词中偶有一见，乃属宋人的创造。如：

（24）今夜画船何处？潮平淮月朦胧。酒醒人静奈愁浓，<u>残灯孤枕梦，轻浪五更风</u>。（宋·徐昌图《临江仙》）

（25）见说江头春浪渺，殷勤欲送归船。别来此处最萦牵。<u>短篷南浦雨，疏柳断桥烟</u>。（宋·赵长卿《临江仙》）

从句法上分析，例（24）、例（25）的结构分别是"（残）灯＋（孤枕）梦，（轻）浪＋（五更）风""（短）篷＋（南浦）雨，（疏）柳＋（断桥）烟"，皆属五言成句的"NP＋NP，NP＋NP"式。从语境与语义上分析，它们皆属独立表意的语言单位，跟其前句没有语法结构上的纠葛，明显具有名词铺排的性质。

13. 六言成句的"NP＋NP，NP＋NP"式

根据我们的调查，这种结构模式属于宋词创造出来的新类型，但出现频率不高，偶有一见而已。如：

（26）<u>昨日樵村渔浦，今日琼川银渚</u>。山色卷帘看，老峰峦。（宋·韩驹《昭君怨》）

（27）行尽碧溪曲，渐到乱山中。山中白日无色，虎啸谷生风。<u>万仞崩崖叠嶂，千岁枯藤怪树</u>，岚翠自蒙蒙。我马汗如雨，修径转层空。（元·李齐贤《水调歌头》）

从句法上分析，例（26）、例（27）的结构分别是"（昨日）樵村＋渔浦，（今日）琼川＋银渚""（万仞）崩崖＋叠嶂，（千岁）枯藤＋怪树"，均属六言成句的"NP＋NP，NP＋NP"式。从语境与语义上看，它们跟其前后句无语法结构

上的纠葛，属独立表意的语言单位，可见是名词铺排文本。

14. 七言成句的"NP＋NP，NP＋NP"式

根据我们的调查，这种结构模式亦属宋词的创造。但是，用例并不多。如：

（28）绿杨芳草长亭路，年少抛人容易去。<u>楼头残梦五更钟，花底离愁三月雨</u>。（宋·晏殊《玉楼春》）

（29）秋千院落重帘暮，彩笔闲来题绣户。<u>墙头丹杏雨余花，门外绿杨风后絮</u>。（宋·晏几道《木兰花》）

从句法上分析，例（28）、例（29）的结构分别是"（楼头）（残）梦＋（五更）钟，（花底）（离）愁＋（三月）雨""（墙头）（丹）杏＋（雨余）花，（门外）（绿）杨＋（风后）絮"，皆属七言成句的"NP＋NP，NP＋NP"式。从语境与语义上看，它们跟其前句皆无语法结构上的纠葛，属于独立表意的语言单位，因而是名词铺排文本。

15. "NP＋NP（四言），NP＋NP＋NP（七言）"式

根据我们的调查，这种结构模式是宋词发展出来的新品种。只是运用尚不普遍，偶有一见而已。如：

（30）<u>红尘紫陌，斜阳暮草长安道</u>，是离人。断魂处，迢迢匹马西征。（宋·柳永《引驾行》）

例（30）从句法上分析，其结构是"红尘＋紫陌，（斜）阳＋（暮）草＋（长安）道"，属"NP＋NP（四言），NP＋NP＋NP（七言）"式。从语境与语义上观察，此二句跟其后句没有语法结构上的纠葛，属于独立表意的语言单位，因而可以确认是名词铺排文本。

16. 四言成句的"NP＋NP，NP＋N＋N"式

根据我们的调查，这种结构模式属于元词创造出来的新类型。不过，出现频率并不高，只是偶尔见之。如：

（31）<u>风亭泉石，烟林薇蕨</u>，梦绕旧时曾见，江上闲鸥，心盟犹在，分得眠沙畔。（元·危复之《永遇乐》）

例（31）中的"风亭"，意谓"风中之亭"或曰"遮风挡雨之亭"；"泉石"，

意谓"泉中之石",都是偏正式名词短语。"烟林",是"如烟之林"的意思,也是偏正式名词短语。"薇""蕨"是两种野菜,是并列关系。可见,例(31)从句法上分析是"(风)亭+(泉)石,(烟)林+薇+蕨"结构,属四言成句的"NP+NP,NP+N+N"式。从语境与语义上看,此二句属于独立表意的语言单位,跟其后句无语法结构上的纠葛,因而可以确认是名词铺排文本。

17. 七言成句的"NP+NP+NP,NP+NP+NP"式

根据我们的调查,这种结构模式当属宋代词人的创造,因为之前的唐、五代词中未见其例,后来的金元词中也没有。虽然数量不多,但颇具表达力。如:

(32)旧时心事,说着两眉羞。长记得、凭肩游。缃裙罗袜桃花岸,薄衫轻扇杏花楼。几番行,几番醉,几番留。(宋·程垓《最高楼》)

(33)东君欲共春归去,一阵暴风和骤雨。碧油红旆锦障泥,斜日画桥芳草路。(宋·贾昌朝《木兰花令》)

从句法上分析,例(32)、例(33)的结构分别是"缃裙+罗袜+(桃花)岸,(薄)衫+(轻)扇+杏花楼""碧油+红旆+锦障泥,(斜)日+(画)桥+(芳草)路",皆属七言成句的"NP+NP+NP,NP+NP+NP"式。从语境与语义上分析,它们均属独立表意的语言单位,跟其前句无语法结构上的纠葛,因此可以确认是名词铺排文本。

(三)多句式

在多句式名词铺排结构模式的创新方面,根据我们对《词综》中所收宋金元词的调查与分析,发现宋金元词中至少有如下十四种。下面我们分而述之。

1. 四言成句的"NP,NP,NP"式

这种结构模式在唐五代词中尚未发现,但在宋词中已有一些用例,说明这是宋代词人的创造。在元词中,这种结构模式的用例也偶有所见。如:

(1)萼绿华身,小桃花扇,安石榴裙。子野闻歌,周郎顾曲,曾恼夫君。(宋·罗椅《柳梢青》)

(2)白玉枝头,忽看蓓蕾,金粟珠垂。半颗安榴,一枝秾杏,五色蔷薇。(宋·张林《柳梢青》)

(3)连云衰草,连天晚照,连山红叶。西风正摇落,更前溪呜咽。(宋·张抡《十二时》)

（4）平湖百亩，种满湖莲叶。<u>绕堤杨柳，冉冉波光，辉辉烟影</u>，空翠湿沾襟袖。（宋·黄机《喜迁莺》）

（5）三高祠下天如镜，山色浸空蒙。<u>莼羹张翰，渔舟范蠡，茶灶龟蒙</u>。（元·张可久《人月圆》）

（6）鸿沟定约东归，又谁道、赤龙回指？青娥舞罢，重瞳饮泣，断肠声里。<u>半壁酸风，两淮寒月，古今兴废</u>。眇乌江满眼，惊涛卷雪，分明总是英雄泪。（元·杨载《水龙吟》）

从句法上分析，例（1）至例（6）的结构分别是"（萼绿）（华）身，（小）（桃花）扇，（安石榴）裙""（半颗）安榴，（一枝）秋杏，（五色）蔷薇""（连云）（衰）草，（连天）（晚）照，（连山）（红）叶""（绕堤）杨柳，（冉冉）（波）光，（辉辉）（烟）影""（莼羹）张翰，（渔舟）范蠡，（茶灶）龟蒙""（半壁）（酸）风，（两淮）（寒）月，（古今）兴废"，整体上均属四言成句的"NP，NP，NP"式。从语境与语义上看，它们均属独立表意的语言单位，跟其前后句没有语法结构上的纠葛，明显是名词铺排文本。

2．"NP（三言），NP＋NP（六言），NP＋NP（四言）"式

根据我们的调查，这种结构模式乃属元词的创造。不过，出现频率并不高，只是偶有所见而已。如：

（7）<u>鳌溪路，潇洒翠壁丹崖，古藤高树</u>。林间猿鸟欣然，故人隐在，溪山深处。（元·张翥《瑞龙吟》）

例（7）从句法上分析，其结构是"（鳌溪）路，（潇洒）（翠）壁＋（丹）崖，（古）藤＋（高）树"，属"NP（三言），NP＋NP（六言），NP＋NP（四言）"式。从语境与语义上分析，此三句属于一个独立表意的语言单位，跟随后的语句没有语法结构上的纠葛，因而具有名词铺排的性质。

3．"NP（三言），NP（三言），NP＋NP＋NP（六言）"式

根据我们的调查，这种结构模式属于宋词新创的类型，不过出现较少，偶有所见而已。如：

（8）<u>瑶台树，金茎露，凤髓香盘烟雾</u>。三千珠翠拥宸游，水殿按凉州。（宋·夏竦《喜迁莺令》）

从句法上分析，例（8）的结构是"（瑶台）树，（金茎）露，（凤）髓＋

（香）盘＋烟雾"，属"NP（三言），NP（三言），NP＋NP＋NP（六言）"式。从语境与语义上看，此三句跟随后的二句"三千珠翠拥宸游，水殿按凉州"没有语法结构上的纠葛，属于一个独立表意的语言单位，因而可以确认为名词铺排文本。

4. "NP（四言），NP（四言），NP＋NP＋NP（七言）"式

根据我们的调查，这种结构模式应该属于元词的创造。不过，现今发现的用例并不多，只是偶有一见。如：

（9）水际轻烟，沙边微雨，荷花芳草垂杨渡。多情移徙忽成愁，依稀恰是西湖路。（元·刘将孙《踏莎行》）

从句法上分析，例（9）的结构是"（水际）（轻）烟，（沙边）（微）雨，（荷）花＋（芳）草＋（垂杨）渡"，属"NP（四言），NP（四言），NP＋NP＋NP（七言）"式。从语境与语义上看，此三句跟随后的二句"多情移徙忽成愁，依稀恰是西湖路"并无语法结构上的纠葛，属于一个独立表意的语言单位，因而具有名词铺排的性质。

5. "NP＋NP（四言），NP＋NP（四言），NP（四言）"式

根据我们的调查，这种结构模式亦属元代词人的创造。不过，出现的频率不高，偶尔能有一见。如：

（10）流水断桥，坏壁春风，一曲韦娘。记宰相开元，弄权疮痏。全家骆谷，追骑仓皇。（元·刘将孙《沁园春》）

从句法上分析，例（10）的结构是"（流）水＋（断）桥，（坏）壁＋（春）风，（一曲）韦娘"（韦娘指《杜韦娘》曲），属"NP＋NP（四言），NP＋NP（四言），NP（四言）"式。从语境与语义上看，此三句跟随后的二句"记宰相开元，弄权疮痏"没有语法结构上的纠葛，属独立表意的语言单位，因而可以确认是名词铺排文本。

6. "NP＋NP（四言），NP＋NP（四言），NP（六言）"式

这种结构模式在唐五代词中是不曾出现过的，是宋词首创。虽然数量不多，却代表了一种创新类型。如：

（11）东南形胜，三吴都会，钱塘自古繁华。烟柳画桥，风帘翠幕，参差十万人家。（宋·柳永《望海潮》）

（12）残雪庭阴，轻寒帘影，霏霏玉管春葭。小帖金泥，不知春在谁家？（宋·王沂孙《高阳台》）

从句法上分析，例（11）、例（12）的结构分别是"（烟）柳＋（画）桥，（风）帘＋（翠）幕，（参差）（十万）人家""（残）雪＋（庭）阴，（轻）寒＋（帘）影，（霏霏）（玉管）春葭"，均属"NP＋NP（四言），NP＋NP（四言），NP（六言）"式。从语境与语义上分析，它们皆属独立表意的语言单位，跟其前后句无语法结构上的纠葛，因此具有名词铺排的性质。

7. "NP＋NP（四言），NP＋NP（四言），NP＋NP（七言）"式

这种结构模式在唐五代词中未曾出现过，在宋词中也未见。根据我们的调查，这种复杂的结构模式应该算是元代词人的创造。不过，所见并不多，只是偶尔能发现一例。如：

（13）芳草平沙，斜阳远树，无情桃叶江头渡。醉来扶、木兰舟，将愁不去将人去。（元·张翥《踏莎行》）

从句法上分析，例（13）的结构是"（芳）草＋（平）沙，（斜）阳＋（远）树，（无情）桃叶＋（江头）渡"，属"NP＋NP（四言），NP＋NP（四言），NP＋NP（七言）"式。从语境与语义上分析，它居于词的上阕开头，且跟其后句"醉来扶、木兰舟"无语法结构上的纠葛，属独立表意的语言单位，因此可以确认是名词铺排文本。

8. "NP＋NP（六言），NP（六言），NP（六言）"式

根据我们的调查，这种结构模式是元人创造出来的。但其在元词中出现的频率不高，偶有所见而已。如：

（14）溟滓近却山家，芒鞋夜夜冉霞。流水落花归思，苍烟白石生涯。（元·程钜夫《清平乐》）

例（14）"流水落花"修饰"归思"，是一种比喻，意谓"归思就像流水落花"。"苍烟白石"修饰"生涯"，具体描写隐居生活的实况。两句都是"NP"结构的名词短语独立成句。"芒鞋夜夜冉霞"，是由"芒鞋"与"夜夜冉霞"两个名词短语并列加合而成，独立成句，与前句"溟滓近却山家"没有语法结构上的纠葛。因此，"芒鞋夜夜冉霞。流水落花归思，苍烟白石生涯"属于"NP＋NP

（六言），NP（六言），NP（六言）"式名词铺排文本。因为它整体上是一个独立的语言单位。

9. 四言成句的"NP + NP，NP + NP，NP + NP"式

根据我们的调查，这种结构模式也是元人的创造。不过，出现频率不高，只是偶尔见之。如：

（15）故人何在？前程莫问，心事谁同？<u>黄花庭院，青灯夜雨，白发秋风</u>。（元·张可久《人月圆》）

从句法上分析，例（15）的结构是"黄花 + 庭院，青灯 + 夜雨，白发 + 秋风"，是三个"NP + NP"式的名词短语并列加合体，居于词尾，且跟其前句没有语法结构上的纠葛，属于独立表意的语言单位，就像电影片尾推出的三个特写镜头，画面感非常强，是典型的四言成句的"NP + NP，NP + NP，NP + NP"式名词铺排文本。

10. "NP + NP（四言），NP + NP（四言），NP（五言）"式

根据我们的调查，这种结构模式是由宋代词人创造出来的。不过，出现频率不高，只是偶有一见。如：

（16）西风乱叶溪桥树，秋在黄花羞涩处。满袖尘埃推不去。<u>马蹄浓露，鸡声淡月，寂历荒村路</u>。（宋·张榘《青玉案》）

例（16）从句法上分析，其结构是"（马）蹄 +（浓）露，（鸡）声 +（淡）月，（寂历）（荒村）路"，属"NP + NP（四言），NP + NP（四言），NP（五言）"式。从语境与语义上分析，此三句属于一个独立表意的语言单位，跟其前句没有语法结构上的纠葛，因此可以确认具有名词铺排的性质。

11. 三言成句的"NP，NP，NP，NP"式

根据我们的调查，这种结构模式是由宋代词人创造出来的。不过，运用并不广泛，只是偶有所见。如：

（17）<u>江上渡，江边路，形胜地，兴亡处</u>。览遗踪，胜读史书言语。几度东风吹世换，千年往事随潮去。问道傍、杨柳为谁春，摇金缕。（宋·戴复古《满江红/赤壁怀古》下阕）

例（17）从句法上分析，其结构是"（江上）渡，（江边）路，（形胜）地，（兴亡）处"，属于三言成句的"NP，NP，NP，NP"式。从语境与语义上分析，此三句居于全词之首，在语法结构上与其后的语句没有纠葛，因此可以确认是一个独立表意的语言单位，具有名词铺排的性质。

12."NP（五言），NP（四言），NP＋NP（四言），NP＋NP（四言）"式

根据我们的调查，这种结构模式属于元代词人的创造。但是，出现频率不高，只有个别用例。如：

（18）山藏金虎云藏寺，池上老梅枝。洞庭归兴，香柑红树，鲈鲙银丝。（元·张可久《人月圆》）

例（18）从句法上分析，其结构是"（池上）（老）（梅）枝。（洞庭）归兴，（香）柑＋（红）树，鲈鲙＋银丝"，属"NP（五言），NP（四言），NP＋NP（四言），NP＋NP（四言）"式。从语境与语义上分析，此四句与前句"山藏金虎云藏寺"无语法结构上的纠葛，属于一个独立表意的语言单位，因此可以确认具有名词铺排的性质。

13. 四言成句的"NP＋NP，NP＋NP，NP＋NP，NP，NP＋NP，NP＋NP"式

这种结构模式首次出现于元代词中，唐五代词中没有结构这么复杂的名词铺排文本。不过，根据我们的调查，这种结构模式的名词铺排并不多，目前我们只找到如下一例：

（19）重阳何处登临？王聪惯识南山路。秋空绝顶，西风两鬓，白云双屦。浙浦寒潮，苏堤画舸，吴宫烟树。不一尊琼露，数声金缕，将此景成虚负。（元·张埜《水龙吟》）

例（19）从句法上分析，其结构是"（秋）空＋（绝）顶，（西）风＋（两）鬓，（白）云＋（双）屦。（浙浦）（寒）潮，（苏）堤＋（画）舸，（吴）宫＋（烟）树"，属四言成句的"NP＋NP，NP＋NP，NP＋NP，NP，NP＋NP，NP＋NP"式。从语境与语义上看，此六句与前句"王聪惯识南山路"、后句"不一尊琼露"皆无语法结构上的纠葛，属于一个独立表意的语言单位，因此我们可以据此确认它是一个名词铺排文本。

与此前各个时期的诗词一样，宋金元词中也有许多貌似名词铺排而实非名词

铺排的情况。因此，在考察宋金元词中名词铺排发展情况时，这是需要予以厘清的。就我们目前视野所及，宋金元词中至少有如下几种情况不能算是名词铺排。

第一，有些句子表面看是"NP + NP，NP + NP"式结构，或是"NP + NP，NP + NP，NP + NP"式结构，俨然是对句形式的名词铺排，实际上并不是。因为从语法上分析，它们只是两个或三个省略了动词"在"的普通语句的并列。这种情况就不能算是名词铺排。如：

(1) 夕阳鸟外，秋风原上，目断四天垂。（宋·柳永《少年游》）
(2) 七八个星天外，两三点雨山前，旧时茅店社林边，路转溪桥忽见。（宋·辛弃疾《西江月》）

例（1）表面结构是"夕阳 + 鸟外，秋风 + 原上"，俨然是"NP + NP，NP + NP"式结构的名词铺排，实际上并不是。因为仔细分析一下，原来二句都是省略了动词"在"的普通主谓句，而非名词句。如果补全了结构成分，这二句便是"夕阳在鸟外，秋风在原上"。例（2）表面结构是"七八个星 + 天外，两三点雨 + 山前，旧时茅店 + 社林边"，俨然是"NP + NP，NP + NP，NP + NP"式名词铺排，实际上也不是，而是三个省略了动词"在"的普通主谓句。如果补全其省略的句法成分，这三句便是"七八个星在天外，两三点雨在山前，旧时茅店在社林边"。

第二，有些句子表面看是"NP + NP"式结构，俨然是单句形式的名词铺排，实际上并不是。因为从语法上分析，这个"NP + NP"式结构的短语句只是充当其随后一句的主语或话题主语。这种情况明显就不是名词铺排。如：

(3) 衰杨古柳，几经攀折，憔悴楚宫腰。（宋·柳永《少年游》）
(4) 青山绿水，古今长存，惟有旧欢何处，空赢得、斜阳暮草，淡烟细雨。（宋·韩琦《永遇乐》）
(5) 孤舍一檠灯，夜夜看书夜夜明。窗外几竿君子竹，凄清，时作西风散雨声。（元·刘秉忠《南乡子》）
(6) 短短罗袜淡淡妆，拂开红袖便当场。掩翻歌扇珠成串，吹落谈霏玉有香。（元·王恽《鹧鸪天》）
(7) 念贾箧香空，谢池诗冷。流水斜阳，旧家那是旧风景。（元·钱霖《台城路》）

例（3）至例（7）从句法上分析，其结构分别是"衰杨＋古柳""青山＋绿水""孤舍＋（一）檠灯""（短短）罗袜＋（淡淡）妆""流水＋斜阳"，皆为"NP＋NP"式结构，单独看俨然就是单句形式的名词铺排，实际上并不是。因为从语境与语义上考察，它们都只是其随后一句的主语或话题主语。

第三，有些句子表面看是"NP，NP"式结构，俨然是对句形式的名词铺排，实际上并不是。因为从语法上分析，这个"NP，NP"式结构并不是一个独立表意的语言单位，而只是联合起来充当随后一句的主语或话题主语。这种情况明显就不是名词铺排。如：

（8）东归燕从海上去，南来雁向沙头落。<u>楚风台，庾楼月</u>，宛如昨。（宋·王安石《千秋岁引》）

（9）<u>海东头，山尽处</u>，自古客槎来去。槎有信，赴秋期，使君行不归。（宋·苏轼《更漏子》）

（10）<u>花下重门，柳边深巷</u>，不堪回首。念多情，但有当时皓月，向人依旧。（宋·秦观《水龙吟》）

（11）多情谁似南山月，特地暮云开。<u>灞桥烟柳，曲江池馆</u>，应待人来。（宋·陆游《秋波媚》）

（12）忆当年，周与谢，富春秋。小乔初嫁，香囊未解，勋业故优游。<u>赤壁矶头落照，肥水桥边衰草</u>，渺渺唤人愁。我欲乘风去，击楫誓中流。（宋·张孝祥《水调歌头》）

（13）笑杀君房痴到底，燕雀焉知鸿鹄。<u>万叠云山，一丝烟雨</u>，比得三公禄。高风千古，冷香聊荐秋菊。（元·张埜《念奴娇》）

（14）<u>瓜步城闉，烟树西津</u>，几回往来。尽洪源千丈，鱼龙出没；苍颜十载，鸥鹭惊猜。（元·张埜《沁园春》）

例（8）至（14）从句法上分析，其结构分别是"（楚风）台，（庾楼）月""（海）东头，（山）尽处""（花下）（重）门，（柳边）（深）巷""（灞桥）烟柳，（曲江）池馆""（赤壁矶头）落照，（肥水桥边）衰草""（万叠）（云）山，（一丝）（烟）雨""（瓜步）城闉，（烟树）西津"，皆为"NP，NP"式结构，单独看俨然就是对句形式的名词铺排，实际上并不是。因为从语境与语义上考察，它们都只是联合起来共同充当其随后一句的主语或话题主语。

第四，有些句子表面看是"NP＋NP，NP＋NP"式结构，俨然是对句形式的名词铺排，实际上并不是。因为从语法上分析，这个"NP＋NP，NP＋NP"式结构并不是一个独立表意的语言单位，而只是联合起来充当其随后一句的主语或话题主语。这种情况明显就不是名词铺排。如：

（15）碧山锦明秋霁，路转陡，疑无地。忽有人家临曲水。<u>竹篱茅舍，酒旗沙岸</u>，一簇成村市。（宋·曹组《青玉案》）

（16）<u>霜桥月馆，水村烟市</u>，总是思君处。（宋·黄公度《青玉案》）

例（15）、例（16）从句法上分析，其结构分别是"竹篱＋茅舍，酒旗＋沙岸""霜桥＋月馆，水村＋烟市"，皆为"NP＋NP，NP＋NP"式结构，单独看俨然就是对句形式的名词铺排，实际上并不是。因为从语境与语义上考察，它们都只是联合起来共同充当随后一句的主语或话题主语。

第五，有些句子表面看是"NP"式结构，或是"NP，NP"式、"NP＋NP，NP＋NP"式结构，俨然单句或对句形式的名词铺排，实际上并不是。因为从语法上分析，这些名词语句都不是独立表意的语言单位，而只是充当前后句某一动词的宾语。这种情况明显就不是名词铺排。如：

（17）忽清风、吹梦破鸿荒，爱满院秋香，<u>数丛黄菊</u>。（元·刘秉忠《洞仙歌》）

（18）黄卷内，消白日。青镜里，增华发。念岁寒交友，<u>故山烟月</u>。虚道人生归去好，谁知美事难双得。（元·许衡《满江红》）

（19）夜来幽梦忽还乡，小轩窗，正梳妆。相顾无言，惟有泪千行。料得年年肠断处，<u>明月夜，短松冈</u>。（宋·苏轼《江城子》）

（20）有湖中月，<u>江边柳，陇头云</u>。（宋·苏轼《行香子》）

（21）幽寂，乱蛩吟壁。动庾信、清愁似织。沉思年少浪迹，<u>笛里关山，柳下坊陌</u>。坠红无信息。（宋·姜夔《霓裳中序第一》）

（22）海外三山何处是？黄鹤归飞无力。<u>天下佳人，袖中瑶草</u>，日暮空相忆。（元·王旭《大江东去》）

（23）青山绿水，古今长存，惟有旧欢何处，空赢得、<u>斜阳暮草，淡烟细雨</u>。（宋·韩琦《永遇乐》）

例（17）至例（23）从句法上分析，其结构分别是"（数丛）黄菊"（"NP"式）、"（故山）（烟）月"（"NP"式）、"（明月）夜，（短松）冈"（"NP，NP"式）、"（江边）柳，（陇头）云"（"NP，NP"式）、"（笛里）关山，（柳下）坊陌"（"NP，NP"式）、"（天下）佳人，（袖中）瑶草"（"NP，NP"式）、"（斜）阳＋（暮）草，（淡）烟＋（细）雨"（"NP＋NP，NP＋NP"式），单独看俨然就是单句或对句形式的名词铺排，实际上并不是。因为从语境与语义上考察，它们都只是单独或联合起来共同充当前后句中某一动词的宾语。如例（17）"数丛黄菊"是前一句动词"爱"的宾语；例（22）"天下佳人，袖中瑶草"是后一句动词"忆"的宾语。

第六，有些句子表面看是"NP，NP"式结构，俨然是对句形式的名词铺排，实际上并不是。因为从语法上分析，这二句并不是一个独立表意的语言单位，而只是彼此构成主谓关系，即前句是主语，后句是谓语。这种情况明显就不是名词铺排。如：

（24）探春尽是，伤离意绪。官柳低金缕，归骑晚，纤纤池塘飞雨。断肠院落，一帘风絮。（宋·周邦彦《瑞龙吟》）

（25）短长亭，古今情，楼外凉蟾一晕生，雨余秋更清。（宋·万俟咏《长相思》）

例（24）、例（25）从句法上分析，其结构分别是"（断肠）院落，（一帘）风絮""（短长）亭，（古今）情"，属"NP，NP"式，单独看俨然就是对句形式的名词铺排，实际上并不是。因为从语境与语义上考察，前后句之间并不是并列对峙的关系，而是主谓关系。

第七，有些句子表面看是"NP＋NP＋NP"式结构或"NP，NP"式结构，俨然是单句或对句形式的名词铺排，实际上并不是。因为从语义与语法上分析，它们都只是前一句的主语，因为句式倒装而后置而已。这种情况明显就不是名词铺排。如：

（26）重重帘幕寒犹在，凭谁寄、银字泥缄？为报先生归也，杏花春雨江南。（元·虞集《风入松》）

（27）朝暮娱人，水声山色，柳阴花气。笑形闹紫阁，沉浮十载，更几载，成何事！（元·许有壬《水龙吟》）

例（26）从句法上分析，其结构是"杏花＋春雨＋江南"，属"NP＋NP＋NP"式，俨然是单句形式的名词铺排，实际上并不是。因为从语法与语义上看，它实际上是前一句"为报先生归也"的主语。例（27）从句法上分析，其结构是

"水声＋山色，柳阴＋花气"，属"NP，NP"式，俨然是对句形式的名词铺排，实际上并不是。因为从语法与语义上看，它实际上是前一句"朝暮娱人"的主语。

第八，有些句子表面看是"NP＋NP＋NP"式结构或是"NP"式结构，俨然是单句形式的名词铺排，实际上并不是。因为从语义与语法上分析，它只是充当其后一句的话题主语。这种情况明显就不是名词铺排。如：

（28）秋千院落重帘暮，彩笔闲来题绣户。（宋·晏几道《木兰花》）

（29）平沙芳草渡头村，绿遍去年痕。游丝上下，流莺来往，无限销魂。（宋·洪咨夔《眼儿媚》）

（30）南北短长亭，行路无情客有情。年去年来鞍马上，何成！短鬓垂垂雪几茎。（元·刘秉忠《南乡子》）

例（28）、例（29）从句法上分析，其结构分别是"秋千＋院落＋重帘暮""平沙＋芳草＋渡头村"，均属"NP＋NP＋NP"式，单独看俨然是单句形式的名词铺排，其实并不是。因为从语义上看，前者是其后句"彩笔闲来题绣户"的话题主语，后者是其后句"绿遍去年痕"的主语。例（30）从句法上分析，其结构是"（南北）（短长）亭"，属"NP"式，单独看俨然是单句形式的名词铺排，其实并不是。因为从语义上看，它只是其后句"行路无情客有情"的话题主语。

第五节　元曲中的名词铺排

元代文学创作的成就，除了上面我们提到的诗词，还有元曲的创作。可以说，元曲最能代表元代文学的发展水平。文学史上有一种说法，叫"唐诗宋词元曲"，说的正是这种共识。跟诗词一样，元曲中也有非常丰富的名词铺排文本的建构。为此，我们拟以《全元曲》（徐征、张月中、张圣洁、奚海主编：《全元曲》，河北教育出版社，1998 年）作为全面考察的对象，对元曲中的名词铺排结构模式进行系统的爬梳概括，以见其在汉语名词铺排发展史中的真实状况。

一、元曲名词铺排结构模式

根据对《全元曲》的详细考察与分析，我们发现元曲中的名词铺排文本比此前的任何文体（如诗、词等）都要多，建构名词铺排文本似乎成了元曲的常例。从结构上看，元曲的名词铺排模式主要有单句式、对句式、多句式三大类，各大类包括数目不等的各种结构模式。下面我们分而述之。

（一）单句式

根据我们对《全元曲》的调查，发现元曲中的单句式名词铺排结构模式在三大类中数量不多，共计有如下五种。

1. 四言成句的"NP + NP"式

这种结构模式在元曲中相当普遍（限于篇幅，我们只略举三例，以下同）。如：

（1）湖水湖烟，画船款棹，妙舞轻讴。野猿搦丹青画手，沙鸥看皓齿明眸。（奥敦周卿《双调·蟾宫曲·咏西湖》）

（2）竹风过雨新香，锦瑟朱弦，乱错宫商。樵管惊秋，渔歌唱晚，淡月疏篁。准备了今宵乐章，怎行云不住高唐？目外秋江，意外风光，环佩空归，分付下凄凉。（贯云石《双调·蟾宫曲·秋闺》）

（3）疏林暮鸦，聚鱼远浦，落雁寒沙。青山隐隐夕阳下，远水蒹葭。（无名氏《中吕·满庭芳·风月》）

从句法上分析，例（1）至例（3）的结构分别是"湖水 + 湖烟""淡月 + 疏篁""远水 + 蒹葭"，均为四言成句的"NP + NP"式。它们分居作品中的篇首、篇中和篇尾，位置虽有不同，但从语境与语义上考察，跟前后句皆无语法结构上的纠葛，属于独立表意的语言单位，因而属于单句式名词铺排文本。

2. 五言成句的"NP + NP"式

这种结构模式在元曲中比较少，偶有一见。如：

（4）系吟船，西湖日日醉花边。倚门不见佳人面，梦断神仙。清明拜扫天，莺声倦，细雨闲庭院。花飞旧粉，苔长新钱。（张可久《双调·燕引雏·西湖春晚》）

从句法上分析，例（4）的结构是"细雨 +（闲）庭院"，属五言成句的"NP + NP"式。从语境与语义上看，它跟前句"清明拜扫天，莺声倦"和后句"花飞旧粉，苔长新钱"均无语法结构与语义上的纠葛，属于独立表意的语言单位，因而可以确认是单句式名词铺排文本。

3. 七言成句的"NP + NP"式

这种结构模式在元曲中是比较常见的。如：

（5）山远近，云来去。<u>溪上招提烟中树</u>，看时见三两樵渔。（卢挚《中吕·普天乐·湘南道中》）

（6）<u>东风西子湖边路</u>，白发强寻春。尽教年少，金鞭俊影，罗帕香尘。（张可久《黄钟·人月圆·春日湖上》二首之一）

（7）锦机摇残红扑簌，翠屏开嫩绿模糊。<u>茸茸芳草长亭路</u>，乱纷纷花飞园圃。（刘庭信《南吕·一枝花·春日送别》）

从句法上分析，例（5）至例（7）的结构分别是"（溪上）招提 +（烟中）树""东风 +（西子湖边）路""（茸茸）芳草 +（长亭）路"，均为七言成句的"NP + NP"式。它们分居作品中的篇首、篇中，位置虽有不同，但从语境与语义上考察，它们跟前后句皆无语法结构上的纠葛，均是独立表意的语言单位，明显属于单句式名词铺排文本。

4. 六言成句的"NP + NP + NP"式

这种结构模式在元曲中出现的频率是比较高的。如：

（8）吟诗人老天涯，闭门春在谁家？<u>破帽深衣瘦马</u>。晚来堪画，小桥风雪梅花。（张可久《越调·天净沙·晚步》）

（9）江亭远树残霞，淡烟芳草平沙，绿柳阴中系马。夕阳西下，<u>水村山郭人家</u>。（吴西逸《越调·天净沙·闲题》）

（10）<u>丽日和风柳陌</u>，花开相间红白，见游人车马闹该该。（无名氏《中吕·红绣鞋·偷欢》）

从句法上分析，例（8）至例（10）的结构分别是"破帽 + 深衣 + 瘦马""水村 + 山郭 + 人家""丽日 + 和风 + 柳陌"，均为六言成句的"NP + NP + NP"式。它们都以单句形式呈现，分居作品中的篇首、篇中和篇尾，位置虽有不同，但从语境与语义上考察，它们跟前后句皆无语法结构上的纠葛，均为独立表意的语言单位，因而可以确认是名词铺排文本。

5. 七言成句的"NP + NP + NP"式

这种结构模式在元曲中相当普遍。如：

（11）轻衫短帽七香车，九十春光如画图。（胡祇遹《仙吕·一半儿·四景》）

（12）塞雁来，芙蓉谢，冷雨青灯读书舍，待离别怎忍离别？（姚燧《中吕·普天乐·别友》）

（13）铁衣披雪紫金关，彩笔题花白玉阑。渔舟棹月黄芦岸，几般儿君试拣，立功名只不如闲。（张可久《双调·水仙子·乐闲》）

从句法上分析，例（11）至例（13）的结构分别是"轻衫+短帽+七香车""冷雨+青灯+读书舍""渔舟+棹月+黄芦岸"，均为七言成句的"NP+NP+NP"式。它们分居作品中的篇首、篇中，都以单句形式呈现，位置虽有不同，但从语境与语义上考察，它们跟前后句皆无语法结构上的纠葛，均是独立表意的语言单位，因而具有名词铺排的性质。

（二）对句式

根据我们对《全元曲》的调查，发现元曲中的名词铺排对句式结构模式在三大类中数量是比较多的，共计有如下十六种。

1. 二言成句的"NP，NP"式

这种结构模式是元曲中所特有的。根据我们对《全元曲》的调查，它在元曲中出现的频率相当高。如：

（1）柳堤，竹溪，日影筛金翠。（张养浩《中吕·朝天曲·退隐》）

（2）玉田，翠烟，鸾鹤声相唤。青山摇动水底天，把沙鸟都惊散。（张养浩《中吕·朝天曲·村乐》）

（3）牧笛，酒旗，社鼓喧天擂。田翁对客喜可知，醉舞头巾坠。（张养浩《中吕·朝天曲·村乐》）

例（1）的"柳堤，竹溪"、例（2）的"玉田，翠烟"、例（3）的"牧笛，酒旗"，从句法上分析都是"NP，NP"式结构。它们均居于全曲的开头或下阕的开头，跟随后的语句没有语法结构上的纠葛，属于独立表意的单位，明显具有名词铺排的性质。

2. 三言成句的"NP，NP"式

这种结构模式也是元曲中所特有的。根据我们对《全元曲》的调查，它在元曲中的运用是相当广泛的。如：

（4）银台烛，金兽烟，夜方阑画堂开宴。管弦停玉杯斟较浅，听春风过云歌遍。（卢挚《双调·寿阳曲》）

（5）庭前树，篱下菊，老渔樵相伴闲鸥鹭。听道士步虚，教稚子读书引吟客携壶。借贺老鉴湖船，访谢傅东山去。（张可久《双调·庆东原·越山即事》二首之一）

（6）白蘋洲，黄芦岸。密云堆冷，乱雨飞寒。渔人罢钓归，客子推篷看。（鲜于必仁《中吕·普天乐·潇湘夜雨》）

从句法上分析，例（4）至例（6）的结构分别是"（银台）烛，（金兽）烟""（庭前）树，（篱下）菊""（白蘋）洲，（黄芦）岸"，均是三言成句的"NP，NP"式。它们出现于全曲的开头或下阕的开头部分，从语境与语义上考察，它们跟随后的句子皆无语法结构上的纠葛，属于独立表意的语言单位，因而可以确认是名词铺排文本。

3. 四言成句的"NP，NP"式

根据我们对《全元曲》的调查，这种结构模式在元曲中也是运用非常广泛的。如：

（7）西山雨退云收，缥缈楼台，隐隐汀洲。（奥敦周卿《双调·蟾宫曲·咏西湖》）

（8）晚云收，夕阳挂。一川枫叶，两岸芦花。鸥鹭栖，牛羊下。（徐再思《中吕·普天乐·西山夕照》）

（9）依旧向邯郸道中，问居胥今有谁封？何日论文，渭北春天，日暮江东。（阿鲁威《双调·蟾宫曲·怀友》）

从句法上分析，例（7）至例（9）的结构分别是"（缥缈）楼台，（隐隐）汀洲""（一川）枫叶，（两岸）芦花""（渭北）春天，（日暮）江东"，均是四言成句的"NP，NP"式。它们都是以对句形式呈现，居于作品的篇首或篇中。但是，从语境与语义上考察，它们跟前后句均无语法结构上的纠葛，是独立表意的语言单位，因而具有名词铺排的性质。需要指出的是，例（9）"渭北春天，日暮江东"二句，从来源上说虽属化用（化用杜甫《春日忆李白》："渭北春天树，江东日暮云。何时一樽酒，重与细论文。"），但从结构形式上看，它还是名词铺排。因为这两句都是以偏正式名词短语构句，语法结构上彼此互不隶属，语义上也自足完整（写两种景象）。因此，从形式上看，它仍然属于名词铺排。

4. 五言成句的"NP，NP"式

这种结构模式在元曲中也是常见的类型。如：

（10）奴耕婢织足生涯，随分村疃人情，赛强如宪台风化。趁一溪流水浮鸥鸭，小桥掩映蒹葭。芦花千顷雪，红树一川霞，长江落日牛羊下。<u>山中闲宰相，林外野人家</u>。（宇罗御史《南吕·一枝花·辞官懒簪獬》）

（11）塔标南北峰，风闻远近钟。<u>佛国三天竺，禅关九里松</u>。冷泉中，水光山色，岩花颠倒红。（吕止庵《仙吕·后庭花·冷泉亭四时景》）

（12）<u>靖节黄花径，子猷苍玉亭</u>，千涧飞来六月冰。清，素琴无意听。阑干静，白云钟一声。（张可久《中吕·齐天乐过红衫儿·观泉》）

从句法上分析，例（10）至例（12）的结构分别是"（山中）（闲）宰相，（林外）（野）人家""（佛国）（三）天竺，（禅关）（九里）松""（靖节）（黄花）径，（子猷）（苍玉）亭"，均是五言成句的"NP，NP"式。它们皆以对句形式呈现，虽居于作品的篇首、篇中或篇尾，但从语境与语义上看，皆跟前后句没有语法结构上的纠葛，属于独立表意的语言单位，因而可以确认是名词铺排文本。

5. 六言成句的"NP，NP"式

这种结构模式在元曲中也是出现频率很高的类型。如：

（13）<u>月底花间酒壶，水边林下茅庐</u>。避虎狼，盟鸥鹭，是个识字的渔夫。蓑笠纶竿钓今古，一任他斜风细雨。（胡祗遹《双调·沉醉东风》）

（14）<u>五湖范蠡渔舟，西风季子貂裘</u>。青鸾迟远信，白雁报新秋。愁，懒上小红楼。（张可久《越调·寨儿令·忆别》）

（15）簇簇攒攒圈柳蒎，草荐斜签门外插。<u>五七枝桃杏花，柳阴中三四家</u>。（无名氏《越调·凭阑人》）

从句法上分析，例（13）至例（15）的结构分别是"（月底）（花间）酒壶，（水边）（林下）茅庐""（五湖）（范蠡）渔舟，（西风）（季子）貂裘""（五七枝）（桃杏）花，（柳阴中）（三四）家"，均是六言成句的"NP，NP"式。从语境与语义上分析，它们均以对句形式呈现，虽居于作品的篇首或篇尾，但并不跟前后句有语法结构上的纠葛，是独立表意的语言单位，因而属于名词铺排文本。

6. 七言成句的"NP，NP"式

根据我们对《全元曲》的调查，这种结构模式在元曲中也是广泛运用的类型。如：

（16）<u>博带峨冠年少郎，高髻云鬟窈窕娘</u>。我文章你艳妆，你一斤咱十六两。（姚燧《越调·凭阑人》）

（17）清明禁烟，雨过郊原。<u>三四株溪边杏桃，一两处墙里秋千</u>。隐隐的如闻管弦，却原来是流水溅溅。（张养浩《中吕·十二月兼尧民歌·寒食道中》）

（18）青山隐隐夕阳下，远水兼葭。<u>鸭头绿一江浪花，鱼尾红几缕残霞</u>。云帆挂，星河客槎，万里寄天涯。（无名氏《中吕·满庭芳·风月》）

从句法上分析，例（16）至例（18）的结构分别是"（博带峨冠）（年少）郎，（高髻云鬟）（窈窕）娘""（三四株）（溪边）杏桃，（一两处）（墙里）秋千""（鸭头绿）（一江）浪花，（鱼尾红）（几缕）残霞"，均是七言成句的"NP，NP"式。从语境与语义上看，它们均以对句形式呈现，分居作品的篇首或篇中，但跟前后句并无语法结构上的纠葛，属于独立表意的语言单位，明显是名词铺排文本。

7. 杂言成句的"NP，NP"式
这种结构模式在元曲中出现频率很高，运用颇为广泛。如：

（19）云冉冉，草纤纤，谁家隐居山半掩？水烟寒，溪路险。<u>半幅青帘，五里桃花店</u>。（张可久《中吕·迎仙客·括山道中》）

（20）暖日和风清昼，茶余饭饱斋时候。自叹抱官囚，被名缰牵挽无休。（高安道《般涉调·哨遍·嗓淡行院》）

（21）平沙细草斑斑，曲溪流水潺潺，塞上清秋早寒。<u>一声新雁，黄云红叶青山</u>。（无名氏《越调·天净沙》）

从句法上分析，例（19）至例（21）的结构分别是"（半幅）（青）帘，（五里）（桃花）店""（暖日＋和风）清昼，（茶余＋饭饱）（斋）时候""（一声）新雁，（黄云＋红叶）青山"，均是杂言成句的"NP，NP"式。从语境与语义上看，它们分居作品的篇首或篇尾，以对句形式呈现，且跟其前后句没有语法结构上的纠葛，明显是独立表意的语言单位，因而可以确认是名词铺排文本。

8. 杂言成句的"NP，NP＋NP"式
这种结构模式在元曲中出现频率不高。如：

（22）<u>七里滩边古钓台，老树苍苔</u>。要听渔樵话成败，去来，去来。（无名氏《双调·庆宣和》）

例（22）从句法上分析，其结构是"（七里滩边）（古）钓台，老树＋苍苔"，属杂言成句的"NP，NP＋NP"式。从语境与语义上看，它居于作品的篇首，且以对句形式呈现，跟后句"要听渔樵话成败，去来，去来"没有语法结构上的纠葛，属于独立表意的语言单位，因而是名词铺排文本。

9. 四言成句的"NP＋NP，NP"式

这种结构模式也是元曲中较为常用的类型。如：

（23）鳜鱼肥流水桃花，<u>山雨溪风，漠漠平沙</u>。（刘时中《双调·折桂令·渔》）

（24）笙歌苏小楼前路，杨柳尚青青。画船来往，总相宜处，浓浓阴晴。杖藜闲暇，<u>孤坟梅影，半岭松声</u>。老猿留坐，白云洞口，红叶山亭。（张可久《黄钟·人月圆·秋日湖上》）

从句法上分析，例（23）、例（24）的结构分别是"（山）雨＋（溪）风，（漠漠）平沙""（孤）坟＋（梅）影，（半岭）松声"，均属四言成句的"NP＋NP，NP"式。从语境与语义上看，它们皆以对句形式呈现，分居作品的篇中或篇尾，但跟前后句无语法结构上的纠葛，是独立表意的语言单位，因而具有名词铺排的性质。

10. 六言成句的"NP＋NP，NP"式

根据我们对《全元曲》的调查，这种结构模式在元曲中是比较少见的类型，只是偶有一见而已。如：

（25）<u>十年燕月歌声，几点吴霜鬓影</u>。西风吹起鲈鱼兴，已在桑榆暮景。（姚燧《中吕·醉高歌·感怀》）

例（25）从句法上分析，其结构是"（十年）燕月＋歌声，（几点）（吴霜）鬓影"，属六言成句的"NP＋NP，NP"式。从语境与语义上看，它居于作品的篇首，以对句形式呈现，且跟前后句无语法结构上的纠葛，明显属于独立表意的语言单位，具有名词铺排的性质。

11. 四言成句的"NP＋NP，NP＋NP"式

这种结构模式是元曲中运用非常广泛的类型，在很多曲牌中都能见到。如：

（26）<u>酒豪诗俊，谢馆秦楼</u>。会传杯笑饮流霞，见游女行歌尽。（商衢《南吕·梁州第七·戏三英》）

（27）向林泉选一答儿清幽地，闲时一曲，闷后三杯。<u>柴门草户，茅舍疏篱</u>。守着咱稚子山妻，伴着几个故友相识。（孙叔顺《南吕·一枝花·休官》）

（28）白云堆里听松风，一枕游仙梦。相伴琼姬玉华洞，锦重重，觉来香露泠衣重。<u>长桥彩虹，空台丹凤</u>，花影月明中。（张可久《越调·小桃红·游仙梦》）

从句法上分析，例（26）至例（28）的结构分别是"酒豪＋诗俊，谢馆＋秦楼""柴门＋草户，茅舍＋疏篱""长桥＋彩虹，空台＋丹凤"，均属四言成句的"NP＋NP，NP＋NP"式。从语境与语义上分析，它们分居作品的篇首或篇中，皆以对句形式呈现，且跟前后句无语法结构上的纠葛，明显属于独立表意的语言单位，因而可以确认是名词铺排文本。

12. 五言成句的"NP＋NP，NP＋NP"式

这种结构模式在元曲中也是出现频率非常高的类型，用例很多。如：

（29）醉来晚风生画堂，不记樽前唱。<u>冰壶荔子浆，月枕蓉花帐</u>，酒醒玉人环佩响。（张可久《双调·清江引·夏夜即事》）

（30）水边粉墙生翠藓，紧闭秋千院。<u>银骢暖玉鞍，彩凤泥金扇</u>，那人看花归路远。（张可久《双调·清江引·春怀》）

（31）鬼败口话儿只恁般灵，吃紧的唱《阳关》不肯消停。<u>西风南北路，落日短长亭</u>。［消遥乐］我从来眼硬，不由人对景伤情，一哭一个放声。（无名氏《商调·集贤宾·忆美》）

从句法上分析，例（29）至例（31）的结构分别是"（冰）壶＋（荔子）浆，（月）枕＋（蓉花）帐""（银）骢＋（暖）（玉）鞍，（彩）凤＋（泥金）扇""西风＋（南北）路，落日＋（短长）亭"，皆属五言成句的"NP＋NP，NP＋NP"式。从语境与语义上看，它们皆以对句形式呈现，居于作品篇中，但跟前后句并无语法结构上的纠葛，是独立表意的语言单位，因而属于名词铺排文本。

13. 六言成句的"NP＋NP，NP＋NP"式

这种结构模式多在元曲作家笔下出现，用例也相当丰富。如：

（32）嗈嗈落雁平沙，依依孤鹜残霞，隔水疏林几家？小舟如画，渔歌唱入芦花。（张可久《越调·天净沙·江上》）

（33）一榻白云竹径，半窗明月松声，红尘无处是蓬瀛。青猿藏火枣，黑虎听黄庭，山人参内景。（徐再思《中吕·红绣鞋·道院》）

（34）浩浩寒波野鸥，消消夜雨兰舟，津亭送别风外柳。（李邦基《越调·斗鹌鹑·寄别》）

从句法上分析，例（32）至例（34）的结构分别是"（嗈嗈）落雁＋平沙，（依依）孤鹜＋残霞""（一榻）白云＋竹径，（半窗）明月＋松声""（浩浩）寒波＋野鸥，（消消）夜雨＋兰舟"，皆属六言成句的"NP＋NP，NP＋NP"式。从语境与语义上分析，它们皆以对句形式呈现，分居作品的篇首，且跟后句没有语法结构上的纠葛，属独立表意的语言单位，因而可以确定是名词铺排文本。

14. 七言成句的"NP＋NP，NP＋NP"式

根据我们对《全元曲》的调查，这种结构模式在元曲中出现的频率相当高，很多作家笔下都有用例。如：

（35）巢由后隐者谁何？试屈指高人，却也无多。渔父严陵，农夫陶令，尽会婆娑。五柳庄瓷瓯瓦钵，七里滩雨笠烟蓑。好处如何？三径秋香，万古苍波。（卢挚《双调·蟾宫曲·箕山感怀》）

（36）我自无能，谁言有道，勇退中流。柴门外春风五柳，竹篱边野水孤舟。绿蚁新篘，瓦钵磁瓯，直共青山，醉倒方休。（张养浩《双调·折桂令·想为官枉了》）

（37）水边垂柳赤栏桥，洞里神仙紫玉箫。东风吹断闲花草，碧云深春梦悄，久别来朱户萧条。（李致远《双调·水仙子·春怀》）

从句法上分析，例（35）至例（37）的结构分别是"（五柳庄）瓷瓯＋瓦钵，（七里滩）雨笠＋烟蓑""（柴门外）春风＋五柳，（竹篱边）野水＋孤舟""（水边）垂柳＋（赤栏）桥，（洞里）神仙＋（紫玉）箫"，均属七言成句的"NP＋NP，NP＋NP"式。从语境与语义上分析，它们分居作品的篇首或篇中，皆以对句形式呈现，跟前后句无语法结构上的纠葛，属于独立表意的语言单位，因而具有名词铺排的性质。

15. 六言成句的"NP＋NP＋NP，NP＋NP＋NP"式

这种结构模式也是元曲中出现频率很高的类型，很多元曲作家笔下都有用

例。如：

（38）<u>蔬圃莲池药阑，石田茅屋柴关</u>。俺这里花发的疾，溪流的慢，绰然亭别是人间。（张养浩《双调·沉醉东风·隐居叹》）

（39）<u>江亭远树残霞，淡烟芳草平沙</u>，绿柳阴中系马。夕阳西下，水村山郭人家。（吴西逸《越调·天净沙·闲题》）

（40）<u>西风渭水长安，淡烟疏雨骊山</u>，不见昭阳玉环。夕阳楼上，无言独倚阑干。（无名氏《越调·天净沙》）

从句法上分析，例（38）至例（40）的结构分别是"蔬圃+莲池+药阑，石田+茅屋+柴关""江亭+远树+残霞，淡烟+芳草+平沙""西风+渭水+长安，淡烟+疏雨+骊山"，均属六言成句的"NP+NP+NP，NP+NP+NP"式。从语境与语义上分析，它们皆以对句形式呈现，都居于作品的篇首，跟其后句无语法结构上的纠葛，是独立表意的语言单位，因而属于名词铺排文本。

16. 七言成句的"NP+NP+NP，NP+NP+NP"式

这种结构模式也是元曲作家经常运用的类型，用例也不少。如：

（41）<u>玉鞭杨柳春风陌，绣毂梨花夜月街</u>，楚云楚雨梦阳台。休分外，花柳暗尘埃。（荆干臣《中吕·醉春风》）

（42）闲中放牛，天连野草，水接平芜。终朝饱玩江山秀，乐以忘忧。<u>青蒻笠西风渡口，绿蓑衣暮雨沧州</u>。黄昏后，长笛在手，吹破楚天秋。（赵显宏《中吕·满庭芳·牧》）

从句法上分析，例（41）、例（42）的结构分别是"玉鞭+杨柳+（春风）陌，绣毂+梨花+（夜月）街""（青）蒻笠+西风+渡口，（绿）蓑衣+暮雨+沧州"，均属七言成句的"NP+NP+NP，NP+NP+NP"式。从语境与语义上分析，它们分居于作品的篇首或篇中，皆以对句形式呈现，跟其前后句无语法结构上的纠葛，属于独立表意的语言单位，故可以确认为名词铺排文本。

（三）多句式

根据我们对《全元曲》的调查，多句式名词铺排结构模式是元曲三大类型中数量最多的，共计有如下二十五种。

1. 三言成句的"NP，NP，NP"式

根据我们对《全元曲》的调查，这种结构模式属于元曲中运用相当广泛的类

型，用例非常多。如：

（1）一点芳心怨王孙，十年不寄平安信。绿水滨，碧草春，红杏村。（张可久《南吕·四块玉·春愁》）

（2）君王曾赐琼林宴，三斗始朝天，文章懒入编修院。红锦笺，白苎篇，黄柑传。（张可久《南吕·骂玉郎过感皇恩采茶歌·为酸斋解嘲》）

（3）蛛丝满甑尘生釜，浩然气尚吞吴，并州每恨无亲故。三匹乌，千里驹，中原鹿。（顾德润《南吕·骂玉郎过感皇恩采茶歌·述怀》）

从句法上分析，例（1）至例（3）的结构分别是"（绿水）滨，（碧草）春，（红杏）村""（红锦）笺，（白苎）篇，（黄柑）传""（三匹）乌，（千里）驹，（中原）鹿"，均属三言成句的"NP，NP，NP"式，是三句联合的名词铺排文本。从语境与语义上分析，它们皆居于作品篇中或篇尾，且跟前句无语法结构上的纠葛，明显属于独立表意的语言单位。

2. 四言成句的"NP，NP，NP"式

这种结构模式在元曲中的运用相当普遍，很多元曲作家笔下都有用例。如：

（4）问江云何处飞来？全不似寻常，舞榭歌台。溟海星槎，清秋月窟，流水天台。准备下新愁送客，强教他眉黛舒开。（卢挚《双调·蟾宫曲·广帅饯别席上赠歌者江云》）

（5）天高祠下天如镜，山色浸空蒙。莼羹张翰，渔舟范蠡，茶灶龟蒙。（张可久《黄钟·人月圆·客垂虹》）

（6）紫芝香石室清幽，不老乾坤，自在春秋。古桂寒香，枯梅瘦影，曲涧清流。（王举之《双调·折桂令·三茅山行》）

从句法上分析，例（4）至例（6）的结构分别是"（溟海）星槎，（清秋）月窟，（流水）天台""（莼羹）张翰，（渔舟）范蠡，（茶灶）龟蒙""（古桂）寒香，（枯梅）瘦影，（曲涧）清流"，均属四言成句的"NP，NP，NP"式，是三句联合的名词铺排文本。因为从语境与语义上看，它们皆居于作品篇尾，且跟前后句无语法结构上的纠葛，明显是独立表意的语言单位。

3. 五言成句的"NP，NP，NP"式

这种结构模式也是元曲中运用广泛的类型，用例很多。如：

（7）永日长闲福地，清风自掩岩扉，樵翁随得道童归。苍松林下月，白石洞中棋，碧云潭上水。（张可久《中吕·朱履曲·烂柯洞》）

（8）山色投西去，羁情望北游，湍水向东流。鸡犬三家店，陂塘五月秋，风雨一帆舟，聚车马关津渡口。（徐再思《商调·梧叶儿·革步》）

（9）龙虎昭阳殿，冰霜函谷关，风月富春山。不受千钟禄，重归七里滩，赢得一身闲，高似他云台将坛。（徐再思《商调·梧叶儿·钓台》）

从句法上分析，例（7）至例（9）的结构分别是"（苍松林下）月，（白石洞中）棋，（碧云潭上）水""（鸡犬）（三家）店，（陂塘）（五月）秋，（风雨）（一帆）舟""（龙虎）昭阳殿，（冰霜）函谷关，（风月）富春山"，均属五言成句的"NP，NP，NP"式，是三句联合的名词铺排文本。因为从语境与语义上分析，它们分居于作品篇首、篇中或篇尾，但跟前后句无语法结构上的纠葛，属于独立表意的语言单位。

4. 六言成句的"NP，NP，NP"式

根据我们对《全元曲》的调查，这种结构模式在元曲中比较少，偶有一见。如：

（10）墨淡淡王维画，柳疏疏陶令家，春脉脉武陵花，何处游人驻马？（张可久《商调·梧叶儿·春日郊行》）

例（10）从句法上分析，其结构是"（墨淡淡）（王维）画，（柳疏疏）（陶令）家，（春脉脉）（武陵）花"，是以三个名词"画""家""花"为中心语的名词短语句连续铺排而成的，属六言成句的"NP，NP，NP"式，是一个三句联合的名词铺排文本。因为从语境与语义方面上分析，这三个名词句居于作品篇首，跟后句"何处游人驻马"无语法结构上的纠葛，明显是独立表意的语言单位。

5. 七言成句的"NP，NP，NP"式

这种结构模式在元曲中也是比较少有的，只是偶尔一用。如：

（11）桃花马上石榴裙，竹叶樽前玉树春，荔枝香里江梅韵。风流比太真，索新词缠住诗人。（张可久《双调·水仙子·湖上晚归》）

从句法上分析，例（11）的结构是"（桃花马上）石榴裙，（竹叶樽前）玉树春，（荔枝香里）江梅韵"，属七言成句的"NP，NP，NP"式，是一个三句联合的名词铺排文本。因为从语境与语义上分析，这三个名词句居于作品篇首，跟后面的其他语句没有语法结构上的纠葛，属于独立表意的语言单位。

6. 杂言成句的"NP，NP，NP"式

根据我们对《全元曲》的调查，这种结构模式在元曲中出现的频率相当高，很多元曲作家都喜欢建构这类文本。如：

（12）瓜田邵平，草堂杜陵，五柳庄彭泽令。牵牛篱落掩柴荆，犬吠林塘静。（张可久《中吕·朝天子·野景亭》）

（13）黄叶青烟丹灶，曲阑明月诗巢，绿波亭下小红桥。老梅盘鹤膝，新柳舞蛮腰，嫩茶舒凤爪。（张可久《中吕·红绣鞋·山中》）

（14）秦皇旧日封，靖节何年种？丁固当时梦，半溪明月，一枕清风。（徐再思《双调·殿前欢·观音山眠松》）

（15）干戈蛮触枉了战争，世事皆前定。春水孤舟，秋风三径，也强如暮登台朝入省。三槐堂政声，五柳庄暮景，有识见彭泽令。（无名氏《中吕·快活三过朝天子·知机》）

从句法上分析，例（12）至例（15）的结构分别是"（瓜田）邵平，（草堂）杜陵，（五柳庄）彭泽令"（杜陵指杜甫，彭泽令指陶渊明）、"（黄叶＋青烟）丹灶，（曲阑＋明月）诗巢，（绿波亭下）（小）红桥"、"（丁固）当时梦，（半溪）明月，（一枕）清风"、"（三槐堂）政声，（五柳庄）暮景，（有识见）彭泽令"，均属杂言成句的"NP，NP，NP"式，是三句联合的名词铺排文本。因为从语境与语义上分析，它们分居于作品篇首或篇尾，跟前后句没有语法结构上的纠葛，属于独立表意的语言单位。

7. 杂言成句的"NP，NP，NP＋NP"式

根据我们对《全元曲》调查的结果，这种结构模式出现的频率很低，只在个别元曲作家笔下偶有一用。如：

（16）野溪边，丽人天，金缕歌声碧玉圈。解祓不祥随水去，尽回春色到樽前。（王恽《正宫·双鸳鸯·柳圈辞》）

例（16）从句法上分析，其结构是"（野溪）边，（丽人）天，（金缕）歌声＋（碧玉）圈"（边，表处所），属杂言成句的"NP，NP，NP＋NP"式，是一个三句联合的名词铺排文本。因为从语境与语义上分析，这三句居于作品篇

首，且跟后句没有语法结构上的纠葛，是一个独立表意的语言单位。

8. 四言成句的"NP，NP＋NP，NP＋NP"式

这种结构模式在元曲中也不多见，《全元曲》中我们只发现如下二例：

（17）飞膏雨龙归洞口，弄晴云鹤舞山头。<u>小小瀛洲，翠户金扁，玉宇琼楼。</u>（王举之《双调·折桂令·三茅山行》）

（18）宦游人过钱塘，江水汤汤，山色苍苍。<u>马首西风，鸡声残月，雁影斜阳</u>。男子志周流四方，循吏心恪守三章。岐麦林桑，渡虎驱蝗。人颂甘棠，春满琴堂。（徐再思《双调·蟾宫曲·送沙宰》）

从句法上分析，例（17）、例（18）的结构分别是"（小小）瀛洲，翠户＋金扁，玉宇＋琼楼""（马首）西风，鸡声＋残月，雁影＋斜阳"，均属四言成句的"NP，NP＋NP，NP＋NP"式，是一个三句联合的名词铺排文本。因为从语境与语义上分析，它们分居作品篇中或篇尾，而跟前后句无语法结构上的纠葛，是独立表意的语言单位。

9. 杂言成句的"NP，NP，NP＋NP＋NP"式

这种结构模式在元曲中也是非常少见的。根据我们对《全元曲》的调查，只发现如下一例：

（19）第一泉边试茶，无双亭上看花。<u>凤锦笺，鲛绡帕，金盘露玉手琵琶。</u>雪满长街未到家，翠儿唱宜歌且把。（张可久《双调·沉醉东风·客维扬》）

例（19）从句法上分析，其结构是"（凤锦）笺，（鲛绡）帕，金盘露＋玉手＋琵琶"（金盘露，美酒名。宋·罗大经《鹤林玉露》："杨诚斋退休，名酒之和者曰金露盘。"），属杂言成句的"NP，NP，NP＋NP＋NP"式，是一个三句联合的名词铺排文本。因为从语境与语义上分析，此三句居于作品篇中，而跟前后句皆无语法结构上的纠葛，属于独立表意的语言单位。

10. 四言成句的"NP＋NP，NP，NP"式

这种结构模式在元曲作家笔下也不多见。根据我们对《全元曲》的调查，只发现如下一例：

（20）记画烛清樽夜来，映梨花淡月闲斋。<u>翠壁丹崖，流水桃源，古木天台。</u>（刘时中《双调·折桂令·同文子方饮南城即事》）

从句法上分析，例（20）的结构是："翠壁＋丹崖，（流水）桃源，（古木）天台"，属四言成句的"NP＋NP，NP，NP"式，是一个三句联合的名词铺排文本。因为从语境与语义上分析，此三句居于作品篇尾，且跟前句无语法结构上的纠葛，是独立表意的语言单位。

11. 四言成句的"NP＋NP，NP＋NP，NP"式

根据我们对《全元曲》的调查，这种结构模式也不多见，只有如下二例：

（21）唤西施伴我西游，客路依依，烟水悠悠。<u>翠树啼鹃，青天施雁，白雪盟鸥</u>。人倚梨花病酒，月明杨柳维舟。试上层楼，绿满江南，红褪江春愁。（张可久《双调·折桂令·次韵》）

（22）倚高寒渺渺愁余，昨夜南楼，今日西湖。<u>柳影浮图，岩阿杜宇，酒病相如</u>。留客醉山花解舞，寄离愁云雁能书。笑倩谁扶？风动瑶筝，月满冰壶。（张可久《双调·折桂令·湖上即事》）

从句法上分析，例（21）、例（22）的结构分别是"翠树＋啼鹃，青天＋施雁，（白雪）盟鸥""柳影＋浮图，岩阿＋杜宇，（酒病）相如"，均属四言成句的"NP＋NP，NP＋NP，NP"式，是三句联合的名词铺排文本。因为从语境与语义上分析，它们皆居作品篇中，而跟前后句无语法结构上的纠葛，属于独立表意的语言单位。

12. 四言成句的"NP＋NP，NP＋NP，NP＋NP"式

这种结构模式在元曲中是比较常见的，许多元曲作家的笔下都有用例。如：

（23）灏灵宫畔云台，日落秦川，半醉归来。<u>古道西风，荒丛细水，老树苍苔</u>。万古潼关过客，尽清狂得似疏斋？翠壁丹崖，题罢新诗，玉井莲开。（卢挚《双调·蟾宫曲·云台醉归》）

（24）西山暮雨暗苍烟，南浦春风舣画船。水流云去人空恋，伤心思去年，可怜景物依然。<u>海棠鹦鸪，岩花杜鹃，杨柳秋千</u>。（张可久《双调·水仙子·春晚》三首之二）

（25）草团标正对山凹，山竹炊粳，山水煎茶。<u>山芋山薯，山葱山韭，山果山花</u>。（孙周卿《双调·蟾宫曲·山中乐》）

从句法上分析，例（23）至例（25）的结构分别是"古道＋西风，荒丛＋细水，老树＋苍苔""海棠＋鹦鸪，岩花＋杜鹃，杨柳＋秋千""山芋＋山薯，山

葱 + 山韭，山果 + 山花"，均属四言成句的 "NP + NP，NP + NP，NP + NP"式，是三句联合的名词铺排文本。因为从语境与语义上分析，它们分居作品篇中或篇尾，而跟前后句皆没有语法结构上的纠葛，属于独立表意的语言单位。

13. 六言成句的 "NP + NP，NP + NP，NP + NP"式

这种结构模式在元曲中出现频率较低。根据我们对《全元曲》的调查，只发现如下一例：

(26) <u>红蕉隐隐窗纱，朱帘小小人家，绿柳匆匆去马。</u>断桥西下，满湖烟雨愁花。（张可久《越调·天净沙·湖上送别》）

例（26）从句法上分析，其结构是"红蕉 + （隐隐）窗纱，朱帘 + （小小）人家，绿柳 + （匆匆）去马"，属六言成句的 "NP + NP，NP + NP，NP + NP"式，是一个三句联合的名词铺排文本。因为从语境与语义上分析，此三句居于作品篇首，且跟其后句无语法结构上的纠葛，是独立表意的语言单位。

14. 七言成句的 "NP + NP，NP + NP，NP + NP"式

这种结构模式在元曲中不是太多。根据我们对《全元曲》的调查，只发现如下二例：

(27) <u>翠芳园老树寒鸦，朱雀桥野草闲花，乌江岸将军战马。</u>百年之下，画图留落谁家？（张可久《越调·天净沙·怀古疏翁命赋》）

(28) 翠华香冷梦初醒，黄壤春深草自青，羽林兵拱听将军令。拥鸾舆蜀道行，妾虽亡天子还京。<u>昭阳殿梨花月色，建章宫梧桐雨声，马嵬坡尘土虚名。</u>（徐再思《双调·水仙子·马嵬坡》）

从句法上分析，例（27）、例（28）的结构分别是"（翠芳园）老树 + 寒鸦，（朱雀桥）野草 + 闲花，（乌江岸）将军 + 战马""（昭阳殿）梨花 + 月色，（建章宫）梧桐 + 雨声，（马嵬坡）尘土 + 虚名"，均属七言成句的 "NP + NP，NP + NP，NP + NP"式，是三句联合的名词铺排文本。因为从语境与语义上分析，它们分居作品篇首和篇尾，而跟前后句无语法结构上的纠葛，属于独立表意的语言单位。

15. 四言成句的 "NP，NP，NP，NP"式

这种结构模式在元曲中出现的频率并不高，只在少数元曲作家笔下有文本建构。如：

（29）春风桃李，夏月桑麻，秋天禾黍，冬月梅茶。四时景物清佳，一门和气欢洽。（李罗御史《南吕·一枝花·辞官》）

（30）温柔乡里娉婷，清比梅花，更有余情。玉蕊含香，琼蕤沁月，瑶萼裁冰。冠杨柳东风媚景，赋芙蓉夜月幽情。花下苏卿，月下崔莺，世上飞琼，天上双成。（徐再思《双调·蟾宫曲·赠粉英》）

从句法上分析，例（29）、例（30）的结构分别是"（春风）桃李，（夏月）桑麻，（秋天）禾黍，（冬月）梅茶""（花下）苏卿，（月下）崔莺，（世上）飞琼，（天上）双成"，都是四言成句的"NP，NP，NP，NP"式，是四句联合的名词铺排文本。因为从语境与语义上看，它们分居作品篇首和篇尾，而跟前后句无语法结构上的纠葛，属于独立表意的语言单位。

16. 七言成句的"NP，NP，NP，NP"式

这种结构模式在元曲中难得一见。根据我们对《全元曲》的调查，只发现如下一例：

（31）黄尘万古长安路，折碑三尺邙山墓。西风一叶乌江渡，夕阳十里邯郸树。老了人也么哥，老了人也么哥，英雄尽是伤心处。（无名氏《正宫·叨叨令》）

例（31）从句法上分析，其结构是"（黄尘万古）（长安）路，（折碑三尺）（邙山）墓。（西风一叶）（乌江）渡，（夕阳十里）（邯郸）树"，属七言成句的"NP，NP，NP，NP"式，是一个四句联合的名词铺排文本。因为从语境与语义上看，此四句居于作品篇首，且跟后句"老了人也么哥"无语法结构上的纠葛，属于独立表意的语言单位。

17. 杂言成句的"NP，NP，NP，NP"式

这种结构模式在元曲中也不多见。根据我们对《全元曲》的调查，也只有如下一例：

（32）墓田鸦，故宫花，愁烟恨水丹青画，峻宇雕墙宰相家。夕阳芳草渔樵话，百年之下。（张可久《双调·拨不断·会稽道中》）

例（32）从句法上分析，其结构是"（墓田）鸦，（故宫）花，（愁烟＋恨水）（丹青）画，（峻宇＋雕墙）（宰相）家"，属杂言成句的"NP，NP，NP，

NP"式，是一个四句联合的名词铺排文本。因为从语境与语义上看，此四句居于作品篇首，且跟其后句"夕阳芳草渔樵话，百年之下"无语法结构上的纠葛，属于独立表意的语言单位。

18. 六言成句的"NP + NP + NP，NP + NP + NP，NP + NP + NP"式

这种结构模式在元曲中出现的频率不高。根据我们对《全元曲》的调查，除了马致远等著名作家喜欢建构外，无名作家也有此类文本建构。如：

（33）长途野草寒沙，夕阳远水残霞，衰柳黄花瘦马。休题别话，今宵宿在谁家？（无名氏《越调·天净沙》）

从句法上分析，例（33）的结构是"长途 + 野草 + 寒沙，夕阳 + 远水 + 残霞，衰柳 + 黄花 + 瘦马"，属六言成句的"NP + NP + NP，NP + NP + NP，NP + NP + NP"式，是一个三句联合的名词铺排文本。因为从语境与语义上看，此三句居于作品篇首，且跟其后句"休题别话，今宵宿在谁家"无语法结构上的纠葛，属于独立表意的语言单位。

19. 七言成句的"NP + NP + NP，NP + NP + NP，NP + NP + NP"式

这种结构模式在元曲中也不多见。根据我们对《全元曲》的调查，只有如下一例：

（34）清泉翠碗茯苓香，暖雾晴丝杨柳庄，微风小扇芭蕉样。兴不到名利场，将息他九十韶光。夜雨花无恙，邻墙蝶自忙，笑我疏狂。（张可久《双调·水仙子·山庄即事》）

例（34）从句法上分析，其结构是"清泉 + 翠碗 + 茯苓香，暖雾 + 晴丝 + 杨柳庄，微风 + 小扇 + 芭蕉样"，属七言成句的"NP + NP + NP，NP + NP + NP，NP + NP + NP"式，是一个三句联合的名词铺排文本。因为从语境与语义上看，此三句居于作品篇首，且跟后句"兴不到名利场"无语法结构上的纠葛，属于独立表意的语言单位。

20. 杂言成句的"NP + NP + NP，NP，NP"式

这种结构模式在元曲中难得一见。根据我们对《全元曲》的调查，只有如下一例：

（35）天仙碧玉琼瑶，点点杨花，片片鹅毛。访戴归来，寻梅懒去，独钓无

聊。一个饮羊羔红炉暖阁，一个冻骑驴野店溪桥。你自评跋，那个清高，那个粗豪？（薛昂夫《双调·蟾宫曲·雪》）

从句法上分析，例（35）的结构是"天仙＋碧玉＋琼瑶，（点点）杨花，（片片）鹅毛"，属杂言成句的"NP＋NP＋NP，NP，NP"式，是一个三句联合的名词铺排文本。因为从语境与语义上看，此三句居于作品篇首，且跟后句"访戴归来，寻梅懒去，独钓无聊"无语法结构上的纠葛，属于独立表意的语言单位。从内容来源上说，此三句皆是由前人诗句化用而来，属于"用典"或"化用"。第一句化用唐人白居易《西楼喜雪命宴》诗"四郊铺缟素，万室甃琼瑶"二句，第二句化用宋人苏轼《少年游》"去年相送，余杭门外，飞雪似杨花。今年春尽，杨花似雪，犹不见还家"之句，第三句则是化用唐人白居易《雪夜喜李郎中见访》"可怜今夜鹅毛雪，引得高情鹤氅人"二句之典。

21. 四言成句的"NP＋NP，NP＋NP，NP＋NP，NP＋NP"式

这种结构模式在元曲中出现的频率不太高，只有个别元曲作家有此类文本建构，如：

（36）落日遥岑，淡烟远浦。萧寺疏钟，戍楼暮鼓。一叶扁舟，数声去橹，那惨戚，那凄楚。恰待欢娱，顿成间阻。（宋方壶《越调·斗鹌鹑·送别》）

（37）醉醺醺过如李白，乐酶酶胜似陶潜。春风和气咱独占。朝云画栋，暮雨朱帘，狂朋怪友，舞妓歌姬。喜孜孜诗酒相兼，争知我愁寂寂闷似江淹。（赵显宏《南吕·一枝花·行乐》）

从句法上分析，例（36）、例（37）的结构分别是"落日＋遥岑，淡烟＋远浦。萧寺＋疏钟，戍楼＋暮鼓""朝云＋画栋，暮雨＋朱帘，狂朋＋怪友，舞妓＋歌姬"，均属四言成句的"NP＋NP，NP＋NP，NP＋NP，NP＋NP"式，皆是四句联合的名词铺排文本。因为从语境与语义上看，此四句虽居于作品篇中，但跟前后句均无语法结构上的纠葛，属于独立表意的语言单位。

22. 六言成句的"NP＋NP＋NP，NP＋NP＋NP，NP，NP"式

这种结构模式在元曲中比较少见。根据我们对《全元曲》的调查，也只有如下一例：

（38）诗酒缘，醒吟编，若耶山父老相爱怜。贺鉴湖边，夏后祠前，容我盖三椽。桃花流水神仙，竹篱茅舍林泉。五十亩种秫田，三两只钓鱼船。迁，移入

小桃源。（张可久《越调·柳营曲·自会稽迁三衢》三首之三）

例（38）从句法上分析，其结构是"桃花＋流水＋神仙，竹篱＋茅舍＋林泉。（五十亩）（种秫）田，（三两只）（钓鱼）船"，属六言成句的"NP＋NP＋NP，NP＋NP＋NP，NP，NP"式，是一个四句联合的名词铺排文本。因为从语境与语义上看，此四句虽居于作品篇中，但跟前后句均无语法结构上的纠葛，属于独立表意的语言单位。

23. 四言成句的"NP，NP，NP，NP，NP"式

这种结构模式在元曲中运用比较广泛，不少元曲作家笔下都有此类文本建构。如：

（39）掩柴门啸傲烟霞，<u>隐隐林峦，小小仙家。楼外白云，窗前翠竹，井底朱砂</u>。五亩宅无人种瓜，一村庵有客分茶。春色无多，开到蔷薇，落尽梨花。（张可久《双调·折桂令·村庵即事》）

（40）倚篷窗一笑诗成，<u>远寺昏钟，古渡秋灯。隐隐鸣鼍，嗷嗷旅雁，闪闪飞萤</u>。海树黑风号浪惊，越山青月暗云生。书客飘零，欲泛仙槎，试问君平。（张可久《双调·折桂令·江上次刘时中韵》）

从句法上分析，例（39）、例（41）的结构分别是"（隐隐）林峦，（小小）仙家。（楼外）白云，（窗前）翠竹，（井底）朱砂""（远寺）昏钟，（古渡）秋灯。（隐隐）鸣鼍，（嗷嗷）旅雁，（闪闪）飞萤"，均属四言成句的"NP，NP，NP，NP，NP"式，皆是五句联合的名词铺排文本。因为从语境与语义上看，此五句虽居于作品篇中，但跟前后句均无语法结构上的纠葛，属于独立表意的语言单位。

24. 杂言成句的"NP，NP，NP，NP，NP"式

这种结构模式在元曲中出现的频率不高，只有个别元曲作家笔下有此类文本建构。如：

（41）玉堂臣，经纶大展致其身。腰间斗大黄金印，志在新民。<u>文章汉子云，韬略吴公瑾，勋业商伊尹</u>。<u>一番桃李，两字麒麟</u>。（徐再思《双调·殿前欢·杨总管》）

例（41）从句法上分析，其结构是"（文章）（汉）子云，（韬略）（吴）公瑾，（勋业）（商）伊尹。（一番）桃李，（两字）麒麟"，属杂言成句的"NP，

NP，NP，NP，NP"式，是一个五句联合的名词铺排文本。因为从语境与语义上看，此五句居于作品篇尾，跟前句无语法结构上的纠葛，属于独立表意的语言单位。

25. 杂言成句的"NP，NP，NP，NP，NP，NP，NP"式

这种结构模式在元曲中并不多见。根据我们对《全元曲》的调查，只有如下一例：

（42）鸳鸯浦，鹦鹉洲，竹叶小渔舟。烟中树，山外楼，水边鸥，扇面儿潇湘暮秋。（张可久《商调·梧叶儿·次韵》）（或曰徐再思作）

从句法上分析，例（42）的结构是"（鸳鸯）浦，（鹦鹉）洲，（竹叶）（小）渔舟。（烟中）树，（山外）楼，（水边）鸥，（扇面儿）（潇湘）暮秋"，属杂言成句的"NP，NP，NP，NP，NP，NP，NP"式，是一个七句联合的名词铺排文本。因为从语境与语义上看，此七句即是作品全篇，不存在跟其他语句有什么语法结构上的纠葛，属于独立表意的语言单位。

二、元曲与名词铺排的关系

元曲中的名词铺排文本非常多，有些特定曲牌中的名词铺排文本建构尤其突出。这就让人产生了一个疑问，是否曲牌与名词铺排文本有着直接的关联。下面我们就对此略作讨论。

（一）个别曲牌中的名词铺排文本确实较多

元曲与诗在体式上不同，句子长短交错。因此，从理论上说，元曲建构名词铺排文本更为方便。事实上，元曲中的名词铺排确实非常多，结构模式也更为丰富多彩，我们在各种曲牌的作品中都能见到名词铺排文本。如：

（1）梵宫，晚钟，落日蝉声送。半规凉月半帘风，骚客情尤重。（李致远《中吕·朝天子·秋夜吟》）

（2）银台烛，金兽烟，夜方阑画堂开宴。管弦停玉杯斟较浅，听春风过云歌遍。（卢挚《双调·寿阳曲·无题》）

（3）晓梦云，残妆粉，一点芳心怨王孙，十年不寄平安信。（张可久《南吕·四块玉·春愁》）

（4）白蘋洲，黄芦岸。密云堆冷，乱雨飞寒。渔人罢钓归，客子推篷看。（鲜于必仁《中吕·普天乐·潇湘夜雨》）

（5）雨意云情，十朝五朝。霜艳天姿，千娇万娇。凤髻浓梳，蛾眉淡扫。樱桃口，杨柳腰。玉笋纤纤，金莲小小。［无名氏《越调·斗鹌鹑·风情》（套曲）］

（6）西山雨退云收，缥缈楼台，隐隐汀洲。（奥敦周卿《双调·蟾宫曲·咏西湖》）

（7）庾楼高望，桂华初上海涯东。秋光宇宙，夜色帘栊。谁使银蟾吞暮霞，放教玉兔步晴空。（朱庭玉《仙吕·点绛唇·中秋月》）

（8）奴耕婢织足生涯，随分村疃人情，赛强如宪台风化。趁一溪流水浮鸥鸭，小桥掩映蒹葭。芦花千顷雪，红树一川霞，长江落日牛羊下。山中闲宰相，林外野人家。（莘罗御史《套数·南吕·一枝花》）

（9）风满紫貂裘，霜合白玉楼。锦帐羊羔酒，山阴雪夜舟。党家侯，一般乘兴，亏他王子猷。（吕止庵《仙吕·后庭花·酒兴》）

（10）碧水寺边寺，绿杨楼外楼，闲看青山云去留。鸥，飘飘随钓舟。今非旧，对花一醉休。（任昱《南吕·金字经·重到湖上》）

（11）红叶荒林酒兴，黄花老圃诗情，柳塘新雁两三声，湖光扶不定，山色画难成，六桥风露冷。（王举之《中吕·红绣鞋·秋日湖上》）

（12）昨朝深雪前村，今宵淡月黄昏，春到南枝几分？水香冰晕，唤回逋老诗魂。（徐再思《越调·天净沙·探梅》）

例（1）至例（12）虽是不同曲牌的作品，但都各有名词铺排文本的建构。可见，元曲中名词铺排文本的建构确实是非常普遍的。

值得指出的是，大凡对元曲有较多涉猎的人，都可能在阅读中不经意间产生一种直观的感觉，即认为元曲中以"双调·折桂令"与"越调·天净沙"为曲牌的作品跟名词铺排有某种必然的联系。其实，这是一种错觉。之所以会造成这种错觉，一是因为这两个曲牌的作品中确实有很多名词铺排文本存在，这是不争的事实；二是因为这两个曲牌的作品很多都具有知名度，尤其是马致远的《越调·天净沙·秋思》在中国妇孺皆知，这也是不争的事实；三是谈名词铺排（修辞学界把这种现象称为"列锦"）的学者，只要一提及这种修辞手法，就必举马致远的《越调·天净沙·秋思》中："枯藤老树昏鸦，小桥流水人家，古道西风瘦马"三句，这也是不争的事实。有此三个原因，人们产生错觉也就不足为奇了。

根据我们对《全元曲》的全面调查，可以肯定地说，元曲中以《双调·折桂令》与《越调·天净沙》为曲牌的作品跟名词铺排没有必然的联系。为了说明问题，我们不妨采取抽样调查的方法，对《全元曲》中收录作品数量较多的张可久的作品进行一番调查。为了直观起见，我们列表予以展示。

表 1　张可久《双调·折桂令》运用名词铺排的情况

题目	是否运用"名词铺排"	题目	是否运用"名词铺排"
村庵即事	+	和疏斋学士韵	+
崔闲斋元帅席上	–	游太乙宫	–
九日	+	游金山寺	–
梅友元帅席间		秦邮即事	+
读史有感（二首之一）	–	皆春楼	
读史有感（二首之二）	–	湖上饮别	+
秋夜闺思	+	春情	+
赠歌者秀英	–	次酸斋韵	–
疏斋学士自长沙归	–	闺思	–
湖上怀古次疏斋学士韵	+	别后	–
秋思	–	酒边分得卿字韵	+
春情	–	江上次刘时中韵	+
红梅次疏斋学士韵	–	逢天坛子	–
秋日海棠	+	皆山楼即事	–
次韵秋怀	+	次白真人韵	+
西湖怀古	+	歌姬施氏	–
王一山席上题壁（二首之一）	–	重午席间	
王一山席上题壁（二首之二）	–	幽居次韵	–
湖上即事叠韵	+	小金山	
桃花菊		小蛮峒燕集	+
鉴湖小集	–	秋思	+
酸斋学士席上	–	钱塘即事	
石塘道中	+	紫微楼上右平章索赋	–

（续上表）

题目	是否运用"名词铺排"	题目	是否运用"名词铺排"
松江怀古	+	徽州路谯楼落成	−
肃斋赵使君致仕归	+	湖上雪晴鲁至道席间赋	−
三衢平山亭	+	赠胡存善	+
海棠	−	姑苏怀古	+
次韵	+	庚午腊月二十日立春次日大雪卢彦远使君过赋	+
湖上即事	+	春晚有感	+
元夜宴集	−	开元馆石上红梅	−
游龙源寺	+	溪月王真人开元道院（二首之一）	+
莲花道中	−	溪月王真人开元道院（二首之二）	+
湖上寒食	+	寿溪月王真人	+
湖上道院	+	席上有赠	−
酒边即事	−	九月八日谜社会于文昌宫	+
避暑醉题	+	西湖送别	−
别怀	−	送别	+
幽居	+	太真病齿图	−
西陵送别	−	浮石许氏山园小集	−
夜景	−	观天宝遗事	−
金华山看瀑泉	−	湖上	−
别情	−	春情	−
明春送别	−	高邮即事叠韵	−
惠山赵蒙泉小隐	−		

表2　张可久《双调·折桂令》运用名词铺排的比例

作品总数	运用"名词铺排"数	所占比例	未运用"名词铺排"数	所占比例
87	37	43%	50	57%

表3 张可久《越调·天净沙》运用名词铺排的情况

题目	是否运用"名词铺排"	题目	是否运用"名词铺排"
书怀（二首之一）	–	重游感旧	–
书怀（二首之二）	+	晚步	+
元夕	–	忆西湖	–
闺怨	–	马廉斋园亭	–
春夜	–	雪中酬王一山	–
梅轩席上	–	春情	–
梅友元帅席上	–	明月楼上有赠	–
赤松道宫	–	由德清道院来杭	–
浮雪楼夜坐	–	寒夜书事	–
清明日郊行	+	桃源洞	+
江上	+	春晚	–
湖上分得诗字韵	+	秋感	+
月夜	–	荷边宿鹭	–
鲁卿庵中	–	怀古疏翁命赋	+
孤山雪夜	–	书所见	+
湖上送别	+	松阳道中	–

表4 张可久《越调·天净沙》运用名词铺排的比例

作品总数	运用"名词铺排"数	所占比例	未运用"名词铺排"数	所占比例
32	10	31%	22	69%

由上面四个表格的统计数据看，张可久创作的以《双调·折桂令》和《越调·天净沙》为曲牌的作品，其建构的名词铺排文本的比重是相当大的。其中，在以《双调·折桂令》为曲牌的作品中，名词铺排文本的建构占43%，占到总数将近一半的比例。在以《越调·天净沙》为曲牌的作品中，名词铺排文本的建构也占到了31%。对于这个数据统计，我们应该看到两个方面，一方面是这两个曲牌建构的名词铺排文本的比例确实很高，远远超出了其他曲牌；另一方面是这两个曲牌建构的名词铺排文本只接近总数的一半或三分之一。这就说明，这两个曲牌与名词铺排不存在结构形式上的对应关系。即使以马致远最有知名度的元曲作

品《越调·天净沙·秋思》为例，我们也不能据此认为《越调·天净沙》这个曲牌与名词铺排有必然的联系。马致远的《越调·天净沙·秋思》一共有五句，后二句"夕阳西下，断肠人在天涯"，每句都有动词，属于正常的语句，直抒了游子浪迹他乡的凄凉之情。

客观地说，马致远的这首《越调·天净沙·秋思》小曲之所以有超越千古的魅力，并非凭借《越调·天净沙》这个曲牌本身的力量，而完全是由于作者创意造言的智慧与匠心独运的修辞经营。通过对《全元曲》的考察，我们发现以《越调·天净沙》为曲牌的作品并非一开始就是以建构名词铺排文本居多。如元初商衢的《越调·天净沙》四首，就没有一首作品建构过名词铺排文本。

（13）寒梅清秀谁知？霜禽翠羽同期，潇洒寒塘月淡。暗香幽意，一枝雪里偏宜。

（14）剡溪媚压君芳，玉容偏称宫妆，暗惹诗人断肠。月明江上，一枝弄影飘香。

（15）野桥当日谁栽？前村昨夜先开，雪散珍珠乱筛。多情娇态，一枝风送香来。

（16）雪飞柳絮梨花，梅开玉蕊琼葩，云淡帘筛月华。玲珑堪画，一枝瘦影窗纱。

我们分析一下例（13）至（16）的第一至三句就会发现，虽然它们都是六言成句，但没有一句写成"NP + NP + NP"式名词铺排结构模式。

商衢是元代初年的人，生活于马致远之前。商衢所作的《越调·天净沙》中没有名词铺排，说明《越调·天净沙》曲牌并非天然就与名词铺排有缘分。下面我们再看一个元代作家孟昉，他生活的时代差不多晚于马致远半个世纪。他也创作过《越调·天净沙》的曲子，但是在他的《越调·天净沙·十二月乐词并序》（共十三首，包括正月至十二月和闰月）中，却没有一首建构过名词铺排文本。孟昉的《越调·天净沙》十三首如下：

（17）上楼迎得春归，暗黄著柳依依，弄野轻寒似水。锦床鸳被，梦回初日迟迟。（正月）

（18）劳劳胡燕酣春，逗烟薇帐生尘，蛾鬟佳人瘦损。暖云如困，不堪起舞缃裙。（二月）

（19）夹城曲水飘香，扫蛾云鬟新妆，落尽梨化欲赏。不胜惆怅，东风萦损

柔肠。（三月）

（20）依微香雨青氛，金塘闲水生蘋，数点残芳堕粉。绿莎轻衬，月明空照黄昏。（四月）

（21）沿华水汲清樽，含风轻縠虚门，舞困腮融汗粉。翠罗香润，鸳鸯扇织回文。（五月）

（22）疏疏拂柳生裁，炎炎红镜初开，暑困天低寮色。火轮飞盖，晖晖日上蓬莱。（六月）

（23）星依云渚溅溅，露零玉液涓涓，宝砌衰兰剪剪。碧天如练，光摇北斗阑干。（七月）

（24）吴姬鬓拥双鸦，玉人梦里归家，风弄虚檐铁马。天高露下，月明丹桂生华。（八月）

（25）鸡鸣晓色珑璁，鸦啼金井梧桐，月坠茎寒露涌。广寒霜重，方池冷悴芙蓉。（九月）

（26）玉壶银箭难倾，钉花凝笑幽明，霜碎虚庭月冷。绣帏人静，夜长鸳梦难成。（十月）

（27）高城回冷严光，白天碎坠琼芳，高饮挝钟日赏。流苏金帐，琐窗睡杀鸳鸯。（十一月）

（28）日光洒洒生红，琼葩碎碎迷空，寒夜漫漫漏永。串销金凤，兽炉香霭春融。（十二月）

（29）七十二候环催，葭灰玉琯重飞，莫道光阴似水。羲和迁辔，金鞭懒著龙媒。（闰月）

　　我们分析一下孟昉的这十三首《越调·天净沙》，每一首的前三句都不是"NP + NP + NP"结构模式，也就是说都不构成名词铺排文本。这个例子再次证明，《越调·天净沙》的前三句六个字，每句只是有可能构成"NP + NP + NP"结构，但并非一定能成功。也就是说，《越调·天净沙》曲牌并非天然就与名词铺排有关。

（二）名词铺排文本建构与曲牌无关，而与作者爱尚有关

　　通过上面的抽样调查与统计分析的结果，我们认为，在张可久以《双调·折桂令》和《越调·天净沙》为曲牌创作的作品中，之所以会出现那么高频率的名词铺排文本，应该说是与他个人的爱尚与创作风格有关。事实上，元曲中不只是《双调·折桂令》和《越调·天净沙》两种曲牌可以构成名词铺排文本，其他各

种曲牌的作品都可以很方便地构成名词铺排文本。至于是否构成名词铺排文本，则完全是出于作家创作时的主观意志（有时会有节律或音韵上的要求）。比方说，同样是张可久的作品，同样也是以《越调·天净沙》为曲牌的《忆西湖》，作者就没有将之写为名词铺排：

（1）灯寒夜雪孤篷，山空晓雾疏钟，花暖春风瘦笛。六桥香梦，景题留与吟翁。

例（1）前三句"灯寒夜雪孤篷，山空晓雾疏钟，花暖春风瘦笛"，从形式上分析不能构成名词铺排。因为第一句的"灯寒"与"夜雪"，都是主谓结构（"夜雪"是"夜里下雪"的缩合形式）；第二句的"山空"，也是主谓结构；第三句的"花暖"，同样也是主谓结构，而非偏正结构。如果作者真想写成名词铺排，可在语序上略作颠倒，写成"寒灯雪夜孤篷，空山晓雾疏钟，暖花春风瘦笛"，这样不会改变原句的语义。由此可见，曲牌与名词铺排无须构成必然的形式对应关系。

应该说，曲牌只是给名词铺排文本的创造提供了一种形式上的可能性，至于作品中有没有名词铺排出现，那就全在于作家本人的主观意图。如下面两例，本来在形式上非常容易写成整齐的名词铺排文本，但作者并没有这样写，反倒故意使之错综，写成了普通语句：

（2）霜天月满，渔歌江浦，鹤唳林峦。小舟尽日随烟霭，世味休干。（无名氏《中吕·满庭芳·风月》）
（3）霜落荷枯柳败，风清天淡云白，玩西山拂袖步苍苔。（无名氏《中吕·红绣鞋·偷欢》）

例（2）"霜天月满，渔歌江浦，鹤唳林峦"，这三句如果写成"霜天满月，渔歌江浦，唳鹤林峦"，那就是成了"复合名词（或偏正式名词短语）＋复合名词（或偏正式名词短语），复合名词（或偏正式名词短语）＋复合名词（或偏正式名词短语），复合名词（或偏正式名词短语）＋复合名词（或偏正式名词短语）"（即 NP＋NP，NP＋NP，NP＋NP）的结构形式，属于典型的名词铺排文本。但是，作者并没有这样写，而是有意在语序上做了调整，没有写成名词铺排文本。例（3）的情况亦然。"霜落荷枯柳败，风清天淡云白"二句，如果写成"落霜枯荷败柳，清风淡天白云"，那么就成了名词铺排文本。但是，作者也没有这样写。

应该说，元曲各种曲牌的不同句式结构都为名词铺排文本的创造提供了条件，但是最终能否创造出有表现力的名词铺排文本，一方面要看作者有没有创造名词铺排文本的爱尚，二要看作者有没有创意造言的智慧与修辞经营的技巧。元代作家张可久以《双调·折桂令》和《越调·天净沙》为曲牌创作的元曲作品中多有名词铺排文本，而且富有表现力的不少，这完全与他个人的爱尚有关，也与他的修辞天赋有关。类似于张可久的作家其实还有不少，如徐再思、张养浩、卢挚、刘时中、查德卿、鲜于必仁等，都有利用相关曲牌创造名词铺排文本的爱尚，而且所创造出的名词铺排文本也富有表现力，为作品增色不少。

徐再思在元曲中所创造的名词铺排文本，如：

（4）逆流溯上乱石滩，险似连云栈。落日昏鸦，西风归雁，叹崎岖途路难。（《中吕·朝天子·常山江行》）

（5）晚云收，夕阳挂。一川枫叶，两岸芦花。鸥鹭栖，牛羊下。（《中吕·普天乐·西山夕照》）

（6）万顷波光天图画，水晶宫冷浸红霞。凝烟暮景，转晖老树，背影昏鸦。（《中吕·普天乐·西山夕照》）

（7）一榻白云竹径，半窗明月松声，红尘无处是蓬瀛。青猿藏火枣，黑虎听黄庭，山人参内景。（《中吕·红绣鞋·道院》）

（8）水深水浅东西涧，云去云来远近山。秋风征棹钓鱼滩，烟树晚，茅舍两三间。（《中吕·阳春曲·皇亭晚泊》）

（9）青山远远天台，白云隐隐萧台，回首江南倦客。西湖诗债，梅花等我归来。（《越调·天净沙·别高宰》）

（10）斜阳万点昏鸦，西风两岸芦花，船系浔阳酒家。多情司马，青衫梦里琵琶。（《越调·天净沙·秋江夜泊》）

（11）九殿春风鸂鶒楼，千里离宫龙凤舟。始为天下忧，后为天下羞。（《越调·凭阑人·无题》）

（12）落日外萧山翠微，小桥边古寺残碑。文藻珠玑，醉墨淋漓，何似班超，投却毛锥。（《双调·蟾宫曲·江淹寺》）

（13）冠杨柳东风媚景，赋芙蓉夜月幽情。花下苏卿，月下崔莺，世上飞琼，天上双成。（《双调·蟾宫曲·赠粉英》）

（14）宦游人过钱塘，江水汤汤，山色苍苍。马首西风，鸡声残月，雁影斜阳。男子志周流四方，循吏心恪守三章。（《双调·蟾宫曲·送沙宰》）

（15）白云中涌出蓬莱，俯视西湖，图画天开。暮雨珠帘，朝云画栋，夜月瑶台。书籍会三千剑客，管弦声十二金钗。（《双调·蟾宫曲·登太和楼》）

（16）驼凤两桥分燕尾，人物风流地。白云四面山，明月双溪水，身在董元图画里。（《双调·清江引·苕溪》）

（17）碧桃红杏桃源路，绿水青山水墨图，杖头挑着酒胡芦。行行觑着，山童分付，问前村酒家何处？（《双调·卖花声·春游》）

（18）秦皇旧日封，靖节何年种？丁固当时梦，半溪明月，一枕清风。（《双调·殿前欢·观音山眠松》）

（19）玉堂臣，经纶大展致其身。腰间斗大黄金印，志在新民。文章汉子云，韬略吴公瑾，勋业商伊尹。一番桃李，两字麒麟。（《双调·殿前欢·杨总管》）

（20）翠华香冷梦初醒，黄壤春深草自青，羽林兵拱听将军令。拥鸾舆蜀道行，妾虽亡天子还京。昭阳殿梨花月色，建章宫梧桐雨声，马嵬坡尘土虚名。（《双调·水仙子·马嵬坡》）

（21）惠风归燕，团沙宿鹭，芳树幽禽。山山水水，诗诗酒酒，古古今今。（《黄钟·人月圆·兰亭》）

（22）山色投西去，羁情望北游，湍水向东流。鸡犬三家店，陂塘五月秋，风雨一帆舟，聚车马关津渡口。（《商调·梧叶儿·革步》）

（23）龙虎昭阳殿，冰霜函谷关，风月富春山。不受千钟禄，重归七里滩，赢得一身闲，高似他云台将坛。（《商调·梧叶儿·钓台》）

张养浩在元曲中所创造的名词铺排修辞文本，如：

（24）柳堤，竹溪，日影筛金翠。（《中吕·朝天曲·退隐》）

（25）玉田，翠烟，鸾鹤声相唤。青山摇动水底天，把沙鸟都惊散。（《中吕·朝天曲·村乐》）

（26）牧笛，酒旗，社鼓喧天擂。田翁对客喜可知，醉舞头巾坠。（《中吕·朝天曲·村乐》）

（27）锦屏，翠屏，极目山无尽。白云忽向树杪生，似林影波光定。（《中吕·朝天曲·逸兴》）

（28）远山，近山，两意冰弦散。行云十二拥翠鬟，挽不定春风慢。（《中吕·朝天子·携美姬湖上》）

（29）锦筝，玉笙，落日平湖净。宝花解语不胜情，翠袖金波莹。（《中吕·朝天子·携美姬湖上》）

（30）柳腰，翠裙，不似昨宵困。轻风吹散晓窗云，花落佳人鬓。（《中吕·朝天子·咏美》）

（31）清明禁烟，雨过郊原。三四株溪边杏桃，一两处墙里秋千。隐隐的如闻管弦，却原来是流水溅溅。（《中吕·十二月兼尧民歌·寒食道中》）

（32）蔬圃莲池药阑，石田茅屋柴关。俺这里花发的疾，溪流的慢，绰然亭别是人间。（《双调·沉醉东风·隐居叹》）

（33）笔砚琴书座间，松筠梅菊江干。欢有余，春无限，绰然亭只疑在天上。（《双调·沉醉东风·隐居叹》）

卢挚在元曲中所创造的名词铺排文本，如：

（34）金蕉叶，银莺花，卷长江酒杯低亚。醉书生且休扶上马，听春风玉箫吹罢。（《双调·寿阳曲·银台烛》）

（35）五柳庄瓷瓯瓦钵，七里滩雨笠烟蓑。好处如何？三径秋香，万古苍波。（《双调·蟾宫曲·箕山感怀》）

（36）问江云何处飞来？全不似寻常，舞榭歌台。溟海星槎，清秋月窟，流水天台。准备下新愁送客，强教他眉黛舒开。（《双调·蟾宫曲·广帅饯别席上赠歌者江云》）

（37）林下琼枝，灯前金缕，满意芳樽。谁恁地教人断魂？（《双调·蟾宫曲·赠歌者刘氏》）

（38）灏灵宫畔云台，日落秦川，半醉归来。古道西风，荒丛细水，老树苍苔。万古潼关过客，尽清狂得似疏斋？（《双调·蟾宫曲·云台醉归》）

（39）对江山吟断高斋，想甲第名园，棠棣花开。晓梦歌钟，高城草木，废沼荒台。快吹尽陵峰暮霭，等麻姑空翠飞来。（《双调·蟾宫曲·宣城怀古》）

（40）白沙翠竹柴门，弭节山家，已待黄昏。（《双调·蟾宫曲·赠歌者刘氏》）

（41）水笼烟明月笼沙，渐沥秋风，哽咽鸣笳。闷倚篷窗，动江天两岸芦花。飞鹭青山落霞，宿鸳鸯锦浪淘沙。（《双调·蟾宫曲·商女》）

（42）山远近，云来去。溪上招提烟中树，看时见三两樵渔。（《中吕·普天乐·湘南道中》）

刘时中在元曲中所创造的名词铺排修辞文本，如：

（43）鳜鱼肥流水桃花，<u>山雨溪风，漠漠平沙</u>。（《双调·折桂令·渔》）

（44）记画烛清樽夜来，映梨花淡月闲斋。<u>翠壁丹崖，流水桃源，古木天台</u>。（《双调·折桂令·同文子方饮南城即事》）

（45）锁烟霞曲径萦回，梦不到人间，舞榭歌台。<u>铅鼎丹砂，玄霜玉杵，钟乳金钗</u>。记画烛清樽夜来，映梨花淡月闲斋。（《双调·折桂令·同文子方饮南城即事》）

查德卿在元曲中所创造的名词铺排修辞文本，如：

（46）<u>玉华骢，青丝鞚</u>。江山断送，萍梗无踪。（《中吕·普天乐·别情》）

（47）<u>鹧鸪词，鸳鸯帕</u>。青楼梦断，锦字书乏。（《中吕·普天乐·别情》）

（48）八阵图名成卧龙，六韬书功在非熊。霸业成空，遗恨无穷。<u>蜀道寒云，渭水秋风</u>。（《双调·蟾宫曲·怀古》）

（49）<u>东风柳丝，细雨花枝</u>，好春能有几多时？（《南吕·醉太平·春情》）

（50）<u>楼台管弦，院落秋千</u>，香风淡淡月娟娟，朱帘半帘。（《南吕·醉太平·春情》）

（51）<u>春风管弦，夜月秋千</u>，调风弄月醉花前，把花枝笑捻。（《南吕·醉太平·春情》）

鲜于必仁在元曲中所创造的名词铺排文本，如：

（52）雁阵惊寒埋云岫，下长空飞满沧洲。<u>西风渡头，斜阳岸口</u>，不尽诗愁。（《中吕·普天乐·平沙落雁》）

（53）似屏围，如图画。<u>依依村市，簇簇人家</u>。小桥流水间，古木疏烟下。（《中吕·普天乐·山市晴岚》）

（54）傲中兴百二山河，拂袖归来，税驾岩阿。<u>物外闲身，云边老树，烟际沧波</u>。犯帝座星明凤阁，钓桐江月冷渔蓑。富贵如何？万古清风，岂易消磨？（《双调·折桂令·严客星》）

（55）水云乡，烟波荡。<u>平洲古岸，远树孤庄</u>。轻帆走蜃风，柔橹闲鲸浪。（《中吕·普天乐·远浦帆归》）

（56）楚云寒，湘天暮。斜阳影里，几个渔夫。<u>柴门红树村，钓艇青山渡</u>。惊起沙鸥飞无数，倒晴光金缕扶疏。（《中吕·普天乐·渔村落照》）

上述这些元曲作家之所以在不同曲牌中都能创造出名词铺排文本，完全是因为与他们的个人爱尚有关，与他们创意造言的智慧与修辞营构的技巧有关，而不是完全依赖于某种曲牌提供的语言条件。如果是依赖于曲牌提供的语言条件，那么名词铺排文本在元曲作品中应该俯拾皆是。事实上并非如此。即使是像《双调·折桂令》《越调·天净沙》这两种被人们认为最易写成名词铺排文本的曲牌，在元曲作家的作品中，名词铺排文本也并不常见。

第六节　宋金元名词铺排的审美追求

宋金元时期是中国文学发展的重要时期，也是名词铺排在结构形式方面发生重要变化的时期。这一时期的名词铺排在诗词曲这三种体裁的作品中都有非常突出的表现。在审美追求方面，这一时期的名词铺排文本创造也有自己的特点。从整体上观照，主要有如下两个方面。

一、追求结构形式多元变化之美

名词铺排文本的建构，自先秦时期《诗经》创例开始，便以对句形式呈现。这种崇尚对称平衡之美的审美倾向，在两汉与魏晋南北朝诗、赋中同样得到了鲜明而深刻的反映。直到初唐诗歌中，才出现了单句式名词铺排模式。之后，唐五代词、小说中都相继发展出不少单句式名词铺排模式。但是，即使是以单句式呈现的名词铺排文本，其在内部结构上仍留有很深的追求对称平衡之美的鲜明印记。如初唐诗歌中五言成句的"NP＋NP"式，中唐诗歌中七言成句的"NP＋NP"（叠字领起）式、七言成句的"NP＋NP"式，唐词中四言成句的"NP＋NP"式、六言成句的"NP＋NP"式，五代词中五言成句的"NP＋NP"式、七言成句的"NP＋NP"式，唐代小说中四言成句的"NP＋NP"式等，尽管都是单句式名词铺排模式，但其内部结构形式上都是由两个名词短语并列加合，仍然贯穿着对称平衡的审美原则。

但是，到了宋金元时期，无论是诗歌还是词或曲，追求对称平衡之美的对句式名词铺排文本的比例开始渐渐减少。根据我们前文所进行的调查与分析，宋诗中新创的名词铺排结构模式有四种，分别是六言成句的"NP＋NP，NP＋NP"（叠字领起）式、七言成句的"NP＋NP，NP＋NP＋NP"式、六言成句的"NP"

式、七言成句的"NP＋NP＋N＋NP"式。从这一数据中我们可以看出，对句式与单句式在比例上是平分秋色的，突破了以往各个历史时期对句式占据绝对优势地位的格局。如果我们仔细分析一下宋代新创的四种结构模式，会发现事实上对句式是处于劣势地位的。因为七言成句的"NP＋NP，NP＋NP＋NP"式虽属对句式，但内部并非都是两个名词短语并列加合，而存在三个名词短语的并列加合的情况，这就不是平衡对称了。金诗中新创的名词铺排结构模式比较多，共有十七种，其中有六种属于单句式，分别是四言成句的"NP"（叠字领起）式、七言成句的"NP"（叠字领起）式、四言成句的"NP＋NP"式、六言成句的"NP＋NP"式、七言成句的"NP＋NP＋N"式、七言成句的"N＋N＋N＋N＋NP"式，另外还有一个多句式，即杂言成句的"N，N，NP＋NP"式。单句式在比例上较之宋诗明显有了大幅上升，几乎占到了三分之一。如果再细加分析，我们还会发现，金诗中单句式内部由两个名词短语并列加合的情况少了，代之而起的是三个或五个名词（包括名词短语）加合。如七言成句的"NP＋NP＋N"式，是三个名词短语的并列加合，七言成句的"N＋N＋N＋N＋NP"式则是五个名词或名词短语的并列加合，皆属奇数。即使整体上以对句式呈现，其内部仍非对称平衡。如七言成句的"NP（叠字领起），NP＋NP＋NP（非叠字领起）"式，前后二句在内部结构上都是奇数的名词短语加合。至于元诗，对句式渐趋式微而单句式趋强的势头就非常明显了。根据我们对清人顾嗣立所编《元诗选》中全部作品的调查，发现元诗在名词铺排结构模式方面的创新非常多，共计二十三种。其中，对句式有十八种，单句式有五种。表面上看，单句式占比较金诗减少了，实际上并非如此。因为我们仔细研究句式内部结构时可发现，十八种对句式名词铺排结构，有九种内部并非偶数名词或名词短语的并列加合，而是奇数名词或名词短语的并列加合。从细微之处，我们也能觉察到元人建构名词铺排文本在审美倾向上已经于潜意识中淡化了以对称平衡为美的审美观。

诗是如此，词曲也是如此。根据前文我们对宋金元词的调查与分析结果，发现宋金元词中的名词铺排文本建构，无论是继承沿用前代旧有模式，还是独自创新，都是单句式渐趋占据优势地位。在继承沿用方面，宋金元词建构的名词铺排文本在结构上属于单句式的有七种，属于对句式的则只有六种；在创新方面，新创的单句式结构模式有十种，对句式有十七种，多句式有十四种。而多句式以三句并立形式呈现的则有十一种之多。这样，单句式结构模式实际上就有二十一种之多，明显较对句式占有优势。至于元曲，根据我们对《全元曲》的全面调查，发现名词铺排文本以单句式呈现的结构模式有五种，以对句式呈现的结构模式有十六种，以多句式呈现的结构模式有二十五种。二十五种多句式中，以三句、五句、七句并列铺排的有二十种。这样，单句式加起来的总数明显超过了对句式的总数。由上面词、曲在单句式与对句式结构模式数量上的对比，我们可以进一步清楚地看出，宋金元时期作家在名词铺排文本建构时突破了汉民族崇尚对称平衡的传统审美观，追求语言的灵动自由成为一种新的审美倾向。

事实上，这种新的审美倾向，对于宋金元时期的诗词曲创作的艺术性的提升是有很大促进作用的。如：

（1）山外青山楼外楼，西湖歌舞几时休？暖风吹得游人醉，直把杭州作汴州。（宋·林升《题临安邸》）

（2）万顷沧江万顷秋，镜天飞雪一双鸥。摩挲数尺沙边柳，待汝成阴系钓舟。（宋·董颖《江上》）

（3）野水芙蕖绕鹤汀，画桥杨柳挂鱼罾。秋风携手青溪曲，竹杖荷衣一个僧。（元·至仁《次韵寄唐伯刚断事》二首其二）

（4）临锦堂前春水波，兰皋亭下落梅多。三山宫阙空瀛海，万里风埃暗绮罗。云子酒，雪儿歌，留连风月共婆娑。人间更有伤心处，奈得刘伶醉后，零落栖迟感兴多。（金·元好问《鹧鸪天》）

（5）曲岸西边近水湾，渔网纶竿钓槎。断桥东壁傍溪山，竹篱茅舍人家。满山满谷，红叶黄花。正是凄凉时候，离人又在天涯。（元·白无咎《百字折桂令》）

（6）碧海无波，瑶台有路。思量便合双飞去。当时轻别意中人，山长水远知何处？绮席凝尘，香闺掩雾。红笺小字凭谁附？高楼目尽欲黄昏，梧桐叶上萧萧雨。（宋·晏殊《踏莎行》）

（7）丽日和风柳陌，花开相间红白，见游人车马闹阗阗。（无名氏《中吕·红绣鞋·偷欢》）

（8）竹风过雨新香，锦瑟朱弦，乱错宫商。樵管惊秋，渔歌唱晚，淡月疏篁。准备了今宵乐章，怎行云不住高唐？目外秋江，意外风光，环佩空归，分付下凄凉。（贯云石《双调·蟾宫曲·秋闺》）

（9）疏林暮鸦，聚鱼远浦，落雁寒沙。青山隐隐夕阳下，远水蒹葭。（无名氏《中吕·满庭芳·风月》）

例（1）至例（3）是诗中的名词铺排，例（4）至例（6）是词中的名词铺排，例（7）至例（9）是曲中的名词铺排。这些名词铺排文本在诗词曲中都是以单句式呈现的。它们或居于诗歌篇首，如例（1）、例（4）、例（7）；或居于诗歌篇中，如例（2）、例（5）、例（8）；或居于诗歌篇尾，如例（3）、例（6）、例（9）。无论是居于作品中的什么位置，这些单句式名词铺排文本的建构，都对提升诗歌的意境，增加诗歌的审美情趣，发挥了至关重要的作用。居于篇首的，恰似电影开幕时首先推出的一个特写镜头，不仅有定格画面、造景呈象的作用，更有一种先声夺人的效果。居于篇中的，则像是电影叙事中突然插入的一个特写镜头，既有调整诗歌节奏的作用，又有拓展诗歌意境的效果。居于篇尾的，则犹如电影结束时的一个特写镜头，以画面形象给人回味无穷的感觉。如果我们读宋金元诗词曲别有一种如诗如画的感觉，那么这其中肯定有名词铺排文本建构的功劳。

二、注重节奏与意境统一之美

宋金元作家在诗词曲中建构名词铺排文本，除了追求结构形式多元变化之美，还非常注重作品的节奏与意境统一之美。为了达到这一目标，宋金元作家在诗词曲创作中往往有意识地将名词铺排文本建构于作品的中间部位（篇中），而不是像先秦时期的《诗经》与汉乐府诗那样，几乎毫无例外地将名词铺排文本置于作品的开头（篇首），或是像南北朝诗人那样刻意将名词铺排文本置于作品结尾（篇尾）。这种名词铺排文本位置的变动，表面上看是篇章布局模式的变化，背后实则蕴含了审美趣味的转变，即追求一种节奏与意境统一之美。

我们都知道，无论是诗，还是词曲，正常语法结构的语句也能创造出某种意境之美。但是，诗词曲属于韵文体，除了要追求意境之美，对于韵律美也是不能舍弃的。而要追求韵律美，则必须重视作品语言节奏的调整。而语言节奏的调整，势必涉及汉语句法结构。诗词曲等韵文作品的表情达意，用符合汉语常规句法结构的句子固然也能解决问题，但是在表情达意之外的韵律美，有时恐怕就不是常规句法的句子所能臻至的了。中国历代诗词曲等韵文作品中之所以有名词铺排文本的建构，正是为了突破汉语句法结构常规，追求一种表情达意之外的韵律美，这是审美的需要。前文我们说过，名词铺排文本由于摒弃了动词、介词等句法成分，纯粹以名词或名词短语加合成句，句法结构的弹性非常大，构图效果最为显著。因此，在文学作品中适当建构一些名词铺排文本，对于增加作品的画面感，拓展作品的意境，效果是非常显著的。不过，值得指出的是，名词铺排文本在篇章中的布局位置，于审美效果上是有差别的。上文我们已经说过，名词铺排文本置于作品篇首，往往有一种造景呈象与定格画面的作用，同时还别具一种先声夺人的效果；而置于作品篇尾，则往往有一种"曲终人不见，江山数峰青"的韵味，给人回味无穷、遐思万千的感觉。而置于作品篇中，则既可以营造出一种画面效果，又能有效地调整语言节奏，从而达到节奏与意境相统一的美感。

事实上，宋金元作家是深谙这种句法美学的。因此，在他们的作品中我们会发现，无论是诗歌，还是词曲，他们都特别注重篇中名词铺排文本的建构。根据我们对宋金元诗的调查与分析，发现宋诗中的名词铺排文本居于篇中的数量最多，其次是居于篇首的，最少的是居于篇尾的；金诗情况亦然。元诗虽然居于篇首与篇尾的名词铺排文本都不少，但在比例上还是居于篇中者占优势。词、曲的情况也大致如此。关于这一点，我们从宋金元诗词曲中就能举出很多例子。

那么，宋金元作家的这种审美追求是否达到了预定的效果了呢？答案当然是肯定的。我们不妨看一些例子。

（1）节物岂不好，秋怀何黯然。<u>西风酒旗市，细雨菊花天</u>。感事悲双鬓，包羞食万钱。（宋·欧阳修《秋怀》）

（2）曾作金陵烂漫游，北归尘土变衣裘。<u>芰荷声里孤舟雨</u>，卧入江南第一州。（宋·张耒《怀金陵》三首其三）

（3）希夷自然，三光灵秀。<u>阆苑仙花，胜春花柳</u>。转运南辰，慧观北斗。（金·刘处玄《述怀》十一首其八）

（4）老峰蘸云，壁立挽秀。林阴洒雨，<u>苍苍玉门</u>。虚明满镜，夜气成画。（金·李经《失题》）

（5）金陵南之镇，兴废满目中。青山澹无言，万里江流东。<u>高楼朱雀桥</u>，野笛交秋风。子行览其余，弹琴送飞鸿。柏台云霄间，貂荐峨群公。为言经济理，所贵贤俊崇。（元·刘诜《古诗三首赠张汉臣游金陵》其三）

（6）人海偶相逢，凄凉共客中。笑谈良不恶，去住若为同。<u>春草池塘夜，梨花院落风</u>。乡人如问讯，即此是诗筒。（元·张伯淳《赠富翠屏》）

例（1）至例（6）都是诗中的名词铺排文本，无论是单句式还是对句式，均置于篇中位置，从审美接受上都完美地达到了节奏美与意境美的统一。

（7）秋水斜阳演漾金，远山隐隐隔平林。<u>几家村落几声砧</u>。记得西楼凝醉眼，昔年风物似如今。（宋·贺铸《减字浣溪沙》）

（8）朝云横度。辘辘车声如水去。<u>白草黄沙</u>，月照孤村三两家。（宋·蒋兴祖女《减字木兰花》）

（9）水涵空，山照市，西汉二疏乡里。<u>新白发，旧黄金</u>，故人恩义深。

（宋·苏轼《更漏子》）

（10）凄凉只恐乡心起，凤楼远、回头谩凝睇。何处今宵孤馆里，<u>一声征雁，半窗残月</u>，总是离人泪。（宋·曹组《青玉案》）

（11）快长堤万弩，平冈千骑，波涛卷，<u>鱼龙夜</u>。<u>落日孤城鼓角</u>，笑归来，长围初罢。风云惨澹，貔貅得意，旌旗闲暇。（金·王碹《水龙吟》）

（12）云淡薄，月朦胧，<u>小帘栊</u>。江湖残梦，半在南楼画角声中。（金·王庭筠《诉衷情》）

（13）回首天涯江路永。<u>远树孤村</u>，数点青山暝。梦过煮茶岩下听，石泉鸣咽松风冷。（元·卢挚《蝶恋花》）

（14）十年久共梅花别，乍见殊佳绝。<u>腊前风景雨中天</u>，翠竹青松恰似映清妍。（元·宋聚《虞美人》）

（15）来是春初，去是春将老。<u>长亭道，一般芳草</u>，只有归时好。（元·曾允元《点绛唇》）

（16）忽忽东风又老，冷云吹晚阴。<u>疏帘下茶鼎孤烟，断桥外梅豆千林</u>。江南庾郎憔悴，睡未醒，病酒愁怎禁？（元·王学文《绮寮怨》）

例（7）至例（16）皆为词中的名词铺排文本，都居于篇中位置，从审美的角度观照，无论是以单句式还是以对句式呈现，均完美地臻至节奏美与意境美统一的境界。

（17）系吟船，西湖日日醉花边。倚门不见佳人面，梦断神仙。清明拜扫天，莺声倦，<u>细雨闲庭院</u>。花飞旧粉，苔长新钱。（张可久《双调·燕引雏·西湖春晚》）

（18）向林泉选一答儿清幽地，闲时一曲，闷后三杯。<u>柴门草户，茅舍疏篱</u>。守着咱稚子山妻，伴着几个故友相识。（孙叔顺《南吕·一枝花·休官》）

（19）问江云何处飞来？全不似寻常，舞榭歌台。<u>溟海星槎，清秋月窟，流水天台</u>。准备下新愁送客，强教他眉黛舒开。（卢挚《双调·蟾宫曲·广帅饯别席上赠歌者江云》）

（20）山色投西去，羁情望北游，湍水向东流。<u>鸡犬三家店，陂塘五月秋，风雨一帆舟</u>，聚车马关津渡口。（徐再思《商调·梧叶儿·革步》）

（21）第一泉边试茶，无双亭上看花。<u>凤锦笺，鲛绡帕，金盘露玉手琵琶</u>。雪满长街未到家，翠儿唱宜歌且把。（张可久《双调·沉醉东风·客维扬》）

（22）醉醺醺过如李白，乐陶陶胜似陶潜。春风和气咱独占。<u>朝云画栋，暮雨朱帘，狂朋怪友，舞妓歌姬</u>。喜孜孜诗酒相兼，争知我愁寂寂闷似江淹。（赵

显宏《南吕·一枝花·行乐》）

　　（23）诗酒缘，醒吟编，若耶山父老相爱怜。贺鉴湖边，夏后祠前，容我盖三椽。桃花流水神仙，竹篱茅舍林泉。五十亩种秫田，三两只钓鱼船。迁，移入小桃源。（张可久《越调·柳营曲·自会稽迁三衢》三首之三）

　　（24）掩柴门啸傲烟霞，隐隐林峦，小小仙家。楼外白云，窗前翠竹，井底朱砂。五亩宅无人种瓜，一村庵有客分茶。春色无多，开到蔷薇，落尽梨花。（张可久《双调·折桂令·村庵即事》）

　　例（17）至例（24）均为元曲中的名词铺排文本，全都居于全曲的篇中位置。这些名词铺排文本，无论是以单句式呈现，还是以对句式或多句式呈现，都为作品增添了鲜明的画面感，同时有效地调整了作品的语言节奏，使元曲的音乐性大大增强，达到了节奏美与意境美的统一。

第七节　小　结

　　宋金的诗词和元代的诗词曲，都有令人瞩目的成就。其在名词铺排文本结构模式的创造方面，同样令人瞩目。但是，应该指出的是，诗词曲这三种文体在名词铺排结构模式上的发展演进情况并不完全一致，而是存在着一定的差异。

一、宋金元诗中的名词铺排在结构模式上的创新存在较大的不平衡性

　　宋金元三代诗歌在名词铺排结构模式创新方面皆有进展，但是其间存在着较大的不平衡性。宋代创新较少，金代创新很多，元代创新则更多。根据我们的调查，发现宋诗继承旧有模式的有十三种，而创新的结构模式只有四种，分别是六言成句的"NP＋NP，NP＋NP"（叠字领起）式、七言成句的"NP＋NP，NP＋NP＋NP"式、六言成句的"NP"式、七言成句的"NP＋NP＋N＋NP"式。金代诗歌继承旧有模式的达二十种，创新的模式也有十五种，几乎追平继承的模式。这十五种创新的模式分别是四言成句的"NP，NP＋NP"式、六言成句的"NP，NP"式、七言成句的"NP，NP"（叠字领起）式、七言成句的"NP（叠字领起），NP（非叠字领起）"式、四言成句的"NP＋NP，NP"式、五言成句的

"NP + NP，N + N + NP"式、六言成句的"NP + NP，NP + NP"式、七言成句的"NP（叠字领起），NP + NP + NP（非叠字领起）"式、五言成句的"NP，NP，NP，NP"式、四言成句的"NP"（叠字领起）式、七言成句的"NP"（叠字领起）式、四言成句的"NP + NP"式、六言成句的"NP + NP"式、七言成句的"NP + NP + N"式、七言成句的"N + N + N + N + NP"式。元代诗歌继承旧有模式的也很多，达二十七种，创新的类别也高达二十四种，分别是七言成句的"NP，NP"（叠字领起）式、七言成句的"NP，NP + NP"式、七言成句的"NP，NP + NP + NP"式、五言成句的"NP + NP，NP + NP + N"式、六言成句的"N + NP + NP，NP + NP + NP"式、五言成句的"N + N + NP，NP + NP"式、六言成句的"NP + NP + NP，NP + NP"式、六言成句的"NP + NP + NP，NP + NP + NP"式、五言成句的"N + N + NP + N，N + N + NP + N"式、七言成句的"NP + N + NP，NP + NP"式、五言成句的"NP，NP，NP，NP"（叠字领起）式、七言成句的"NP，NP，NP，NP"式、五言成句的"NP，NP，NP + NP，NP + NP"式、五言成句的"NP + NP，N + NP，NP + NP，NP + NP"式、六言成句的"NP，NP，NP + NP，NP + N"式、六言成句的"NP + NP，NP + NP，NP + NP，NP"式、七言成句的"NP + NP（叠字领起），NP + NP（叠字领起），NP + NP，NP + NP"式、六言成句的"NP，NP + NP + NP，NP + NP + NP，NP + NP + N"式、七言成句的"N + NP + NP，NP + NP + NP，NP + N + NP，NP + N + NP"式、五言成句的"NP + NP + N"式、六言成句的"NP + NP + NP"式、七言成句的"N + N + NP"式、七言成句的"NP + NP + NP + N"式、七言成句的"N + N + N + N + N"式。

宋金元三代诗歌在名词铺排结构模式上的创新存在着较大的不平衡性，究其原因可能与其时代文学发展的整体偏向有关。宋代诗歌创作虽然仍然是文学创作的重要方面，但在流行性方面不及词的创作，这是不争的事实。因为词是文人创作的新宠，大家的注意力与兴趣点势必会倾向于词。而要在词上竞争，势必要有创新，当然也包括名词铺排结构模式上的创新。这大概就是宋词在结构模式上创新较多的原因之一。金代文学的主流是诗歌，汉人创作的汉诗数量本来也有限。既然诗是文学创作的主流，诗人的全部注意力与兴趣点势必就落在了诗歌上，因而在诗歌创作上锐意创新便成了诗人们最主要的努力方向，当然这其中也包括了诗歌中的名词铺排结构模式的创新。这大概就是金诗中名词铺排结构模式创新幅度较大的主要原因。元代虽是通俗文学特别是元曲与杂剧高度发达的时期，但是作为正统文学样式的诗歌创作仍然没有衰歇（现存的元诗数量便是证据）。前文我们曾经说过，元代是蒙古人统治的时期，汉族读书人所受的民族与阶级压迫异常沉重，士人社会地位之低自古未曾有过。沦落到社会最底层（"九儒十丐"）的读书人因为受到了歧视和苛待，也就从士人所受的中国传统文化的束缚中彻底解放出来，从而大大发挥了创造性。元曲与元杂剧的繁荣及其所达到的艺术高度正是最好的佐证。诗歌创新也不例外，包括诗歌中的名词铺排结构模式的创新。这大概便是元诗名词铺排结构模式创新趋向最大值的主要原因。

二、宋金元词在名词铺排结构模式上的创新最为突出

众所周知，词最初是一种通俗文学样式，经由唐及五代的初步发展，到宋代时达到了一个高峰，并为广大文人所认同。金元时期虽不是词的黄金期，但词还是伴随这一时期通俗文学的迅猛发展而有所发展。这从金元词所创新词牌、所创出的名词铺排结构模式的种类，便可清楚见出。

根据我们的考察与分析，宋金元词在名词铺排结构上虽然对前代旧有的模式有较多的继承（总计十三种，其中对单句式结构模式的继承有七种，对句式结构模式的沿用有六种），创新的模式则多达四十种。其中，单句式创新模式有十种，分别是三言成句的"NP"式、四言成句的"NP"式、四言成句的"NP"（叠字领起）式、五言成句的"NP"（叠字领起）式、六言成句的"NP"（叠字领起）式、七言成句的"NP"（叠字领起）式、六言成句的"NP＋NP"式、九言成句的"NP＋NP"式、四言成句的"N＋N＋NP"式、六言成句的"NP＋NP＋N＋N"式。对句式创新模式有十七种，分别是"NP（三言），NP（四言）"式、四言成句的"NP，NP"（叠字领起）式、"NP（四言），NP（五言）"式、"NP（六言），NP（五言）"式、七言成句的"NP，NP"式、"NP（三言），NP＋NP（六言）"式、六言成句的"NP，NP＋NP"式、"NP（六言），NP＋NP（四言）"式、"NP（六言），NP＋NP（八言）"式、四言成句的"NP＋NP，NP＋NP"式、"NP＋NP（四言），NP＋NP（七言）"式、五言成句的"NP＋NP，NP＋NP"式、六言成句的"NP＋NP，NP＋NP"式、七言成句的"NP＋NP，NP＋NP"式、"NP＋NP（四言），NP＋NP＋NP（七言）"式、四言成句的"NP＋NP，NP＋N＋N"式、七言成句的"NP＋NP＋NP，NP＋NP＋NP"式。多句式创新模式则有十三种，分别是四言成句的"NP，NP，NP"式、"NP（三言），NP＋NP（六言），NP＋NP（四言）"式、"NP（三言），NP（三言），NP＋NP＋NP（六言）"式、"NP（四言），NP（四言），NP＋NP＋NP（七言）"式、"NP＋NP（四言），NP＋NP（四言），NP（四言）"式、"NP＋NP（四言），NP＋NP（四言），NP（六言）"式、"NP＋NP（四言），NP＋NP（四言），NP＋NP（七言）"式、"NP＋NP（六言），NP（六言），NP（六言）"式、四言成句的"NP＋NP，

NP＋NP，NP＋NP"式、"NP＋NP（四言），NP＋NP（四言），NP（五言）"式、三言成句的"NP，NP，NP，NP"式、"NP（五言），NP（四言），NP＋NP（四言），NP＋NP（四言）"式、四言成句的"NP＋NP，NP＋NP，NP＋NP，NP，NP＋NP，NP＋NP"式。

宋金元词中的名词铺排在结构上之所以会有四十种创新模式出现，究其原因主要有两个方面。其一，是前文我们所说到的，由于士人社会地位的降低，斯文扫地的士人彻底摆脱了中国传统文化的束缚，追求自由与创新的激情大增。其二，是与词在这一时代的发展有关。因为相较于唐五代词，宋词特别是金元词有了更多自创的词牌。而不同词牌的句子的长短形式是不相同的，因此用以创造名词铺排的字句就有变化，不同于唐五代词的新结构模式就显得更多了。从上文所列举的许多金元新词牌的例句，我们就可以看出为什么金元词会有那么多不同于唐五代词甚至宋词的不同结构模式。

三、元曲的名词铺排结构模式丰富多彩

元曲跟词一样，也是一种长短句交错的韵文样式，因此在名词铺排文本建构方面也有其独特性。正因为如此，今天我们读元曲，会惊讶地发现，它在名词铺排的结构模式方面较之宋词更显丰富多彩。

根据我们对《全元曲》中所有作品的考察分析，发现元曲作者创造的名词铺排结构模式竟达四十六种。其中，单句式有五种，分别是四言成句的"NP＋NP"式、五言成句的"NP＋NP"式、七言成句的"NP＋NP"式、六言成句的"NP＋NP＋NP"式、七言成句的"NP＋NP＋NP"式。对句式有十六种，分别是二言成句的"NP，NP"式、三言成句的"NP，NP"式、四言成句的"NP，NP"式、五言成句的"NP，NP"式、六言成句的"NP，NP"式、七言成句的"NP，NP"式、杂言成句的"NP，NP"式、杂言成句的"NP，NP＋NP"式、四言成句的"NP＋NP，NP"式、六言成句的"NP＋NP，NP"式、四言成句的"NP＋NP，NP＋NP"式、五言成句的"NP＋NP，NP＋NP"式、六言成句的"NP＋NP，NP＋NP"式、七言成句的"NP＋NP，NP＋NP"式、六言成句的"NP＋NP，NP＋NP＋NP"式、七言成句的"NP＋NP＋NP，NP＋NP＋NP"式。多句式则有二十五种，分别是三言成句的"NP，NP，NP"式、四言成句的"NP，NP，NP"式、五言成句的"NP，NP，NP"式、六言成句的"NP，NP，NP"式、七言成句的"NP，NP，NP"式、杂言成句的"NP，NP，NP"式、杂言成句的"NP，NP，NP＋NP"式、四言成句的"NP，NP＋NP，NP＋NP"式、

杂言成句的"NP，NP，NP＋NP＋NP"式、四言成句的"NP＋NP，NP，NP"式、四言成句的"NP＋NP，NP＋NP，NP"式、四言成句的"NP＋NP，NP＋NP，NP＋NP"式、六言成句的"NP＋NP，NP＋NP，NP＋NP"式、七言成句的"NP＋NP，NP＋NP，NP＋NP"式、四言成句的"NP，NP，NP，NP"式、七言成句的"NP，NP，NP，NP"式、杂言成句的"NP，NP，NP，NP"式、六言成句的"NP＋NP＋NP，NP＋NP＋NP，NP＋NP＋NP"式、七言成句的"NP＋NP＋NP，NP＋NP＋NP，NP＋NP＋NP"式、杂言成句的"NP＋NP＋NP，NP，NP"式、四言成句的"NP＋NP，NP＋NP，NP＋NP，NP＋NP"式、六言成句的"NP＋NP＋NP，NP＋NP＋NP，NP，NP"式、四言成句的"NP，NP，NP，NP，NP"式、杂言成句的"NP，NP，NP，NP，NP"式、杂言成句的"NP，NP，NP，NP，NP，NP，NP"式。

元曲中之所以有如此丰富多彩的名词铺排结构模式，一方面固然与我们前文所说的社会文化因素有关，与作家创造性的极大发挥有关；另一方面则与元曲前无定制有关，与元曲的通俗文学性质也有关。我们都知道，做任何事情，在规范未确定之前，人们都有很大的发挥空间，创新成果易于产生。反之，就会墨守成规，缺乏创新。从诗歌名词铺排发展的历史，我们也可以看出，初唐因为律诗规范尚未定型，其名词铺排结构模式非常丰富。而到了盛唐、中唐之后，就很少见到有什么创新模式出现。元曲作为通俗文学之一种，在元代异军突起，自然在语言运用包括名词铺排结构模式的创造上显现出它的生命力，创新的冲动必然带动创新的名词铺排结构模式的产生。

第六章 明 清

　　一个时代有一个时代的文学。明清时期，文学发展的主流是戏曲、小说以及散文。相比较而言，它们的成就远在诗词之上。但是，就名词铺排的发展变化来看，由于受文体的限制，名词铺排文本在明清戏曲、小说以及散文中并不易出现（零星的用例，多体现在戏曲、小说的回目或标题上。这个留待后文讨论），大量运用名词铺排的仍然是诗词。因此，本章我们讨论明清时期的名词铺排发展演进，只涉及诗词二类。

　　明清诗歌的成就在中国文学史上虽然并不像唐宋诗那样耀眼，但是在数量上远比前代要辉煌得多。这一方面是与创作者人数众多有关，另一方面也与时代的时尚有关。限于个人精力与时间，我们对于明清诗不可能像对于唐诗、金诗那样以其全部为考察对象，而只拟采取抽样调查与统计分析的方法进行。前文我们说过，抽样调查与统计分析的方法是现代广泛采用的科学方法，对于得出科学结论是有保证的。

　　为了保证抽样调查与统计分析的客观性，对于明诗我们拟以清人沈德潜、周准所编《明诗别裁集》（上海古籍出版社，2013 年）与今人杜贵晨所编《明诗选》（人民文学出版社，2009 年）为调查的依据。对于清诗，我们拟以清人沈德潜、周准所编《清诗别裁集（全二册）》（上海古籍出版社，2013 年）与福建师范大学古典文学教研室选注的《清诗选》（人民文学出版社，1984 年）为调查的依据。通过对所抽样调查对象的全面考察分析，进而观察明清诗歌在名词铺排文本建构及其结构模式创新方面的情况，了解其发展演进的基本趋势。

第一节　明清诗中的名词铺排

明清时期的诗歌创作跟其他时期一样，既有对传统的继承，也有自己的创新。在诗歌的名词铺排文本建构上也是如此，既有对旧有模式的继承沿用，也有自己独到的创造。下面我们就从两个方面对此予以描写分析。

一、旧有模式的继承

明清诗歌在名词铺排方面对旧有模式的继承，跟大多数历史时期一样，也表现在两个方面，一是篇章布局上的，二是结构模式上的。下面我们分而述之。

（一）布局上的继承

明清诗歌中的名词铺排文本在篇章布局上对前代旧有模式的继承，主要表现在三个方面：一是篇首名词铺排，二是篇中名词铺排，三是篇尾名词铺排。

1. 篇首名词铺排

篇首名词铺排的篇章布局模式早在先秦时期的《诗经》中就已出现。之后，历代诗歌中都有这种布局模式的广泛沿用。明清诗也不例外，根据我们的调查，很多诗人的笔下都有这种名词铺排的布局模式。如：

（1）三岔驿，十字路。北去南来几朝暮。朝见扬扬拥盖来，暮看寂寂回车去。今古销沉名利中，短亭流水长亭树。（明·杨慎《三岔驿》）

（2）萧萧林樾风，泛泛幽篁露。草虫亦何知，含凄感迟暮。深思无与言，美

人隔云路。迢迢银汉章，无声自西去。（明·许继《夜坐》）

（3）亭亭朱楼上，隐隐银汉旁。桂树未全长，玉兔在何方？自然多思致，何必满容光。黄昏延我坐，檐下施胡床。遂尔成良会，清风复吹裳。愿言长不负，莫学参与商。（明·吴宽《新月》）

（4）茫茫彭蠡口，隐隐鄱阳岑。地涌三辰动，江连九派深。扬舲武昌客，发兴豫章吟。不见垂纶叟，烟波空我心。（明·徐祯卿《彭蠡》）

（5）飘飘山上葛，累累田中瓞。苟非同根蒂，缠绵安得固。人情易反复，结交有新故。嗟哉夙昔好，乖弃在中路。（明·何景明《送崔氏》）

（6）清浅宫亭水，溅溅百道流。残春风送客，终夜月随舟。野火沈葭苇，遥天挂斗牛。相依有鸥鹭，任意宿汀洲。（清·彭孙遹《彭蠡夜泛》）

（7）轧轧机杼声，漠漠空天雪。操作入中宵，十指皆皲裂。积丝匹难成，不忍中道绝。著此缟素裳，怡然矢同穴。（清·周淑履《述怀》二首其一）

（8）殷殷红树村，漫漫白沙堰。深丛切秋禽，修竹翳长阪。奇境在幽遐，神工启关楗。泛滟鲸波摇，跳跃龙游宛。玲珑变绳墨，叠皱若违反。兰舟不即来，临渊羡缱绻。（清·黎志远《泊陈家湾睹山石奇秀迟客舟同登不至日暝独游未穷其胜》）

（9）青青石钟山，凛凛湖口关。浔阳汇彭蠡，九派奔潺湲。东南估客度江津，湖口新关愁杀人。乌逢艇子大于叶，朝去昏还两算缗。（清·胡会恩《湖口行》）

（10）阴阴涧底花，落落岭头柏。苍苍云雾重，渺渺人家隔。相传葛稚川，烧丹此中宅。至今丹井间，红泉漱白石。（清·朱尔迈《葛洪丹井西寻唐顾遗翁读书台旧址》）

（11）迢递长沙道，逍遥岁宴游。乱山黄叶寺，孤棹白蘋洲。夕鸟冲船过，寒波背郭流。毋论卑湿地，贾傅昔淹留。（明·李昌祺《送周秀才游长沙》）

（12）寂寂沅湘流，长江上有枫。青蕙缘广隰，绿蘅被洲中。扬舲溯烟泝，遥瞻二妃宫。二妃何婉娈，搴馨振微风。解佩遗下女，将以明我衷。（明·何景明《咏怀》）

（13）灼灼庭前花，春风斗红紫。随荣复随谢，盛衰偶然尔。草木岂无情，谁能一生死。我思更如何，欲种菩提子。（清·金氏《偶然作》）

（14）杳杳云外钟，原陆飒已晦。宁知沙际月，复于前峰对。墟落有归人，烟萝闻犬吠。（清·舒大成《山行》）

（15）泛泛桃花水，春风路几千。月明寒食夜，人在广陵船。极浦迷乡树，孤蓬接远天。黄昏何处笛，吹绿一江烟。（清·孙旸《春日北行夜泊江口》）

（16）悠悠北塘桴，落日转蓬科。留滞无安土，东南病把戈。江寒鱼罟静，月上虎踪多。去去勿复道，苍生可奈何。（清·卢元昌《北塘晚桴》）

（17）<u>旖旎绿杨楼</u>，依傍秦淮住。朝朝见潮生，暮暮见潮去。（明·黄省曾《江南曲》）

（18）<u>二百里江光</u>，群山绕建康。滔滔随眼白，荡荡接天黄。战骨多沉海，芦花又戴霜。六朝先后灭，何处说兴亡。（清·蒋士铨《江泛》）

（19）<u>萧条秋雨夕</u>，苍茫楚江晦。时见一舟行，蒙蒙云水外。（清·王士祯《江上》）

（20）<u>寂寞秋原寺</u>，霜钟韵最幽。数声生殿角，一夜白人头。晶晶月当枕，萧萧风满楼。何能此时节，还起景阳愁。（清·成鹫《秋钟》）

（21）千嶂桐庐道，清风几溯洄。不知天子贵，犹是故人来。垂钓本无意，披裘亦浪猜。翻嫌人好事，高筑子陵台。（清·周弘《严陵江》）

（22）门前芳草路，春到有谁过。曙鸟喧寒樾，条风动绿波。性迂求世少，亲健得天多。莫讶将强仕，犹然隐涧阿。（清·黄云《江村春日》）

（23）<u>独桴三巴夜</u>，秋高片月孤。滩声将客梦，万里下东吴。（明·施敬《巴阳夜泊》）

（24）<u>落日洞庭霞</u>，霞边卖酒家。晚虹桥外市，秋水月中槎。江白鱼吹浪，滩黄雁踏沙。相将楚渔父，招手入芦花。（明·邝露《洞庭酒楼》）

（25）<u>碧酒双玉瓶</u>，独酌峨眉亭。不见李太白，唯见三山青。秋色淮上来，苍然满云汀。安得十五弦，弹与蛟龙听。（明·张以宁《峨眉亭》）

（26）<u>落日松陵道</u>，堤长欲抱城。塔盘湖势动，桥引月痕生。市静人逃赋，江宽客避兵。廿年交旧散，把酒叹浮名。（清·吴伟业《过吴江有感》）

从句法上分析，例（1）是三言成句的"NP，NP"式，例（2）至例（10）是五言成句的"NP，NP"（叠字领起）式，例（11）是五言成句的"NP，NP，NP，NP"式，例（12）至例（16）是五言成句的"NP"（叠字领起）式，例（17）至例（22）是五言成句的"NP"式，例（23）至例（26）是五言成句的"NP＋NP"式。尽管各例在内部结构上稍有差异，但无论是以单句式呈现，还是以对句式或多句式呈现，这些名词句都跟其后句没有语法结构上的纠葛，属于独立表意的语言单位，因此都是名词铺排文本。这些名词铺排文本置于全诗篇首，既有造景呈象、定格画面的作用，又有凌空起势、先声夺人的效果，因而表现力极强。

2. 篇中名词铺排

名词铺排文本居于诗歌篇中，是汉代诗人创造的布局模式。之后历代诗歌都有沿用继承，明清诗也不例外。根据我们的调查，明清诗中这种布局最为普遍。如：

（27）小壑连旬雨，轻桡泛绿溪。春寒花信晚，水涨野桥低。<u>漠漠烟中柳，胶胶午后鸡</u>。乱云飞不尽，又过夕阳西。（清·朱鼎铉《雨后放舟》）

（28）路长魂屡徂，夜久力不任。<u>君子万里身，贱妾万里心</u>。灯前挥妙匹，运思一何深！裁以金剪刀，缝以素丝针。愿为合欢带，得傍君衣襟。（明·何景明《捣衣》）

（29）偶向匡庐去，安禅第几重。<u>九江黄叶寺，五老白云峰</u>。落日眠苍兕，飞泉下玉龙。到时应为我，致意虎溪松。（明·读彻《送朗瘿入匡山》）

（30）榻有何人下，君能此夜过。<u>寒蝉吴客赋，哀凤楚人歌</u>。雨气千江入，秋声万木多。明朝寒浦望，摇落有渔蓑。（明·宗臣《雨夜沈二丈至》）

（31）高楼当绝塞，春望转氤氲。<u>百战全燕地，千重大漠云</u>。控弦无掠骑，饮羽忆将军。老去亲戎马，悲笳向夕闻。（明·黎民表《横翠楼》）

（32）燕昭无故国，蓟野有空台。<u>寂寞黄金气，凄凉沧海隈</u>。儒生终报主，乱世始怜才。回首征途上，年年此地来。（明·薛蕙《昭王台》）

（33）保安及昆阳，一驿三十里。奔马逐归鸦，齐入黄尘里。屠苏酒乍倾，箫鼓赛升平。爆竹声何脆，年头年尾晴。<u>卓午昆阳道，溪桥细细风</u>。春衫红一片，并扬日华中。（清·洪亮吉《叶县道中杂诗》）

（34）同作他乡客，嗟予更滞留。<u>关山明月夜，边塞白云秋。汉阙孤臣梦，胡笳万里愁</u>。桑干河水近，知是忆并州。（明·沈炼《寄冯敬叔》）

（35）高密起南阳，文终从高祖。暴系本见疑，数衄亦非武。堂堂诸葛公，鱼水托心膂。……知公抱遗憾，龙卧成千古。<u>峨峨定军山，悠悠沔阳浒。郁郁冬青林，哀哀号杜宇</u>。耕余拾遗镞，月黑闻军鼓。谯侯宁足诛，激昂泪如雨。（清·王士禛《定军山诸葛公墓下作》）

（36）不到春城五六年，年来生事有谁传。<u>两株陶氏门前柳，一半颜生郭外田</u>。黄鸟风边行乐酒，桃花浪里钓鱼船。翻嫌扬子无佳兴，独坐空亭草太玄。（清·方殿元《答城中友人见讯之作》）

（37）碧玉堂西红粉楼，楼中思妇忆凉州。<u>咸阳桥上三年梦，回乐峰前万里愁。秦地烟花明月夜，胡天沙草白云秋</u>。离魂不识金微路，愿逐交河水北流。（清·宋徵舆《古意》）

（38）悠悠复悠悠，风吹江上舟。今朝天色好，送客西陵头。西陵在何许，幂历春郊树。搔首望行人，<u>迢迢上京路</u>。京路一千程，官梅照眼明。（明·刘绩

《题西陵送别图送姚进士》)

（39）盘盘出鸟道，杳杳行人村。斗起邛崃山，仄隘逾剑门。天险溯开凿，未可常理论。（清·马维翰《九折坂》）

（40）凉风起燕赵，万里浮云阴。思妇惊秋叶，寒蛩啼暮林。霜催银箭色，雁度玉关心。萧瑟江潭客，芙蓉孤渚深。（明·章美中《秋思》）

（41）苍苍雾连空，冉冉月堕水。飘飘双鬓风，恍惚无定止。轻帆不用楫，惊浪长在耳。江湖日浩荡，行役方未已。羁栖正愁绝，况乃中夜起。（明·李东阳《夜过邵伯湖》）

（42）晓色起陇亩，荷耜还西林。悠悠清溪水，自识沮溺心。林际半新月，村静闻远音。何人柴门下，慷慨隆中吟。未知千载事，好风开我襟。忽持一尊酒，苍然白云深。（清·谢淞洲《田家杂兴》二首其二）

（43）五载一相见，江边落木风。那堪多难日，正在别离中。世事茫无定，吾生固有穷。夜吟须尽醉，秋雨一灯红。（清·金义植《高函三夜话》）

（44）路尽鸟飞外，微茫一叶舟。月斜江岸晓，潮落海门秋。山色南朝寺，钟声北固楼。寄奴城外草，隐隐入边愁。（清·沈懋华《渡江》）

（45）一别不自意，茫然空复愁。孤舟仍盗贼，多病已春秋。明月半江水，故人何处楼。风尘双泪眼，为我寄沧州。（明·宗臣《长庚纯一舜隆既别忆之》）

（46）沈生南国去，别我独凄然。落月清江树，归人何处船。十年安陆舍，数口太湖田。想到乡园日，生涯亦可怜。（明·何景明《怀沈子》）

（47）炉烟浓欲篆，夜色淡生阴。病骨秋花瘦，愁怀暮雨深。疏灯孤榻影，衰草乱虫吟。无限关心事，朦胧梦里寻。（清·曹煐曾《病中雨夜》）

（48）晓灯寒无光，驱马别亲故。残月坠风林，荒烟白山路。十年游子怀，惜此岁华暮。载咏无衣诗，何以蒙霜露。（清·曹寅《岁暮远为客》）

从句法上分析，例（27）是五言成句的"NP，NP"（叠字领起）式，例（28）至例（32）是五言成句的"NP，NP"式，例（33）是五言成句的"NP，N＋N＋NP"式，例（34）是五言成句的"NP，NP，NP，NP"式，例（35）是五言成句的"NP，NP，NP，NP"（叠字领起）式，例（36）、例（37）是七言成句的"NP，NP，NP，NP"式，例（38）、例（39）是五言成句的"NP"（叠字领起）式，例（40）至例（44）是五言成句的"NP"式，例（45）至例（48）是五言成句的"NP＋NP"式。这些名词句，尽管内部结构有所不同，但无论是以单句式还是以对句式或多句式呈现，都跟其前后句没有语法结构上的纠葛，是独立表意的语言单位，因而属于名词铺排文本。这些名词铺排文本置于全诗篇中，既有造景呈象、拓展意境的作用，又可达到调整语言节奏，使诗歌语言显得灵动自然。

3. 篇尾名词铺排

名词铺排文本居于诗歌篇尾的布局模式，乃是魏晋南北朝诗人的创造，之后历代诗歌都有继承。根据我们的调查，明清诗中也有沿用这种布局模式的。不过，相较于其他两种布局模式，这种布局模式出现的频率要小多了。无论是明诗还是清诗，情况都差不多。如：

（49）鞲鹰敛六翮，栖息如鹑鹩。秋风飒然至，耸目思凌霄。英雄在承平，白首为渔樵。匪无抟击能，不与狐兔遭。长星亘东南，壮士拭宝刀。落落丈夫志，悠悠儿女曹。（明·杨基《感怀》十四首其一）

（50）漂泊依刘计，间关入蜀身。中原无社稷，乱世有君臣。峡路元通楚，岷江不向秦。空山一祠宇，寂寞翠华春。（明·何景明《昭烈庙》）

（51）两岸花明柳暗，一楼山色湖光。桥东桥西酒店，溪南溪北渔庄。（清·金兰《村居杂兴》）

（52）荀卿将入楚，范叔未归秦。花鸟非乡国，悠悠行路人。（明·谢榛《行路难》）

（53）秋风叶正飞，江上逢重九。人世几登高，寂寞黄花酒。（明·汪时元《九日舟中》）

（54）江村犹不夜，月已到高楼。碧瓦光相射，虚檐影自流。山山皆在水，树树尽成秋。天迥空无著，西风一钓舟。（清·实訒《江楼望月》）

（55）十里珠帘映碧流，丝丝金线拂船头。阊门过去盘门路，一树垂杨一画楼。（清·宋乐《苏台柳枝词》）

（56）词客真同河朔游，主人偏解孟公留。高城雨过凉生席，残夜花明月满意楼。紫玉行杯弹出塞，红牙催拍按伊州。更怜少日阊门侣，菱叶芙蓉湖上舟。（明·王世贞《同省中诸君过徐丈》）

（57）柳短短，春江满。兰渚雪融香，东风酿春暖。山长水更遥，浩荡木兰桡。兰桡向何处，送君南昌去，离愁落日烟中树。（明·徐贲《柳短短送陈舜道》）

（58）三岔驿，十字路，北去南来几朝暮。朝见扬扬拥盖来，暮看寂寂回车去。今古销沉名利中，短亭流水长亭树。（明·杨慎《三岔驿》）

（59）又觅灵光劫后存，金陀遗事共谁论。年时记得同游处，衰柳西风白下门。（清·陶孚尹《怀友》）

从句法上分析，例（49）是五言成句的"NP，NP"（叠字领起）式，例（50）是五言成句的"NP，NP"式，例（51）是六言成句的"NP，NP"式，例（52）是五言成句的"NP"（叠字领起）式，例（53）是五言成句的"NP"式，例（54）是五言成句的"NP＋NP"式，例（55）是七言成句的"NP＋NP"式，例（56）至例（59）是七言成句的"NP＋NP＋NP"式。尽管各例在内部结构上有一定的差异，但这些名词句无论是以单句式呈现，抑或以对句式或多句式呈现，均跟其前句没有语法结构上的纠葛，属于独立表意的语言单位，因而是名词铺排文本。这些文本居于全诗篇尾，以其鲜明的画面感有力地拓展了诗歌的意境，使全诗顿添无穷的魅力。

（二）结构上的继承

中国古典诗歌的创作，到明清时期已经处于晚期了。在诗歌名词铺排结构模式的创新方面，实际上留下的空间已经不多了。因此，大量继承沿用旧有的结构模式乃是必然之势。正因为如此，我们发现在明清诗中继承沿用旧有结构模式的名词铺排文本特别多。根据我们的调查，至少有如下二十七种。下面我们分而述之。

1. 三言成句的"NP，NP"式

这种结构模式是由金诗创造出来的，明诗中有继承沿用。不过，根据我们的调查，沿用者并不多，只在个别诗人笔下偶尔有之。如：

（1）<u>三岔驿，十字路</u>。北去南来几朝暮。朝见扬扬拥盖来，暮看寂寂回车去。今古销沉名利中，短亭流水长亭树。（明·杨慎《三岔驿》）

例（1）从句法上分析，其结构是"（三岔）驿，（十字）路"，属三言成句的"NP，NP"式。从语境与语义上观察，此二句居于全诗篇首，且跟其后句"北去南来几朝暮"没有语法结构上的纠葛，因而可以确认是一个独立表意的语言单位，属于名词铺排文本。

2. 五言成句的"NP，NP"（叠字领起）式

这种结构模式是汉代诗人的创造。之后，历代诗人都有继承沿用。明清诗人也不例外，沿用这种结构模式的诗句比比皆是，建构的文本也特别多。如：

（2）<u>亭亭朱楼上，隐隐银汉旁</u>。桂树未全长，玉兔在何方？自然多思致，何必满容光。黄昏延我坐，檐下施胡床。遂尔成良会，清风复吹裳。愿言长不负，

莫学参与商。（明·吴宽《新月》）

（3）茫茫彭蠡口，隐隐鄱阳岑。地涌三辰动，江连九派深。扬舲武昌客，发兴豫章吟。不见垂纶叟，烟波空我心。（明·徐祯卿《彭蠡》）

（4）飘飘山上葛，累累田中瓠。苟非同根蒂，缠绵安得固。人情易反复，结交有新故。嗟哉凤昔好，乖弃在中路。（明·何景明《送崔氏》）

（5）雨歇宵影澄，天清月华素。空山秋欲来，凉意先在户。萧萧林樾风，泫泫幽篁露。草虫亦何知，含凄感迟暮。深思无与言，美人隔云路。（明·许继《夜坐》）

（6）鞲鹰敛六翮，栖息如鸡鹜。秋风飒然至，耸目思凌霄。英雄在承平，白首为渔樵。匪无抟击能，不与狐兔遭。长星亘东南，壮士拭宝刀。落落丈夫志，悠悠儿女曹。（明·杨基《感怀》十四首其一）

（7）轧轧机杼声，漠漠空天雪。操作入中宵，十指皆皴裂。积丝匹难成，不忍中道绝。著此缟素裳，怡然矢同穴。（清·周淑履《述怀》二首其一）

（8）小壑连旬雨，轻桡泛绿溪。春寒花信晚，水涨野桥低。漠漠烟中柳，胶胶午后鸡。乱云飞不尽，又过夕阳西。（清·朱鼎铉《雨后放舟》）

（9）殷殷红树村，漫漫白沙堰。深丛切秋禽，修竹翳长阪。奇境在幽遐，神工启关楗。泛滟鲸波摇，跳跃龙游宛。玲珑变绳墨，叠皱若违反。兰舟不即来，临渊奂缱绻。（清·黎志远《泊陈家湾睹山石奇秀迟客舟同登不至日暝独游未穷其胜》）

（10）青青石钟山，凛凛湖口关。浔阳汇彭蠡，九派奔潺湲。东南估客度江津，湖口新关愁杀人。乌篷艇子大于叶，朝去昏还两算缗。（清·胡会恩《湖口行》）

（11）阴阴涧底花，落落岭头柏。苍苍云雾重，渺渺人家隔。相传葛稚川，烧丹此中宅。至今丹井间，红泉漱白石。（清·朱尔迈《葛洪丹井西寻唐顾遹翁读书台旧址》）

（12）渺渺太湖水，遥遥光福山。梅花一万树，窈窕非人间。思与尧峰叟，扁舟数往还。烟峦七十二，坐啸听潺湲。（清·田雯《泊舟吴门寄汪苕文》）

例（2）至例（12）诸例，从句法上分析，每句五言，以末一字（词）为中心语，紧邻中心语的是直接修饰语，领起全句的叠字则属于间接修饰语。二句并列，整体上属于五言成句的"NP，NP"（叠字领起）式。这些成对出现的名词短语句，从语境与语义上看，跟其前后的其他语句均无语法结构上的纠葛，属于独立表意的语言单位，因而是名词铺排文本。

3. 五言成句的"NP，NP"式

这种结构模式也是汉代诗人的创造。之后，历代诗人都有广泛的运用。根据我们的调查，明清诗人非常喜欢使用这种结构模式，建构的文本也就非常多。如：

（13）海国梅始白，飞霜动鸣钟。寒空一片月，挂在罗浮峰。夜色不映水，清光与之同。百里皆瑶华，千林闷幽风。<u>萧条岩际叶，嘹唳云边鸿</u>。远客起遥念，沧波思千重。梦回明镜没，寂历闻幽蛩。（明·高棅《赋得罗浮霜月怀二逸人》）

（14）偶向匡庐去，安禅第几重。<u>九江黄叶寺，五老白云峰</u>。落日眠苍兕，飞泉下玉龙。到时应为我，致意虎溪松。（明·读彻《送朗瓤入匡山》）

（15）<u>故国千年恨，他乡九日心</u>。山陵余涕泪，风雨罢登临。异县传书远，经时怨别深。陶潜篱下意，谁复继高吟。（明·徐夜《九日得顾宁人书》）

（16）榻有何人下，君能此夜过。<u>寒蝉吴客赋，衰凤楚人歌</u>。雨气千江入，秋声万木多。明朝寒浦望，摇落有渔蓑。（明·宗臣《雨夜沈二丈至》）

（17）高楼当绝塞，春望转氤氲。<u>百战全燕地，千重大漠云</u>。控弦无掠骑，饮羽忆将军。老去亲戎马，悲笳向夕闻。（明·黎民表《横翠楼》）

（18）燕昭无故国，蓟野有空台。<u>寂寞黄金气，凄凉沧海隈</u>。儒生终报主，乱世始怜才。回首征途上，年年此地来。（明·薛蕙《昭王台》）

（19）沈生南国去，别我独凄然。落月清江树，归人何处船。<u>十年安陆舍，数口太湖田</u>。想到乡园日，生涯亦可怜。（明·何景明《怀沈子》）

（20）漂泊依刘计，间关入蜀身。中原无社稷，乱世有君臣。峡路元通楚，岷江不向秦。<u>空山一祠宇，寂寞翠华春</u>。（明·何景明《昭烈庙》）

（21）长安月，离离出海峤。遥见层城隐半轮，渐看阿阁街初照。<u>激滟黄金波，团圆白玉盘</u>。青天流影披红蕊，白露含辉泛紫兰。（明·何景明《明月篇》）

（22）凉飙吹闺闼，夕露凄锦衾。言念无衣客，岁暮芳寒侵。……路长魂屡徂，夜久力不任。<u>君子万里身，贱妾万里心</u>。灯前择妙匹，运思一何深。裁以金剪刀，缝以素丝针。愿为合欢带，得傍君衣襟。（明·何景明《捣衣》）

（23）<u>檐外双梅树，庭前昨夜风</u>。不知何处笛，并起一声中。（明·薛瑄《梅花落》）

（24）山色蛾眉秀，江流燕尾分。乱蝉吟落日，独鹤引归云。<u>黄叶溪边树，青帘雨外村</u>。兴来留客坐，随意倒芳樽。（明·李昌祺《周原幽居》）

（25）芳草绿如此，征途尚未穷。<u>隔江商店火，近市酒旗风</u>。人语村村异，鸡声处处同。不须愁落魄，人世总飘蓬。（明·宁祖武《新安夜泊》）

（26）身在瓮盎中，仰看飞鸟渡。南山北山云，千株万株树。但见山中人，不见山中路。（清·蒲松龄《青石关》）

（27）飘泊干戈后，为堂傍水涯。三巴五亩宅，千古一诗家。无复临江树，犹存覆地花。危楼当北斗，想象望京华。（清·钱源来《少陵草堂》）

（28）帆指潇湘去，其如风雨何。秋声岳阳树，寒色洞庭波。欸乃渔歌起，微茫雁影过。昔贤临望处，触绪感怀多。（清·钱之青《风阻岳州》）

（29）青莲读书谷，康乐翻经台。松下轩窗坐，岩间卷帙开。玄猿汲涧去，白鹿衔花来。如听银河落，砰訇万壑雷。（清·郑鈫《题陈南麓都谏匡山读书图》二首其二）

（30）远渡湘江水，来悲海国秋。几重黄叶路，万里晓霜愁。片影迷寒月，孤声落暮楼。西风正萧瑟，对汝泪堪流。（清·张元升《过雁》）

（31）寂寞高秋晚，微霜下古城。西风吹鬓老，落叶入诗清。天地孤鸿影，关山画角声。只思归去好，闲卧听春莺。（清·张元升《高秋》）

（32）秋风吹白帝，枕上落江声。小苑烟光薄，疏帘月影清。三更羁客梦，万里故乡情。渐听荒鸡动，驱车按部行。（清·于养志《不寐》）

（33）秋气郁佳哉，秋鸿归去来。百年元是客，万里独登台。黄叶寺前雨，茱萸江上杯。海天寥阔际，何处是蓬莱。（清·鄂尔泰《九日海天阁》）

（34）沅水三更月，燕山万里云。梦随天共远，人与序俱分。风景殊蛮落，音书断雁群。可堪秋节半，兰畹正清芬。（清·宋聚业《宿沅江驿楼时秋分夕》）

（35）轻寒腰带减，窗竹渐离披。未得高眠早，常愁退食迟。青山秋后梦，黄叶雨中诗。酒熟东篱下，君闲可预期。（清·丁炜《卧病酬林澹亭》）

（36）落日临沧观，西风扬子津。峭帆何处泊，愁杀渡江人。（清·史夔《横江词》）

（37）九峰天半落，一棹夕阳过。客为游山盛，船因载水多。溪边高士宅，月下榜人歌。好趁樵风便，轻船采芰荷。（清·史夔《无锡望惠山》）

（38）寂寞台城北，高吟不厌贫。六朝三径草，两代一诗人。天地经时老，关河到处贫。举杯论往事，先世有遗民。（清·许承家《赠杜于皇七十》）

（39）千树宫墙柳，万朵道傍花。折柳在侬手，花飞到谁家。（清·许虬《折杨柳歌》三首其二）

（40）老应甘弃世，壮已不如人。楚越燕秦路，东西南北身。镜中俱是雪，塞外不知春。何日沧江返，矶头稳钓纶。（清·沈永令《咸阳寓中》）

（41）背水千年庙，登坛百战功。至今思赤帜，何处吊藏弓。春雨王孙草，灵风古木丛。淮阴年少子，终自笑英雄。（清·董文骥《复过井陉口淮阴侯庙》）

（42）鼓角北风凉，双旌入大梁。十年悲瓠子，万马散敖仓。<u>少府新沈璧，中原古战场</u>。君行能卧治，未许薄淮阳。（清·顾大申《送沈绎堂编修迁大梁道》）

（43）万里南中路，春风入五溪。地分铜柱北，山险桂林西。……山深鹦鹉语，花老杜鹃啼。<u>河外青蛉县，关前白马氐</u>。还将碧鸡赋，迟尔到金闺。（清·蒋平阶《送李分虎之滇黔》）

（44）蟠龙关塞近，大鸟墓门深。<u>万古长河水，千秋暮夜心</u>。衣冠朝岳麓，蘋藻荐桃林。夫子应知己，囊无陆贾金。（清·汪灏《拜杨伯起墓》）

（45）<u>铁瓮城边路，金焦江上山</u>。蛟螭蟠地轴，豺虎踞天关。皎日群阴散，春风十亩闲。烟云俨图画，蜡屐好跻攀。（清·陈鹏年《新春杂感次韵和中山》）

（46）杰阁俯城阴，阑干每一临。<u>曲阿秦郡县，北府宋园林</u>。山色分吴楚，江流自古今。春风满天地，无限望乡心。（清·陈鹏年《京江杂诗》）

（47）钓台临绝壁，峦壑抱幽深。<u>一片桐江月，千秋出世心</u>。独寻高士迹，忘却客星沉。予亦怀微尚，徘徊听濑音。（清·陈景元《严陵钓台》）

从句法上分析，例（13）至例（47）诸例均是五言成句的"NP，NP"式结构。两两并立的两个名词短语句，每句五个字，以末一字（词）为中心语，一般前附两个修饰语，紧邻中心语的是直接修饰语，句首位置的则属于间接修饰语。如例（13）"萧条岩际叶，嘹唳云边鸿"，前句以"叶"为中心语，以"岩际"为直接修饰语，以"萧条"为间接修饰语。其他大部分例子类似。也有少数例子表面看起来跟例（13）不同，实际上完全相同。如例（16）"寒蝉吴客赋，衰凤楚人歌"，表面上是"寒蝉+吴客赋，衰凤+楚人歌"，即"NP+NP，NP+NP"式结构，实际上并不是，因为这二句的真实语义是"写寒蝉的吴客赋，唱衰凤的楚人歌"，结构是"（寒蝉）（吴客）赋，（衰凤）（楚人）歌"，仍是"NP，NP"式结构。也有个别例子是每句只有一个修饰语，如例（26）"南山北山云，千株万株树"，句法上是"（南山+北山）云，（千株+万株）树"，但是整体上仍是"NP，NP"式结构。以上诸例，尽管内部结构之间略有差异，但整体上均属五言成句的"NP，NP"（非叠字领起）式。它们都以对句的形式呈现，从语境与语义上分析，跟其前后的其他语句没有语法结构上的纠葛，是独立表意的语言单位，因而皆属于名词铺排文本。

4. 五言成句的"NP（非叠字领起），NP（叠字领起）"式

这种结构模式乃五代诗的创造。之后，金代诗人有沿用之例。根据我们的调查，清代诗人也有沿用这种结构模式的，但只是个别诗人偶尔为之。如：

（48）清浅宫亭水，溅溅百道流。残春风送客，终夜月随舟。野火沈葭苇，遥天挂斗牛。相依有鸥鹭，任意宿汀洲。（清·彭孙遹《彭蠡夜泛》）

例（48）从句法上分析，其结构是"（清浅）（宫亭）水，（溅溅）（百道）流"，属五言成句的"NP（非叠字领起），NP（叠字领起）"式。从语境与语义上看，此二句居全诗篇首，且跟随后的"残春风送客"一句没有语法结构上的纠葛，属于独立表意的语言单位，因而可以确认是名词铺排文本。

5. 六言成句的"NP，NP"式

这种结构模式是金代诗人的创造。根据我们的调查，清诗中虽也有沿用这种结构模式的，但只有个别用例。如：

（49）两岸花明柳暗，一楼山色湖光。桥东桥西酒店，溪南溪北渔庄。（清·金兰《村居杂兴》）

从句法上分析，例（49）的结构是"（桥东＋桥西）酒店，（溪南＋溪北）渔庄"，属六言成句的"NP，NP"式。从语境与语义上分析，此二句居全诗篇尾，且跟其前句"一楼山色湖光"无语法结构上的纠葛，是独立表意的语言单位，具有名词铺排的性质。

6. 七言成句的"NP，NP"式

这种结构模式乃魏晋南北朝诗人的创造。根据我们的调查，明清诗中沿用这种结构模式的诗人非常多，其所建构的文本也非常多。如：

（50）河堤使者大司空，兼领中丞节制同。转饷千年军国壮，朝宗万里帝图雄。春流无恙桃花水，秋色依然瓠子宫。太史但裁沟洫志，丈人何减汉臣风。（明·李攀龙《上朱大司空》）

（51）贺兰山下战尘收，君去征途正值秋。落日故关秦上郡，断烟残垒汉灵州。胡儿射猎经河北，壮士吹笳怨陇头。城窟莫教频饮马，水声呜咽动乡愁。（明·徐𤊹《送康元龙之灵武》二首其一）

（52）黄河官路黑山程，羌笛横吹汉月明。漠北烽烟三里雾，陇西鼙鼓十年兵。燕鸿度塞寒无影，胡马行沙暗有声。后夜思君劳远梦，朔风吹过白登城。（明·徐𤊹《送康元龙之灵武》二首其二）

（53）忆昔南巡汉武皇，楼船车马日相望。轻裘鄠杜张公子，挟瑟邯郸吕氏倡。秋尽旌旗营细柳，夜深烽火猎长杨。孤臣亦有遗弓泪，不见当时折槛郎。

（明·王世贞《忆昔》）

（54）长安月，离离出海峤。遥见层城隐半轮，渐看阿阁衔初照。……濯濯芙蓉生玉沼，娟娟杨柳覆金堤。<u>凤凰楼上吹箫女，蟋蟀堂前织锦妻</u>。别有深宫闭深院，年年岁岁愁相见。（明·何景明《明月篇》）

（55）僦屋都城已十年，移从东陌复西廛。傍人门户终低首，老我风尘未息肩。<u>江海故墟三亩宅，歌钟甲第万缗钱</u>。一枝应被林鸠笑，今在长安若个边。（明·储巏《屡卜居未遂》）

（56）<u>红玉鞍骄碧玉骢，乐游原上柳丝风</u>。诏求季布今何处，只在三千奴仆中。（明·吴骐《少年行》）

（57）<u>密疏堤上千株柳，深浅江南一带山</u>。文酒犹传居士意，烟花总待使君闲。（清·孔尚任《游平山堂》）

（58）石头天险壮层城，虎踞龙蟠旧有名。<u>峙鼎三分吴大帝，渡江五马晋东京</u>。高台凤去荒烟满，废苑萤飞茂草生。往事不堪频想像，夕阳西下看潮平。（清·倪瑞璿《金陵怀古》）

（59）愁思天涯九日晴，凭高闲望夕阳明。<u>天清万丈秋潭影，风急三关落木声</u>。双阙参差连御苑，乱山合沓入边城。悬军绝幕思飞将，闻道河西已厌兵。（清·周远《京师九日城南黑窑厂登高》）

（60）南国灵光尚巍然，孤云踪迹老龙眠。诗名海内推尊宿，道貌尘中讶散仙。<u>前代清流端礼石，荒江甲子义熙年</u>。他时若问遗民录，桑海苍凉姓字传。（清·胡会恩《吴门值钱饮光惠诗赋答》）

（61）往事苍凉不可论，伤心絮酒拜松门。<u>三千里外孤儿泪，二十年来国士恩</u>。华表日斜巢鹤返，土花春绣石麟存。殷勤幸接连枝会，漂泊天涯有弟兄。（清·钱芳标《清明偕钟宛兄展墓有感》）

（62）扶桑东极水云昏，溟涨连天入海门。<u>白鹭千群沙际影，青螺数点雪中痕</u>。石当罗刹声偏走，风折西泠势益奔。徙倚伍胥祠下望，鸱夷信有未招魂。（清·胡渭生《吴山观潮》）

（63）东风绿遍芳洲草，春昼落花啼鸠早。片片朝萦上苑烟，毵毵夕覆长安道。……珠楼红粉须史变，帝里繁华君不见。<u>一夜飘飘长信阶，数枝零落昭阳殿</u>。长信昭阳月影低，边笳横笛紫烟迷。（清·董俞《落花篇》）

（64）太白楼上秋风寒，采石矶下波连山。长康不作僧繇死，何人攫弄秋毫端。……秋来放眼忘远涉，凭陵万里开心颜。<u>寺径蒙蒙松杉雨，芦花漠漠鼋鼍滩</u>。顾盼无人相娱赏，高呼太白骑鲸还。（清·田雯《登采石矶太白楼观萧尺木画壁歌》）

（65）千寻江阁引诸峰，多景登临策短筇。参佐风流如谢朓，楼台潇洒似王恭。**三年梦里西津雨，半夜灯前北固钟。**明日芒鞋别君去，城中遥望白云重。（清·王士禄《程昆仑招集万岁楼》）

（66）扬州明月杜陵花，夹道香尘迎丽华。<u>旧宅江都飞燕井，新侯关内武安家。</u>雅步纤腰初召入，钿合金钗定情日。丰容盛鬋固无双，蹴鞠谈棋复第一。（清·吴伟业《永和宫词》）

（67）宜春小苑春风香，宣和秘殿春昼长。帝所神霄换新诰，江南花石催头纲。至尊盘礴自游艺，宛是前身画师制。**岁时婚嫁杏花村，桑麻鸡犬桃源世。**杏花村中花冥冥，纮干山雀群飞鸣。巾车挈篚去何所，无乃负担趋青城。（清·钱谦益《题宋徽宗杏花村图》）

（68）落花飞雨搅邗沟，襆被奚囊感薄游。**宝剑千金吴季子，长城半壁汉条侯。**高榆耕垒连沧海，深柳书堂枕碧流。共话老夫应失笑，春深冒絮尚蒙头。（清·钱谦益《送吴兴公游下邳兼简李条侯》）

（69）春城烟雨酒盈卮，大别山前赋别离。黔郡犹传秦岁月，昆明应识汉旌旗。<u>千盘路上槟榔坞，一线天开玳瑁池。</u>他日益州来驿使，武昌云树足相思。（清·彭而述《鄂渚别赵兴宁柱史之官滇南》）

（70）章江依旧抱城流，枫叶芦花瑟瑟秋。南浦闲云迎故客，西山暮雨送孤舟。<u>一千里外新蓬纂，四十年前旧酒楼。</u>莫上滕王高阁望，不堪楚尾与吴头。（清·王材任《南昌即事》）

（71）征人日夜逐征鸿，乍过川中入楚中。版籍已知邦国异，人民仍觉语音同。<u>五年三峡风波路，万里孤舟老病翁。</u>谁信书生遇天幸，平安八口出巴东。（清·陈沂震《巴东》）

（72）王业偏安蜀道难，奸雄宁独数曹瞒。中原回首移神鼎，竖子成名建禅坛。**城上风幡新塔宇，墓中巾帼旧衣冠。**掀髯西指蚕丛路，丞相祠堂尚锦官。（清·沈绍姬《司马懿故居》）

例（50）至例（72）诸例，从句法上分析，均属于七言成句的"NP，NP"式结构。它们或居全诗篇首，或居全诗篇中，但从语境与语义上分析，皆跟其前后句无语法结构上的纠葛，属于独立表意的语言单位，因而可以确认是名词铺排文本。

7. 五言成句的"NP，N＋N＋NP"式

这种结构模式是五代诗的创造。根据我们的调查，清代诗人有沿用这种结构模式的，但用例并不多，只是偶有一见而已。如：

（73）保安及昆阳，一驿三十里。奔马逐归鸦，齐入黄尘里。屠苏酒乍倾，箫鼓赛升平。爆竹声何脆，年头年尾晴。<u>卓午昆阳道，溪桥细细风。</u>春衫红一片，并扬日华中。（清·洪亮吉《叶县道中杂诗》）

从句法上分析，例（73）的结构是"（卓午）（昆阳）道，溪＋桥＋（细细）风"，属于五言成句的"NP，N＋N＋NP"式。从语境与语义上分析，此二句虽居全诗篇中，但跟其前后句皆无语法结构上的纠葛，是独立表意的语言单位，因而具有名词铺排的性质。

8. 七言成句的"NP，NP＋NP＋NP"式

这种结构模式乃为元代诗人的创造。根据我们的调查，明清诗人皆有沿用这种结构模式的，但并不普遍，只是个别诗人有文本建构。如：

（74）<u>寒窗儿女灯前泪，客路风霜梦里家。</u>岂有酖人羊叔子，可怜忧国贾长沙。（明·郭登《保定途中偶成》）

（75）逐客江干夜寂寥，无端铁笛起中宵。<u>深秋梁苑新沙碛，明月清溪旧板桥。</u>万里梦回千嶂雨，一帆风动五更潮。草堂空有农书在，桑柘如今尽已凋。（清·周亮工《江行杂感》）

例（74）、例（75）二例，从句法上分析，其结构分别是"（寒窗儿女）（灯前）泪，客路＋风霜＋（梦里）家""（深秋）（梁苑）（新）沙碛，明月＋清溪＋（旧）板桥"，均属七言成句的"NP，NP＋NP＋NP"式。从语境与语义上分析，它们跟其前后句均无语法结构上的纠葛，属于独立表意的语言单位，因而可以确认是名词铺排文本。

9. 五言成句的"NP＋NP，NP＋NP"式

这种结构模式是初唐诗人的创造。之后，不少时期的诗人都有沿用继承。根据我们的调查，明清诗人继承沿用这种结构模式的也非常普遍，建构的名词铺排文本也相当多。如：

（76）<u>断云疏雁影，残月乱鸡声。</u>明发应千里，萧萧过楚城。（明·金銮《泊淮上》）

（77）一笑无秦帝，飘然向海东。谁能排大难，不屑计奇功。<u>古戍三秋雁，高台万木风。</u>从来天下士，只在布衣中。（明·今种《鲁连台》）

（78）神州移水德，故鼎去山东。<u>断霓夫人剑，残烟郭隗宫。</u>身留烈士后，

迹混市儿中。改服心犹苦，知音耳自通。（明·顾绛《高渐离击筑》）

（79）生死衔恩在，间关病骨遥。刀头空自卜，匕首为谁骄。<u>风色田横馆，寒云豫让桥</u>。岂无心一寸，魂断竟难招。（明·王世贞《义士李国卿归骨长山哭以送之》）

（80）松楸何不极，复道见行宫。<u>剑佩千官月，桥陵万马风</u>。地回山尽拱，云合树俱雄。白首先朝事，伤心涕泪中。（明·王世贞《陵祀》）

（81）可叹江潭客，重为魏阙游。河梁一怅望，芳草剧含愁。<u>陇树三年泪，边云万里秋</u>。无由慰栖泊，羁影任悠悠。（明·皇甫涍《再别兄弟作》）

（82）<u>夜辇昭阳月，春筵上苑花</u>。不成供奉日，枉自学琵琶。（明·王廷相《宫怨》）

（83）驱马别君处，秋阴当暮生。林柯无静叶，江雁有归声。<u>绿水阊门道，青山建业城</u>。未能同理楫，延伫独含情。（明·边贡《送玄敬》）

（84）薄暮过潇湘，秋空楚水长。<u>黄芦千里月，红叶万山霜</u>。客梦悬双阙，乡心逐五羊。羁情谁与晤，劳者若为伤。（明·戴缙《楚江旅怀》）

（85）迹不到城市，逢人无厚颜。<u>一瓢风外树，双屐雨中山</u>。流水春喧碓，归云暮掩关。无心经世务，为益鬓毛斑。（明·甘瑾《何梅阁山居》）

（86）落日洞庭霞，霞边卖酒家。<u>晚虹桥外市，秋水月中槎</u>。江白鱼吹浪，滩黄雁踏沙。相将楚渔父，招手入芦花。（明·邝露《洞庭酒楼》）

（87）<u>明月溪边路，秋风溪上船</u>。船头何所有，满把水中莲。（明·周应仪《烂溪》二首其一）

（88）晚凉公事暇，乘兴一登楼。<u>云气千山雨，松声万壑秋</u>。堤平芳草合，天远大江浮。日暮行人少，空横野渡舟。（明·祁顺《登临江清风楼》）

（89）老去羞弹剑，贫来学种蔬。<u>草堂三径菊，茅屋一床书</u>。只此浮生足，从前世味疏。肯因升斗计，犹自费踌躇。（明·马继龙《草堂漫兴》）

（90）<u>黄菊故人杯，青山游子路</u>。匹马向垂杨，回首燕云暮。（明·宗臣《送吴山人》）

（91）一酌千愁尽，悠悠土木身。<u>楼台三峡月，鼓角九江春</u>。山水私词客，衣冠忌酒人。长安鸣佩者，半是霍家亲。（明·张九一《酌酒》）

（92）<u>李花一孤村，流水数间屋</u>。夕阳不见人，牧牛麦中宿。（清·纪映淮《即景》）

（93）寻君复不见，寂寞出林间。<u>落叶溪边路，浮云海外山</u>。午烟桑柘隐，秋色户庭闲。爱尔幽栖好，归来亦闭关。（清·海岳《访友不值》）

（94）冲寒初放棹，侵晓度溪湾。<u>残月霜中角，长江雪后山</u>。铎清知塔近，

波定识鸥闲。载笔频年梦，潇湘一衲还。（清·同揆《雪霁后晓行过龙舒》）

（95）残年泊归棹，问酒郭西亭。雪圃芹芽白，江醪竹叶青。夕阳新别路，衰草古离情。隔岸寒山色，含凄望旧京。（清·钱敬淑《泊浦子口》）

（96）寒信回穷漠，悬军尚朔方。残旗孤垒月，哀角五更霜。榆叶飘金甲，边风裂箭疮。黄花犹未解，七尺委沙场。（清·邵岷《秋戍》）

（97）晨光初泛艇，流水枕清酣。风定晴湖渺，云生远岫含。梨花明月寺，芳草牧牛庵。多景灵岩近，乘春取次探。（清·李果《泛艇木渎》）

（98）春雨木兰舟，春风桃叶渡。娇莺自在啼，双桨横塘去。横塘绕山斜，一径采山花。门前旧湖水，还对莫愁家。三月桃李飞，四月蘼芜歇。五月南风来，溪头长莲叶。（清·徐恪《桃叶曲》）

（99）埋玉传南汉，花田今尚存。雪中香不散，烟外月无痕。芳草寻诗路，青旗卖酒村。漫将蝴蝶数，一一美人魂。（清·沈用济《花田》）

（100）路尽鸟飞外，微茫一叶舟。月斜江岸晓，潮落海门秋。山色南朝寺，钟声北固楼。寄奴城外草，隐隐入边愁。（清·沈懋华《渡江》）

（101）蜀道天难上，梁州路已遥。岷嶓蟠北戎，江汉导南条。落日七盘岭，晴天万里桥。独留怀古意，歌哭未能销。（清·吕履恒《梁州》）

（102）阿玉殊堪忆，春来见面稀。去年方解语，临别一牵衣。卤井黄沙路，潮滩白板扉。昨逢邻曲道，日日望予归。（清·吴麐《阿玉》）

（103）野渡夕维舟，寒潮正急流。雁声沙际月，帆影笛边楼。独客难为夜，孤心易感秋。百年同逝水，不尽古今愁。（清·沈道映《野泊》）

（104）雅乐沦江海，先皇旧赐琴。曲终尝变徵，愁绝不关音。风雨孤臣泪，乾坤逐客心。可怜家万里，西望白云深。（清·董俞《和王南州听杨太常弹琴诗》）

（105）看碑寻赤嶂，采菊到黄州。雁气回秋渚，江声撼酒楼。兵戈双眼泪，吴楚一孤舟。萧瑟匡山客，应随慧远游。（清·曾畹《同僧登赤嶂》）

（106）背水千年庙，登坛百战功。至今思赤帜，何处吊藏弓。春雨王孙草，灵风古木丛。淮阴年少子，终自笑英雄。（清·董文骥《复过井陉口淮阴侯庙》）

（107）夏后巡游地，茅峰会计时。双圭开日月，四载集辐辏。……鸟耘千亩遍，龙负一舟移。断草山阿井，空亭岳麓碑。芒芒怀旧迹，肃肃礼荒祠。黄屋神如在，桐棺记有之。（清·朱彝尊《谒大禹陵》）

（108）秋水乘孤艇，沿缘乱苇间。时看黄叶落，境共白鸥闲。林影溪边屋，钟声云外山。故人今不见，月出棹歌还。（清·查升《访吴采山不值》）

从句法上分析，例（76）至例（108）诸例，其结构一般是每句的前二字为一个名词短语，后三字为一个名词短语，两两加合而成句（如"林影 + 溪边屋，钟声 + 云外山"），整体上均属五言成句的"NP + NP，NP + NP"式。它们或居全诗篇首，或居全诗篇中，但从语境与语义上来看，皆跟其前后句没有语法结构上的纠葛，是独立表意的语言单位，因而属于名词铺排文本。

10. 七言成句的"NP + NP，NP + NP"式

这种结构模式亦为初唐诗人所创造。之后，不同历史时期的诗人都有沿用继承。根据我们的调查，这种结构模式的继承沿用在明清诗人的笔下也是司空见惯的，用例相当多。如：

（109）怅怅莫怪少年时，百丈游丝易惹牵。何岁逢春不惆怅，何处逢情不可怜。杜曲梨花杯上雪，灞陵芳草梦中烟。前程两袖黄金泪，公案三生白骨禅。（明·唐寅《怅怅词》）

（110）历尽巴山白发新，西风何处不伤神。马曹蹭蹬官难达，鸟道崎岖老更贫。九派长江春后雁，一年芳草梦中人。相思况是无消息，徙倚天涯涕泪频。（明·张九一《寄见甫弟》）

（111）丞相英灵迥未消，绛帷灯火飒寒飙。黄冠日月胡云断，碧血山河龙驭遥。花外子规燕市月，水边精卫浙江潮。祠堂亦有西湖树，不遣南枝向北朝。（明·边贡《谒文山祠》）

（112）最是山阴道可怜，青蒲白鸟浴晴川。一奁水镜疑无地，九叠山屏直上天。向浦歌声春社鼓，隔江灯影夜渔船。谁能乞得君王赐，不戴黄冠已是仙。（明·沈一贯《山阴道中》）

（113）沧波淮海东流水，风雨扬州北固山。鹃血春啼悲蜀鸟，鸡鸣夜乱度秦关。琼花堂上三生路，已滴燕台颈血殷。（清·王夫之《读指南集》）

（114）十年重泛曲江舟，客路逢君感旧游。壮志不因谈剑得，余生当为著书留。天涯细雨黄花夕，野岸疏灯白露秋。明发孤帆仍远别，南天凄绝旅鸿愁。（清·大汕《九日前一夕泊韶州逢陆丽京》）

（115）东郊雨后景逾新，蜡屐寻芳踏软尘。桥畔杏花村店酒，水边红袖画楼人。鹁鸪觅垒频穿幕，鹦鹉偷言巧弄春。陌上王孙何处去，青青草色送征轮。（清·陶孚尹《早春闲兴》）

（116）山城风雨夜寒侵，欹枕灯残耐苦吟。故国青山万里梦，老亲白发五更心。微官求勋身仍系，薄俗依人病转深。自拥孤衾愁达旦，卧听童仆有哀音。（清·丁耀亢《久客浦城台使屡檄不放夜坐达旦》）

（117）细雨春波远浸天，梅花烂漫满溪湾。<u>烟中人语村前树，雪里鸡声隔岸山</u>。画桨每侵疏影瘦，芳樽浑带冷香还。绝胜雪夜寻安道，归路渔火照醉颜。（清·金侃《雨泛湖上观梅》）

（118）虎迹苍茫霸业沉，古时山色尚阴阴。<u>半楼月影千家笛，万里天涯一夜砧</u>。南国干戈征士泪，西风刀剪美人心。市中亦有吹箫客，乞食吴门秋又深。（明·陈恭尹《虎邱题壁》）

例（109）至例（118）诸例，从句法上分析，其结构都是每句的前四字为一个名词短语，后三字为一个名词短语，两两加合而成句，如"（杜曲）梨花＋（杯上）雪，（灞陵）芳草＋（梦中）烟""（半楼）月影＋（千家）笛，（万里）天涯＋（一夜）砧"，整体上均属七言成句的"NP＋NP，NP＋NP"式。它们虽皆居于全诗篇中，但从语境与语义上看，皆跟其前后句没有语法结构上的纠葛，属于独立表意的语言单位，因而可以确认是名词铺排文本。

11. 七言成句的"NP＋NP，NP＋NP＋NP"式

这种结构模式乃宋诗之首创。之后，元诗中有继承沿用。根据我们的调查，清诗中也有这种结构模式的沿用。不过，出现的频率不高，只是偶有一见。如：

（119）贺兰西望郁嵯峨，使者乘春揽辔过。三辅征输何日尽，二陵风雨至今多。<u>边城杨柳楼中笛，羌女葡萄塞下歌</u>。君到坐传青海箭，不妨草檄倚雕戈。（清·宋琬《送傅介侯督饷宁夏》）

从句法上分析，例（119）的结构是"（边城）杨柳＋（楼中）笛，羌女＋葡萄＋塞下歌"，属七言成句的"NP＋NP，NP＋NP＋NP"式。从语境与语义上分析，此二句跟其前句"二陵风雨至今多"、后句"君到坐传青海箭"均无语法结构上的纠葛，属于独立表意的语言单位，因而是名词铺排文本。

12. 五言成句的"N＋N＋NP，N＋N＋NP"式

这种结构模式是初唐诗人的创造。之后，盛唐、晚唐、金、元诗中都有继承沿用。根据我们的调查，明诗中也有这种结构模式的沿用，不过只是偶尔有见。如：

（120）松楸何不极，复道见行宫。<u>剑佩千官月，桥陵万马风</u>。地回山尽拱，云合树俱雄。（明·王世贞《陵祀》）

例（120）从句法上分析，其结构是"剑＋佩＋（千官）月，桥＋陵＋（万马）风"，属五言成句的"N＋N＋NP，N＋N＋NP"式。从语境与语义上分析，此二句跟其前句"复道见行宫"、后句"地回山尽拱"均无语法结构上的纠葛，属于独立表意的语言单位，因而是名词铺排文本。

13. 七言成句的"NP＋NP＋NP，NP＋NP＋NP"式

这种结构模式乃初唐之所创。之后，宋金元诗中皆有诗人继承沿用。根据我们的调查，明清诗中继承沿用这种模式的也相当普遍，用例较多。如：

（121）衔杯昨日夏云过，愁向燕山送玉珂。吴下诗名诸弟少，天涯宦迹左迁多。人家夜雨黎阳树，客渡秋风瓠子河。自有吕虔刀可赠，开州别驾岂蹉跎。（明·李攀龙《送皇甫别驾往开州》）

（122）陇右地，长安西行一千里。秦日长城号塞垣，汉时故郡称天水。……熊轼朱幡今岳伯，豸冠白笔旧台臣。瓦亭之西半山谷，土室阴阴连板屋。落月孤城清渭源，寒云古碛黄河曲。十年此地曾游歌，别来风物今如何。（明·何景明《陇右送徐少参》）

（123）烟渺渺，碧波远。白露晞，翠莎晚。泛绿漪，蒹葭浅。浦风吹帽寒发短。美人立，江中流。暮雨帆樯江上舟，夕阳帘栊江上楼。舟中采莲红藕香，楼前踏翠芳草愁。（明·何景明《秋江词》）

（124）桥下溪流燕尾分，湾头新水惯湔裙。六朝芳草年年绿，双调鸣筝户户闻。春雨杏花虞学士，酒旗山郭杜司勋。儿童也爱晴明好，纸剪风鸢各一群。（明·朱茂曙《秦淮河春游即事》）

（125）万年海岳作金汤，一望凄然恨自长。禾黍秋风周洛邑，山河残照汉咸阳。上林春去宫花落，金水霜来御柳黄。虎卫龙墀人不见，戎兵骑马出萧墙。（明·宋讷《壬子秋过故宫》四首其三）

（126）青鞋白帢双蓬鬓，春树秋花一草庐。衰朽登临仍不废，山南山北更骑驴。（清·蒲松龄《聊斋》二首之二）

（127）零落杨花帝业消，龙舟东下泛春潮。长堤帆影三千女，明月箫声廿四桥。金井寒泉无绠汲，玉钩香土有魂招。游人莫笑江都梦，赢得风流胜六朝。（清·尤㻿《芜城怀古》）

（128）清明恰是握兰辰，遥卜秦淮景物新。杨柳晚风深巷酒，桃花春水隔帘人。桥边车过香生路，楼外船归月满津。憔悴不堪来旧馆，相逢谁为浣沙尘。（清·李蕴《上巳忆白下》）

（129）赭服南冠两鬓华，却携妻子系天涯。春风客泪河桥柳，夜月乡心驿路

445

笳。恸哭范滂犹有母，飘零张俭已无家。只今知己多豪侠，空忆当时广柳车。
（清·钮琇《感事》）

（130）天围睥睨拥南楼，画桅飞甍俯济州。千载尚余高士迹，一尊今续酒人游。<u>碧云淡日黄花节，红树西风白雁秋</u>。客里放怀须酩酊，莫教桄触故乡愁。
（清·惠周惕《重九潘长公恬庵昆仲招同魏苍石饮太白楼分韵》）

（131）高楼置酒觞今夕，愁听骊歌送行客。摇落深知羁旅情，飘零况是云山隔。……高秋别我闽中去，行李萧条惨徒御。<u>客舍清江万里船，乡心红叶千山树</u>。九里湖边倚翠屏，谷城山下俯清泠。寒风江路兼山路，落日长亭更短亭。
（清·朱彝尊《送林佳玑还莆田》）

（132）钟传人定月华明，渐觉新寒夜气清。露重似宜添羽帔，树疏何处著秋声。<u>一灯旧雨乡园梦，残夜西风独客情</u>。身世不从詹尹卜，流行坎止足吾生。
（清·邵瑸《九月十五夜中庭闲步作》）

（133）<u>车马垂杨十字街，河桥灯火旧秦淮</u>。放衙非复通侯第，废圃谁知博士斋。易饼市傍王殿瓦，换鱼江上孝陵柴。无端射取原头鹿，收得长生苑内牌。
（清·吴伟业《秣陵口号》）

（134）杜门久与故人违，忽有音书到竹扉。过眼物华双鸟翼，惊心风雨一牛衣。<u>春云江树黄泥坂，秋水渔灯赤鼻矶</u>。日暮狂歌当浊酒，不禁西望思依依。
（清·金德嘉《得张师石书却寄》）

（135）稻粱谋已拙耕耘，越水吴山逐雁群。<u>细雨残钟荒驿梦，斜阳衰草故人坟</u>。空江鸦散遥冲雾，绝巘樵归尽蹑云。吟得小诗留蠹箧，也当麟阁记殊勋。
（清·张景崧《晚渡平望湖同舟话旧》）

（136）玉山池馆已荒烟，清閟祠堂尚俨然。破产放情多难日，无家投老太平年。<u>碧梧修竹骚人节，远岫平林水墨仙</u>。应与所南同俎豆，遗民心事画中传。
（清·孙宏《过倪云林祠》）

从句法上分析，例（121）至例（136）的结构都是七言成句的"NP＋NP＋NP，NP＋NP＋NP"式，即每例都是由两个名词短语句相对并立构成，每句内部又各有三个并列对峙的名词短语，如"人家＋夜雨＋黎阳树，客渡＋秋风＋瓠子河"。从语境与语义上分析，这些对句形式的名词短语句跟其前后句在语法结构上均无任何纠葛，属于独立表意的语言单位，因而可以确认它们都是名词铺排文本。

14. 五言成句的"NP，NP，NP，NP"式

这种结构模式是金代诗的创造。根据我们的调查，明诗中有继承沿用之例，

但只是偶尔一见。如：

（137）同作他乡客，嗟予更滞留。<u>关山明月夜，边塞白云秋。汉阙孤臣梦，胡笳万里愁</u>。桑干河水近，知是忆并州。（明·沈炼《寄冯敬叔》）

例（137）从句法上分析，其结构是"（关山）（明月）夜，（边塞）（白云）秋。（汉阙）（孤臣）梦，（胡笳万里）愁"，属五言成句的"NP，NP，NP，NP"式。从语境与语义上分析，此四句与其前句"嗟予更滞留"、后句"桑干河水近"在语法结构上均无任何纠葛，是独立表意的语言单位，因而属于名词铺排文本。

15. 五言成句的"NP，NP，NP＋NP，NP＋NP"式

这种结构模式乃元诗之所创。根据我们的调查，明代诗人有继承沿用之例，不过只是偶尔为之。如：

（138）<u>迢递长沙道，逍遥岁宴游。乱山黄叶寺，孤棹白蘋洲</u>。夕鸟冲船过，寒波背郭流。毋论卑湿地，贾傅昔淹留。（明·李昌祺《送周秀才游长沙》）

从句法上分析，例（138）的结构是"（迢递）（长沙）道，（逍遥）（岁宴）游。乱山＋黄叶寺，孤棹＋白蘋洲"，属五言成句的"NP，NP，NP＋NP，NP＋NP"式。从语境与语义上分析，这四句居于全诗篇首，且跟后句"夕鸟冲船过"在语法结构上没有任何纠葛，是一个独立表意的语言单位，因而可以确认是名词铺排文本。

16. 五言成句的"NP，NP，NP，NP"（叠字领起）式

这种结构模式亦为元诗的创造。根据我们的调查，清诗中有继承沿用之例，但只是个别诗人偶有文本建构。如：

（139）高密起南阳，文终从高祖。暴系本见疑，数龃亦非武。堂堂诸葛公，鱼水托心膂。……知公抱遗憾，龙卧成千古。<u>峨峨定军山，悠悠沔阳浒。郁郁冬青林，哀哀号杜宇</u>。耕余拾遗镞，月黑闻军鼓。谯侯宁足诛，激昂泪如雨。（清·王士禛《定军山诸葛公墓下作》）

例（139）从句法上分析，其结构是"（峨峨）定军山，（悠悠）沔阳浒。（郁郁）冬青林，（哀哀）（号）杜宇"，属五言成句的"NP，NP，NP，NP"（叠字领起）式。从语境与语义上分析，这四句居于全诗篇中，跟其前句"龙卧成千

17. 七言成句的"NP，NP，NP，NP"式

这种结构模式也是元代诗人的创造。根据我们的调查，清代诗人对此有继承沿用。不过，用例并不是很多。如：

（140）不到春城五六年，年来生事有谁传。<u>两株陶氏门前柳，一半颜生郭外田。黄鸟风边行乐酒，桃花浪里钓鱼船</u>。翻嫌扬子无佳兴，独坐空亭草太玄。（清·方殿元《答城中友人见讯之作》）

（141）碧玉堂西红粉楼，楼中思妇忆凉州。<u>咸阳桥上三年梦，回乐峰前万里愁。秦地烟花明月夜，胡天沙草白云秋</u>。离魂不识金微路，愿逐交河水北流。（清·宋徵舆《古意》）

从句法上分析，例（140）、例（141）的结构分别是"（两株）（陶氏）（门前）柳，（一半）（颜生）（郭外）田。（黄鸟风边）（行乐）酒，（桃花浪里）（钓鱼）船""（咸阳桥上）（三年）梦，（回乐峰前）（万里）愁。（秦地）（烟花＋明月）夜，（胡天）（沙草＋白云）秋"，属七言成句的"NP，NP，NP，NP"式。从语境与语义上分析，此四句居于全诗篇中，跟其前句"楼中思妇忆凉州"、后句"离魂不识金微路"均无语法结构上的纠葛，是独立表意的语言单位，因而属于名词铺排文本。

18. 五言成句的"NP"（叠字领起）式

这种结构模式乃中唐诗人所创。之后，历代诗歌中都有继承沿用的名词铺排文本。根据我们的调查，明清诗人继承沿用这种结构模式的也有不少，建构的文本也较为常见。如：

（142）苟卿将入楚，范叔未归秦。花鸟非乡国，<u>悠悠行路人</u>。（明·谢榛《行路难》）

（143）寂寂沅湘流，长江上有枫。青蕙缘广隰，绿蘋被洲中。扬舲溯烟渚，遥瞻二妃宫。二妃何婉娈，寨馨振微风。解佩遗下女，将以明我衷。（明·何景明《咏怀》）

（144）悠悠复悠悠，风吹江上舟。今朝天色好，送客西陵头。西陵在何许，幂历春郊树。搔首望行人，<u>迢迢上京路</u>。京路一千程，官梅照眼明。（明·刘绩《题西陵送别图送姚进士》）

（145）<u>灼灼庭前花</u>，春风斗红紫。随荣复随谢，盛衰偶然尔。草木岂无情，谁能一生死。我思更如何，欲种菩提子。（清·金氏《偶然作》）

（146）<u>盘盘出鸟道</u>，<u>杳杳行人村</u>。斗起邛崃山，厄隘逾剑门。天险溯开凿，未可常理论。（清·马维翰《九折坂》）

（147）<u>杳杳云外钟</u>，原陆飒已晦。宁知沙际月，复于前峰对。墟落有归人，烟萝闻犬吠。（清·舒大成《山行》）

（148）<u>泛泛桃花水</u>，春风路几千。月明寒食夜，人在广陵船。极浦迷乡树，孤蓬接远天。黄昏何处笛，吹绿一江烟。（清·孙旸《春日北行夜泊江口》）

（149）<u>悠悠北塘棹</u>，落日转蓬科。留滞无安土，东南病把戈。江寒鱼罟静，月上虎踪多。去去勿复道，苍生可奈何。（清·卢元昌《北塘晚棹》）

例（142）至例（149）诸例，从句法上分析，均属五言成句的"NP"（叠字领起）式结构。从语境与语义上看，它们或居于全诗篇首，或居于篇中或篇尾，但都跟其前后句没有语法结构上的纠葛，属于独立表意的语言单位，因而可以确认是名词铺排文本。

19. 五言成句的"NP"式

这种结构模式是晚唐诗的创造。之后，金元诗都有继承沿用。根据我们的调查，明清诗人中均有继承沿用之例，而且数量不少。如：

（150）凉风起燕赵，万里浮云阴。思妇惊秋叶，寒蛩啼暮林。霜催银箭色，雁度玉关心。<u>萧瑟江潭客</u>，芙蓉孤渚深。（明·章美中《秋思》）

（151）苍苍雾连空，冉冉月堕水。<u>飘飘双鬓风</u>，恍惚无定止。轻帆不用楫，惊浪长在耳。江湖日浩荡，行役方未已。羁栖正愁绝，况乃中夜起。（明·李东阳《夜过邵伯湖》）

（152）<u>旖旎绿杨楼</u>，依傍秦淮住。朝朝见潮生，暮暮见潮去。（明·黄省曾《江南曲》）

（153）<u>二百里江光</u>，群山绕建康。滔滔随眼白，荡荡接天黄。战骨多沉海，芦花又戴霜。六朝先后灭，何处说兴亡。（清·蒋士铨《江泛》）

（154）<u>萧条秋雨夕</u>，苍茫楚江晦。时见一舟行，蒙蒙云水外。（清·王士祯《江上》）

（155）<u>寂寞秋原寺</u>，霜钟韵最幽。数声生殿角，一夜白人头。晶晶月当枕，萧萧风满楼。何能此时节，还起景阳愁。（清·成鹫《秋钟》）

（156）晓色起陇亩，荷耒还西林。悠悠清溪水，自识沮溺心。<u>林际半新月</u>，

村静闻远音。何人柴门下，慷慨隆中吟。未知千载事，好风开我襟。忽持一尊酒，苍然白云深。（清·谢淞洲《田家杂兴》二首其二）

（157）五载一相见，<u>江边落木风</u>。那堪多难日，正在别离中。世事茫无定，吾生固有穷。夜吟须尽醉，秋雨一灯红。（清·金义植《高函三夜话》）

（158）路尽鸟飞外，<u>微茫一叶舟</u>。月斜江岸晓，潮落海门秋。山色南朝寺，钟声北固楼。<u>寄奴城外草</u>，隐隐入边愁。（清·沈懋华《渡江》）

（159）<u>千嶂桐庐道</u>，清风几溯洄。不知天子贵，犹是故人来。垂钓本无意，披裘亦浪猜。翻嫌人好事，高筑子陵台。（清·周弘《严陵江》）

（160）<u>门前芳草路</u>，春到有谁过。曙鸟喧寒樾，条风动绿波。性迂求世少，亲健得天多。莫讶将强仕，犹然隐涧阿。（清·黄云《江村春日》）

从句法上分析，例（150）至例（160）均属五言成句的"NP"式结构。从语境与语义上看，它们或居于全诗篇首，或居于篇中，但跟其前后句没有语法结构上的纠葛，属于独立表意的语言单位，因而是名词铺排文本。

20. 六言成句的"NP"式

这种结构模式乃宋诗所创。之后，元诗中有继承沿用。根据我们的调查，明代诗人也有继承沿用的。不过，只是个别人偶尔为之。如：

（161）水落浅滩石出，霜冷疏林叶丹。<u>天外数声归雁</u>，人在高楼倚阑。（明·丘濬《秋思》）

例（161）从句法上分析，其结构是"（天外）（数声）（归）雁"，属六言成句的"NP"式结构。从语境与语义上看，它们居于全诗篇中，但跟其前句"霜冷疏林叶丹"、后句"人在高楼倚阑"均无语法结构上的纠葛，是独立表意的语言单位，因而具有名词铺排的性质。

21. 七言成句的"NP"式

这种结构模式是初唐诗人的创造。之后，宋金元诗中都有继承沿用的文本建构。根据我们的调查，明清诗人中继承沿用这一结构模式的相当普遍。如：

（162）李白前时原有月，惟有李白诗能说。李白如今已仙去，月在青天几圆缺。……我虽愧无李白才，料应月不嫌我丑。我也不登天子船，我也不上长安眠。<u>姑苏城外一茅屋</u>，万树桃花月满天。（明·唐寅《把酒对月歌》）

（163）少年佐郡楚城居，十郡风流尽不如。此去且随彭蠡雁，何须不食武昌

鱼。仙人楼阁春云里，估客帆樯晚照余。大别山前汉江水，画帘终日对清虚。（明·何景明《送卫进士推武昌》）

（164）八十沧浪一老翁，芦花江上水连空。世间多少乘除事，良夜月明收钓筒。（明·洞庭老人《歌》）

（165）浑水桥边寺北田，行滕东去雨绵绵。桑村古渡沙移路，茅屋人家鸟就烟。江左衣冠悲楚泽，淮西烽火接秦川。更闻群盗郊原遍，欲下浔阳万里船。（明·杨廷麟《别叶侍御》）

（166）近郭危楼俯碧湍，倦游孤客倚朱栏。淮淝山色樽前出，吴楚江流画里看。旅思逢秋增短鬓，乡心随雁过长安。黄花白酒登高日，玉笛金笳起暮寒。（明·许宗鲁《登齐山楼》）

（167）壮士乐长征，门前边马鸣。春风三月柳，吹暗大同城。芦沟桥下东流水，故人一尊情未已。胡天飞尽陇头云，惟见居庸暮山紫。美君鞍马速流星，予亦孤帆下洞庭。塞北荆南心万里，佩刀长揖向都亭。（明·徐祯卿《送士选侍御》）

（168）陇右地，长安西行一千里。秦日长城号塞垣，汉时故郡称天水。……熊轼朱幡今岳伯，豸冠白笔旧台臣。瓦亭之西半山谷，土室阴阴连板屋。落月孤城清渭源，寒云古碛黄河曲。十年此地曾游歌，别来风物今如何。（明·何景明《陇右送徐少参》）

（169）虚绿摇窗镜影空，庭梧瑟瑟翦秋风。水晶帘外朦胧月，人在秋江碧练中。（清·邹若瑷《延清阁夜坐》）

（170）东西南北任遨游，万里长江一叶舟。梦里不知身是客，醒来大地忽新秋。（清·性休《渔父图》）

（171）苕水清，湖水浑，东西相望愁人魂。君今长别故山去，春光寂寂梅花村。湛园月下池光冷，冷浸芙蓉夜正永。于今何处问风骚，空向草堂吊清影。（清·实訒《伤范东生》）

（172）自爱投闲纵所之，江村林壑漫栖迟。本无喜愠抽身早，须信英雄种菜宜。逸兴耽于黄菊候，幽情诉与白鸥知。绿杨影里三间屋，羡杀渔人理钓丝。（清·吴雯华《秋日村居》）

（173）金川万骑蹴烟尘，叩马难将大义陈。妻女一时同殉节，君臣千古有完人。魂归罗刹江声壮，碑照秦淮血影新。咫尺孝陵松柏路，夜深风雨走青磷。（清·孙宏《黄侍中祠》）

（174）山窗三见桐著花，先生三载兹为家。老树不知寿几许，穷村偃蹇无精华。……压檐一枝早开谢，花朵历落庭阶中。疏帘一幅潇湘雨，老莺作歌雏燕

451

舞。(清·蒋溥《桐花歌》)

（175）**万峰台下碧山岑**，疏竹围窗白日阴。僧古已无烟火气，树枯饶有雪霜心。酒空松吹飞寒雨，卷壑风泉响夜琴。不是樵人偶相识，那知曾宿在祇林。（清·陆肇《过石楼赠山僧不群》）

（176）春郊烟景浓于酒，**万缕千丝堤畔柳**。当杯惜别暂流连，长条能绾离情否。挂帆暮霭指维扬，渡口分飞各一方。一苇不从张仲去，思随飞絮绕雷塘。（清·谢志发《春日送张梅庄之维扬》）

（177）奕叶承恩异姓王，尨岔宫殿拟汾阳。三年鼙鼓惊天地，当日清箫引凤皇。蓝水一丸争鼠穴，仙霞千骑失羊肠。**莲花峰下荒坟月**，惭愧他家白马郎。（清·张远《闽中杂感》）

（178）琪树琳宫锁寂寥，逢君烧烛坐寒宵。三春华发栖江表，五夜丹心恋圣朝。禁闼似闻怜谠直，湖山自合老渔樵。**鲤鱼风里桃花水**，共听南徐早晚潮。（清·陈鹏年《与许谨斋都谏夜话》）

（179）猎猎寒风岁逼除，柴门剥啄到双鱼。亲憎言禄催偕隐，友贱求名劝著书。薄俗休官如物故，畏涂削籍当迁除。**夕阳亭下城西路**，叹息何人返敝庐。（清·钱谦益《召对文华殿旋奉严旨感恩述事》三首其三）

（180）碧湘门外渺寒波，欲采芙蓉奈晚何。**今夜黄陵庙前月**，茜裙谁唱竹枝歌。（清·张鹏翀《长沙》）

从句法上分析，例（162）至例（180）均属七言成句的"NP"式结构。从语境与语义上看，它们或居于全诗篇首，或居于篇中，但跟其前后句均无语法结构上的纠葛，属于独立表意的语言单位，因而具有名词铺排的性质。

22. 五言成句的"NP＋NP"式

这种结构模式亦为初唐诗人的创造。之后，中唐、宋、金、元诗中都有继承沿用。根据我们的调查，明清诗人中也有很多人喜欢沿用这种结构模式。如：

（181）秋风叶正飞，江上逢重九。人世几登高，**寂寞黄花酒**。（明·汪时元《九日舟中》）

（182）一别不自意，茫然空复愁。孤舟仍盗贼，多病已春秋。**明月半江水**，故人何处楼。风尘双泪眼，为我寄沧州。（明·宗臣《长庚纯一舜隆既别忆之》）

（183）**独棹三巴夜**，秋高片月孤。滩声将客梦，万里下东吴。（明·施敬《巴阳夜泊》）

（184）**落日洞庭霞**，霞边卖酒家。晚虹桥外市，秋水月中槎。江白鱼吹浪，

452

滩黄雁踏沙。相将楚渔父，招手入芦花。（明·邝露《洞庭酒楼》）

（185）碧酒双玉瓶，独酌峨眉亭。不见李太白，唯见三山青。秋色淮上来，苍然满云汀。安得十五弦，弹与蛟龙听。（明·张以宁《峨眉亭》）

（186）落日松陵道，堤长欲抱城。塔盘湖势动，桥引月痕生。市静人逃赋，江宽客避兵。廿年交旧散，把酒叹浮名。（清·吴伟业《过吴江有感》）

（187）江村犹不夜，月已到高楼。碧瓦光相射，虚檐影自流。山山皆在水，树树尽成秋。天迥空无著，西风一钓舟。（清·实訒《江楼望月》）

（188）炉烟浓欲篆，夜色淡生阴。病骨秋花瘦，愁怀暮雨深。疏灯孤榻影，衰草乱虫吟。无限关心事，朦胧梦里寻。（清·曹煐曾《病中雨夜》）

（189）晓灯寒无光，驱马别亲故。残月坠风林，荒烟白山路。十年游子怀，惜此岁华暮。载咏无衣诗，何以蒙霜露。（清·曹寅《岁暮远为客》）

例（181）至例（189）诸例，从句法上分析，均属五言成句的"NP＋NP"式结构。从语境与语义上看，它们或居于全诗篇首，或居于篇中、篇尾，但跟其前后句均无语法结构上的纠葛，是独立表意的语言单位，因而属于名词铺排文本。

23. 七言成句的"NP＋NP"（叠字领起）式

这种结构模式乃是中唐诗人的创造。之后，金元诗中皆有继承沿用之例。根据我们的调查，明清诗中也有沿用这种结构模式的。不过，出现频率并不高，只有少数诗人偶尔为之。如：

（190）短短蒹葭浅浅湾，夕阳倒影对南山。大船鼓枻唱歌去，小艇得鱼吹笛还。（明·陈宪章《赠钓伴》）

（191）短棹携樽触浪过，将离莫问夜如何。最怜帆远浮天阔，始信江空得月多。隐隐钟声千佛唱，星星岸火一渔蓑。荒鸡促曙行人去，回首双峰护薜萝。（清·张玉书《息浪庵夜坐别叔敦让木诸子》）

从句法上分析，例（190）、例（191）二例均属七言成句的"NP＋NP"（叠字领起）式结构。从语境与语义上分析，它们或居于全诗篇首，或居于篇中，但跟其前后句均无语法结构上的纠葛，属于独立表意的语言单位，因而是名词铺排文本。

24. 七言成句的"NP＋NP"式

这种结构模式也是中唐诗人的创造。之后，晚唐、五代、宋、金、元历代诗人皆有继承沿用之例。根据我们的调查，明清诗人中继承沿用这种结构模式的也较为广泛。如：

（192）五十年来麋鹿踪，苦为老去入樊笼。<u>五湖春梦扁舟雨</u>，万里秋风两鬓蓬。远志出山成小草，神鱼失水困沙虫。白头漫赴公车召，不满东方一笑中。（明·文徵明《感怀》）

（193）<u>锦江烟水星桥渡</u>，惜别愁攀江上树。青青杨柳故乡遥，渺渺征人大荒去。苏府匈奴十九年，谁传书札上林边。北风胡马南枝鸟，肠断当筵蜀国弦。（明·杨慎《锦津舟中对酒别刘善充》）

（194）落叶萧萧淮水长，故园归路更微茫。<u>一声新雁三更雨</u>，何处行人不断肠。（明·袁凯《客中夜坐》）

（195）<u>一川流水半村花</u>，旧屋南邻是钓家。长记归篷载春酿，云笼残照雨鸣沙。（明·朱应祥《麟溪道中》）

（196）西山过雨染朝岚，<u>千尺平冈百顷潭</u>。啼鸟数声深树里，屏风十幅写江南。（清·刘大櫆《西山》）

（197）二月春风已送寒，诏书昨日下长安。宦游不谓边城苦，远别其如知己难。孝武石鲸昆水动，日南铜柱海光寒。<u>鹧鸪亭子梅花驿</u>，万里征人马上看。（清·彭而述《别滇中寮友之官粤西》）

（198）<u>千尺流泉百尺松</u>，白云丹嶂自从容。偶同麋鹿游城市，终觉鹍鹏厌鼓钟。句就烟霞频出手，醉余魂垒肆填胸。明朝便蜡寻山屐，到处随君蹑旧踪。（清·邵锦潮《喜晚香辞幕府归出示新诗留饮》）

（199）丹枫飒飒下寒塘，财赋江东第一乡。谁唱吴歌醒客睡，<u>半湖残月半船霜</u>。（清·杨士凝《吴江》）

（200）东望停云结暮愁，<u>千林黄叶剑门秋</u>。最怜霜月怀人夜，鸿雁声中独倚楼。（清·恽格《寄虞山王石谷》）

（201）溪西人家秋水生，孤舟常自三更行。<u>一声啼鸟半江月</u>，才到两山天欲明。（清·黄始《溪西》）

（202）<u>扬州明月杜陵花</u>，夹道香尘迎丽华。旧宅江都飞燕井，新侯关内武安家。雅步纤腰初召入，钿合金钗定情日。丰容盛鬋固无双，蹴鞠谈棋复第一。（清·吴伟业《永和宫词》）

（203）上书不踏金华省，苍头瘦马冲沙冷。拔剑不割金门肉，老寺残僧铛折足。……嵚崎历落谁能嗤，烟波五湖足钓丝。<u>秦淮垂柳楚州雪</u>，病夫吟眺恒相期。（清·龚鼎孳《姑山草堂歌》）

（204）登高风物郁苍苍，何处寒花发战场。吴蜀健儿犹裹甲，汉江游女自褰裳。中洲鹦鹉萋芳草，隔岸楼台受夕阳。满眼昆明消一醉，烽烟真不上渔航。（清·龚鼎孳《登晴川阁小饮》二首其二）

（205）紫雾晴开凤阙初，五侯弦管碧油车。芳闺此夕残灯火，犹照孤臣谏猎书。（清·龚鼎孳《上元词和善持君韵》）

（206）珠襦玉匣出昭陵，杜宇斜阳不可听。千树桃花万条柳，六桥无地种冬青。（清·黄任《西湖杂书》二首其二）

（207）十里珠帘映碧流，丝丝金线拂船头。阊门过去盘门路，一树垂杨一画楼。（清·宋乐《苏台柳枝词》）

例（192）至例（207）诸例，从句法上分析，均属七言成句的"NP + NP"式结构。从语境与语义上分析，它们或居于全诗篇首，或居于篇中、篇尾，但跟其前后句均无语法结构上的纠葛，是独立表意的语言单位，因而属于名词铺排文本。

25. 五言成句的"NP + NP + N"式

这种结构模式乃是元诗的创造。根据我们的调查，明诗中有继承沿用之例。但是，只是个别诗人偶尔为之。如：

（208）沈生南国去，别我独凄然。落月清江树，归人何处船？（明·何景明《怀沈子》）

从句法上分析，例（208）的结构是"落月 + 清江 + 树"，属五言成句的"NP + NP + N"式。从语境与语义上分析，此句虽居于全诗篇中，但跟其前句"别我独凄然"、后句"归人何处船"均无语法结构上的纠葛，属于独立表意的语言单位，因而是名词铺排文本。

26. 七言成句的"NP + NP + NP"式

这种结构模式是初唐诗人的创造。之后，晚唐、五代、宋、金、元诗歌都有继承沿用的。根据我们的调查，明清诗人也喜欢继承沿用这种结构模式，许多诗人笔下都有这样的名词铺排文本建构。如：

（209）词客真同河朔游，主人偏解盂公留。高城雨过凉生席，残夜花明月满意楼。紫玉行杯弹出塞，红牙催拍按伊州。更怜少日阊门侣，菱叶芙蓉湖上舟。（明·王世贞《同省中诸君过徐丈》）

（210）锦江烟水星桥渡，惜别愁攀江上树。青青杨柳故乡遥，渺渺征人大荒去。苏府匈奴十九年，谁传书札上林边。北风胡马南枝鸟，肠断当筵蜀国弦。（明·杨慎《锦津舟中对酒别刘善充》）

（211）柳短短，春江满。兰渚雪融香，东风酿春暖。山长水更遥，浩荡木兰桡。兰桡向何处，送君南昌去，离愁落日烟中树。（明·徐贲《柳短短送陈舜道》）

（212）万里苍烟海气通，欲从何处望东蒙。斜风细雨长安道，赖得分携是醉中。（明·冯琦《送公孝与下第东归》三首其一）

（213）江乡春事最堪怜，寒食清明欲禁烟。残月晓风仙掌路，何人为吊柳屯田。（清·王士禛《真州绝句》）

（214）春雨何渐渐，春云更沉沉。程君已隔世，宵梦来相寻。自言身朽心不朽，象外风月皆吾友。从前胶扰海天空，只是泉台无美酒。斜阳烟柳门前溪，欲别不别重牵衣。寄语淮阴小儿女，我今野鹤同翻飞。（清·超源《梦故友程风衣》）

（215）石墙茅屋老梅丛，仄径危崖处处通。半岭人烟香雪里，下方鸡犬白云中。溪边杨柳萌新绿，谷口樱桃缀小红。还拟放舟明月夜，虎山桥北太湖东。（清·德元《玄墓看梅》二首其二）

（216）五湖三泖烟波宅，燕子来时春水碧。莼丝采罢荇丝牵，隔岸桃花红欲滴。蓑笠由来是水仙，鸬鹚鹙鹏伴闲眠。青山倒影低昂见，潮落潮生不计年。篷窗沽酒空蒙里，一声渔笛沧浪起。纶竿收得寂无人，明月烟江照千里。（清·马曰琯《春江渔父词同半查作》）

（217）画桥斜去水东流，落日西风泽国秋。树下彩云都散尽，夜来明月尚勾留。碧蹄马老怜荒驿，白发人闲倚酒楼。六代离宫鸦数点，满天疏雨不胜愁。（清·郑江《残柳》）

（218）又觅灵光劫后存，金陵遗事共谁论。年时记得同游处，衰柳西风白下门。（清·陶孚尹《怀友》）

（219）西风残照广川城，董相祠边感慨生。官秩稍增秦博士，文章独辟汉西京。醇儒岂以科名重，英主无如经术轻。却笑武皇亲制策，牧羊牧豕尽公卿。（清·查慎行《景州董子祠》）

（220）无端哀怨入秋多，读罢离骚唤奈何。明月竹枝湘浦夕，西风木落洞庭波。美人环佩惟兰杜，公子衣裳在芰荷。千古灵均有高弟，江潭能唱大招歌。（清·黄任《读楚辞作》）

（221）章江依旧抱城流，枫叶芦花瑟瑟秋。南浦闲云迎故客，西山暮雨送孤

舟。一千里外新蓬鬓，四十年前旧酒楼。莫上滕王高阁望，不堪楚尾与吴头。（清·王材任《南昌即事》）

（222）云门野寺古禅关，片石峨峨烟霭间。一自翠华来胜地，常留宸翰纪名山。丹文不变千年色，碧藓难侵六字斑。堪笑花宫称广孝，君亲当日几时还。（清·陆进《题宋高宗六字碑》）

（223）雁门尚书受专征，登坛顾盼三军惊。身长八尺左右射，坐上咄咤风云生。……沙沉白骨魂应在，雨洗金疮恨未消。渭水无情自东去，残鸦落日蓝田树。青史谁人哭薛碑，赤眉铜马知何处。（清·吴伟业《雁门尚书行》）

例（209）至例（223）诸例，从句法上分析，均属七言成句的"NP＋NP＋NP"式结构。从语境与语义上分析，它们或居于全诗篇首，或居于篇中、篇尾，但跟其前后句均无语法结构上的纠葛，是独立表意的语言单位，因而属于名词铺排文本。

27. 七言成句的"NP＋NP＋NP＋N"式

这种结构模式是元诗的创造。根据我们的调查，明清诗人也有继承沿用之例。不过，运用并不普遍，只在个别诗人笔下时有建构。如：

（224）三岔驿，十字路。北去南来几朝暮。朝见扬扬拥盖来，暮看寂寂回车去。今古销沉名利中，短亭流水长亭树。（明·杨慎《三岔驿》）

（225）九十日来乡梦断，三千里外客愁疏。凉轩灯火清砧月，恼乱翻因一纸书。（清·查慎行《初得家书》）

从句法上分析，例（224）、例（225）二例，均属七言成句的"NP＋NP＋NP＋N"式结构。从语境与语义上分析，它们或居于全诗篇中，或居于全诗篇尾，但跟其前后句均无语法结构上的纠葛，属于独立表意的语言单位，因而是名词铺排文本。

二、全新模式的创出

根据我们的调查，明清诗在名词铺排结构模式上的创新是比较少的。这可能主要是缘于诗歌字句有限，能够在结构模式上进行创新的空间也是有限的。而经过先秦、两汉、魏晋南北朝、隋唐、五代、宋、金、元等诸多朝代无数诗人的开发，留给明清诗人创造的空间已是非常有限了。尽管如此，明清诗人经过自己的努力，还是在诗歌名词铺排结构模式上有所收获，至少有如下五种结构模式是明清诗人的创造。

（一）六言成句的"NP，NP"（叠字领起）式

这种结构模式在清诗之前未曾出现过。金诗中曾创造过六言成句的"NP，NP"式，但不以叠字领起。根据我们的调查，以叠字领起的当属清代诗人的创造。不过，这样的用例是非常少的，目前我们只见到如下一例：

惨惨堂前紫荆，飞飞原上脊令。桓山之鸟，欲去而哀鸣。苦哉远征人，陟山望亲还望兄，嗟嗟行役万古情。（清·周永铨《义卒行》）

上例从句法上分析，其结构是"（惨惨）（堂前）紫荆，（飞飞）（原上）脊令"，属六言成句的"NP，NP"（叠字领起）式。从语境与语义上看，它居于全诗篇首，且跟其后句"桓山之鸟，欲去而哀鸣"没有语法结构上的纠葛，属于独立表意的语言单位，因而可以确认是名词铺排文本。

（二）四言成句的"NP + NP，NP + NP"式

根据我们的调查，这种结构模式以前在诗中未曾出现过，当属清诗的创造。不过，清诗中这样的用例也并不常见，只在个别诗人笔下偶有一见。如：

大江曲，山树秋。天寒日暮，野鸟啁啾，中流激荡风浏浏。……江上何所有？芙蓉北渚，葭菼中洲。江中何所有？鲸鱼鼓浪，天吴嬉游。（清·方朝《大江吟》）

从句法上分析，上例的结构是"芙蓉 + 北渚，葭菼 + 中洲"，属四言成句的"NP + NP，NP + NP"式。从语境与语义上看，它虽居于全诗篇中，但跟其前后句在语法结构上并无纠葛，属于独立表意的语言单位，因而是名词铺排文本。

（三）七言成句的"NP + NP，NP + NP"（叠字领起）式

这种结构模式亦属清诗的创造。不过，根据我们的调查，清诗中这样的用例也是难得一见，目前只找到如下一例：

短长亭畔暗销魂，无复丝丝映绿门。千缕冷风余倦态，满梢清露尚啼痕。萧

萧去马斜阳路，点点归鸦落叶村。独立寒潭倍惆怅，婆娑生意不堪论。（清·汪绎《秋柳次韵》）

上例从句法上分析，其结构是"（萧萧）（去）马＋（斜阳）路，（点点）（归）鸦＋（落叶）村"，属七言成句的"NP＋NP，NP＋NP"（叠字领起）式。从语境与语义上看，它虽居于全诗篇中，但跟其前句"满梢清露尚啼痕"、后句"独立寒潭倍惆怅"在语法结构上并无纠葛，是独立表意的语言单位，因而属于名词铺排文本。

（四）七言成句的"NP＋NP＋NP，NP"式

根据我们的调查，这种结构模式属于明诗的创造。不过，用例并不多，目前只找到如下一例：

朔风边月蓟门秋，画角呜呜百尺楼。自著戎衣频上策，三年不起别家愁。（明·黄克晦《后出塞送陈季立防秋》）

从句法上分析，上例的结构是"朔风＋边月＋蓟门秋，（画角呜呜）（百尺）楼"，属七言成句的"NP＋NP＋NP，NP"式。从语境与语义上看，此二句居于全诗篇首，且跟其后句"自著戎衣频上策"在语法结构上并无纠葛，属于独立表意的语言单位，因而可以确认是名词铺排文本。

（五）七言成句的"N＋N＋NP＋NP，N＋N＋NP＋NP"式

这种结构模式以前在诗中未出现过。根据我们的调查，当属清诗的创造。不过，清诗中这样的用例也并不多见，目前只找到如下一例：

峡口回波绕塞流，黄河利独擅边州。千屯得水成膏壤，两坝分渠据上游。鸡犬人家红稻岸，鱼盐贾舶白蘋洲。那知泽国堤防急，百万金钱掷浪头。（清·黄庭《宁夏渡河》）

上例从句法上分析，其结构是"鸡＋犬＋人家＋红稻岸，鱼＋盐＋贾舶＋白蘋洲"，属七言成句的"N＋N＋NP＋NP，N＋N＋NP＋NP"式。从语境与语义上看，此二句虽居于全诗篇中，但跟其前句"两坝分渠据上游"、后句"那知泽国堤防急"在语法结构上并无纠葛，是独立表意的语言单位，因而具有名词铺排的性质。

跟以往各个时期的诗歌一样，明清诗中也有不少貌似名词铺排而实非名词铺排的情况。因此，在考察明清诗歌名词铺排发展演进状况时需要予以厘清。就我们目前调查所得来看，明清诗歌中至少有如下十一种情况不能算是名词铺排。

第一，有些句子表面上看是"NP＋NP，NP＋NP"式结构，俨然是对句形式的名词铺排，实际上并不是。因为从语法上分析，每例句内的两个名词短语之间并非并列对峙的关系，而是主谓关系，其间省略了相关的动词。这种情况就不能算是名词铺排。如：

（1）盛德闻中夏，黎民望彼苍。少留临宇宙，未必愧成康。<u>宗社千年恨，山陵后世光</u>。神游思下士，经国意难忘。（明·方孝孺《懿文皇太子挽词》）

（2）塞路山难断，胡天云不开。遥惊戍火起，数见羽书来。<u>周室朔方郡，唐家灵武台</u>。客心正多感，羌笛暮堪哀。（明·杨巍《萧关北作》）

（3）<u>六朝旧恨斜阳里，南浦新愁细雨中</u>。近水欲迷歌扇绿，隔花偏衬舞裙红。（明·杨基《春草》）

（4）世间乐土是吴中，中有阊门更擅雄。<u>翠袖三千楼上下，黄金百万水西东</u>。（明·唐寅《阊门即事》）

（5）<u>短榻孤灯里，清笳万井中</u>。天涯未归客，此夜忆江东。（明·何景明《雨夜》）

（6）<u>山上南朝寺，江头北府兵</u>。三春添黛色，万古一涛声。阅尽东西客，劳劳役利名。（清·徐永宣《润州》）

（7）点点觉春深，飞飞恨不禁。露沾疑妾泪，风散比郎心。<u>晓月隋堤畔，残阳灞水阴</u>。年年飘荡处，肠断白头吟。（清·周瓒《柳絮曲》）

例（1）至例（7）诸例，表面结构均是"NP＋NP，NP＋NP"式，俨然是对句形式的名词铺排文本，实际上并不是。因为仔细分析一下，诸例每个句子内部的两个名词短语并非并列对峙的关系，而是主谓关系，只是相关动词因诗歌字句限制而被省略了。如果补足了，例（1）至例（7）诸例分别是"宗社（有）千年恨，山陵（有）后世光"、"周室（在）朔方郡，唐家（在）灵武台"、"六朝旧恨（在）斜阳里，南浦新愁（在）细雨中"、"翠袖三千（在）楼上下，黄金百万（在）水西东"（"翠袖三千""黄金百万"分别是"三千翠袖""百万黄金"的倒装，"楼上下""水西东"是表处所的名词短语）、"短榻（在）孤灯里，清笳（在）万井中"、"山上（有）南朝寺，江头（有）北府兵"、"晓月（在）隋堤畔，残阳（在）灞水阴"。可见，此非名词铺排文本，而只是两个普通主谓句的并列。诸如此类情况，明显不是名词铺排。

第二，有些句子表面上看是"NP + NP，NP + NP"式结构，俨然是对句形式的名词铺排，实际上并不是。因为从语法上分析，每例句内的两个名词短语之间并非并列对峙的关系，而是主谓关系，是两个比喻句的并列，其间省略了喻词。这种情况就不能算是名词铺排。如：

（8）汝岂因鲈脍，吾曾识凤毛。青云归暂得，白雪和谁高。<u>海色钟山雨，秋声笠泽涛</u>。南征有诸将，为语圣躬劳。（明·王世贞《送顾舍人使金陵还松江》）

（9）凭高风物欲凌秋，门外平湖碧似油。暝色已归鸦背外，斜阳犹恋柳梢头。<u>疏疏远岫屏间画，点点轻帆镜里鸥</u>。不尽萧条东涧水，至今呜咽为谁流。（清·汪绎《首夏同青门雪航以宁允恭叔度宴集秋水阁即事限韵》）

（10）出门无定所，一路乔松阴。<u>流水道人意，青山太古心</u>。偶然乘兴往，不觉入云深。独立发长啸，萧萧风满林。（清·古奘《山行》）

例（8）至例（10）诸例，表面结构皆为"NP + NP，NP + NP"式，俨然是对句形式的名词铺排文本，实际上并不是。因为仔细分析一下，诸例每个句子内部的两个名词短语并非并列对峙的关系，而是主谓关系，是两个比喻句的并列，其中喻词因诗歌字句限制而被省略了。如果补足了，例（8）至例（10）诸例分别是"海色（如）钟山雨，秋声（如）笠泽涛""疏疏远岫（如）屏间画，点点轻帆（如）镜里鸥""流水（如）道人意，青山（如）太古心"。可见，它们皆非名词铺排文本，而是两个比喻句的并列。诸如此类情况明显不能算是名词铺排。

第三，有些句子表面上看是"NP，NP"式结构，俨然是对句形式的名词铺排，实际上并不是。因为从语境与语义上分析，这两个名词短语句只是并列联合起来共同作随后语句的主语（或话题主语）。这种情况当然也不是名词铺排。如：

（11）数声哀怨客楼闻，九月相逢二月分。缯缴伺多难避地，关山历尽怅孤群。<u>离肠曲曲湘潭水，行色重重楚峡云</u>。此去岂无留别字，一行空际自成文。（清·张景崧《饯雁》）

（12）<u>子美千间厦，香山万里裘</u>。迥殊魏晋士，熟醉但身谋。（清·叶舒璐《读杜白二集》）

例（11）、例（12）二例，表面上看皆为"NP，NP"式结构，俨然是对句形式的名词铺排文本，实际上并不是。因为从语法上仔细分析，这两个并列的名词短语句跟其随后的其他语句有割舍不断的语法或语义关系，是后面语句的主语或话题主语。如例（11）"离肠曲曲湘潭水，行色重重楚峡云"的谓语是其随后一句"此去岂无留别字"，"水""云"的谓语动词是"去"。例（12）"子美千间厦，香山万里裘"，是随后一句"迥殊魏晋士"的主语，结构非常清楚。可见，这类情况都不算是名词铺排。

第四，有些句子表面上看是"NP＋NP＋NP，NP＋NP＋NP"式结构，俨然是对句形式的名词铺排，实际上并不是。因为从语法上分析，每例句内的三个名词短语之间并非并列对峙的关系，而是主谓关系，其间省略了相关动词。这种情况就不能算是名词铺排。如：

（13）五年心事共谁论，惜别胥江日色昏。水底须眉终有相，雪中指爪已无痕。<u>秋风鲈脍江南味，春雨梅花处士魂。</u>毕竟家山贫亦好，知君亦厌孟尝门。（清·汪绎《寄庭仙》）

（14）四十日来谁地主，二千里外客天涯。<u>青山两岸寻诗路，黄叶孤村卖酒家。</u>鼓枻有声过蟹舍，使帆无际失鸥沙。前途遥指苍茫处，黄鹄矶边正晚霞。（清·王时宪《舟中遣兴》）

例（13）、例（14）二例，表面上看是"NP＋NP＋NP，NP＋NP＋NP"式结构，俨然是对句形式的名词铺排文本，实际上并不是。因为仔细分析，我们就会发现，此二例每个句子内部的三个名词短语并非并列对峙的关系，而是主谓关系，其间的相关动词因诗歌字句限制而被省略了。如果补足了，例（13）、例（14）二例分别是"秋风鲈脍（有）江南味，春雨梅花（如）处士魂""青山两岸（是）寻诗路，黄叶孤村（有）卖酒家"。可见，它们皆非名词铺排文本，而只是两个主谓句的并列。

第五，有些句子表面上看是"NP＋N＋NP，NP＋N＋NP"式结构，俨然是对句形式的名词铺排，实际上并不是。因为从语法上分析，每例句内的三个名词或名词短语之间并非并列对峙的关系，而是主谓关系，其间省略了相关动词。这种情况当然也不能算是名词铺排。如：

（15）落日淡生烟，波明影碧天。人来花槛里，酒出板桥边。<u>杨柳风千树，笙歌月一船。</u>十年重对此，回首各凄然。（明·顾梦游《同蔡大美徐日赞沈治先秦淮夕泛》）

例（15）从表面上看是"NP＋N＋NP，NP＋N＋NP"式结构，俨然是对句形式的名词铺排文本，实际上并不是。因为仔细分析，此二句内部的三个名词或名词短语之间并非并列对峙的关系，而是主谓关系，其间的相关动词因诗歌字句限制而被省略了。如果补足了，例（15）应该是"杨柳风（吹遍）千树，笙歌月（洒满）一船"。可见，此例并非名词铺排文本，而只是两个主谓句的并列。

第六，有些句子表面上看是"NP"式结构，俨然是单句形式的名词铺排，实际上并不是。因为从语法与语义上分析，这个名词短语句并不能独立成句，而是充当其后一句的主语（或话题主语）。这种情况明显不是名词铺排。如：

（16）十二峰头秋草荒，冷烟寒月过瞿塘。青枫江上孤舟客，不听猿啼亦断肠。（明·何景明《竹枝词》）

（17）吴郎醉嗜长安酒，落魄自言为客久。走马频看上苑花，回鞭几折青门柳。……野店春风听早莺，关河晓树悬新月。千里淮流双画桡，广陵驿前逢暮潮。落日帆归扬子渡，青山家对伯通桥。（明·徐祯卿《青门歌送吴郎》）

（18）渺渺春江空落晖，行人相顾欲沾衣。楚王宫外千条柳，不遣飞花送客归。（明·徐祯卿《春思》）

（19）无定河边水，寒声走白沙。受降城上月，暮色隐悲笳。玉帐旄头落，金微雁阵斜。几时征战息，壮士尽还家。（明·敖英《塞上曲》）

（20）蜀栈青骡不可攀，孤臣无计出秦关。华清风雨萧萧夜，愁绝江南庚子山。（明·敖英《辋川谒王右丞祠》）

（21）杨柳阴阴十亩塘，昔人曾此咏沧浪。春风依旧吹芳杜，陈迹无多半夕阳。积雨经时荒渚断，跳鱼一聚晚波凉。渺然诗思江湖近，便欲相携上野航。（明·文徵明《沧浪池上》）

（22）南北何如汉二京，迢迢吴越两乡情。谢家楼上清秋月，分作关山几处明。（明·皇甫汸《对月答子浚兄见怀诸弟之作》）

（23）萧条故篱菊，识我平生心。（明·王恭《经友人故宅》）

（24）云压万峰低，秋江晚树迷。篮舆凌木杪，驿路挂城西。有客停孤馆，无莺下五溪。萧萧楼外雨，愁绝听寒鸡。（清·盛枫《黔阳》）

（25）青山顶上一孤丘，俯视陶唐十二州。偶使人间知姓字，遂教颍水浣清流。（清·吕履恒《许由冢》）

例（16）至例（25）诸例，表面上看均是"NP"式结构，俨然是单句形式的名词铺排文本，实际上并不是。因为仔细分析，我们就会发现，原来每个名词短语句都不能独立表意，必须结合其后句才能完整表达意思。可见，它们都只是其后句的主语或话题主语，并非名词铺排文本。如例（20）"华清风雨萧萧夜"，是整句作为其随后一句"愁绝江南庾子山"的话题主语。例（25）"青山顶上一孤丘"，跟随后一句"俯视陶唐十二州"也是主谓关系。即"孤丘"是主语，"俯视"是谓语动词，"陶唐十二州"是宾语。其他各例类此。可见，以上诸例都不是名词铺排文本。

第七，有些句子表面上看是"NP"式结构，俨然是单句形式的名词铺排文本，实际上并不是。因为从语法与语义上分析，它并不是独立的语言单位，而是充当其后一句的主语，两句之间省略了相关动词。这种情况明显不是名词铺排。如：

（26）**崔巍碧云寺**，寿安山南陬。前貌众龙象，后植千松楸。于经首作俑，魏竖复效尤。规制骇心目，宏丽无匹俦。（清·高其倬《碧云寺》）

例（26）从表面上看是"NP"式结构，俨然是单句形式的名词铺排文本，实际上并不是。因为仔细分析，它只是随后一句"寿安山南陬"的主语，两句之间省略了动词"在"。如果补足结构成分，就是"（崔巍）碧云寺（在）（寿安山）南陬。"可见，此例并非名词铺排文本。

第八，有些句子表面上看是"NP + NP"式结构，俨然是单句形式的名词铺排文本，实际上并不是。因为从语法与语义上分析，这个名词短语句并不是独立的语言单位，组成这个名词短语句的两个名词短语中有一个短语充当后一句的主语。这种情况也不能算是名词铺排。如：

（27）**采菱女子木兰船**，翠裙红袖青玉铉，摇光荡影惜婵娟。惜婵娟，愁夕晖，拔蒲歌断鲤鱼入，归去芰荷香满衣。（明·刘基《江南弄》七首其五）

（28）壮士乐长征，门前边马鸣。**春风三月柳**，吹暗大同城。芦沟桥下东流水，故人一尊情未已。胡天飞尽陇头云，惟见居庸暮山紫。美君鞍马速流星，予亦孤帆下洞庭。塞北荆南心万里，佩刀长揖向都亭。（明·徐祯卿《送士选侍御》）

例（27）、例（28）从表面上看均是"NP + NP"式结构，俨然是单句形式的名词铺排文本，实际上并不是。因为仔细分析，其中的一个名词短语实际上是作其随后一句的主语。如例（27）"采菱女子木兰船"，其中的"采菱女子"实际上是随后一句"翠裾红袖青玉铉"的主语。例（28）"春风三月柳"，其中的"春风"是随后一句"吹暗大同城"的主语。可见，此二例并非名词铺排文本。

第九，有些句子表面上看是"NP＋NP"式结构，俨然是单句形式的名词铺排文本，实际上并不是。因为从语法与语义上分析，这个名词短语句并不是独立的语言单位，而只是其后一句的主语（或话题主语）。这种情况就不能算是名词铺排。如：

（29）子夜吴趋锦瑟弹，人归江海各风湍。谁怜纵酒嵇中散，不异挥锄管幼安。名重尔偏藏著述，路穷吾转讳饥寒。<u>西山薇蕨东山屐</u>，输与时贤白眼看。（清·龚鼎孳《留别彦远》）

例（29）从表面上看是"NP＋NP"式结构，俨然是单句形式的名词铺排文本，实际上并不是。因为仔细分析，它实际上是随后一句"输与时贤白眼看"的话题主语。可见，此例并非名词铺排文本。

第十，有些句子表面上看是"NP＋NP"式结构，俨然是单句形式的名词铺排文本，实际上并不是。因为从语法与语义上分析，这个名词短语句内部的两个名词短语并不是并列对峙的关系，而是主谓关系。这种情况就不是名词铺排。如：

（30）<u>岚峰半残阳</u>，彩翠明林杪。僧坞远钟微，归人下山少。风杉落叶响，惊起栖烟鸟。携手愿言还，前村月初皎。（明·王彝《秋林高士图》）

（31）老鬓萧条逐客程，秋风瑟瑟唤愁生。五更月照他乡影，<u>万里河流故国声</u>。落拓人当疑慢世，浮沈吾亦厌虚名。何时归去衡门下，竹杖芒鞋傍鹤行。（清·张文光《清淮晓发》）

例（30）、例（31）从表面上看是"NP＋NP"式结构，俨然是单句形式的名词铺排文本，实际上并不是。因为从句法上分析，它们的实际结构分别是"岚峰（S）半残阳（P）""万里河流（S）故国声（P）"，前后两个名词短语构成主谓关系。可见，此二例并非名词铺排文本。

第十一，有些句子表面上看是"NP＋NP＋NP"式结构，俨然是单句形式的名词铺排文本，实际上并不是。因为从语法与语义上分析，这个名词短语句并不是独立成句的语言单位，而只是充当其后句的话题主语。这种情况不能算是名词铺排。如：

（32）年少惊人入洛名，云津龙跃是平生。八王兵甲无臣主，两晋文章有弟兄。晚节不堪愁鹤唳，旧交闻已赋莼羹。*春蒲细柳平原路，长使行人泪满缨*。（清·王图炳《平原村》）

例（32）从表面上看是"NP＋NP＋NP"式结构，俨然是单句形式的名词铺排文本，实际上并不是。因为从句法上分析，"春蒲细柳平原路"只是其后句"长使行人泪满缨"的话题主语。可见，此例并非名词铺排文本。

第二节　明清词中的名词铺排

词的创作，在明清两代都是中国文学发展的重要组成部分。从创作的数量上看，也是不容小觑的。但是，就创作成就与声势来看，都远不及宋代了。尽管如此，明、清词在名词铺排文本建构方面并未停歇，新的结构模式还是不断被创造出来。

有鉴于明清距今时间较近，留存的词作数量较为庞大，本节对明清词中名词铺排结构模式发展演进的考察，拟采用抽样调查与统计分析的方法进行，依据今人所编《元明清词鉴赏辞典》（上海辞书出版社，2002 年）所收明词 77 家共 134 首、清词 268 家共 582 首为对象，从分析代表作家的代表作入手，以期考察明清词在名词铺排发展演进的总体趋势（前文我们已经说过，抽样调查与统计分析的方法是现代科学的研究方法，对于得出科学的结论没有较大影响）。

根据我们的调查与分析，发现明清词在名词铺排文本建构方面既有对前代旧有模式的大量继承沿用，也有不少锐意创新。下面我们就分两个方面来予以论述。

一、旧有模式的继承

明清词的创作，跟其他文体一样，也非无源之水、无本之木，而是渊源有自的。因此，在名词铺排文本建构方面，明清词对前代词所创旧有模式实现了广泛继承与沿用，亦是自然而然之事。根据我们的调查与分析，明清词中对前代词所创旧有模式的继承与沿用，主要分三大类：一是单句式，二是对句式，三是多句式。三类之中，单句式与对句式最多，均有十多种；多句式较少，根据调查所得，至少有三种。

（一）单句式

单句式名词铺排模式，在明清词中被继承沿用的频率比较高，类型也比较丰富。根据我们的调查，至少有如下十二种最为常见。

1. 三言成句的"NP"式

这种结构模式是金词的创造。根据我们的调查，明清词中都有继承沿用。如：

（1）烟雨路，水国渐迷离。芳草遥天人去后，碧云满地雁来时。秋信竟差池。（明·万寿祺《双调望江南》）

（2）天涯路，荒荒野日黄云暮。黄云暮，年年笳吹，征衣如故。（清·周纶《忆秦娥》）

（3）黄金陌，茫茫十里春云白。春云白，迷离满眼，江南江北。来时无奈珠帘隔，去时著尽东风力。东风力，留他如梦，送他如客。（清·宋征舆《忆秦娥》）

从句法上分析，例（1）至例（3）的结构分别是"（烟雨）路""（天涯）路""（黄金）陌"，均属三言成句的"NP"式。从语境与语义上分析，三个名词短语句都居于词的上阕或下阕的开头，且跟随后的语句没有语法结构上的纠葛，明显属于独立表意的语言单位，因此可以确认是名词铺排文本。它们置于词的开头部分，犹如电影开幕时首先推出的特写镜头，不仅有造景呈象、定格画面的作用，还能产生一种凌空起势、先声夺人的审美效果。

2. 四言成句的"NP"式

这种结构模式在唐五代词中尚未产生，但在宋词中已经相当常见，金元词也有广泛运用。根据我们的调查，清词中继承沿用这种结构模式者亦偶尔有之。如：

（4）半城落日。噪昏鸦惊起，垂天云黑。小艇泊来，不住江南住江北。黄鹤楼荒何在，只十里、烟波凝碧。听不到、醉酒仙人，楼上夜吹笛。（清·王庭《暗香》）

例（4）从句法上分析，其结构是"（半城）落日"，属四言成句的"NP"

式。从语境与语义上看，这一名词短语句居于词首，且跟其后句"噪昏鸦惊起"无语法结构上的纠葛，是独立表意的语言单位，因而属于名词铺排文本。

3. 四言成句的"NP"（叠字领起）式

这种结构模式是元代词人的创造。根据我们的调查，清词中继承沿用这种结构模式者不少。如：

（5）**漠漠长空**，离离衰草，欲黄重绿情难了。韶华有限恨无穷，人生暗向愁中老。（清·吕碧城《踏莎行》）

（6）魂兮归来，飘忽何之，他乡故乡？叹萋萋草色，冢迷鹦鹉。**沄沄浪影**，湖冷鸳鸯。（清·姚椿《沁园春》）

从句法上分析，例（5）、例（6）的结构分别是"（漠漠）长空""（沄沄）浪影"，均属四言成句的"NP"（叠字领起）式。从语境与语义上看，两个名词短语句或居于词首，或居于词中，但均跟其前后句无语法结构上的纠葛，属于独立表意的语言单位，因而是名词铺排文本。还要指出的是，例（5）"漠漠长空"，表面上跟随后一句"离离衰草"是并列的关系，实际上并不是。因为从语义上分析，第三句"欲黄重绿情难了"的主语是"衰草"。可见，"漠漠长空"是独立成句的，属于单句形式的名词铺排文本。

4. 五言成句的"NP"（叠字领起）式

这种结构模式乃是宋代词人的创造。虽然以五言成句的"NP"式早在唐五代词中就已出现，但皆以非叠字领起的形式呈现。根据我们的调查，清词中有继承沿用这种结构模式的用例，不过只是偶尔见之。如：

（7）乍过水边村，已失烟中路。马上霜浓月未沉，**历历疏城柳**。（清·冯登府《卜算子》）

从句法上分析，例（7）的结构是"（历历）（疏城）柳"，属五言成句的"NP"（叠字领起）式。从语境与语义上看，这个名词短语句居于词的末尾，且与前句"马上霜浓月未沉"没有语法结构上的纠葛，属于独立表意的语言单位，因而是名词铺排文本。

5. 五言成句的"NP"式

这种结构模式在唐五代词中就有运用。根据我们的调查，明词中也有继承沿用之例，不过只是个别词人偶尔为之。如：

（8）油壁小香车，水渺云赊，青楼朱箔那人家。旧日罗巾今日泪，湿尽韶华。（明·杨慎《浪淘沙》）

例（8）从句法上分析，其结构是"（油壁）（小）香车"，属五言成句的"NP"式。从语境与语义上分析，这一名词短语句居于词的开头，且与后句"水渺云赊"无语法结构上的纠葛，是独立表意的语言单位，因而具有名词铺排的性质。

6. 七言成句的"NP"式

这种结构模式乃是唐代词人的创造。根据我们的调查，宋金元词中均有继承沿用之例。明清词中也仍有继承沿用的。如：

（9）海角亭前秋草路。榕叶风清，吹散蛮烟雾。一笑英雄曾割据，痴儿却被潘郎误。（明·张以宁《明月生南浦》）

（10）枫叶萧萧几点秋，芦碛曲曲漾清流。随处好，舣扁舟。水蘋花下一双鸥。（清·陈文述《渔父词》）

从句法上分析，例（9）、例（10）的结构分别是"（海角亭前）（秋草）路""（水蘋花下）（一双）鸥"，均属七言成句的"NP"式。从语境与语义上看，两个名词短语句或居于词首，或居于词尾，但均跟其前后句没有语法结构上的纠葛，属于独立表意的语言单位，因而是名词铺排文本。

7. 四言成句的"NP + NP"式

这种结构模式是唐代词人所创。根据我们的调查，宋金元词中皆有这种结构模式的继承沿用，明清词中仍有不少沿用之例。如：

（11）锦样山河，何人坏了。雨嶂烟峦。故苑莺花，旧家燕子，一例阑珊。（明·张煌言《柳梢青》）

（12）漫道胸前怀豆蔻，今日总成虚设。桃叶津头，莫愁湖畔，远树云烟叠。寒灯帘幕，荧荧与谁闲说？（明·张红桥《念奴娇》）

（13）出神京，临绝塞，是卢龙。想榆关，血战英雄。南山射虎，将军霹雳吼雕弓。大旗落日，鸣笳起，万马秋风。（清·尤侗《金人捧玉盘》）

（14）流水平桥，一声杜宇，早怕洛阳春暮。杨柳梧桐，旧梦了无寻处。拼午醉、日转花梢，又夜阑、风吹芳树。到更残、月落西峰，泠然胡蝶忘归路。（清·王夫之《绮罗香》）

例（11）至例（14）从句法上分析，其结构分别是"雨嶂 + 烟峦""寒灯 + 帘幕""大旗 + 落日""流水 + 平桥"，均属四言成句的"NP + NP"式。从语境与语义上分析，四个名词短语句或居于词首，或居于词中，但跟其前后句均无语法结构上的纠葛，是独立表意的语言单位，属于名词铺排文本。

8. 六言成句的"NP + NP"式

这种结构模式在唐五代词中未见，应属宋人的创造。根据我们的调查，金元词中均有沿用之例，清词中仍有继承沿用的文本。如：

（15）葛衣纱帻，对南薰、一曲虞弦。起无限、乡心别恨。潇湘夜雨朝烟。（清·韩洽《潇湘逢故人慢》）

（16）萧骚古柳空城，客愁最怕秋声。添个无名江鸟，雨中夜夜孤鸣。（清·杨夔生《清平乐》）

从句法上分析，例（15）、例（16）的结构分别是"（潇湘）（夜）雨 +（朝）烟""（萧骚）（古）柳 +（空）城"，均属六言成句的"NP + NP"式。从语境与语义上分析，两个名词短语句或居于词首，或居于词尾，但跟其前后句均无语法结构上的纠葛，是独立表意的语言单位，属于名词铺排文本。

9. 七言成句的"NP + NP"式

这种结构模式乃五代词人之所创。根据我们的调查，宋金元词中继承沿用之例很多，清词中也不乏沿用之例。如：

（17）北墅高楼芳树杪。愁唱骊歌，酒罢天初晓。片霎征途烟渺渺，回头残月如灯小。（清·毛际可《蝶恋花》）

（18）门里青苔门外草，郎骑白马何时到？阿郎专爱弄雕弓，早缚狼，晚放鹞，不管深闺鬓丝老。（清·焦循《天仙子》）

（19）雨后蜻蜓散夕阳，晚来水碧似清湘。明镜里，月华凉。荷花世界柳丝乡。（清·陈文述《渔父词》）

（20）杜鹃啼，鹧鸪啼，楼外斜阳一酒旗，杨花不住飞。（清·赵庆熺《长相思》）

例（17）至例（20）诸例，从句法上分析，其结构分别是"（北墅）高楼 +（芳）树杪""（门里）青苔 +（门外）草""（荷花）世界 +（柳丝）乡""（楼外）斜阳 +（一）酒旗"，均属七言成句的"NP + NP"式。从语境与语义上分析，这些名词短语句或居于词首，或居于词中、词尾，但跟其前后句均无语法结构上的纠葛，均属独立表意的语言单位，因而可以确认是名词铺排文本。

10. 四言成句的"N+N+NP"式

这种结构模式在唐五代以及宋金词中均未曾发现，是元词的创造。根据我们的调查，明词中有个别沿用这种结构模式的。如：

（21）紫燕双飞深院静，<u>簟枕纱厨</u>，睡起娇如病。一线碧烟萦藻井，小鬟茶进龙香饼。（明·张綎《蝶恋花》）

从句法上分析，例（21）的结构是"簟+枕+（纱）厨"，属四言成句的"N+N+NP"式。从语境与语义上分析，这个名词短语句虽居于词中，但跟其前句"紫燕双飞深院静"、后句"睡起娇如病"均无语法结构上的纠葛，明显是一个独立表意的语言单位，因而可以确认是名词铺排文本。

11. 六言成句的"NP+NP+NP"式

这种结构模式乃是五代词人的创造。根据我们的调查，宋金元词中均有继承沿用之例，清词中也有继承这种结构模式的文本建构。如：

（22）数燕云十六神州，有多少园陵，颓垣断碣。正石马嘶残，金仙泪尽。<u>古水荒沟寒月</u>。（清·朱彝尊《金明池》）

例（22）从句法上分析，其结构是"（古）水+（荒）沟+（寒）月"，属六言成句的"NP+NP+NP"式。从语境与语义上分析，这一名词短语句居于词尾，且跟其前句"金仙泪尽"无语法结构上的纠葛，属于独立表意的语言单位，明显是名词铺排文本。

12. 七言成句的"NP+NP+NP"式

这种结构模式是唐词的创造。根据我们的调查，宋词中继承沿用之例相当多，明清词中仍有继承沿用的文本建构。如：

（23）春暖典春衣，还堪醉似泥。趁清明、雨后游嬉。<u>杨柳池塘桃杏坞</u>，春水漫，夕阳迟。（明·谢应芳《南楼令》）

（24）西望雷塘何处是？香魂零落使人愁。<u>淡烟芳草旧迷楼</u>。（清·王士禎《浣溪沙》）

（25）错认秦淮夜顶潮，牵船辛苦且停桡。<u>水花风柳谢家桥</u>。（清·翁同龢《浣溪沙》）

从句法上分析，例（23）至例（25）的结构分别是"杨柳＋池塘＋（桃杏）坞""（淡）烟＋（芳）草＋（旧）迷楼""（水）花＋（风）柳＋（谢家）桥"，均属七言成句的"NP＋NP＋NP"式。从语境与语义上分析，这些名词短语句或居于词中，或居于词尾，但跟其前后句均无语法结构上的纠葛，是独立表意的语言单位，因而具有名词铺排的性质。

（二）对句式

在明清词中，继承沿用前代所创对句式名词铺排模式的也很多。根据我们的调查，至少有如下十种是较为常见的。

1. 三言成句的"NP，NP"式

这种结构模式是唐代词人之所创。但是，五代词中未见有继承沿用之例。根据我们的调查，宋词中继承沿用者不少，明清词中继承沿用这种结构模式的亦不乏其例。如：

（1）<u>暮天云，深夜雨</u>，幽兴到何许？风拍疏帘，灯影逗窗户。（明·邵亨贞《祝英台近》）

（2）无据。王孙草尽，贤士台荒，大夫封处。衣冠太古。<u>青磷夜，赤虬语</u>。叹支离相伴，一篝佛火。沸彻僧寮鱼鼓。做年年、送客长亭，销魂此树。（清·蒋景祁《瑞鹤仙》）

（3）绣带解连环，风流忆少年。占春芳、如此江山。婀娜柳腰轻簌水，<u>深院月，小阑干</u>。（清·曹楙坚《唐多令》）

例（1）至例（3）诸例，从句法上分析，其结构分别是"（暮天）云，（深夜）雨""（青磷）夜，（赤虬）语""（深院）月，（小）阑干"，均属三言成句的"NP，NP"式。从语境与语义上分析，这些名词短语句或居于词首，或居于词中，或居于词尾，但均跟其前后句没有语法结构上的纠葛，属于独立表意的语言单位，因而可以确认是名词铺排文本。

2. 四言成句的"NP，NP"（叠字领起）式

这种结构模式是宋词的创造。根据我们的调查，元词中也有继承沿用之例，清词中也有相同结构模式的文本建构。如：

（4）红楼不闭窗纱，被一缕、春痕暗遮。<u>淡淡轻烟，溶溶院落</u>，月在梨花。（清·顾春《早春怨》）

（5）哀音一片伤凄绝，黄昏更觉东风恶。东风恶，<u>深深庭院，重重帘幕</u>。（清·顾春《忆秦娥》）

从句法上分析，例（4）、例（5）的结构分别是"（淡淡）（轻）烟，（溶溶）院落""（深深）庭院，（重重）帘幕"，均属四言成句的"NP，NP"（叠字领起）式。从语境与语义上分析，这些名词短语句或居于词中，或居于词尾，但均跟其前后句没有语法结构上的纠葛，是独立表意的语言单位，因而是名词铺排文本。

3. 四言成句的"NP，NP"式

这种结构模式也是唐词的创造。根据我们的调查，五代词、宋词、元词中有很多继承沿用之例，明清词中沿用这种结构模式的名词铺排文本也不少。如：

（6）烟草萋萋小楼西，云压雁声低。<u>两行疏柳，一丝残照</u>，数点鸦栖。（明·刘基《眼儿媚》）

（7）漫道胸前怀豆蔻，今日总成虚设。<u>桃叶津头，莫愁湖畔</u>，远树云烟叠。寒灯帘幕，荧荧与谁闲说？（明·张红桥《念奴娇》）

（8）还记取、王粲楼前，吕岩矶外，别样水光山色。<u>烟霞仙馆，金碧浮图</u>，尽属楚南奇绝。（明·韩守益《苏武慢》）

（9）<u>眼底秋山，旧来风雨</u>。横槊之处，壁冷沙鸡，巢空海燕，各是酸心具。老兵散后，关门自启，脉脉晚愁穿去。一书生、霜花踏遍，酒肠涩时谁诉。（清·曹溶《永遇乐》）

（10）<u>一溪野水，满山落叶</u>，晓郭寒烟初透。前宵风雨昨宵阴，才画出、今朝重九。（清·赵庆熺《鹊桥仙》）

例（6）至例（10）诸例，从句法上分析，其结构分别是"（两行）疏柳，（一丝）残照""（桃叶津）头，（莫愁湖）畔""（烟霞）仙馆，（金碧）浮图""（眼底）秋山，（旧来）风雨""（一溪）野水，（满山）落叶"，均属四言成句的"NP，NP"式。从语境与语义上分析，这些两两相对的名词短语句或居于词首，或居于词中，但跟其前后句均无语法结构上的纠葛，属于独立表意的语言单位，因而是名词铺排文本。

4. 五言成句的"NP，NP"式

这种结构模式亦为唐代词人所首创。根据我们的调查，五代词、宋词、元词中均有很多继承沿用之例，明词中偶有同类结构的文本建构。如：

（11）最是采莲人似玉，相逢并著莲舟。唱歌归去水悠悠。<u>清砧孤馆夜，明月太湖秋</u>。（明·史鉴《临江仙》）

从句法上分析，例（11）的结构是"（清砧＋孤馆）夜，（明月＋太湖）秋"，属五言成句的"NP，NP"式。从语境与语义上分析，这个对句形式的名词短语句是居于词尾的，且跟其前句"唱歌归去水悠悠"没有语法结构上的纠葛，是独立表意的语言单位，因而属于名词铺排文本。

5. 六言成句的"NP，NP"式

这种结构模式也是唐词所创。根据我们的调查，五代、宋、元历代词人都有继承沿用的文本建构，明清词中也有继承沿用之例。如：

（12）<u>细雨繁花上院，轻烟碧草汀洲</u>。一声啼鸟水东流，春在小桥杨柳。（明·韩邦奇《西江月》）

（13）<u>孤袅一丝轻纤，浅歌几尺低篷</u>。明日临平山下路，是残红。（清·姚椿《春光好》）

（14）<u>鹦鹉湾头秋水，鲇鱼关外西风</u>。崇山峻岭几多重，归路斜阳相送。（清·顾春《西江月》）

例（12）至例（14）诸例，从句法上分析，其结构分别是"（细雨＋繁花）上院，（轻烟＋碧草）汀洲""（孤袅）（一丝）轻纤，（浅歌）（几尺）低篷""（鹦鹉湾头）秋水，（鲇鱼关外）西风"，均属六言成句的"NP，NP"式。从语境与语义上分析，这些对句形式的名词短语句皆居于词首（上阕或下阕），且跟其后句无语法结构上的纠葛，明显属于独立表意的语言单位，因而具有名词铺排的性质。

6. 七言成句的"NP，NP"式

根据我们的调查，这种结构模式属于宋代词人的创造，元词中有继承沿用之例，明清词中也有同类结构的文本建构。如：

（15）一点点，杨花雪。一片片，榆钱英。渐西垣日隐，晚凉清绝。<u>池面盈盈清浅水，柳梢澹澹黄昏月</u>。是何人、吹彻玉参差，情凄切。（明·文徵明《满江红》）

（16）<u>野菜低飞黄蝶，高槐倒挂青虫</u>。荷锄闲杀白头翁，百年皆梦寐，二顷老英雄。（清·爱新觉罗·奕绘《临江仙》）

从句法上分析，例（15）、例（16）的结构分别是"（池面盈盈）（清浅）水，（柳梢澹澹）（黄昏）月""（野菜【中】低飞）黄蝶，（高槐【上】倒挂）青虫"，均属七言成句的"NP，NP"式。从语境与语义上分析，这两个对句式名词短语句或居于词首（下阕），或居于词中，但跟其前后句均无语法结构上的纠葛，是独立表意的语言单位，因而属于名词铺排文本。

7."NP + NP（四言），NP（五言）"式

这种结构模式是五代词人的创造。根据我们的调查，宋词中有继承沿用之例，只是出现频率并不高。清词中虽有沿用，但也不常见，只是偶尔有之。如：

（17）从前幽怨应无数。<u>铁马金戈，青冢黄昏路</u>。一往情深深几许？深山夕照深秋雨。（清·纳兰性德《蝶恋花》）

例（17）从句法上分析，其结构是"铁马 + 金戈，（青冢 + 黄昏）路"，属杂言成句的"NP + NP（四言），NP（五言）"式。从语境与语义上分析，这个对句形式的名词短语句是居于词中的，但跟其前句"从前幽怨应无数"、后句"一往情深深几许"均无语法结构上的纠葛，属于独立表意的语言单位，因而具有名词铺排的性质。

8. 四言成句的"NP + NP，NP + NP"式

这种结构模式属于宋代词人的创造。根据我们的调查，金元词中都有沿用之例，但并不普遍。明清词中也有沿用继承的，但数量也不算多。如：

（18）<u>细草春沙，垂杨古渡</u>，忘机可得如鸥鹭？平湖却也慰人心，片帆不碍烟中树。（明·王行《踏莎行》）

（19）<u>尘路风花，暖空晴絮</u>，游丝剩有萦牵处。客怀幸自不禁愁，啼鹃又恁催归去。（明·王行《踏莎行》）

（20）何事匹马尘埃，东西南北，十载犹羁旅？只恐陈登容易笑，负却故园鸡黍。<u>笛里关山，樽前日月</u>，回首空凝伫。吾今未老，不须清泪如雨。（明·高启《念奴娇》）

（21）<u>钟山后湖，长干夜乌</u>。齐台宋苑模糊，剩连天绿芜。（清·陈维崧《醉太平》）

（22）<u>红叶家林，苍烟邻寺</u>，岁残未了秋声。门柳鸦寒，庭莎蛩老，浸霜月气冥冥。（清·郑文焯《庆春宫》）

从句法上分析，例（18）至例（22）诸例的结构分别是"细草＋春沙，垂杨＋古渡"、"尘路＋风花，暖空＋晴絮"、"（笛里）关＋山，（樽前）日＋月"、"钟山＋后湖，长干＋夜乌"（钟山，指紫金山。后湖，指玄武湖或莫愁湖。长干，指大、小长干巷）、"红叶＋家林，苍烟＋邻寺"，均属四言成句的"NP＋NP，NP＋NP"式。从语境与语义上分析，这些对句形式的名词短语句或居于词首（上阕或下阕），或居于词中，均跟其前后句没有语法结构上的纠葛，属于独立表意的语言单位，因而是名词铺排文本。

9. 五言成句的"NP＋NP，NP＋NP"式

这种结构模式属于宋词的创造。根据我们的调查，金元词中少见继承之例，但明清词中则有沿用的文本建构。如：

（23）笑解金龟同买醉。故人雅集今宵，阄诗量酒兴还饶。晓钟齐女墓，残月大姑桥。（明·姜实节《临江仙》）

（24）老辈风流今似昔，烟霞遥订心知。江南秋及杖藜时。绿蓑菰米艇，乌帽菊花篱。（清·李慈铭《临江仙》）

例（23）、例（24）二例，从句法上分析，其结构分别是"晓钟＋齐女墓，残月＋大姑桥""绿蓑＋（菰米）艇，乌帽＋（菊花）篱"，均属五言成句的"NP＋NP，NP＋NP"式。从语境与语义上分析，这两个对句式名词短语句皆居于词尾部位，且跟其前句无语法结构上的纠葛，是独立表意的语言单位，因而属于名词铺排文本。

10. 七言成句的"NP＋NP＋NP，NP＋NP＋NP"式

这种结构模式乃是宋词之所创。根据我们的调查，唐五代词中未见其例，后来的金元词中也没有。不过，清词中倒有不少继承沿用之例。如：

（25）梅边窗矮，竹里扉斜，一望潇潇。扫地焚香，今日道书方把。瘦菊疏篱陶令宅，清泉峭石倪迂画。只檐前，欠芭蕉未种，雨声听怕。（清·汤贻汾《倦寻芳》）

（26）清明忆，谢墅步头船。翠管银罂杨柳海，画帘团扇丽人天。花压锦帆偏。（清·李慈铭《望江南》）

（27）清明忆，来往鉴湖中。笠影轻衫红杏雨，茶烟小艇绿蘋风。回首怅匆匆。（清·李慈铭《望江南》）

从句法上分析，例（25）至例（27）诸例，其结构分别是"瘦菊＋疏篱＋（陶令）宅，清泉＋峭石＋（倪迂）画""翠管＋银罂＋（杨柳）海，画帘＋团扇＋（丽人）天""笠影＋轻衫＋（红杏）雨，茶烟＋小艇＋（绿蘋）风"，均属七言成句的"NP＋NP＋NP，NP＋NP＋NP"式。从语境与语义上分析，这两个对句式名词短语句皆居于词中部位，但跟其前后句均无语法结构上的纠葛，属于独立表意的语言单位，因而可以确认是名词铺排文本。

（三）多句式

多句式名词铺排模式在明清词中也有继承沿用。不过，相对于单句式与对句式，其出现的频率要低很多。根据我们的调查，常见的主要有如下二种。

1. 四言成句的"NP，NP，NP"式

根据我们的调查，这种结构模式当属宋词的创造。之后，元词中有继承沿用之例，明清词中亦有同类文本建构。如：

（1）风乍暖，日初长，袅垂杨。<u>一双舞燕，万点飞花，满地斜阳</u>。（明·陈子龙《诉衷情》）

（2）博山香袅窗纱，梦断也，西陵路赊。<u>天外归云，水边去鸟，烟底浮家</u>。（清·蒲松龄《柳梢青》）

（3）遗庙彭城旧里，有苍苔、断碑横地。<u>千盘驿路，满山枫叶，一湾河水</u>。沧海人归，圯桥石杳，古墙空闭。怅萧萧白首，经历謇涕，向夕阳里。（清·朱彝尊《水龙吟》）

例（1）至例（3）诸例，从句法上分析，其结构分别是"（一双）（舞）燕，（万点）（飞）花，（满地）（斜）阳""（天外）（归）云，（水边）（去）鸟，（烟底）（浮）家""（千盘）（驿）路，（满山）（枫）叶，（一湾）（河）水"，均属四言成句的"NP，NP，NP"式。从语境与语义上分析，这三个并立的名词短语句无论居于词尾（皆为上阕末尾），还是居于词中，都跟其前后句没有语法结构上的纠葛，是独立表意的语言单位，因而属于名词铺排文本。

2. "NP＋NP（四言），NP＋NP（四言），NP（六言）"式

这种结构模式乃宋词所创。根据我们的调查，金元词中未见沿用继承，但明清词中都有沿用之例。如：

（4）<u>峭壁荒烟，摧垣衰柳，伤心一片遗垒</u>。英雄成草蔓，俯仰今何似。江山

宛然画里，但纵横、暮禽寒水。（明·林鸿《玲珑四犯》）

（5）天涯此楼似寄。画阑零落处，都为愁倚。佛鼓荒坛，神鸦废社，今古苍茫烟水。吴丝漫理。正波上鸿飞，数峰清异。坐尽林阴，甚时重梦至？（清·郑文焯《齐天乐》）

从句法上分析，例（4）、例（5）的结构分别是"峭壁＋荒烟，摧垣＋衰柳，（伤心）（一片）遗垒""佛鼓＋荒坛，神鸦＋废社，（今古）（苍茫）（烟）水"，均属杂言成句的"NP＋NP，NP＋NP，NP"式。从语境与语义上分析，这两例中并立的名词短语句或居于词首，或居于词中，但均跟其前后句无语法结构上的纠葛，属于独立表意的语言单位，因而可以确认是名词铺排文本。

二、全新模式的创出

明清词中的名词铺排结构模式虽然受到前代先发优势的挤压而在创新空间上有所局限，但仍有不少创新。根据我们的调查，单句式、对句式、多句式三类都有多少不等的创新模式出现。下面我们分而述之。

（一）单句式

明清词的名词铺排文本建构，在单句结构模式方面的创新相对较少。根据我们的调查，主要有如下二种。

1. 五言成句的"NP＋NP"式

根据我们的调查，这种结构模式乃是清代词人的创造。不过，出现频率也不高，只是少数词人笔下偶有建构。如：

（1）龙沙落日山衔水，登台怅望寒云里。猎骑返城西，秋风大将旗。（清·冯云骧《菩萨蛮》）

（2）淡月五更鸡，病枕支离。壁灯斜缀玉虫低，春梦似轻还似重，和絮黏泥。（清·邓廷桢《浪淘沙》）

从句法上分析，例（1）、例（2）的结构分别是"秋风＋（大将）旗""淡月＋（五更）鸡"，均属五言成句的"NP＋NP"式。从语境与语义上看，这两个名词短语句或居于词首，或居于词尾，但均跟其前后句无语法结构上的纠葛，明显是独立表意的语言单位，因而可以确认是名词铺排文本。

2. 六言成句的"NP + NP + NP"（叠字领起）式

这种结构模式亦为清词之所创。不过，根据我们的调查，只是个别词人偶尔为之。如：

（3）行客，眠未得。欲寄与暗怀，难附飞翼。停歌月出，鹦鹉洲横动寒色。<u>历历晴川草树</u>，轻浪卷、一江风急。待晓发、鸡唱也，满帆霜白。（清·王庭《暗香》）

例（3）从句法上分析，其结构是"（历历）晴川 + 草 + 树"，属六言成句的"NP + NP + NP"（叠字领起）式。从语境与语义上看，这个名词短语句居于词中，但跟其前句"鹦鹉洲横动寒色"、后句"轻浪卷、一江风急"均无语法结构上的纠葛，属于独立表意的语言单位，因而具有名词铺排的性质。

（二）对句式

对句结构模式方面的创新，明清词中相对较多。根据我们的调查，至少有如下五种。下面我们分而述之。

1. 五言成句的"NP，NP"（叠字领起）式

根据我们的调查，这种结构模式应该属于清代词人的创造。不过，清词中用例比较少，偶尔才能见到。如：

（1）<u>渺渺天涯梦，悠悠客子魂</u>，忽迷烟雨忽迷云。去也不知何处，断雁楚江昏。（清·汤贻汾《喝火令》）

从句法上分析，例（1）的结构是"（渺渺）（天涯）梦，（悠悠）（客子）魂"，属五言成句的"NP，NP"（叠字领起）式。从语境与语义上分析，这两个名词短语句居于词首，且跟其后句"忽迷烟雨忽迷云"没有语法结构上的纠葛，是独立表意的语言单位，因而属于名词铺排文本。

2. 五言成句的"NP，NP + NP"式

根据我们的调查，这种结构模式亦属清词的创造。不过，同样只是偶尔才见一例。如：

（2）<u>三两树桃花，四五番风雨</u>。我怪古词人，说汝衔春去。（清·杨夔生《生查子》）

例（2）从句法上分析，其结构是"（三两树）（桃）花，（四五番）风＋雨"，属五言成句的"NP，NP＋NP"式。从语境与语义上看，这两个名词短语句居于词首，且跟其后句"我怪古词人"，没有语法结构上的纠葛，属于独立表意的语言单位，因而可以确认是名词铺排文本。

3. 四言成句的"NP＋NP，NP"式

根据我们的调查，这种结构模式亦为清词之所创，不少词人笔下都有同类结构模式的文本建构。如：

（3）单寒骨相难更，笑席帽青衫太瘦生。看蓬门秋草，年年破巷；*疏窗细雨，夜夜孤灯*。难道天公还钳恨口，不许长吁一两声？颠狂甚，取乌丝百幅，细写凄清。（清·郑燮《沁园春》）

（4）*一窗风月，万竿烟雨*，闲恨闲愁无数。当初若不为情痴，省多少、蜂欺蝶妒。（清·孙超《鹊桥仙》）

（5）*秃树平桥，苍茫岸帻*，暮色千里。螺发蛮装，狼机飙火，曾此屯千骑。（清·王诒寿《永遇乐》）

从句法上分析，例（3）至例（5）的结构分别是"疏窗＋细雨，（夜夜）孤灯""（一窗）风＋月，（万竿）（烟）雨""秃树＋平桥，（苍茫）岸帻"，均属四言成句的"NP＋NP，NP"式。从语境与语义上分析，这些名词短语句或居于词首，或居于词中，但跟其前后句没有语法结构上的纠葛，是独立表意的语言单位，因而属于名词铺排文本。

4. 七言成句的"NP＋NP，NP＋NP"（叠字领起）式

这种结构模式属于清词的创造。根据我们的调查，非叠字领起的"NP＋NP，NP＋NP"式在元词中开始出现，但并不普遍。以叠字领起的，目前只在清词中见到如下一例。如：

（6）*瑟瑟残荷池上雨，萧萧疏柳鬓边丝*。芙蓉能艳几多时。（清·汤贻汾《浣溪沙》）

例（6）从句法上分析，其结构是"（瑟瑟）残荷＋（池上）雨，（萧萧）疏柳＋（鬓边）丝"，属七言成句的"NP＋NP，NP＋NP"（叠字领起）式。从语境与语义上分析，这个对句式名词短语句居于词首部位（下阕），且跟其后句"芙蓉能艳几多时"无语法结构上的纠葛，属于独立表意的语言单位，因而是名

词铺排文本。

5. 六言成句的"NP + NP + NP，NP + NP + NP"式

根据我们的调查，这种结构模式乃是明代词人的创造。不过，出现的频率并不高，只有个别用例。如：

（7）远路危峰斜照，瘦马尘衣风帽。此去向萧关？向长安？（明·马洪《昭君怨》）

从句法上分析，例（7）的结构是"远路 + 危峰 + 斜照，瘦马 + 尘衣 + 风帽"，属六言成句的"NP + NP + NP，NP + NP + NP"式。从语境与语义上看，这二句居于词首，且跟其后句"此去向萧关"没有语法结构上的纠葛，属于独立表意的语言单位，因而具有名词铺排的性质。

（三）多句式

明清词在名词铺排多句式结构模式方面的创新是三类形式中最多的。根据我们的调查，至少有如下十种。下面我们分而述之。

1. "NP（四言），NP（四言），NP（六言）"式

这种结构模式应该算是清代词人的创造。不过，根据我们的调查，这种结构模式的名词铺排文本在清词中并不多见，只是偶尔在个别词人笔下有之。如：

（1）旗亭陇首，正新霜乍点，斜日风骤。一片秋声，几树萧疏，惊心十里津墈。行人欲折还教住，为记得、别离时候。洒渭城、朝雨如烟，曾向画亭分手。（清·李良年《疏影》）

例（1）从句法上分析，其结构是"（一片）秋声，（几树）萧疏，（惊心十里）津墈"，属杂言成句的"NP（四言），NP（四言），NP（六言）"式。从语境与语义上看，这三句虽居于词中，但跟其前句"斜日风骤"、后句"行人欲折还教住"均无语法结构上的纠葛，是独立表意的语言单位，因而具有名词铺排的性质。

2. "NP + NP（四言），NP + NP（四言），NP（七言）"式

根据我们的调查，这种结构模式当属清词之所创。不过，用例并不多，只是偶尔能见到一例。如：

（2）青雀钿钏，朱楼画鼓，冥冥一片杨花路。游人休吊六朝春，百年中有伤心处。（清·李良年《踏莎行》）

从句法上分析，例（2）的结构是"青雀＋钿钏，朱楼＋画鼓，（冥冥）（一片）（杨花）路"，属杂言成句的"NP＋NP（四言），NP＋NP（四言），NP（七言）"式。从语境与语义上分析，这三句居于词首，且跟其后句"游人休吊六朝春"没有语法结构上的纠葛，属于独立表意的语言单位，因而可以确认是名词铺排文本。

3. "NP（四言），NP（四言），NP＋NP（六言）"式

这种结构模式也是清词的创造。根据我们的调查，发现并不常见，只在个别词人笔下偶有建构之例。如：

（3）曲曲栏干，沉沉帘幕，嫩草王孙归路。短梦飞云，冷香侵佩，别有伤心处。半暖微寒，欲晴还雨，消得许多愁否？春来也！愁随春长，肯放春归去？（清·徐灿《永遇乐》）

例（3）从句法上分析，其结构是"（曲曲）栏干，（沉沉）帘幕，嫩草＋（王孙）归路"，属杂言成句的"NP（四言），NP（四言），NP＋NP（六言）"式。从语境与语义上看，这三句居于词首，且跟其后句"短梦飞云"无语法结构上的纠葛，是独立表意的语言单位，因而属于名词铺排文本。

4. "NP（七言），NP＋NP（五言），NP＋NP（五言）"式

根据我们的调查，这种结构模式亦属清词的创造。不过，只是偶有用例出现。如：

（4）渺漫田野何处在？刺篙斜傍疏林。白横一点暮归禽，晴虹方塔影，水柳大桥阴。（清·姚椿《临江仙》）

从句法上分析，例（4）的结构是"（白横一点）（暮归）禽，晴虹＋（方塔）影，水柳＋（大桥）阴"，属杂言成句的"NP（七言），NP＋NP（五言），NP＋NP（五言）"式。从语境与语义上分析，这三句居于词尾，且跟其前句"刺篙斜傍疏林"无语法结构上的纠葛，属于独立表意的语言单位，明显是名词铺排文本。

5. 四言成句的"NP＋NP，NP，NP"式

这种结构模式乃是明代词人的创造。不过，根据我们的调查，这种用例并不

多，只是个别词人偶尔用到。如：

（5）绣岭平川，汉家故垒，一抹苍烟。陌上香尘，楼前红烛，依旧金钿。（明·陈子龙《柳梢青》）

例（5）从句法上分析，其结构是"绣岭＋平川，（汉家）故垒，（一抹）苍烟"，属四言成句的"NP＋NP，NP，NP"式。从语境与语义上看，这三句居于词首，且跟其后句"陌上香尘"无语法结构上的纠葛，是独立表意的语言单位，因而可以确认是名词铺排文本。

6. 四言成句的"NP＋NP，NP，NP＋NP"式

根据我们的调查，这种结构模式当属清词的创造。不过并不常见，只有个别用例。如：

（6）且莫说、文通萦别恨，骑省寄闲情。闷损光阴。斜风细雨，无憀庭院，嫩柳娇莺。（清·王庆昌《风流子》）

从句法上分析，例（6）的结构是"斜风＋细雨，（无憀）庭院，嫩柳＋娇莺"，属四言成句的"NP＋NP，NP，NP＋NP"式。从语境与语义上分析，这三句居于词尾，且跟其前句"闷损光阴"无语法结构上的纠葛，属于独立表意的语言单位，明显是名词铺排文本。

7. 四言成句的"NP＋NP，NP＋NP，NP＋NP"式

这种结构模式乃是清词之所创。不过，根据我们的调查，清词中这种结构模式的文本也不多，只是偶尔见之。如：

（7）小艇横斜，故园轻别，未是天涯。秋雨残灯，秋心残酒，秋色残花。（清·秦松龄《柳梢青》）

例（7）从句法上分析，其结构是"秋雨＋残灯，秋心＋残酒，秋色＋残花"，属四言成句的"NP＋NP，NP＋NP，NP＋NP"式。从语境与语义上看，这三句居于词尾，且跟其前句"未是天涯"无语法结构上的纠葛，是独立表意的语言单位，因而可以确认是名词铺排文本。

8. "N＋N＋N＋N（四言），N＋N＋N＋N（四言），NP（五言）"式

根据我们的调查，这种结构模式当属清代词人的创造。不过用例并不多，只是偶有一见。如：

（8）南渡江山，布衣有此，绝出豪俊。云雷风雨，龙蛇虎豹，八面堂堂阵。心胸万古，英雄一世，休笑先生困顿。（清·姚椿《沁园春》）

从句法上分析，例（8）其结构是"云＋雷＋风＋雨，龙＋蛇＋虎＋豹，（八面堂堂）阵"，属杂言成句的"N＋N＋N＋N（四言），N＋N＋N＋N（四言），NP（五言）"式。从语境与语义上分析，这三句虽居于词中，但跟其前句"绝出豪俊"、后句"心胸万古"均无语法结构上的纠葛，属于独立表意的语言单位，明显具有名词铺排的性质。

9. 四言成句的"NP＋NP，NP，NP＋NP，NP"式

这种结构模式也是清词的创造。不过，根据我们的调查，这样的用例并不多见，只是偶有词人笔下有之。如：

（9）月明仙鹤飞来，孤山山上人吹笛。一湖云水，两堤烟草，四山花石，漱雪心情。餐霞肌冷，个人无匹。（清·赵庆熺《水龙吟》）

例（9）从句法上分析，其结构是"（一湖）云＋水，（两堤）（烟）草，（四山）花＋石，（漱雪）心情"，属四言成句的"NP＋NP，NP，NP＋NP，NP"式。从语境与语义上看，这三句虽居于词中，但跟其前句"孤山山上人吹笛"、后句"餐霞肌冷"均无语法结构上的纠葛，是独立表意的语言单位，因而可以确认具有名词铺排的性质。

10. 四言成句的"N＋N＋NP，N＋N＋N，N＋N＋N"式

根据我们的调查，这种结构模式当属明词的创造。不过用例并不多，只是偶尔有见。如：

（10）空有回文锦句，尽听残白露，捱过重阳。任青楼赏遍，酒永歌长。千里平安慵启帙，都忘却，家在湖湘。芦蓼池塘，芙蓉亭沼，橘柚垣墙。（明·刘侗《金菊对芙蓉》）

从句法上分析，例（10）的结构是"芦＋蓼＋池塘，芙蓉＋亭＋沼，橘＋柚＋垣墙"，属四言成句的"N＋N＋NP，N＋N＋N，N＋N＋N"式。从语境与语义上分析，这三句居于词尾，且跟其前句"家在湖湘"无语法结构上的纠葛，属于独立表意的语言单位，因而是名词铺排文本。

第三节　明清名词铺排的审美追求

明清时期是中国传统诗词曲等文体发展的最后阶段，也是名词铺排结构形式发展演进的一个重要时期。过了这个时期，就是白话文一统天下的时期，名词铺排结构形式随着汉语发展进入了一个全新的阶段，这便是近现代名词铺排发展时期。到了近现代，名词铺排结构形式发生了质的变化。

与前几个历史时期相比，明清时期的名词铺排文本建构在审美追求上出现了如下两个明显的变化。

一、明清诗中的名词铺排文本建构尚偶审美倾向鲜明

通过前文对明清诗歌的抽样调查与统计分析，我们发现明清诗中的名词铺排文本建构，继承旧有模式的至少有二十六种，其中单句式的各种结构模式有九种，对句式（包括四句等双句式）则有十七种。在创新模式中，对句形式的有四种，单句形式的则未见。由这组统计数据的对比，我们足以看清这样一个事实：明清诗歌中的名词铺排文本建构在结构模式上有一个突出的特点，那就是呈现出鲜明的尚偶审美倾向。

那么，为什么会出现这种情况呢？这恐怕在很大程度上与明代文坛"前七子""后七子"倡导的诗文复古运动、清代的文学拟古运动思潮影响有关。我们都知道，诗歌中的名词铺排文本建构，从先秦时期的《诗经》开始就是以对句形式呈现的。这种呈现从表面上看只是一种表达方式而已，实际上则是汉民族一种尚偶心理的突出表现。如果说《诗经》和汉乐府古诗中的名词铺排以对句形式呈现是汉民族尚偶心理的自然表现的话，那么自唐人开始有意作格律诗起，对于对偶的人为追求，则在无形中加强了这种尚偶心理。而这种心理一旦形成，便成了所有文人乃至全民的一种心理惯性。正因为如此，诗歌中名词铺排文本的建构，历代诗人都倾向于以对句形式呈现。尽管从初唐开始就有诗人创出了单句式名词铺排结构模式，但从整体上看，对句式名词铺排一直是中国历代诗歌的主流结构模式。直到元代，因为受蒙古人统治的社会文化影响，特别是受到当时蓬勃兴起的元曲创作的影响（元曲中"鼎足对"形式非常盛行），诗歌中的单句结构模式才渐渐逼近对句结构模式（这一点，我们在前文谈到元代诗歌中的名词铺排时已

经说过）。而到了明代，情况又开始出现变化。明王朝是建立在推翻异族蒙古人政权的基础上的。"前七子""后七子"倡导的"文必秦汉""诗必盛唐"，表面上是一种文学复古主义思潮，实质上未尝不是一种文学创作力求恢复汉人文学正统的潜在努力。关于这一点，我们从"前七子""后七子"代表人物诗歌创作中的名词铺排文本建构就能看得清楚。根据我们对明诗的调查，发现"前七子""后七子"成员的诗歌中建构的名词铺排文本并不是太多，但在这些为数不多的名词铺排文本中，绝大多数都是以对句形式呈现的。如：

（1）<u>飘飘山上葛，累累田中瓝</u>。苟非同根蒂，缠绵安得固。人情易反复，结交有新故。嗟哉凤昔好，乖弃在中路。（明·何景明《送崔氏》）

（2）沈生南国去，别我独凄然。落月清江树，归人何处船。<u>十年安陆舍，数口太湖田</u>。想到乡园日，生涯亦可怜。（明·何景明《怀沈子》）

（3）漂泊依刘计，间关入蜀身。中原无社稷，乱世有君臣。峡路元通楚，岷江不向秦。<u>空山一祠宇，寂寞翠华春</u>。（明·何景明《昭烈庙》）

（4）长安月，离离出海峤。遥见层城隐半轮，渐看阿阁衔初照。<u>潋滟黄金波，团圆白玉盘</u>。青天流影披红蕊，白露含辉泛紫兰。（明·何景明《明月篇》）

（5）凉飙吹闺闼，夕露凄锦衾。言念无衣客，岁暮芳寒侵。……路长魂屡徂，夜久力不任。<u>君子万里身，贱妾万里心</u>。灯前择妙匹，运思一何深。裁以金剪刀，缝以素丝针。愿为合欢带，得傍君衣襟。（明·何景明《捣衣》）

（6）长安月，离离出海峤。遥见层城隐半轮，渐看阿阁衔初照。……濯濯芙蓉生玉沼，娟娟杨柳覆金堤。<u>凤凰楼上吹箫女，蟋蟀堂前织锦妻</u>。别有深宫闭深院，年年岁岁愁相见。（明·何景明《明月篇》）

（7）美人立，江中流。<u>暮雨帆樯江上舟，夕阳帘栊江上楼</u>。舟中采莲红藕香，楼前踏翠芳草愁。（明·何景明《秋江词》）

（8）陇右地，长安西行一千里。秦日长城号塞垣，汉时故郡称天水。……熊轼朱幡今岳伯，豸冠白笔旧台臣。瓦亭之西半山谷，土室阴阴连板屋。<u>落月孤城清渭源，寒云古碛黄河曲</u>。十年此地曾游歌，别来风物今如何。（明·何景明《陇右送徐少参》）

（9）烟渺渺，碧波远。白露晞，翠莎晚。泛绿漪，蒹葭浅。浦风吹帽寒发短。美人立，江中流。<u>暮雨帆樯江上舟，夕阳帘栊江上楼</u>。舟中采莲红藕香，楼前踏翠芳草愁。（明·何景明《秋江词》）

（10）<u>寂寂沅湘流，长江上有枫</u>。青蕙缘广隰，绿蘅被洲中。扬舲溯烟沚，遥瞻二妃宫。二妃何婉娈，搴馨振微风。解佩遗下女，将以明我衷。（明·何景

明《咏怀》)

（11）少年佐郡楚城居，十郡风流尽不如。此去且随彭蠡雁，何须不食武昌鱼。仙人楼阁春云里，估客帆樯晚照余。大别山前汉江水，画帘终日对清虚。（明·何景明《送卫进士推武昌》）

（12）陇右地，长安西行一千里。秦日长城号塞垣，汉时故郡称天水。……熊轼朱幡今岳伯，豸冠白笔旧台臣。瓦亭之西半山谷，土室阴阴连板屋。落月孤城清渭源，寒云古碛黄河曲。十年此地曾游歌，别来风物今如何。（明·何景明《陇右送徐少参》）

（13）沈生南国去，别我独凄然。落月清江树，归人何处船。十年安陆舍，数口太湖田。想到乡园日，生涯亦可怜。（明·何景明《怀沈子》）

（14）壮士乐长征，门前边马鸣。春风三月柳，吹暗大同城。芦沟桥下东流水，故人一尊情未已。胡天飞尽陇头云，惟见居庸暮山紫。羡君鞍马速流星，予亦孤帆下洞庭。塞北荆南心万里，佩刀长揖向都亭。（明·徐祯卿《送士选侍御》）

（15）茫茫彭蠡口，隐隐鄱阳岑。地涌三辰动，江连九派深。扬舲武昌客，发兴豫章吟。不见垂纶叟，烟波空我心。（明·徐祯卿《彭蠡》）

（16）夜辇昭阳月，春筵上苑花。不成供奉日，枉自学琵琶。（明·王廷相《宫怨》）

（17）驱马别君处，秋阴当暮生。林柯无静叶，江雁有归声。绿水阊门道，青山建业城。未能同理楫，延伫独含情。（明·边贡《送玄敬》）

（18）丞相英灵迥未消，绛帷灯火飒寒飙。黄冠日月胡云断，碧血山河龙驭遥。花外子规燕市月，水边精卫浙江潮。祠堂亦有西湖树，不遣南枝向北朝。（明·边贡《谒文山祠》）

例（1）至例（18）是我们调查所得"前七子"诗歌中所建构的名词铺排文本。其中，"前七子"代表人物何景明所建构的文本最多，共有十三例。成员徐祯卿二例、王廷相一例、边贡二例。四人总计建构了十八个名词铺排文本。其中，单句式有五例，对句式有十三例。从单句式与对句式的比例，我们便能清楚地见出"前七子"诗歌名词铺排文本建构中尚偶的传统审美心理。

下面我们再来看看"后七子"的诗作：

（19）河堤使者大司空，兼领中丞节制同。转饷千年军国壮，朝宗万里帝图雄。春流无恙桃花水，秋色依然瓠子宫。太史但裁沟洫志，丈人何减汉臣风。（明·李攀龙《上朱大司空》）

487

（20）衔杯昨日夏云过，愁向燕山送玉珂。吴下诗名诸弟少，天涯宦迹左迁多。人家夜雨黎阳树，客渡秋风瓠子河。自有吕虔刀可赠，开州别驾岂蹉跎。（明·李攀龙《送皇甫别驾往开州》）

（21）忆昔南巡汉武皇，楼船车马日相望。轻裘鄠杜张公子，挟瑟邯郸吕氏倡。秋尽旌旗营细柳，夜深烽火猎长杨。孤臣亦有遗弓泪，不见当时折槛郎。（明·王世贞《忆昔》）

（22）生死衔恩在，间关病骨遥。刀头空自卜，匕首为谁骄。风色田横馆，寒云豫让桥。岂无心一寸，魂断竟难招。（明·王世贞《义士李国卿归骨长山哭以送之》）

（23）松楸何不极，复道见行宫。剑佩千官月，桥陵万马风。地回山尽拱，云合树俱雄。白首先朝事，伤心涕泪中。（明·王世贞《陵祀》）

（24）词客真同河朔游，主人偏解孟公留。高城雨过凉生席，残夜花明月满意楼。紫玉行杯弹出塞，红牙催拍按伊州。更怜少日阊门侣，菱叶芙蓉湖上舟。（明·王世贞《同省中诸君过徐丈》）

（25）榻有何人下，君能此夜过。寒蝉吴客赋，衰凤楚人歌。雨气千江入，秋声万木多。明朝寒浦望，摇落有渔蓑。（明·宗臣《雨夜沈二丈至》）

（26）黄菊故人杯，青山游子路。匹马向垂杨，回首燕云暮。（明·宗臣《送吴山人》）

（27）一别不自意，茫然空复愁。孤舟仍盗贼，多病已春秋。明月半江水，故人何处楼。风尘双泪眼，为我寄沧州。（明·宗臣《长庚纯一舜隆既别忆之》）

（28）荀卿将入楚，范叔未归秦。花鸟非乡国，悠悠行路人。（明·谢榛《行路难》）

例（19）至例（28）是我们调查所得"后七子"诗歌中所建构的名词铺排文本。其中，"后七子"代表人物李攀龙、王世贞所建构的文本分别是二例与四例，成员宗臣三例、谢榛一例。四人总计建构了十个名词铺排文本，其中，单句式有三例，对句式有七例。从单句式与对句式的比例，我们又可以清楚地见出"后七子"诗歌名词铺排文本建构中尚偶的传统审美心理。

从明代"前七子""后七子"诗歌名词铺排文本建构中对句式与单句式的比例数据，我们已经非常清楚地见出明代诗人在名词铺排文本建构中所凸显出来的鲜明的尚偶审美心理倾向。至于清代诗人的审美心理倾向，我们从清人所建构的名词铺排文本中对句（包括四句）结构模式更为庞大的数量，便能见出清代诗人与明代诗人相同的尚偶审美心理倾向（限于篇幅，这里不再进行数据分析了）。

其中的原因，其实非常清楚。明人推崇汉唐诗文，审美上表现出强烈的尚偶倾向。清代虽是清政府统治中国，但其帝王非常推崇汉文化，康熙、乾隆的汉学水平与热衷汉诗创作乃是人所共知的事实。在这样的一种文化环境下，清代诗人建构名词铺排文本表现出传统汉民族尚偶的审美倾向理所当然。

二、明清词中的名词铺排文本建构力求打破偶化形式而追求灵动自由

根据前文我们对明清词的抽样调查与统计分析，发现明清词中的名词铺排文本建构，继承旧有模式的共有二十四种，其中单句式的各种结构模式有十二种，对句式有十种，多句式有二种（多是三句形式，亦非单句式）。在创新模式中，单句式有二种，对句形式的有六种，多句式（三句形式）有十种。如果将继承旧有模式与创新模式的各种名词铺排结构类型加起来，单句式（包括以三句形式呈现的多句式）共有二十六种，对句式共有十六种。从统计数据的对比中，我们可以清楚地看清这样一个事实：明清词中的名词铺排文本建构在结构模式上呈现出与诗歌完全不同的审美倾向，这就是力求突破偶化的形式而追求灵动自由的情趣。

那么，为什么会出现这种审美倾向呢？我们认为主要有三个方面的原因。其一，是词在体式上跟诗不同，句式长短不一，先天便有要突破对偶对称审美传统的基因。其二，词在明清时期仍然被视为通俗文学，不是正统士大夫所看重的，跟元曲属于同一层次，所以受元曲长短交错、自由灵动的句式影响较大。因为词属于通俗文学，需要娱乐大众，或是抒发情性，所以就要考虑阅读接受效果。明清词人应该都明白一个道理：名词铺排文本的建构，乃是一种修辞创造。长期以来，传统诗歌在建构名词铺排文本时都追求以对句形式呈现，以追求一种对称平衡之美。但是，过久过多地追求平衡对称之美，也会造成审美疲劳，让阅读诗词的接受者失去兴趣，诗词的吸引力势必会受到影响。因此，为了打破这种审美疲劳，吸引接受者，明清词人必须锐意创新，打破惯例，努力以单句形式呈现来进行修辞努力。这样，既迎合了大众求新求变的心理，也顺应了明清时期以白话通俗文学为主流的时代潮流。因为名词铺排文本以单句形式呈现，更具有一种散文化的倾向，与白话文学的语言走向基本趋同。其三，是蒙古人的统治在思想文化上对汉族读书人潜移默化的影响，从而导致汉族读书人传统思维方式与审美观的变化。

关于前两个方面的原因，我们无须过多阐释，大家都能了然于胸。至于第三

个方面的原因，我们可以稍微提及几句。众所周知，元代是蒙古人统治中国的时期，中国传统的以儒家思想为中心的思维方式与言行规范都受到了严重的冲击。汉族士大夫的政治地位与社会地位一直以来都是非常崇高的，但在元代一落千丈。"十儒九丐"的说法并不夸张，这是对于现实的写照，很多有才华的文人都沦落到社会的最下层。正因为如此，许多文人为了生存而选择娱乐大众，抒发性灵。元曲与杂剧的兴起，正缘于此。前文我们说过，元曲中有很多名词铺排文本，其中最突出的一种名词铺排结构模式，便是诸如马致远《天净沙·秋思》所创造的"枯藤老树昏鸦，小桥流水人家，古道西风瘦马"这样三句并立的形式。这种形式从组词成句的特点看，属于我们所说的"名词铺排"；但从句际结构关系看，则是古人所说的"鼎足对"，属于"对偶"修辞格的一种。明人朱权《太和正音谱》有曰："鼎足对，三句对者是。俗呼为'三枪'。"鼎立对的名称是明人所创，但这种对偶形式则是元人所创。众所周知，对偶作为汉语中产生最早的修辞格之一（先秦时期的《尚书》中便有，如"满招损，谦受益"），一向都是以二句相对的形式出现的。而元人的创作则打破了几千年来对偶结构形式的旧有模式，这既是元代文人锐意创新的结果，同时也是元代文人思维方式挣脱传统文化影响的表现。从表达效果来看，三句并立的对偶在结构形式上改变的是两句对立的格局，实质上体现的是对以往中国人"阴阳二元"思维方式的突破，是一种崇尚多元混同审美观的反映。

正是因为受这种崇尚多元混同审美观的影响，加上努力突破传统文学模式影响的元曲等通俗文学业已成为时代的潮流，元曲中所创造的鼎足对便也成为名词铺排的一种结构形式，并在明清词中盛行起来。我们通过抽样调查分析发现，明清两代词中以鼎足对形式呈现的名词铺排结构模式相当普遍。这种结构模式的名词铺排文本，有的出现于全词（或词的下片）的起首部分，大多具有设景造境、渲染气氛的效果，类似于电影开始时推出的一组特写镜头，使读者在接受时有一种强烈的视觉冲击感，从而达到先声夺人、引人入胜的美感效果。如：

（1）绣岭平川，汉家故垒，一抹苍烟。陌上香尘，楼前红烛，依旧金钿。（明·陈子龙《柳梢青》）

（2）青雀钿钅工，朱楼画鼓，冥冥一片杨花路。游人休吊六朝春，百年中有伤心处。（清·李良年《踏莎行》）

（3）曲曲栏干，沉沉帘幕，嫩草王孙归路。短梦飞云，冷香侵佩，别有伤心处。半暖微寒，欲晴还雨，消得许多愁否？春来也！愁随春长，肯放春归去？（清·徐灿《永遇乐》）

以鼎足对形式呈现的名词铺排，在明清词中也有出现于词的中间部分的情况。这种形式大多能改变按谱填词所带来的呆板弊端，使行文趋于活跃，具有一种错综其文、镶图嵌画的审美效果。如：

（4）遗庙彭城旧里，有苍苔、断碑横地。千盘驿路，满山枫叶，一湾河水。沧海人归，圯桥石杳，古墙空闭。怅萧萧白首，经历屐齿，向夕阳里。（清·朱彝尊《水龙吟》）

（5）天涯此楼似寄。画阑零落处，都为愁倚。佛鼓荒坛，神鸦废社，今古苍茫烟水。吴丝漫理。正波上鸿飞，数峰清异。坐尽林阴，甚时重梦至？（清·郑文焯《齐天乐》）

（6）旗亭陇首，正新霜乍点，斜日风骤。一片秋声，几树萧疏，惊心十里津堠。行人欲折还教住，为记得、别离时候。洒渭城、朝雨如烟，曾向画亭分手。（清·李良年《疏影》）

至于以鼎足对形式呈现而出现于全词结尾（或上片末尾）的情况，则更多。这种形式的名词铺排，在表达上类似于电影结束时推出的一组特写镜头，不仅画面感强，给读者强烈的视觉冲击，而且在审美上可产生一种余味曲包、遐思无限的韵味。如：

（7）风乍暖，日初长，袅垂杨。一双舞燕，万点飞花，满地斜阳。（明·陈子龙《诉衷情》）

（8）空有回文锦句，尽听残白露，捱过重阳。任青楼赏遍，酒永歌长。千里平安慵启帙，都忘却，家在湖湘。芦蓼池塘，芙蓉亭沼，橘柚垣墙。（明·刘侗《金菊对芙蓉》）

（9）博山香袅窗纱，梦断也，西陵路赊。天外归云，水边去鸟，烟底浮家。（清·蒲松龄《柳梢青》）

（10）渺漫田野何处在？刺篙斜傍疏林。白横一点暮归禽，晴虹方塔影，水柳大桥阴。（清·姚椿《临江仙》）

以鼎足对形式呈现的名词铺排，之所以在明清词中比较流行，除了元代以来文学创作中崇尚多元混同的审美观的影响，恐怕还与时代潮流有关。鼎足对是元曲所创造的对偶形式，符合元代以来文学表达语言趋于散文化、通俗化的时代潮流。明清时期是白话通俗文学的时期，为迎合大众口味与审美情趣，词中出现了大量鼎足对形式的名词铺排文本，乃是必然之势。

第四节 小 结

明清时期，名词铺排结构模式的发展演进的情况虽然不像金元时期那样突出，但也有其特点。之所以有这些特点，与文学的发展、社会文化背景等都有着密切的关系。对于这一点，上文我们已作了阐释。

一、明清诗的名词铺排结构模式的创新呈现出明显的衰歇趋势

明清二代绵历近六百年时间，其间的诗歌创作数量远在现存唐诗与宋诗之上，更比金诗、元诗多。不过，明清诗歌在数量上虽然庞大，但在名词铺排结构模式的创新方面并无多少建树，整体呈现出守成袭用有余、开拓创新不足的局面。

根据我们的抽样调查与统计分析，发现明清诗人（至少可以说主流诗人或代表性诗人）在名词铺排结构模式上的创新都显得不够。关于这一点，从我们前文概括统计的旧有模式的继承与全新模式创出的比例关系方面，便能看得一清二楚。

根据我们的调查与统计，明清诗人在诗歌中建构的名词铺排文本，继承沿用旧有模式的有二十七种，分别是三言成句的"NP，NP"式、五言成句的"NP，NP"（叠字领起）式、五言成句的"NP，NP"式、五言成句的"NP（非叠字领起），NP（叠字领起）"式、六言成句的"NP，NP"式、七言成句的"NP，NP"式、五言成句的"NP，N＋N＋NP"式、七言成句的"NP，NP＋NP＋NP"式、五言成句的"NP＋NP，NP＋NP"式、七言成句的"NP＋NP，NP＋NP"式、七言成句的"NP＋NP，NP＋NP＋NP"式、五言成句的"N＋N＋NP，N＋N＋NP"式、七言成句的"NP＋NP＋NP，NP＋NP＋NP"式、五言成句的"NP，NP，NP，NP"式、五言成句的"NP，NP，NP＋NP，NP＋NP"式、五言成句的"NP，NP，NP，NP"（叠字领起）式、七言成句的"NP，NP，NP，NP"式、五言成句的"NP"（叠字领起）式、五言成句的"NP"式、六言成句的"NP"式、七言成句的"NP"式、五言成句的"NP＋NP"式、七言成句的"NP＋NP"（叠字领起）式、七言成句的"NP＋NP"式、五言成句的"NP＋NP＋N"式、七言成句的"NP＋NP＋NP"式、七言成句的"NP＋NP＋NP＋N"式。而属于独自创

新的则只有五种，分别是六言成句的"NP，NP"（叠字领起）式、四言成句的"NP＋NP，NP＋NP"式、七言成句的"NP＋NP，NP＋NP"（叠字领起）式、七言成句的"NP＋NP＋NP，NP"式、七言成句的"N＋N＋NP＋NP，N＋N＋NP＋NP"式。这种比例上的不对称，可以说是之前几个历史时期从未有过的。尽管我们对明清诗歌的调查并不全面，只是调查了其中的代表人物与代表作品，但至少可以说明一个问题：引领文学潮流的代表人物尚且如此，那么其他诗人作品中的名词铺排文本在结构模式上的创新力度也就可想而知了。因此，我们完全可以这样说：时至明清，诗歌中的名词铺排结构的创新已然呈现出了强弩之末的情势，不复唐代的气势（唐诗创新模式有 18 种），甚至失却了金元的生机（金诗创新模式有 17 种、元诗创新模式有 23 种）。

那么，为什么会出现这种情况呢？我们认为可能有以下三个方面的原因。一是明清时期实行八股取士，读书人为了自己的前途，绝大多数把精力放在了应付科举考试上，作诗不是科举考试的必要科目，当然没有人把它作为事业，自然也不会重视名词铺排文本创造的"雕虫小技"。而在唐代，诗人作诗是与科举功名直接挂钩的，当然就有锐意创新的动力。二是明清时期是包括小说、戏曲等在内的通俗文学快速发展的时期，诗歌创作并非文学发展的主流，这也会在客观上影响到诗歌创作以及诗人对名词铺排文本创造的积极性。三是明代的文学复古运动与清代文学的拟古倾向，更是在很大程度上抑制了诗歌创作中名词铺排文本的创造，这无疑不利于名词铺排结构模式的创新。

二、明清词的名词铺排结构出现了不少新模式

明清词的创作虽然也处于非上升期，但创作仍然非常活跃，在名词铺排结构模式的创造方面也颇具创新意识。

根据我们的调查与统计分析，明清词在名词铺排结构模式上继承沿用前代旧有模式的共有二十四种。其中，单句式有十二种，分别是三言成句的"NP"式、四言成句的"NP"式、四言成句的"NP"（叠字领起）式、五言成句的"NP"（叠字领起）式、五言成句的"NP"式、七言成句的"NP"式、四言成句的"NP＋NP"式、六言成句的"NP＋NP"式、七言成句的"NP＋NP"式、四言成句的"N＋N＋NP"式、六言成句的"NP＋NP＋NP"式、七言成句的"NP＋NP＋NP"式。对句式有十种，分别是三言成句的"NP，NP"式、四言成句的"NP，NP"（叠字领起）式、四言成句的"NP，NP"式、五言成句的"NP，NP"式、六言成句的"NP，NP"式、七言成句的"NP，NP"式、"NP＋NP

（四言），NP（五言）"式、四言成句的"NP＋NP，NP＋NP"式、五言成句的"NP＋NP，NP＋NP"式、七言成句的"NP＋NP＋NP，NP＋NP＋NP"式。多句式有二种，分别是四言成句的"NP，NP，NP"式、"NP＋NP（四言），NP＋NP（四言），NP（六言）"式。

虽然从总数上看，明清词人继承沿用旧有结构模式的确实不少，但其创出的全新模式也非常可观。根据我们的调查与统计，共有十七种之多，差不多与继承沿用的模式呈势均力敌之态势。这十七种创新模式，其中单句式有二种，分别是五言成句的"NP＋NP"式、六言成句的"NP＋NP＋NP"（叠字领起）式。对句式有五种，分别是五言成句的"NP，NP"（叠字领起）式、五言成句的"NP，NP＋NP"式、四言成句的"NP＋NP，NP"式、七言成句的"NP＋NP，NP＋NP"（叠字领起）式、六言成句的"NP＋NP＋NP，NP＋NP＋NP"式。多句式有十种，分别是"NP（四言），NP（四言），NP（六言）"式、"NP＋NP（四言），NP＋NP（四言），NP（七言）"式、"NP（四言），NP（四言），NP＋NP（六言）"式、"NP（七言），NP＋NP（五言），NP＋NP（五言）"式、四言成句的"NP＋NP，NP，NP"式、四言成句的"NP＋NP，NP，NP＋NP"式、四言成句的"NP＋NP，NP＋NP，NP＋NP"式、"N＋N＋N＋N（四言），N＋N＋N＋N（四言），NP（五言）"式、四言成句的"NP＋NP，NP，NP＋NP，NP"式、四言成句的"N＋N＋NP，N＋N＋N，N＋N＋N"式。

相对于明清诗歌，明清词在名词铺排结构模式的创新方面明显表现得突出很多。究其原因，一是与明清时期新创词牌增多有关，二是因为词的句式本身就比较多样。这些都给明清词在名词铺排结构模式上留下了创新空间，在前代已有模式的基础上再有创造。

三、明清时期小说、戏曲中的名词铺排文本难得一见

明清小说、戏曲虽然蓬勃发展，名词铺排文本的创造却难得一见，这自然与文体有关。小说是叙事文学，注重故事情节的演进，注重人物对话的描写，因此很少用到名词铺排文本。而戏曲则是搬演人物命运、表现人物形象的文学形式，注重的是人物形象塑造和故事情节的跌宕起伏，引发接受者的兴趣。因此，戏曲自然不会在字句上着意经营名词铺排文本。虽然诸如《水浒传》回目上偶有"林教头风雪山神庙"之类的名词铺排文本出现，但那不是小说作者本人的创造，而只是小说评论家修改润饰的手笔。

第七章 近现代

　　语言（包括记录语言的符号体系——文字）是发展变化的。古代汉语与近现代汉语是有区别的。伴随着汉语的发展变化，汉语名词铺排在近现代中国文学创作中所创造出的结构模式也随之发生了变化。本章拟从诗歌、散文、小说、标题与对联四个方面，对近现代汉语的名词铺排结构模式的发展演进作一个粗略的描述，以期观察汉语名词铺排发展演进的基本轨迹及其规律。

第一节 近现代诗歌中的名词铺排

中国诗歌的发展，由古体诗到近体诗是一大转变。而由近体诗到现代白话诗，则更是一种质的变化。由于白话诗打破了近体诗格律的规定，不讲究对偶，而且不再以单音节词构句，虚词的使用比较普遍，因此使现代诗歌中的名词铺排结构模式也发生了巨大的变化。从不同历史时期的诗歌名词铺排结构模式的演进比较来看，现代诗歌中的名词铺排结构模式的变化是最大的。不过，由于在中国诗歌创作的传统上，古代与现代不可能完全割断，汉语语法没有发生变化，只是双音节化代替了单音节化，所以，现代诗歌中的名词铺排，还是有不少继承了古代诗歌（包括词赋曲）名词铺排的结构模式。可以说，现代诗歌中的名词铺排结构模式与古代相比，是既有继承也有变化，其中以变化发展为主流。

现代诗歌对古代诗歌（特别是近体诗）在名词铺排结构形式上的继承，根据我们目前所能掌握到的材料看，主要表现为如下几种形式：一是"NP"式，二是"NP＋NP"式，三是"NP＋NP＋NP"式，四是"N＋N＋N＋N＋N＋N＋N"式，五是"N＋N＋N＋N＋NP"式，六是"NP，NP"式，七是"NP＋NP＋NP，NP＋NP＋NP"式，八是"NP，NP，NP"式，九是"NP，NP，NP，NP"式，十是"NP，NP，NP，NP，NP，NP，NP，NP"式，十一是"NP和NP"式（限于篇幅，以上各式例子从略）。

我们都知道，现代诗歌的名词铺排结构模式虽然对古代诗歌（特别是近体诗）有所继承，但毕竟现代诗与古代诗（特别是近体诗）有质的区别，因此，其在名词铺排结构形式上也必然表现出较大的创新与发展。根据我们目前掌握到的材料，主要表现为如下四大类创新形式，每一大类中又有若干小类。下面我们分而述之。

一、全部带结构助词"的"字式

结构助词"的"是现代汉语语法中的结构成分，古代汉语中也有这样的语法结构成分，往往以"之"表示。但是，在古代汉语中，特别是古代诗歌中，名词铺排一般文本都是不用结构助词"之"的。现代诗中的名词铺排文本添加结构助词"的"，是汉语发展的必然趋势，也是现代诗创建名词铺排文本必然出现的语言现象。这是名词铺排结构形式上出现的新变化，也是汉语诗歌名词铺排结构形式的发展。

现代诗中带有结构助词"的"字的名词铺排文本，就我们目前所能掌握到的材料分析，主要有如下几种结构模式。

（一）"NP"式

这种结构形式的名词铺排是由一个名词短语独立成句，它与其前后诗句在语法结构上没有依赖关系。与出现于唐词中的"NP"结构形式的名词铺排形式没有两样，只是多了一个结构助词"的"字而已。如：

> 西湖，孤山，灵隐，太白楼，学士台，
> 惆怅的欢欣，无音的诗句。
> 迷蒙细雨中的星和月；
> 紫丁香，白丁香，轻轻的怨气；
> 窗前，烛下，书和影；
> <u>年轻的老人的叹息。</u>
> 沉重而轻松，零乱而有规律。
> 悠长，悠长，悠长的夜雨。
> 短促的雨滴。
> 安息。（金克木《寄所思二章——为纪念诗人戴望舒逝世三十周年作》第二章"夜雨"）

"年轻的老人的叹息"一句，从诗的上下文看，与前后句没有语法结构上的纠葛，是独立成句的。因为它是一个以名词为中心的偏正式短语结构，是属于"NP"结构模式的名词铺排文本，独立于诗中，就像电影中推出的一个特写镜头，有意强调突出主人公深沉叹息的形象，加深人们对诗中主人公孤寂内心世界的了解。

（二）"NP＋NP"式

这种结构形式的名词铺排是由两个名词短语并列加合而成句的。其结构形式"NP＋NP"与宋词中相同结构形式的名词铺排文本没有两样，只是在相关的名词中心语前多了一个结构助词"的"字而已。如：

（1）手里的镢头肩上的枪，

惊天动地脚步响！（贺敬之《又回南泥湾——看话剧〈豹子湾战斗〉》）

（2）好亲的话语好旺的火，

火苗上的目光望着我。（贺敬之《又回南泥湾——看话剧〈豹子湾战斗〉》）

例（1）"手里的镢头肩上的枪"和例（2）"好亲的话语好旺的火"，都是由两个带结构助词"的"字的"NP"结构加合而成句的。加合而成的句子，与其前后的诗句在语法结构上没有依赖关系，属于独立表意的句子，就像电影放映过程中突然插入的两个连续的特写镜头，画面感非常强，强调突出的效果特别明显。

（三）"NP，NP"式

这种结构形式的名词铺排是由两个名词短语句采用并列对峙的格局而成句，是最古老的名词铺排结构模式，早在《诗经》中就已经出现。只是包括《诗经》在内的古代诗歌中，"NP"结构都不带结构助词。现代诗歌中这种结构形式的名词铺排，绝大多数是带结构助词"的"字的。这种结构形式的名词铺排在现代诗中最为常见。如：

（1）雪的波涛！

一个银白的宇宙！

我全身心好像要化为了光明流去，

Open－secret 哟！（郭沫若《雪朝——读 Carlyle：*The Hero as Poet* 的时候》）

（2）雪白的羽裙，银绿的湖水

清波缭绕在柔软的手臂，

你游，你浮，你睡……（郭建勇《天鹅湖》）

（3）悠扬的竖琴，暗蓝的纱幕

黄昏里，浮过一群

雪白的天鹅……（钱玉林《奥杰塔》）

例（1）"雪的波涛！一个银白的宇宙"，例（2）"雪白的羽裙，银绿的湖水"，例（3）"悠扬的竖琴，暗蓝的纱幕"，都是由两个"NP"结构形式的名词短语句并列而构句的名词铺排文本。例（1）是使在上的"宇宙"与在下的"波涛"相映衬，例（2）是使静态的"羽裙"与动态的"湖水"相对照，例（3）是有限的"竖琴"与无限的"纱幕"相呼应，都是各自两个特定事物或景象成对呈现，就犹如电影推出的两个特写镜头，不仅画面感强，而且具有意象对比的效果，意象组合的空间自由度也由此而得以放大，读之让人有更多想象的空间，也赋予了读者更多的审美情趣。

（四）"NP，NP，NP"式

这种结构形式的名词铺排是由三个名词短语句采用并列对峙的格局而成句，其最早出现于汉赋中，后来在唐代小说中也有运用。到了元曲中，这一模式的运用更为广泛。但是，在古代诗歌中却很少见到。这主要是由于诗歌字句的限制。现代诗挣脱了近体诗格律与字句规模的限制，因此，在现代诗歌中出现这种类似于汉赋与元曲中的名词铺排结构模式，可算是现代诗的创新。不过，从目前我们所能找到的材料看，并不是太多，只是偶有所见。如：

青灰色的黄昏，
下班的时候。
暗绿的道旁的柏树，
银红的骑车女郎的帽子，
橘黄色的电车灯。
忽然路灯亮了，
（像是轻轻地拍了拍手……）
空气里扩散着早春的湿润。（汪曾祺《早春·黄昏》）

"暗绿的道旁的柏树，银红的骑车女郎的帽子，橘黄色的电车灯"，是由三个"NP"结构形式的名词短语句采用并列对峙的形式而构成的名词铺排文本。三个名词短语句各有一个中心语，同时又各有其特定的修饰语。这样，三个名词短语句就像电影中的三个特写镜头，每个镜头就是一幅画面，而画面本身又是丰富的。如第一句，首先映入眼帘的是一棵树，然后再细看，发现其是一棵柏树；再细看，则知道这棵树是在道旁，色彩是暗绿的。这样，就由树的色彩过渡到画面拍摄的时间上，引出了第二个镜头，即第二句和第三句所呈现的意象：开着车灯骑行的女子头戴帽子的形象。三个名词短语句各有其表现的主题，但又各有其丰富的内涵与色彩。因此，当三个镜头连续推出时，画面感变得更强，画面组合后所呈现的意境就更为丰富生动。所以，读这首诗，使人感到仿佛在观赏一部微型电影。

（五）"NP，NP，NP，NP"式

这种结构形式的名词铺排是由四个名词短语句采用并列对峙的格局而成句，最早出现于汉赋中，在唐代小说与元曲中，也有不同程度的运用。但在古代诗歌中则几乎没有出现，这与诗体的特征有关。由于现代诗形式比较自由，句子可长可短，每句的字数也可多可少，没有特定的限制，因此现代诗歌中这种结构形式的名词铺排文本就比较多，这也是现代诗的创新。就目前所能见到的新诗材料来看，这种结构形式的名词铺排也只是偶有一见，数量并不多。如：

绿褐色的山水
流泉绕着白练
粗心的画家
遗下的浓墨一点

青的屋瓦
青的砖墙
燕子的翅膀
翘起的飞檐

一截小街
三家铺子
杂色的鹅卵石
铺成凸凹的路面（刘益善《小镇》）

上例中有三节诗，其中第二节都是由"NP"结构的名词短语句构成，四句并列对峙，彼此在语法结构上不相互依赖，与前后两节诗也不存在语法结构上的纠葛，因此属于"NP，NP，NP，NP"结构形式的名词铺排文本。四句名词短语句在表达效果上就像电影中连续推出的四个特写镜头，画面感非常强，画面组合的自由度也非常大，因此意象阔大，意境深远，非常耐人寻味。

（六）"NP ＋ NP，NP ＋ NP"式

这种结构形式的名词铺排是由两个名词句采用并列对峙的格局构成，每个名词短语句则由两个名词短语并置叠加而成。这种名词铺排结构模式最早出现于汉赋中。到唐代诗歌中，运用就非常普遍了。后来诗词曲以及小说中都有运用。但是，带有结构助词"的"字，则不是古代诗歌所有，因此从这个角度看，这一名词铺排结构形式也可算是新诗在名词铺排结构形式上的创新。从现有新诗材料看，这种结构形式的名词铺排在新诗中出现并非个例，而是有一定数量。如：

（1）石头里的秦俑　汉马

烟波上的船歌　渔汛

谁抬起沉重的脚　扶不稳内心的节奏（许敏《亲亲祖国》）

（2）羊羔羔吃奶望着妈，

小米饭养活我长大。

东山的糜子西山的谷，

肩膀上的红旗手中的书。（贺敬之《回延安》）

（3）深秋的江山低低的云

深秋的江山浓浓的雾

云中雾中，磕磕绊绊地走着

我捧读你深情的诗束（胡昭《答友人》其一）

例（1）"石头里的秦俑　汉马/烟波上的船歌　渔汛"，分别是以"秦俑"与"汉马"为中心语，"石头里"则是两个中心语的共同修饰语，整个句子是"NP ＋ NP，NP ＋ NP"结构，属于典型的名词铺排文本。例（2）"东山的糜子西山的谷，肩膀上的红旗手中的书"，前句以"糜子"与"谷"为中心语，后句以"红旗"与"书"为中心语，两句中的两个中心语各有自己的修饰语，但整体结构上仍是"NP ＋ NP，NP ＋ NP"形式，也是名词铺排文本。例（3）"深秋的江山低低的云/深秋的江山浓浓的雾"，前句以"江山"与"云"为中心语，后句以"江山"与"雾"为中心语，整体结构上也是"NP ＋ NP，NP ＋ NP"形式，同样属于名词铺排文本。这三个名词铺排文本，或置于诗歌的开头，或置于诗歌的末尾，类似于电影开幕或结束时推出的特写镜头，增强了诗歌意境呈现的画面感。

二、部分带结构助词"的"字式

部分带结构助词"的"字的名词铺排模式，也是现代新诗创新的类型之一。这种名词铺排新模式，具体来说又可以分为如下几种情况。

（一）"NP，NP，NP"式

这种结构形式的名词铺排是由三个名词短语句采用并列对峙的格局所组成。这些名词短语句，有的在中心语之前不加结构助词"的"，有的则加"的"。虽然"NP，NP，NP"的名词铺排形式早在汉赋中就已出现，唐代小说与元曲中也有不同程度的运用，但在古代，不论是赋还是小说或曲中，都不会带有结构助词。所以，现代诗歌中在部分名词中心语前加结构助词"的"，是一种创新。这种结构形式的名词铺排在新诗中颇为常见。如：

（1）<u>风暴，远路，寂寞的夜晚</u>，

丢失，记忆，永续的时间，

所有科学不能祛除的恐惧

让我在你底怀里得到安憩——（穆旦《诗八首》）

（2）<u>一位妇人</u>

<u>一只狗</u>

<u>一株旷野中的大树</u>

整个欲雨的午后

没有人曾在树下白大理石椅上

坐过，背景的芒花

宛如细雪，远远的，我听不清

散步的声音（陈煌《芒花季节》）

（3）<u>二三草结</u>

<u>五六越野车</u>

<u>一天空寂静的飞鸽</u>

孩子闪动的身影

隐隐现现，迅速转入

芒花丛后，就只剩下

秋光一色（陈煌《芒花季节》）

上述三例，都是部分带结构助词"的"字的"NP，NP，NP"结构形式的名词铺排，而且都出现于诗的开头部分，在表达效果上犹如电影开幕时首先推出的一组特写镜头，因此画面感特别强，唐人王维"诗中有画"的境界在这三首诗中可谓表现得淋漓尽致。

（二）"NP，NP，NP，NP"式

这种结构形式的名词铺排是由四个名词短语句并列对峙而成。这种结构形式的名词铺排早在汉赋中就已出现。但是，汉赋中没有在名词中心语前加结构助词的。而现代诗中则出现了部分名词中心语前面加结构助词"的"的情形，这是现代诗在名词铺排结构形式上的创新，也是汉语发展的必然趋势。不过，这种结构形式的名词铺排在现代诗中也并不多见，只是在个别诗人的诗作中偶有一见罢了。如：

少女
月亮的马
两颗水滴
对称的乳房（海子《少女》）

这是一首朦胧诗，四句诗就是由四个名词短语构成的四个短句，第一个短句由单一名词"少女"构成，第三句是一个以"水滴"为中心语的名词短语句，但不带结构助词"的"，保留了古代汉语名词铺排的形式。第二句与第四句则都是带结构助词"的"的名词短语句。不管带结构助词"的"与否，四句都各是一个名词短语句。每一句就像电影中的一个特写镜头，画面感非常强。但是，这四个特写镜头或说四个画面组合起来表示什么意思，呈现的是什么意境或意象，读者自然可以见仁见智，随各人的解读而有所不同。这便是朦胧诗表意的朦胧美，也是其语言表达张力的体现。

（三）"NP＋NP，NP＋NP"式

这种结构形式的名词铺排是由两个名词短语句并列对峙而成。并列对峙的两个名词短语句，其内部又各由两个名词短语采用并列叠加的形式而构句。这种结构形式的名词铺排在汉赋中已经出现。但是，每一个名词短语句内部，名词中心语与修饰成分之间加结构助词"的"，则是现代诗的创造，也是现代汉语发展的结果。如：

（1）团支书又领进社主任，

当年的放牛娃如今长成人。

<u>白生生的窗纸红窗花</u>，

娃娃们争抢来把手拉。（贺敬之《回延安》）

（2）<u>一口口的米酒千万句话</u>，

长江大河起浪花。（贺敬之《回延安》）

例（1）"白生生的窗纸红窗花"，是由"窗纸""窗花"为中心语的两个名词短语并列叠加而构成的名词短语句，前一个名词短语带结构助词"的"，后一个则无。例（2）"一口口的米酒千万句话"，结构形式与例（1）一样，也是前一个名词短语带结构助词"的"，后一个则无。两例都是"NP＋NP，NP＋NP"结构形式，在诗中独立成句，与前后诗句没有语法结构上的纠葛，是典型的名词铺排文本。它们在诗中的作用犹如镶嵌于其中的一颗珍珠，又像电影正常放映过程中突然插入的一个特写镜头，画面感强，给人的印象也深刻，有力地提升了诗歌的审美价值。

（四）"NP，N＋N＋NP"式

这种结构形式的名词铺排由两个名词短语句并列构成。并列的两个名词短语句，前者为一个独立的名词短语，后者则由两个名词与一个名词短语并列叠加而成。这种结构形式的名词铺排在古代的诗词曲赋中都没有，而且部分名词短语前加结构助词"的"，则更是古代汉语中不可能有的。所以，这种结构形式的名词铺排是现代诗歌的创造。不过，目前所能见到的例子不多，仅在诗人顾城的诗中偶有一见。如：

<u>一小团温热的灯光</u>

<u>沙子、水、很脏的玻璃</u>

<u>一小团钨丝烘热的空气</u>

<u>沙子、水、玻璃上的树枝</u>（顾城《动物园的蛇》）

上例实际上是由两个名词铺排文本构成。第一句与第二句是一个名词铺排文本，第三句与第四句则是另一个名词铺排文本。两个文本都是"NP，N＋N＋NP"结构，属于典型的二句并列对峙的名词铺排文本模式，虽是由古诗"NP，NP"结构的名词铺排发展而来，但内部结构形式明显复杂多了，而且加了结构助

词"的"，是一种创新的名词铺排文本模式。四句两个文本就像两个电影特写镜头的叠加组合，有同也有异，画面感强，对比感也强，对于提升诗歌的审美价值助益多矣。

（五）"N，NP，NP + NP + NP"式

这种结构形式的名词铺排是由三个名词短语句并列对峙而构成。其中，前两个短句是各由一个名词或名词短语构成，后一个名词句则由三个名词短语并列叠加而成句。这种结构形式的名词铺排文本模式在魏晋南北朝时期的赋中已经出现，不过第三句中并列叠加的是三个或四个单音节的名词，而现代诗歌则是双音节或带有结构助词"的"的名词短语。因此，从细节上看，现代诗歌中出现的这种名词铺排文本，还是具有创新色彩的。如：

他们疲倦地笑着
<u>太阳</u>。<u>炉膛</u>
<u>阳台上的花</u>、<u>妻子的嘴唇</u>
<u>女友红扑扑的脸</u>（陈柏森《他们刚下晚班》）

上例是由"太阳""炉膛""阳台上的花""妻子的嘴唇""女友红扑扑的脸"这五个名词或名词短语构成一个名词铺排文本的。其中，"太阳""炉膛"是独自成句的，"阳台上的花""妻子的嘴唇""女友红扑扑的脸"三个名词短语因为是统一于一个诗句中（顿号只表示诗歌吟诵中语气上的顿歇，不是语法结构上的断开），属于一个名词短语句。因此，这个名词铺排文本的结构便是"N，NP，NP + NP + NP"式。由于这一文本是以长短不一的四个名词短语句的形式来呈现的，就像画面内容各不相同的四个电影特写镜头鱼贯而出，不仅给人强烈的视觉冲击，而且也让读者在阅读中可以经由自己的生活体验而予以发挥，对诗歌所呈现的画面及其组合画面进行二度创造，这样无疑大大提升了诗歌的审美价值。

（六）"N，N，N，NP，NP，NP，NP"式

这种结构形式的名词铺排，是由三个专有名词与四个名词短语句并列对峙而成，风格类似于汉赋中名词铺排形式，但是后二句的两个名词短语句都带有结构助词"的"，这又与汉赋不同，结构形式内部有所变化，也可算是新诗的创造。如：

向北，向南，向东，向西，上天，下地。

悠长的一瞬，无穷无尽的呼吸。

喧嚣的沙漠。严肃的游戏。

<u>西湖，孤山，灵隐，太白楼，学士台，</u>

<u>惆怅的欢欣，无音的诗句。</u>

迷蒙细雨中的星和月；

紫丁香，白丁香，轻轻的怨气；

窗前，烛下，书和影；

年轻的老人的叹息。

沉重而轻松，零乱而有规律。

悠长，悠长，悠长的夜雨。

短促的雨滴。

安息。（金克木《寄所思二章——为纪念诗人戴望舒逝世三十周年作》第二章"夜雨"）

上例有很多形式的名词铺排文本，其中"西湖，孤山，灵隐，太白楼，学士台，惆怅的欢欣，无音的诗句"是一个"N，N，N，NP，NP，NP，NP"结构的名词铺排模式。它以大量名词与名词短语铺排，犹如电影中连续推出的一组特写镜头，给人强烈的视觉冲击，令人目不暇接。同时，这组画面中既有具象的，也有抽象的（如"惆怅的欢欣"），既增加了画面的丰富性，也增加了画面的灵动性。因此，这首诗人写怀念诗人的诗作读来别具一种诗情画意，让人有味之无穷之感。

三、既带结构助词"的"又带衬字"呵"的"NP＋NP"式

这种结构形式的名词铺排是现代诗人贺敬之的创造，他的很多诗中都有这种结构形式的名词铺排文本。这种形式的名词铺排主要是两个名词短语并列叠加而成句，其间为了诵读的需要加了结构助词"的"与感叹词"呵"为衬字。虽然两个名词短语之间有时加逗号，但并不形成语法结构上的隔断，而是诵读时语气上的顿歇提示。因此，整体结构形式是"NP＋NP"。如：

（1）塔里木的麦浪呵江南的风，

南泥湾的号声响不停！（贺敬之《又回南泥湾——看话剧〈豹子湾战斗〉》）

（2）塞外的风沙呵黄河的浪，

春光万里到故乡。（贺敬之《桂林山水歌》）

例（1）和例（2），都是既带结构助词"的"又带衬字"呵"的"NP＋NP"式名词铺排，而且均置于每一节诗的开头一句。这就像电影开幕时首先推出的一个特写镜头，意在造成一种先声夺人的视觉画面美感冲击。可见，诗人这样有规律的文本建构是有其修辞意图的。事实上，这种修辞营构确实给他的诗歌带来了诗画合一的美感效果。

四、既带结构助词"的"又带连词"和"的"NP＋NP"式

这种结构形式的名词铺排模式在结构上仍是"NP＋NP"的形式，是汉赋中就存在的形式。但是，由于它加了结构助词"的"，又加了连词"和"或"与"，这就反映出了现代汉语的特点，成为新诗在名词铺排结构形式上的创新。不过，这种结构形式的名词铺排在新诗中也不多见，只是个别诗人偶一为之。如：

西湖，孤山，灵隐，太白楼，学士台，

惆怅的欢欣，无音的诗句。

迷蒙细雨中的星和月；

紫丁香，白丁香，轻轻的怨气；

窗前，烛下，书和影；

年轻的老人的叹息。

沉重而轻松，零乱而有规律。

悠长，悠长，悠长的夜雨。

短促的雨滴。

安息。（金克木《寄所思二章——为纪念诗人戴望舒逝世三十周年作》第二章"夜雨"）

上例有很多不同结构形式的名词铺排文本，其中"迷蒙细雨中的星和月"，就是属于既带结构助词"的"又带连词"和"的"NP＋NP"式名词铺排文本，它在诗中的作用就像电影中的一个特写镜头，对增加诗歌画面感具有非常重要的效果，给了读者更多联想回味的空间。

第二节 近现代散文中的名词铺排

散文作为一种重要的文体，受到现代其他文体的交互影响，以及西方文学创作审美意识的影响，在创作方法与写作技巧上与中国古代散文迥异。仅以名词铺排文本的建构来说，古代的散文创作中几乎没有名词铺排文本的建构，但现代散文中不仅正文中有名词铺排文本的建构，而且标题上也有。不仅古代诗词曲中已经存在的名词铺排结构形式在现代散文中有所继承运用，而且现代诗中新创造的名词铺排新形式也被现代散文吸收。因此，现代散文中的名词铺排文本的建构虽然不是很普遍，但是形式丰富多彩。

一、散文的名词铺排模式

就目前我们所能收集到的材料来看，现代散文中的名词铺排文本在结构形式上主要有如下几种结构类型，每一大类之下又有若干不同的小类。下面我们就分别归纳并予以分析。

（一）不带结构助词"的"式

这类名词铺排结构模式其实都是对古代诗词曲赋等所建构的名词铺排结构形式的继承。无论是以单句形式，还是以多句形式出现，名词中心语与其修饰语之间都不用结构助词"的"。具体形式又可细分为如下几小类。

1. "NP + NP + NP"式

这种名词铺排结构形式是以单句形式呈现的。这一单句不是普通的主谓句，而是三个名词短语的并列叠加。名词中心语与其修饰语之间不加结构助词"的"。如：

（1）森林·雨季·山头人——雷多杂记（黄裳《森林·雨季·山头人——雷多杂记》）

（2）白云·绿树·金花——鸡公山小记（碧野《白云·绿树·金花——鸡公山小记》）

（3）温泉·京米·排牛（碧野《温泉·京米·排牛》）

（4）春雨·古宅·念珠（陈幸蕙《春雨·古宅·念珠》）

（5）他是厦门人，至少是广义的厦门人，二十年来，不住在厦门，住在厦门街，算是嘲弄吧，也算是安慰。不过说到广义，他同样也是广义的江南人，常州人，南京人，川娃儿，五陵少年。杏花春雨江南，那是他的少年时代了。（余光中《听听那冷雨》）

例（1）至例（4）都是散文的标题，都是典型的"NP + NP + NP"结构形式的名词铺排文本。这三个名词铺排修辞文本，从表达效果上看，既有概括全文内容的作用，又有提升作品审美价值的作用，因为它就像电影开幕时推出的一组特写镜头，让读者在未阅读全文时就感受到先声夺人的视觉冲击，让他们由此产生联想与想象，从而极大地调动了其阅读的兴趣。例（5）"杏花春雨江南"一句，是作者正常叙事中突然插入的一个名词铺排句，由"杏花""春雨""江南"三个名词连续铺排成句，也是典型的"NP + NP + NP"式名词铺排文本。尽管这个句子不是作者的创造，而是借用元人虞集《风入松》词中的现成句子，但作者以此入文，明显营构了一种"文中有诗""文中有画"的意境，提升了散文的审美价值。

2."NP + NP + NP + NP"式

这种名词铺排结构形式与"NP + NP + NP"式一样，也是以单句形式呈现的。但是，这个单句不是普通的主谓句，而是由四个名词短语并列叠加而成。各个名词中心语与其修饰语之间不加结构助词"的"。如：

（6）雪峰·溪流·森林·野花（碧野《天山景物记》）

（7）野马·蘑菇圈·旱獭·雪莲（碧野《天山景物记》）

例（6）、例（7）都是散文内部的小标题，是典型的"NP + NP + NP + NP"结构形式的名词铺排文本模式。这两个名词铺排修辞文本，从表达效果上看，既有概括提示文章相关内容的作用，又有提升作品审美价值的意义。

3."NP，NP"式

这种名词铺排结构形式是以双句并立的形式呈现的，与《诗经》中最早出现的名词铺排结构模式相同，每个句子都是由一个名词短语独立构句。各个名词中心语与其修饰语之间不加结构助词，也与《诗经》中的名词铺排结构形式一致。如：

（8）天光。云影。河水变成了蓝色。河床遗失到哪里去了？（采薇《轻轻地滑过》）

（9）高墙。深巷。你摸索前行。（宁肯《藏歌》）

（10）潇潇梅雨，滔滔浊流，我们携着半湿的行李由汉口渡江到武昌去。汉口的洋楼，武昌的城堞，汉阳的烟树，四望都是迷离，迷离；自身所切实感到的，只有颠簸不已的舟儿，入舱扑人的风雨，船首船尾，前仆后继，与天相接的波涛。这是江心呀！危险而雄壮的江心！（冯沅君《清音》）

例（8）至例（10）三例都是典型的"NP，NP"式名词铺排文本模式，是古代诗词中最常见的名词铺排结构形式在现代散文中有意识的运用。其中，前二例都是双音节的名词短语（也可以说是双音节复合名词）独立构句，与古代诗词中同类型的名词铺排结构形式不同，古代诗词中每个独立构句的名词短语至少是四字。第三句则完全是《诗经》中所创名词铺排结构形式的沿用，它也是每句以叠字领起，以名词为中心语。对照《诗经》中"喓喓草虫，趯趯阜螽"的原创，丝毫不差。上面三例名词铺排文本的建构，从其上下文语境来看，我们便知是作者有意而为之，其意是要利用名词铺排文本所特有的画面感增加文章的诗意，进而提升作品的审美价值，让读者体会到一种诗情画意的美感。因为这种散行文字中突然插入的双句名词铺排文本，结构工整，每句就像一个电影特写镜头，画面感强，易于造就出一种诗情画意的效果。

4."NP，NP，NP"式

这种名词铺排结构形式是以三个名词短语句的并立对峙形式出现的，在汉赋中最早出现，后来的诗词曲中都有运用。现代散文中出现这种结构形式的名词铺排文本，明显是对古代名词铺排文本形式的继承与运用。不过，相对于古代的名词铺排，现代散文中这种结构形式的名词铺排更趋简洁，一般都是由一个双音节的复合词或名词短语构句，因此画面感更强。如：

（11）一个乡下人负手而立在这个乡村小镇的大街上。后来我还发现了第二第三……个。

草帽。单衫。他们。我们则异于是。（独化《四月回家》）

（12）鸡雏。鸭群。牛羊。乡亲们日出而作，日落而息。（沈荣均《天黑》）

例（11）、例（12）二例都是由三个复合名词或名词短语并列对峙而构成的名词铺排文本，它们置于散文中，就像镶嵌于其中的一串珍珠，顿时让行文灵动起来。又由于它们都处于第一段的开头，因此又像是电影开幕时首先推出的一个或一组特写镜头，画面感非常强，不仅有先声夺人的效果，而且引人联想，耐人寻味，有力地提升了文本的审美价值。

5. "NP，NP，NP，NP" 式

这种名词铺排结构形式是由四个名词短语句并立铺排而成的。不过，这种结构形式的名词铺排在现代散文中并不多见，只是少数作家偶一为之。如：

（13）火车过了泰晤士河一路南下的时候，雨很细，天气有点冷。经过不下雨的村庄，原野上有成群的牛，成群的羊。有的麦田光秃秃的，有的麦田像一堆蓬松的黑头发。

山坡上，山坡下，田舍零零星星。

远观四野很静。有点风，有点冷。

后来，气垫船破浪横渡英法海峡的时候，太阳很大。

三十分钟上岸。法车的天气更热，像西贡。

火车从北部的布垄开出去的时候是中午两点钟。

车厢里红色地毯，红色软椅，米黄色墙板，鸽灰色窗帘。

火车在飞驰：玉米田在飞逝。果树在飞逝。菜园在飞逝。湖在飞逝，沼泽在飞逝。旧世纪的砖房子在飞逝。新建的洋房在飞逝。（董桥《在巴黎写的之一》）

例（13）"车厢里红色地毯，红色软椅，米黄色墙板，鸽灰色窗帘"，是由四个"NP"式名词短语句（"车厢里"是四句共同的修饰语）连续运用而构成的名词铺排文本。这一文本跟其前文所写"火车过了泰晤士河一路南下"的动态景象完全不同。车厢外所见都是以正常语句叙写的车外之景，而以列锦文本呈现的则是以名词铺排形式所写的车内之景。车外之景是动态的，车内之景是静态的，是以特写镜头的形式定格的画面。这种动静结合、内外结合的表达，明显为散文增添了诗情画意，使行文增添了活力，让读者在阅读中获得了更多的审美享受。

6. "NP，NP，NP，NP，NP" 式

这种名词铺排结构形式是由五个名词短语句并立铺排而成的。不过，现代作家在散文中建构这种结构形式的名词铺排并不是很多，只是偶有一见而已。如：

（14）东方有的是瑰丽荣华的色彩，东方有的是伟大普照的光明——出现了，到了，在这里了……

玫瑰汁，葡萄浆，紫荆液，玛瑙精，霜枫叶——大量的染工，在层累的云底工作；无数蜿蜒的鱼龙，爬进了苍白色的云堆。(徐志摩《泰山日出》)

例（14）写泰山云海的颜色，作者用了五个名词短语句进行铺排："玫瑰汁，葡萄浆，紫荆液，玛瑙精，霜枫叶"，这是非常典型的汉赋名词铺排模式。这五个名词短语句的铺排突出了泰山云海变化莫测的形象，引发了读者的联想与思索。我们读徐志摩的散文总觉得有读诗的感觉，这与其诗化的表达有关，当然也与名词铺排文本的建构分不开，因为名词铺排文本的建构最能产生诗情画意的效果。

（二）全部带结构助词"的"式

这类名词铺排结构模式，从本质上看，与上面不带结构助词"的"的名词铺排类型没有什么差别，只是随应了现代汉语语法发展的趋势，在名词中心语与修饰语之间加上了结构助词"的"而已。从源头上看，这种名词铺排结构形式也是汉赋与古代诗词曲等所创结构模式的沿袭。从目前我们所能掌握的材料看，这种全部带结构助词"的"的名词铺排，在现代散文中主要有如下几种情况。

1. "NP"式

这种结构形式的名词铺排是以两个修饰语说明限定一个名词中心语而构成的。这种名词铺排结构形式首先出现于唐词中，后来宋词元曲中都有运用。但是，修饰语都是比较短的，而且不带结构助词。现代散文中修饰语既长又带结构助词"的"，则是新现象，可算是现代散文对这种名词铺排结构形式的发展。不过，这种结构模式在现代散文中也只是偶一为之，运用的人并不多。如：

（1）一座豪华的，由跨国公司经营的旅馆。旋转的玻璃门上映射着一个个疲倦地微笑着的面孔。长长的彬彬有礼的服务台。绿色的阔叶。酒吧的滴水池。电梯门前压得很低的绅士与淑女的谈话声。(王蒙《凝思》)

例（1）中的名词铺排文本居于散文的开头，既有为全文叙事设定背景的作用，又有提升作品审美价值的效果。因为以一个名词短语构句，凌空起势，就犹如电影开幕时首先推出的一个特写镜头，不仅有鲜明的画面感，而且有先声夺人的视觉冲击效果，易于引发读者的联想与想象，使读者迅速进入作者设定的情境中。

2. "NP，NP"式

这种结构形式的名词铺排是最为古老的模式，早在《诗经》中就出现了。但是，名词中心语与修饰语之间加结构助词，则是现代诗中才有的。现代散文中有这种结构形式的名词铺排，既是对古代诗歌名词铺排形式的沿用，也受到了现代诗名词铺排形式的影响。就我们目前所掌握的材料看，喜欢在散文中运用这一名词铺排结构形式的并非少数人。从20世纪30年代开始，直到当代，都不断有人在运用。如：

（2）悄然的北风，黯然的同云，炉火不温了，灯还没有上呢。这又是一年的冬天。（俞平伯《陶然亭的雪》）

（3）一只小小的钵子，一堆小小的豆子，街头的人潮来了又去，怎知今日的一个凝视，不是明日的一个天涯？（张晓风《缘豆儿》）

（4）飞动的萤火，流泻的星，世界充满了清凉、纯蓝、裂冰似的移动碎光。（黑陶《塘溪，塘溪》）

例（2）至例（4）三例，都是由两个名词短语句并列对峙而构成的"NP，NP"式名词铺排模式。除结构形式相同，它们还有一个共同特点，就是居于全文或一个段落的开头。这样的安排是有特定用意的，是作者有意利用名词铺排文本表意具有的画面感，以营构出特写镜头的效果，读之让人有一种视觉上的强烈冲击，同时使散文别具一种诗情画意的审美情趣。

3. "NP，NP + NP"式

这种结构形式的名词铺排在汉赋中已经出现。但是，名词中心语与修饰语之间加结构助词，则为现代散文首创。不过，就目前所能见到的材料看，现代散文中运用这一名词铺排模式的也只是偶有一见。如：

（5）滑溜溜的碎石阶，比肩可及的苔檐藓砖，就近拐进江滨巷口一道门帘里……（舒婷《东北痴人》）

例（5）"滑溜溜的碎石阶，比肩可及的苔檐藓砖"二句，是一个名词铺排修辞文本。前句是以"碎石阶"为中心语的名词短语，独立成句；后句则是以"苔檐""藓砖"为中心语，以"比肩可及"为共用修饰语的名词短语句，也是独立成句。两个名词短语句并列对峙，构成一个名词铺排文本。它置于段落开头，犹如电影开映时首先推出的一组特写镜头，不仅有为后文进一步的环境描写设定情境的作用，也有通过画面定格，制造出一种诗情画意的行文效果。

4. "NP，NP，NP"式

这种结构形式的名词铺排最早出现于汉赋中，之后唐代小说、五代词中都有所继承。但是，在古代这种结构形式的名词铺排中，名词中心语与修饰语之间不加结构助词。加结构助词"的"，则是现代诗与现代散文中才开始有的。因此，这种形式的名词铺排也可算是现代散文的创新。这种名词铺排结构形式早在20世纪20年代的散文创作中就已经出现。如：

（6）还说那时的话，从杨柳枝的乱鬟里所得的境界，照规矩，外带三分风华的。况且今宵此地，动荡着有灯火的明姿。况且今宵此地，又是圆月欲缺未缺，欲上未上的黄昏时候。<u>叮当的小锣，伊轧的胡琴，沉填的大鼓</u>……弦吹声腾沸遍了三里的秦淮河。（俞平伯《桨声灯影里的秦淮河》）

（7）啊！那些过去的日子！<u>枕上的梦痕，秋雾里的远山</u>。我此时又想起了初渡太平洋与大西洋时的情景了。我与叔和同船到美国，那时还不很熟；后来同在纽约一年差不多每天会面的，但最不可忘的是我与他共渡大西洋的日子。那时我正迷上尼采，开口就是那一套沾血腥的字句。（徐志摩《吊刘叔和》）

（8）<u>水泥的马路，水泥的楼房，水泥的人</u>！再也看不见我那片绿油油的高粱。（萧乾《过路人》）

例（6）"叮当的小锣，伊轧的胡琴，沉填的大鼓"，是由三个并列对峙的名词短语句所构成的名词铺排文本，均是描写音乐之声。这三个名词短语句放在整段描写秦淮河夜色的句子之中，就犹如电影中突然插入的特写镜头，不仅画面感特别强，而且突出了秦淮河月夜弦歌不绝的热闹场景，使人产生一种如临其境、如闻其声之感。例（7）"那些过去的日子！枕上的梦痕，秋雾里的远山"，也是由三个并列对峙的名词短语句构成的名词铺排文本。三个名词短语句所呈现的画面有虚有实，虚实结合，与古代诗词、小说中的同类名词铺排文本全是具象画面有所不同，它传递出一种独特的审美情趣。例（8）"水泥的马路，水泥的楼房，水泥的人"，与前二例一样，也是由三个名词短语句并列对峙构成的名词铺排文本。作者写对现代城市生活的感叹，却没有直抒情怀，而是通过三个名词短语句，以电影特写镜头的形式呈现，让人由画面而体悟其情感，大大提升了文本的审美价值。

5."NP，NP，NP，NP"式

这种结构形式的名词铺排在古代散文中未曾出现，最早是出现于汉赋中，之后唐代小说与宋词中都相继有所运用。但是，这种结构形式的名词铺排在古代不带结构助词。在名词中心语与修饰语之间加结构助词"的"，是现代诗歌与散文的创造。如：

（9）山中不定是清静，庙宇在参天的大木中间藏着，早晚间有的是风，松有松声，竹有竹韵，<u>鸣的禽，叫的虫子，阁上的大钟，殿上的木鱼</u>，庙身的左边右边都安着接泉水的精毛竹管，这就是天然的笙箫，时缓时争的参和着天空地上种种的鸣籁。（徐志摩《天目山中笔记》）

（10）我回到帐篷里面。又整理了一下帐角的几根木桩，帐顶的积水在移动中泄了下去，激起了响亮的水声。

<u>粗犷的风雨，险恶的森林，郁闷的天气，最无聊的生活</u>，似乎觉得人都要发霉了。

一天下午，我带了面盆肥皂衣服，经过了独木板桥，穿进了树林子，走到更前面的一条更汹涌的河边去洗澡。（黄裳《森林·雨季·山头人——雷多杂记》）

（11）一座豪华的，由跨国公司经营的旅馆。旋转的玻璃门上映射着一个个疲倦地微笑着的面孔。<u>长长的彬彬有礼的服务台。绿色的阔叶。酒吧的滴水池。电梯门前压得很低的绅士与淑女的谈话声</u>。（王蒙《凝思》）

（12）<u>欧洲的星光。亚平宁群山的太阳。西西里岛上的仙女。亚得里亚海上空蓝色的月亮</u>。世界上没有谁比你更纯洁美丽……（徐鲁《但丁的玫瑰》）

例（9）"鸣的禽，叫的虫子，阁上的大钟，殿上的木鱼"，一共四句，都是名词短语单独构句，跟其前后语句没有语法结构上的纠葛，属于"NP，NP，NP，NP"式名词铺排文本。这四个名词短语句插入正常语句之中，而且以连续铺排的方式呈现，就像今天我们看电影时所见影片中推出的一组特写的定格镜头，营造出一种动中有静的审美情韵，让人第一时间就对天目山中这座庙宇产生了深刻印象。例（10）"粗犷的风雨，险恶的森林，郁闷的天气，最无聊的生活"，也是由四个"NP"式名词短语句连用而构成的名词铺排文本，用以描写靠近缅甸边境的印度东北部的一个小镇雷多的初夏情景与作家的生活感受。对此，作家没有进行中规中矩的描写，而是采用名词铺排手法，以造景呈象的方式由"风雨""森林"铺展到"天气""生活"，以画面形象抒发特定情境下的特定心境，让人有意犹未尽的感受。例（11）"长长的彬彬有礼的服务台。绿色的阔叶。酒吧的滴水池。电梯门前压得很低的绅士与淑女的谈话声"，这四句虽然长短不一，但在结构上都是以名词为中心的偏正式短语。因此，这四句在文中的作用就像是电影中的四个画面不同的特写镜头，它们组合起来所包含的意蕴更是丰富，因此从阅读上看，就使散文平添了几丝诗情画意。例（12）"欧洲的星光。亚平宁群山的太阳。西西里岛上的仙女。亚得里亚海上空蓝色的月亮"，也是由四个名词短语并列对峙构成的名词铺排文本，就像四个由远及近推摇的电影镜头，将欧洲行旅所得的印象以画面的形式呈现出来。

6. "NP，NP，NP，NP，NP，NP"式

这种结构形式的名词铺排最早出现于汉赋中，并列项是六个，名词中心语与修饰语之间可加结构助词"之"。现代散文的名词铺排也有同样的类型，只是结构助词是"的"而非"之"。如：

（13）尖而怪的高楼，黑而忙的地道，更有什么 bus，taxi 等等，转瞬不见了。<u>枯林寒叶的蒙屈利而，积雪下的落机山，温煦如新秋的温哥华，嘶着吼着的太平洋，青青拥髻的日本内海，绿阴门巷的长崎</u>，疏灯明灭的吴淞江上，转瞬又不见了，只有一只小小的划子，在一杯水的西湖中，摆摇摇地。云呀，山呀，……凡伴着我的都是熟人哩。非但不用我张罗，并且不用我说话，甚而至于不用我去想。其滋味有如开笼的飞鸟，脱网的游鱼，仰知天地的广大，俯觉吾身之自在。月余凝想中的好梦，果真捏在手心里，反空空的不自信起来，我惟有惘惘然，"我回来了。"（俞平伯《月下老人祠下》）

例（13）"枯林寒叶的蒙屈利而，积雪下的落机山，温煦如新秋的温哥华，嘶着吼着的太平洋，青青拥髻的日本内海，绿阴门巷的长崎"，是由六个偏正式名词短语各自构句的，在语法结构上不与其前的语句有什么语法结构上的纠葛，属于"NP，NP，NP，NP，NP，NP"式名词铺排文本。这一文本插入散文之中，活脱脱就是电影映播中突然插入的六个特写镜头，画面感犹如排山倒海般扑面而来，不仅给文章增添了诗情画意，拓展了全文的意境，也舒缓了叙述的节奏，造就了散文一张一弛的节律美。

7. "NP＋NP，NP，NP，NP，NP，NP"式

这种结构形式的名词铺排在唐代小说中有类似的先例，但具体并列的项目不同，而且名词中心语与修饰语之间加结构助词"之"。现代散文中的名词铺排，其所加的结构助词是"的"而非"之"。如：

（14）"闻佛柔软香，深远甚微妙。"

多奇异的力量！多奥妙的启示！包容一切冲突性的现象，扩大霎那间的视域，这单纯的音响，于我是一种智灵的洗净。花开，花落，<u>天外的流星与田畦间的飞萤，上绾云天的青松，下临绝海的巉岩，男女的爱，珠宝的光，火山的溶液</u>：一婴儿在它的摇篮中安眠。（徐志摩《天目山中笔记》）

例（14）从句法上分析，其结构是"（天外的）流星＋（与）（田畦间的）飞萤，（上绾云天的）青松，（下临绝海的）巉岩，（男女的）爱，（珠宝的）光，（火山的）溶液"，是由六个名词短语或名词短语组合独立构句并且连用而构成，属"NP＋NP，NP，NP，NP，NP，NP"式名词铺排文本。这六个名词短语句所呈现的画面有动有静，有虚有实，动静结合，虚实结合，跟中国古典诗词所建构的名词铺排文本全以具象画面呈现的情形不同，另有一种美的情韵。

（三）部分带结构助词"的"式

这类名词铺排结构模式与上面全部带结构助词"的"的名词铺排类型相比，没有本质上的差别，只是根据表达的需要，在名词中心语与修饰语之间有选择地运用了结构助词"的"。这种结构模式在现代散文中也有很多类别。根据目前我们掌握的材料看，主要有如下几种情况。

1."NP，NP"式

这种结构形式的名词铺排，从源头上说是古诗"NP，NP"式名词铺排的继承沿用。不过，古代这种结构形式的名词铺排，在两个并列对峙的名词短语句内都是不带结构助词。在其中一句的名词中心语与修饰语之间加结构助词"的"，则是现代诗歌与散文的创造。如：

（1）四外是夕暮朦胧。各个山头上，笼罩着烟霭。在山道上，望远处眺望着，好像感到农村是要越法迅速地没落了。

转到西边的山头上，在亭子四周走着，远望着。

满铁公所的建筑物，耸立在松花江的北岸上，如吃人的巨兽似的。

<u>山窝中，几家茅舍，一条崎岖的道路</u>。在那个山村中，一切像是害着黄瘦病。（穆木天《秋日风景画》）

例（1）"山窝中，几家茅舍，一条崎岖的道路"，是由两个名词短语句（"山窝中"是两句共同的修饰语）连续铺排而成的名词铺排文本。这段文字置于整个段落的开头，犹如电影开映时首先推出的两个特定镜头，不仅画面感强，而且具有烘托气氛、造景呈象的审美效果。

2."NP，NP，NP"式

这种结构形式的名词铺排，从本质上说是源于古代诗词曲"NP，NP，NP"式名词铺排。不过，古代诗词曲中的这种结构形式在三个并列对峙的名词短语句内都是不带结构助词。在其中部分句子内的名词中心语与修饰语之间加结构助词

"的"，乃是现代诗歌与散文的创造。如：

（2）骤雨。黄昏。普林斯顿的咖啡小屋。青荧荧的灯下，她的目光缓缓转向窗外的街道："你看他们多么从容。"用的是易安居士《永遇乐》的语调，随着她的视线望去，但见白花花的街道如川，亮闪闪的车辆如鲫，这一刻，以及接踵而来的下一刻，唯独不见徒步的行人——行人都叫骤雨淋跑了；我始而愕然，继而陷入恍惚，悟不透她口中所谓"从容的他们"，确切指的是谁。（卞毓方《在普林斯顿咖啡屋》）

例（2）写作者在美国普林斯顿喝咖啡的悠闲心境，但是作者没有开宗明义地说明这一写作主旨，也没有开门见山地说明写作此文的情感冲动，而是凌空起势，以三个长短不一的名词短语句并列对峙，并置于全文的开头，犹如电影故事尚未开始，就首先于片头推出了三个特写镜头，给人强烈的视觉冲击，让读者由画面组合产生联想与想象，随作者不自觉地进入其所描写的意境中。

3．"NP，NP，NP，NP"式

这种结构形式的名词铺排是由四个并列对峙的名词短语句构成。从本质上看，它与古代诗词曲中早已出现的"NP，NP，NP，NP"式结构的名词铺排没有什么区别，只是古代诗词曲中的四个并列对峙的名词短语句都是不带结构助词。在并列对峙的四个名词短语句中，有部分名词中心语与修饰语之间加结构助词"的"，开始出现于现代诗歌中，后来在现代散文中也偶有所见。如：

（3）树才要我品一品从南方带回的新茶。新绿，嫩芽，净水，透明的杯子，浮沉，竖立。像小杯子的小树苗。一杯水，让这些拧条成团的叶子舒展了……（马明博《安静，一下午的时光》）

例（3）"新绿，嫩芽，净水，透明的杯子"，前三句不带结构助词，后一句带结构助词"的"。虽然句子长度不一，但在结构形式上是一致的，都是偏正式名词短语单独构句。四句并列对峙，置于文中，就像电影中插入的四个特写镜头，不仅改变了全文叙事的节奏，而且使文章增添了画面感，从而具有一种诗情画意的效果。

4．"NP，NP，NP，NP，NP"式

这种结构形式的名词铺排是由五个并列对峙的名词短语句铺排而成。从源头上看，它是与汉赋相同结构的名词铺排模式的沿用。但是，由于它适应了现代汉语语法发展的特点，在部分名词中心语与其修饰语之间加上了结构助词"的"，所以它又与汉赋不同，可以看成现代散文在名词铺排结构上的创新。不过，这种超常规模的名词句铺排在现代散文中并不多见，只是极个别的作家有意而为之。如：

（4）南面是一条刚刚转过弯的江水急流西下，横过村前，水面很宽，澄清见底。隔江是湘粤交通的大路，芦洲，沙岸，散散的桃李，伟大的樟树，松林，巨树掩蔽的伙铺绵长半里，点缀路的两旁；还有田地交错的平原，绿野，浅山，慢慢地层叠而上，展开遥远的洞口（洞口，是山与山之间的有田有地有倾坡浅山的开朗的地方）十几里。（白薇《我的家乡》）

（5）泪水。挥别的手。脸颊上留有温度的吻。蓝色的方巾。蒙蒙细雨。火车让我想起灰白色的站台，那是出发和告别的地方。（傅菲《火车多重奏》）

例（4）"荒洲，沙岸，散散的桃李，伟大的樟树，松林"，是由五个名词短语独立构句并且连续铺排的修辞文本（第一、二、五个不带结构助词，第三、四个带结构助词）。这一文本，作家将之置于文中，跟其前后语法结构正常的句子并列，不仅调整了文章的节奏，也使文章增添了诗情画意。因为这五个名词短语句的连续铺排，就像电影中插入的五个特定镜头，有定格画面的审美效果。例（5）写月台告别的场景，作者没有写具体的人与事，而是以五个长短不一的偏正式名词短语句并列对峙，并且置于文章开头，就像电影开幕时首先推出的一组特写镜头，在故事尚未开始时便让接受者受到了强烈的视觉冲击，进而由这一个个特定的画面而展开联想，加入自己日常生活的体验，真切地进入挥别亲友的情境之中，体味到"相见时难别亦难"的情感苦痛。

5. "NP，NP，N＋N，NP，NP" 式

这种结构形式的名词铺排是古代诗词曲赋中都未曾有过的，在现代诗中也没有出现。之所以在现代散文中出现，是与散文句式较自由有关。不过，就我们目前所掌握的材料来看，这样的名词铺排结构形式并不多见，只在极个别的作家散文中偶有一见。如：

（6）我挤坐在车厢连接处狭小的空间内。涩热。奔驰的狭小金属空间内充溢腐酸浓郁的复杂气体。那对婚外有染或临时碰上的做作中年男女腰旁，是一把发亮的不锈钢把手。旅途中无数的手摸过它，我注意到即使是它的光芒，也是如此细腻。鼓胀的花花绿绿的包。臀部（男人的、女人的、正面的、侧面的、近的、

远的、饱满的、瘪平的）。腿脚（或站、或蹲、或坐、或靠）。警惕又交替着昏昏欲睡的眼神。咣当咣当的夜。从火车内穿挤的小贩手中，我终于买到了一袋小苹果。（黑陶《夜晚的印痕》）

例（6）"鼓胀的花花绿绿的包。臀部（男人的、女人的、正面的、侧面的、近的、远的、饱满的、瘪平的）。腿脚（或站、或蹲、或坐、或靠）。警惕又交替着昏昏欲睡的眼神。咣当咣当的夜"这一段文字，看起来令人眼花缭乱，实则结构非常简单，抽掉括号内的补充说明文字，就是以"包""臀部""腿脚""眼神""夜"这五个名词或名词短语为中心语而形成的名词短语句。这五个短语句的并列对峙，构成了一个名词铺排文本。它就像电影叙事中插入的五个电影特写镜头，画面感强烈，以此凸显了夜晚火车中所见的众生相，使人有一种如临其境的感觉，其生动性远非正常叙事文字可比。

（四）带连词"和"的"NP＋NP＋NP＋NP"式

这种名词铺排结构模式，从来源上看是宋代岳飞《满江红》词"八千里路云和月"所创模式的继承与发展。不过，这种名词铺排模式的运用在现代散文中并不多见，就我们所掌握的材料看，只是极个别的作家偶一为之。如：

三门峡水库、函谷关、枣园和苹果林，大家朝夕相处，很快成为好朋友的还有北京晚报的女记者李红和某国刊的王大主编。（舒婷《东北痴人》）

上例"三门峡水库、函谷关、枣园和苹果林"，就是一个带连词"和"的"NP＋NP＋NP＋NP"结构形式的名词铺排文本（两个顿号只表示说话时语气上的停顿，不是句法上的断开），放在叙事段落的开头，犹如电影开始时推出的一组特写镜头，在表达上有使散文增添诗情画意的效果。

（五）带结构助词"的"与连词"和"的"NP，NP，NP，NP＋NP"式

"NP，NP，NP，NP＋NP"式名词铺排文本在汉赋中就已出现，但是带结构助词"的"与连词"和"的结构形式，只有现代散文中才会出现。这是汉语语法发展的结果，也是白话文学与古典文学在名词铺排结构形式上的分野。不过，从目前我们所掌握的材料来看，这样的名词铺排结构形式在现代散文中也不多见，只是极个别作家偶一为之。如：

毛茸茸狗尾巴草的巨大花影。花影内的如藤乡路。摇摇晃晃爬行并且吐烟的可爱甲虫。村庄上空的阳光和云彩。年复一年，蚂蚁一样的乡亲就是这样进出着太湖边上各自的家。（黑陶《塘溪，塘溪》）

上例"毛茸茸狗尾巴草的巨大花影。花影内的如藤乡路。摇摇晃晃爬行并且吐烟的可爱甲虫。村庄上空的阳光和云彩"，是四个并列对峙且各自独立的句子，虽然句子长度并不短，但结构上都只是一个简单的偏正式名词短语，因此属于名词铺排文本。它们置于段落之首，犹如电影开幕时首先推出的特写镜头，画面感特别强，使散文叙事写景别添一种诗情画意。现代文体中有一种散文与诗结合的融合体——"散文诗"，其实就是为了追求这种表达效果。

（六）带结构助词"的"与连词"与"的"NP＋NP，NP＋NP，NP＋NP，NP＋NP，NP＋NP，NP＋NP，NP＋NP"式

这种结构形式的名词铺排是极为罕见的，不仅汉赋中未曾出现过，就是现代散文中也绝无仅有。就目前我们掌握到的材料看，只有如下一例：

并且你不但不须应伴，每逢这样的游行，你也不必带书。书是理想的伴侣，但你应得带书，是在火车上，在你住处的客室里，不是在你独身漫步的时候。什么伟大的深沉的鼓舞的清明的优美的思想的根源不是可以在风籁中，云彩里，山势与地形的起伏里，花草的颜色与香息里寻得？自然是最伟大的一部书，葛德说，在他每一页的字句里我们读得最深奥的消息。并且这书上的文字是人人懂得的，阿尔帕斯与五老峰，雪西里与普陀山，来因河与扬子江，梨梦湖与西子湖，建兰与琼花，杭州西溪的芦雪与威尼市夕照的红潮，百灵与夜莺，更不提一般黄的黄麦，一般紫的紫藤，一般青的青草同在大地上生长，同在和风中波动——他们应用的符号是永远一致的，他们的意义是永远明显的，只要你自己心灵上不长疮癍，眼不盲，耳不塞，这无形迹的最高等教育便永远是你的名分，这不取费的最珍贵的补剂便永远供你的受用；只要你认识了这一部书，你在这世界上寂寞时便不寂寞，穷困时不穷困，苦恼时有安慰，挫折时有鼓励，软弱时有督责，迷失时有南针。（徐志摩《翡冷翠山居闲话》）

上例"阿尔帕斯与五老峰，雪西里与普陀山，来因河与扬子江，梨梦湖与西子湖，建兰与琼花，杭州西溪的芦雪与威尼市夕照的红潮，百灵与夜莺"，一共有七个句子，都是名词短语句。它们并列对峙，一字铺排，共同构成了一个超常规模的名词铺排文本，将中国的景物与欧洲的景物以两两配对的方式呈现，就像电影叙事中突然推出的七个特写镜头，不仅画面感非常强，还因为每一个画面都是东西方景物对比构图的，所以意境就显得特别阔大深邃，留给接受者回味想象的空间就特别大。作者之所以能创造出这样的名词铺排文本，恐怕不仅与他丰富的想象力，也与他深厚的古典诗词功底有关。

二、现代散文中出现名词铺排的原因

散文中出现名词铺排文本在古代未曾出现过，只是现代才有。这种情况看起来好像有些突然，令人不可理解，其实是有原因的。

（一）文体分野观念的影响

在中国古代，文体之间的分野是非常清楚的，散文与诗歌，散文与小说，散文与词曲赋等其他韵文体，文体界限泾渭分明，不可能混淆。因此，有些只能在诗词曲等韵文中才有的修辞手法就会因为文体的影响，不会出现于散文中。比方说名词铺排，就是如此。

前文我们已经说过，名词铺排最初就是出现于《诗经》中。后来名词铺排的发展历程也证明，诗歌以及诗歌的同道——词曲与名词铺排有不解之缘。之所以如此，就是因为诗歌有韵律的要求，有字数的限制，特别是近体诗规范确立后，要求更是严格。为了在有限的五字句或七字句中将所要表达的内容表达出来，就必须"省文约字"。这样就在客观上促使作者不得不对句子中诸如连词、介词、助词等虚词成分予以省略，就可能出现一句之中只剩下几个实词成分的名词，进而无意之间就产生了名词铺排的现象。当诗人们发现这种原来属于被动的修辞行为有很好的表达效果时，便会主动而为之，进行积极的名词铺排文本创造。这样，我们便看到《诗经》之后，历代诗歌包括词曲中名词铺排文本创造越来越普遍的事实。

古代散文在句子上没有字数限制，所以不论是写景还是叙事，或是论述，都不可能大量省略虚词而特意以名词铺排的形式来达意。事实上，古代的散文家大多喜欢运用虚字助文气，不会为了名词铺排而省略必要的虚字。正因为如此，我们在古代散文中很难发现有名词铺排手法的运用。可见，古代文体分野观念泾渭分明是古代散文很少运用名词铺排的一个重要原因。

但是，到了现代情况就有所变化了。现代文体相互交融的现象非常普遍，比方说"散文诗"，就是诗歌与散文两种文体有意识的融合。既然有融合，那么原来属于某种文体的修辞现象就会进入融合而成的新文体中。上面我们曾举到诗人徐志摩与舒婷的散文中的名词铺排例证，还有当代许多散文家所写散文中出现的形式多样的名词铺排文本，都有力地证明了创作者散文文体观念发生了变化，他们既然是有意识地进行文体交融，自然在他们的散文作品中就能发现带有诗化色彩的名词铺排文本的建构。

（二）　西方电影艺术手法与现代审美意识观念的影响

电影是一种以图像直观表达的艺术，与传统的传情达意的媒介方式完全不同。电影叙事是通过一个个镜头组合而进行的，如果它要强化或强调某一个细节，如人物面部表情或动作等，可以通过特写镜头的形式表现。现代中国散文作者受到了西方电影艺术的影响，大都熟悉电影表现手法，进而在散文创作中有意或无意地运用类似于电影特写镜头或镜头组合的方式，通过名词或名词性短语句的铺排，从而实现镜头化表意的图画效果，以此提升作品的审美价值。

（三）　受中国传统诗词曲赋的影响

上文我们已经说过，名词铺排文本的建构在中国有着悠久的历史，是诗词曲赋中经常运用的一种修辞手法。众所周知，诗歌包括词曲在中国文学史上是有着非同寻常的影响的，中国现代作家无论是写诗的，还是写散文或小说等其他文体作品的，都不可能不受到中国古典诗词曲的影响。事实上，中国现代的许多作家包括散文家都是诗文兼修的，因此他们的散文中不可能不受到中国传统诗词曲的影响，在修辞时不可能不受古代名词铺排文本的启发。徐志摩的散文中之所以能创造出非常独到而复杂的名词铺排结构形式，与他深厚的古典诗词修养是分不开的。现代诗人舒婷散文中有许多名词铺排文本的建构，也不能不说与其古典诗词修养有关。

第三节　近现代小说中的名词铺排

中国小说的发展也有着悠久的历史，成就令人瞩目。在小说修辞方面，中国古代的小说家也多有创造。仅就名词铺排来说，早在唐代的小说中就有非常丰富的名词铺排结构形式出现，这些都是无复依傍的创造。不过，应该指出的是，唐代小说虽有名词铺排文本的建构，但并不普遍，只是个别作家有意而为之，带有鲜明的个性色彩。也正因为如此，受小说文体的影响，更受宋代开始的小说以白话创作为主流的影响，小说中有意建构名词铺排文本难得一见。古代的名词铺排文本，一般多出现于描写景物的场合。小说中虽有很多描写景物的地方，但因无字句的限制，一般很少会出现"省字约文"的现象。这样，小说中就不易出现名词或名词短语铺排的名词铺排文本。另外，中国古典小说写景还有一个惯例，就是以诗词来表现。这样，即使诗词中有名词铺排文本，也不能算是小说本体中的名词铺排，而只能算是诗词中的名词铺排。正因为如此，小说中的名词铺排文本就更是难得一见了。明代小说《水浒传》第十回中的"林教头风雪山神庙"一句（清人修改加工）是一个典型的名词铺排文本，但这样的例子实在是难得一见。因此，小说中的名词铺排只是到了现代才真正出现了新气象。

小说名词铺排模式的继承，可与唐代小说相比较。不过，应该指出的是，唐代小说的名词铺排，所铺排的主要是表示器物的专有名词，而现代小说中继承了唐代小说的名词铺排形式，所铺排的主要是代表店铺的专有名词。就目前我们所掌握的材料看，现代小说继承了唐代小说名词铺排模式的，只有以下两种情况：一是"NP，N，N，NP，NP"式，二是"NP，NP，NP，NP，NP，NP，NP"式（限于篇幅，例子从略）。由于现代小说与古代小说在篇幅及文体特征上有着巨大的变化，因此在名词铺排结构形式上的发展也就非常多。就我们目前所掌握的材料看，至少有如下几种情况是非常值得重视的。

一、不带结构助词"的"式

唐代小说以及古代诗词曲中的名词铺排，都是不带结构助词的。现代汉语中的名词铺排不带结构助词，这可以看成古代名词铺排结构形式的继承与延续。但是，现代小说中不带结构助词的名词铺排结构形式在类型上与唐代小说是有区别的，很多都是现代小说发展出来的。就目前我们所掌握的材料看，这种不带结构助词"的"的名词铺排有如下几种情况。

（一）"NP"式

这种结构形式的名词铺排在唐代小说中没有出现，但在唐词中已经出现。因此，现代小说中这种名词铺排结构形式，既可以说是唐词名词铺排模式的继承，也可以说是现代小说在名词铺排模式上的发展。就目前我们所掌握到的材料看，这种名词铺排结构形式的运用并不多，只有个别作家有意为之。如：

追悼会和欢迎会。宴会和联欢会。鸡尾酒会和夜总会。默哀，握手，致词，举杯，奏乐，唱歌：Home，Sweet Home（甜蜜的家庭）。夏天最后一株玫瑰。玫瑰玫瑰我爱你。你不要走。快乐的寡妇。我是天空里的一片云。怒吼吧，黄河。团结就是力量。山上的荒地是什么人来开？一条大河波浪宽……阿里卢亚！阿里卢亚！

有点像电影——有点不妙。云淡风清近午天。人之出（初），狗咬猪。369 画报。你有外币吗？你还认得我吗？

你还认得我吗？（王蒙《相见时难》）

上例中有很多名词铺排文本，其中"夏天最后一株玫瑰""369 画报"两句，就是独立于其他句子之外的两个名词短语句，属于"NP"式名词铺排。它与古代的名词铺排文本一样，是不带结构助词的。这两个名词铺排文本插入上引一段文字中，就像两个特写镜头，使叙事文字增添了鲜明的画面感，从而有力地提升了小说的审美价值。

（二）"N，N"式

这种结构形式的名词铺排在古代诗赋词曲以及小说中都没有出现过，是现代小说对名词铺排结构模式的创新。不过，就目前所能掌握到的材料看，这样的名词铺排结构模式在现代小说中并不多见，只是极个别的作家偶一为之。如：

死亡。冬天。一场雪后，苏为民推出房门，像一只活动小动物站在院子里的积雪中。（宁肯《词与物》）

上例"死亡。冬天"两个句子，都是由不带结构助词的名词独立构句，属于典型的"N，N"结构形式的名词铺排文本。应该指出的是，"死亡"在这里已经转换成名词的角色（语法上所谓的"动词名物化"），"冬天"在现代汉语中也只算一个词。正因为如此，它与古代诗赋词曲及至小说、散文中所出现的"NP，NP"结构形式完全不同。这种变化与现代汉语词汇双音节化有关，而古代汉语则是单音节词占绝对优势。这里的两个名词短语表示的都不是具象的，而是抽象的。因此，它虽也是电影特写镜头的表意，但呈现的图画则比较空灵，是一种抽象的朦胧美。这里，我们也可以看出古今名词铺排文本建构在审美观念上有了很大的变化。

二、全部带结构助词"的"式

现代小说因为是以白话文写作，所以名词短语带结构助词"的"，乃是现代汉语语法的常态。因此，现代小说中几个并列的名词短语连续铺排都带结构助词"的"，就显得非常普遍了。根据我们所掌握的材料，现代小说中这类名词铺排又可分为如下几种类型。

（一）"NP"式

这种结构形式的名词铺排在古代诗词曲中都有出现，但带结构助词"的"，则是现代小说中才有的。从文体的角度看，也可以算是名词铺排结构形式的发展与创新。这样的名词铺排文本在现代小说中颇为常见。如：

（1）红的街，绿的街，蓝的街，紫的街……强烈的色调化装着的都市啊！年红灯跳跃着——五色的光潮，变化着的光潮，没有色的光潮——泛滥着光潮的天空，天空中有了酒，有了烟，有了高跟儿鞋，也有了钟……

请喝白马牌威士忌酒……吉士烟不伤吸者咽喉……

亚历山大鞋店，约翰生酒铺，拉萨罗烟商，德茜音乐铺，朱古力糖果铺，国泰大戏院，汉密而登旅社……

回旋着，永远回旋着的年红灯——

忽然年红灯固定了：

"皇后夜总会"。（穆时英《夜总会里的五个人》）

（2）蔚蓝的黄昏笼罩着全场，一只 saxophone 正伸长了脖子，张着大嘴，呜呜地冲着他们嚷。当中那片光滑的地板上，飘动的裙子，飘动的袍角，精致的鞋跟，鞋跟，鞋跟，鞋跟，鞋跟。蓬松的头发和男子的脸。男子的衬衫的白领和女子的笑脸。伸着的胳膊，翡翠坠子拖到肩上。整齐的圆桌子的队伍，椅子却是零乱的。暗角上站着白衣侍者。酒味，香水味，英腿蛋的气味，烟味……独身者坐在角隅里拿黑咖啡刺激着自家儿的神经。［穆时英《上海的狐步舞》 （一个断片）］

（3）一九四八年的北平。

报纸上登载着"平汉路沿线战况吃紧"、"冀东战况吃紧"、"银根奇紧"的消息和"征美貌女友"、"征夫"以及"专治肾虚肾寒"的春药广告。大街上人人惊恐不安……（王蒙《相见时难》）

例（1）"回旋着，永远回旋着的年红灯"，是一个独立于其他句子之外的名词短语，单独构句，属于典型的带结构助词"的"的"NP"结构模式的名词铺排文本。它以独立的形式出现，就像电影中特意推出的一个特写镜头，意在强调突出旧上海滩夜晚年红灯回旋闪烁的景象，让人有如临其境之感。例（2）"整齐的圆桌子的队伍"，以偏正式名词短语句独立构句，意在以特写镜头的方式突出夜总会中圆桌子摆放整齐的形象。例（3）"一九四八年的北平"，也是一个"NP"结构的名词短语独立成句，意在以独立的镜头强调1948年的北平，让"北平"成为叙事聚焦的背景。这些名词铺排文本的建构都是受电影"蒙太奇"手法的影响，它们运用于小说中，使小说叙事别添诗情画意的效果，对于提升小说的审美价值无疑是有益的。

（二）"NP，NP"式

这种结构形式的名词铺排是以两个带结构助词"的"的名词短语并列对峙而构成的。从来源上看，它是古代诗歌名词铺排模式的继承；但就文体而论，则是现代小说中的创造。不过，就目前我们所掌握的材料，这种名词铺排在现代小说中的运用并不普遍，只在极个别有个性的小说家的作品中偶有一见。如：

草的海。绿色和芳香的海。人们告诉过他，融化就是幸福，那就融化在草的海里，为草的海再增添一点绿色的芬芳吧！（王蒙《杂色》）

上例"草的海。绿色和芳香的海"，从结构上看，都是以名词"海"为中心语的名词短语，各自独立构句，是典型的"NP，NP"式名词铺排文本。两个名词短语句置于段落的开头，就像电影开幕时首先推出的两个特写镜头，让人有一种先入为主的视觉冲击。两个名词短语句虽都以"海"为画面的主基调，但由于各自的修饰限定语不同，画面的色调就有所不同。这样两幅画面就形成了对比，使所呈现的画面更为生动而鲜明，文本的审美价值大大提升。

（三）"NP，NP，NP"式

这种名词铺排模式是以三个带结构助词"的"的名词短语并列铺排而成的。从来源上看，它是古代词赋小说名词铺排模式的沿用；但就文体而论，则是现代小说中才有的。就我们目前所掌握的材料看，这种名词铺排在现代小说中的运用相当普遍。如：

（1）一个年轻的小伙子。草绿色的军服，闪闪的红星。立正，一个军礼。韭菜落到了地上，站起身来的时候碰翻了小板凳，咣当。（王蒙《蝴蝶》）

（2）麦麦欢喜得合不拢嘴，嚷着跑到小溪边去照自己的模样。段卯卯又把目光投向那远远走来的女人。

蓝的天，绿的地，长长的小路，她走来了！近了，近了，只有百十来步远了！他的心口窝突然那么厉害地跳了起来。呵呵，那年去领结婚证，他也是在这儿等着她，一起去小镇的。那时的心，也是跳得这么厉害。他不禁失笑了，三十大几的人，莫非又在恋爱了？（张枚同、程琪《麦苗返青的时候》）

（3）永远不老的春天，永远新鲜的绿叶，永远不会凝固、不会僵硬、不会冻结的雨丝！（王蒙《蝴蝶》）

例（1）"一个年轻的小伙子。草绿色的军服，闪闪的红星"，三个句子都是名词短语构句，是典型的"NP，NP，NP"式名词铺排文本。三个句子并列置于段落的开头，就像电影的三个特写镜头。第一个镜头是全景式的远镜头，第二和第三个镜头则是局部的放大式的近镜头。镜头的层次感与远近感，使文本呈现更具电影表达艺术的特点。例（2）"蓝的天，绿的地，长长的小路"，与例（1）一样，三句就像是三个电影特写镜头，由高而低，由远而近，通过镜头的摇转呈现出一幅蓝天绿地小路的乡村画面。例（3）"永远不老的春天，永远新鲜的绿叶，永远不会凝固、不会僵硬、不会冻结的雨丝"，三句虽然长度不一，但结构上都是以名词为中心的偏正式名词短语单独构句，以纯电影镜头的方式写景，读之让人犹如观赏电影。

（四）"NP，NP，NP，NP"式

这种结构形式的名词铺排在汉赋与古代词曲中都已出现。但是，四个名词短语都带结构助词"的"，则是现代小说的创造。这种名词铺排模式在现代小说中常被运用，并非个别作家的修辞行为。如：

（1）穿上了外套，抽着强烈的吉士牌，走到校门口，她已经在那儿了。这时候儿倒是很适宜于散步的悠长的煤屑路，长着麦穗的田野，几座荒凉的坟，埋在麦里的远处的乡村，天空中横飞着一阵乌鸦……（穆时英《被当作消遣品的男子》）

（2）海云的泪珠，荷叶上的雨滴，化雪时候的房檐，第一次的，连焦渴的地面也滋润不过来的春雨！（王蒙《蝴蝶》）

（3）古城的黄昏，像一阵烟雨，什么都浸在迷蒙中。<u>黑色的院墙，黑色的街心，黑色的行人脸，还有那看不见的黑色的人们的心</u>。（碧野《灯笼哨》）

例（1）"这时候儿倒是很适宜于散步的悠长的煤屑路，长着麦穗的田野，几座荒凉的坟，埋在麦里的远处的乡村"，例（2）"海云的泪珠，荷叶上的雨滴，化雪时候的房檐，第一次的，连焦渴的地面也滋润不过来的春雨"，例（3）"黑色的院墙，黑色的街心，黑色的行人脸，还有那看不见的黑色的人们的心"，都是由四个句子构成。虽然长短不一，但在结构上都属于偏正式名词短语，都是独立成句的，是典型的"NP，NP，NP，NP"式名词铺排文本。它们在小说中的作用就像电影叙事中插入的四个特写镜头，画面感非常强，对于营造小说"诗情画意"的叙事效果，提升小说的审美价值都发挥了重要作用。

（五）"NP，NP，NP，NP，NP"式

这种名词铺排结构模式在汉赋与元曲中都已存在。但是，每个名词短语都带结构助词"的"，则是现代小说的创造。不过，就目前我们所掌握的材料看，这种名词铺排模式在现代小说中只是偶有运用，并不普遍。如：

<u>淡白色的果肉，褐色的核，青黄色的皮，两个人的眼睛，各种题目的谈话</u>。于是我们就成了爱侣了。（巴金《春天里的秋天》）

上例"淡白色的果肉，褐色的核，青黄色的皮，两个人的眼睛，各种题目的谈话"，五个名词短语并列对峙，构成一个名词铺排文本，置于段落的开头，犹如电影开幕时推出的五个特写镜头，将小说叙事化为镜头呈现，使文字图像化，给读者留下的想象空间更大，对于提升小说的审美情趣也发挥了重要作用。

（六）"NP，NP，NP，NP，NP，NP"式

这种结构模式的名词铺排最早出现在汉赋中。但六个名词短语都带结构助词"的"，则是现代小说中才有的现象。不过，就目前我们所掌握的材料看，这种名词铺排模式在现代小说中也并不常见。如：

<u>满座的观众，暗淡的电灯，闷热的空气，带鼻音的本地话，女人的笑，小孩的哭</u>。于是黑暗压下来，一切都没有了。（巴金《春天里的秋天》）

上例"满座的观众，暗淡的电灯，闷热的空气，带鼻音的本地话，女人的笑，小孩的哭"六句，是写剧院里的人与事、情与景，以名词铺排文本来呈现。六个名词短语句就像电影的六个特写镜头，画面感特别鲜明，给人留下的想象空间也特别大，这对于提升作品的审美价值无疑是有重要作用的。

三、部分带结构助词"的"式

根据我们目前所掌握的材料，现代小说中部分带结构助词"的"的名词铺排模式主要有如下几种情况。

（一）"NP，NP，NP，NP"式

这种名词铺排模式早在汉赋中就已出现。但四个名词短语句中一部分名词中心语与修饰语之间带有结构助词"的"，则是现代小说中才出现的。就我们目前所掌握的材料看，现代小说中运用这种名词铺排结构模式的并非个案。如：

（1）蔚蓝的黄昏笼罩着全场，一只 saxophone 正伸长了脖子，张着大嘴，呜呜地冲着他们嚷。当中那片光滑的地板上，飘动的裙子，飘动的袍角，精致的鞋跟，鞋跟，鞋跟，鞋跟，鞋跟。蓬松的头发和男子的脸。男子的衬衫的白领和女子的笑脸。伸着的胳膊，翡翠坠子拖到肩上。整齐的圆桌子的队伍，椅子却是零乱的。暗角上站着白衣侍者。<u>酒味，香水味，英腿蛋的气味，烟味</u>……独身者坐在角隅里拿黑咖啡刺激着自家儿的神经。［穆时英《上海的狐步舞》（一个断片）］

（2）北京——北平。从太平仓绕一个小胡同，黑漆门上的对联：物华天宝，人杰地灵。就在平则门里，就在沟沿，就在南砖塔胡同的拐弯处。<u>两块大石头墩子，一棵老槐树，夏天的吊死鬼——槐蚕</u>。雨后，蜗牛爬过以后，从墙根上向上延伸着白沫似的轨迹。孩子们唱着：……（王蒙《相见时难》）

例（1）"酒味，香水味，英腿蛋的气味，烟味"，是由四个简短的名词短语句构成的名词铺排文本，犹如电影的四个特写镜头，对旧上海滩舞厅内人员混杂的情景予以呈现，画面感非常强，让人有如临其境的感觉。例（2）"两块大石头墩子，一棵老槐树，夏天的吊死鬼——槐蚕。雨后，蜗牛爬过以后，从墙根上向上延伸着白沫似的轨迹"四个句子，虽然长短不一，但都是以名词为中心语的名

词性短语，各自成句，构成一个名词铺排文本，以电影特写镜头的方式呈现了1948年的北平平则门里的环境，让人犹如观赏一部追忆老北京的怀旧电影。

（二）"NP，NP，NP，NP，NP，N，NP，NP，NP，NP，NP，NP，NP，NP"式

这种结构形式的名词铺排，在汉赋中已有先例，但没有这样复杂，并列的名词或名词短语句的项目没有这么多，这是现代小说在名词铺排结构形式上的创新。不过，这种名词铺排结构形式的运用并不普遍，只是极个别作家有意而为之的产物。如：

久别的重逢，另一个女人，新婚的妻子，重燃的热情，匆匆的别，病，玫瑰花，医院中的会晤，爱情的自白，三角的恋爱，偕逃的计划，牺牲的决心，复车的死。
——许多的人在叹气，电灯亮了。蓝色布幕拉起来。什么也没有。我们仍旧在中国，不过做了一场欧洲的梦。（巴金《春天里的秋天》）

上例整个段落就是一个名词铺排文本，它由十三个名词短语句构成，就像电影中连续的十三个特写镜头及其镜头组合，表意的图像化倾向十分明显，因此给读者的视觉冲击也就特别强烈，读后让人历久难忘，回味无穷。

（三）"N，N，NP，NP，NP + NP，NP，NP，NP，NP，N，N，N，N，N，NP，NP"式

这种复杂结构的名词铺排是古代未曾出现过的，是现代小说家的创造。不过，就目前我们所能掌握的材料看，这样的名词铺排是难得一见的，仅在极个别作家的作品中才能觅得一例。如：

青春，热情，明月夜，深切的爱，一对青年男女，另一个少年，三角的恋爱，不体谅的父亲，金钱，荣誉，事业，牺牲，背约，埃及的商业，热带的长岁月。
…………
——许多的人在叹气，电灯亮了。蓝色布幕拉起来。什么也没有。我们仍旧在中国，不过做了一场欧洲的梦。（巴金《春天里的秋天》）

上例整个段落就是一个名词铺排文本，由十五个名词短语句（个别是由动词或形容词转换成的）并列而构成，就像以镜头及其镜头组合叙事的电影，给人的视觉冲击特别大，留给读者自行解读的空间也特别大，因而也就大大提升了作品的审美价值。

四、带连词"和"的"NP＋NP，NP＋NP，NP＋NP"式

名词铺排结构形式中带连词"和"的早在宋人岳飞的《满江红》词中便已出现，但是岳飞所创的名词铺排是"NP和NP"式（"八千里路云和月"），而非"NP和NP，NP和NP，NP和NP"式。可见，带连词"和"的"NP＋NP，NP＋NP，NP＋NP"式名词铺排是现代小说的创造。这种名词铺排文本在王蒙小说中比较常见，带有王式风格。如：

（1）追悼会和欢迎会。宴会和联欢会。鸡尾酒会和夜总会。默哀，握手，致词，举杯，奏乐，唱歌：Home，Sweet Home（甜蜜的家庭）。夏天最后一株玫瑰。玫瑰玫瑰我爱你。你不要走。快乐的寡妇。我是天空里的一片云。怒吼吧，黄河。团结就是力量。山上的荒地是什么人来开？一条大河波浪宽……阿里卢亚！阿里卢亚！（王蒙《相见时难》）

（2）大汽车和小汽车。无轨电车和自行车。鸣笛声和说笑声。大城市的夜晚才最有大城市的活力和特点。（王蒙《夜的眼》）

例（1）"追悼会和欢迎会。宴会和联欢会。鸡尾酒会和夜总会"，例（2）"大汽车和小汽车。无轨电车和自行车。鸣笛声和说笑声"，都是带连词"和"的"NP＋NP，NP＋NP，NP＋NP"式名词铺排模式，而且都置于段落的开头，俨然是电影开幕时首先推出的三组特写镜头，不仅画面感非常强，而且意涵丰富，给读者留下的想象空间也很大，这对营造小说诗情画意的格调明显是有很大的作用。我们读王蒙小说常常觉得有看电影的画面感与读诗的跳跃感，很大程度上与他喜欢运用名词铺排修辞手法有关。

五、既带结构助词"的"又带连词"和"式

这种结构形式的名词铺排模式，在古代诗词曲赋，包括散文、小说中都不可能出现，只是随着现代汉语语法的发展，才在现代诗歌、散文与小说中出现。所

以，就小说这一文体而言，这种结构形式的运用也算是一种创新。就目前我们所掌握的材料看，这种结构模式又具体分为如下几种情况。

（一）"NP + NP，NP，NP + NP"式

这种名词铺排模式不仅古代诗词曲赋中没有，就是现代诗歌中也没有，是小说家在小说中创造出来的名词铺排新模式。不过，就目前我们所掌握的材料看，这种名词铺排结构形式的运用并不普遍，只是极个别作家偶一为之的产物。如：

圆圆的天和圆圆的地，一条季节河，一匹马和一个人，这究竟是什么年代？这究竟是地球的哪个角落？（王蒙《杂色》）

上例"圆圆的天和圆圆的地，一条季节河，一匹马和一个人"，是三个名词短语句并列构成的名词铺排文本，它以三个特写镜头的方式将天、地、河流、马、人有机地组合在一起，以画面与画面组合的形式直观地呈现给读者，让读者不仅有如临其境的感觉，更留下了丰富的想象空间，使作品别添一种诗情画意的效果。

（二）"NP，NP，NP + NP，NP + NP，NP + NP"式

这种结构形式的名词铺排是现代小说家的创造。不过，目前还难得一见更多的用例，只在极个别作家的小说中偶有一见而已。如：

男女厕所门前排着等小便的人的长队。陆角的双勾虚线。大包袱和小包袱。大篮筐和小篮筐。大提兜和小提兜……他得出了这最后一段行程会是艰难的结论，他有了思想准备。（王蒙《春之声》）

上例开头一段就是以五个名词短语句的并列而构成的一个名词铺排文本，它是以特写镜头的形式叙事，以画面的形式将中国人出行的情状予以直观呈现，读后让人印象非常深刻，感慨万千。

（三）"NP，NP，NP，NP，N，N，N，N，NP + NP，NP + NP，NP"式

这种名词铺排模式类似于汉赋，但在结构上又比汉赋复杂得多，是现代小说家的创造。不过，就目前我们所掌握的材料看，这样的名词铺排文本并不多，只是极个别的作家偶一为之而创造出来的。如：

蔚蓝的黄昏笼罩着全场，一只 saxophone 正伸长了脖子，张着大嘴，呜呜地冲着他们嚷。<u>当中那片光滑的地板上，飘动的裙子，飘动的袍角，精致的鞋跟，鞋跟，鞋跟，鞋跟，鞋跟。蓬松的头发和男子的脸。男子的衬衫的白领和女子的笑脸。伸着的胳膊，</u>翡翠坠子拖到肩上。整齐的圆桌子的队伍，椅子却是零乱的。暗角上站着白衣侍者。酒味，香水味，英腿蛋的气味，烟味……独身者坐在角隅里拿黑咖啡刺激着自家儿的神经。［穆时英《上海的狐步舞》（一个断片）］

上例"当中那片光滑的地板上，飘动的裙子，飘动的袍角，精致的鞋跟，鞋跟，鞋跟，鞋跟，鞋跟。蓬松的头发和男子的脸。男子的衬衫的白领和女子的笑脸。伸着的胳膊"，是由十个名词短语句并列构成的（其中"当中那片光滑的地板上"是充当这十个句子的公用定语）。十个名词短语句就像电影中的十个特写镜头，让旧上海滩舞厅中的众生相以图像的形式鲜活地呈现出来，让人犹如坐进影院观看电影中的人物与故事一样。

（四）"NP，NP，NP，N，N，NP + NP，NP，NP + NP，NP，NP + NP，NP"式

这种名词铺排模式是以十一个名词或名词短语、名词短语组合混合构成，其复杂的程度远远超出以往任何种类的名词铺排结构形式。不过，就目前我们所掌握的材料看，这样复杂的名词铺排结构在现代小说中并不多见，只在极个别作家的笔下才偶有一见。如：

华东饭店里——
二楼：<u>白漆房间，古铜色的雅片香味，麻雀牌，《四郎探母》，《长三骂淌白小娼妇》，古龙香水和淫欲味，白衣侍者，娼妓掮客，绑票匪，阴谋和诡计，白俄浪人</u>……［穆时英《上海的狐步舞》（一个断片）］

上例采用现代的电影剧本写法，十一个名词或名词短语一字铺排而下，完全就是电影"蒙太奇"手法的运用，将旧上海滩舞厅那种鱼龙混杂、醉生梦死的情状以画面的形式直观地呈现出来，让人如临其境，亲见其人其事。

六、既带结构助词"的"又带连词"与"式

这种结构模式的名词铺排也是现代小说所创造的。从我们所掌握的材料看，主要分为如下几种类型。

（一）"NP，NP，NP＋NP，NP，NP，NP，NP"式

这种结构形式的名词铺排是由七个名词或名词短语构成，从来源上看，是汉赋名词铺排形式的延续。但是，从结构形式的复杂性与并列项目的数目看，却不同于汉赋，明显是现代小说的创造。就目前所能看到的材料，这种类型的名词铺排运用得还比较少，只是偶有一见。如：

各式各样的风景图片。帆船上的绳索。沙滩与浪花的白线。鸟瞰下的小岛。飞满天空的海鸥。街道。牛魔王的洞穴一般的银行房子。石头有一种奇怪的紫褐色。灯光被古老笨重的铜盏反射。（王蒙《卡普琴诺》）

上例写异国的见闻，以七个名词或名词短语一字铺排而下，就像电影中连续推出的特写镜头及其组合，读之让人有一种视觉上的强烈冲击，印象特别深刻。

（二）"NP，N，N，NP，NP，N，N，NP，NP，NP，NP＋NP，NP＋NP，NP，NP，NP"式

这种名词铺排模式由连续铺排的十五个名词或名词短语、名词短语组合构成，是现代小说的独创。就目前我们所见到的小说材料，这种名词铺排结构形式的运用并不普遍，而只是极个别作家有意而为之的偶然现象。如：

需要一个提纲。

世界最大的航空港之一——芝加哥机场。名目繁多的航空公司，各霸一方而又联营。荧光屏幕上密密麻麻的飞机起飞时刻表和飞机抵达时刻表，绿光闪烁。候机室里的茶，咖啡，可口可乐，橙子汁，蕃茄汁，三明治，热狗，汉堡包，意大利煎饼，生菜沙拉，熏鱼，金发的白人与银发的黑人，巴黎香水与南非豆蔻，登机前的长吻。女士们，先生们，飞行号数633……

还有一张半裸的女人像，背景是阳光灿烂的海水浴场，画在半透明的塑料板上，灯光从后面照射过来，显得就像是真正的太阳在照耀。下面是几个大字：你去过佛罗里达吗？（王蒙《相见时难》）

上例是写美国芝加哥机场所见场景，但是作者没有用正常的语句叙事，而是用了十五个名词或名词短语、名词短语组合一字铺排而下，就像十五个电影特写

镜头从芝加哥候机大厅摇转而过，将异国机场的众生相以鲜活的画面形式呈现出来，给人留下十分深刻的印象。

（三）　"NP，NP，NP，NP，NP，NP，NP，NP，NP，NP＋NP，NP＋NP，NP，NP＋NP，NP，NP，NP，N，NP，N，NP，NP"式

这种结构模式的名词铺排是以二十一个名词或名词短语、名词短语组合并列铺排而成，是目前所见名词铺排文本中最为复杂的形式。不过，这样的名词铺排文本，就我们目前所能找到的材料看，也仅此一例而已。如：

> 没有父母的少女，酗酒病狂的兄弟，纯洁的初恋，信托的心，白首的约，不辞的别，月夜的骤雨，深刻的心的创痛，无爱的结婚，丈夫的欺骗与犯罪，自杀与名誉，社会的误解，兄弟的责难与仇视，孀妇的生活，永久的秘密，异邦的漂泊，沉溺，兄弟的病耗，返乡，兄弟的死，终身的遗恨。
> …………
> ——许多的人在叹气，电灯亮了。蓝色布幕拉起来。什么也没有。我们仍旧在中国，不过做了一场欧洲的梦。（巴金《春天里的秋天》）

上例一整段共二十一句就是一个名词铺排文本，是由名词或名词短语（个别是因特定语境的帮助而由动词转换成了名词，如"沉溺""返乡"）、名词短语组合共同组成，就像电影中二十一个连续推出的特写镜头，以立体全方位扫描的方式将一些中国人的欧洲梦呈现出来，让人印象非常深刻，也让人思虑深深，感慨万千。

第四节　近现代标题与对联中的名词铺排

名词铺排文本的建构在标题与对联中也时有呈现。标题中出现名词铺排，就现有材料看，最早见于元人汉关卿一个杂剧的剧名"王闰香夜月四春园"[①]，小说标题中出现名词铺排的则是《水浒传》第十回回目"林教头风雪山神庙"[②]。但是，就我们视野所及的范围来看，除此二例，目前很难再找到第三例。这说明，

---

① 谭永祥：《汉语修辞美学》，北京：北京语言学院出版社，1992年，第228页。
② 谭永祥：《汉语修辞美学》，北京：北京语言学院出版社，1992年，第228页。

在古代杂剧与小说的标题中运用名词铺排只是偶然，并非常态。但是，到了现代，情况则有所不同，不仅诗歌标题中有名词铺排，散文标题中也有，而且出现的频率逐渐高起来。

至于对联中的名词铺排，如果说古代也有，那主要是体现于诗歌的对偶句中。在古代专门的对联材料中，名词铺排其实并不多见。在现代的对联中，则出现了有意而为的名词铺排例子，这也算是名词铺排发展的新现象。

一、标题中的名词铺排结构类型

就我们目前所能掌握的材料来看，标题名词铺排的结构模式主要有如下几种情况。

（一）"NP + NP"式

这种结构形式的名词铺排是以两个名词短语并列叠加构成的。虽然两个名词短语之间常常以区隔号隔开，但并不表示两个名词短语是各自成句，而只是提示两者之间的语气停顿。从某种意义上说，是为了强调两个名词短语之间并列的地位。因此，这种结构形式的名词铺排属于单句名词铺排，两个名词短语是一句之中并列的两个语言成分。从现有的例证来看，这种结构形式的名词铺排主要出现于现代诗歌的标题之中。如：

（1）早春·黄昏（汪曾祺《早春·黄昏》）
（2）惊蛰雨·地头饭（阎振甲《惊蛰雨·地头饭》）

例（1）"早春·黄昏"，作为诗题，可以让读者在未读诗歌本体时感受到一种扑面而来的画面感，"早春"与"黄昏"都表示抽象的画面形象，但是两者相比，前者镜像较大，就像电影中全景式的长镜头，后者镜像较小，就像拉近的特写镜头。两者结合，画面便有了一种由远而近、由大而小的动感效果。因此，读者一看到诗题，未见"诗情"，已感"画意"，文本的审美情趣不言而喻。例（2）"惊蛰雨·地头饭"，作为一个名词铺排文本，表达效果与例（1）相同。前者是全景式的长镜头，后者是近距离的特写镜头。二者结合，也有镜头摇转推拉的动感效果。但与例（1）不同的是，这两个镜头都是实景镜头，表示的都是具象的画面，给人的则是一种如临其境的现实感，审美意义自然也是不言而喻的。

（二）"NP＋NP＋NP"式

这种结构形式的名词铺排是由三个名词短语并列叠加而构句的。三个名词短语之间亦常以区隔号间开，以提示三个名词短语之间语气上可以略作停顿。因此，这种区隔提示实际上是有强调三个名词短语之间地位平等的意味，而不表示三个名词短语各自成句。因此，这种结构形式的名词铺排属于单句名词铺排模式，三个名词短语同属一句之中并列的三个语言成分。从现有的材料看，这种结构形式的名词铺排主要出现于现代散文的标题之中，但也偶尔会出现于长篇小说内部章节的标题上。如：

（1）森林·雨季·山头人——雷多杂记（黄裳《森林·雨季·山头人——雷多杂记》）

（2）白云·绿树·金花——鸡公山小记（碧野《白云·绿树·金花——鸡公山小记》）

（3）温泉·京米·排牛（碧野《温泉·京米·排牛》）

（4）梅雨·小巷·栀子花（吴礼权《远水孤云：说客苏秦》第十一章第二小节标题）

例（1）"森林·雨季·山头人"，以三个名词短语并列为题，概括文章所要写的三项内容：雷多的森林、雨季与山头人；例（2）"白云·绿树·金花"，也是以三个名词短语并列为题，记鸡公山的景色，形同一个写作内容提纲。例（3）是写湖北京山汤堰温泉以及汤堰盆谷里试种的京米（用温泉灌溉，早熟）、汤堰的水牛（"汤堰的水牯经常聚集在一起，请牛倌放牧，水牯成群，叫作放'排牛'"）。因为文章所写内容涉及"温泉""京米""排牛"三样，故作者便建构了"温泉·京米·排牛"这样一个名词铺排文本为标题。三篇散文的标题从结构上看完全一样，都属于"NP＋NP＋NP"的单句名词铺排模式。它们与散文所写内容呼应，既有一种电影画面的审美效果，又有一种先声夺人的表达效果，使散文别添一种诗情画意的美感。例（4）是长篇历史小说内的章节标题，也是属于"NP＋NP＋NP"的单句名词铺排模式。其中的三个名词短语既像是电影的三个特写镜头，又像是小说的章节内容提点，因此对于展开故事情节与引起读者注意都有明显的效果，当然也别具一种诗情画意的审美效果。

（三）"NP＋NP＋NP＋NP"式

这种名词铺排结构模式是通过四个名词短语并列叠加而构成的。并列的四个名词短语之间往往是以区隔号隔开的，不过这种隔开并不是语法结构上的，而是语气上的，目的是提示四个名词短语是各自独立平等的语言单位。因此，这种名词铺排模式属于单句名词铺排形式。从目前我们所掌握的材料看，这种结构形式的名词铺排主要出现于现代散文的标题之中，而且主要是在散文内部的小标题上。如：

（1）如果你愿意，我陪你进天山去看一看。

雪峰·溪流·森林·野花

七月间新疆的戈壁滩炎暑逼人，这时最理想是骑马上天山。新疆北部的伊犁和南部的焉耆都出产良马，不论伊犁的哈萨克马或者焉耆的蒙古马，骑上它爬山就像走平川，又快又稳。（碧野《天山景物记》）

（2）过后，整个草原沉浸在夜静中。如果这时你披上一件皮衣走出蒙古包，在月光下或者繁星下，你就可以朦胧地看见牧群在夜的草原上轻轻地游荡，夜的草原是这么宁静而安详，只有漫流的溪水声引起你对这大自然的遐思。

野马·蘑菇圈·旱獭·雪莲

夜牧中，草原在繁星的闪烁下或者在月光的披照中，该发生多少动人的情景，但人们却在安静的睡眠中疏忽过去了，只有当黎明来到这草原上，人们才会发现自己的马群里的马匹在一夜间忽然变多了，而当人们怀着惊喜的心情走拢去，马匹立刻就分为两群，其中一群会奔腾离你远去，那长长的鬃鬣在黎明淡青的天光下，就像许多飘曳的缎幅。这个时候，你才知道那是一群野马。（碧野《天山景物记》）

例（1）"雪峰·溪流·森林·野花"，例（2）"野马·蘑菇圈·旱獭·雪莲"，都是由四个名词短语并列叠加而构成的单句名词铺排形式，在表达上有提点文章内容的作用，在审美上有增加文章诗情画意的效果，因为四个名词短语的并列叠加，就像电影连续的四个特写镜头，画面感非常强。

二、对联中的名词铺排结构类型

对联与诗歌有着天然密切的关系，从某种意义上说，对联其实就是诗歌中的对仗句。如果将近体诗中的对仗句析出，就是很好的对联。名词铺排起源于诗歌中，再现于对联中，那是不难理解的。不过，即使是古代，对联中出现名词铺排的也并不是太多。到了现代，由于人们越来越少作对联了，因此现代对联中出现名词铺排的情况就更少了。由于古今对联中出现的名词铺排文本很少，目前我们所能掌握的材料也非常有限，所以我们姑且在此对古今对联中的名词铺排一并予以论述。

根据我们目前所掌握的材料，发现古今对联中的名词铺排结构模式主要有如下四种。

（一）"NP，NP"式

这种结构形式的名词铺排是由两个偏正式名词短语句并列构成的。这种结构形式的名词铺排，就我们目前所掌握的材料看，宋明时期的联语中就已经出现了。如：

（1）<u>一点浩然气，千年快哉风</u>。（宋·苏辙《题黄冈快哉亭》联语）

（2）<u>几间东倒西歪屋，一个南腔北调人</u>。（明·徐渭《题青藤书屋图》联语）

例（1）、例（2）都是各以一个名词短语构句，并以对句形式出现的"NP，NP"式名词铺排。例（1）分别以名词"气"与"风"为中心语，各自以一个偏正式名词短语的形式单独构句，从而形成一个对句形式的"NP，NP"式名词铺排修辞文本，以此抒发作者登临快哉亭浮想联翩、追忆先贤的愉悦之情。这两句都用了《孟子》中的典故。前句"浩然气"，典出《孟子·公孙丑上》"我善养吾浩然之气"一句。后句"快哉风"，用楚襄王与宋玉、景差游于兰台之宫，有风飒然而至，楚襄王脱口而出"快哉此风，寡人所与庶人共者耶?"一句之典。由于以"风"对"气"，同属一类，而又都有典故，不仅使抒情达意显得典雅，而且别具意境，令人无限遐思。例（2）分别以名词"屋"与"人"为中心语，各自以一个偏正式名词短语句单独构句，从而形成一个对句形式的"NP，NP"式名词铺排修辞文本，以此抒发作者饱经沧桑的人生感慨。前句以"东倒西歪"描述作者自己所居之"屋"的破败状况，后句以"南腔北调"写作者一生走南闯北、颠沛流离、不与主流社会同调的失意潦倒。这副对联虽然写尽了一个特立独行的知识分子内心无比的辛酸，但由于表情达意不用寻常句法，而是以名词铺排的修辞手法呈现，这就在意境上与作者《题青藤书屋图》所呈现的画面效果相呼应，从而大大提升了对联的审美效果。

从名词铺排辞格发展史的角度观察，苏辙与徐渭所创造的上述对联名词铺排修辞文本，其结构形式表面上看都是脱胎于《诗经·国风·召南·草虫》"喓喓草虫，趯趯阜螽"的"NP，NP"式，但是仔细分析是有差别的。因为无论是苏辙的联语"一点浩然气，千年快哉风"，还是徐渭的"几间东倒西歪屋，一个南腔北调人"，每句的名词中心语前面都有直接与间接两个修饰语。而《诗经》所创名词铺排文本，每句的名词中心语前只有一个修饰语。苏辙联语的前后两句，分别以名词"气"与"风"为中心语，"浩然"修饰"气"，"快哉"修饰"风"，都属于直接修饰语。"一点"修饰"浩然气"，"千年"修饰"快哉风"，对名词中心语"气"与"风"而言都属间接修饰语。徐渭联语的情况亦然。其前后两句，分别以名词"屋"与"人"为中心语，"东倒西歪"修饰"屋"，"南腔北调"修饰"人"，都属直接修饰语。数量词组"几间"和"一个"，是分别修饰"东倒西歪屋""南腔北调人"的，对于名词中心语"屋""人"而言都属间接修饰语。而《诗经》的名词铺排用例，则相对比较简单，名词中心语前面只有一个修饰语。由此可见，先秦时期《诗经》所创造的"NP，NP"式名词铺排跟宋明时期同一类型的名词铺排在内部结构形式上是有发展演进的。这种情况说明，无论是宋人苏辙，还是明人徐渭，他们在继承《诗经》所创名词铺排结构形式的成例时不是简单的模仿，而是顺应汉语语法结构发展日趋复杂的趋势而有所创新。由于苏辙与徐渭都是中国历史上文名甚盛的作家，他们创造的这一对联名词铺排结构形式既有深厚的历史渊源，又契合了汉语语法发展的趋向，所以对后代特别是近现代对联运用名词铺排产生了深刻影响。正因为如此，近现代对联中这种结构形式的名词铺排得到了广泛运用。如：

（3）重重叠叠山，曲曲环环路。高高下下树，叮叮咚咚泉。（清·俞樾《题杭州九溪十八涧》联语）

（4）亭边短短长长柳，渡上来来去去船。（天津水上公园拱桥亭联语）

（5）花间酒气，竹里棋声。（广东南海云泉仙馆楹联）

（6）起病六君子，送命二陈汤。（民国时期佚名讽袁世凯联语）

（7）许多豪杰，如此江山。（民国时期南京城内春联）

例（3）是一首诗，前二句与后二句各是一个"NP，NP"式名词铺排修辞文本，是描写杭州九溪十八涧周边山水风景之美的。由于是以名词铺排的形式呈现，每一句就像是一个电影特写镜头，将杭州九溪十八涧周边的山、路、树、泉毕现于读者眼前。再加上名词铺排之中有"叠字""摹声"等手法的运用，更是有一种如临其境、如见其景、如闻其声的效果，极大地提升了联语诗的意境之美。例（4）是现代人所创作的，是写天津水上公园拱桥亭所见之景，以名词铺排的手法呈现，在动静结合（前句写静景，后句写动景）中展现了一幅气韵生动的画面。例（5）写广东南海云泉仙馆，前句以"花间"修饰名词"酒气"，以雅衬俗；后句以"竹里"限制"棋声"，以幽衬噪，在相形对比中丰富了画面呈现的境界，提升了联语的审美价值。例（6）是以名词铺排的手法叙事，表达对袁世凯倒行逆施结果的评价。此联的高妙之处不是以名词铺排来写景，呈现画面效果，而是结合双关修辞手法，在事实铺排中"不著一字"地揭示了袁世凯复辟帝制失败、被全国人民唾弃的深刻原因，令人深思，让人感慨。因为联语中的"六君子"，"明为中药汤头名，暗指筹安会杨度、孙毓筠等六人。六君子在袁世凯授意下鼓吹君主立宪，为袁世凯称帝鸣锣开道"[1]。"二陈汤"也是一语双关，它"明为中药汤头名，暗指陕西都督陈树藩、四川成武将军陈宦和湖南都督汤芗铭，皆为袁世凯心腹。1916年，讨袁烽火四起，陕西、四川、湖南先后宣布独立。袁世凯见大势已去，不久一命呜呼"[2]。例（7）是写民国时朝南京人的自豪之情。因为南京是六朝古都，又有江山胜迹，战略地位重要，自古便有"虎踞龙盘"之说，又因为南京是民国时期的中国首都，当时的中国精英人士皆汇聚于此，所以，南京人写春联以"豪杰"对"江山"，以两个名词短语句并列铺排的方式展现南京的优势，表达身为南京人的自豪感。因为表达巧妙，所以被传为佳话。

（二）"NP + NP，NP + NP"式

这种结构形式的名词铺排以两句并立对峙的形式呈现，每句都是以两个偏正式名词短语句并列铺排而成。这种结构形式的名词铺排，就我们目前所掌握的材料看，清代的对联中已经出现。如：

（1）两树梅花一潭水，四时烟雨半山云。（清·硕庆《题云南昆明黑龙潭》联语）

例（1）是描写昆明黑龙潭周边景致的，但是作者没有用一首诗的篇幅来呈现，而只是以两句共十四字的对联来表达。前句将"梅花"与"水"并列铺排，后句以"烟雨"与"云"并立对照，透过电影"蒙太奇"式的镜头推移摇转，

---

[1] 赵奎生：《对联修辞艺术》，上海：复旦大学出版社，2008年，第48页。
[2] 赵奎生：《对联修辞艺术》，上海：复旦大学出版社，2008年，第48-49页。

让读者经由作者所给定的画面进行联想与想象，从而极大地拓展了对联所呈现的画面意境，提升了对联的审美效果。昆明黑龙潭之所以从清代以来就一直成为人们趋之若鹜的景点，应该说与这副对联有着密切的关联。

从汉语辞格发展史的角度考察，清人硕庆的上述对联名词铺排，在结构形式上是对汉赋名词铺排的继承。西汉辞赋家枚乘《七发》有曰："阳鱼腾跃，奋翼振鳞。溷漻菁蓼，蔓草芳苓。女桑河柳，素叶紫茎。"其中，"溷漻菁蓼，蔓草芳苓"二句，就是目前所能见到的最早的"NP＋NP，NP＋NP"式名词铺排修辞文本。因为这两句之前的二句"阳鱼腾跃，奋翼振鳞"是两个语法结构完整、封闭自足的主谓句，之后的两句"女桑河柳，素叶紫茎"从上下文语境看是一个描述性的主谓句，"女桑"和"河柳"（两种植物）为并列主语，"素叶紫茎"是谓语，是描述这两种植物的叶茎颜色。而"溷漻菁蓼，蔓草芳苓"二句的内部语法结构则都是"NP＋NP"式，只不过前句"溷漻菁蓼"在结构上稍有所变异。"溷漻"，指水清澈的样子，充当其后的"菁"和"蓼"（两种水生植物）的共同修饰语。因此，"溷漻菁蓼"在语法结构上仍然是"NP＋NP"式。虽然清人硕庆的对联名词铺排在结构形式上是继承汉赋的，但其中也有自己的创造，这就是其"NP"结构比较复杂，并不像汉赋仅仅是一个单音节形容词修饰一个单音节名词那样单纯。硕庆对联的前句"两树梅花一潭水"，其中"两树梅花"虽是"NP"结构，但名词中心语"花"却有两个修饰语：一是直接修饰语"梅"，一是间接修饰语"两树"。后句"四时烟雨半山云"，其中"四时烟雨"情况亦然，名词中心语"雨"前也有两个修饰语：一是"四时"修饰"烟雨"，是间接修饰中心语"雨"；二是直接修饰"雨"的"烟"，是直接修饰语。应该指出的是，"烟雨"从结构形式上看虽是一个普通的"NP"结构的名词短语，但从语义上看则是一个比喻，属于以喻体为修饰语、本体为中心语的"缩喻"。所谓"烟雨"，就是"像烟一样的雨"，意谓雨丝之细。由此可见，硕庆的对联名词铺排既有历史渊源，又有创新发展，同时契合了汉语词汇由单音节走向双音节的发展趋势。正因为如此，硕庆对联名词铺排的结构形式颇具生命力，在对联中并不是孤例。如下面一副对联，其结构形式就与之完全一样。

（2）<u>千朵红莲三尺水，一弯明月半亭风。</u>（苏州闲吟亭联语①）

例（2）如例（1）硕庆的对联一样，整体上也是"NP＋NP，NP＋NP"结

---

① 此例参见赵奎生：《对联修辞艺术》，上海：复旦大学出版社，2008年，第405页。

构，但前句的名词短语"千朵红莲"与后句的"一弯明月"，名词中心语都有两个修饰语。前句名词中心语"莲"的直接修饰语是"红"，间接修饰语是"千朵"；后句名词中心语"月"的直接修饰语是"明"，间接修饰语是"一弯"。如例（1）一样，这副对联的高妙之处也是透过四个名词短语的铺排，以对峙并立的两个句子构联，让读者经由文字媒介进行联想与想象，从而构拟出一幅莲水相依、风月同在的画面，在"不著一字"中淋漓尽致地再现了中国历代文人所向往的闲适风雅的生活境界。

（三）"N＋N＋NP，N＋N＋NP"式

这种结构形式的名词铺排是由两句对峙并立构成，每句分别由两个名词和一个名词短语并列铺排而成句。这种结构形式的名词铺排并非现代对联的发明，而是在初唐诗歌中就被创出。如"风云洛阳道，花月茂陵田。相悲共相乐，交骑复交筵"（唐·卢照邻《哭明堂裴主簿》），其中前二句"风云洛阳道，花月茂陵田"，就是典型的"N＋N＋NP，N＋N＋NP"结构形式的名词铺排。由于汉语词汇由单音节向双音节发展乃是大势所趋，因此这种结构形式的名词铺排在唐以后的诗词曲文中都较少运用。而到了现代对联中，则更是难得出现。不过，由于它有其他结构形式所没有的特殊魅力，所以今天我们偶尔还能看到一二例。如：

岁月端溪砚，诗书冻顶茶。（亮轩《题张晓风眈谷》）

张晓风在天母山上的樱谷，购置了一间小屋，取名"眈谷"，除了自家人偶尔去"打个眈儿"之外，经常招待朋友。房子不大，却很迷人，还有许多可爱的小玩艺儿，烧水的是外表陶制的灶形电炉，泡茶的是艺术家的手拉胚，窗前挂的是从象脖子上解下来的木制风铃，床头桌上，有各种奇石，还有席慕蓉的画，楚戈、亮轩的字……以上是亮轩的对联，与屋里的情境与气氛，正相契合。笔者曾经改作"琴剑茅台酒，诗书冻顶茶"聊以自娱。（沈谦《修辞学》）

上例有两副对联，都是现代人所作。第一副"岁月端溪砚，诗书冻顶茶"，第二副"琴剑茅台酒，诗书冻顶茶"，都是"N＋N＋NP，N＋N＋NP"结构形式的名词铺排模式，不带动词、介词，纯粹以名词铺排来呈现作家的生活环境与生活常态。第一副"岁""月"两个名词属于抽象的概念，跟具象的"诗""书"对比呈现，在画面呈现中带有一种动感效果。第二副对联是仿作，但由于"琴""剑"与"诗""书"相对，画面更加丰富，既有刚又有柔，既有形又有声；同时"茅台酒"与"冻顶茶"入联，更具意味。前者是大陆名酒，后者是台湾名

茶；前者刚烈，后者温和。两两对比呈现，可谓刚柔相济，珠联璧合，画面效果特别好。

（四）"NP + NP + NP，NP + NP + NP"式

这种结构形式的名词铺排，并列的两句各由三个名词短语并列铺排而成句。从汉语辞格史的角度看，这种结构形式的名词铺排在宋元诗歌中就有先例，并非现代对联的发明。如"赤壁风月笛，玉堂云雾窗"（宋·黄庭坚《子瞻诗句妙一世，乃云效庭坚体，……次韵道之》），前句有三个名词中心语"风""月""笛"，"赤壁"则是三个名词中心语共同的修饰语，属于三个名词短语的并列铺排，即"NP + NP + NP，NP + NP + NP"式。又如"牡丹红豆艳春天，檀板朱丝锦色笺"（元·戴表元《感旧歌者》），前句"牡丹""红豆""艳春天"并列，后句"檀板""朱丝""锦色笺"并列，属于七字句的"NP + NP + NP，NP + NP + NP"式名词铺排。不过，应该指出的是，这种结构形式的名词铺排在古代诗歌中运用虽然并不乏其例，但在对联中特别是在现代对联中，还是不多的。就我们目前所能掌握的材料看，是难得一见的，只在民间尚有保留。如：

春花夏雨秋夜月，唐诗晋字汉文章。（豫北地区流行的厅堂联）

上例上联分别是以"花""雨""月"三个名词为中心语的偏正式名词短语并列叠加而成句，三个名词短语的连续铺排就像电影的三个特写镜头组合，将春夏秋三季的典型自然景色呈现出来，让人感受到来自大自然的美感；下联分别以"诗""字""文章"三个名词为中心语的名词短语并列对峙而成句，三个名词短语的连续铺排，展现的则是中华文化的源远流长。由于其是以类似于电影特写镜头的形式呈现，抽象的概念表达具有画面感。上下两句对照映衬，自然与人文的美感尽在其中。正因为如此，这副联语才得以在具有深厚文化底蕴的中原大地长期流行。

第五节　近现代名词铺排的审美追求

名词铺排发展到近现代，不仅随着汉语语法的发展在结构形式方面出现了许多古代所不曾有的类型，而且随着西方电影艺术与文学思潮的影响而在文本建构

的审美情趣方面发生了很大变化。正因为如此，近现代名词铺排在审美追求的价值取向上呈现出与以前大不相同的特点。具体说来，有如下几个方面。

一、汪洋恣肆之美是近现代诗歌、小说、散文共同追求的审美境界

名词铺排的最大特点就是以名词或名词短语的形式连续铺排，但是，在古代诗词曲中，名词铺排文本中的名词或名词短语铺排的数量是有限的，赋与小说（主要是唐传奇个别篇什）中虽然多一点，但就其名词铺排文本的数量与名词铺排文本实际占据全篇的篇幅来说，都是非常有限的。到了近现代，情况则完全不一样了。不论是诗歌，还是散文、小说，不仅名词铺排文本在篇中的数量大大增加，而且名词铺排文本占据全篇的篇幅也大幅提升。这种倾向反映出作者力图以大规模的名词铺排文本的集结，给接受者一种强烈的视觉冲击，以此营构出一种汪洋恣肆之美。

通过前面章节对古代诗词曲运用名词铺排情况的考察，我们清楚地发现，古代的诗词曲中虽然建构名词铺排文本的很多，但名词铺排文本在全篇中的数量不多，所占篇幅更是微不足道。但在近现代诗歌中则不然，有些诗歌不仅全诗名词铺排文本数量很多，而且名词铺排文本所占全诗的篇幅也很大，呈现出名词铺排文本大规模集结的趋势，其追求汪洋恣肆之美的倾向非常明显。如：

（1）匆匆匆！催催催！
一卷烟，一片山，几点云影，
一道水，一条桥，一支橹声，
一林松，一丛竹，红叶纷纷。

艳色的田野，艳色的秋景，
梦境似的分明，模糊，消隐，
催催催！是车轮还是光阴？
催老了秋容，催老了人生！（徐志摩《沪杭车中》）

例（1）是徐志摩的诗，在中国现代诗歌史上是相当有名的。它除了押韵、叠字和设问等修辞手法的运用外，最大特点就是"名词铺排"修辞手法的运用。全诗上下两章各有一个名词铺排文本。"这首诗的第一章，除了开头的'匆匆匆，

催催催'和结尾的'红叶纷纷',其余都是由偏正结构的名词短语构成,一个名词短语就是一个句子,这是明显脱胎于《诗经》'喓喓草虫,趯趯阜螽'(《国风·召南·草虫》),汉乐府民歌'青青河畔草,郁郁园中柳'(汉古诗十九首《青青河畔草》)、'青青陵上柏,磊磊涧中石'(汉古诗十九首《青青陵上柏》)、'岩岩山上亭,皎皎云间星'(汉乐府古辞《长歌行》)等原始'名词铺排'形态的。但是,与《诗经》以来的'名词铺排'模式不同的是,徐志摩不是以二句对峙并立的形式来表现,而是以'一卷烟''一片山''几点云影''一道水''一条桥''一支橹声''一林松''一丛竹'八个名词短语句一气铺排而下,就像迅速摇动的电影镜头,将一个接一个的影像推向读者面前,给人以一种目不暇接的视觉冲击,让沪杭平原上一幅幅生动的图画以移步换景的手法一一呈现出来,让人不禁思绪绵绵,遐思万千。除此,诗人如此高密度地将八个名词短语句集结到一起,还有一个用意,那就是用一个接一个的名词短语造景,有意造成一种匆匆而过的形象,这既与《沪杭车中》的诗题相关,通过表现火车速度之快,含蓄蕴藉地表现出时光荏苒,'逝者如斯'的主旨。诗的第二章开头两句'艳色的田野,艳色的秋景',也是用名词铺排表达法建构的修辞文本,两句各以一个名词短语构句。虽然所写对象'田野''秋景'都有'艳色'作修饰限定语,但仍给读者留下了想象的空间,那就是'艳色'究竟指的是什么?读者可以经由自己的生活体验与对诗歌内涵的理解,通过再造性想象或创造性想象予以发挥,从而复现出沪杭平原上一派丰收的秋日气象。"①

现代散文中追求汪洋恣肆之美而将名词铺排文本大规模集结的情况,也并不少见。如:

(2) <u>一座豪华的,由跨国公司经营的旅馆</u>。旋转的玻璃门上映射着一个个疲倦地微笑着的面孔。<u>长长的彬彬有礼的服务台</u>。<u>绿色的阔叶</u>。<u>酒吧的滴水池</u>。<u>电梯门前压得很低的绅士与淑女的谈话声</u>。(王蒙《凝思》)

例(2)是王蒙散文《凝思》中的一段文字,除了第二句有谓语动词"映射",属于正常语句外,其余都是由名词短语构成的句子,属于名词铺排文本。这种大规模的名词句在散文开头部分连续铺排,就像电影开幕时首先推出的几个特写镜头及其镜头组合,让人有一种目不暇接的视觉冲击感。很明显,作者是为了追求表达上的一种审美境界——汪洋恣肆之美。

---

① 吴礼权:《表达力》,台北:台湾商务印书馆,2011年,第38－39页。

至于现代小说，表达者通过建构名词铺排文本而追求汪洋恣肆之美的倾向更加明显。如：

（3）青春，热情，明月夜，深切的爱，一对青年男女，另一个少年，三角的恋爱，不体谅的父亲，金钱，荣誉，事业，牺牲，背约，埃及的商业，热带的长岁月。

没有父母的少女，酗酒病狂的兄弟，纯洁的初恋，信托的心，白首的约，不辞的别，月夜的骤雨，深刻的心的创痛，无爱的结婚，丈夫的欺骗与犯罪，自杀与名誉，社会的误解，兄弟的责难与仇视，孀妇的生活，永久的秘密，异邦的漂泊，沉溺，兄弟的病耗，返乡，兄弟的死，终身的遗恨。

久别的重逢，另一个女人，新婚的妻子，重燃的热情，匆匆的别，病，玫瑰花，医院中的会晤，爱情的自白，三角的恋爱，偕逃的计划，牺牲的决心，复车的死。

——许多的人在叹气，电灯亮了。蓝色布幕拉起来。什么也没有。我们仍旧在中国，不过做了一场欧洲的梦。（巴金《春天里的秋天》）

例（3）是巴金小说中的文字，前三段几十句都是名词或名词短语（个别是通过动词名物化的方式转换为名词短语的）的连续铺排，将20世纪上半叶中国人的欧洲梦以电影镜头的方式一一呈现出来，读之让人犹如坐在影院观赏电影。大量的镜头画面不仅让接受者受到强烈的视觉冲击，也给他们一种汪洋恣肆的审美愉悦感。

二、钟情于电影"蒙太奇"画面效果的审美意识非常明显

现代西方电影艺术中有一种非常重要的手法，叫"蒙太奇"。它是电影将一系列不同镜头根据主旨与情节的需要进行排列组合，用以叙事或刻画人物的一种艺术手法。值得提起的是，在这一系列不同镜头中，有些镜头是从远距离拍摄的，有些则是在近距离拍摄的，可以分别称为远镜头与近镜头，或曰全景镜头与特写镜头；有些镜头虽然搭配在一起，却是在不同地点拍摄的；有些镜头所拍摄的对象虽然是一个，却是从不同角度拍摄的；还有一些镜头，则是由不同方法拍摄的。不管是什么镜头，都是以图像的方式呈现，画面感特别强。而几个从不同距离不同角度、以不同方法拍摄的镜头组合起来，则可以变化无穷，足以表达丰富的内涵与深远的意境。

现代作家都受过西方电影艺术的熏陶，对于"蒙太奇"手法的表达效果都非常清楚，而且也非常认同，认为是一种创造意境与画面效果的有效方法，所以在他们的诗歌、散文与小说中都能见到这种手法的运用，表现在文字上，便是作品中大量名词铺排文本的创造。如：

（1）夜雨。
点点滴滴，点点滴滴，点点滴滴，
稀疏又稠密。
记忆。
模糊的未来，鲜明的往昔。
向北，向南，向东，向西，上天，下地。
悠长的一瞬，无穷无尽的呼吸。
喧嚣的沙漠。严肃的游戏。
西湖，孤山，灵隐，太白楼，学士台，
惆怅的欢欣，无音的诗句。
迷蒙细雨中的星和月；
紫丁香，白丁香，轻轻的怨气；
窗前，烛下，书和影；
年轻的老人的叹息。
沉重而轻松，零乱而有规律。
悠长，悠长，悠长的夜雨。
短促的雨滴。
安息。（金克木《寄所思二章——为纪念诗人戴望舒逝世三十周年作》第二章"夜雨"）

例（1）这首诗几乎全是由名词铺排文本构成，大量的名词或名词短语的铺排，读之让人犹如在看电影中一个个扑面而来的镜头及其镜头组合，感觉作者不是在用文字写诗，而是在用镜头拍电影。之所以会如此，是因为作者钟情于电影"蒙太奇"表现手法的画面效果，审美意识与电影表达趋同。

诗人写诗是如此，散文家写散文也是如此。如：

（2）自然是最伟大的一部书，葛德说，在他每一页的字句里我们读得最深奥的消息。并且这书上的文字是人人懂得的；阿尔帕斯与五老峰，雪西里与普陀山，来因河与扬子江，梨梦湖与西子湖，建兰与琼花，杭州西溪的芦雪与威尼市夕照的红潮，百灵与夜莺，更不提一般黄的黄麦，一般紫的紫藤，一般青的青草同在大地上生长，同在和风中波动⋯⋯（徐志摩《翡冷翠山居闲话》）

例（2）是徐志摩散文中的一段文字，其中"阿尔帕斯与五老峰，雪西里与普陀山，来因河与扬子江，梨梦湖与西子湖，建兰与琼花，杭州西溪的芦雪与威尼市夕照的红潮，百灵与夜莺"，就是由七个名词短语组合构成的名词铺排文本。由于每一句都是将欧洲的自然景物与中国的自然景物联结在一起，就像从不同地点拍摄的两个镜头叠合在一起构成的画面，因此画面感更强，电影"蒙太奇"的表现效果更为明显。作者之所以会创造出这样一个名词铺排文本，既与作者是诗人的身份有关，更与其所受的西方教育有关，因而诗人钟情于西方电影艺术的表现手法，通过有意识的名词铺排文本建构，使其散文别具"诗情画意"的效果。这里既可以看出名词铺排的表达效果，也可以看出作者的审美倾向与审美追求。

现代作家的散文创作深受西方电影艺术"蒙太奇"表现手法的影响很明显，现代小说家则更甚。有些现代小说家的名词铺排文本创作，几乎与电影剧本没有差别。如：

（3）红的街，绿的街，蓝的街，紫的街⋯⋯强烈的色调化装着的都市啊！年红灯跳跃着——五色的光潮，变化着的光潮，没有色的光潮——泛滥着光潮的天空，天空中有了酒，有了烟，有了高跟儿鞋，也有了钟⋯⋯

请喝白马牌威士忌酒⋯⋯吉士烟不伤吸者咽喉⋯⋯

亚历山大鞋店，约翰生酒铺，拉萨罗烟商，德茜音乐铺，朱古力糖果铺，国泰大戏院，汉密而登旅社⋯⋯

回旋着，永远回旋着的年红灯——

忽然年红灯固定了：

"皇后夜总会"。（穆时英《夜总会里的五个人》）

例（3）是穆时英的小说代表作《夜总会里的五个人》中的开头部分，描写"皇后夜总会"及其周围年红灯璀璨闪烁的夜景，"以此为背景，描写20世纪30年代上海滩夜总会中一群男女主人公的夜生活情状及其背后的故事。小说一开头连用四个偏正结构的名词短语：'红的街，绿的街，蓝的街，紫的街'，而且这四个短语都各自成句，这是典型的'名词铺排'修辞文本。它通过'红''绿''蓝''紫'四种颜色的变化写旧时上海滩夜景中的街道影像。虽然造句极为简洁简单，却经由颜色的丰富多彩，如电影'蒙太奇'（montage）的镜头组合一样，呈现出旧上海灯红酒绿的夜生活图画，让人不禁遐思万千，情不自禁地随着作者的文字而作充分的联想想象，仿佛走入时光隧道，进入昔日殖民地时代的'十里洋场'"①。紧接着"五色的光潮，变化着的光潮，没有色的光潮""泛滥着光潮的天空"四句，也是以名词短语铺排出现的名词铺排文本，同样是以特写镜头及其组合的形式呈现年红灯的光潮及其上海夜空的景观，让人有身临其境之感。"至于紧随其后的另一段文字，则更将昔日'十里洋场'的繁华景象尽显眼前：'亚历山大鞋店，约翰生酒铺，拉萨罗烟商，德茜音乐铺，朱古力糖果铺，国泰大戏院，汉密而登旅社……'这七个句子，每个句子都是一个偏正结构的名词短语，表示的都是一家商店或商铺的名称，也是典型的'名词铺排'修辞文本模式。由于每个句子都是一个名词短语的形式，表示的都是一家商铺名称，这就使所描写的诸多商铺形象显得比较抽象或模糊。但是，正是这种抽象或模糊，恰恰给读者解读文本留下了更多的想象空间。每个商铺是什么样子，卖的是什么，店铺装潢如何，客流如何，等等，都可以由读者凭借自己的日常生活经验，通过再造性想象或创造性想象予以补充发挥，从而在脑海中复显出一种新的影像。如此，作品自然能够达到'一千个读者有一千种解读'的接受效果，作品的审美价值就会大大提升。上述作者一气铺排七家店铺而不以正常汉语句子予以详细描写的意图，正在此矣。七家店铺（其实是更多，省略号的添加便是此意）以七个名词短语表示，而且是以七个并列句的形式出现，让读者顺着作者的笔触读下去，感觉就像是一个个电影镜头匆匆摇过，将旧时殖民地时代畸形繁荣的上海滩影像生动鲜活地呈现出来，让人遐思无限。"② 作者之所以喜欢建构名词铺排修辞文本，是因为名词铺排文本在表情达意上有电影"蒙太奇"的审美效果，而这正与作者钟情于西方电影"蒙太奇"表现手法有关，同时还与作者熟悉西方意识流、象征主义与印象主义等表现手法有关。很明显，作为中国 20 世纪初期"新感觉派的圣手"与现代派的先锋，作者穆时英的审美意识是影响其名词铺排文本建构的主要原因。

三、在虚实结合、动静交融中追求一种幻化灵动之美

自《诗经》开始，名词铺排文本的建构都是以表示实体概念的名词或名词短语铺排而成的，名词中心语与修饰语之间不加结构助词，这是古代诗词曲赋小说中的名词铺排文本所共具的形式特征。由于表示实体概念的名词或名词短语呈现

---

① 吴礼权：《表达力》，台北：台湾商务印书馆，2011 年，第 40 页。
② 吴礼权：《表达力》，台北：台湾商务印书馆，2011 年，第 40 – 41 页。

的都是具体的形象，因此其所呈现的都是一种具象之美。但是，到现代则不然。现代诗歌、散文与小说中的名词铺排文本，不仅有表示实体概念的名词或名词短语的铺排，而且有表示虚体（抽象）概念的名词或名词短语与表示实体概念的名词或名词短语混合铺排。这样，在现代诗歌、散文与小说中建构名词铺排文本就更加容易了。不仅如此，随着汉语语法的发展和印欧语系诸语法特点对现代汉语的影响，现代汉语名词短语的中心语与修饰语之间加结构助词"的"的情况越来越普遍，一些动词与形容词中心语通过加结构助词"的"，也能转换成名词短语的性质（语法上有个术语叫动词名物化）。这样，在现代汉语中，通过几个名词短语的铺排而建构名词铺排文本就显得更加容易了。

前面我们说过，古代的名词铺排文本都是通过实体名词或名词短语的铺排而构成，现代的名词铺排除了实体名词或名词短语的铺排，还有实体名词或名词短语与虚体（抽象）名词或名词短语的混合铺排。这样，就易于在虚实结合、动静交融中造就出一种幻化灵动的美感效果。如：

（1）骤雨。黄昏。普林斯顿的咖啡小屋。青荧荧的灯下，她的目光缓缓转向窗外的街道："你看他们多么从容。"用的是易安居士《永遇乐》的语调，随着她的视线望去，但见白花花的街道如川，亮闪闪的车辆如鲫，这一刻，以及接踵而来的下一刻，唯独不见徒步的行人——行人都叫骤雨淋跑了；我始而愕然，继而陷入恍惚，悟不透她口中所谓"从容的他们"，确切指的是谁。（卞毓方《在普林斯顿咖啡屋》）

（2）久别的重逢，另一个女人，新婚的妻子，重燃的热情，匆匆的别，病，玫瑰花，医院中的会晤，爱情的自白，三角的恋爱，偕逃的计划，牺牲的决心，复车的死。

——许多的人在叹气，电灯亮了。蓝色布幕拉起来。什么也没有。我们仍旧在中国，不过做了一场欧洲的梦。（巴金《春天里的秋天》）

（3）西湖，孤山，灵隐，太白楼，学士台，
惆怅的欢欣，无音的诗句。
迷蒙细雨中的星和月；
紫丁香，白丁香，轻轻的怨气；
窗前，烛下，书和影；
年轻的老人的叹息。
沉重而轻松，零乱而有规律。
悠长，悠长，悠长的夜雨。

短促的雨滴。

安息。(金克木《寄所思二章——为纪念诗人戴望舒逝世三十周年作》第二章"夜雨")

例（1）"骤雨。黄昏。普林斯顿的咖啡小屋"，是散文中的一个名词铺排文本，并列铺排的三个名词或名词短语在概念上有实有虚，"骤雨""小屋"是实体概念，呈现出来的是具体形象；"黄昏"是表示时间概念，是虚体（抽象）概念，呈现出来的是抽象形象。这样，三个名词短语句的铺排就像三个虚实结合的电影特写镜头，有一种幻化灵动之美。例（2）"久别的重逢，另一个女人，新婚的妻子，重燃的热情，匆匆的别，病，玫瑰花，医院中的会晤，爱情的自白，三角的恋爱，偕逃的计划，牺牲的决心，复车的死"，则是十三个名词或名词短语的连续铺排，其中有动词名物化转换成的名词短语（如"久别的重逢""三角的恋爱""复车的死"等）。这样，十三个句子就像是十三个静止画面与动态画面的结合，在视觉形象上别具一种动静交融的幻化灵动之美。例（3）"西湖，孤山，灵隐，太白楼，学士台""惆怅的欢欣，无音的诗句""迷蒙细雨中的星和月""紫丁香，白丁香，轻轻的怨气""窗前，烛下，书和影""年轻的老人的叹息"，十三个短句中，绝大多数是由名词或名词短语构成的，但也有少数由动词名物化转换成的名词短语（如"惆怅的欢欣""年轻的老人的叹息"等）。这样，这十三个名词短语句就像是十三个静止画面与动态画面结合的特写镜头的融合，不仅给接受者强烈的视觉冲击，而且别具一种幻化灵动的美感。

第六节　小　结

通过对现代诗歌、散文、小说乃至标题、对联中的名词铺排结构形式的考察分析，我们发现名词铺排结构形式到了现代出现了很大的发展变化，这主要表现在如下几个方面。

一、现代诗歌与古代诗歌相比，名词铺排结构形式发生了质的变化

古代诗歌（包括词曲）的名词铺排结构模式虽然在各个时代都有发展变化，

但始终在名词中心语与修饰语之间没有添加结构助词；名词与名词，名词短语与名词短语之间，始终不添加连词（只有宋代岳飞《满江红》词"八千里路云和月"一句例外）。但是，到了现代诗歌中，随着汉语的发展演变，以现代汉语创作的现代诗歌，名词中心语与修饰语之间往往都添加结构助词"的"；名词与名词、名词短语与名词短语之间，则都加连词"和"或"与"。正因为如此，现代诗歌中既出现了并列的几个名词短语都带结构助词"的"的名词铺排模式，也有部分名词短语带结构助词"的"的名词铺排模式，甚至还有既带结构助词"的"又带衬字"呵"的"NP＋NP"式名词铺排模式，以及既带结构助词"的"又带连词"和"或"与"的"NP＋NP"式名词铺排模式。

二、现代散文与小说中运用名词铺排手法的自觉性明显增强，结构形式多有创新

古代散文中很少见到名词铺排手法的运用，这方面的原因前文我们已经说过。至于小说，虽然唐代小说中出现了名词铺排，但并非古代小说的普遍现象。只是到了现代小说中，由于小说家受西方电影艺术的影响，当然可能也有中国古代诗词曲中运用名词铺排的影响，自觉建构名词铺排文本的意识大大增强，所以我们在现代小说中会看到很多名词铺排新形式。关于这一点，我们从巴金、王蒙等人的小说中看得尤其清楚。

三、标题与对联中出现名词铺排，既与现代电影艺术的影响有关，也与传统诗词的影响分不开

在现代诗歌与散文中，都有名词铺排文本的建构，这是古代诗歌与散文都不曾有过的现象。之所以如此，从理论上看，首先可能是受西方电影艺术的影响，因为名词铺排文本以名词铺排的形式出现，与电影中的镜头组合或特写镜头的效果非常相似，能够营造出一种诗情画意的效果。其次，中国传统诗词中喜欢运用名词铺排手法的事实，对现代散文与诗歌作者有着潜移默化的影响，这一点也是不可否认的。如徐志摩的散文中喜欢运用名词铺排，其实是与其诗人背景及其深厚的古典诗词修养分不开的。其他作者也是如此，这从上面我们所举到的现代诗歌、散文中的名词铺排例证中可以看出。

四、现代名词铺排结构形式的丰富多彩，与一些代表性作家的创作个性与刻意努力分不开

从上面我们对现代诗歌、小说、散文等文体中名词铺排文本的考察，可以清楚地发现一个问题，这就是少数作家在此方面表现得特别突出，个性化特色非常明显，如贺敬之的诗歌，巴金、王蒙的小说，碧野、王蒙、舒婷的散文，都是运用名词铺排手法非常突出的。不仅如此，他们所创造的名词铺排结构形式还特别复杂。这一点，又可以看出他们是刻意为之，是个性张扬的表现。如果追究背后的原因，恐怕与他们所受的西方电影艺术与意识流小说的影响分不开。

第八章 结 语

第一节　名词铺排在结构形式上的发展演进历史轨迹

"名词铺排"作为一种修辞现象，早在先秦时期便在《诗经》中出现了。但是，在先秦时期，名词铺排尚处于滥觞肇始阶段。就目前所能看到的先秦资料来看，不仅名词铺排的用例还不多，而且结构形式也只有一种，即"NP，NP"式，且以叠字领起。

两汉时期，诗歌中的名词铺排用例逐渐增多，虽然仍以叠字领起的"NP，NP"形式为主，但出现了不以叠字领起的"NP，NP"式。在赋中，则既有"NP，NP"式，也有"NP，NP，NP……"式等多种复杂的结构形式。汉赋中名词铺排结构形式的复杂化，主要与赋这种文体有关。汉赋特别是汉大赋都喜欢极力铺排，表现在语言形式上也就有赋中名词铺排结构形式在并列项上的扩展。

魏晋南北朝时期，无论是诗歌还是赋，其名词铺排在结构上都比两汉时期有较多的创新。诗歌方面，继承旧有模式的有三种，而创新则有四种，分别是四言成句的"NP，NP"式、四言成句的"NP，NP"（非叠字领起）与"NP，NP"（叠字领起）联合式、七言成句的"NP，NP"式、五言成句的"NP（叠字领起），NP（非叠字领起）"式。另外，还有一种篇章布局上的创新，就是篇尾名词铺排的运用。赋的创作，在魏晋南北朝时期虽非文学创作的主流，但在名词铺排结构模式的创新方面，还是有令人欣喜的进展。这一时期，继承旧有的模式最主要的只有两种，而创新的模式则有五种，分别是四言成句的"NP，NP"（叠字领起）式、六言成句的"NP，NP"式、四言成句的"NP＋NP，NP＋NP"（叠字领起）式、四言成句的"NP，NP，NP＋NP，NP＋NP"式、四言成句的"NP，NP，NP，NP"式。这些重要进展，应该说是与魏晋南北朝时期文学的形式主义风气盛行的时代背景以及作家们普遍专注于文字经营的努力分不开的。

隋唐五代时期是中国诗歌发展的黄金时代，也是词、小说发展的重要时期。伴随着诗、词、小说创作的繁荣发展，名词铺排在结构形式上也获得了空前的拓展。诗歌中的名词铺排结构形式在继承前代既有模式的基础上，有了很多创新。特别是初唐诗歌中，名词铺排结构形式的创新尤其令人瞩目。除了新创出"NP＋NP，NP＋NP""N＋N＋NP，N＋N＋NP""NP＋NP＋N，NP＋NP＋N"等双句并立的新结构形式外，还出现了不同结构形式的单句独立的类型。另外，由三个以上短句并列对峙的名词短语句群构成的名词铺排结构形式在初唐也开始出现，而两个名词铺排文本连续出现的模式则在中唐时期被创造出来。盛唐开始发展起来的词，其在名词铺排结构形式上，除了继承先秦以来诗歌中的"NP，NP"双句并立式与唐诗中创出的"NP"单句独立式以外，又新创出了双句并立式的"NP＋NP，NP""NP＋NP＋NP，NP""NP，NP，NP＋NP""N＋N＋N＋N，NP＋NP"等多种类型，以及单句独立式的"NP＋NP""NP＋NP＋NP"等类型。至于唐代小说中出现的名词铺排，在结构形式上更是丰富。除了在唐诗中已经出现的单句独立的"NP＋NP"式以及在汉赋创出的双句并立的"NP＋NP，NP＋NP"式以外，又新创出多句连续铺排的名词铺排结构形式，如"NP，NP，NP，NP""NP＋NP，NP＋NP，NP＋NP，NP＋NP，NP＋NP，NP，NP""NP，NP，NP＋NP，NP＋NP，NP＋NP，NP＋NP，NP＋NP，NP＋NP""NP，NP，NP＋NP，NP＋NP，NP，NP""NP＋NP，NP＋NP，NP，NP，NP，NP，NP，NP，NP，NP，NP"等非常丰富的类型。值得指出的是，唐代小说中这种超常规而有别于诗词的名词铺排结构形式的出现，其实并不是与小说这种体裁有特别的关系，而是唐人"有意为小说"意识在语言文字表现形式上的呈现。也就是说，唐代小说新创出的许多名词铺排结构形式是小说作者有意识的创新结果。

宋金元时期，诗词曲都发展到辉煌的顶点。伴随着文学的发展，名词铺排在结构形式上也有很多锐意创新的新类型出现。诗歌中除了有很多是继承前代的结构形式类型外，新创的类型也有不少。特别是金诗与元诗，其在结构模式上的创新更是令人瞩目。金诗现存的作品虽然数量并不大，但创新的结构模式竟达十五种之多，分别是四言成句的"NP，NP＋NP"式、六言成句的"NP，NP"式、七言成句的"NP，NP"（叠字领起）式、七言成句的"NP（叠字领起），NP（非叠字领起）"式、四言成句的"NP＋NP，NP"式、五言成句的"NP＋NP，N＋N＋NP"式、六言成句的"NP＋NP，NP＋NP"式、七言成句的"NP（叠字领起），NP＋NP＋NP（非叠字领起）"式、五言成句的"NP，NP，NP，NP"式、四言成句的"NP"（叠字领起）式、七言成句的"NP"（叠字领起）式、四言成句的"NP＋NP"式、六言成句的"NP＋NP"式、七言成句的"NP＋NP＋N"式、七言成句的"N＋N＋N＋N＋NP"式。元诗创新则更达二十四种之多，分别是七言成句的"NP，NP"（叠字领起）式、七言成句的"NP，NP＋NP"式、七言成句的"NP，NP＋NP＋NP"式、五言成句的"NP＋NP，NP＋NP＋N"式、六言成句的"N＋NP＋NP，NP＋NP＋NP"式、五言成句的"N＋N＋NP，NP＋NP"式、六言成句的"NP＋NP＋NP，NP＋NP"式、六言成句的"N＋NP＋NP＋NP，NP＋NP＋NP"式、五言成句的"N＋N＋NP＋N，N＋N＋NP＋N"式、七言成句的"NP＋N＋NP，NP＋NP"式、五言成句的"NP，NP，NP，NP"（叠字领起）式、七言成句的"NP，NP，NP，NP"式、五言成句的"NP，NP，NP＋NP，NP＋NP"式、五言成句的"NP＋NP，N＋NP，NP＋NP，NP＋NP"式、六言成句的"NP，NP，NP＋NP，NP＋N"式、六言成句的"NP＋NP，NP＋NP，NP＋NP，NP"式、七言成句的"NP＋NP（叠字领起），NP＋NP（叠字领起），NP＋NP，NP＋NP"式、六言成句的"NP，NP＋NP＋NP，NP＋NP，NP＋NP＋N"式、七言成句的"N＋NP＋NP，NP＋NP＋NP，NP＋N＋NP"式、五言成句的"NP＋NP＋N"式、六言成句的"NP＋NP＋NP"式、七言成句的"N＋N＋NP"式、七言成句的"NP＋NP＋NP＋N"式、七言成句的"N＋N＋N＋N＋N"式。至于词，宋金元各代都有创新模式，特别是宋词创新尤其突出。虽然这一时期词中名词铺排的结构模式有很多是唐五代词的创造，但相比较而言，创新的类型比继承的还要多。无论是单句独立式，还是双句并立式，或是多句铺排式，其内部都分出了更多的小类，实为前代所罕见。如单句独立式，就有"NP""NP＋NP""N＋N＋NP""NP＋NP＋N＋N"等类型，其类型的丰富性是唐五代词所远远不及的。又如双句并立式，就有"NP（三言），NP（四言）""NP（六言），NP（五言）""NP＋NP（四言），NP＋NP（七言）""NP＋NP（四言），NP＋NP＋NP（七言）""NP＋NP，NP＋N＋N"等类型，这更是唐五代词所没有的。至于多句铺排式，则也有唐五代词所少见的新类型。如"NP，NP，NP＋NP，NP＋NP""NP＋NP，NP＋NP，NP＋NP""NP＋NP，NP，NP＋NP，NP＋NP，NP＋NP＋NP""NP，NP＋NP，NP＋NP""NP＋NP，NP，NP""NP，NP，NP，NP""NP，NP，NP＋NP＋NP""NP＋NP（四言），NP＋NP（四言），NP＋NP（七言）""NP＋NP（四言），NP＋NP（四言），NP（五言）"等类型，亦为唐五代词所罕见。这一点与宋词创出的新词牌较多有密切关系，因为不同的词牌在句式方面的规定有很大不同。元曲中的名词铺排结构形式，虽然很多是从诗词中继承而来的，但也有自己很多创新。如"NP，NP，NP＋NP""NP，NP，NP＋NP＋NP""NP，NP＋NP""NP，NP＋NP，NP＋NP"

"NP＋NP，NP""NP＋NP，NP，NP""NP＋NP，NP＋NP，NP""NP＋NP＋NP，NP＋NP＋NP，NP＋NP＋NP""NP＋NP＋NP，NP＋NP＋NP，NP，NP"等，都是与曲牌有关的特殊名词铺排结构形式类型，是元曲作家的创造。

明清时期是文学复古的时期，同时也是小说、戏剧等通俗文学大发展的时期。由于文学复古思潮对诗词创作的影响尤其明显，明清时期的名词铺排在结构形式上整体上呈现继承大于创新的格局。至于发展迅猛的小说与戏剧创作中，则很少有名词铺排修辞手法的运用。这一点恐怕与这两种文体有关。不过，如果从整个名词铺排发展史来看，明清时期由于延续时间长，诗词数量也比前代更大，名词铺排在结构形式上的创新并不算少。如"NP＋NP，NP＋NP""NP＋NP＋NP，NP""N＋N＋NP＋NP，N＋N＋NP＋NP"等结构形式，就是明清诗歌的创造，在此之前的历代诗歌中都未曾出现。又如"NP＋NP，NP""NP＋NP，NP，NP＋NP""N＋N＋NP，N＋N＋N，N＋N＋N""NP＋NP，NP，NP""NP＋NP，NP，NP＋NP，NP""NP（四言），NP（四言），NP（六言）""NP（四言），NP（四言），NP＋NP（六言）""NP（七言），NP＋NP（五言），NP＋NP（五言）"等，也是明清词所创造出来的结构新模式。

时至近现代，由于语言的发展变化与文体的演进，新诗中的名词铺排结构形式与传统诗歌中的名词铺排结构形式有了很大变化。散文、小说等文体，本来出现名词铺排的概率不高，但是到近现代大量出现，且结构形式类型也很丰富。上面我们回顾了历代诗歌中名词铺排结构形式的演进史，了解到诸如"NP""NP＋NP""NP，NP""NP，NP，NP""NP，NP，NP，NP""NP＋NP，NP＋NP"等结构形式的运用相当普遍，但是所有的名词短语（即"NP"式）中都不带结构助词"的"或"之"。时至近现代，这一句法铁律被打破了，上述诸结构形式中的名词短语（即"NP"式）都带结构助词"的"，即由原来的"NP"演变成了带"的"字的"N＋P"。这是现代汉语发展的必然趋势，也是新诗中名词铺排结构形式上最重要的演进。除此，新诗中还有部分带结构助词"的"的各种名词铺排结构形式。也就是"NP"与带"的"字的"N＋P"交错出现，古今两种句法结构并存。还有比上述情形更进一步的名词铺排结构形式，如既带结构助词"的"又带衬字"呵"的"NP＋NP"式、既带结构助词"的"又带连词"和"的"NP＋NP"式，也在新诗中出现了。这种名词铺排结构形式的变化是非常明显的，与新诗在体式与句法上的变化有着密切关系。至于散文中，名词铺排修辞手法的运用不仅明显增多，而且结构形式也被深深地打上了现代汉语的烙印。无论是单句独立的"NP"式，还是双句并立的"NP，NP"式，或多句连续铺排的"NP，NP，NP……"式，"NP"中既有全部带结构助词"的"的，也有部分带

"的"的。除此，还有带连词"和"的"NP + NP + NP + NP"结构式，带结构助词"的"与连词"和"的"NP，NP，NP，NP + NP"结构式、带结构助词"的"与连词"与"的"NP + NP，NP + NP，NP + NP，NP + NP，NP + NP，NP + NP，NP + NP"结构式。这种情况也是对传统名词铺排结构模式的颠覆性变化，与散文的文体特点及语言的发展演进都有密切关系。小说中名词铺排结构形式的发展演进，则更加突出。无论是单句独立的"NP"式，还是双句并立的"NP，NP"式，或多句连续铺排的"NP，NP，NP……"式，或其他别的形式，"NP"式中既有全部带结构助词"的"的，也有部分带"的"的。除此，还有既带结构助词"的"又带连词"和"（或"与"）的各类由多句连续铺排的名词铺排结构形式，以及全带连词"和"的"NP + NP，NP + NP，NP + NP"式。很明显，相较于唐代小说中有意识创造出来的名词铺排结构形式，现代小说中的名词铺排结构形式更显丰富。这一方面与现代语体文发展有关，另一方面也与创作者受西方电影审美倾向的影响有关。

由上所述，我们可以发现汉语名词铺排结构模式的发展演进有这样两个规律：一是从整体上看，名词铺排结构模式类型随着时代与文学的发展趋向于日益丰富，这从先秦与其后各个历史时期的数量对比上可以看得很清楚。二是在不同文体内部，名词铺排结构模式的类型由单一化趋向于多元化，这从先秦诗歌与其后历代诗歌的对比中可以看得很清楚，从唐五代词与宋词的比较也可以看得很清楚。散文、小说也如此，特别是散文，古代是很少出现名词铺排的，而现代散文中出现名词铺排就显得平常了。小说中的名词铺排，唐代虽已经出现，且类型颇多，但之后很长时间就难得一见了。而到现代小说中，名词铺排不仅常见，而且类型也非常丰富。这里既有汉语自身发展的原因，更有西方意识流小说的影响，这从作家的背景可以看得非常清楚。

第二节　名词铺排在审美追求上的发展变化规律

名词铺排作为汉语中的一种修辞现象，有着悠久的发展演进历史。在漫长的发展演进过程中，我们不仅可以清楚地见出名词铺排在结构模式上的演进，而且也能明显感觉到不同历史时期名词铺排文本创造在审美观上的变化。

就目前我们所能看到的材料来说，先秦时期的名词铺排文本的创造还处于非自觉的自发阶段，因此诗人创造名词铺排文本的审美意识也很难明显看出，这从前文我们提到的《诗经》中两例名词铺排文本就很清楚。《诗经·国风·召南·草虫》有曰："喓喓草虫，趯趯阜螽。未见君子，忧心忡忡。"其中，"喓喓草虫，趯趯阜螽"二句，便是最原始形态的名词铺排文本。"喓喓"写草虫鸣叫之声，由声及物，非常自然，符合人们认知事物的规律。"趯趯"写阜螽跳跃之状，由动作而及于动作者，是按照人们观察事物的逻辑顺序构句的，也非常自然。《诗经·小雅·斯干》有曰："秩秩斯干，幽幽南山。如竹苞矣，如松茂矣。兄及弟矣，式相好矣，无相犹矣。"其中，"秩秩斯干，幽幽南山"也是同一类名词铺排文本。"秩秩"写低头所见脚边斯干河流水不断之状，"幽幽"状抬眼所见远处南山幽深之景，皆是即目所见，遣词构句的逻辑顺序是由近而远，符合人们观察事物的规律。可见，上面这两个名词铺排修辞文本不是诗人有意而为之，而是纯粹的自然叙事与写景之笔。因此，如果要说周秦时期的诗人运用名词铺排有什么追求的话，恐怕就是追求一种妙趣天成的自然美了。

两汉时期，诗赋中的名词铺排既有类似于《诗经》"NP，NP"式（以叠字领起）的，也有不同于《诗经》"NP，NP"式（不以叠字领起）的。特别是赋中的名词铺排结构模式，更加趋于复杂。这说明两汉时期的作者建构名词铺排文本已经不是非自觉的自发行为，而是有意而为之。因为诗歌是吟唱的，因而就有一个韵律美的问题。韵脚怎么安排，如何构句，都与诗歌的韵律美感有着密切关系。可以设想，当汉人吟唱《诗经》中"喓喓草虫，趯趯阜螽""秩秩斯干，幽幽南山"等句时，发现其句法结构与诗的韵律美之间的关系时，定当幡然醒悟，领略到名词铺排的韵律美。如此，他们必然群起而仿效之。这一点，从两汉诗歌中大量运用《诗经》所创造的以叠字领起的"NP，NP"名词铺排结构模式，就可看得非常清楚。如汉古诗十九首中"青青河畔草，郁郁园中柳"（《青青河畔草》），"迢迢牵牛星，皎皎河汉女"（《迢迢牵牛星》），"青青陵上柏，磊磊涧中石"（《青青陵上柏》），"峕峕山上亭，皎皎云间星"（汉乐府古辞《长歌行》）等，都是《诗经》所创造的以叠字领起的"NP，NP"名词铺排结构模式。如果要说有什么差异，只是《诗经》是以四言构句，而汉人诗歌则是以五言构句而已，本质上没有什么不同。可见，汉人模仿《诗经》所创名词铺排结构模式的痕迹非常明显。既然是模仿，说明汉人建构名词铺排文本是一种有意而为之的自觉行为，有明显的审美意识。至于汉赋中名词铺排的结构模式，则不仅类型多，而且比较复杂，远非《诗经》所创造的"NP，NP"式（以叠字领起）可比。这一点更清楚地昭示了汉人建构名词铺排文本乃是一种自觉的行为，是有意而为之的修辞创造，有一种明显的审美追求倾向。不过，应该指出的是，汉代诗赋作家建构名词铺排文本在审美追求上与周秦时期的诗人明显有区别。周秦时期诗人追求的是一种妙趣天成的自然美，而汉代诗赋作家追求的则是一种铺排壮势的阔大美与错综其文的灵动美，这一倾向在汉赋中体现得最为明显。

魏晋南北朝时期是中国历史上最为动荡不定的时期，也是传统儒家思想受到严重冲击的时期，更是文学创作的革新时期。诗歌中名词铺排文本的建构，情况亦然。这一时期的名词铺排在结构模式上出现了前所未有的剧变。以"NP，NP"式（以叠字领起）的名词铺排来说，先秦时期与汉代都是居于全诗之首，就像现代电影在开幕时推出的一组特写镜头，明显有一种追求先声夺人审美效果的倾向。但是，魏晋南北朝时期的名词铺排，无论是以叠字领起的"NP，NP"式，还是以非叠字领起的"NP，NP"式，都有居于诗歌中间部分的，或是诗歌的结尾部分。这种变化明显是魏晋南北朝时期诗人的创造，也是其追求"诗中有画"审美效果的表现。至于"NP，NP"式中两项内容的安排，诗人们往往倾向于将相对或相反的物象分列两句，形成对立相反而又和谐统一的格局，这明显表现了魏晋南北朝时期诗人注重意象对比，追求同中见异的和谐美之倾向。总体上看，这一时期在名词铺排文本建构的审美方面明显有逐渐多元化的倾向。

隋唐五代时期是中国文学大繁荣的时期，也是诗歌发展的鼎盛时期之一。在这一时期，不仅诗歌创作空前繁荣，词、小说的创作也已开始，并呈现出蓬勃的生命力。诗歌方面，由于与科举考试有关，随着诗歌格律逐渐定型，讲究对偶的倾向日益明显，名词铺排文本的建构也深受影响，因而诗人创造名词铺排文本时追求刻意为工的整齐均衡美的审美倾向也就格外明显。词的方面，由于在句式长短上与诗不同，自由度较大，因而名词铺排文本的建构在结构模式上就与诗歌出现了较大的差异。就现今所见唐五代词来看，词中的名词铺排在结构类型上比诗歌更显丰富多彩。就词中名词铺排结构模式的内部差异看，既有并列项多少的差异，也有字句长短的差异，不像诗歌中的名词铺排结构模式那样整齐划一。这种情况明显表现了这一时期词人们有追求错综灵动之美的审美倾向。至于小说方面，虽然名词铺排的文本不像诗词中那样普遍，但就唐代小说中出现的名词铺排结构模式来看，不仅类型多，而且结构复杂。这一点既与小说属于散文体而非韵文体的性质有关，更与小说作者锐意创新、有意而为之的意识有关。如果将唐代诗词与唐代小说比较，仅以名词铺排结构模式在句数上的表现来看，就有非常大的差异。唐诗中虽有单句独立式和多句铺排式，但整体上还是以双句并立式占绝对优势。唐词中也是以双句并立式为主，虽也有单句独立式与多句铺排式，但比例不大。就多句铺排式来看，连续铺排的项目最多也只有三个。但是在唐代小说中，名词铺排文本除了极少量的单句独立式外，全部都是多句铺排式。铺排的项目不仅有三项、四项、五项，还有多至八项甚至十二项的。这种情况颇有汉大赋铺张扬厉的特点，表现出小说家对壮阔美情趣的追求。由上述诗、词、小说在名词铺排结构模式上不同的表现，我们可以清楚地见出，隋唐五代时期名词铺排审美趣味趋于多元化的倾向非常明显。

宋金元时期是诗歌创作继续高度繁荣的时期，也是词曲发展达到高峰的时期。伴随着文学创作的繁荣，名词铺排结构模式在这一时期也有较大的发展演进。值得指出的是，除了在结构模式上宋金元诗词与元曲有很多创新外，在审美趣味上，宋金元作家在名词铺排文本建构中也表现出与前代不一样的审美倾向，这就是追求结构形式多元变化之美，还非常注重作品的节奏与意境统一之美。关于前者，从宋金元诗词曲中名词铺排文本建构单句式、多句式（三句为主）结构类型比例趋高，而对句式（包括四句等偶句）比例降低的数据方面分析，就能清楚地看出这一时期作家在审美倾向上对追求对称平衡之美的情趣减弱，而对于追求多元变化之美的情趣增强。关于后者，从前文我们说到的一个事实就能看得很清楚。根据我们的调查与分析，宋金元作家在诗词曲创作中往往有意识地将名词铺排文本置于作品的中间部位（即篇中），而不是像先秦时期的《诗经》与汉乐府诗那样，几乎毫无例外地将名词铺排文本置于作品的开头（即篇首），或是像南北朝诗人那样刻意将名词铺排文本置于作品结尾（即篇尾）。这种名词铺排文本位置的变动，表面上看是篇章布局模式的变化，实则蕴含了审美趣味的转变，即追求一种节奏与意境统一之美。因为名词铺排文本置于作品篇中，不仅可以营造一种画面效果，拓展意境，还能有效地调整语言节奏，从而达到节奏与意境相统一的美感效果。

明清时期，诗词创作仍然占据文学创作的主流地位。但是，就声势与活力而言，则大不如从前。这一时期，最具活力、最受广大民众欢迎的是小说、戏剧等通俗文学的创作。不过，正如前文所说，名词铺排的修辞现象本来就是孕育于诗歌之中的，后来汉赋、唐宋词、元曲中也出现名词铺排文本的建构，实际上仍与诗歌有关。因为词、曲、赋都是诗歌体的延伸，在性质上相似，属于源与流的关系。而小说、戏剧等通俗文学在文体上与诗歌距离较大，除了唐代小说创作中有意而为之，创造了不少名词铺排结构新模式外，明清小说、戏剧中建构名词铺排文本的非常罕见。正因为如此，明清时期在名词铺排结构模式方面的创造，相对于之前的各个历史时期，就显得有些逊色了。不过，这一时期名词铺排在结构模式发展演进上所表现出的两种倾向还是值得我们重视的，这就是诗与词在审美情趣方面出现了明显的分野。前文我们从数据统计的角度进行过分析，发现明清诗歌中对句式名词铺排结构类型比例明显趋高，而词中单句式（包括三句式）名词铺排结构类型比例趋高。这就表明，在诗歌名词铺排文本建构中，作家们倾向于中国传统的以对称平衡为美的审美观；在词的名词铺排文本建构中，作家倾向于打破尚偶观念而追求灵动自由的审美观。前者可能与明代的复古主义和清代的拟古主义文学思潮有关，后者可能与词为通俗文学的性质有关，因为通俗文学最鲜明的特色就是灵动活泼。另外，还可能有元曲的影响因素在其中，因为元曲创造出来的"鼎足对"名词铺排结构模式非常流行。词既与元曲同属通俗文学，相互借鉴自然也是顺乎情理的。

近现代是汉语名词铺排发展演进最重要的时期。这一时期，由于汉语自身的发展变化，无论是小说、散文还是诗歌，其所建构的名词铺排文本在结构模式方面都有了突破性的变化，这便是传统的"NP"短语结构中出现了结构助词"的"。诗歌中有些形式较复杂的名词铺排，其中的"NP＋NP"或"NP＋NP＋NP"结构中还带有连词"和"（或"与"），甚至带有诸如衬字"呵"之类的语气词。这种情况在古典诗歌乃至词曲中都是不可能出现的。应该说，这与汉语自身的发展变化有关，与诗歌随语言发展而变化有关。散文中的名词铺排结构形式，较之诗歌又复杂了些，这与散文属于散体的性质有关。现代诗虽然不追求长短均一，但毕竟句长有所限制。而散文则不然，因此散文中的名词铺排不仅在并列项上可以大幅扩展，而且添加结构助词或连词的概率更大。至于小说，其名词铺排结构形式就更加复杂了。不仅有在"NP"结构中添加结构助词"的"的，在"NP＋NP"结构中添加结构助词"的"与连词"与"的，还在"NP"或"NP＋NP"并列项上进行超常规的扩展。值得指出的是，近现代汉语名词铺排的上述诸多变化，表面上看只是语言结构形式上的创新，实质上是审美观念的更新。因为无论是新诗在体式上的革新，还是散文与小说中的新句法、新表达式的出现，事实上都深深地烙上了西方思想文化深刻影响的印记。名词铺排虽是汉语古已有之的修辞手法，但在近现代诗歌、散文、小说等文体中的运用却融入了西方的审美意识，并非纯粹只是中国本土审美情趣的再现。上文我们说过，汉语近现代名词铺排的结构形式非常丰富，也非常复杂。但是，透过复杂的现象，我们可以清晰地看到贯穿其中的三种主要审美倾向：一是追求汪洋恣肆之美，二是钟情于电影"蒙太奇"画面效果，三是追求在虚实结合、动静交融中实现一种幻化灵动之美。追求汪洋恣肆之美，是近现代名词铺排修辞文本建构者普遍的审美倾向。无论是小说、散文还是诗歌，连续铺排并立的"NP"或"NP＋NP"项目数量越来越多，早已不是先秦或魏晋南北朝时期两项并立的"NP，NP"模式那么简单。唐人有意为小说所创造的名词铺排结构形式中，连续铺排的项目最多是十二项，这是极其罕见的。但是，在近现代特别是现代，这类多列项的名词铺排结构形式在小说中已经是司空见惯的现象。连续铺排的"NP"或"NP＋NP"项目在十个以上者非常普遍，最多时可达二十一项，即巴金在小说《春天里的秋天》中创造的"NP，NP，NP，NP，NP，NP，NP，NP，NP，NP＋NP，NP＋NP，NP，NP＋NP，NP，NP，NP，N，NP，N，NP，NP"式。散文虽然不及小说，但名词铺排结构形式也非常丰富，结构也较复杂，连续铺排的"NP"或"NP＋NP"项目也较多，三项或四项以上连续铺排的非常普遍。这与古代散文中很难找到一个名词铺排用例的情况完全不同。至于诗歌，虽然限于句长而不可能像散文、小说那样无限制地铺排"NP"或"NP＋NP"项目，但并立项目在四项至八项之间的名词铺排数量却非常多，几乎是居于主流地位，单句独立式或双句并立式反而少见。可见，近现代名词铺排追求汪洋恣肆之美的审美倾向非常明显。这种倾向既与先秦散文（诸如庄子、孟子散文）与汉大赋好为铺排的传统有关，更与创作者深受西方文艺美学思想影响有关。这一点，我们从穆时英、巴金、徐志摩、金克木、王蒙等人的个人爱尚与教育背景，以及他们喜爱在作品中运用名词铺排手法的事实中看得非常真切。钟情于电影"蒙太奇"画面效果，也是这一时期名词铺排文本建构者的审美追求。如果说诗歌中建构名词铺排文本是一种对中国文学传统的非自觉的继承，那么散文、小说中建构名词铺排文本，则完全是建构者的自觉实践。因为跟诗歌受格律（新诗实际上也有内在的格律）、句长限制不同，散文与小说是以散体写作的，句长或句式都非常自由。之所以散文与小说中会出现名词铺排文本的建构，那完全是一种审美的追求。这一点，只要我们读一读徐志摩的散文、巴金与王蒙的小说，就能看得很清楚。无论是散文还是小说，在大量的散体叙述中，偶尔嵌入一些以名词或名词短语连续铺排的名词铺排文本，在审美上就有一种像电影叙事中插入一些特写镜头的效果，画面感特别强烈，易给人带来一种"文中有画"的审美享受。诗歌中嵌入名词铺排文本，则具有"诗中有画"的效果。追求在虚实结合、动静交融中实现一种幻化灵动之美，这在近现代诗歌、散文、小说的名词铺排文本建构中都有所体现，是作者的一种审美倾向表露。这一点，我们在前文的随例分析中多有论说，兹不赘述。

从整体上看，汉语名词铺排的发展演进，就修辞意识来说，走过了一条从非自觉到自觉、从模仿学习到锐意创新的道路；就结构模式来说，走过了一条由简单到复杂、由单调到丰富的道路；就审美倾向来说，走过了一条由单一化向多元化转变的道路。

第三节 名词铺排的出现与文体的关系

前文我们说过，就目前我们所能看到的文献资料来说，名词铺排的建构最早出现于先秦时期的《诗经》之中。之后，两汉诗赋中都出现了。不过，汉诗中的名词铺排与先秦时期以四言成句的"NP，NP"式有所不同。它既有以叠字领起的，也有以非叠字领起的。而且汉诗的"NP，NP"式名词铺排都是五言成句的。可见，随着诗体的发展，"NP，NP"式名词铺排在表现形式上也是有变化的。至于汉赋中的名词铺排，除了继承《诗经》所创造的"NP，NP"式外，还有其他自创的多句连续铺排的新形式。汉赋之所以会出现与汉诗不同的名词铺排结构形式，这实际上是与汉赋这种文体有关的。汉赋特别是汉大赋，有一个非常突出的特点，就是喜欢极力铺排，包括内容与语汇。这一点正好与名词铺排以名词或名词短语铺排构句的特点相契合。于是，便有了名词铺排在汉赋中的挥洒用武之地。魏晋南北朝时期，文学创作仍是以诗赋为主，所以名词铺排仍以诗赋为栖身的主体，情况与两汉时期相似。

隋唐五代时期，特别是唐代，是中国诗歌转型发展的重要时期，也是词与小说发展的重要时期。诗歌的发展，在初唐与盛唐时期经历了一个由古诗到格律诗的逐步定型化的过程。在这一过程中，名词铺排在结构形式上也有很多创新。初唐最多，盛唐以后渐少，但仍有多少不等的新结构模式创出。这一点，我们前文已经说得非常清楚了，兹不赘述。词的发展，一般认为始于盛唐。但是，到晚唐与五代时，词已经发展到相当成熟的阶段。由于词是"诗之余"，是诗歌的另一种表现形式，所以最初孕育于诗歌中的名词铺排，在唐五代词中也非常活跃。除了继承唐代和唐代以前的诗歌所创造的名词铺排结构模式外，唐五代词还有自己非常多的结构模式创新。至于唐代的小说，也令人感到惊讶地出现了名词铺排。不仅出现了，还有很多结构非常复杂的形式创造出来，是诗词都不曾有的。这种现象的出现，一方面与唐代小说家有意为小说、有意为名词铺排的意识有关，另一方面也与文体有关。众所周知，唐代小说家写小说有一种倾向，就是要表现其史、才、识。因此，作家不仅要专注于叙事，以展现其史传文学的长才，还要插入一些诗词，以炫耀其文学才华。除此，还要有评论的功力，以显其识见的不同寻常。正因为如此，在唐代小说中，名词铺排文本便有了生存的空间。如小说中插入的诗词，铺写风景物产的叙述文字都可能孕育出名词或名词短语连续铺排的名词铺排文本。关于这一点，从唐人张鷟的小说《游仙窟》中看得尤其清楚。如果要追根溯源，唐代小说喜欢在铺写风景物产时建构名词铺排文本，应该是与汉赋在叙写风景物产时极尽铺张扬厉之能事的传统有关。

宋金元时期，名词铺排只出现在诗词曲三种文体中，在小说与散文中都未发现其身影。出现这种情况，倒是比较容易理解。名词铺排最早孕育于诗歌之中，这一时期的诗歌中有大量名词铺排出现，乃是自然现象。词是"诗之余"，是另一种形式的诗歌，因此词中出现名词铺排也属正常。至于曲，因为其性质类似于词，也与诗有密切关系，因而曲中常见名词铺排文本也是正常现象。明清时期，名词铺排则只出现于诗词两种文体中，其他文体中都很难见到名词铺排的身影。究其原因，与上述我们说到的几个因素都有关。

近现代情况则有所不同，不仅诗歌中有更多结构类型的名词铺排出现，而且长期以来很少在散文中出现的名词铺排也开始现身了，而且一现身就有很多结构形式。至于小说中，则更不乏名词铺排矫健的身影。这种现象的出现，除了受到中国传统诗歌中喜欢建构名词铺排文本的影响外，更多的是受到西方文艺美学特别是电影美学的影响。这一点，前文已加阐释。

从整体上说，无论是从渊源关系上看，还是从出现频率与数量上看，名词铺排与诗歌这一文体的关系都显得更为亲密。因为无论是赋，还是词曲，从本质上说都只是诗歌的变体而已。无论名词铺排在小说与散文中是如何活跃，在整体数量与出现频率上都不能与在诗歌及其诗歌的同道（词曲赋）中出现的总量等价齐观。

附　录

附录一 日汉对比视角下日本文学作品中的名词铺排[①]

[**摘 要**] 名词铺排是汉语中一种非常奇特的语言现象，也是一种富有意味的修辞现象，早在先秦时期的《诗经》中就已出现，之后，中国历代诗歌以及先后发展出来的赋、词、曲、小说等新文体，都有名词铺排文本的建构。日语虽跟汉语分属不同类型的语言，在语法上存在着迥然的差异，但也有名词铺排现象，而且在自古及今的日本各体文学作品中都有表现，在文本建构的审美情趣上也与汉语相类似。

[**关键词**] 汉语；日语；名词铺排；文本；审美

一

日语与汉语是两种差别颇大的语言。汉语属于孤立语（又称词根语或分析语），日语则属于典型的黏着语，两者在语法上的差异性之大是可以想见的。但是，令人惊奇的是，这两种迥然不同的语言，竟然在语法上存在特殊的相同之处，这就是在语言表达中都有一种特殊的句法现象——"名词铺排"[1]。

以往，我们对于名词铺排的认知有一定的局限，认为名词铺排只是汉语文学作品中的一种独有的修辞现象。名词铺排，作为一种特殊的语言现象，在汉语文学作品中表现得最为突出显著。从句法上看，名词铺排最大的特点是构句摒弃动

---

① 本文刊登于《北华大学学报》（社会科学版）2019 年第 6 期，为上海高校高峰高原学科建设资助项目的阶段性研究成果。

词，亦无虚词之助，仅以名词或名词短语（包括名词短语组合）构句；从语境上看，以名词铺排形式建构的文本，在语义与语法上是独立的言语单位，即既不充任其前句的谓语或是宾语、补语，亦不充任其后句的主语或定语、状语。从表现形式上看，主要有三大类型：一是单句式，二是对句式，三是多句式[2][3]。

汉语中的名词铺排现象，表面上看是句法问题，实质上则是修辞问题，是汉语表达中一种独特的修辞现象。因此，在汉语修辞学界有学者将之视为一种修辞格，名曰"列锦"[4]。作为一种修辞现象，名词铺排在汉语中有着悠久的历史。根据我们的调查与考证，就今日所见存世最早的汉语文学史料来看，名词铺排文本的建构"在先秦的《诗经》中就已经萌芽。《国风·召南·草虫》：'喓喓草虫，趯趯阜螽。未见君子，忧心忡忡。'其中，'喓喓草虫，趯趯阜螽'两句，便是两个各自独立且彼此对峙的名词句"[5]，属于典型的名词铺排句法，明显是一种修辞现象。不过，从汉语修辞史的视角看，《国风·召南·草虫》篇"喓喓草虫，趯趯阜螽"这样的名词铺排句，以今人审美的眼光观之虽极富意境之美，但我们恐难就此断定这是诗人有意而为之，而只能说在很大程度上是诗人自然写实的天籁之音。因为诗句"先以'喓喓'之声领起，由声及物，引出发出'喓喓'之声的主体'草虫'（即蝗虫，蝈蝈）；再以'趯趯'（跳跃之状）之形象领起，由远及近，引出'阜螽'（即蚱蜢）。创意造言没有刻意为之的痕迹，完全是诗人不经意间的妙语天成。因为按照人的思维习惯，总是先听到一种声音，然后再循声去寻找发出声音的物体；总是先远远看到某物活动的朦胧形象，再逼近细看活动的主体（人或动物）。因此，我们说诗人以'喓喓'居前，'草虫'在后，'趯趯'领起，'阜螽'追补的语序所建构出来的修辞文本'喓喓草虫，趯趯阜螽'，虽然有一种类似现代电影'蒙太奇'手法的画面审美效果，但这种效果乃是妙趣天成，不是人工雕凿出来的美"[6]。除《国风·召南·草虫》篇"喓喓草虫，趯趯阜螽"两句外，《诗经》中的《小雅·斯干》起首"秩秩斯干，幽幽南山"两句，亦为同类性质的名词铺排，同样具有"诗中有画"的审美效果。

虽然先秦时期诗歌作品中的名词铺排句法构造尚属诗人非自觉的修辞行为，如果要说诗人有什么审美意识，也只能说这种审美意识尚处于一种朦胧的状态，很难说诗人具有明确的审美意识，但是，这种以名词铺排而成的文本客观上"却极具鲜明的画面感，有力地提升了诗歌的意境；同时文本每句开头皆以叠字领起，还有一种'双玉相叩'的韵律之美"[2]。正因为先秦诗人非自觉的、无意识的、妙笔偶成的名词铺排句法在客观上具有如此独特的审美效果，让汉代诗人从中受到了启发，于是便有了诗歌创作中有意识的模仿。关于这一点，我们从现存的汉乐府民歌与古诗中都能清楚地见出。如：

（1）青青河畔草，郁郁园中柳。盈盈楼上女，皎皎当窗牖。（《古诗十九首·青青河畔草》）

（2）迢迢牵牛星，皎皎河汉女。纤纤擢素手，札札弄机杼。（《古诗十九首·迢迢牵牛星》）

（3）青青陵上柏，磊磊涧中石。人生天地间，忽如远行客。（《古诗十九首·青青陵上柏》）

（4）岩岩山上亭，皎皎云间星。远望使心思，游子恋所生。（汉乐府古辞《长歌行》）

例（1）的"青青河畔草，郁郁园中柳"，例（2）的"迢迢牵牛星，皎皎河汉女"，例（3）的"青青陵上柏，磊磊涧中石"，例（4）的"岩岩山上亭，皎皎云间星"，从句法结构上看，跟《诗经》中的"喓喓草虫，趯趯阜螽""秩秩斯干，幽幽南山"一样，都是"NP，NP"式，不仅无一例外地全都居于全诗的起首位置，而且都是以叠字领起，明显都是名词铺排文本。如果说它们跟《诗经》中的名词铺排文本有什么不同，只是每句字数上有差异而已，句法上无差异。

汉诗中这些名词铺排文本的建构，"如果说它们是无意而为之，恐怕很难成立。相反，说它们是模仿《诗经》'喓喓草虫，趯趯阜螽'的名词铺排结构形式，则有相当充足的理由。如'青青河畔草，郁郁园中柳'，也可以变换成'河畔草青青，园中柳郁郁'，表意上没有什么变化，但在审美效果上则有相当大的差异。前者因为是名词铺排文本，接受上就有一种电影镜头式的特写画面感，给人以更多的联想想象空间，审美价值明显很高。后者则仅是一种简单的描写句，类似于陈述事实的性质，提供给读者的是'春天到了，草绿柳郁'这样一个信息，审美价值就打了折扣"[6]。其实，汉文学发展的事实早已证明，"从汉代开始，不仅诗人意识到了名词铺排独特的审美价值，其他如赋家、词家、小说家、元曲作家等，都清醒地意识到了名词铺排在造景呈象、拓展意境、提升作品审美价值方面的独特意义"[2]。

由于审美意识的觉醒，名词铺排文本的建构自先秦时期而至今日，在中国历代文学作品中一直赓续不绝，并在结构形式上不断有所创新。先秦时期的《诗经》中，名词铺排文本还仅有以四言成句且以叠字领起的"NP，NP"式一种。到了汉代，诗歌中不仅出现了五言成句且以叠字领起的"NP，NP"式（如"青青河畔草，郁郁园中柳""迢迢牵牛星，皎皎河汉女"等），还有五言成句而以非叠字领起的"NP，NP"式。如：

（5）胡姬年十五，春日独当垆。**长裾连理带，广袖合欢襦。**头上蓝田玉，耳后大秦珠。（汉·辛延年《羽林郎》）

例（5）中的"长裾连理带，广袖合欢襦"两句，便是汉诗创造出来的一个五言成句而以非叠字领起的"NP，NP"式名词铺排文本。之所以说这两句是名词铺排，是因为这两句"与它们前后的句子都没有语法结构上的关涉，是独立的。'胡姬年十五，春日独当垆'居'长裾连理带，广袖合欢襦'之前，但不以之为谓语；'头上蓝田玉，耳后大秦珠'居'长裾连理带，广袖合欢襦'之后，不以之为主语。而'长裾连理带'与'广袖合欢襦'两句之间，也是彼此无语法上的关涉，呈并列对峙的格局。从语义上说，'长裾连理带，广袖合欢襦'意即'长裾的连理带，广袖的合欢襦'。它们分别是以'连理带'与'合欢襦'为中心语，以偏正结构的形式构句"[6]。正因为是以名词铺排的形式构句，"连理带"与"合欢襦"并立对峙，恰似今日电影的两个特写镜头，不仅画面效果特别明显，而且在并立对峙中别具一种交相辉映的意境之美。除此，以名词铺排构句，因为突破了汉语表达的句法常规，使诗歌在语言上别具新颖性与灵动性，有效地调节了诗歌的节奏，有利于韵律美的呈现。

汉代之后，历代诗歌都在名词铺排的结构形式方面有所创新。如魏晋南北朝诗中，就有先秦两汉诗未曾出现过的 3 种新的名词铺排结构形式，分别是：①四言成句的"NP，NP（非叠字领起），NP，NP（叠字领起）"式，如："大飨既周，德馨惟桬。殊方知礼，声教日富。**陆离簪笏，徘徊舞袖。楚楚儒衣，莘莘国胄。**"（南朝梁·鲍几《释奠应诏为王㻛作诗》七章之六）；②七言成句的"NP，NP"式，如："御史府中何处宿，洛阳城头那得栖。**弹琴蜀郡卓家女，织锦秦川窦氏妻。**讵不自惊长泪落，到头啼乌恒夜啼。"（北周·庾信《乌夜啼》）③五言成句的"NP（叠字领起），NP（非叠字领起）"式，如："**盘盘山巅石，飘飘涧底蓬。**我本太山人，何为客淮东。"（三国魏·曹植《盘石篇》）

至于唐诗，其在名词铺排结构形式方面的创新就更多了，可谓达到了前所未有的境界。以初唐诗为例，就出现了先秦至隋代诗歌未曾出现的 8 种新结构形式，分别是：①五言成句的"NP＋NP，NP＋NP"式，如："寒野霜氛白，平原烧火红。**雕戈夏服箭，羽骑绿沉弓。**怖兽潜幽壑，惊禽散翠空。"（李世民《出猎》）②七言成句的"NP＋NP，NP＋NP"式，如："彩仗蜺旌绕香阁，下辇登高望河洛。东城宫阙拟昭回，南阳沟塍殊绮错。**林下天香七宝台，山中春酒万年杯。**微风一起祥花落，仙乐初鸣瑞鸟来。"（宋之问《龙门应制》）③五言成句的"N＋N＋NP，N＋N＋NP"式，如："缔欢三十载，通家数百年。潘杨称代穆，秦晋忝姻连。<u>风云洛阳道，花月茂陵田</u>。相悲共相乐，交骑复交筵。"（卢照邻《哭明堂裴主簿》）④七言成句的"NP＋NP＋N，NP＋NP＋N"式，如："倾盖金兰合，忘筌玉叶开。<u>繁花明日柳，疏蕊落风梅</u>。将期重交态，时慰不然灰。"（骆宾王《游兖部逢孔君自卫来欣然相遇若旧》）⑤三言成句的"NP，NP，NP，NP"式，如："石榴酒，葡萄浆。<u>兰桂芳，茱萸香</u>。愿君驻金鞍，暂此共年芳。愿君解罗襦，一醉同匡床。"（苏绾《倡女行》）⑥七言成句的"NP"式，如："红粉青娥映楚云，<u>桃花马上石榴裙</u>。罗敷独向东方去，谩学他家作使君。"（杜审言《戏赠赵使君美人》）⑦五言成句的"NP＋NP"式，如："<u>孤舟汴河水</u>，去国情无已。晚泊投楚乡，明月清淮里。汴河东泻路穷兹，洛阳西顾日增悲。"（宋之问《初宿淮口》）⑧七言成句的"NP＋NP＋NP"式，如："<u>青田白鹤丹山凤</u>，婺女姮娥两相送。谁家绝世绮帐前，艳粉芳脂映宝钿。窈窕玉堂褰翠幕，参差绣户悬珠箔。绝世三五爱红妆，冶袖长裾兰麝香。"（张柬之《东飞伯劳歌》）

唐诗之后，历代诗歌在名词铺排结构形式上的创新都有多少不等的贡献，限于篇幅，此不赘述。至于唐五代开始创作的词，以及从元代开始出现的曲，同样也在名词铺排结构形式上有很多创新。如唐五代词中就有此前诗歌创作中未曾出现过的许多名词铺排新形式。根据我们的调查，共有 16 种之多。其中，唐词的创新有 5 种，分别是：①三言成句的"NP，NP"式，如："雪溪湾里钓鱼翁，舴艋为家西复东。<u>江上雪，浦边风</u>，笑著荷衣不叹穷。"（张志和《渔父》）②六言成句的"NP，NP"式，如："<u>青草湖边草色，飞猿岭上猿声</u>。万里三湘客到，有风有雨人行。"（王建《江南三台词》四首之二）③四言成句的"NP＋NP"式，如："万枝香雪开已遍，<u>细雨双燕</u>。钿蝉筝，金雀扇，画梁相见。雁门消息不归来，又飞回。"（温庭筠《蕃女怨》二首之一）④五言成句的"NP"式，如："画楼音信断，<u>芳草江南岸</u>。鸾镜与花枝，此情谁得知。"（温庭筠《菩萨蛮》）⑤六言成句的"NP＋NP"式，如："星斗稀，钟鼓歇，<u>帘外晓莺残月</u>。"（温庭筠《更漏子》）

五代词中的创新则有 11 种之多，分别是：①三言成句的"NP，NP，NP"式，如："风微烟淡雨萧然，隔岸马嘶何处，<u>九回肠，双脸泪，夕阳天</u>。"（冯延巳《酒泉子》）②"NP（四言），NP（六言）"式，如："<u>紫陌青门，三十六宫春色</u>。御沟辇路暗相通，杏园风。"（张泌《酒泉子》）③"NP＋NP（四言），NP（五言或六言）"式，如："<u>野花芳草，寂寞关山道</u>。柳吐金丝莺语早，惆怅香闺暗老。"（韦庄《清平乐》），"<u>碧桃红杏，迟日媚笼光影</u>。彩霞深。香暖熏莺语，风清引鹤音。"（毛熙震《女冠子》二首之一）④"NP＋NP＋NP（六言），NP（三言）"式，如："罗襦绣袂香红，画堂中。<u>细草平沙蕃马、小屏风</u>。"（薛昭蕴

《相见欢》）⑤"NP（二言），NP（二言），NP＋NP（四言）"式，如："锦浦，春女，绣衣金缕。雾薄云轻。花深柳暗，时节正是清明，雨初晴。"（韦庄《河传》）⑥"NP（三言），NP（三言），NP＋NP（七言）"式，如："相见处，晚晴天，刺桐花下越台前。暗里回眸深属意，遗双翠，骑象背人先过水。"（李珣《南乡子》）⑦"NP＋NP（七言），NP＋NP（四言）"式，如："越罗小袖新香茜，薄笼金钏。倚阑无语摇轻扇，半遮匀面。"（毛熙震《后庭花》）⑧五言成句的"N＋N＋N＋N＋N，N＋N＋NP"式，如："歌舞送飞球，金觥碧玉筹。管弦桃李月，帘幕凤皇楼。一笑千场醉，浮生任白头。"（徐铉《抛球乐》）⑨六言成句的"NP"式，如："金翡翠，为我南飞传我意。罨画桥边春水，几年花下醉。"（韦庄《归国谣》）⑩七言成句的"NP＋NP"式，如："河畔青芜堤上柳。为问新愁，何事年年有？独立小桥风满袖，平林新月人归后。"（冯延巳《蝶恋花》）⑪六言成句的"NP＋NP＋NP"式，如："别后只知相愧，泪珠难远寄。罗幕绣帏鸳被，旧欢如梦里。"（韦庄《归国谣》）

到两宋时期，词发展到巅峰状态，名词铺排结构形式更是创造出很多新的类型。限于篇幅，这里我们不再举例。至于元明清时期，词的创作虽没有两宋时期繁荣辉煌，但作品仍然不少，名词铺排在结构形式上的创新仍然时有出现。至于元曲，其所创造出来的名词铺排新形式就更多了。根据我们对元曲的全面调查与分析，发现元曲中的名词铺排结构形式可分为单句式、对句式、多句式三大类。其中，单句式有5种结构形式，分别是：①四言成句的"NP＋NP"式；②五言成句的"NP＋NP"式；③七言成句的"NP＋NP"式；④六言成句的"NP＋NP＋NP"式；⑤七言成句的"NP＋NP＋NP"式。

对句式有16种结构形式，分别是：①二言成句的"NP，NP"式；②三言成句的"NP，NP"式；③四言成句的"NP，NP"式；④五言成句的"NP，NP"式；⑤六言成句的"NP，NP"式；⑥七言成句的"NP，NP"式；⑦杂言成句的"NP，NP"式；⑧杂言成句的"NP，NP＋NP"式；⑨四言成句的"NP＋NP，NP"式；⑩六言成句的"NP＋NP，NP"式；⑪四言成句的"NP＋NP，NP＋NP"式；⑫五言成句的"NP＋NP，NP＋NP"式；⑬六言成句的"NP＋NP，NP＋NP"式；⑭七言成句的"NP＋NP，NP＋NP"式；⑮六言成句的"NP＋NP＋NP，NP＋NP＋NP"式；⑯七言成句的"NP＋NP＋NP，NP＋NP＋NP"式。

多句式的结构形式则达25种之多，分别是：①三言成句的"NP，NP，NP"式；②四言成句的"NP，NP，NP"式；③五言成句的"NP，NP，NP"式；④六言成句的"NP，NP，NP"式；⑤七言成句的"NP，NP，NP"式；⑥杂言成句的"NP，NP，NP"式；⑦杂言成句的"NP，NP，NP＋NP"式；⑧四言成句的"NP，NP＋NP，NP＋NP"式；⑨杂言成句的"NP，NP，NP＋NP＋NP"式；⑩四言成句的"NP＋NP，NP，NP"式；⑪四言成句的"NP＋NP，NP＋NP，NP"式；⑫四言成句的"NP＋NP，NP＋NP，NP＋NP"式；⑬六言成句的"NP＋NP，NP＋NP，NP＋NP"式；⑭七言成句的"NP＋NP，NP＋NP，NP＋NP"式；⑮四言成句的"NP，NP，NP，NP"式；⑯七言成句的"NP，NP，NP，NP"式；⑰杂言成句的"NP，NP，NP，NP"式；⑱六言成句的"NP＋NP＋NP，NP＋NP＋NP，NP＋NP＋NP"式；⑲七言成句的"NP＋NP＋NP，NP＋NP＋NP，NP＋NP＋NP"式；⑳杂言成句的"NP＋NP＋NP，NP，NP"式；㉑四言成句的"NP＋NP，NP＋NP，NP＋NP，NP＋NP"式；㉒六言成句的"NP＋NP＋NP，NP＋NP＋NP，NP"式；㉓四言成句的"NP，NP，NP，NP，NP"式；㉔杂言成句的"NP，NP，NP，NP，NP"式；㉕杂言成句的"NP，NP，NP，NP，NP，NP，NP"式。

到了近现代，名词铺排甚至在汉文学的散文、小说等非韵文作品中也出现了。如：

（6）悄然的北风，黯然的同云，炉火不温了，灯还没有上呢。这又是一年的冬天。（俞平伯《陶然亭的雪》）

（7）世界最大的航空港之一———芝加哥机场。名目繁多的航空公司，各霸一方而又联营。荧光屏幕上密密麻麻的飞机起飞时刻表和飞机抵达时刻表，绿光闪烁。候机室里的茶，咖啡，可口可乐，橙子汁，蕃茄汁，三明治，热狗，汉堡包，意大利煎饼，生菜沙拉，熏鱼，金发的白人与银发的黑人，巴黎香水与南非豆蔻，登机前的长吻。女士们，先生们，飞行号数633……（王蒙《相见时难》）

例（6）是现代学者俞平伯散文中的一个片段。其中，"悄然的北风，黯然的同云"两句是"NP，NP"结构形式的名词铺排，是一种修辞文本。"这一文本居于全篇散文之首，就像是电影开映时首先推出的两个特写镜头，画面感非常强烈，一下子就拓展了全文意境，为所要描写的陶然亭的雪作了烘托与铺垫。仔细体味例（6）这5句，我们会发现作者的笔触非常类似电影叙事的手法。第一句写'悄然的北风'，以风引出第2句'黯然的同云'，是由听觉到视觉。然后，再写炉火，再写灯，最后写出大背景冬天。镜头的推移摇转非常符合电影叙事的逻辑，让人读了就像在观看一个电影片段。"[7]

例（7）是当代小说家王蒙小说《相见时难》中的一个片段。其中，"候机室里的茶，咖啡，可口可乐，橙子汁，蕃茄汁，三明治，热狗，汉堡包，意大利煎饼，生菜沙拉，熏鱼，金发的白人与银发的黑人，巴黎香水与南非豆蔻，登机前的长吻。女士们，先生们，飞行号数633"，是"NP，N，N，NP，NP，N，N，NP，NP，NP，NP＋NP，NP＋NP，NP，NP，NP"结构形式的名词铺排，也是一种修辞文本。它"是写美国芝加哥机场所见场景，但是作者没有用正常的语句叙事，而是用了15个名词或名词短语、名词短语组合一字铺排而下，就像15个电影特写镜头从芝加哥候机大厅摇转而过，将异国机场的众生相以鲜活的画面形式呈现出来，给人留下十分深刻的印象"[8]。

二

在汉语文学作品中，名词铺排既是一种特殊的语言现象，又是一种非常普遍的语言现象。因为这种特殊的句法在表达上有着独特的审美效果，因此从本质上说它是一种修辞现象。修辞现象在世界任何语言中都存在，但名词铺排这种修辞现象，在印欧语系的诸语言的文学作品中是不存在的，在印欧语系之外的世界其他语言的文学作品中以前也未发现。然而，我们新近注意到，在属于典型黏着语的日语的文学作品中也存在这种语言现象，而且同样是属于修辞现象。不过，虽然古今日语文学作品中都有名词铺排现象，但并不像汉语文学作品中那样普遍。

根据对相关日本文学作品的考察，我们发现日语文学作品中的名词铺排主要集中于三类作品中：一是日本的古代短歌（和歌），二是日本现代民歌（演歌），三是日本现代小说。日本古代短歌（和歌）中的名词铺排现象早已存在，但只是零星有见。如：

（8）春の園　紅にほふ桃の花
下照る道に　出で立つ娘子

——大伴家持《春の園》

汉译：在春天的花园里，映照的桃花红红的/一个姑娘出来，站在桃花下的小路。（佐高春音博士译）

（9）淡海の海　夕波千鳥　汝が鳴けば
情もしのに　古思ほゆ

——柿本人麻呂《淡海の海》

汉译：夕阳下飞在琵琶湖浪花上的白鸥啊/你的叫声，让我心情沮丧，想起往事。（佐高春音博士译）

（10）沖つ島　荒磯の玉藻

579

潮幹満ちい　隱り行かば　思ほえむかも

——山部赤人《沖つ島》

汉译：海上的岛，在波涛汹涌的海滨上生长的海藻/落了潮，都被遮住，（如果这样）很可惜。（佐高春音博士译）

例（8）是日本最早的诗歌总集《万叶集》的"最后编纂者"，也是"《万叶集》后期的代表性歌人"[9]14大伴家持（公元 717？—785 年）所作的一首短歌。其中，"春の園""紅にほふ桃の花"（直译成汉语就是"春园"和"映红的桃花"），从句法结构上分析，都是由一个名词短语独立构句，两句并列对峙（即"NP，NP"式），属于一个独立的言语单位，跟其后的一句"下照る道に　出で立つ娘子"没有句法结构上的纠葛，因为其后的一句有自己的动词（"立""出"），自成一个表意单位。可见，"春の園　紅にほふ桃の花"是一个名词铺排文本，跟中国古代诗歌中的名词铺排文本一样，在表达上都是属于写景之笔，有造景呈象、烘托气氛、拓展意境的作用，为紧接着写姑娘的出场作了铺垫。例（9）是日本万叶时代著名的诗人柿本人麻吕的作品。柿本人麻吕被认为是"万叶黄金时期的白凤时代的歌坛巨匠，《万叶集》中当之无愧的最具代表性的抒情歌人"[9]18。他的这首短歌之所以具有感动人心的魅力而被人传诵，是跟作品善于"即景寓情"（也就是中国古代所说的"以景语代情语"）的手法运用有关。诗的前两句"淡海の海""夕波千鳥"是纯粹写景之笔，第 3 句开始抒情。其中，写景之笔的两句，跟随后的几句有很大的不同。从句法结构上看，这两句都纯粹是以名词短语构句，其结构是："（淡海）［の］海　（夕）波（千）鳥"，属"NP，NP＋NP"式，明显是名词铺排的性质。从上下文语境看，这两句是一个独立的言语单位，跟随后的几句没有句法结构上的纠葛，因为第 3 句"汝が鳴けば"是一个常规的日语句，主语是"汝"（が是主语的标记），谓语动词是"鳴"。从表达上看，这两句并不是为写景而写景，而是为抒情而写景。第 1 句"淡海の海"（即琵琶湖，在今日本滋贺县大津市附近），以一个名词短语独立构句，就像是现代电影中单焦取像的特写镜头；第 2 句"夕波千鳥"，是由两个名词短语并列加合而成句，像是现代电影中双焦取像的特写镜头。因为有了这两个画面感非常强的特写镜头的铺垫，随后诗人"凭吊故都，见铜驼荆棘，悲歌当泣"[9]18，抒发黍离之悲，就显得非常自然。因为看到"淡海の海"，就必然让人联想到湖畔的古都大津，想到在此建都的近江时代的天智天皇，以及后来大津毁于壬申之乱的往事，由此将眼前之景与历史沧桑联系起来，不禁感慨唏嘘，跟诗人达成情感上的共鸣。例（10）是日本奈良时代的诗人山部赤人所作的一首短歌。圣武天皇神龟元年（公元714年），诗人"随圣武天皇行幸纪伊，远眺风景名胜玉津岛，只见丰饶茂盛的海藻在海面上缓缓摇曳，平时在奈良都市里生活的朝臣赤人不由得心荡神驰。然而，他想到涨潮的时候，美丽的海藻也会淹没在水里，便觉得很怀念"[9]29。这首短歌的感人之处在于诗人在凝神观照海藻时发生了移情心理作用，个人的情感情绪与所观照的对象（海藻）发生了往复回流，使两者融为一体，让读者深受感染，情不自禁地跟诗人形成情感的共鸣。如果我们读唐代诗人杜甫感叹"安史之乱"给国家造成深重灾难的《春望》诗而被其"感时花溅泪，恨别鸟惊心"深受感染的话，那么就能深刻体会到山部赤人这首推己及物的短歌的魅力所在。其实，这首短歌除了移情成功外，还有一种修辞策略的运用也非常成功。诗人于短歌开首建构了一个名词铺排文本"沖つ島　荒磯の玉藻"。从句法结构上分析，"沖つ島""荒磯の玉藻"各是一个名词短语句，并列对峙，乃属"NP，NP"式结构；从上下文语境分析，这两句是自成一体的独立言语单位，因而属于名词铺排的性质。其后的"潮幹満ちい　隱り行かば　思ほえむかも"是一个假设复句，句法结构完整，有动词、助词等，"沖つ島""荒磯の玉藻"两句跟它没有语法结构上的纠葛。从表达上分析，"沖つ島""荒磯の玉藻"两句以名词短语独立构句，并列铺排，居于短歌的篇首，在审美上就像是现代电影叙事中首先推出的两个特写镜头，不仅画面感非常鲜明，而且意境深邃，易于引发读者的联想想象，可以极大地提升短歌的审美价值。

相对于日本古代短歌（和歌），日本现代民歌（演歌）的名词铺排文本建构更多些，而且在结构形式上更像汉文学作品中的名词铺排模式。下面我们看一首20世纪70年代末与80年代中期在日本与中国都广泛流传，为两国人民喜爱的日本民歌（演歌）《北国の春》（いではく作词，千昌夫原唱），其歌词如下（按照日本电视演歌视频上的字幕原文直录）：

（11）白樺　青空　南風
こぶし咲くあの丘
北国のああ　北国の春
季節が都会ではわからないだろうと
届いたおふくろの　小さな包み
あの故郷へ　帰ろかな　帰ろかな

雪どけ　せせらぎ　丸木橋
落葉松の芽が吹く　北国のああ　北国の春

好きだとおたがいに言い出せないまま
別れてもう五年　あのこはどうしてる
あの故郷へ　帰ろかな　帰ろかな

山吹　朝霧　水車小屋
わらべ唄聞こえる　北国のああ　北国の春
あにきもおやじ似で　無口なふたりが
たまには酒でも　飲んでるだろうか
あの故郷へ　帰ろかな　帰ろかな

　　根据日文语法分析，歌词中有很多名词铺排文本的建构。

　　歌曲第 1 段有 3 个名词铺排文本。第 1 个是"白樺　青空　南風"（直译："白桦，蓝天，南风"），是由 3 个名词短语并列构成的，属于"NP，NP，NP"式名词句。第 2 个是"こぶし咲くあの丘"（直译："木兰花开的那个山丘"），其结构是"（こぶし咲く）（あ）［の］丘"，属于"NP"式名词句。第 3 个是"北国の春"（直译："北国的春天"），亦属于"NP"式（"北国の春"之前的"北国のああ"属于演唱的衬音部分，不是句子的正常结构成分）名词句。这 3 个名词句在句法结构上都是各自独立的，跟其他句子没有结构上的纠葛。这从上下文语境就可以看得非常清楚。它们连续出现于全歌的开篇，前面没有别的句子，因此不可能充当其他句子的谓语、宾语或补语；它们之后的句子："季節が都会ではわからないだろうと"［直译："季节（变化）在都市里是不知道的"］，自身是一个句法结构完备的句子（有主语，有状语，有谓语动词）。因此，它们不可能跟其后的"季節が都会ではわからないだろうと"有句法结构上的纠葛，不可能充当"季節が都会ではわからないだろうと"的主语或是定语、状语。可见，"白樺　青空　南風""こぶし咲くあの丘""北国の春"都是名词铺排的性质。

　　第 2 段有两个名词铺排文本。第 1 个是"丸木橋"（意为"独木桥"），其结构是"（丸木）橋"，属于"NP"式名词句。第 2 个是"北国の春"（直译："北国的春天"），亦属于"NP"式名词句。这两个名词句从语法结构与语境上看都是独立的言语单位。"丸木橋"之前的"雪どけ　せせらぎ"（直译："雪消，流水潺潺"），在语义表达上是完整的，因此不可能是其后"丸木橋"一句的主语或是定语、状语；"丸木橋"之后的"落葉松の芽が吹く"（直译："落叶松的叶芽萌发"），是一个句法结构完整的日语句子，主语是"落葉松の芽"，"が"是主

语的标记，"吹く"是谓语动词。可见，"丸木橋"是一个处于"雪どけ　せせらぎ"与"落葉松の芽が吹く"之间的独立言语单位，属于名词铺排的性质。至于"北国の春"一句，跟第1段的情况一样。从句法结构与上下文语境分析，它之前的"落葉松の芽が吹く"，是一个结构完整的句子，属于语义自足的言语单位，因而不可能与"北国の春"发生句法结构上的纠葛。"北国の春"之后的"好きだとおたがいに言い出せないまま"（意译："我们彼此虽然相爱，但一直没有说出来"，直译："我们无法向对方说出爱的话"），主语省略，谓语是"言い出せない"（"无法说出来"），动词宾语是"好き"（"喜欢""爱"，说的内容），状语是"おたがい"（"彼此"），状语的标记是"に"，表示动作的对象。很明显，"好きだとおたがいに言い出せないまま"是一个结构与语义自足的句子，跟"北国の春"也没有结构与语义上的纠葛。所以，"北国の春"是一个独立的言语单位，属于名词铺排的性质。

第3段也有两个名词铺排文本。第1个是"山吹　朝霧　水車小屋"（直译："棠棣，朝雾，水车小屋"），其结构是"山吹，（朝）雾，（水）车＋（小）屋"，属于"N，NP，NP＋NP"式名词句。第2个是"北国の春"，属于"NP"式名词句。它们在句法结构上跟其前后语句没有任何纠葛，在语义上是自足独立的，都属于纯粹写景之笔。第1句"山吹　朝霧　水車小屋"，因为居于第3段的开首，因此不可能作其他句子的谓语或是宾语、补语；它之后的"わらべ唄聞こえる"一句，则是一个结构与语义自足的句子，主语是"わらべ唄"（童谣），谓语是"聞こえる"（听得见）。因此，该句不可能作"わらべ唄聞こえる"的主语或定语、状语。可见，"山吹　朝霧　水車小屋"是一个独立的言语单位，属于名词铺排的性质。"北国の春"，跟第1段与第2段的情况完全一样，它之前的"北国のああ"是歌曲演唱的衬音部分，不是句子的正常结构成分，可以忽略不论。它之后的"あにきもおやじ似で"（直译："兄长也像老父亲"），其中"あにき"（日语汉字写作"兄贵"，意为"兄长"）是主语，"似"（跟汉语同义）是谓语动词，"おやじ"（意为"父亲"），明显是一个句法结构完整的日语句。因此，"北国の春"不可能跟"あにきもおやじ似で"一句有句法结构上的纠葛。"北国の春"是一个独立表意的言语单位，是整首歌曲反复吟咏的主题词汇，也是一种意象呈现。

这首歌曲在3段歌词中都建构了数量不等的名词铺排文本，而且在篇章结构位置上主要都是居于篇首，这在审美上和电影开映时首先推出的一个或一组特写镜头的效果神似，不仅画面感非常鲜明，而且有拓展意境，引人联想遐思的效果，跟中国传统诗歌所推崇的"诗中有画"的意境十分契合。我们也可由此看出日本文学特别是诗歌（包括民歌）深受汉语古典文学深刻影响的印记。除了上举在中国家喻户晓的日本民歌《北国の春》中有名词铺排，在 20 世纪下半叶日本非常流行的很多民歌中也都有。如在日本中老年观众中非常有人气的《港町ブルース》和《天城越え》两首歌曲中，就有很多名词铺排文本的建构。先看《港町ブルース》（深津武志、なかにし礼作词，森进一原唱）的演歌歌词（依日本电视视频字幕原文直录，全歌共 3 段，西田佐知子与台湾歌手邓丽君演唱的版本都是 3 段，日本歌手森进一演唱的则只有第 1 段与第 3 段）：

（12）背のびして見る海峡を　今日も汽笛が　遠ざかる
あなたにあげた　夜をかえして
<u>港、港　函館　通り雨</u>
流す涙で割る酒は　だました男の味がする
あなたの影を　ひきずりながら
<u>港、宮古　釜石　気仙沼</u>

<u>出船　入船　別れ船　あなた乗せない　帰り船</u>
うしろ姿も　他人のそらに
<u>港、三崎　焼津に　御前崎</u>
別れりゃみつき　待ちわびる　女心の　やるせなさ
明日はいらない　今夜が欲しい
<u>港、高知　高松　八幡浜</u>

呼んでとどかぬ人の名を　こぼれた酒と指で書く
海に涙の　ああ愚痴ばかり
<u>港、別府　長崎　枕崎</u>
女心の残り火は　燃えて身をやく桜島
ここは鹿児島　旅路の果てか
<u>港、港町ブルースよ</u>

例（12）这首日本民歌中也有名词铺排文本的建构，每段都有两个或三个名词铺排文本。第 1 段有两个名词铺排文本，即"港、港　函館　通り雨"和"港、宮古　釜石　気仙沼"。

从句法结构与上下文语境来看，它们都是独立的言语单位。"港、港　函館

通り雨"（直译："海港，海港，函馆，阵雨"），句法结构属于"N，N，N，NP"式；从上下文语境看，它与其前句"あなたにあげた　夜をかえして"（意为："请把给你的那个夜晚返还给我"）与后句"流す涙で割る酒は　だました男の味がする"（意为："流下的眼泪渗入酒中，酒里还有那个骗子的气味"）都无结构上的纠葛，因为其前后句都是句法结构完整的日语句（它们各有其主语、谓语及其谓语动词），它们既非"港、港　函馆　通り雨"的主语或定语、状语，亦非其谓语或宾语、补语。可见，"港、港　函馆　通り雨"是一个独立的言语单位，属于名词铺排的性质。"港、宫古　釜石　気仙沼"（直译："海港，宫古，釜石，气仙沼"），句法结构属于"N，N，N，NP"式；从上下文语境看，居于第1段的末尾，不会是其他句子的主语或定语、状语。而它的前句"あなたの影を　ひきずりながら"（意为："你的影子一直缠着我"），是个有谓语动词与宾语的句子，因此不会跟"港、宫古　釜石　気仙沼"一句发生句法结构关系。可见，"港、宫古　釜石　気仙沼"也是一个独立的言语单位，属于名词铺排的性质。

第2段有3个名词铺排文本。一是："出船　入船　別れ船　あなた乗せない　帰り船"（直译："出港的船，进港的船，告别的船，没有搭乘你的归船"），其结构是"（出）船，（入）船，（別れ）船，（あなた乗せない）（帰り）船"，属于"NP，NP，NP，NP"式结构。二是"港、三崎　焼津に　御前崎"（直译："海港，三崎，在烧津的御前崎"），其结构是：港，三崎，焼津（に）御前崎，属于"N，N，N＋N"式结构。三是"港、高知　高松　八幡浜"（直译："海港，高知，高松，八幡浜"），其结构是"港，高知，高松，（八幡）浜"，属于"N，N，N，NP"式结构。从上下文语境看，这3个文本跟其前后的其他句子都没有结构上的纠葛（句法结构分析从略，参照前文相关例证的分析），均为独立的言语单位，所以都属于名词铺排的性质。

第3段有两个名词铺排文本。一是"港、別府　長崎　枕崎"（直译："海港，別府，长崎，枕崎"），其结构是"N，N，N，N"式。二是"港、港町ブルースよ"（直译："海港，海港街道的布鲁斯"。"布鲁斯"是一种西方蓝调音乐，よ是日语语气助词，不是句法结构的必要成分），其结构是"港，（港）（町）ブルース"，属"N，NP"式。这两个名词短语句，在第3段歌词中都与其前后的其他语句没有句法结构上的纠葛，是独立表意的言语单位（句法分析从略），因此属于名词铺排的性质。

上述这些名词铺排文本的建构，或居于歌曲段落的起首，或居于歌曲段落的中间，或居于歌曲段落的末尾，虽然篇章结构的位置不同，但从表达上看，都有增添歌曲画面感、拓展歌曲所表现的意境，同时还有调节歌曲的语言节奏的效果。从审美接受的视角看，这些名词铺排文本，居于歌曲段落起首的，就像是电影叙事开始时推出的特写镜头，往往有一种"黄河之水天上来"的视觉冲击效果；居于歌曲段落中间的，则像是电影叙事中间插入的特写镜头，往往别具一种"山随平野尽，江入大荒流"的阔大气象之美；居于歌曲段落末尾的，则像是电影叙事结束前的特写镜头，往往有一种"曲终人不见，江上数峰青"的余味不绝之韵。由此，诗画结合，情景交融，一唱三叹，使歌曲凄婉哀怨的情调更显突出，让人不禁为之黯然神伤。

下面我们再来看《天城越え》（吉冈治作词，石川さゆり原唱）的歌词（依日本电视演歌视频字幕直录）：

（13）隠しきれない　移り香が
いつしかあなたに　浸みついた
誰かに盗られる　くらいなら
あなたを殺していいですか
寝乱れて　隠れ宿
九十九折り　浄蓮の滝
舞い上がり　揺れ堕ちる肩のむこうに
あなた…山が燃える
何があっても　もういいの
くらくら燃える　火をくぐり
あなたと越えたい　天城越え

口を開けば　別れると
刺さったまんまの　割れ硝子
ふたりで居たって　寒いけど
嘘でも抱かれりゃ　あたたかい
わさび沢　隠れ径
小夜時雨　寒天橋
恨んでも　恨んでも　躯うらはら
あなた…山が燃える
戻れなくても　もういいの
くらくら燃える　地を這って

あなたと越えたい　天城越え

走り水　迷い恋
風の群れ　天城隧道
恨んでも　恨んでも　躯うらはら
あなた…山が燃える
戻れなくても　もういいの
くらくら燃える　地を這って
あなたと越えたい　天城越え

例（13）这首民歌的3段歌词中各有一个名词铺排文本的建构。

第1段的名词铺排文本是"寝乱れて　隠れ宿/九十九折り　浄蓮の滝"（直译："睡乱了的隐秘的房间，曲曲弯弯的山坡，浄蓮瀑布"），其结构是：（寝乱れて）（隠れ）宿，（九十九折り）（浄蓮）［の］滝，属于"NP，NP，NP"式。第2段的名词铺排文本是"わさび沢　隠れ径/小夜時雨　寒天橋"（直译："长着山葵的湿地，隐秘的小径，夜晚的阵雨，寒天桥"），其结构是"（わさび）沢，（隠れ）径，（小夜）（時）雨，（寒天）橋"，属于"NP，NP，NP，NP"式。第3段的名词铺排文本是"走り水　迷い恋/風の群れ　天城隧道"（直译："奔流的水，痴迷的恋情，成群的风，天城隧道"），其结构是"（走り）水，（迷い）恋，（風の群れ）（天城）隧道"，属于"NP，NP，NP，NP"式。这些名词铺排文本的建构，或者出现于歌词各个段落的开头，或是出现于段落的中间，从艺术表现的视角来看都类似于现代电影艺术中的特写镜头的呈现，对于加强歌曲的画面感、拓展歌曲的意境、引发接受者的联想想象、提升作品的审美价值等，都发挥了很大的作用。正因为如此，这首民歌才会在日本有经久不衰的魅力，成为一代日本人最痴迷的经典。

除了现代民歌外，日本现代文学作品中建构名词铺排文本的现象也不少见，尤其是在受西方文学思潮影响甚深的先锋派小说家的作品中，名词铺排文本建构更是司空见惯。下面我们来看看当代日本著名小说家村上春树与森博嗣的作品中的名词铺排文本建构情况。

（14）場所の名前なんてどうだっていいんだよ。トイレと食事。蛍光灯とプラスチックの椅子。まずいコーヒー。いちごジャムのサンドイッチ。そんなものに意味はないよ。（村上春樹：《海辺のカフカ》第3章上卷，新潮文庫，

2002 年，第 47 页）

汉译：地方的名字，我都不在乎。厕所和用餐。日光灯和塑料椅子。不好喝的咖啡。草莓果酱的三明治。这些东西都没有意义。（佐高春音博士译）

（15）かたかたと不吉な音をたてるエレベーターで6 階にあがる。狭くて細長い部屋、愛想のないベッド、硬い枕、小さな机、小型のテレビ、日焼けしたカーテン。（村上春樹：《海辺のカフカ》第5章上卷，新潮文庫，2002 年，第89 页）

汉译：坐发出咔哒咔哒不吉祥的声音的电梯上六楼。又窄小又斜长的房间，不亲切的床，硬枕头，小桌子，小型电视机，晒褪色的窗帘。（佐高春音博士译）

（16）僕は銃を彼女の頭に向けて、引金をひいた。

一発。

煙。

火薬の甘い香。（森博嗣：《スカイ・クロラ》prologue，中公文庫，2004 年，第 11 页）

汉译：我把枪对准她的头，扣了扳机。／一发。／烟。／火药的甜香味。（佐高春音博士译）

（17）僕も、木製のステップを上がり、室 内に入った。

湿った空気が、不思議な香だった。川のような、テントのような、古い人形のような、そんな歴史を感じさせる複雑な匂いだ。ソファ、テーブル、キャビネット、暖炉、絨毯、揺り椅 子、窓、カーテン、カウンタ、冷蔵庫、テレビ……（森博嗣：《スカイ・クロラ》episode3：fillet，中公文庫，2004 年，第174 页）

汉译：我也，上了木制梯子，走进室内。／潮湿的空气，发出不可思议的香味。像河，像帐篷，像古老的娃娃，这样的让人感觉到历史的复杂的香味。沙发，桌子，橱柜，暖炉，地毯，摇椅，窗户，窗帘，柜台，冰箱，电视机……（佐高春音博士译）

例（14）至例（17）都是日本现代小说的片段，其中都有名词铺排文本的建构。例（14）的"トイレと食事。蛍光灯とプラスチックの椅子。まずいコーヒー。いちごジャムのサンドイッチ"（直译："厕所和用餐。日光灯和塑料椅子。不好喝的咖啡。草莓果酱的三明治"），其结构是"トイレ食事。蛍光灯（プラスチック）［の］椅子。（まずい）コーヒー。（いちごジャム）［の］サンド イッチ"，属于"NP＋NP，NP＋NP，NP，NP"式。例（15）的"狭くて細長い部屋、愛想のないベッド、硬い枕、小さな机、小型のテレビ、日焼けしたカーテン"（直译："又窄小又斜长的房间，不亲切的床，硬枕头，小桌子，小型电视机，晒褪色的窗帘"），其结构是"（狭くて細長い）部屋、（愛想のない）ベッド、（硬い）枕、（小さな）机、（小型）［の］テレビ、（日焼けした）カーテン"，属于"NP，NP，NP，NP，NP，NP"式。例（16）的"一発。／煙。／火薬の甘い香"（直译："一发。烟。火药的甜香味"），其结构是"一発。／煙。／（火薬）［の］（甘い）香"，属于"NP，N，NP"式。例（17）的"ソファ、テーブル、キャビネット、暖炉、絨毯、揺り椅子、窓、カーテン、カウンタ、冷蔵庫、テレビ"（直译是："沙发，桌子，橱柜，暖炉，地毯，摇椅，窗户，窗帘，柜台，冰箱，电视机"），其结构是"ソファ、テーブル、キャビネット、（暖）炉、（絨）毯、（揺り）椅子、窓、カーテン、カウンタ、（冷蔵）庫、テレビ"，属于"N，N，N，NP，NP，NP，N，N，N，NP，N"式。这些名词短语句连续出现于小说叙事中，从作者的写作动机看，明显是受西方电影艺术的"蒙太奇"手法的影响，意欲突破小说散体叙事语言的旧有模式，改变小说叙事的语言节奏，以语言表达的新异性、画面感吸引读者的阅读注意，从而拓展小说所要表现的意境，提升小说的审美价值。村上春树与森博嗣的小说在日本与中国都是深受读者喜爱的，关键的一点就是他们的语言表达有先锋性。彰显其先锋性的因素很多，其中名词铺排文本的建构是重要的因素之一。

三

前文我们提到的《诗经·国风·召南·草虫》："喓喓草虫，趯趯阜螽。未见君子，忧心忡忡"，汉乐府《古诗十九首》："青青河畔草，郁郁园中柳。盈盈楼上女，皎皎当窗牖"，两例的前两句都是以名词短语单独构句，两句并立，属于名词铺排的性质。从篇章结构来看，皆居于全诗篇首，作为一个独立的言语单位，就是为随后写人的两句作铺垫的。仔细比较一下，我们会惊奇地发现，日本古代短歌（和歌）与中国古诗在名词铺排文本建构方面竟然如出一辙。审美上也都是像现代电影的"蒙太奇"手法，通过镜头的推移进行画面的组合，从而拓展意境，给人以美的享受。日本文学深受中国古典文学影响，这是尽人皆知的事实。所以，我们可以肯定地说，日本古代短歌（和歌）的名词铺排文本建构是受汉诗影响的。而日本现代民歌（演歌）中3个或4个名词（或名词短语）连续铺排的形式，则明显是受元曲的影响。至于现代日本小说中出现的5个甚至10个名词短语句的连续铺排的结构类型，就跟中国现代小说中的情形完全没有两样了，应该说都是因为小说家深受西方现代电影艺术"蒙太奇"手法影响的结果。"电影是一种以图像直观表达的艺术,与传统的传情达意的媒介方式完全不同。电影叙事都是通过一个个镜头组合而进行的,如果它要强化或强调某一个细节如人物面部表情或动作等,可以通过特写镜头的形式表现。"[7]村上春树、森博嗣等日本当代小说家,跟中国20世纪30年代的巴金、穆时英与80年代活跃于文坛的王蒙等作家一样,都是深受西方文化与文艺思潮影响的先锋派人物,他们都是在欧风美雨的现代西式教育制度下成长起来的,不仅深受西方现代电影艺术的熏陶,而且非常熟悉现代西方电影艺术的表现手法,这就必然在小说写作中不知不觉地,或是"有意或无意地运用类同于电影特写镜头或镜头组合的方式,通过名词或名词短语的铺排,从而实现镜头化表意的图画效果,以此提升作品的审美价值"。

参考文献:

[1] 吴礼权:《名词铺排与唐诗创作》,载《蜕变与开新——古典文学国际学术研讨会论文集》,台北:东吴大学,2011年,第125页。

[2] 吴礼权:《名词铺排与汉赋创作》,《阅江学刊》2018年第4期,第12 – 22页。

[3] 吴礼权:《名词铺排与明代诗歌创作》,《北华大学学报》(社会科学版)2018年第6期,第1 – 10页。

[4] 谭永祥:《汉语修辞美学》,北京:北京语言学院出版社,1992年,第224页。

[5] 吴礼权:《晚唐时代"列锦"辞格的发展演进状况考察》,《平顶山学院学报》2012年第1期,第114 – 149页。

[6] 吴礼权:《先秦两汉诗赋列锦结构模式及其审美特点》,《宜春学院学报》2014年第4期,第83 – 89页。

[7] 吴礼权:《现代散文中出现列锦文本建构的原因》,《楚雄师范学院学报》2018年第1期,第77 – 84页。

[8] 谢元春、吴礼权:《现代小说中的列锦修辞文本建构与审美追求》,《长江学术》2015年第3期,第85 – 94页。

[9] 郑民钦:《和歌的魅力:日本民歌赏析》,北京:外语教学与研究出版社,2008年。

特别鸣谢:本文的日语材料搜集承蒙佐高春音博士及其母亲佐高礼子女士的大力帮助。佐高春音是日本东京大学文学博士,主要从事中国古典小说研究。曾于2013年9月至2015年7月在复旦大学访问进修中国古典文学,并兼修了笔者开设的"修辞学研究""汉语修辞学史"两门课程,对汉语修辞学有一定的研究。

附录二 吴礼权主要学术论著一览

一、主要学术著作

1. 《游说·侍对·讽谏·排调：言辩的智慧》（专著），杭州：浙江人民出版社，1991 年。

2. 《中国历代语言学家评传》（合著），上海：复旦大学出版社，1992 年。

3. 《世界百科名著大辞典·语言卷》（合著），济南：山东教育出版社，1992 年。

4. 《中国智慧大观·修辞卷》（专著），杭州：浙江人民出版社，1993 年。

5. 《言辩的智慧》（专著），繁体版，台北：台湾国际村文库书店，1993 年。

6. 《中国笔记小说史》（专著），台北：台湾商务印书馆，1993 年。

7. 《中国言情小说史》（专著），台北：台湾商务印书馆，1995 年。

8. 《中国修辞哲学史》（专著），台北：台湾商务印书馆，1995 年。

9. 《中国语言哲学史》（专著），台北：台湾商务印书馆，1997 年。

10. 《中国笔记小说史》（专著），简体版，北京：商务印书馆，1997 年。

11. 《公关语言学》（合著），北京：北京工业大学出版社，1998 年。

12. 《中国现代修辞学通论》（专著），台北：台湾商务印书馆，1998 年。

13. 《阐释修辞论》（合著，并列第一作者），北京：首都师范大学出版社，1998 年。

14. 《中国修辞学通史·当代卷》（合著，第一作者），长春：吉林教育出版社，1998 年［本书获得 2000 年第三届陈望道修辞学奖二等奖（最高奖），2000

年第十二届"中国图书奖"]。

15. 《修辞心理学》（专著），昆明：云南人民出版社，2002年（本书获得复旦大学2003年度"微阁中国语言学科奖教金"著作二等奖）。

16. 《妙语生花：语言策略秀》（专著），上海：上海文化出版社，2002年。

17. 《修辞的策略》（专著），长春：吉林教育出版社，2004年［本书获得2005年吉林省长白山优秀图书一等奖（吉林省政府奖），2006年吉林省首届"新华杯"读书节读者最喜爱的十种吉版图书称号，2007年吉林省新闻出版奖图书精品奖］。

18. 《表达的艺术》（专著），长春：吉林教育出版社，2004年［本书获得2005年吉林省长白山优秀图书一等奖（吉林省政府奖），2006年吉林省首届"新华杯"读书节读者最喜爱的十种吉版图书称号，2007年吉林省新闻出版奖图书精品奖］。

19. 《演讲的技巧》（专著），长春：吉林教育出版社，2004年［本书获得2005年吉林省长白山优秀图书一等奖（吉林省政府奖），2006年吉林省首届"新华杯"读书节读者最喜爱的十种吉版图书称号，2007年吉林省新闻出版奖图书精品奖］。

20. 《中国历代语言学家》（合著），上海：上海文化出版社，2004年。

21. 《大学修辞学》（合著），福州：福建人民出版社，2004年。

22. 《假如我是楚霸王：评点项羽》（专著），台北：台湾远流出版公司，2005年。

23. 《古典小说篇章结构修辞史》（专著），台北：台湾商务印书馆，2005年。

24. 《现代汉语修辞学》（专著），上海：复旦大学出版社，2006年。

25. 《语言学理论的深化与超越》（主编），昆明：云南人民出版社，2007年。

26. 《20世纪的中国修辞学》（合著），北京：中国人民大学出版社，2007年［本书获得2010年上海市第十届哲学社会科学优秀成果奖（2008—2009）著作三等奖，2013年教育部第六届高等学校科学研究优秀成果奖（人文社会科学）著作三等奖］。

27. 《中国修辞史》（副主编，下卷第一作者），长春：吉林教育出版社，2007年［本书获得2007年国家新闻出版署"第一届中国出版政府奖图书奖提名奖"，2008年上海市第九届哲学社会科学优秀成果著作类二等奖，2010年全国"高等学校科学研究优秀成果奖（人文社会科学）"一等奖］。

28. 《委婉修辞研究》（专著），济南：山东文艺出版社，2008 年。

29. 《语言策略秀》（专著），上海：上海文化出版社，2008 年。

30. 《名句经典》（专著），长春：吉林教育出版社，2008 年（本书获得 2010 年第二届吉林省新闻出版奖精品奖）。

31. 《中国经典名句小辞典》（专著），长春：吉林教育出版社，2008 年。

32. 《中国经典名句鉴赏辞典》（专著），长春：吉林教育出版社，2009 年。

33. 《表达力》（专著），台北：台湾商务印书馆，2011 年。

34. 《清末民初笔记小说史》（专著），台北：台湾商务印书馆，2011 年。

35. 《现代汉语修辞学》（专著，修订版），上海：复旦大学出版社，2012 年。

36. 《中文活用技巧：妙语生花》（专著），香港：商务印书馆有限公司，2012 年。

37. 《修辞心理学》（专著，修订版），广州：暨南大学出版社，2013 年。

38. 《言语交际与人际沟通》（专著），广州：暨南大学出版社，2013 年。

39. 《语言策略秀》（专著，修订版），广州：暨南大学出版社，2013 年。

40. 《传情达意：修辞的策略》（专著，修订版），广州：暨南大学出版社，2014 年。

41. 《能说会道：说话的艺术》（专著，修订版），广州：暨南大学出版社，2014 年。

42. 《口若悬河：演讲的技巧》（专著，修订版），广州：暨南大学出版社，2014 年。

43. 《唇枪舌剑：言辩的智慧》（专著，修订版），广州：暨南大学出版社，2014 年。

44. 《远水孤云：说客苏秦》（长篇历史小说），简体版，昆明：云南人民出版社，2011 年、广州：暨南大学出版社，2014 年；繁体版，台北：台湾商务印书馆，2012 年。

45. 《冷月飘风：策士张仪》（长篇历史小说），简体版，昆明：云南人民出版社，2011 年、广州：暨南大学出版社，2014 年；繁体版，台北：台湾商务印书馆，2012 年。

46. 《镜花水月：游士孔子》（长篇历史小说），简体版，广州：暨南大学出版社，2014 年；繁体版，台北：台湾商务印书馆，2013 年。

47. 《易水悲风：刺客荆轲》（长篇历史小说），简体版，广州：暨南大学出版社，2014 年；繁体版，台北：台湾商务印书馆，2013 年。

48. 《现代汉语修辞学》（专著，第三版），上海：复旦大学出版社，2016年。

49. 《表达力》（专著），广州：暨南大学出版社，2017年。

50. 《突破力》（专著），广州：暨南大学出版社，2017年。

51. 《感染力》（专著），广州：暨南大学出版社，2017年。

52. 《说服力》（专著），广州：暨南大学出版社，2017年。

53. 《修辞研究》（第一辑，主编），广州：暨南大学出版社，2016年。

54. 《修辞研究》（第二辑，主编），广州：暨南大学出版社，2017年。

55. 《修辞研究》（第三辑，主编），广州：暨南大学出版社，2018年。

56. 《道可道：智者老子》（长篇历史小说），广州：暨南大学出版社，2019年。

57. 《化蝶飞：达者庄子》（长篇历史小说），昆明：云南人民出版社，2018年；广州：暨南大学出版社，2019年。

58. 《修辞研究》（第四辑，主编），广州：暨南大学出版社，2019年。

59. 《修辞研究》（第五辑，主编），广州：暨南大学出版社，2019年。

二、主要学术论文

1. 《试论孙炎的语言学成就》，《古籍研究》1987年第4期。

2. 《试论汉语委婉修辞格的历史文化背景》，《修辞学习》1987年第6期（CSSCI核心期刊）。

3. 《中国现代史上的广东语言学家》（合作），《岭南文史》1988年第1期。

4. 《试论古汉语修辞中的层次性》，《淮北煤师院学报》（社会科学版）1988年第4期。

5. 《"乡思"呼唤着"月夜箫声"——香港诗人杨贾郎〈乡思〉〈月夜箫声〉赏析》，《语文月刊》1988年第5期。

6. 《中国哲学思想在汉语辞格形成中的投影》，《营口师专学报》（哲学社会科学版）1989年第1期。

7. 《试论吴方言数词的修辞色彩》，载《语文论文集》，上海：百家出版社，1989年。

8. 《试论黄遵宪的诗歌创作与成就》，《岭南文史》1990年第2期。

9. 《〈经传释词〉在汉语语法学上的地位》（合作），《复旦学报》（社会科学版）1991年第2期（CSSCI核心期刊），《中国人民大学复印报刊资料·语言文字学》1991 年第 1 期转载。

10.《〈西湖二集〉：一部值得研究的小说》，《明清小说研究》1991 年第 2 期（CSSCI 核心期刊）。

11.《情·鬼·侠小说与中国大众文化心理》，《上海文论》1991 年第 4 期（本文获得 1994 年"第一届全国青年优秀社会科学成果奖"优秀论文奖）。

12.《点化名句的艺术效果》，《学语文》1992 年第 4 期。

13.《情真意绵绵，绮思响"雨巷"——谈戴望舒〈雨巷〉一诗的修辞特色》，《修辞学习》1992 年第 5 期（CSSCI 核心期刊）。

14.《回顾·反思·展望——复旦大学组织全国部分青年学者关于中国修辞学研究的过去现状及未来的讨论综述》，《鞍山师专学报》1993 年第 4 期。

15.《语言美学发轫》，《复旦学报》（社会科学版）1993 年第 5 期（CSSCI 核心期刊）。

16.《汉语外来词音译艺术初探》，《修辞学习》1993 年第 5 期（CSSCI 核心期刊）。

17.《论〈文则〉在中国修辞学史上的地位》，《鞍山师范学院学报》1994 年第 2 期。

18.《汉语外来词音译的特点及其文化心态探究》，《复旦学报》（社会科学版）1994 年第 3 期（CSSCI 核心期刊）。

19.《旧学商量加邃密，新知培养转深沉——评王希杰新著〈修辞学新论〉》，《修辞学习》1994 年第 4 期（CSSCI 核心期刊）。

20.《试论赋的修辞特点》，《修辞学习》1995 年第 1 期（CSSCI 核心期刊）。

21.《先秦时代中国修辞哲学论略》，《上海文化》1995 年第 2 期（CSSCI 核心期刊）。

22.《试论汉语委婉修辞手法的范围》，《南昌大学学报》（社会科学版）1995 年第 3 期（CSSCI 核心期刊）。

23.《关于中国修辞学发展的历史分期问题》，《修辞学习》1995 年第 3 期（CSSCI 核心期刊），《中国人民大学复印报刊资料·语言文字学》1995 年第 10 期转载。

24.《王引之〈经传释词〉的学术价值》，《古籍整理研究学刊》1995 年第 4 期（CSSCI 核心期刊），《中国人民大学复印报刊资料·语言文字学》1996 年第 4 期转载。

25.《修辞结构的层次性与修辞解构的层次性》，《延边大学学报》（社会科学版）1995 年第 4 期，《中国人民大学复印报刊资料·语言文字学》1996 年第 4

期转载。

26.《两汉时代中国修辞哲学论略》,《江淮论坛》1995 年第 5 期（CSSCI 核心期刊），《中国人民大学复印报刊资料·语言文字学》1996 年第 2 期转载。

27.《〈经传释词〉对汉语语法学的贡献》,载《中西学术》（第 1 辑），上海：学林出版社，1995 年。

28.《创意造言的艺术：苏轼与刘攽的排调语篇解构》,（台湾）《国文天地》1995 年第 11 卷第 6 期（总第 126 期）。

29.《旧瓶装新酒：一种值得深究的语言现象》,（香港）《词库建设通讯》1995 年第 4 期（总第 6 期）。

30.《改革开放与汉语的发展变化学术研讨会综述》,《上海社联年鉴》，1995 年。

31.《〈经传释词〉之"因声求义"初探》,《古籍研究》1996 年第 1 期［本文获得 1998 年上海市（1996—1997 年度）哲学社会科学优秀成果奖三等奖］。

32.《谐译：汉语外来词音译的一种独特型态》,《长春大学学报》1996 年第 1 期。

33.《英雄侠义小说与中国人的阿 Q 精神》,（台湾）《国文天地》1996 年第 11 卷第 8 期（总第 128 期）。

34.《论修辞的三个层级》,《云梦学刊》1996 年第 1 期。

35.《音义密合：汉语外来词音译的民族文化心态凸现》,《西安外国语学院学报》1996 年第 2 期。

36.《咏月嘲风的绝妙好辞——晏子外交语篇的文本解构》,《修辞学习》1996 年第 2 期（CSSCI 核心期刊）。

37.《论汉语外来词音译的几种独特型态》,《雁北师院学报》（文科版）1996 年第 4 期。

38.《触景生情的语言机趣——陶穀与钱俶外交语言解构》,（台湾）《国文天地》1996 年第 12 卷第 6 期（总第 138 期）。

39.《〈语助〉与汉语虚词研究》,《平原大学学报》1996 年第 4 期。

40.《关于〈声类〉的性质与价值》,《古籍整理研究学刊》1996 年第 6 期（CSSCI 核心期刊）。

41.《论夸张的次范畴分类》,《修辞学习》1996 年第 6 期（CSSCI 核心期刊）。

42.《新世纪中国修辞学的发展和我们的历史使命》,《复旦学报》（社会科学版）1997 年第 1 期（CSSCI 核心期刊）。

43.《论委婉修辞生成与发展的历史文化缘由》，《河北大学学报》（哲学社会科学版）1997 年第 1 期（CSSCI 核心期刊）。

44.《清代语言学繁荣发展原因之探讨》，《云梦学刊》1997 年第 1 期，《中国人民大学复印报刊资料·语言文字学》1997 年第 8 期转载。

45.《论中国修辞学研究今后所应依循的三个基本方向》，《修辞学习》1997 年第 2 期（CSSCI 核心期刊），《中国人民大学复印报刊资料·语言文字学》1997 年第 6 期转载。

46.《80 年代以来中国修辞学理论问题争鸣述评》，《黄河学刊》1997 年第 2 期。

47.《论委婉修辞的表现形态与表达效应》，《湘潭大学学报》（哲学社会科学版）1997 年第 3 期（CSSCI 核心期刊）。

48.《中国修辞哲学论略》，《云南师范大学学报》（哲学社会科学版）1997 年第 4 期（CSSCI 核心期刊）。

49.《论夸张表达的独特效应与夸张建构的心理机制》，《扬州大学学报》（人文社会科学版）1997 年第 4 期。

50.《训诂学居先兴起原因之探讨》，载《语文论丛》（第 5 辑），上海：上海教育出版社，1997 年。

51.《语言美学的建构与修辞学研究的深化》（第一作者，与宗廷虎教授合作），《修辞学习》1997 年第 5 期（CSSCI 核心期刊）。

52.《"夫人"运用的失范》，《语文建设》1997 年第 6 期（CSSCI 核心期刊）。

53.《论〈马氏文通〉在中国语言学史上的地位》，《江苏教育学院学报》（社会科学版）1998 年第 1 期。

54.《论委婉修辞生成的心理机制》，《修辞学习》1998 年第 2 期（CSSCI 核心期刊）。

55.《论孔子的修辞哲学思想》，《雁北师院学报》（文科版）1998 年第 3 期。

56.《"水浒"现象与历史变迁》，《人民政协报》，1998 年 4 月 27 日第 3 版。

57.《二十世纪中国现代修辞学发展的省思》，《社会科学》1998 年第 5 期（CSSCI 核心期刊）。

58.《修辞心理学论略》，《复旦学报》1998 年第 5 期（CSSCI 核心期刊），《中国人民大学复印报刊资料·心理学》1998 年第 11 期转载。

59.《中国现代修辞学研究走向语言美学建构的历史嬗变进程》，《云南师范大学学报》（哲学社会科学版）1998 年第 6 期（CSSCI 核心期刊）。

60.《二十世纪的汉语修辞学》（与宗廷虎教授合作），载《二十世纪的中国语言学》，北京：北京大学出版社，1998年。

61.《关于中国修辞学发展的历史分期及各个时期研究成就的估价问题》，载《郑子瑜〈中国修辞学史稿〉问世十周年纪念论文集》，北京：中国社会出版社，1998年。

62.《潘金莲形象的意义》，（台湾）《古今艺文》1998年第25卷第1期。

63.《进一步沟通海峡两岸的修辞学研究》，《修辞学习》1998年第4期（CSSCI核心期刊）。

64.《吴方言数词的独特语用效应》，载《修辞学研究》（第8集），海口：南海出版公司，1998年。

65.《中国风格学源流研究的理论与实践意义》，《湘潭大学学报》（哲学社会科学版）1998年第6期（CSSCI核心期刊）。

66.《语言理论新框架的建构与21世纪中国语言学的发展》，《学术探索》1999年第1期。

67.《修辞学转向与现代语言学理论》，《修辞学习》1999年第2期（CSSCI核心期刊）。

68.《论夸张》，载《中国第一届修辞学学术研讨会论文集》，台北：台湾师范大学，1999年。

69.《论修辞文本建构的基本原则》，《扬州大学学报》（人文社会科学版）1999年第2期。

70.《平淡情事艺术化的修辞策略》，《徐州师范大学学报》（哲学社会科学版）1999年第2期。

71.《修辞主体论》，《锦州师范学院学报》（哲学社会科学版）1999年第2期。

72.《方言研究：透视地域文化的重要途径》，《学术探索》1999年第3期。

73.《〈请读我唇〉三人谈》（与宗廷虎教授等合作），《语文建设》1999年增刊（CSSCI核心期刊）。

74.《看文人妙笔生花，让生命得到舒畅——评沈谦教授〈林语堂与萧伯纳〉》，（台湾）《中国语文》1999年第4期（总第508期）。

75.《修辞学研究新增长点的培植与催化》（与宗廷虎教授合作），《修辞学习》1999年第4期（CSSCI核心期刊）。

76.《借代修辞文本建构的心理机制》，《云南师范大学学报》（哲学社会科学版）1999年第6期（CSSCI核心期刊），《高等学校文科学报文摘》2000年第2

期选摘。

77．《论中国现代修辞学发展嬗变之历程（上）》，日本京都外国语大学《研究论丛》1999 年第 54 号。

78．《〈金瓶梅〉的语言艺术》，载《经典丛话·金瓶梅说》，南昌：江西教育出版社，1999 年。

79．《中国古典言情小说模式与中国传统文化心理》，（台湾）《国文天地》2000 年第 1 期（总第 181 期）。

80．《论中国现代修辞学发展嬗变之历程（下）》，日本京都外国语大学《研究论丛》2000 年第 55 号。

81．《评黎运汉著〈汉语风格学〉》（与宗廷虎教授合作），《文汇读书周报》，2000 年 12 月 9 日第 2 版。

82．《论比拟修辞文本的表达与接受心理》，《深圳教育学院学报》2000 年第 2 期。

83．《照花前后镜，花面交相映——论中国文学中的双关修辞模式》，（台湾）《国文天地》2000 年第 4 期（总第 184 期）。

84．《委婉修辞的语用学阐释》，载《语文论丛》（第 6 辑），上海：上海教育出版社，2000 年。

85．《修辞学研究的深化与修辞学教材的改革创新》，《修辞学习》2001 年第 1 期（CSSCI 核心期刊）。

86．《比喻修辞文本的心理分析》，《平顶山师专学报》2001 年第 3 期。

87．《论精细修辞文本的心理机制》，《锦州师范学院学报》（哲学社会科学版）2001 年第 3 期。

88．《异语修辞文本论析》，《修辞学习》2001 年第 4 期（CSSCI 核心期刊）。

89．《语言的艺术：艺术语言学的建构》，《云南师范大学学报》（哲学社会科学版）2001 年第 5 期（CSSCI 核心期刊）。

90．《论旁逸修辞文本的建构》，《湘潭师范学院学报》（社会科学版）2001 年第 5 期。

91．《论拈连修辞文本》，《湖北师范学院学报》（哲学社会科学版）2001 年第 4 期。

92．《论结尾的修辞策略》，《江苏教育学院学报》（社会科学版）2002 年第 1 期。

93．《顶真式衔接：段落衔接的一种新模式》，《修辞学习》2002 年第 2 期（CSSCI 核心期刊）。

94.《论顶真修辞文本的类别系统与顶真修辞文本的表达接受效果》，《平顶山师专学报》2002 年第 4 期。

95.《论锻句与修辞》，《锦州师范学院学报》（哲学社会科学版）2002 年第 5 期。

96.《吞吐之间，蓄意无穷——留白的表达策略》，（台湾）《国文天地》2002 年第 18 卷第 3 期（总第 207 期）。

97.《关于建立言语学的思考》（合作），载《长江学术》（第 3 辑），武汉：长江文艺出版社，2002 年。

98.《论事务语体的修辞特征及其修辞基本原则》，《平顶山师专学报》2003 年第 1 期。

99.《从统计分析看"简约"与"繁丰"的修辞特征及其风格建构的原则》，《修辞学习》2003 年第 2 期（CSSCI 核心期刊）。

100.《与时俱进：语言学由理论研究走向应用研究的意义》，《楚雄师范学院学报》2003 年第 2 期。

101.《基于计算分析的法律语体修辞特征研究》，《云南师范大学学报》（哲学社会科学版）2003 年第 6 期（CSSCI 核心期刊）。

102.《论学习修辞学的意义》，《平顶山师专学报》2004 年第 1 期。

103.《论起首的修辞策略》，《湖南科技大学学报》（社会科学版）2004 年第 2 期（CSSCI 核心期刊）。

104.《论口语体的基本修辞特征和修辞基本原则》，载《语文论丛》（第 8 辑），上海：上海教育出版社，2004 年。

105.《平淡风格与绚烂风格的计算统计研究》，《云南师范大学学报》（哲学社会科学版）2004 年第 2 期（CSSCI 核心期刊）。

106.《韵文体刚健风格与柔婉风格的计算研究》，《湖北师范学院学报》（哲学社会科学版）2004 年第 3 期。

107.《庄重风格与幽默风格的计算统计研究》，《渤海大学学报》（哲学社会科学版）2004 年第 5 期。

108.《中国修辞学：走出历史偏见和现实困惑》，《福建师范大学学报》（哲学社会科学版）2004 年第 6 期（CSSCI 核心期刊）。

109.《从〈汉语修辞学〉修订本与原本的比较看王希杰教授修辞学的演进》，载《修辞学新视野》，北京：中国文联出版社，2004 年。

110.《从计算分析看文艺语体的修辞特征及其修辞基本原则》，载《修辞学论文集》（第七集），北京：新华出版社，2005 年。

111.《评谭学纯、朱玲〈修辞研究：走出技巧论〉》，《福建师范大学学报》（哲学社会科学版）2005 年第 2 期（CSSCI 核心期刊）。

112.《关于建立言语学的思考》（合作），载《言语与言语学研究》，武汉：崇文书局，2005 年。

113.《话本小说"正话"结构形式及其历史演进的修辞学研究》，载《语言研究集刊》（第二辑），上海：上海辞书出版社，2005 年（CSSCI 核心集刊）。

114.《话本小说"篇首"的结构形式及其历史演进》，《云南师范大学学报》（哲学社会科学版）2005 年第 4 期（CSSCI 核心期刊）。

115.《话本小说"题目"的形式及其历史演进》，《平顶山学院学报》2005 年第 6 期。

116.《话本小说"头回"的结构形式及其历史演进的修辞学研究》，《复旦学报》2006 年第 2 期（CSSCI 核心期刊），《中国人民大学复印报刊资料·中国古代、近代文学研究》2006 年第 7 期转载。

117.《论修辞学与语法学、逻辑学及语用学的关系》，《平顶山学院学报》2006 年第 4 期。

118.《汉语外来词音译的四种特殊类型》，载《词汇学理论与应用》（三），北京：商务印书馆，2006 年。

119.《由汉语词汇的实证统计分析看林语堂从中西文化对比的角度对中国人思维特点所作的论断》，载《跨越与前进——从林语堂研究看文化的相融与相涵国际学术研讨会论文集》，台北：台湾东吴大学，2006 年。

120.《八股文篇章结构形式的渊源》，日本京都外国语大学《研究论丛》2006 年第 67 号。

121.《评朱玲〈文学文体建构论〉》，《福建师范大学学报》（哲学社会科学版）2007 年第 1 期（CSSCI 核心期刊）。

122.《修辞学的科学认知观与中国现代修辞学的发展》，载《继往开来的语言学发展之路：2007 学术论坛论文集》，北京：语文出版社，2008 年。

123.《八股文"收结文"之"煞尾虚词"类型及其历史演进》，载《修辞学论文集》（第十一集），北京：中国社会科学出版社，2008 年。

124.《比喻造词与中国人的思维特点》，《复旦学报》（社会科学版）2008 年第 2 期（CSSCI 核心期刊），《高等学校文科学术文摘》2008 年第 3 期转摘。

125.《〈史记〉史传体篇章结构修辞模式对传奇小说的影响》，《福建师范大学学报》（哲学社会科学版）2008 年第 1 期（CSSCI 核心期刊）。

126.《"用典"的定义及其修辞学研究》，《武汉大学学报》（人文科学版）

2008 年第 1 期（CSSCI 核心期刊）。

127.《段落衔接的修辞策略》，《平顶山学院学报》2008 年第 4 期。

128.《南北朝时代列锦辞格的转型与发展》，《楚雄师范学院学报》2009 年第 8 期。

129.《从〈全唐诗〉所存录五代诗的考察看"列锦"辞格发展演进之状况》，《湖南科技大学学报》（社会科学版）2010 年第 1 期（CSSCI 核心期刊）。

130.《学术史研究与学科本体研究的延展与深化》，《外国语言文学》2010 年第 1 期。

131.《从〈全唐诗〉的考察看盛唐"列锦"辞格的发展演变状况》，《阜阳师范学院学报》（社会科学版）2010 年第 1 期。

132.《从〈全唐诗〉所录唐及五代词的考察看"列锦"辞格的发展演变状况》，《楚雄师范学院学报》2010 年第 1 期。

133.《不迷其所同而不失其所以异——论黎锦熙先生的汉语修辞学研究》（第一作者），《北京师范大学学报》（社会科学版）2010 年第 5 期（CSSCI 核心期刊）。

134.《"列锦"修辞格的源头考索》，《长江学术》2010 年第 4 期（CSSCI 核心期刊扩展版）。

135.《修辞学与汉语史研究》，《福建师范大学学报》（哲学社会科学版）2010 年第 4 期（CSSCI 核心期刊）。

136.《"列锦"辞格在初唐的发展演进》，《平顶山学院学报》2010 年第 3 期。

137.《还原海峡两岸现代汉语词汇差异的真实面貌》，《楚雄师范学院学报》2011 年第 1 期。

138.《艺术语言的创造与语言发展变化的活力动力》，《楚雄师范学院学报》2011 年第 5 期。

139.《网络词汇成活率问题的一点思考》（第一作者），《江苏大学学报》（社会科学版）2011 年第 3 期。

140.《名词铺排与唐诗创作》，载《蜕变与开新——古典文学国际学术研讨会论文集》，台北：台湾东吴大学，2011 年。

141.《海峡两岸词汇"同义异序"现象的理据分析兼及"熊猫"与"猫熊"成词的修辞与逻辑理据》，载郑锦全、曾金金主编：《二十一世纪初叶两岸四地汉语变异》，台北：新学林出版股份有限公司，2011 年。

142.《晚唐时代"列锦"辞格的发展演进状况考察》，《平顶山学院学报》

2012 年第 1 期。

143.《关于中国修辞学研究走向的几点思考》，《北华大学学报》（社会科学版）2012 年第 1 期。

144.《海峡两岸现代汉语词汇"同义异序、同义异构"现象透析》，《复旦学报》（社会科学版）2012 年第 2 期（CSSCI 核心期刊）。

145.《王力先生对汉语修辞格的研究》，《北京大学学报》（哲学社会科学版）2012 年第 4 期（CSSCI 核心期刊）。

146.《由〈全唐诗〉的考察看中唐"列锦"辞格发展演进之状况》，《湖南科技大学学报》（社会科学版）2012 年第 4 期（CSSCI 核心期刊）。

147.《孔子"正名"论的语言学阐释》，《北华大学学报》（社会科学版）2013 年第 1 期。

148.《杜甫诗歌与名词铺排》（第一作者），《平顶山学院学报》2013 年第 3 期。

149.《立片言以警策：新闻标题的炼字锻句问题》，《阜阳师范学院学报》（社会科学版）2013 年第 3 期。

150.《中国传统文化心理在海峡两岸的存续现状探析——以海峡两岸对西方人名翻译的修辞行为为例》（第一作者），《北华大学学报》（社会科学版）2013 年第 3 期。

151.《列锦辞格的基本类型》，《平顶山学院学报》2013 年第 6 期。

152.《先秦两汉诗赋列锦结构模式及其审美特点》，《宜春学院学报》2014 年第 4 期。

153.《元曲"列锦"结构模式及其审美追求》，《平顶山学院学报》2014 年第 4 期。

154.《"古为今用"与"洋为中用"——陈望道先生的治学经验及对中国当代修辞学研究的启示》，《江苏师范大学学报》（哲学社会科学版）2014 年第 2 期。

155.《修辞的性别分野与女性修辞研究》，《宜春学院学报》2014 年第 10 期。

156.《宋词"列锦"结构模式的继承与发展》，载《语言研究集刊》（第十二辑），上海：上海辞书出版社，2014 年（CSSCI 核心集刊）。

157.《明清词"列锦"结构模式的发展演进考察》（第一作者），载《语言研究集刊》（第十三辑），上海：上海辞书出版社，2014 年（CSSCI 核心集刊）。

158.《修辞学研究的三境界》，《河北大学学报》（哲学社会科学版）2015 年第 3 期（CSSCI 核心期刊）。

159.《列锦辞格成立的语言、心理与美学基础》（第一作者），《湖南科技大学学报》（哲学社会科学版）2015 年第 4 期（CSSCI 核心期刊）。

160.《现代小说中的列锦修辞文本建构与审美追求》（第二作者），《长江学术》2015 年第 3 期（CSSCI 核心期刊扩展版）。

161.《论唐代试律诗正文用典方式》（第二作者），《南昌大学学报》（人文社会科学版）2015 年第 3 期（CSSCI 核心期刊）。

162.《宋金元诗歌"列锦"结构模式及其审美追求》（第一作者），《江苏师范大学学报》（哲学社会科学版）2015 年第 1 期。

163.《唐诗修辞的境界与唐诗修辞研究的境界》，《海南师范大学学报》（社会科学版）2015 年第 5 期。

164.《语言力论略》，《北华大学学报》（社会科学版）2015 年第 4 期。

165.《列锦辞格的审美功能》，《湖北师范学院学报》（哲学社会科学版）2015 年第 3 期。

166.《近现代列锦辞格的审美特点》，《平顶山学院学报》2015 年第 4 期。

167.《修辞学研究应有的格局与坚持》（第一作者），《楚雄师范学院学报》2015 年第 1 期。

168.《文学作品修辞化生存奥秘之探寻》，《宜春学院学报》2016 年第 4 期。

169.《从修辞学的视角看"熊猫""猫熊"两个"同义异序词"的成词理据》，《辽宁师范大学学报》（社会科学版）2016 年第 5 期（CSSCI 核心期刊）。

170.《标题与对联中的"列锦"结构形式考察》（第一作者），载《华夏文化论坛》（第 15 辑），长春：吉林文史出版社，2016 年（CSSCI 核心集刊）。

171.《现代散文中的列锦及其审美追求》（第一作者），《长江学术》2016 年第 3 期（CSSCI 核心期刊扩展版）。

172.《唐代小说列锦文本创造及其审美倾向》，《平顶山学院学报》2016 年第 4 期。

173.《唐代列锦文本建构的审美倾向》（第二作者），《江苏师范大学学报》（哲学社会科学版）2016 年第 4 期。

174.《中国修辞学的过去、现在与未来》（第二作者），载《修辞研究》（第一辑），广州：暨南大学出版社，2016 年。

175.《修辞学研究的新进展》，载《修辞研究》（第一辑），广州：暨南大学出版社，2016 年。

176.《汉语修辞史研究与汉语修辞学研究的深化》，载《修辞研究》（第一辑），广州：暨南大学出版社，2016 年。

177.《否定表达的修辞功能》,《长江学术》2017 年第 2 期（CSSCI 核心期刊扩展版）。

178.《现代诗歌中的"列锦"及其审美追求》,《辽宁师范大学学报》（社会科学版）2017 年第 6 期。

179.《列锦辞格发展演进论略》, 载《华夏文化论坛》（第 17 辑）, 长春: 吉林文史出版社, 2017 年（CSSCI 核心集刊）。

180.《汉语的特点与古代韵文创作》,《北华大学学报》（社会科学版）2017 年第 3 期。

181.《元曲与列锦的关系》,《河北师范大学学报》（哲学社会科学版）2017 年第 3 期。

182.《张可久与元曲列锦文本建构（上）》,《平顶山学院学报》2017 年第 4 期。

183.《张可久与元曲列锦文本建构（下）》,《平顶山学院学报》2017 年第 6 期。

184.《修辞学在中文教学中的意义与地位》, 载《修辞研究》（第二辑）, 广州: 暨南大学出版社, 2017 年。

185.《名词铺排与清诗创作》,《长江学术》2018 年第 1 期（CSSCI 核心期刊扩展版）。

186.《名词铺排与明代诗歌创作》,《北华大学学报》（社会科学版）2018 年第 6 期。

187.《名词铺排与魏晋南北朝赋的创作》,《江苏师范大学学报》（哲学社会科学版）2018 年第 3 期。

188.《名词铺排与汉赋创作》,《阅江学刊》2018 年第 4 期。

189.《名词铺排的篇章布局模式之历史演进》,《学术交流》2018 年第 8 期（CSSCI 核心期刊扩展版）。

190.《"省略"的类别及其修辞学分析》（第二作者, 署名"中庸"）,《学术交流》2018 年第 10 期（CSSCI 核心期刊扩展版）。

191.《现代散文中出现列锦文本建构的原因》,《楚雄师范学院学报》2018 年第 1 期。

192.《"区块"协同融合与〈现代汉语〉课程建设——兼谈"修辞"在"区块"协同融合中的中枢链接作用》,《北华大学学报》（社会科学版）2018 年第 4 期。

193.《名词铺排与明清诗词创作的审美倾向》,《辽宁师范大学学报》（社会科学版）2019 年第 1 期。

194.《名词铺排与元诗创作》，载《华夏文化论坛》（第二十一辑），长春：吉林大学出版社，2019年（CSSCI核心集刊）。

195.《"信达雅"与外国人名地名的汉语音译》，《长江学术》2019年第1期（CSSCI核心期刊扩展版）。

196.《金代诗歌对名词铺排的继承和创新》，《河北师范大学学报》（哲学社会科学版）2019年第3期。

197.《外国人姓氏的汉化处理与中国人的民族文化心态》，《译苑新谭》2019年第2辑（总第13辑）。

198.《新媒介情境下"讽喻"修辞功能的衍变》（第二作者），《江苏师范大学学报》（哲学社会科学版）2019年第1期。

199.《传播媒介的发展对汉语修辞创造的促动——以"讽喻""排比""镶嵌""比喻"的修辞功能演进为例》（第一作者），《阅江学刊》2019年第1期。

200.《名词铺排与唐词创作》，《楚雄师范学院学报》2019年第1期。

201.《名词铺排与宋诗创作》，《宜春学院学报》2019年第1期。

202.《历史小说创作的基本原则及其修辞境界》，《江苏师范大学学报》（哲学社会科学版）2019年第2期。

203.《名词铺排文本建构与唐代小说创作》，《阜阳师范学院学报》（哲学社会科学版）2019年第5期。

204.《名词铺排文本的建构与明清词的创作》，《楚雄师范学院学报》2019年第5期。

205.《宋词创作与名词铺排文本建构》（第二作者），载《修辞研究》（第四辑），广州：暨南大学出版社，2019年。

206.《金元词的创作与名词铺排文本建构》（第一作者），载《修辞研究》（第五辑），广州：暨南大学出版社，2019年。

参考文献

1．陈望道：《修辞学发凡》，上海：上海教育出版社，1997 年。

2．陈望道：《文法简论》，上海：上海教育出版社，1978 年。

3．陈望道：《陈望道学术著作五种》，上海：复旦大学出版社，2005 年。

4．郭绍虞：《汉语语法修辞新探》，北京：商务印书馆，1979 年。

5．朱光潜：《朱光潜美学文学论文集》，长沙：湖南人民出版社，1982 年。

6．王力：《汉语诗律学》，上海：上海教育出版社，2005 年。

7．陆贵山：《审美主客体》，北京：中国人民大学出版社，1989 年。

8．滕守尧：《审美心理描述》，北京：中国社会科学出版社，1985 年。

9．邱明正：《审美心理学》，上海：复旦大学出版社，1993 年。

10．谭永祥：《汉语修辞美学》，北京：北京语言学院出版社，1992 年。

11．谭永祥：《修辞新格》（增订本），广州：暨南大学出版社，1996 年。

12．谭永祥：《"列锦"建构的前前后后——兼与〈大学修辞〉商榷》，《修辞学习》1995 年第 5 期。

13．吴礼权：《修辞心理学》（修订版），广州：暨南大学出版社，2013 年。

14．吴礼权：《表达力》，台北：台湾商务印书馆，2011 年。

15．赵奎生：《对联修辞艺术》，上海：复旦大学出版社，2008 年。

16．陈望道等：《辞海》（缩印本），上海：上海辞书出版社，1990 年。

17．唐圭璋等：《唐宋词鉴赏辞典》，上海：上海辞书出版社，1988 年。

18．朱东润主编：《中国历代文学作品选》（中编第一册），上海：上海古籍出版社，1980 年。

19．Б. Б. 波果斯洛夫斯基等主编，魏庆安等译：《普通心理学》，北京：人民教育出版社，1982 年。

20．吴礼权：《南北朝时代列锦辞格的转型与发展》，《楚雄师范学院学报》2009 年第 8 期。

21．吴礼权：《从〈全唐诗〉所存录五代诗的考察看"列锦"辞格发展演进之状况》，《湖南科技大学学报》（社会科学版）2010 年第 1 期。

22．吴礼权：《从〈全唐诗〉的考察看盛唐"列锦"辞格的发展演变状况》，《阜阳师范学院学报》（社会科学版）2010 年第 1 期。

23．吴礼权：《从〈全唐诗〉所录唐及五代词的考察看"列锦"辞格的发展演变状况》，《楚雄师范学院学报》2010 年第 1 期。

24．吴礼权：《"列锦"修辞格的源头考索》，《长江学术》2010 年第 4 期。

25．吴礼权：《"列锦"辞格在初唐的发展演进》，《平顶山学院学报》2010 年第 3 期。

26．吴礼权：《名词铺排与唐诗创作》，载《蜕变与开新——古典文学国际学术研讨会论文集》，台北：台湾东吴大学，2011 年。

27．吴礼权：《晚唐时代"列锦"辞格的发展演进状况考察》，《平顶山学院学报》2012 年第 1 期。

28．吴礼权：《由〈全唐诗〉的考察看中唐"列锦"辞格发展演进之状况》，《湖南科技大学学报》（社会科学版）2012 年第 4 期。

29．吴礼权、谢元春：《杜甫诗歌与名词铺排》，《平顶山学院学报》2013 年第 3 期。

30．吴礼权：《列锦辞格的基本类型》，《平顶山学院学报》2013 年第 6 期。

31．吴礼权：《先秦两汉诗赋列锦结构模式及其审美特点》，《宜春学院学报》2014 年第 4 期。

32．吴礼权：《元曲"列锦"结构模式及其审美追求》，《平顶山学院学报》2014 年第 4 期。

33．吴礼权：《宋词"列锦"结构模式的继承与发展》，《语言研究集刊》（第十二辑），上海：上海辞书出版社，2014 年。

34．吴礼权、谢元春：《明清词"列锦"结构模式的发展演进考察》，《语言研究集刊》（第十三辑），上海：上海辞书出版社，2014 年。

35．吴礼权、谢元春：《列锦辞格成立的语言、心理与美学基础》，《湖南科技大学学报》（哲学社会科学版）2015 年第 4 期。

36．谢元春：《列锦辞格定义的沿革及其再认识》，《湖北师范学院学报》（哲学社会科学版）2015 年第 3 期。

37．谢元春、吴礼权：《现代小说中的列锦修辞文本建构与审美追求》，《长江学术》2015 年第 3 期。

38．吴礼权、谢元春：《宋金元诗歌"列锦"结构模式及其审美追求》，《江苏师范大学学报》（哲学社会科学版）2015 年第 1 期。

39. 吴礼权：《列锦辞格的审美功能》，《湖北师范学院学报》（哲学社会科学版）2015 年第 3 期。

40. 吴礼权：《近现代列锦辞格的审美特点》，《平顶山学院学报》2015 年第 4 期。

41. 谢元春：《明清诗歌列锦结构形式考察》，《平顶山学院学报》2015 年第 4 期。

42. 吴礼权、谢元春：《标题与对联中的"列锦"结构形式考察》，载《华夏文化论坛》（第十五辑），长春：吉林文史出版社，2016 年。

43. 吴礼权、谢元春：《现代散文中的列锦及其审美追求》，《长江学术》2016 年第 3 期。

44. 吴礼权：《唐代小说列锦文本创造及其审美倾向》，《平顶山学院学报》2016 年第 4 期。

45. 谢元春、吴礼权：《唐代列锦文本建构的审美倾向》，《江苏师范大学学报》（哲学社会科学版）2016 年第 4 期。

46. 吴礼权：《列锦辞格发展演进论略》，载《华夏文化论坛》（第十七辑），长春：吉林文史出版社，2017 年。

47. 吴礼权：《现代诗歌中的"列锦"及其审美追求》，《辽宁师范大学学报》（社会科学版）2017 年第 6 期。

48. 吴礼权：《元曲与列锦的关系》，《河北师范大学学报》（哲学社会科学版）2017 年第 3 期。

49. 吴礼权：《张可久与元曲列锦文本建构（上）》，《平顶山学院学报》2017 年第 4 期。

50. 吴礼权：《张可久与元曲列锦文本建构（下）》，《平顶山学院学报》2017 年第 6 期。

51. 吴礼权：《名词铺排与清诗创作》，《长江学术》2018 年第 1 期。

52. 吴礼权：《名词铺排与明代诗歌创作》，《北华大学学报》（社会科学版）2018 年第 6 期。

53. 吴礼权：《名词铺排与魏晋南北朝赋的创作》，《江苏师范大学学报》（哲学社会科学版）2018 年第 3 期。

54. 吴礼权：《名词铺排与汉赋创作》，《阅江学刊》2018 年第 4 期。

55. 吴礼权：《名词铺排的篇章布局模式之历史演进》，《学术交流》2018 年第 8 期。

56. 吴礼权：《现代散文中出现列锦文本建构的原因》，《楚雄师范学院学报》

2018 年第 1 期。

57．吴礼权：《名词铺排与明清诗词创作的审美倾向》，《辽宁师范大学学报》（社会科学版）2019 年第 1 期。

58．吴礼权：《名词铺排与元诗创作》，载《华夏文化论坛》（第二十一辑），长春：吉林文史出版社，2019 年。

59．吴礼权：《金代诗歌对名词铺排的继承和创新》，《河北师范大学学报》（哲学社会科学版）2019 年第 3 期。

60．吴礼权：《名词铺排与唐词创作》，《楚雄师范学院学报》2019 年第 1 期。

61．吴礼权：《名词铺排与宋诗创作》，《宜春学院学报》2019 年第 1 期。

62．吴礼权：《名词铺排文本建构与唐代小说创作》，《阜阳师范学院学报》（哲学社会科学版）2019 年第 5 期。

63．吴礼权：《名词铺排文本的建构与明清词的创作》，《楚雄师范学院学报》2019 年第 5 期。

64．谢元春、吴礼权：《宋词创作与名词铺排文本建构》，《修辞研究》（第四辑），广州：暨南大学出版社，2019 年。

65．吴礼权、谢元春：《金元词的创作与名词铺排文本建构》，《修辞研究》（第五辑），广州：暨南大学出版社，2019 年。

66．吴礼权：《日汉对比视角下日本文学作品中的名词铺排》，《北华大学学报》（社会科学版）2019 年第 6 期。

后　记

　　这部名曰"汉语名词铺排史"的小书，经过前后二十一个年头持续不懈的努力，今天终于修改定稿，画下了最后一个句点。这一刻，应该是我学术生涯中最引以为傲的时候。按照以往的惯例，每当我完成一部书稿，画下最后一个句点之后，都会在复旦光华楼十四层的教授办公室窗口伫立片刻，望着上海最引以为傲也是全中国引以为傲的地标建筑——上海金茂大厦、东方明珠电视塔（而今又有更高的地标——上海中心）凝神静气，顾盼自雄一小会儿。

　　按道理，这次我更有理由好好顾盼自雄一下了。因为这次完稿的《汉语名词铺排史》，是我用心用力最巨的学术著作，也是篇幅最大的专著，有七十余万字的规模，堪称"砖著"也。可是，当我敲下本书最后一个句点，抬起头来，瞥了一眼窗外，却发现窗外只有深锁的雾霾，没有平日抬眼即见的上海三大地标景观的影子。古人有"雾失楼台"的说法，那是一种美的意境。然而，在今日的上海，大概不会有人认为"雾失楼台"是一种美的意境了。因为今之雾非古之雾，古之雾是云雾，今之雾是雾霾。因为雾霾而看不见上海的地标，看不见平日我常见的景观，自然感到大煞风景，心里的喜悦一下就没了。不仅兴致没了，还由此及彼，情不自禁地想到一个问题：这部我意念中引以为学术生涯中的地标之作是否真的堪称学术地标？

　　是的，即使今天眼中没有雾霾，但冷静过后，我心中仍然会有雾霾。因为我对这部《汉语名词铺排史》并非十分满意。我是个完美主义者，对任何事情都追求完美。为了写这部学术著作，可谓耗费了我平生最大的精力。自 1996 年写完《修辞心理学》之后，我便开始了对汉语名词铺排现象的语料准备工作。二十一年间，漫长而枯燥的资料搜集与艰难的资料处理工作，还有反复再三的痛苦思辨，其间的甘苦，只有自己能够体会。

　　汉语名词铺排是一种非常特别的语言现象，既是语法问题，也是修辞问题。我之所以选定这个选题进行长期而艰巨的工作，是基于我个人这样一种认识：对汉语名词铺排现象进行系统的研究，既有补于汉语史研究的系统工程，更有助于汉语修辞史大厦的建立。汉语修辞史的研究是汉语史研究的重要一环。因此，跟汉语史研究中的语法史、语音史、词汇史一样，作为汉语修辞史中重要一环的汉语名词铺排史，一切结论都需建立在对浩如烟海的古代典籍的调查与相关语料细致爬梳的基础之上，不是一般没有耐性的学者可以为之的，当然更不是没有中国古典学术功底的学者可以胜任的。我自知自己是一个极有耐性的人，也认为自己有阅读中国古代典籍的功底，因此在明知此项工程浩大而艰巨的情况下，毅然决然地决定要将汉语名词铺排史研究进行下去。为了完成这一艰巨的任务，我细读了逯钦立先生所编《先秦汉魏晋南北朝诗》，地毯式搜索了其中的名词铺排文本，对先秦汉魏晋南北朝诗中的名词铺排文本建构的基本情况有了充分的掌握；接着细读了清人所编的《全唐诗》，对隋唐、五代时期所存留的全部诗词作品中的名词铺排文本进行了全面调查，对隋唐、五代诗词中的名词铺排文本建构情况有了相当自信的把握。再接着，又细读了由徐征等学者集体编辑的《全元曲》（共 12 卷，河北教育出版社，1998 年），对元曲中的名词铺排文本进行了全面的调查，由此对元曲中的名词铺排文本建构情况有了底。之后，又细读了当代学者薛瑞兆、郭明志编纂的《全金诗》（全四册，南开大学出版社，1995 年），对现存金诗中的名词铺排建构情况有了充分的掌握。再接着，又细读了清人顾嗣立所编《元诗选》（包括初集、二集、三集，初集六十八卷，二集二十六卷，三集十六卷，中华书局，1987 年）中的所有元诗，对其中的名词铺排文本进行了全面调查。这样，对元诗的名词铺排情况有了相当的发言权。另外，我对唐代小说也进行了较全面的调查（我以前是做小说史研究的，对这方面的史料非常熟悉），对唐代小说中的名词铺排情况也掌握得比较充分。还有就是对赋体作品中的名词铺排文本的调查，我也下了功夫。我以《昭明文选》为调查的基本依据，同时结合其他未收入《昭明文选》的赋体作品进行调查，差不多对古代具有代表性的赋作中的名词铺排文本建构情况也有了底。我们都知道，古代汉语中的名词铺排文本主要都是在诗词曲中。对这些作品中的名词铺排文本建构有了充分的把握，就基本上敢开口说话、动笔写作了。加上赋、小说中的名词铺排也涉及了，这样我的心就比较安定了。本来，我还想细读完今人所编的《全宋诗》《全宋词》，以及尽可能多的明清诗词作品。但是，限于精力与时间，觉得在短时间内无法完成，同时跟出版社的约定时间也有冲突，最后只好采取抽样调查与统计分析的方法，以古今学者所编唐宋明清有关诗词选与诗词鉴赏辞典为调查的依据（如清人朱彝尊所编《词综》，清人沈德潜等所编《明诗别裁集》《清诗别裁集》，以及与上海辞书出版社出版的系列古诗词鉴赏辞典），通过代表人物的代表作品的调查与统计分析，了解相关诗词中名词铺排文本建构的基本情况。这是不得已而为之，是我感到不满意的地方，是心中的雾霾所在之处。

不过，行文至此，我抬头再看窗外，雾霾已散，上海的三大地标又尽在我眼前了。我的心情不禁豁然开朗起来，想到了清代学者的一句名言："前修未密，后出转精。"是啊，学问研究永远没有完美的时候。汉语名词铺排史的研究虽然不是一个特别大的学术工程，但起码也是一个不大不小的系统工程，需要一代又一代学者接力完成。我作为筚路蓝缕的山林开启者，导先路在前，相信必有后来者跟进，将我的工作予以完善。如果这样，我也足以感到欣慰了。

前文我们说过，汉语的名词铺排，既是语法现象，更是修辞现象，所以汉语修辞学界有人将此现象命名为"列锦"辞格。说到"列锦"辞格，这里我要特别提一下前几年我与我的学生谢元春博士完成的《列锦辞格审美史》，它是宗廷虎先生主持的国家社科基金项目"中国辞格审美史"中的一个子课题。7年前，宗廷虎先生诚恳邀请我参加他的课题组，帮他完成其中的一个子课题，并允许我自选一个辞格。我当时正沉浸于《全唐诗》中，同时还有其他写作任务。虽然犹豫了好久，但最终还是决定答应下来。这有两个方面的原因：一是宗先生是我的导师，又是一位年届八十的老人，他开口请我加盟，我却之不恭，有违人情常理；二是他允许我自选子课题，我可以结合我自己的研究计划，让这个子课题成为我既定计划的一部分，两个方面皆不误。但是，接受任务之后，我发现集体项目并不像自己的自主研究计划那样单纯，必须跟大家协调，特别是要围绕审美来写，而且又有字数限制，还有各文体研究兼顾的问题。本来，我研究汉语名词铺排史只准备谈古代汉语方面，以古典文学作品为限。但是，课题组要求大家古今贯通，这样就打乱了我的计划，让我感觉时间精力不够用。所以到后来，我只好请出我的学生谢元春博士（时已毕业，在同济大学任教）帮助我调查现代文学中的名词铺排文本，同时协助我复核我调查所得的古代文学中的名词铺排文本材料。2014年我们如约向课题组提交了子课题书稿《列锦辞格审美史》，共计十万余字。在《列锦辞格审美史》写作过程中，我与谢元春博士合作，将其中的个别章节拿出来在相关学术刊物上发表了，作为课题中期审查的阶段性成果。这些成果我都写在本书的参考文献中了。这部《汉语名词铺排史》虽然跟《列锦辞格审美史》有一点交集，但研究思路不一样，所用资料更不一样。《中国辞格审美史》中用到的资料不到本书资料的五分之一，而且着重于审美方面。本书着重的是汉语名词铺排结构模式演进发展史的描写，用例力求全面、客观地反映汉语名词铺排结构发展史的基本脉络，而不想过多地进行主观解读。只有第一章与第八章保留了《列锦辞格审美史》中我们理论上的表述，还有其他各章结尾部分相关审美问题的结论。这些是我经过长期思辨而得出的个人心得，所以仍然保留于这部《汉语名词铺排史》中。

在这部名曰"汉语名词铺排史"的小书即将出版面世之际，首先衷心感谢谢元春博士！感谢她在我完成《列锦辞格审美史》感到力不从心而左支右突的艰难时刻出来救苦救难，帮助我调查语料与复核语料！感谢她对《列锦辞格审美史》与《汉语名词铺排史》体系架构与理论表述方面所提的许多独到而卓越的建议！我一直认为，做一个学者特别是一个好的学者，一定要具备三个条件：一是悟性，二是勤奋，三是严谨。我觉得在我所有的学生中，谢元春博士是最符合这三个条件的。除此，她还有一个美德，那就是谦让。这部小书得到资助之初，我提议请她跟我一起署名。她看了大部分书稿后提出辞让，认为这七十余万字的书稿跟十万余字的《列锦辞格审美史》完全不是一回事，所以她说不能掠人之美，更不愿意掠自己老师之美。其实，她帮助我调查语料与复核语料所费的功夫与辛苦并不比写几万或十几万字轻松。况且，她对我关于名词铺排概念的界定以及有关审美理论的表述都提过建设性的意见，一起署名也未尝不可。尽管最终我尊重了她的意见，但这里我还是要对她的贡献郑重地表达由衷的感谢！

其次，我要衷心地感谢暨南大学出版社及其领导徐义雄社长的大力支持！感谢暨南大学出版社人文分社杜小陆社长以及本书责任编辑黄志波！他们这些年来为我在暨南大学出版社出版的多部著作花费了很多心血。他们敬业的精神与对工作极其负责的态度，都让我非常感动。

再次，我要衷心感谢在我学术成长道路上给予我帮助与鼓励的所有师友们！学术研究需要交流切磋，师他人之长，才能使自己的学业不断长进。

最后，我要衷心地感谢我的家人。感谢我的太太蒙益女士长期以来对我进行枯燥乏味的学术研究工作所给予的理解与支持！作为一个高级会计师和德国在华一家世界五百强大公司的大中华区财务总经理，她的工作强度与压力是可想而知的。但是，她还是承担了我们儿子吴括宇的学业辅导。因为有她的坚强支撑，有她的担当，我才能保证有足够充裕的时间与精力进行我需要慢工才能磨出来的细活。衷心感谢我的岳父蒙进才先生、岳母唐翠芳女士！他们从国有大企业退休后一直为我们带孩子带了十年，其辛苦可想而知。除了带孩子，还包办了我们家的全部家务活。岳父是重庆大学毕业的高才生，是非常有成就的液压动力专家，还能烧得一手好菜。岳母是那种在单位是领导、在家里是户主的上海女人，什么事都包办了，让我这个户主倒像个客人，长期过着衣来伸手、饭来张口的"阔少"生活。不过，也只有在这样的家庭，有这样的岳父母与能干的妻子，我这种"纯种"的书生才能得以在这样的世界生存下来，并能二十年如一日，不紧不慢地做我的学问，最终写完这部纯学术性的小书《汉语名词铺排史》。

明天就是西方的圣诞节，据说今夜圣诞老人就要派发圣诞礼物了。我不是圣诞老人，我无法给我爱的人，还有爱我的人派发礼物。现实生活中，我只是个一无所有的穷书生，实在没有什么可以作为礼物送人。但是，中国古人有句话，叫作"秀才送礼纸半张"。那我就谨遵古训，权且将这部即将面世的小书作为秀才之礼奉献给我爱的人以及所有爱我的人。

吴礼权

2017 年 12 月 24 日

记于复旦光华楼西主楼 1407 室

又 记

2017 年 12 月 24 日，这部名曰"汉语名词铺排史"的小书最终修改定稿。至此，我对汉语名词铺排语言现象持续二十一年的研究工作暂时告一段落。个中甘苦，如鱼饮水，冷暖自知。2018 年初，因得到上海高校高峰高原学科建设基金的资助，这部小书提交给我学术著作在中国大陆地区的老东家暨南大学出版社（我学术著作出版的另一个老东家是台湾商务印书馆，前后出版了我的 8 部学术著作）。按照出版合同，这部小书应该在 2018 年内出版面世的。但是，暨南大学出版社人文分社杜小陆社长觉得这是一部分量极重的学术专著，是我的呕心沥血之作，不能作为一般的学术著作对待。于是，他向社领导提议，以我的这部小书去申报 2019 年度国家出版基金。杜小陆社长的建议得到了徐义雄社长的大力支持。2019 年 1 月 30 日，国家出版基金规划办公室发布了 2019 年度国家出版基金资助项目立项名单，我的这部小书有幸忝列其间。根据相关统计，在入选的 2019 年度获得资助的所有项目中，语言文字类共计 21 项。其中，20 项都是集体项目性质，属于丛书、辞典等大型出版物，只有我的这部《汉语名词铺排史》是个人专著，而且是纯粹的学术著作。出版社感到特别荣幸，而我个人则觉得是非常侥幸。

虽然我对汉语名词铺排现象的研究工作得到了学术界的充分肯定，书稿的出版得到了国家出版基金的支持，出版社也特别重视而对书稿进行精心编排，但是，我总觉得还有不足，所以时不时总在思考有关名词铺排这个特殊的语言现象。一次，我出差到外地高校讲学，在上海火车站等高铁时，用手机看日本演歌视频，突然发现日本民歌中竟然也有类似于汉语的名词铺排现象，当时真是惊喜不已。讲学回来后，我就专门找来日本古代诗歌集《万叶集》（在日本文学中相当于中国的《诗经》的地位），从中仔细搜寻，看有没有名词铺排的例子。但是，收获不大，而且所找的例子都不太符合我写《汉语名词铺排史》时为名词铺排所下的定义。于是，我用微信联系了我的一位日本学界朋友佐高春音博士。她是日本东京大学文学部的博士，师从日本新生代的著名汉学家大木康教授，是专门研究中国古代小说的。因为我早年也研究中国古典小说，著有《中国笔记小说史》

《中国言情小说史》《清末民初笔记小说史》《古典小说篇章结构修辞史》等，皆由台湾最权威的学术出版机构台湾商务印书馆出版发行，所以在日本学术界都是为人知晓的。佐高春音博士大概是因为读过我的这些小说史专著，所以她于2013年9月至2015年7月在复旦留学，师从复旦大学中国语言文学研究所所长黄霖教授进修中国古典文学时，顺便跟我学了一年的修辞学，先后完整地听完了我给复旦本科高年级学生所开的"修辞学研究""汉语修辞学史"两门课程。这样，我们也就成了师生关系。今年6月，当我用微信联系她，请教她有关日本文学中有没有诸如元人马致远《天净沙·秋思》中"枯藤老树昏鸦，小桥流水人家，古道西风瘦马"之类的名词铺排现象时，她肯定地告诉我说："有。"我又问她，日本民歌中还有没有诸如日本流行歌曲《北国之春》开头"白桦，青空，南风"这样的名词铺排，她说帮我找找看。我又问她日本小说中有没有名词铺排，她也明确地告诉我说："有。"而且答应帮助搜集这方面的资料。后来，她不仅自己帮我搜集，还请她母亲一起帮助搜集。一个月后，她把搜集的日本小说中的名词铺排材料通过微信传给了我，她妈妈帮我搜集的日本民歌（演歌）中的名词铺排材料也一并发过来了，还附了她的汉译。这样，我终于敢动笔写日语中的名词铺排现象的研究论文了。其实，我以前在日本做教授时就问过很多日本教授有关日语中有没有名词铺排现象，他们中有个别人说有，但大多数人说不清楚。我自己虽然也懂些日语，也能读日本文学作品，但对自己的视野没有自信，而且一直也没能在我所读到的日本文学作品中找到典型的名词铺排例子。所以，我在《汉语名词铺排史》修改定稿时仍然认为名词铺排只是汉语特有的语言现象。现在，我找到了日本文学中的名词铺排现象的例证，而且写出了论文《日汉对比视角下日本文学作品中的名词铺排》，发表于《北华大学学报》（社会科学版）2019年第6期。但是，《汉语名词铺排史》已经定稿排版，我无法再重新修改我原来的观点。所以，这次将这篇论文作为附录放在全书的末尾，以表明我对名词铺排研究的完整观点。

补写这个"又记"，一是向学术界同仁与读者诸君报告我写完《汉语名词铺排史》的后续情况，二是要借此机会特别感谢如下几位朋友与前辈学者。

首先，我要特别感谢日本东京大学佐高春音博士无私的帮助，还要衷心感谢她的母亲佐高礼子女士的热心相助！

其次，我要衷心感谢南开大学马庆株教授长期以来的关爱支持！年近八旬的他不辞辛劳，仔细阅读我的这部七十余万字的著作，并为之写了一篇褒奖鼓励有加的大序，实在是让我非常感动！

再次，我要衷心感谢云南师范大学校长骆小所教授长期以来的关爱支持！在我学术成长的每个关键阶段，他都给予我很大帮助，点点滴滴，都让我铭记在心！

　　最后，我要衷心感谢我在复旦的许多老师，如今年已 97 岁高龄的濮之珍先生，87 岁高龄的宗廷虎先生、许宝华先生、高天如先生，还有 89 岁高龄的李金苓先生等，他们都是我在复旦的恩师，在我学术成长的漫长生涯中对我帮助很多。往事并不如烟，感恩常在心间！

吴礼权

2019 年 10 月 10 日

于复旦光华楼西主楼 1407 室